SPANISCHE
LITERATURGESCHICHTE

SPANISCHE LITERATURGESCHICHTE

unter Mitarbeit von
Sebastian Neumeister, Gerhard Poppenberg,
Jutta Schütz und Manfred Tietz
herausgegeben von Hans-Jörg Neuschäfer

Mit 312 Abbildungen

VERLAG J. B. METZLER
STUTTGART · WEIMAR

Die Deutsche Bibliothek – CIP-Einheitsaufnahme

Neuschäfer, Hans-Jörg:
Spanische Literaturgeschichte / Hans-Jörg Neuschäfer. Unter
Mitarb. von Sebastian Neumeister ... – Stuttgart ; Weimar :
Metzler, 1997
  ISBN 3-476-00960-2

Gedruckt auf chlorfrei gebleichtem, säurefreiem
und alterungsbeständigem Papier

ISBN 3-476-00960-2

Dieses Werk einschließlich aller seiner Teile ist urheberrechtlich geschützt.
Jede Verwertung außerhalb der engen Grenzen des Urheberrechtsgesetzes
ist ohne Zustimmung des Verlages unzulässig und strafbar. Das gilt insbesondere für Vervielfältigungen, Übersetzungen, Mikroverfilmungen und die
Einspeicherung und Verarbeitung in elektronischen Systemen.

© 1997 J.B. Metzlersche Verlagsbuchhandlung
und Carl Ernst Poeschel Verlag GmbH in Stuttgart

Einbandgestaltung: Willy Löffelhardt
Satz: Typomedia Satztechnik GmbH, Ostfildern
Druck und Bindung: Franz Spiegel Buch GmbH, Ulm
Printed in Germany
Verlag J.B. Metzler Stuttgart · Weimar

INHALTSVERZEICHNIS

VORWORT   VII

MITTELALTER UND SPÄTMITTELALTER
(Manfred Tietz)

Zu den Anfängen der spanischen Literatur   1
Der lateinischsprachige Kontext   3
Die Convivencia im »Spanien der drei Kulturen«   5
Die Anfänge der Reconquista   9
Arabische und hebräische Literatur im Andalus   13
Zur Convivencia in der Literatur   16
Die frühen Werke der spanischen Literatur   24
Frühe erzählende Texte in Prosa: zur Rezeption der orientalischen Weisheitsliteratur   33
Die nicht-fiktionale Prosa: Alfons der Weise, die »Siete Partidas« und die Chroniken   37
Ein spanischer ›Ritterroman‹: *El caballero Zifar*   39
Die höfische Lyrik im 13. und 14. Jahrhundert   40
Die Auflösung der Convivencia im 14. Jahrhundert   41
Ein Meisterwerk des Hochmittelalters: *El libro de buen amor*   44
Zeitkritik im späten Schrifttum   46
Die Hauptgattung der spanischen Lyrik: *el romance*   48
Vom liturgischen und höfischen Fest zu den Frühformen des Theaters   51
Die Aljamiado-Literatur: der Untergang der arabischen Kultur im Spanien der Christen   54
Zwischen Spätmittelalter und den Konflikten der Moderne   55
Die Lyrik des 15. Jahrhunderts zwischen späthöfischer Tradition und Neuanfang   58
Die Prosadichtung des 15. Jahrhunderts: die *novela sentimental*   62
Ein Werk der Krise: die *Celestina*   65
Vom Spätmittelalter zu Humanismus und Renaissance   67

SIGLO DE ORO
(Gerhard Poppenberg/Sebastian Neumeister/
Hans-Jörg Neuschäfer/Manfred Tietz)

Einleitung *(G. Poppenberg)*   69
Neue Welt *(G. Poppenberg)*   82
Religion und Spiritualität *(G. Poppenberg)*   87
Moralistik *(G. Poppenberg)*   93
Die Lyrik im Goldenen Zeitalter *(S. Neumeister)*   103
Cervantes und der Roman des Siglo de Oro *(H.-J. Neuschäfer)*   123
Das Theater im Siglo de Oro *(M. Tietz)*   152

DAS 18. JAHRHUNDERT
(Jutta Schütz)

Das 18. Jahrhundert in Spanien – el siglo de las luces?   185
Die erste Jahrhunderthälfte: Anfänge einer ›aufgeklärten‹ Literatur   194
Die zweite Jahrhunderthälfte: Blütezeit der Aufklärung
und Übergang zur Romantik   200

DAS 19. JAHRHUNDERT
(Hans-Jörg Neuschäfer)

Geschichtlicher Überblick   231
Zwischen Absolutismus und Liberalismus: die Literatur der spanischen
Romantik   239
Literatur und Presse: Costumbrismus und Ursprung des Romans   259
Realismus und Naturalismus: die Literatur der Restaurationszeit   272
Vom Krausismus zur Generation von 98: die Auseinandersetzung
über die Erneuerung Spaniens   305

DAS 20. JAHRHUNDERT
(Hans-Jörg Neuschäfer)

Geschichtlicher Überblick   315
Modernismo und 98. Die Abkehr vom Traditionalismus   322
Die 20er und 30er Jahre   337
Exil und Zensur: die Literatur vor und in der Francodiktatur   362
Nach 1975. Tendenzen der spanischen Gegenwartsliteratur   389

BIBLIOGRAPHIE   403

REGISTER   413

BILDQUELLEN   423

VORWORT

1932 schrieb Juan Ramón Jiménez, den die Lyriker der Generation von 1927 als ihren Mentor verehrten, für Gerardo Diegos berühmte Anthologie eine Selbstcharakteristik, die in dem schönen Satz gipfelte: »Yo tengo escondida en mi casa, por su gusto y el mío, a la Poesía. Y nuestra relación es la de los apasionados.« (»Ich halte in meiner Wohnung – weil *sie* es wollte und ich auch – die Poesie versteckt. Und unsere Beziehung ist die der Leidenschaftlichen.«)

Wenn der Literaturgeschichtsschreiber sein Verhältnis zur spanischen Literatur ganz ähnlich empfindet, mag das auf den ersten Blick erstaunen, sind doch literaturwissenschaftliche ›Diskurse‹ im allgemeinen weder ungezwungen noch hingebungsvoll. Die vorliegende Literaturgeschichte ist aber tatsächlich aus doppelter Zuneigung entstanden: zu Spanien und seiner Kultur; und zu den Studentinnen und Studenten, denen ich eben diese Kultur – vielleicht nicht immer *por su gusto*, aber stets *por el mío* – zu vermitteln habe.

Am liebsten hätte ich die Literaturgeschichte allein geschrieben. Sie benötigt ja nicht nur Sachverstand; sie braucht auch erzählerische und gestalterische Qualitäten, wenn sie mehr sein will als eine Bestandsaufnahme oder ein lexikonähnliches Kompendium. In den modernen Buchbindersynthesen indes, wo oft mehr als ein Dutzend von Autoren nur für ein kleines Teilstück zuständig sind, kann es zwar zu einer Ansammlung von Fachwissen, aber kaum zu einer zusammenhängenden Geschichte kommen. – Nun ist es mit der »zusammenhängenden Geschichte« gewiß selbst so eine Geschichte. Einerseits bietet *ein* Erzähler noch keine Garantie für eine anschauliche und lebendige Darstellung. Anderseits kann der Geschichtsschreiber, der über den Fortgang oder gar Ausgang der Historia (mit großem H) ebensowenig weiß wie jeder andere Mensch, seine historia (mit kleinem h) nur unter Vorbehalt und mit offenem Ende erzählen, ganz abgesehen davon, daß seine Darstellung nicht unvoreingenommen, weil durch persönliche Vorlieben und Phobien mitbedingt und also subjektiv gefärbt und deshalb anfechtbar ist. Es fragt sich aber, ob eine Vielzahl von Autoren größere Objektivität garantiert. Ich glaube es nicht. Denn aus der Vielfalt von partiellen Ansätzen resultiert noch keine höhere Einsicht, sondern bestenfalls eine Pluralität von Ansichten, die nur schwer miteinander zu verbinden sind und deshalb meist unvermittelt nebeneinander stehen bleiben. Anderseits ist auch dem Einzelnen die *Bemühung* um Objektivität keineswegs unmöglich. Dennoch: man kann eine Literaturgeschichte nicht wie einen Roman erzählen. Vorrangig bleibt deshalb die philologische Kompetenz. Und da es vermessen wäre zu glauben, man besäße sie in allen Belangen gleich, suchte ich nach einem dritten Weg, der es erlauben würde, die Verantwortung partnerschaftlich aufzuteilen, ohne das Ganze aus den Augen zu verlieren. In Jutta Schütz und Manfred Tietz fand ich Gleichgesinnte. Zu dritt wollten wir dafür sorgen, daß die Spanische Literaturgeschichte bei Metzler in absehbarer Zeit fertig wird und daß gleichwohl größere Teile von ihr zusammenhängend erzählt werden.

Ein Erzähler oder mehrere

Aufteilung der Zuständigkeiten

Manfred Tietz sollte für das Mittelalter und den größten Teil des Siglo de Oro; Jutta Schütz fürs 18. Jahrhundert; Hans-Jörg Neuschäfer für das 19. und 20. Jahrhundert, sowie für den Roman des Goldenen Zeitalters zuständig sein. Dabei wurde von vornherein festgelegt, daß die moderne Literatur Spaniens, die in Deutschland am wenigsten bekannt ist, den Schwerpunkt des Bandes bilden sollte. Wir waren uns auch darüber einig, daß man sich auf die kastilischsprachige Literatur zu beschränken hatte. Nicht nur weil schon für sie allein ein Vierhundertseiten-Band kaum ausreicht, sondern auch, weil man die galizische, vor allem aber die katalanische Literatur nicht als Appendix der kastilischen behandeln kann. Ganz abgesehen davon, daß uns für die baskische Literatur, die auch nicht unberücksichtigt bleiben dürfte, die allernotwendigste Voraussetzung fehlt: die Kenntnis der Spache.

Im wesentlichen ist dieser Plan realisiert worden; wegen Arbeitsüberlastung von Manfred Tietz und mit Rücksicht auf die eingegangene Terminverpflichtung haben wir erst in letzter Minute noch die Hilfe von Sebastian Neumeister und Gerhard Poppenberg in Anspruch genommen, denen ich besonders dankbar dafür bin, daß sie die schwierige Aufgabe übernahmen, Teile des Siglo de Oro ohne die dafür eigentlich notwendige Muße zu bearbeiten.

Leitprinzipien der Darstellung

Ein Wort zu den Vorsätzen, die uns bei unserer gemeinsamen Arbeit geleitet haben (ob sie verwirklicht wurden, wird sich, wie bei allen guten Vorsätzen, erst hinterher und im Urteil der Benutzer herausstellen): Oberstes Prinzip war, verständlich, übersichtlich und möglichst so zu schreiben, daß der Band nicht nur zum Nachschlagen, sondern auch zum Hin- und Herblättern und endlich zur Lektüre größerer Abschnitte einlädt, vor allem aber, daß er den Leser dazu anregt, sich mit der Literatur, von der in ihm die Rede ist, direkt zu beschäftigen. Es sollte außerdem möglich sein, sich sowohl über Sachthemen – zum Beispiel »Was ist die Novela Picaresca?« oder «Welche kulturellen Folgen hatte die Islamisierung der Iberischen Halbinsel?« – als auch über wichtige Einzeltexte – den »*Libro de buen amor*« etwa, den »*Don Quijote*«, den »*Don Juan*« oder die »*Regenta*« – detailliert und im Zusammenhang zu unterrichten. Ferner wird angestrebt, daß der Leser sich ein Bild von der spanischen Literatur bis in die unmittelbare Gegenwart hinein machen kann, wobei auch die neuen Medien – im 18. und 19. Jahrhundert die Kolportageliteratur und das Stundentheater, im 20. das Kino – gebührende Berücksichtigung finden. Das bedeutet auch, daß unsere Darstellung keinem engen Literaturbegriff (der in Spanien ohnehin nie so maßgebend wurde wie in Deutschland) verpflichtet ist, zumal wir die Literatur als »Lebensäußerung« betrachten, die nicht losgelöst von den historischen Umständen zu verstehen ist, aus denen sie hervorgegangen ist und auf die sie zurückwirkt: man kann den »*Cid*« nicht verstehen, wenn man nichts von der Reconquista weiß; Lope und Calderón nicht ohne den Bedingungsrahmen des spanischen Theaterwesens auf der einen und die theologischen Grundsatzdebatten auf der anderen Seite; die Gegenwartsliteratur nicht ohne die tiefen Spuren, die der Bürgerkrieg hinterlassen hat. Dies alles rechtfertigt es auch, noch immer die Literaturgeschichte eines beschränkten Raumes, hier der spanischsprachigen Iberischen Halbinsel, für sich allein zu betrachten. Das hat nichts mit der Propagierung einer »Nationalliteratur« zu tun, sondern erklärt sich schlicht aus dem Umstand, daß geschichtliche Erfahrungen nicht nur zeit- sondern auch orts- und vor allem sprachbedingt sind. Wenngleich zuzugeben ist, daß die Globalisierung von Erfahrungen rasant voranschreitet und in Zukunft sicher auch Literaturgeschichten vor neue Probleme stellt, ist die »spanische Literatur«, die (fast) immer erstaunlich weltoffen war und viele internationale Anregungen aufnahm (zugleich aber auch großen Einfluß auf andere Literaturen ausübte), noch nicht an ihr Ende gelangt. Vorderhand lohnt es sich also, ihrer ›Differenzqualität‹ nachzuspüren und dafür zu sorgen, daß nicht in Vergessenheit gerät, was wir ihr zu verdanken haben.

Spaniens Literatur aus ihren ganz eigenen historischen Voraussetzungen zu erklären und ihre ›Andersartigkeit‹ (im Vergleich zu dem für uns Gewohnten und Selbstverständlichen) spürbar zu machen, heißt aber auch, auf Wesensdeutungen, auf globale Sinnzuweisungen und auf andere Fundamentalismen ebenso zu verzichten wie auf eine allein seligmachende Erklärungsmethode. Die eigentliche Stärke der Literatur liegt ja nicht in der Entfaltung einer abstrakten Idee, sondern viel mehr darin, den jeweiligen Gegebenheiten einen Sinn gleichsam probeweise zu unterstellen und ihnen gegenüber Spielräume zu schaffen, die dem Leser (oder Zuschauer/Hörer) eine Ahnung von Freiheit und Selbstbestimmung vermitteln. Zu zeigen, welche Spielräume in anderen Kulturen geschaffen und welche Alternativen der Orientierung damit auch *für uns selbst* zur Verfügung gestellt wurden, gehört gewiß zu den schönsten und notwendigsten Aufgaben der Literaturgeschichtsschreibung.

Zum Abschluß einige Hinweise zum Gebrauch des Bandes. Im Personen-Register findet man die Namen von Autoren, von denen im Text die Rede ist. Unter die Autorennamen sind die zu ihnen gehörenden Werktitel plaziert, sofern sie im Text der Literaturgeschichte eingehend besprochen werden.

Hinweise für die Benutzung des Bandes

Die eigentliche Darstellung folgt dem Faden der Chronologie und benutzt darüber hinaus traditionelle Einteilungsbegriffe, über deren Zulänglichkeit man sich streiten kann, die aber nicht durch praktischere ersetzt sind. Die Orientierung wird – auch ohne Sachregister, das es in den Metzler-Literaturgeschichten nicht gibt – zudem durch eine dreigeteilte Hierarchie von Überschriften und durch Marginalien am Rand des Textes erleichtert. Auch die Abbildungen sollen das Textverständnis unterstützen. Vor jedem großen Einschnitt (Mittelalter, Siglo de Oro, 18.–20. Jahrhundert) werden die historischen Rahmendaten in Erinnerung gebracht, in denen sich die literaturgeschichtliche Erörterung bewegt. Diese selbst ist nicht auf Vollständigkeit aus (dazu gibt es Literaturlexika wie das von Gullón oder die großen Kompendien wie die von Rico oder Alborg). *Wir* haben – bei dem beschränkten Raum, der uns zur Verfügung stand – ein exemplarisches Vorgehen bevorzugt, bei dem emblematische Autoren und Texte auf Kosten anderer gründlich, bisweilen sogar ausführlich dargestellt werden. – Die Lebensläufe der Verfasser werden zwar nicht immer erörtert; sie werden aber, sofern sie aufschlußreich sind, keineswegs verschmäht: es soll nicht der Eindruck entstehen, als seien Autoren bloße Medien. Vielmehr kann gerade mit Hilfe der Biographie oft anschaulich gemacht werden, in welcher Weise Texte den Lebensumständen abgewonnen wurden.

Für die Zeitspanne zwischen dem Siglo de Oro und dem 19. Jahrhundert war es relativ einfach, plausible Unterteilungen für den darzustellenden Stoff zu finden: für diese Zeit gibt es einen Konsens über die wichtigsten Autoren, die kanonisierten Texte und die Hierarchie von Gattungen. Für das Mittelalter, das spanische zumal, stellt sich die Frage der Einteilung anders; sie ist auch umstrittener. Wir haben uns hier für den Leitfaden der »Convivencia« dreier Kulturen entschieden. Auch im 20. Jahrhundert ist die Organisation des zu Erzählenden ein Problem. Denn hier wird einerseits das traditionelle System der Poetik außer Kraft gesetzt, und andererseits gibt es noch keine Übereinkunft über den Textkanon; möglicherweise wird es ihn auch in Zukunft nicht mehr geben. Deshalb waren auch hier andere Leitideen in den Vordergrund zu stellen, allen voran die für Spanien besonders schmerzliche Abkehr vom Traditionalismus und die schwierige Hinwendung zu einer eigenen Moderne. Überall dort, wo neue Wege der Stofforganisation oder der historischen Einteilung gegangen werden, wird im übrigen im Text selbst eine Begründung dafür gegeben.

Es ist leider anzunehmen, daß – trotz sorgfältiger Überprüfung – auch in dieser Literaturgeschichte Fehler vorkommen; möglicherweise nicht nur Druckfehler. Wir bitten die geneigte Leserschaft um Nachsicht und um sachdienliche Hinweise.

Vielen Personen wäre an dieser Stelle zu danken. Ich beschränke mich stellvertretend auf zwei: Markus Trapp, der in Saarbrücken unermüdlich die Fäden zusammenhielt, und Dr. Oliver Schütze, der ein Beispiel dafür ist, daß es *doch* noch Verlagslektoren gibt.

MITTELALTER UND SPÄTMITTELALTER

Zu den Anfängen der spanischen Literatur

Für die herkömmliche, noch vom Positivismus und Nationalismus des 19. Jh. mitbestimmte Literaturgeschichtsschreibung ließ sich die Frage nach den Anfängen der einzelnen westeuropäischen Literaturen recht eindeutig beantworten: Sie sind identisch mit den ersten schriftlich überlieferten »Denkmälern« in der jeweiligen Volkssprache. Bei diesen von romantischen Ursprungsmythen und Nationalstolz verklärten frühen Denkmälern handelt es sich in aller Regel zunächst um Glossen, kurze volkssprachige Einsprengsel und Ergänzungen in lateinischen Texten, die allein die damalige Kultur der Schriftlichkeit repräsentierten. Auf diese Glossen folgten im frühen Mittelalter erste zusammenhängende volkssprachige Dichtungen von meist anonym gebliebenen Autoren, die, bedingt durch die Zufälle der Manuskriptüberlieferung, häufig nur fragmentarisch erhalten sind. In der Folgezeit beginnen sich erste Dichterpersönlichkeiten abzuzeichnen, deren Namen und Biographien zumindest in Umrissen überliefert sind.

Diesem einfachen Modell ist auch die spanische Literaturgeschichtsschreibung gefolgt. Die ersten Denkmäler der spanischen Sprache und Literatur sind die *Glosas Emilianenses* und die *Glosas Silenses*, die um die Mitte des 10. Jh. in den altkastilischen Klöstern San Millán de la Cogolla und Silos entstanden und die den Klosterschülern zum Verstehen einfacher religiöser und kirchenrechtlicher Texte dienten. Als erster Text einer spa-

Erste Denkmäler

Kreuzgang des Klosters Santo Domingo de Silos, Schreibort der *Glosas Silenses*

Berufsspielleute: *juglar* mit Schalmei (dulzaina) und *juglaresca* mit Rasseln (crótalos)

Schriftlichkeit und Mündlichkeit

nischen Dichtung galt lange Zeit der anonym überlieferte *Cantar de Mío Cid*, ein Heldenepos, das nach seiner frühesten Datierung um 1140, vielleicht aber auch erst nach 1200 oder gar nach 1300 niedergeschrieben wurde. Die Ehre, die älteste spanische Dichtung zu sein, mußte dieses schon früh in den Rang eines »Nationalepos« erhobene Werk allerdings gegen Mitte des 20. Jh. an eine Reihe lyrischer Gedichte abtreten, als die *jarchas* (arab. ḫarǧa bzw. pl. ḫaraǧāt), kurze Frauenstrophen in einer spanisch-arabischen oder spanisch-hebräischen Mischsprache, entdeckt wurden. Der erste namentlich bekannte Autor spanischer Sprache schließlich ist Gonzalo de Berceo, ein Kleriker aus dem Kloster San Millán de la Cogolla, der Heiligenviten und Wundertaten (*milagros*) der Jungfrau Maria nach lateinischen Vorlagen in volkssprachige Verse brachte. Diese trug er als Spielmann, als *juglar*, seinen des Lesens unkundigen, wundergläubigen Zuhörern aus dem einfachen Volk zur Unterhaltung und religiösen Erbauung vor.

Diese chronologische Skizze, die dem konventionellen Bild vom heldenhaften, frommen und unwissenden, literarisch erst tastend seinen Weg suchenden Mittelalter folgt, ist hinsichtlich der genannten Fakten nicht falsch. Dennoch ist sie weit davon entfernt, eine zutreffende Vorstellung von der geistigen Kultur im »spanischen« Mittelalter zu geben, und dies in zweifacher Hinsicht. Zum einen werden die frühen Denkmäler in einer positivistischen Hochschätzung der »Schriftlichkeit« überbewertet. Die überlieferten lyrischen und epischen Texte sind eher zufällig erhaltene Reste einer umfassenden »oralen Literatur«, Niederschriften von Dichtungen, die lange zuvor in der »Mündlichkeit« existiert haben. Der Gründungsvater der spanischen Hispanistik, Ramón Menéndez Pidal, hat daher von einem *estado latente* der frühen literarischen Werke gesprochen, einer verborgenen Existenz, die den Verschriftungen vorausgegangen ist. Naturgemäß entzieht sich diese Phase der Mündlichkeit dem auf schriftliche Dokumente angewiesenen Literarhistoriker. Doch erweist sich die Vorstellung als Illusion, anhand der frühen schriftlich überlieferten Texte gleichsam unmittelbar an der genau datierbaren »Geburt« einer Literatur teilnehmen zu können.

Zum anderen ist es wichtig, die frühen Denkmäler eingebettet in ihren historischen Kontext zu sehen und zu bewerten. Sie dürfen nicht als *creatio ex nihilo* in einem gänzlich kultur- und literaturleeren Raum verstanden werden, als prometheische Leistungen, in denen sich die Nationalliteratur selbst gebiert. Berceos *Milagros* sind bloße Übersetzungen. Seine sicher nicht gering zu schätzende Leistung bestand darin, vorgegebene Gedanken in einer Sprache wiederzugeben, die erst auf dem Weg war, eine flexible Literatursprache zu werden. Die Inhalte seiner Dichtung hat er aber jener Kultur entnommen, die während des ganzen Mittelalters vor und neben der sich erst allmählich ausformenden volkssprachigen Literatur im Okzident allgegenwärtig war: einer sich noch ganz und gar der lateinischen Sprache bedienenden Kultur, die von den Repräsentanten der Kirche getragen wurde und in der das Denken der Spätantike und der Patristik der schmalen Schicht von Gebildeten des »Abendlands« vermittelt wurde.

Der lateinischsprachige Kontext

Lange vor den Glossen von San Millán oder Silos gab es auf der Pyrenäenhalbinsel eine lateinischsprachige Literatur. Als integraler Bestandteil der Bildung jener, die um die Jahrtausendwende begannen, in spanischer Sprache zu schreiben, darf sie auch in einer »spanischen Literaturgeschichte« nicht völlig beiseite gelassen werden. Besonderer Erwähnung bedürfen Gestalt und Werk Isidor von Sevillas (um 560–636). Isidor, der einer hispanoromanischen Familie entstammte, folgte seinem Bruder Leander um 600 auf dem Bischofsstuhl von Sevilla. Wie dieser stand er in enger Beziehung zur Führungsschicht der Westgoten (*visigodos*), die im 5. Jh. Spanien besetzt und ein von Rom unabhängiges Königreich mit der Hauptstadt in Toledo gegründet hatten. Es ist vor allem Isidors Verdienst, wenn die westgotische Kirche in Spanien nochmals zu einer späten Blüte antiker Wissenschaft und Patristik gelangte. Sein Hauptwerk, die 20 Bücher der *Etymologiae*, wurde ein »Grundbuch des Mittelalters« (E.R. Curtius). Geistig zwar wenig originell, erfaßt und christianisiert diese ›Realenzyklopädie‹ aller Wissensgebiete ausgehend von einzelnen Worterklärungen, den ›Etymologien‹, das Denken der römischen Antike und verbindet es mit dem der Patristik, insbesondere von Tertullian, Lactanz, Ambrosius, Hieronymus, Augustinus und Gregor dem Großen. In dem Bemühen um eine Verbindung von Glauben und Wissen bilden die Werke dieses ›letzten Kirchenvaters‹ die Brücke zum Mittelalter, dessen Lehrsystem der ›sieben freien Künste‹ sie vorwegnehmen. An die Zitatenkompilation seiner *Libri sententiarum* mit ihrer Systematisierung von Dogmatik und Moral sollten im 12. Jh. noch die Sentenzbücher (1158) des Petrus Lombardus anknüpfen, die das grundlegende theologische Lehrbuch bis zur Neuzeit wurden. Isidor gehörte zu den meistgelesenen Autoren des Mittelalters; er war der entscheidende »Lehrmeister des Abendlands« (J. Fontaine), der die Gelehrsamkeit der mittelalterlichen »clerici« nicht nur legitimierte, sondern ihr zugleich die geistigen Grundlagen bot.

Mit der auch heute noch als wichtiger historiographischer Quelle angesehenen Schrift *De origine Gothorum* steht Isidor am Anfang jenes Mythos von den überlegenen Goten und von ihrem ganz Spanien umfassenden Reich, der bei der ideologischen Rechtfertigung der Reconquista und der Führungsansprüche des spanischen Adels eine große Rolle spielen sollte. Auch das »Spanienlob« (*Laus Hispaniae*), das dieses Werk einleitet und dem Land eine bedeutende Rolle im Weltgeschehen voraussagt, hat als immer wieder zitierter Bezugstext eine wichtige Rolle im spanischen Selbstverständnis gespielt. Unabhängig von diesen kulturgeschichtlichen Einzelzügen hat Isidor von Sevilla auch umfassendere Grundtendenzen der späteren spanischen Kultur mitbestimmt. Mit der Konversion der Westgoten zum Katholizismus setzte die Konfessionalität des spanischen Staates ein, die selbst in der heute gültigen Verfassung von 1978 noch nicht völlig beseitigt ist und die Ursache für Jahrhunderte währende Eingriffe staatlicher und kirchlicher Zensur in das kulturelle und literarische Leben Spaniens wurde. Im Vierten Konzil von Toledo (633) und in der Schrift *De fide catholica contra Judaeos* hat Isidor den starken Antisemitismus der katholischen Westgoten mitverantwortet, der in der Folgezeit zum Untergang des Westgotenreichs beigetragen hat.

Eine weitere Konstante der spanischen Kultur nimmt ein anderer, gleich-

Isidor von Sevilla

Westgotische Kirche San Pedro de la Nave (Prov. Zamora)

Gotenmythos und Konfessionalität Spaniens

Die »Weiße Jungfrau« (Kathedrale von León)

Marienverehrung

falls in lateinischer Sprache und zur Zeit des Gotenreiches schreibender Kleriker voraus. Mit seinem *De virginitate sanctae Mariae contra infideles* hat Ildefonsus von Toledo (um 607–667) die erste »spanische« Abhandlung über die Jungfrau Maria verfaßt. Ihre Gestalt ist aus der weiteren spanischen Kultur, Malerei und Literatur nicht wegzudenken, wo ihre Verehrung auch in deutlicher Opposition zum strengen Monotheismus der Juden und Muslime erfolgte.

Beato de Liébana

Die gleiche Funktion unmittelbar nach dem Maureneinfall hatte für die arg bedrängten Christen in Nordspanien der Apokalypse-Kommentar des Beato de Liébana. Den Zeitgenossen bot er neben seiner spirituellen Deutung auch Trost durch eine providentielle Interpretation der historischen Ereignisse, an deren Ende der Sieg der Christen über ihre zu diesem Zeitpunkt übermächtigen Gegner stehen würde. Das heutige Interesse an der Schrift des Beato de Liébana gilt allerdings überwiegend den Illustrationen der verschiedenen Kodizes, den sogenannten *Beatos*, die herausragende Beispiele der frühen spanischen Miniaturmalerei sind.

Im hispano-lateinischen Schrifttum besonders gepflegt wurde das Genus der Chroniken, das vom 13. bis zum 15. Jh. auch seine volkssprachigen Entsprechungen fand, die in der von Alfons dem Weisen begonnenen *Primera Crónica General* (1270 ff.) eine mustergültige und immer wieder verwertete Fassung erhielt. Diesen umfassenden Darstellungen gingen lateinisch verfaßte Individualchroniken voraus, deren erste bereits 883 die Taten von König Alfons III. von Asturien schildert. In der Abfolge solcher Chroniken steht auch die *Historia Roderici*, in der um 1110 eine erste Schilderung der Taten des Cid gegeben wird, die dann mehrere Jahrzehnte später zum Stoff für den volkssprachigen *Cantar de Mío Cid* werden sollten.

Beato de Liébana: Engel und Ritter

Die Convivencia im »Spanien der drei Kulturen«

Die Anfänge der spanischen Literatur lassen sich jedoch nicht allein aus dem Spannungsfeld von lateinischer und volkssprachiger Kultur erklären. Fast acht Jahrhunderte lang haben daneben auf spanischem Boden zwei weitere Religionen, Sprachen und Literaturen gelebt: die der arabisch-sprachigen Muslime und die der hebräisch-sprachigen Juden. Wie Américo Castro überzeugend dargelegt hat, ist dieses Zusammenleben (*convivencia*) im mittelalterlichen Europa einzigartig. Nur im Sizilien des Hohenstaufen Friedrich II. hat es für kurze Zeit ein ähnliches Zusammenleben gegeben. Die spanische Literatur ist im Spannungsfeld dieser drei Kulturen entstanden.

Die Christen

Christen, so wollen es zumindest die frommen Legenden des Mittelalters, wurden die Bewohner der Iberischen Halbinsel, die Hispano-Romanen, schon im ersten Jh. unserer Zeitrechnung. Der Apostel Jakobus der Ältere soll in Spanien gewesen sein und dort missioniert haben; gefolgt sei ihm dann, auch das ist historisch nicht belegt, der Apostel Paulus. Fest steht jedoch, daß sich die »Spanier« bereits zum römischen Katholizismus bekannten, als Konstantin 313 das Christentum zu einer gleichberechtigten Religion im Imperium Romanum machte und Theodosius es 380 zur offiziellen Staatsreligion erklärte.

Jakobus d. Ä. und Paulus

Der Einfall der Westgoten an der Wende zum 6. Jh. gefährdete das römisch-katholische Bekenntnis der Hispano-Romanen, da die »Barbaren« Arianer waren. Fast zwei Jahrhunderte lebten die beiden Bekenntnisse nebeneinander, getrennt durch Heiratsverbote von seiten der westgotischen Herrscherschicht. Doch bedurften die Goten zur Verwaltung ihres von Toledo aus regierten Reichs des gebildeten Klerus der Hispano-Romanen. So versuchte schon König Leowigild (568–586) Brücken zwischen den beiden Bekenntnissen zu schlagen, deren Vereinigung im Sinne des römischen Katholizismus dann durch seinen Sohn und Nachfolger Rekkared (586–601) vollzogen wurde. Diese »westgotische katholische Kirche« bildete eigene Traditionen und eine eigene Liturgie heraus, die sich insbesondere in den von der Entwicklung im restlichen Europa abgeschnittenen muslimischen Gebieten Spaniens halten konnten. Diese sogenannte »mozarabische Liturgie« wird zwar bis auf den heutigen Tag in der Corpus Christi-Kapelle der Kathedrale von Toledo gefeiert, sie wurde jedoch unter dem starken Einfluß der französischen Cluniazenser bereits seit dem 11. Jh. in allen wiedereroberten Gebieten durch den römischen, den ›katholischen‹ Ritus ersetzt.

Arianismus der Westgoten

Die Juden

Die Anwesenheit der Juden in Spanien, das sie nach dem AT (Obadja 1, 20) als »Sepharad« bezeichnen, geht weit in die Geschichte und in den Bereich der Legenden zurück. So soll der Stamm Juda 586 v. Chr. vor dem siegreichen Nebukadnezar, der die Juden in die Gefangenschaft nach Babylon führte, in den äußersten Westen (nichts anderes meint »Sepharad«) geflohen sein. Durch Grabsteine ist die Anwesenheit der Juden historisch allerdings erst für das erste vorchristliche Jahrhundert belegt. Sie lebten damals als

Sepharad

Ausgrenzung der Juden

römische Bürger gleichberechtigt mit den Hispano-Romanen in Städten wie Tarragona, Tortosa und Mérida. Ihre Ausgrenzung beginnt geistig bei den Kirchenvätern. Augustinus etwa vergleicht die Juden in einer in Spanien immer wieder zitierten Wendung mit »Hunden, die zu ihrem Erbrochenen zurückkehren«. Konkret begann die Ausgrenzung im 4. Jh. So verbot das Konzil von Elvira (bei Sevilla) den Umgang von Christen mit Juden. Die Wiederholung der Bestimmung auf späteren Konzilen belegt, daß dieser Umgang weiterhin existierte. Scharfen antisemitischen Eifer legen dann die zum Katholizismus konvertierten Westgoten an den Tag. Dies erklärt, wieso die Juden die Muslime 711 als Befreier begrüßten. Sie waren jedoch keine Verräter, die die militärischen Siege der Muslime erst ermöglicht hätten, wie die ältere Historiographie vermutete. In dem gänzlich veränderten muslimischen Spanien erlangten die jüdischen Gemeinden neues Leben und sollten trotz ihrer im Vergleich zu den Bevölkerungsmehrheiten der Mauren und Christen relativ geringen Zahl sowohl im christlich wie auch im maurisch beherrschten Spanien bis zu ihrer Vertreibung im Jahr 1492 eine bedeutsame wirtschaftliche und geistige Rolle spielen.

Die Muslime

Heiliger Krieg und Eroberung Spaniens

Die über 800jährige Präsenz der Muslime in Spanien begann mit der Schlacht am Guadalete, nahe beim heutigen Jerez de la Frontera. In einem Siegeszug sondergleichen, den die Araber noch zu Lebzeiten Mohammeds, des Propheten, begonnen hatten, waren sie von Ägypten aus auch nach Westen vorgestoßen und hatten die Nordküste Afrikas bis zum Atlantik erobert. Längst bestanden ihre Heere allerdings nicht mehr nur aus Arabern, sondern auch aus Einwohnern der eroberten Gebiete, die islamisiert worden waren und die Idee des Dschihad (arab. ǧihād, zunächst »Anstrengung«, d. h. auf dem Wege Gottes, dann heiliger Kampf gegen Nichtmuslime als religiöse Pflicht) mit religiösen und materiellen Zielsetzungen in die Tat umsetzten. Wohl im April 711 landete der islamisierte Berber Tariq ibn Ziyad bei Gibraltar (das seinen Namen verewigt) mit einer Armee von 7000 Mann, um das Land genauer zu erkunden und um in der Tradition der arabischen *razzia* rasche Beute zu machen. Der Westgotenkönig Rodrigo eilte aus dem Norden Spaniens, wo er gegen die Basken gekämpft hatte, herbei, stellte sich mit einer zahlenmäßig überlegenen Armee am 19. Juli 711 den Eindringlingen zum Kampf und wurde vernichtend geschlagen. In nur wenigen Jahren (711–716) brachten die Muslime das ganze westgotische Spanien in ihre Gewalt – bis auf einige Gebiete im Norden an der Atlantikküste, die sie wegen ihrer Armut und ihres überaus feuchten Klimas nicht sonderlich interessierten.

Arabischer Krummsäbel

Verrat des Grafen Don Julián

Weder christliche noch arabische Quellen geben genauen Aufschluß über diese Vorgänge. Eine Legende, die für das spanische Selbstverständnis im Mittelalter von großer Bedeutung wurde, erklärt den raschen Sieg der Muslime als Folge des Verrats des Grafen Don Julián. Er soll den Muslimen den Weg nach Spanien eröffnet haben, um sich an Rodrigo, dem letzten König der Westgoten, zu rächen, der seine Tochter vergewaltigt hatte.

Tatsächlich aber war die Herrschaft der Westgoten – nur Mérida als Hochburg des gotischen Adels hatte länger belagert werden müssen – nicht als Folge von Verrat und sexueller Sünde zusammengebrochen. Die schmale westgotische Oberschicht hatte ein zu hartes Regiment geführt, sich durch Heiratsverbot zu sehr von den Hispano-Romanen getrennt und die Juden zu sehr verfolgt, um bei ihnen Unterstützung zu finden. Ebenso verhängnisvoll wie die strukturellen Probleme wirkte sich eine tiefgehende und nicht gelöste Thronfolgekrise nach dem Tod Witizas aus. Rodrigo wurde zum König gewählt; viele Adlige, darunter wohl auch der legendäre Graf Don Julián, verweigerten ihm jedoch die Gefolgschaft, ja sie verweigerten am Guadalete sogar den Kampf. Als Rodrigo in der Schlacht fiel, brach die Gotenherrschaft in Spanien zusammen. Weitergelebt und -gewirkt hat sie allerdings im »Neogotismus«, dessen Ziel es werden sollte, das vormuslimische Spanien wiederherzustellen.

Nach der Eroberung gehörte das »muslimische Spanien«, das von den Arabern in seiner Gesamtheit als *Andalus* bezeichnet wurde, politisch und kulturell zum *Dār al-islām*, dem »Haus des Islam«. Es war Teil des Kalifats von Damaskus und wurde nach Gesetzen des islamischen Rechts, der »scharia« (arab. *šarī'a*), verwaltet. Zu dessen Grundideen gehört die Vorstellung, daß es in der Religion keinen Zwang geben darf (Koran, 2. Sure, 126), was zur Tolerierung von Juden und Christen als den Angehörigen der beiden anderen Buchreligionen (*Ahl al-kitāb*) führte. Alle die sich auf freiwilliger Basis zum Islam bekehrten, wurden als *Muwalladūn* (spanisch *muladíes*), als »angenommene Kinder« bezeichnet, die schon bald im *Andalus* die stärkste Bevölkerungsgruppe darstellten. Mozaraber (*Musta'ribūn*, Arabisierte) wurden dagegen jene Hispano-Romanen genannt, die zwar weiter Christen blieben, sich jedoch den Muslimen in ihrer Lebensweise, auch durch die Übernahme des Arabischen zumindest als Zweitsprache, assimilierten. So lebten im *Andalus* sehr verschiedene Ethnien und Kulturen neben- und miteinander: muslimische Araber und Berber (daneben Ägypter, Syrer und wer sonst immer zum *Dār al-islām* gehörte), zum Islam konvertierte Christen, dem Christentum treugebliebene Mozaraber, Juden und eine im Laufe der Zeit immer stärker werdende Zahl von Sklaven aus Nord- und Mitteleuropa. Auch wenn diese Gesellschaft keineswegs konfliktfrei funktionierte, so gelangte sie doch zu einer wirtschaftlichen und kulturellen Blüte, die im damaligen christlichen Europa ihresgleichen nicht kannte.

*Andalus:
das islamische Spanien*

*Muladíes
und Mozárabes*

Die Zeit der Omaiyaden

Die Glanzzeit des *Andalus* begann in der Mitte des 8. Jh., als in Damaskus die Abbasiden die Omaiyaden-Dynastie von der Macht verdrängten, und es dem letzten Omaiyaden gelang, 756 in Córdoba ein Emirat zu errichten. Die völlige Selbständigkeit als Kalifat erlangte der *Andalus* allerdings erst im Jahre 929, als der achte der Omaiyaden-Emire, der mächtige 'Abd ar-Raḥmān (912–961), sich zum Kalifen ernannte und die Trennung vom Orient vollzog.

Im Norden schlug das Omaiyaden-Reich alle Angriffe des christlichen Abendlands zurück: als Karl der Große versuchte, Zaragoza zu erobern, mußte er nach langer Belagerung 778 unverrichteter Dinge abziehen. Dabei wurde die Nachhut seines Heeres, die Roland, der Markgraf der Bretagne, anführte, bei Roncesvalles (dem frz. Roncevaux) von Basken vernichtet. Jahrhunderte später hat die *Chanson de Roland* dieses Geschehen – bereits erfüllt vom Geist der Kreuzzüge – als die Geschichte eines Verrats dargestellt. Auch im Süden verstanden es die Omaiyaden, sich gegenüber den nordafrikanischen Muslimen zu behaupten. Vom Glanz des Reiches zeugt noch heute die Mezquita (Moschee) von Córdoba, »das schönste Zeugnis frühen islamischen Bauens auf europäischem Boden« (A. Renz); 785 begonnen, erhielt sie kurz vor der Jahrtausendwende unter al-Manṣūr ihre endgültige Gestalt.

*Der Andalus
als Kalifat*

*Karl der Große im
muslimischen Spanien*

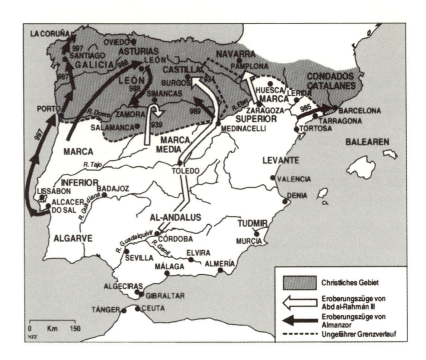

Größte Ausdehnung des Omaiyaden-Reichs um 1000

Die Faszination des Andalus

Córdoba. Mezquita

Eroberung von Santiago de Compostela

Die Faszination, die die islamische Kultur auf die Hispano-Romanen ausübte, belegen nicht nur zahlreiche Übertritte von Christen zum Islam. Selbst Christen, die ihrem Glauben treu blieben, gerieten in ihren Bann. So beklagte bereits 854 ein Autor, die jungen Christen seien in Kleidung, Sprache und Dichtung weitgehend arabisiert und dem Lateinischen völlig entfremdet. Die gleiche Faszination zeigt sich in der *Vita Johannis Abbatis Gorziensis*, der Geschichte eines Mönchs, der sich 953–956 im Auftrag des deutschen Kaisers Ottos I. in Córdoba aufhielt. Er glaubte zunächst, die Bekehrung des ›heidnischen‹ Kalifen erzwingen zu können. Statt dessen kehrte er, beeindruckt von der Pracht 'Abd ar-Raḥmāns und seiner Palaststadt Madīnat az-Zahra (heute Medina Azahara), nach drei Jahren in sein lothringisches Kloster mit einer ganzen Wagenladung arabischer Bücher zurück.

Córdoba, das seinerzeit eine Million Einwohner gehabt haben soll und in dem es 1600 Moscheen und 900 öffentliche Bäder gab, besaß in Madīnat az-Zahra unter dem Kalifen al-Ḥakam I. (961–976) die damals größte Bibliothek Europas mit etwa 400 000 Bänden. Im christlichen Abendland galt dagegen eine Klosterbibliothek bereits als reich, wenn sie über einige wenige Dutzend Bücher verfügte.

Um das Jahr 1000 erlebte das Kalifat mit al-Manṣūr, dem ›Siegreichen‹, seine größte Machtentfaltung. Al-Manṣūr, der gefürchtete »Almanzor« der Christen, ergriff nach dem Tod des mehr an seinen Büchern als am politischen Geschehen interessierten Kalifen al-Ḥakam 976 die Macht. Um sich der mächtigen Fraktion der Strenggläubigen zu versichern, ließ er einen Teil der Bibliothek al-Ḥakams vernichten, schrieb eigenhändig den gesamten Koran ab und half als einfacher Lastenträger bei dem von ihm veranlaßten endgültigen Ausbau der Mezquita. Im Jahr 997 eroberte al-Manṣūr Santiago de Compostela, ließ aber das Apostelgrab, das zwischenzeitlich zu einem Kristallisationspunkt des christlichen Nordens geworden war, unberührt. Bei seinem Tod im Jahre 1002 vermochten weder seine Söhne noch der schwache rechtmäßige Kalif Hisham II. (976–1013) die von ihm errichtete Ordnung aufrechtzuerhalten. Im Jahre 1010 belagerten Berber Córdoba. Als sie die Stadt nicht einnehmen konnten, wandten sie sich nach Madīnat az-Zahra und zerstörten dieses Prunkstück islamischer Kultur nur 50 Jahre nach seiner Fertigstellung. Es war dies zugleich das Zeichen für das Ende des Omaiyaden-Kalifats, das in einen zwanzigjährigen Bürgerkrieg versank. Ohne Zentralmacht zerfiel der *Andalus* in 38 regionale, weitgehend voneinander unabhängige, jeweils um eine Stadt zentrierte politische Einheiten, die sich als Königreiche, *reinos de taifa* (von *ṭā'ifa*, Partei), bezeichneten. Das politische Ende des Kalifats bedeutete jedoch nicht zugleich das Ende der wirtschaftlichen Kraft und der kulturell-literarischen Leistungen der spanischen Muslime. Diese wirkten noch bis weit ins 12. Jh. hinein fort.

Zerfall des Kalifats: die reinos de taifa

Ruinen von Medina Azahara, Kapitel

Die Anfänge der Reconquista

Wenige Begriffe der spanischen Historiographie sind so emotionsgeladen wie der Begriff der *reconquista*. Dieses in den spanischen Texten des Mittelalters nicht belegte Wort suggeriert die Vorstellung, als habe es von spanisch-christlicher Seite von Anfang an ein klar umrissenes Projekt gegeben, die Muslime als fremde Eindringlinge wieder aus Spanien zu vertreiben und im Sinne des Neogotismus ein ›christliches Spanien‹ wiederherzustellen. Eine solche Auffassung übersieht, daß der muslimische *Andalus* nie Eigentum des christlichen Nordens gewesen ist, daß sich die ursprünglichen Besitzer in hoher Zahl zum Islam bekehrten und als *muladíes* auf ihrem Besitz verblieben waren. Dies gilt auch für die Mozaraber, die unter muslimischer Herrschaft ihren Besitz behielten, auch wenn es, besonders seit dem 11. Jh., immer wieder zu Fluchtbewegungen von Mozarabern und Juden in den Norden Spaniens gekommen ist.

Die Reconquista: ein polemischer Begriff

»Cruz de los Angeles« (Oviedo) aus dem Jahre 808. Siegeszeichen der Reconquista

Historisch gesehen kann auch bei den ersten bewaffneten Widerständen der Christen gegen die Vorstöße des Islam nicht von einer »Rückeroberung« gesprochen werden. Die Anfänge dieses Widerstands verlieren sich wie die der muslimischen Invasion im Dunkel der Geschichte. Ihre Umrisse sind in der spanischen nationalen Mythologie schärfer gezeichnet als in der Historiographie. Im Jahre 722 soll der asturianische *princeps* Pelayo als erster eine muslimische Truppe vor der Höhle von Covadonga, einem Marienheiligtum (*cava dominica*) in der Nähe von Oviedo, vernichtet und dann den arabischen Statthalter von Asturien, Munuza, getötet haben.

Eine identitätsstiftende Wirkung für die nordspanischen Christen kam dann der »Entdeckung« des Grabes des Apostels und legendären Spanienmissionars Jakobus (spanisch zunächst »Sant Yago«, dann »Santiago«) zu, die 812 auf dem *Campus stellae*, dem heutigen Santiago de Compostela, erfolgte. Jakobus wurde zum Gegenbild des Propheten Mohammed. Seine Verehrung ist die christliche Replik auf das islamische Mekka und die arabischen Pilgerreisen. Wie Mohammed reitet er auf einem Schimmel den Christen als *matamoros*, Maurentöter, in Schlachten voraus und ist ihnen Garant des göttlichen Beistands. Santiago de Compostela wurde für das

Santiago der Maurentöter

Jakobus der Maurentöter, Kupferstich von Martin Schongauer. Jakobus soll Ramiro I. in der Schlacht von Clavijo 843/844 durch persönlichen Eingriff zum Sieg verholfen haben

Politische Zersplitterung des christlichen Nordens

Die Ausgliederung der spanischen Reiche und Sprachen

gesamte christliche Abendland neben Rom und Jerusalem das wichtigste Pilgerziel, über das kulturelle und literarische Neuigkeiten vor allem aus Frankreich in den christlichen Norden Spaniens einströmten. Der *camino de Santiago* bot sich aber auch zum geistigen Austausch in entgegengesetzter Richtung an. Spätestens seit dem 11. Jh. waren in Nordspanien alle Voraussetzungen für umfassende wirtschaftliche und kulturelle Kontakte zwischen der muslimischen und der christlichen Welt, zwischen der Iberischen Halbinsel und Südfrankreich, gegeben.

Die christliche ›Rückeroberung‹ der Iberischen Halbinsel war ein jahrhundertelanger, höchst komplexer Prozeß. Anders als im *Andalus* gab es in den christlichen Gebieten im Norden der Halbinsel lange keinen zentral regierten Einheitsstaat, sondern nur eine Reihe autonomer regionaler Mächte: Galicien, Asturien-León, Kastilien, Navarra, Aragón und die Grafschaft Barcelona. Wie in den *reinos de taifa* herrschten in ihnen von Anfang an Adelsaufstände und interne Erbfolgestreitigkeiten, verschiedenste Koalitionen und dynastische Beziehungen und trotz der Gleichheit des Glaubens auch kriegerische Auseinandersetzungen. Im Laufe der Zeit bildeten sich aus den autonomen Gebieten drei Königreiche heraus, die zu den Trägern der Reconquista wurden: Portugal, das sich 1139/43 als eigenes Königreich konstituierte; Kastilien, das 961 unter dem ›Nationalhelden und Gründungsvater‹ Fernán González eine eigene Grafschaft bildete, 1035 zum Königreich wurde, in das sich Asturien und León 1037 eingliederten; schließlich Aragón, das sich 1137 mit Katalonien vereinigte. Mit der militärischen Ausdehnung dieser Königreiche nach Süden hinein in das Gebiet des *Andalus* und mit der Wiederbesiedlung der eroberten Gebiete, der *repoblación*, expandierten auch die Sprachen dieser Reiche nach Süden: das Galicisch-Portugiesische, das Kastilische und das Katalanische. Diese Sprachen traten in den ›rückeroberten‹ Gebieten an die Stelle der regionalen Varietäten des Mozarabischen, das im *Andalus* neben dem Arabischen Verkehrssprache gewesen ist. Die heutige sprachliche Gliederung der Iberischen Halbinsel mit dem Portugiesischen einerseits und den vier kooffiziellen (Literatur-)Sprachen in Spanien andererseits, dem Galicischen, dem Kastilischen, dem Baskischen und dem Katalanischen, ist das Ergebnis der Reconquista.

Bedeutsam für die Entwicklung der »spanischen« Kultur und Literatur im Mittelalter wurde es, daß ebenso wie zwischen den Muslimen, den Christen und den Juden im *Andalus* auch zwischen dem *Andalus* einerseits und den christlichen Herrschaftsgebieten im Norden der Pyrenäenhalbinsel andererseits ein reger wirtschaftlicher und kultureller Austausch bestand. Die Juden lebten in beiden Machtbereichen und wurden von Muslimen *und* Christen an den Höfen als informierte Verwaltungs- und Finanzleute geschätzt, als hervorragende Ärzte, als Händler mit internationalen Beziehungen, aber auch als geschickte Handwerker und sogar als Soldaten. Bei diesem Austausch zwischen dem muslimischen Süden und dem christlichen Norden bestand bis Ende des 13. Jh. ein deutliches kulturelles Gefälle, in dem die Christen sowohl in der materiellen wie in der geistigen Kultur die Nehmenden waren.

Vieles von dieser Kultur der *convivencia* entzieht sich aufgrund fehlender Quellen zur Alltagsgeschichte unserer Kenntnis. Ein überzeugendes Beispiel dieser Kultur ist jedoch die Architektur der *mudéjares* (nach dem Arabischen *mudaǧǧanūn*, die »Eingefriedeten«, »die man weiter wie gewohnt leben läßt«), jener Muslime, die in den rückeroberten christlichen Gebieten geblieben waren und dort ihre Religion praktizieren und nach den muslimischen Gesetzen leben durften. Selbst die Symbolfigur des christlichen Spaniens und der Reconquista belegt dieses Leben in mehr als nur einer der drei Kulturen: Rodrigo Díaz de Vivar (um 1040–1099) trug nicht nur den arabischen Ehrentitel »Cid« (»sayida«, Herr). Er kleidete sich arabisch und beließ der muslimischen Bevölkerung im wiedereroberten Valencia ihre Religion. Andererseits ließ er die Moschee in eine Kathedrale umwandeln und berief einen französischen Cluniazensermönch zum Bischof.

Dennoch ist die Epoche des Cid und seines Königs, Alfons' VI. (1065–1109), die Zeit, in der sich in Spanien das Verhältnis zwischen den Muslimen und den Christen tiefgehend zu ändern beginnt und aus den bisherigen Kämpfen um territoriale Macht und Tributzahlungen ein Glaubenskrieg wird. Die Schwäche der *reinos de taifa* und die allmähliche Einigung des christlichen Nordens hatte diesem zu immer größeren Erfolgen in der Reconquista verholfen. Im Juli 1064 war, in einer in ganz Europa beachteten Aktion, in Aragón die maurische Festung Barbastro gefallen; 1085 ergab sich Toledo in Zentralspanien den Christen, deren Heere nunmehr freien Weg in den Süden hatten. Angesichts dieser Gefahr riefen die Herrscher von Sevilla in einer folgenschweren Entscheidung die nordafrikanischen glaubensstrengen Almoraviden (*al-murābiṭūn*, die »Glaubenskrieger«) zu Hilfe. Mit diesen muslimischen Berbern kam eine dritte Partei nach Spanien, die das prekäre Gleichgewicht zwischen dem christlichen Norden und dem islamischen Süden außer Kraft setzte. Die Folge war eine massenweise Flucht von Juden und Mozarabern aus den reislamisierten Gebieten. In einem gewaltigen Ansturm eroberten die Almoraviden im Westen der Halbinsel 1094 Badajoz zurück, im Osten 1102 sogar Valencia, das die Erben des Cid nicht zu halten vermochten. Selbst Zaragoza fiel ihnen 1110 wieder zu. Letztendlich vermochten sie aber nicht, Toledo, den entscheidenden christlichen Vorposten, einzunehmen. Mit der Rückeroberung Zaragozas im Jahre 1118 wurde die Macht der Almoraviden gebrochen. Im Norden bildeten sich als Reaktion auf das religiös motivierte

Die convivencia *der drei Kulturen*

Santa María la Blanca. Gebaut im Stil der Almohaden im christlichen Toledo zu Anfang des 13. Jh.

Gefährdungen der convivencia

Einbruch der Almoraviden

Das Ende der muslimischen Expansion

Die Giralda. Von den Almohaden erbautes Minarett, heute Glockenturm der Kathedrale von Sevilla

Karte: Stand der Reconquista zu Beginn und am Ende des 13. Jh.

Kämpfertum der Almoraviden und in organisatorischer Anlehnung an den in Spanien kämpfenden französischen Templerorden in der zweiten Hälfte des 12. Jh. die drei großen Ritterorden (Calatrava, Santiago, Alcántara). Sie spielten in der weiteren Reconquista eine bedeutsame militärische Rolle, in deren Verlauf sie zu riesigen Latifundien gelangten. Ihre politische Macht sollte sich bis weit ins Siglo de Oro halten.

In das von den Almoraviden hinterlassene Machtvakuum stieß eine zweite Berbermacht, die der Almohaden. Auch sie, die »Bekenner der göttlichen Einheit« (*al-muwaḥḥidūn*), bezogen ihre Schlagkraft aus einem religiös motivierten Eroberungsdrang. Bei Alarcos brachten sie 1195 dem kastilischen König Alfons VIII. eine vernichtende Niederlage bei. Dies war allerdings der letzte große Sieg, den muslimische Truppen in Spanien erringen konnten. Die Niederlage fand ein europaweites erschütterndes Echo, das zwei Jahre später durch den Fall Jerusalems verstärkt wurde. Der Kreuzzugsgedanke der europäischen Ritterschaft, der sich bislang auf die ›Befreiung‹ des Heiligen Landes gerichtet hatte, wurde nun durch einen Aufruf von Papst Innozenz III. auch auf Spanien angewandt. Das kastilische Heer unter Alfons VIII. schlug, unterstützt von zahlreichen Rittern aus dem übrigen Europa, am 12. Juli 1212 bei Las Navas de Tolosa, am Südhang der Sierra Morena, die Almohaden vernichtend. Damit war ihre expansive Macht gebrochen. Ferdinand III. (1217–1252), der den Beinamen ›der Heilige‹ erhalten sollte, eroberte 1236 Córdoba und 1248 Sevilla. Diese beiden Daten markieren den Anfang vom endgültigen Ende des islamischen Spanien. Es erlebte zwar unter den Almohaden noch einmal eine wirtschaftliche und kulturelle Blüte. Die *Giralda* und die *Torre del Oro* in Sevilla sind eindrucksvolle Belege ihrer Kultur. Aber politisch und militärisch blieb nach dem endgültigen Zusammenbruch der Herrschaft der Almohaden in der zweiten Hälfte des 13. Jh. von dem einst mächtigen muslimischen Spanien nur das Königreich Granada übrig. Unter der Dynastie der Nasriden konnte es sich, in strengem Glauben verharrend, noch bis 1492 halten, ohne daß von ihm Impulse im Sinne der frühmittelalterlichen Convivencia ausgingen.

Auf christlicher Seite verloren sich mit dem Eindringen des Kreuzzugsgedankens, der mit den cluniazensischen Reformen ins Land gelangte, und mit dem Triumphalismus der zunehmend dominierenden Christen seit dem Anfang des 13. Jh. immer rascher die Idee und die Realität der Convivencia. Belegt ist dennoch das Erstaunen der nicht-spanischen, vor allem französi-

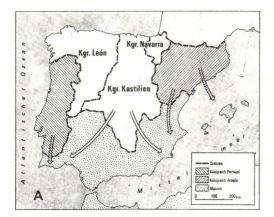
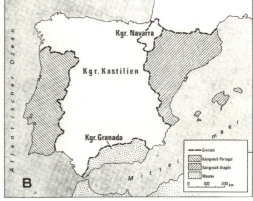

schen Ritter und Kleriker, die empört waren über die Freiheiten, die Juden und Muslime im christlichen Spanien genossen. Mit dem 14. Jh. setzte dann auf Seiten der Christen das systematische Bestreben ein, die beiden anderen ›besiegten‹ Kulturen und Religionen dem Denken der Mehrheit zu unterwerfen, sie geistig auszugrenzen und schließlich physisch zu vertreiben. Am Ende dieser Entwicklung steht der endgültige Ausschluß der beiden nichtchristlichen Kulturen aus Spanien: 1492 die Vertreibung der Juden und 1609 die der »Morisken«, wie die seit dem 15. Jh. unter christlicher Herrschaft lebenden Muslime bezeichnet wurden.

Das Ende der convivencia

Arabische und hebräische Literatur im Andalus

Noch ehe die spanisch-christliche Literatur überhaupt zu eigenen Formen und Werken fand, erlebten die arabische und die hebräische Literatur auf der Pyrenäenhalbinsel im 11. und 12. Jh. aufgrund einer jahrhundertelang ungebrochenen Tradition eine ausgesprochene Blütezeit. Da die jüdischen Autoren häufig auch des Arabischen mächtig waren, vermochten sie je nach Gegenstand und Publikum ihre Werke auch in dieser Sprache zu verfassen. Die Autoren wurden durch ein vielfältiges Mäzenatentum gefördert, da Literatur und Philosophie sich an den Höfen des *Andalus* höchsten Ansehens erfreuten. Dies verhinderte jedoch nicht, daß die Autoren immer wieder in Konflikte mit den »Rechtgläubigen« beider Religionen gerieten. So sahen sich häufig gerade die Philosophen, besonders in den Phasen der Intoleranz unter den Almoraviden und Almohaden, gezwungen, das Land zu verlassen.

In der Lyrik haben die Dichter im *Andalus* zunächst die klassische arabische Qasiden-Tradition (arab. *Qaṣīda*) ebenso wie die anthologische Zusammenstellung eigener und fremder Gedichte zu einem »Diwan« fortgesetzt. Die nicht-strophisch gegliederte Qaside mit nur einem Metrum und Reim kannte vor allem zwei Themenbereiche: eine höfische Panegyrik mit dem Lob des Herrschers und Mäzens sowie eine Liebeslyrik mit dem Preis der geliebten Frau und mit einer Auffassung von der Liebe als einer veredelnden Kraft, wobei die Geliebte als Herrin, der Liebende als Knecht erscheint.

Arabische Lyrik

Der Qaside wurden im *Andalus* zwei gänzlich neue Gedichtformen zur Seite gestellt, die rasch im gesamten arabischen und hebräischen Sprachraum rezipiert wurden: das *muwaššaḥ* und das *zaǧal*. Diese unterscheiden sich von der Qaside durch eine strophische Gliederung und die Verwendung mehrerer Reime im gleichen Gedicht. Das *muwaššaḥ* zeigt außerdem eine sprachliche Besonderheit: Während der Haupttext in klassischem Arabisch geschrieben ist, ist das Reimpaar der Schlußstrophe in einer Vulgärsprache verfaßt, sei es in gesprochenem Arabisch, sei es in dem gesprochenen ›Spanisch‹ der Mozaraber. Diese abschließenden Verse werden als *jarcha* (»Gürtel«) bezeichnet. Der Erfinder dieser Gedichtform soll im 10. Jh. ein Lyriker aus dem andalusischen Cabra gewesen sein.

Lyrik im Andalus: *der* muwaššaḥ

Diese drei Grundformen der in aller Regel von Musik begleiteten, gesungenen Lyrik hat eine ganze Plejade arabisch- und hebräischsprachiger Dichter gepflegt. Zu der großen Zahl der Dichter zählt auf arabischer Seite Ibn Quzmān, der 1160 in Córdoba starb. Unter den jüdischen Autoren zu nennen sind Salomon Ibn Gabirol, nach Heinrich Heine die »Nachtigall, die in der gotischen Nacht des Mittelalters singt«, und Jehuda Ha-Levi, der als einer der bedeutendsten hebräischen Dichter des ganzen Mittelalters gilt.

Neben der Lyrik und einer sehr hochgeschätzten konzeptistischen Reimprosa gab es im *Andalus* auch eine exempelhafte, narrative Literatur, deren heutzutage wohl bekanntestes Beispiel *Das Halsband der Taube. Über die Liebe und die Liebenden* (*Ṭauq al-ḥamāma fī l-ulfa wa-l-ullāf*) ist. Von Ibn Ḥazm in jungen Jahren verfaßt und mit vielen autobiographischen Elementen und eigenen Liebeserfahrungen durchsetzt, entwirft das Werk anhand zahlreicher Anekdoten ein breites Panorama aller – auch der homoerotischen – Formen der physischen und der geistigen Liebe, von der nicht einmal die islamische Geistlichkeit ausgeschlossen ist. Wie in der Lyrik findet sich auch hier wieder die Vorstellung von der Geliebten als Herrin, dem Liebenden als einem ihr bedingungslos ergebenen Sklaven, die Sicht der Liebe als Krankheit und Martyrium, aber auch als veredelnder Kraft. Hier, so will es scheinen, sind Grundideen der Troubadourlyrik vorweggenommen.

Die Feier der erotischen Liebe mündet bei Ibn Ḥazm nichtsdestoweniger in eine Warnung vor den Leidenschaften und vor der Sünde. Das Buch endet mit einem Lob der »Vortrefflichkeit der Keuschheit«, die aber keine Absage an die Erotik bedeutet. Ein vergleichender Blick auf Andreas Capellanus im christlichen Frankreich und seine drei Bücher von der Liebe (*De amore*, 1185/86) macht deutlich, daß zwischen der Liebesauffassung der Araber und der höfischen Konzeption der Liebe zwar eine Reihe von Übereinstimmungen bestehen, daß dem *Halsband der Taube* jedoch die moraltheologische Bitterkeit, die letztliche Verdammung der Liebe und die misogyne Kehrtwende fehlen. Anders als Capellanus ist der hochgebildete Ibn Ḥazm auch als Theologe und als der vielleicht erste vergleichende Religionswissenschaftler überhaupt hervorgetreten.

Auf dem gleichen höchst anspruchsvollen intellektuellen Niveau bewegt sich Ibn Ṭufail mit seinem philosophisch-allegorischen ›Roman‹ *Der Traktat von Ḥayy Ibn Yaqẓān* (*Risālat Ḥayy Ibn Yaqẓān*), der Spuren in Graciáns *Criticón* hinterlassen hat und der, noch 1671 von Eduard Pococke als *Philosophus autodidactus* ins Lateinische übersetzt, von großer Bedeutung für das utopische Denken der europäischen Aufklärung wurde. In seiner ›Robinsonade‹ schildert Ibn Ṭufayl, wie ein Kind ganz allein auf einer Insel aufwächst und sich allmählich die Errungenschaften der Zivilisation erschließt. Im Verlauf seines ›natürlichen‹ Bildungsprozesses gelangt der Protagonist mit dem sprechenden Namen Ḥayy Ibn Yaqẓān (»Lebend, Sohn des Wachenden«, sc. Gottes) zu einer umfassenden religiös-philosophischen Erkenntnis der Welt.

Innerhalb des spanischen Judentums hat Abraham Ibn ʿEzra mit der allegorischen Versnovelle *Chai Ben Mekiz* (»Lebend, Sohn des Erwachenden«) ein analoges Werk geschaffen: Anhand einer Reise durch das Weltall, die auf dem neuplatonischen Emanationsgedanken basiert, wird dort die Entwicklung des menschlichen Geistes von den Anfängen bis zu seiner Vollendung geschildert. Beiden Werken geht es in der Zeit, als ein religiöser Fanatismus im *Andalus* herrschte, darum, die Erkenntnisfähigkeit des menschlichen Intellekts zu verdeutlichen und diesen als Instrument auch einer religiösen Erkenntnis zu erweisen.

Dies ist auch das zentrale Anliegen eines im engeren Sinn philosophischen Schrifttums, das im 12. Jh. im *Andalus* eine bis dahin unbekannte Blüte erlangte. Es ist insbesondere mit den Namen zweier Männer ver-

Arabische Literatur und Erotik

Jüdischer Thorarollenschreiber. Miniatur des 15. Jh.

Arabische Literatur und Philosophie

Arabische und hebräische Philosophen im Andalus

bunden, die beide aus Córdoba stammen: Abū 'l-Walīd Muḥammad Ibn Rušd, im Abendland bekannt als Averroës, und Moses Maimonides. Beide waren lebenslang als Ärzte tätig. In Averroës und Maimonides gelangte jene griechisch-arabische Philosophie zu ihrem Höhepunkt, die seit 800 im gesamten Einflußbereich der islamischen Kultur ihre Wirkung entfaltet hatte und die eben dort die Zeit der Almoraviden und Almohaden nicht überstehen sollte.

Averroës geht in seinen Schriften nicht von einem spekulativ theologischen, sondern von einem naturwissenschaftlich empirischen Wissen aus. Ausgangspunkt seines systematischen Denkens und höchste Autorität sind für ihn, der auf Avicenna und dem mit ihm befreundeten Ibn Tufail fußt, die Schriften des Aristoteles, die den arabischen Denkern in den reichen Bibliotheken ihrer gelehrten Kalifen weit vollständiger zur Verfügung standen, als dies in den christlichen Klosterbibliotheken der Zeit der Fall war. Averroës erschließt diese Werke in bedeutenden Kommentaren für die arabische Philosophie, so auch die wichtige aristotelische Schrift *Über die Seele* (*Peri psychē*), aus der er gegenüber allen theologischen Vorrangansprüchen einen durchaus aufklärerischen Rationalismus entwickelt.

Averroës und der Empirismus

Eine analoge Position vertrat Maimonides, der gleichfalls ein gründlicher Kenner der griechisch-arabischen Philosophie war. Sein Lebensweg ist charakteristisch für das Schicksal der Juden im *Andalus* der Spätzeit. Er mußte nicht nur seine Geburtsstadt Córdoba auf der Flucht vor dem religiösen Fundamentalismus der Almohaden verlassen; seine Familie sah sich sogar gezwungen, zum Schein zum Islam zu konvertieren. Er selbst ging 1160 nach Fez, danach als Philosoph und Arzt nach Ägypten, wo er zum Oberhaupt der Juden wurde. Seine wichtigsten Werke hat er in arabischer Sprache verfaßt. Sie fußen nicht nur auf den Hauptquellen jüdischen Denkens, dem Alten Testament, der Thora und dem Talmud, sondern auch auf den bedeutendsten arabischen Philosophen der Zeit, auf Avicenna und Averroës. Von Avicenna übernimmt er die neuplatonische Vorstellung der Welt als göttlicher Emanation, von Averroës die Orientierung am empirischen Denken des Aristoteles und seine Hochschätzung des menschlichen Intellekts. In seiner Hauptschrift, dem 1190 in arabischer Sprache verfaßten *Dalālat al-ḥā'irīn* (»Führer der Unschlüssigen«), dem wohl bedeutendsten Werk der jüdischen Philosophie des Mittelalters, versucht er wie Averroës, eine Synthese zwischen Philosophie und Religion herzustellen. Da Maimonides' Denken hinsichtlich der Fähigkeiten des Intellekts jedoch von einem tiefgreifenden Agnostizismus bestimmt ist und er überdies die Gesetze aller Religionen nicht als zeitlos gültig ansieht, vertritt er ganz entschieden den Gedanken einer prinzipiellen Toleranz und der wechselseitigen Duldung der Religionen.

Maimonides und der Gedanke der Toleranz

Averroës

Im *Andalus* der Almoraviden und Almohaden hatten dergleichen Ideen jedoch längst ihre Überzeugungskraft verloren. Zwangskonversionen, Scheinübertritte zum Islam und Vertreibung der nicht-islamischen Bevölkerungsanteile waren zur Regel geworden. Auch auf christlicher Seite wurden aus den früheren ›Schutzbefohlenen‹ mit eigener Religion und eigener Rechtsstellung immer stärker marginalisierte Bevölkerungsgruppen, die Gegenstand von Bekehrungsversuchen und seit dem Ende des 13. Jh. auch Opfer massiver Verfolgungen wurden. In der Zeit davor begnügte man sich noch mit der Anordnung, daß Juden zwangsweise der christlichen Predigt beizuwohnen hatten. Die gleiche Absicht einer zunächst noch friedlichen Überzeugung verfolgten auch die zahlreichen landesweit inszenierten Religionsdispute, in denen über mehrere Tage hinweg je ein renommierter

Moses Maimonides

Christ und ein Jude um Wahrheit und Vorrang ihrer Religion stritten, wobei das Ergebnis dieser von den Christen inszenierten Gespräche allerdings im voraus festgelegt war.

Zur Convivencia in der Literatur

Mit der Schlacht von Las Navas de Tolosa (1212), in der die Mauren vernichtend geschlagen wurden, übernahmen die Christen die militärische und allmählich auch die geistige Vorherrschaft auf der Pyrenäenhalbinsel. Trotz der zunehmenden Ausgrenzung der arabischen und der jüdischen Bevölkerung setzte sich aber der *mestizaje cultural* Spaniens fort. Diesen Austausch belegen am unmittelbarsten die drei- bis viertausend arabischen Wörter, die in das spanische Lexikon übernommen wurden. Selbst Fluß- und Ortsnamen, die sich ansonsten als sehr stabil erweisen, wurden arabisiert wie der *Guadalquivir* (arab. »großer Fluß«) und die zahlreichen Städtenamen in Verbindung mit *Medina* (arab. »Stadt«). Trotz der zunehmenden (Re-)Christianisierung und Okzidentalisierung Spaniens durch die Cluniazenser und Dominikaner wirkten arabisch-jüdisches Denken und arabisch-jüdische Literatur auch im christlichen Spanien bis ins 17. Jh. fort. Das herausragende Werk des 14. Jh., der *Libro de buen amor* von Juan Ruiz, des Erzpriesters von Hita, zeigt deutliche Parallelen zu Ibn Hazms *Halsband der Taube*. Dies gilt ebenso für die Verbindung von Erotik und Religion wie für die im spanischen Kontext neuartige Verbindung von narrativem Text und lyrischen Gedichten. An der Präsenz arabischer Sufi-Mystik bei Juan de la Cruz und Teresa de Jesús kann heutzutage kein Zweifel mehr bestehen. Auch wenn offen bleibt, ob Fernando de Rojas' *Celestina* vom Geist jüdischen Neuchristentums geprägt ist, so gilt es doch hervorzuheben, daß überraschenderweise selbst Cervantes seinen *Don Quijote* als Werk des Arabers Cide Hamete Benengeli und als Übersetzung aus dem Arabischen ausgibt, einer Sprache, deren Gebrauch seit der Mitte des 16. Jh. verboten war.

Arabisches im Spanischen

Petrus Alfonsi und die Disciplina clericalis

Ein besonders früher und zugleich herausragender Vertreter des christlich-jüdisch-arabischen Kulturaustausches ist Petrus Alfonsi, der Verfasser der auf Latein geschriebenen *Disciplina clericalis*. Diese erste abendländische Erzählsammlung erlangte in ganz Europa rasche Verbreitung, wie die hohe Zahl von über 60 erhaltenen Handschriften belegt. Die Texte wurden während des Mittelalters allenthalben in Europa in der volkstümlichen Predigt als Beispielerzählungen verwandt. Ein erster Druck des Werks erschien 1537 in Köln.

Ein Autor zwischen den Religionen

Der Autor der *Disciplina clericalis* wurde um 1075 als Moses Sephardi in der jüdischen Gemeinde von Huesca im damals noch weitgehend arabisch beherrschten Ebrotal geboren, wo er es bis zum Rabbi der Stadt gebracht haben soll, die König Pedro I. 1096 eroberte. Am Hof dieses Königs, der selbst Dokumente in arabischer Schrift als *Rex Petro ben Xansho* (König Pedro, Sohn des Sancho) unterzeichnete, erlangte der Autor die Stellung eines königlichen Leibarztes. 1106 konvertierte er zum Christentum. Dabei nahm er den Namen des Apostels Petrus und den von König Alfons I. an, der sein Taufpate wurde. Die *Disciplina clericalis* hat Petrus Alfonsi zwischen 1110 und 1130 verfaßt. Nur auf den ersten Blick vermittelt das Buch den Eindruck, ein schwankhaftes Erzählbuch zu sein, wie etwa in der Geschichte vom weinenden Hündchen. In ihr wird berichtet, wie eine tugendhafte, verheiratete Frau, zu der ein Jüngling in Liebe entbrannt ist, von einer Kupplerin zum Ehebruch verführt wird. Die Alte hatte ein Hündchen mehrere Tage hungern lassen und es dann mit scharfem Senfbrot gefüttert. Die dadurch reichlich fließenden Tränen des Tiers erklärte sie der erstaunten Frau wie folgt: In dem Hündchen lebe die Seele ihrer Tochter fort, die, einst auch von einem Jüngling begehrt, diesen zurückgewiesen hatte. Früh verstorben bereue und beweine sie jetzt ihr damaliges Verhalten. Dieses Argument überzeugt die Frau und läßt sie der Leidenschaft nachgeben.

Diese knappe Erzählung setzt, wie unschwer zu erkennen, die Idee der Seelenwanderung voraus und verweist damit auf ihre Quelle: indisches Erzählgut, das von den Arabern über Persien rezipiert worden war. Die *Disciplina clericalis* des Petrus Alfonsi, der des Hebräischen und des Arabischen ebenso mächtig war wie des Lateinischen, bildet ein frühes Glied in der Vermittlung des reichen orientalischen Erzählguts an den christlichen Okzident. Wiederholt wird ein nicht genauer bestimmter »arabischer Dichter« als Quelle angegeben. Die Handlung der einzelnen, häufig nicht einmal eine Seite umfassenden Geschichten spielt in einem städtischen Milieu, wie dies auch für das muslimische und jüdische Spanien charakteristisch war. Sie kennen weder den prunkvollen (Artus-)Ritter noch den wundertätigen Heiligen. Im Vordergrund steht der welterfahrene Kaufmann. Dem städtischen Kulturkreis verbunden sind auch Intention und Komposition des Buchs. Die *Disciplina clericalis* ist noch nicht die unterhaltsame Novellensammlung, als die sie häufig bezeichnet wird. Ihr Grundanliegen ist es, dem Leser eine illusionslose, doch darum nicht pessimistische Sicht der Welt und der Menschen zu bieten. Dies tut sie nicht in Traktatform, sondern indisch-orientalischen Formen folgend in lose aneinandergereihten Erzählungen, Exempeln, Fabeln und Sprichwörtern. Dabei vermeidet sie jeden doktrinären Ton, will sie doch Weltwissen und Lebensweisheit, nicht aber Glaubensinhalte vermitteln. Diesem Wissen liegt die Erkenntnis zugrunde, daß »jedes Ding zwei Seiten hat«, die der mündige Mensch in Erwägung ziehen muß, um sich unabhängig von allen Autoritäten für sein Verhalten vernünftig zu entscheiden. Meint der Leser etwa, aus der Geschichte vom weinenden Hündchen und weiterer Exempel »vom schlechten Weibe« auf Schlechtigkeit aller Frauen schließen zu dürfen, so wird er anschließend mit Beispielen »vom guten Weibe« konfrontiert. Eine undogmatische Gottesfurcht, die zu Anfang und Ende der *Disciplina clericalis* gefordert wird, die Warnung vor frommer Selbsttäuschung und Verabsolutierung, das Lob unbedingter Freundschaft, die Wachsamkeit gegenüber den Leidenschaften, eine realistische Sicht der Mitmenschen und der Herrschenden sowie das Bewußtsein um die Vergänglichkeit aller Dinge sind die Grundlage einer praktischen Ethik und eines Zusammenlebens aller Menschen, ganz gleich für welche Religion sich der einzelne entscheidet. Diese bereits in die Richtung des modernen Toleranzgedankens weisende Auffassung hat Petrus Alfonsi auch in seinem *Dialogus contra Judaeos* vertreten, dessen knappe und klare Zusammenfassung auch der Lehre des Islam zu einer der wichtigsten Quellen wurde, aus denen das Abendland seine Kenntnis des Islam schöpfte.

Die *Disciplina* spiegelt zweifelsohne die Erfahrung, wie sie die Juden

Orientalische Erzählliteratur

Weisheitsliteratur und mündige Leser

unter muslimischer, dann unter christlicher Herrschaft gemacht hatten, eine Erfahrung, die von einem Vertrauen in die menschliche Vernunft und dem Willen nach (Gott-)Erkenntnis jenseits der Glaubensbekenntnisse geprägt ist. Der Titel der *Disciplina clericalis* geht auf die Tradition hebräischer Ethikbücher, der *sifre musar*, zurück, die im Lateinischen als *libri disciplinae* bezeichnet werden. Dieser ist daher nicht als »Unterweisung für Kleriker« wiederzugeben, sondern angemessener, wenn auch sehr frei als die – den Gebildeteren (»clerici«) vorbehaltene – »Kunst, vernünftig zu leben«, und, wie der Autor formuliert, auf den ›Hauptstraßen‹ zu bleiben und allen ›Nebenstraßen‹ und allem ›weltfremden Idealismus‹ zu entsagen.

Die jarchas: *zur frühesten spanischen Lyrik*

Eine Gestalt wie die des Petrus Alfonsi ist außerhalb des mittelalterlichen Spaniens der drei Kulturen nicht vorstellbar. Gleiches gilt für die *jarchas*. Ihre Entdeckung ist dem Orientalisten Samuel M. Stern zu verdanken, der Ende der 40er Jahre in einer Kairoer Bibliothek feststellte, daß 20 der von ihm untersuchten *muwaššaḥāt*, strophischen Gedichten in hebräischer oder klassisch arabischer Sprache, eine Schlußstrophe besaßen, die in einer anderen Sprache, darunter auch dem »Spanischen« der Mozaraber, verfaßt waren. Die Entzifferung dieser Schlußstrophen ist mit großen Schwierigkeiten verbunden, sind sie doch, häufig wenig korrekt, in arabischer Schrift und damit ohne die Wiedergabe der Vokale geschrieben. Die (bereits transliterierte und interpretierte) Konsonantenfolge eines dieser Texte:

Probleme einer korrekten Lektüre

> tnt ʾmʾry tnt ʾmʾry
> byb tnt ʾmʾry
> yrwn weywš gydš
> y dwln tn mʾly

ist wie folgt im älteren »Spanisch« zu lesen:

> ¡Tanto amare, tanto amare,
> ḥabīb, tanto amare!
> Enfermeron olios nidios
> e dolen tan male.

Gemeinsames Musizieren eines arabischen und eines christlichen Juglars (Miniatur der *Cantigas* von Alfons X.)

(Welche Liebe, welche Liebe, / Geliebter, welche Liebe! / [Meine] glänzenden Augen sind krank geworden / und schmerzen so sehr.)

Während hier nur ein einziges Wort (»ḥabīb«, »Freund«, »Geliebter«) dem Arabischen entstammt, sind dies in anderen *jarchas* ganze Verse:

> *Amanu, ya ḥabīby,*
> *al-wahsha no me farás*
> *Bon, becha ma boquella:*
> *eo sé que te no irás.*

(Erbarmen, o mein Geliebter! / mache mich nicht (zu einer) Verlassenen. / Du Guter, / küsse mein Mündchen: / ich weiß, daß Du nicht weggehen wirst.)

Weibliche Erotik im Text der jarchas

Der Reiz dieser Gedichte bestand für das höfische arabisierte Publikum in der Kontrastierung zweier Stimmen, zweier Formen der Erotik und zweier Sprachen: Während in den 4 bis 7 Strophen in arabischer oder hebräischer Sprache ein männliches Ich seine Liebe und seine Unterwerfung unter den absoluten Willen der Geliebten in zahlreichen Paraphrasen beteuert, spricht in der Schlußstrophe ein weibliches Ich, die Stimme eines jungen Mädchens, ihr Liebesbegehren unmittelbar aus, häufig in weit konkreterer Weise als in den angeführten Texten.

Daß der Haupttext der *muwaššaḥ* jeweils von einem konkreten, namentlich belegten Autor wie etwa Ibn Quzmān verfaßt wurde, steht außer Zweifel. Interessanter für die Geschichte der spanischsprachigen Lyrik ist jedoch die Frage, von wem die Texte der jeweiligen *jarcha* stammen und wann sie verfaßt wurden. Vieles spricht dafür, daß es sich dabei um eine mündlich tradierte, anonyme, volkstümlich schlichte Lyrik der romanischen Bevölkerung des *Andalus* handelt, eine *poesía oral*, deren Existenz insbesondere Menéndez Pidal immer wieder postuliert hatte, aufgrund fehlender Texte aber nicht nachweisen konnte. Die inhaltliche Übereinstimmung der *jarchas* mit den mittelhochdeutschen *Frauenliedern* oder den altfranzösischen *chansons de toile* läßt sie als den Reflex einer sehr alten, europaweit verbreiteten Schicht von ›volkstümlicher‹ Liebeslyrik erscheinen, die lange vor der ›gebildeten‹ Troubadourlyrik existiert hat. Trifft diese Deutung zu und sind die vorgeschlagenen Datierungen der *muwaššaḥ* gleichfalls zutreffend, dann stellen die *jarchas* die frühesten Belege für die Existenz einer volkssprachigen Lyrik in ganz Europa dar. Die *jarcha* »Tanto amare«, die auf 1040 datiert wird, ist demnach das älteste (belegte) Gedicht in spanischer Sprache, weit älter als die Dichtungen Berceos oder das *Poema de Mío Cid*, älter aber auch als die frühesten Gedichte Wilhelms von Aquitanien, des ersten Troubadours. Gegenüber dieser Deutung hat die These weniger Gewicht, die *jarchas* seien vom Dichter der jeweiligen *muwaššaḥ ad hoc* verfaßt worden. Ihr Motivinventar ist zu homogen, als daß sie gänzlich unabhängig voneinander verfaßt worden sein könnten.

Die älteste Lyrik im mittelalterlichen Europa

Der gleiche Typus von Frauenliedern ist überdies aus zwei weiteren Sprachgebieten überliefert: in den galicisch-portugiesischen *cantigas de amigo* und den Refrains (*estribillos*) der kastilischen *villancicos*. Beide Formen sind jedoch erheblich später als die *jarchas* überliefert: die *cantigas de amigo* sind zuerst in den – nicht vor 1300 zu datierenden, umfangreichen – Sammelhandschriften der galicisch-portugiesischen Lyrik belegt; die *villancicos* fanden erst an der Wende zum 16. Jh. den Weg in die Schriftkultur.

Cantigas de amigo *und* villancicos

Die *cantigas de amigo* zeichnen sich bei gleichen Inhalten wie die *jarchas* diesen gegenüber durch die Verwendung des Refrains, eine parallelistische Variation der Strophen und die Verwendung des Naturmotivs aus:

    Ondas do mar de Vigo
     se vistes meu amigo?
    E ai Deus, se verrá cedo!

    Ondas do mar levado
     se vistes meu amado?
    E ai Deus, se verrá cedo!

    Se vistes meu amigo,
     o por que eu sospiro?
    E ai Deus, se verrá cedo!

    Se vistes meu amado,
     por que ei gran cuidado?
    E ai Deus, se verrá cedo!

(Wellen der See von Vigo, / Ob Ihr wohl meinen Freund gesehen habt? / *Ach Gott, wenn er doch bald käme*! // Wellen der stürmischen See, / ob Ihr wohl meinen Freund gesehen habt? / *Ach Gott, wenn er doch bald käme*! // Ob

Ihr wohl meinen Freund gesehen habt, / nach dem ich mich so sehne? / *Ach Gott, wenn er doch bald käme!* // Ob Ihr wohl meinen Freund gesehen habt, um den ich mich so sehr sorge? *Ach Gott, wenn er doch bald käme!*)

Die *cantigas de amigo* zeigen gegenüber den *jarchas* auch einen deutlich verhalteneren Ausdruck der Erotik. Dies gilt ebenso für die kastilische *villancicos*, deren Refrainelemente aber dennoch die Verbindung zu den frühen Frauenliedern erkennen lassen:

> *Dentro en el vergel*
> *moriré,*
> *dentro en el rosal*
> *matarme han.*
>
> Yo me iba, mi madre,
> las rosas coger,
> hallé mis amores
> *dentro en el vergel.*
> *[Moriré]*
> *Dentro en el rosal*
> *matarme han.*

(*Drinnen im Garten / werde ich sterben, / drinnen im Rosengarten / wird sie [sc. die Liebe] mich töten. // Ich ging, ach Mutter, / um Rosen zu pflücken / und fand meine Liebe / drinnen im Garten. [Ich werde sterben.] / Drinnen im Rosengarten / wird sie [sc. die Liebe] mich töten.*)

Trotz des ›naiven‹ Tons spiegelt jedoch keine der drei Gattungen die frühe Frauenlyrik unmittelbar wider. Bei allen überlieferten Texten handelt es sich zweifelsohne um Überarbeitungen, die von Dichtern in ihrem jeweiligen literarischen Kontext bewußt vorgenommen wurden.

Zu den arabischen Ursprüngen der europäischen Troubadourlyrik

Eine höfische Liebesauffassung im Andalus

Erfolgte bei den *jarchas* der Austausch von der spanischsprachigen zur arabischen Kultur, so läßt sich bei der Troubadourlyrik an einen Austausch in umgekehrter Richtung denken. Die These, daß diese höfische Dichtung, wie sie sich seit dem Ende des 11. Jh. in der Provence, im 12. Jh. dann gleichfalls in Nordfrankreich, in Italien und Deutschland manifestiert, Ursprünge auch in der arabischen Kultur des *Andalus* haben könnte, hat (nach der von Herder schon im 18. Jh. geäußerten ›Araberthese‹) in jüngster Zeit verstärkt an Plausibilität gewonnen. Die Grundelemente der Troubadourlyrik – die Auffassung der Geliebten als Herrin, die Treue und Unterwerfung des Liebenden, der Zusammenhang von Liebe, Leid und Dichtung, die veredelnde und zerstörende Macht der Liebe, die Vorstellung der Liebe als Krankheit, das Nennen und Verbergen der Geliebten mit einem Schlüsselwort (*senhal*) – finden sich sich bereits in der arabischen Literatur des 10. Jh., wie unter anderem Ibn Ḥazms *Halsband der Taube* belegt. Auch die noch immer nicht befriedigende Erklärung des Wortes »trobar« für das Dichten von Liebeslyrik, ließe sich aus dem arabischen *tarraba* (»singen«) oder von *tariba* (»vor Freude oder Trauer bewegt sein«) bzw. dem dazugehörigen Substantiv *ṭarab* (»Vergnügen«, sc. mit Musik) überzeugender als aus einem vermuteten spätlateinischen »tropare« ableiten. Darüber hinaus ist im Detail belegt, daß zwischen der arabischen Welt des *Andalus*, dem christlichen Nordspanien und Südfrankreich über Navarra eine Vielzahl von Kontakten bestanden hat, daß man in der Provence die arabischen (Berufs-)Sängerinnen (*qiyān*) schätzte, und daß der erste namentlich bekannte Troubadour, Wilhelm von Aquitanien, mit der spanischen Kultur vertraut war.

Überraschenderweise ist jedoch im christlichen Norden Spaniens aus dem direkten Kontakt mit dem *Andalus* keine eigenständige Troubadourlyrik entstanden. Sicherlich nicht unbegründet ist die Vorstellung, daß im kulturell besonders aktiven Ebrotal und in den erst kürzlich rückeroberten Gebieten die Kenntnis des Arabischen noch so groß war, daß die Gesänge der *quiyān* dort noch unmittelbar verständlich waren und es keiner spanischen Versionen der arabischen Texte bedurfte. In der Folgezeit hat sich zwar eine eigene Troubadourlyrik auf der Pyrenäenhalbinsel in galicisch-portugiesischer und auch in katalanischer Sprache entwickelt, doch stellen sie ›Reimporte‹ aus der Provence dar.

Die Übersetzungen wissenschaftlichen Schrifttums aus dem Arabischen

Eine weitere nicht für Spanien, sondern das ganze Abendland wichtige Folge des Zusammenlebens der drei Kulturen war eine umfangreiche, systematische Übersetzertätigkeit, die sich vom Anfang des 11. bis zum Ende des 13. Jh. erstreckte. Gegenstand der Übersetzungen war das wissenschaftliche und philosophische Schrifttum der Muslime, das bis Mitte des 13. Jh. ins Lateinische, danach, unter der Obhut König Alfons X. überwiegend in die Volkssprache, das Kastilische, übersetzt wurde. Die eigentlichen Schlüsselfiguren bei diesem Übersetzungs- und Vermittlungsprozeß waren Juden, die im *Andalus* gelebt hatten und daher mit dem Arabischen bestens vertraut waren. Als sie vor den Almoraviden und Almohaden in den christlichen Norden flohen, konnten sie ihre umfassenden Sach- und Sprachkenntnisse für den Kulturaustausch nutzbar machen. Denn trotz der Präsenz der Almohaden und der Almoraviden in Spanien blühte die Wissenschaft im *Andalus* weiter. Da die Juden häufig des Lateinischen nicht mächtig waren oder sich der christlichen Kultsprache nicht bedienen wollten, erfolgten die Übersetzungen häufig nicht direkt vom Arabischen ins Lateinische oder Kastilische, sondern über Intermediärsprachen. Der Text wurde zunächst vom Arabischen in ein gesprochenes Spanisch (das konnte auch das nicht überlieferte Mozarabische sein) und von dort ins Lateinische oder das Schriftkastilische übertragen. An dem Übersetzungsprozeß waren auch eine große Anzahl von ›Nicht-Spaniern‹ – Engländer, Italiener, Deutsche – beteiligt, die, angezogen vom Ruf der arabischen Wissenschaft, auf die Pyrenäenhalbinsel gekommen waren, um das Arabische zu erlernen. Die lateinischen Übersetzungen, die sie dort anfertigten, wurden im ganzen christlichen Abendland rezipiert, wobei in einzelnen Fällen auch Übersetzungen ins Hebräische einen weiteren Vermittlungskanal bildeten. Wie immer die Ströme dieser Übersetzungen im einzelnen geflossen sein mögen, Spanien bildete die Brücke, über die ein Wissen nach Europa gelangte, ohne das die sogenannte ›Renaissance‹ des 12./13. Jh. unvorstellbar ist, ein Wissen, das bis ins 15. und 16. Jh. aktuell blieb. Einige der lateinischen Übersetzungen arabischer Schriften wurden noch in der Frühzeit der Druckkunst mehrfach als Buch aufgelegt.

Das wissenschaftliche Schrifttum der Araber ist seinerseits in den Anfängen das Ergebnis eines umfassenden Rezeptionsvorgangs. Über Persien wurde wissenschaftliches und literarisches Denken aus Indien in die arabische Welt vermittelt und von dort nach Europa weitergegeben. Die sogenannten »arabischen Zahlen« sowie Idee und Zeichen der »Null«, die das

Wissenschaftlicher Austausch zwischen den Kulturen

Jüdischer Übersetzer. Miniatur aus einer Kompilation von hebräischen medizinischen Texten des 15. Jh.

Quellen der arabischen Wissenschaft

Bewässerungstechnik der Araber: »noria«, Reste eines Schöpfrads bei Murcia

Das Kloster Santa María de Ripoll

Kreuzgang im Kloster Ripoll

Rechnen so erheblich erleichterten, stammen aus Indien. Ihren zweiten, wichtigeren Impuls erhielten das arabische Denken und die arabische Wissenschaft aus einer systematischen Rezeption der antiken griechischen Autoren. Die arabischen Herrscher ließen die während der Barbareninvasionen und der Frühphase des Christentums in Vergessenheit geratenen griechischen Werke aufspüren, die Handschriften regelrecht in Gold aufwiegen oder aber als wertvolle Kriegsbeute und als Tribut ausliefern. Von Fachleuten, die anders als die Christen der Zeit des Griechischen mächtig waren, wurden diese Werke dann sorgfältig ins Arabische übersetzt, in der ganzen muslimischen Welt gründlich kommentiert und überprüft, um so Anlaß einer wissenschaftlichen Praxis und einer eigenständigen philosophisch-wissenschaftlichen Literatur zu werden. Auf diese Weise wurde vor allem das breite Werk des Aristoteles rezipiert, aber auch die medizinischen Schriften eines Galen und eines Hippokrates, die mathematischen Werke Euklids, das technische Wissen eines Archimedes oder die geographischen Erkenntnisse des Ptolemäus. Neben den naturwissenschaftlichen Erkenntnissen wurden den Arabern ein von dogmatischen Vorurteilen freies rationalistisches Denken sowie die Methoden der Empirie vermittelt, mit deren Hilfe es ihnen gelang, Philosophie und Theologie, Mathematik, Medizin, Astronomie und Chemie sowie deren im arabischen Denken eng verschwisterte Disziplinen, die Astrologie, Alchemie und Magie, Physik und Technik erfolgreich weiterzuentwickeln.

Die arabische Wissenschaft übte auf das christliche Abendland eine große Faszination aus und ließ, da man sich dieses Wissen nicht zu erklären vermochte, das damalige Spanien vielfach als Land der Zauberer und der Nigromantie erscheinen. Auf der Pyrenäenhalbinsel erfolgte die Übernahme in der frühesten Phase, im 10. Jh. im Ebrotal, dort wo 300 Jahre lang die Grenze zwischen dem christlichen Norden und dem *Andalus* verlief. Im Kloster Santa María de Ripoll wurden die ersten Kompendien arabischer wissenschaftlicher Schriften ins Lateinische übersetzt. Zwischen 967 und 970 wirkte dort Gerbert von Aurillac, der in Ripoll ein umfassendes mathematisch-astronomisches Wissen erlangte. Obwohl Bischof von Reims und 999–1003 als Silvester II. sogar Papst, hielten ihn seine christlichen Zeitgenossen wegen seines großen (arabischen) Wissens für einen mit Zauberkräften ausgestatteten Magier. Über Ripoll wurden Astrolab und Abacus und mit ihnen die noch heute in Europa gebräuchlichen Sternnamen aus dem Arabischen vermittelt. Gleichfalls im Ebrotal, allerdings erst in der ersten Hälfte des 12. Jh., fanden hier die ersten Versuche von Seiten der Christen statt, die geistige Welt des Islam genauer kennenzulernen. Einen ersten Ansatz unternahm ein Abt von Cluny, Petrus Venerabilis, der nach dem Scheitern der besonders von den Cluniazensern gepredigten bewaffneten Kreuzzüge zur Eroberung des Heiligen Landes die geistige Auseinandersetzung mit dem Islam suchte. Er veranlaßte die Übersetzung grundlegender Schriften des Islam, darunter eine lateinische Koran-Übersetzung, die der englische Mönch Robert von Ketton 1141–43 anfertigte. Obwohl es sich dabei eher um eine Paraphrase als um eine wörtliche Übersetzung handelt, blieb diese Version »bis ins 17. Jh. die Vorlage weiterer Übersetzungen in europäische Sprachen« (G. Endreß). Andere von Petrus Venerabilis veranlaßte Übersetzungen wurden die Grundlage seines *Liber contra sectam sive haeresim Saracenorum*. Sie stehen am Anfang einer umfangreichen polemisch-apologetische Literatur und leiten eine geistige Auseinandersetzung mit dem Islam ein, in die auch das enorme missionarische und wissenschaftliche Werk einzuordnen ist, das der Mallorquiner Ramon Llull in katalanischer und arabischer Sprache verfaßt hat.

Das eigentliche Zentrum der Rezeption des arabischen Denkens war jedoch die sogenannte *Übersetzerschule von Toledo*. Der Begriff der Schule darf allerdings weder mit der Vorstellung einer Lehre vom Übersetzen noch mit der einer festen Institution verbunden werden. Nur ein halbes Jahrhundert nach der Reconquista Toledos fanden sich unter dem Mäzenat von Erzbischof Raymund, der sein Amt von 1125 bis 1152 innehatte, im »trikulturellen« Toledo eine Reihe von Gelehrten zusammen, die eine Vielzahl philosophischer und naturwissenschaftlicher (mathematischer, astronomischer und medizinischer) Werke ins Lateinische übersetzten. Überragende Übersetzergestalten waren der immer noch nicht eindeutig identifizierte Juan de Sevilla, ein Mozaraber oder Jude, der mit Domingo Gundisalvo, dem Erzdiakon von Segovia, zusammenarbeitete, sowie, in der zweiten Jahrhunderthälfte, der aus Italien stammende Gerhard von Cremona, der vor allem die ins Arabische übersetzten griechischen Autoren ins Lateinische brachte und so erstmals dem Abendland einen fast vollständigen und authentischen Aristoteles übermittelte.

Die Übersetzerschule von Toledo

Die Rezeption des orientalischen Schrifttums hatte auch eine Institutionalisierung des Wissens zur Folge: im Laufe des 13. Jh. wurden im christlichen Spanien – wohl auch in Anlehnung an arabische Lehrinstitutionen – die ersten Universitäten gegründet: Palencia 1180, Salamanca 1218, Valencia 1245, Sevilla 1254, Alcalá de Henares 1293. Ferdinand III., der Heilige, der sich ebenso als Krieger wie als Kulturförderer hervortat, versuchte allerdings für das Wissen seiner Zeit wieder eine rein christliche Tradition herzustellen. So knüpfte er bewußt an das christliche Denken der Westgoten aus der Zeit vor der Arabereroberung an und ließ programmatisch die *Etymologiae* des Isidor von Sevilla ins Kastilische übersetzen, die jedoch gegenüber dem Rationalismus des arabischen Schrifttums außerordentlich rückständig wirken.

Die zweite Phase der *Übersetzerschule von Toledo* stand unter dem Mäzenat von Alfons X., der als der bedeutendste Förderer von Kultur und Wissenschaft im ganzen Mittelalter gilt und dem die Nachwelt den Titel »el sabio«, »der Weise«, eigentlich »der Gelehrte«, verlieh. Alfons X., der 1257 zum römisch-deutschen Kaiser gewählt wurde, diesen Anspruch allerdings nie einlösen konnte, ließ die arabischen Texte nicht mehr ins Lateinische, sondern ins Kastilische übersetzen. Das Kastilische wurde dadurch zur ersten europäischen Volkssprache, die als Vehikel für ein in Prosa geschriebenes philosophisches und naturwissenschaftliches Denken diente.

Alfons der Weise als Mäzen und Übersetzer

Die konkrete Mitarbeit Alfons' X. an diesem orientalisch-abendländischen Kultur- und Wissenstransfer ist in der Vergangenheit wohl überschätzt worden. Die eigentliche Leistung ist vor allem seinen jüdischen Übersetzern und Fachleuten zu verdanken. Alfons selbst hat die Auswahl der zu übersetzenden Texte weitgehend bestimmt, sich dann aber auf eine Schlußkontrolle der Übersetzungen beschränkt. Bei der Textauswahl verschob er das Schwergewicht von den philosophischen auf die naturwissenschaftlichen Texte, sicher nicht nur, weil die großen philosophischen Werke bereits in lateinischer Übertragung vorlagen, sondern auch um die Rechristianisierung des spanischen Denkens voranzutreiben, das ihm ebenso am Herzen lag wie seinem Vater, Ferdinand III. So wurden in seinem Umfeld vor allem medizinische und astronomische Werke übersetzt. Auf letzteren basieren die *Tablas alfonsíes*, die es ermöglichen, die Positionen von Sonne, Mond und (fünf) Planeten zu bestimmen. Diese Tabellen wurden von den beiden jüdischen Gelehrten Jehuda ben Moses und Isaac ben Sid verfaßt und in ihrer Präzision erst von Kopernikus und Kepler übertroffen. Alfons ließ

Arabischer Astrolab

Alfons X. im Kreise seiner Musiker und Schreiber (Miniatur der *Cantigas*)

aber auch weniger wissenschaftliche Werke übersetzen, bzw. aufgrund arabischer Quellen abfassen; darunter ein Schachbuch (*Libro de ajedrez, dados et tablas*, 1283 übersetzt aus nicht überlieferten arabischen Vorlagen), sowie, aus der Feder Hermanns des Deutschen, eines der bedeutendsten Repräsentanten der Toledaner Schule, eine Übersetzung der Rhetorik und der Poetik des Aristoteles wie des Psalters.

Die frühen Werke der spanischen Literatur

Das altspanische Epos: der Cantar de Mío Cid

Die cantares de gesta *und ihr Publikum*

Wie die französische hat auch die spanische Literatur des Mittelalters eine Heldenepik gekannt, längere, in aller Regel anonyme Versdichtungen, in deren Mittelpunkt die großen Gestalten und Ereignisse der nationalen Geschichte standen. Diese Epen wurden von professionellen Spielleuten (*juglares*) unter musikalischer Begleitung einem (zahlenden) Publikum vorgetragen, dem gegenüber sie unterhaltende, aber auch durchaus handfeste propagandistische Funktionen haben konnten. Bisweilen dienten sie auch den finanziellen Interessen eines Klosters, indem sie Pilgerströme und damit (Spenden-)Gelder in dessen Richtung zu lenken versuchten.

Von der gesamten spanischen mittelalterlichen Heldenepik, den *cantares de gesta*, ist lediglich ein Epos in (fast) vollständiger Form überliefert, der *Cantar* (oder *Poema*) *de Mío Cid*. Der Held des Epos, Ruy Díaz de Vivar mit dem arabischen Ehrentitel »El Cid« ist eine historisch gut belegte Gestalt, die in der zweiten Hälfte des 11. Jh. im Dienst von König Alfons VI. von Kastilien stand, als die Herrscher der muslimischen *reinos de taifa* angesichts der Fortschritte der Reconquista die nordafrikanischen Almoraviden ins Land gerufen hatten und sich die Christen im Norden Spaniens in verzweifelten Kämpfen gegen deren drohende Übermacht zur Wehr setzen mußten. Alfons VI. etwa konnte die 1094 vom Cid eroberte Stadt Valencia gegen die Almoraviden nicht halten und ließ sie 1102 völlig niederbrennen.

Erst über ein Jahrhundert später (1236) konnte Valencia dann den Mauren endgültig entrissen werden.

In dieser ›heroischen Phase‹ der spanischen Geschichte ist der historische Cid zu sehen, der im *Cantar* zusammen mit seinem ganzen Umfeld mit erstaunlicher historischer Treue (Menéndez Pidal hat dafür den Briff der *historicidad* verwandt) dargestellt wird. Zu dieser Historizität gehört nicht nur die genaue geographische Wiedergabe seiner einzelnen Kriegszüge und die Nennung seiner Weggefährten, die mit wenigen Ausnahmen auch in nicht-fiktionalen, historischen Quellen belegt sind. Zum ›historischen Realismus‹ des *Cantar de Mío Cid* gehört es vor allem auch, daß seine Kämpfe gegen die Mauren nicht im Sinne der Kreuzzugsideologie gedeutet werden, die um die Mitte des 12. Jh., als der *Cantar* verfaßt wurde, in Spanien noch nicht Fuß gefaßt hatte. So zeigt das Epos den Cid (im Gegensatz zu manchen modernen politischen Instrumentalisierungen seiner Gestalt insbesondere während des Franco-Regimes) nicht als Vorkämpfer eines aggressiven Christentums. Der historische Cid war Freund und Verbündeter des maurischen Königs von Zaragoza, in dessen Auftrag er die christlichen Heere von Aragón und des mächtigen Grafen von Barcelona bekämpfte. So ist er zwar als Standartenträger (»alférez«) seines Königs in die Machtkämpfe auf der Pyrenäenhalbinsel verwickelt (1079 treibt er in Sevilla *parias,* Tributzahlungen, ein), doch erscheint im *Cantar* nirgends die Religion als Motiv seines Handelns. Dies sind vielmehr das Streben nach »ganancias«, nach Beute, über die im ganzen Epos immer wieder detailliert berichtet wird, und das Streben nach Ehre (»honra«), womit allerdings häufig auch nur materieller Gewinn gemeint ist. So werden die gefangengenommenen Mauren eher gewinnbringend verkauft als bekehrt oder als Glaubensfeinde getötet. Für nicht weniger als 3000 »Mark«, den Wert von 690 Kilogramm Silber, gibt der Cid das Städtchen Alcover an die Mauren zurück, das er kurz zuvor eingenommen hatte. Formeln wie »ni moros ni cristianos« oder »moros y cristianos«, die sich mit der Bedeutung »niemand« oder »alle« mehrfach im *Cantar* finden, belegen das trotz aller Machtkämpfe weiterhin bestehende Miteinander der maurischen und der

Die Historizität des Poema de Mío Cid

Reiterstatue des Cid in Burgos, stilisiert zum Vorkämpfer des Christentums

Handlung und historischer Hintergrund

Doña Jimena
(Kathedrale von Santiago)

christlichen Kulturen. Der *Cantar* ist auch frei von Antisemitismus. In der viel zitierten Episode mit den sandgefüllten Truhen, die der in Not geratene Cid den beiden Juden Rachel und Vidas als Pfand für ein hohes Darlehen (600 »Mark«, rund 140 kg Silber) überläßt, werden die Juden nicht als habgierige Täter dargestellt, sondern als Opfer, die später zufriedengestellt werden.

Das Anliegen des *Cantar* läßt sich nicht aus dem Gegensatz zwischen Mauren und Christen erklären. Es hat seine Ursprünge vielmehr in den Gegensätzen innerhalb der christlichen Gesellschaft, wie der Inhalt des Epos verdeutlicht. Obwohl das Werk formal eher in zwei Teile zerfällt (V. 1–2777; V. 2778–3730), für die sich sogar zwei verschiedene Autoren annehmen lassen, wird der *Cantar* inhaltlich in drei Erzählphasen unterschieden: (I) die Verbannung des Cid (V. 1–1086); (II) die Hochzeit der Töchter des Cid (V. 1087–2277) und (III) die Beleidigung von Corpes und die Wiederherstellung der Ehre des Cid (V. 2278–3730).

I. Der Cid hatte, so ist die fehlende erste Seite des Manuskripts zu ergänzen, im Auftrag seines Königs Alfons' VI. in Sevilla Tributzahlungen eingetrieben und war dabei mit dem kastilischen Grafen García Ordóñez zusammengestoßen. Aus Rache und Neid verleumdeten der Graf und seine Verwandten, alles hochgestellte Höflinge, den aus dem niederen Adel stammenden Cid beim König mit der Behauptung, er habe einen Teil der Tributzahlungen unterschlagen. Sein Herrschaftsrecht nutzend, verbannt ihn der König. Weinend (»De los sos oios tan fuertemientre llorando«, V. 1) nimmt der Cid Abschied von seinem Besitz, verschafft sich (darin ein realistischer und keineswegs ins Mythische gesteigerter Held) von den beiden Juden Rachel und Vidal das nötige Geld, bringt seine Frau Jimena und seine Töchter Elvira und Sol im Kloster San Pedro de Cardeña bei Burgos in Sicherheit und verläßt mit 300 berittenen Gefolgsleuten (V. 419) und weiteren Fußsoldaten das Königreich Kastilien. Im benachbarten Maurengebiet beginnt er, wie damals üblich, aufgrund des Rechts des Stärkeren, den Krieg zur Grundlage seines Überlebens zu machen: Er raubt Ortschaften aus und zwingt sie zu Tributzahlungen. Dabei scheut er sich nicht, auch in die Gebiete des christlichen Grafen von Barcelona einzudringen und diesen sogar gefangenzusetzen. Den Rechtsnormen der Zeit folgend, teilt der Cid die reiche Beute mit seinen Leuten und versäumt es den gleichen Rechtsnormen entsprechend nicht, seinen König mit einem Anteil von 60 Pferden zu bedenken.

II. Zu dem erfolgreichen Cid stoßen immer mehr beutehungrige Ritter, so daß es ihm schließlich gelingt, bis ans Mittelmeer vorzudringen und das mächtige maurische Valencia einzunehmen. Dabei fallen ihm allein mit einem Fünftel der Beute nicht weniger als 30 000 »Mark« Silber und Gold (fast 7 Tonnen) zu (V. 1216–1268). Er sendet König Alfons 100 Pferde, mit der Bitte, Frau und Töchter nach Valencia holen zu dürfen, wo er zwischenzeitlich, ohne die Mauren zu verfolgen, das Christentum eingeführt und Jerónimo, einen französischen Cluniazenser, als Bischof eingesetzt hat. Auch einen erneuten Ansturm der Mauren (Almoraviden) kann er abwehren. Von der reichen Beute werden Alfons VI. 200 Pferde gesandt. Der unglaubliche Erfolg und Reichtum des Cid wecken am Hof des Königs Begehrlichkeiten. Zwei junge verarmte Angehörige des Hochadels, die Infanten von Carrión, beschließen, die Töchter des Cid zu heiraten und erlangen das Einverständnis des Königs. Auch der Cid willigt in die ehrenvolle Hochzeit ein und trifft sich mit dem König am Ufer des Tajo, unterwirft sich erneut (V. 2021–2029) und erhält Verzeihung. Trotz ihres Adelsdünkels akzeptiert der Cid seine Schwiegersöhne, und die beiden Hochzeiten werden in Valencia gefeiert.

III. Dort erweisen sich die beiden Infanten vor aller Augen schon bald im Kampf und beim Anblick eines Löwen als ausgesprochene Hasenfüße; nur dem gutmeinenden Cid, der sich auf dem Gipfel seines Glückes wähnt, bleibt ihre Feigheit verborgen. Doch jäh wendet sich sein Geschick. Seine hochadligen Schwiegersöhne bitten ihn, nach Carrión heimkehren zu dürfen. Vom Cid reich beschenkt brechen sie auf. Kaum außerhalb seines Machtbereichs auf kastilischem Gebiet angekommen, lassen sie im Eichenwald von Corpes der Wut auf ihren mächtigen Schwiegervater und seine Leute freien Lauf. Sie entkleiden ihre Frauen, peitschen sie bis aufs Blut und lassen sie hilflos zurück. Der durch diese Schandtat in seiner Ehre zutiefst gekränkte Cid wendet sich als Vasall an den König, seinen Herrn, und verlangt Genugtuung. Der König ruft alle Beteiligten zu einem Gerichtstag nach Toledo. In der strikt nach den Rechtsnormen der Zeit dargestellten Gerichtsszene fordert der Cid Geschenke und Mitgift von den Infanten zurück und verlangt zur Wiederherstellung seiner Ehre ein Gerichtsduell (»lid judicial«), das die Infanten mit dem Hinweis auf den niederen Adel des Cid verweigern wollen. Der König erzwingt jedoch den Kampf, die Infanten werden besiegt und zu ehrlosen Verrätern (»traidores«) erklärt. Noch vor dem Zweikampf waren jedoch zwei Gesandte an den Hof nach Toledo gekommen und hatten im Namen der Infanten von Navarra und Aragón um die Hand der Töchter des Cid angehalten. Damit ist die Ehre des Cid wieder hergestellt. Das Epos schließt mit dem Hinweis, daß durch diese Hochzeiten der Cid zum Verwandten der spanischen Könige wird (»Oy los reyes d'España sos parientes son«, V. 3724).

Dieser Handlungsverlauf macht das Anliegen des Epos deutlich. Es zeigt, wie ein Angehöriger des niederen Adels, ein einfacher »infanzón«, zwar vom Hof und vom Hochadel verleumdet und ins Unglück gestürzt werden konnte, wie er aber doch aufgrund eigener Tüchtigkeit und in völliger Loyalität zum König zu Erfolg gelangen konnte und so zur eigentlichen Stütze des Königtums bei dessen Hauptanliegen, dem Machtkampf mit den

Das politische Anliegen des Cid

Spanien zur Zeit des Cid

reinos de taifa des Andalus und dem traumatisch empfundenen Ansturm der Almoraviden, wurde. Der verweichlichte höfische Hochadel, so wenigstens stellt es der Cantar dar, ist dieser Aufgabe nicht gewachsen. Erst allmählich konnte sich der König von jenen hochadligen Ratgebern freimachen, die den Cid verleumdet hatten, und so zu dem guten »señor natural« werden, den der loyale Vasall Ruy Díaz de Vivar verdient hat (»Dios, qué buen vassallo si oviesse buen señor«, V. 20). Zugleich polemisiert der Cantar gegen die Leonesen, zu denen die Infanten von Carrión gehören. Der Cid dagegen ist ein Repräsentant jener tatendurstigen, beutehungrigen und erfolgreichen Kastilier, die im Doppelkönigreich Léon und Kastilien Alfons' VI., die Vorrangstellung beanspruchten. Das Verständnis des Cantar als einer Polemik gegen den höfischen Hochadel und als Legitimation der Aufstiegswünsche der infanzones wird auch dadurch bestätigt, daß im Gegensatz zur sonstigen Historizität des Textes jene zentralen Episoden, die sich gegen den Hochadel richten, historisch nicht belegt sind: die Ehe der beiden Cid-Töchter mit den Infanten von Carrión und dementsprechend auch deren Schändung, die Verletzung der Ehre des Cid und sein Triumph über die Infanten.

Entstehung und Autorschaft des »Cantar de Mío Cid«

Die Entstehung der Epen

Keine andere Frage hat die Cid-Forschung so beschäftigt wie die nach der Entstehung der mittelalterlichen Epik. Hier stehen sich weiterhin zwei Thesen, die der »(Neo-)Traditionalisten« bzw. »Oralisten« und die der »Individualisten«, diametral gegenüber. Für die Traditionalisten der Schule Menéndez Pidals, die lange Zeit das Feld beherrschten, sind im mittelbaren Anschluß an das berichtete historische Geschehen, von den juglares, »cantos noticieros«, Ereignislieder, verfaßt worden. Im Laufe eines mündlichen Tradierungs- und Umformungsprozesses (refundiciones) wurden diese kurzen Lieder zu einem umfangreicheren Epos ausgestaltet, das dann gegebenenfalls in den Bereich der Schriftkultur gelangte und so im Manuskript überliefert wurde. Ein Beleg für diese These ist die Verwendung ›epischer Formeln‹, wie die Charakterisierung des Cid als »el que en buen ora cinxo espada« (V. 58, »der zur rechten Zeit das Schwert gürtete«). Fast ein Drittel aller Verse des Cantar de Mío Cid lassen sich als solche Versatzstücke deuten, auf die der improvisierende juglar beim Vortrag leicht zurückgreifen konnte. Auf die gleiche Herkunft aus der mündlich tradierten Dichtung weist das Metrum des Cantar. Es verwendet zwar einen assonierenden 16-Silber mit Mittelzäsur in verschieden langen Laissen (tiradas), weicht jedoch der mündlichen Improvisation folgend in der Silbenzahl sehr häufig von dieser ›Normalform‹ ab.

Letzte Seite des Cid-Manuskripts

Per Abad: Kopist oder Autor

Dieser These halten die »Individualisten« entgegen, daß ein solch komplexer Text wie der Cantar unmöglich das Werk einfacher juglares und eines frei assoziierenden Umformungsprozesses sein kann. Der klare und systematische Aufbau des Epos läßt sich nach ihrer Auffassung nur aus einem bewußten und individuellen Schöpfungsprozess erklären, den der von dem »Oralisten« postulierte »autor legión« nicht zu leisten vermag. Für die »individualistas« ist der am Schluß des Cantar (V. 3732) genannte Per Abad (»Per Abad le escrivio«) nicht nur der Kopist des Manuskripts, sondern der eigentliche Verfasser des Epos. Seine Kenntnis der historischen Ereignisse geht auf schriftliche, zwischenzeitlich verlorene Quellen zurück.

Vorstellbar ist jedoch auch, daß die Grenzen zwischen den beiden Auffassungen bislang zu scharf gezogen wurden. Der Cantar könnte durchaus in rudimentärer Form über längere Zeit mündlich tradiert worden sein, ehe ihn ein begabter, in den Rechtsfragen, die der Text aufwirft, gut versierter, vielleicht sogar an einer der neuen Universitäten ausgebildeter Autor um 1200 in seine heutige durchstrukturierte Form brachte und niederschrieb. Und nichts spricht dagegen, daß dies der juristisch bestens informierte, ansonsten allerdings unbekannte Per Abad gewesen sein könnte.

Besondere und bislang ungelöste Probleme stellt die Datierung des *Cantar*. Wegen der Historizität des Textes hatte Menéndez Pidal für eine sehr frühe Datierung, um 1150, in großer Nähe zum historischen Geschehen plädiert. Die Schlußverse, in denen der Name von Per Abad erscheint, nennen jedoch ein anderes Datum: »el mes de mayo / en era de mill e .cc xlv. años«(V. 3733; Mai [spanischer Ära] 1245, d.h. 1207 n. Chr.). Die radierte Stelle könnte aber auch ein »c« mehr enthalten, dann wäre das Jahr 1345 (d.h. 1307 n. Chr.) anzusetzen. Aber auch dann bleibt weiterhin offen, ob es sich um das Datum der Niederschrift (einer der mündlich tradierten Fassungen) des *Cantar* oder um das Datum der Abfassung des Textes handelt. Die einzige erhaltene Handschrift des *Cantar* wurde im 18. Jh. wiederentdeckt und 1779 von T.A. Sánchez als erster vollständiger Text der volkssprachigen Heldenepik des europäischen Mittelalters noch vor dem *Nibelungenlied* (1782) und vor der *Chanson de Roland* (1836) veröffentlicht.

Datierungsprobleme

Weitere spanische Epentexte

Von der weiteren Epik, die neben dem *Cantar de Mío Cid* im kastilischen Sprachraum existiert hat, ist kein einziges Werk auch nur annähernd vollständig überliefert. Nur zwei Epen sind als eigenständige Fragmente erhalten. Der *Cantar de Roncesvalles*, aus dem Jahre 1310, gibt die Klage Karls des Großen über die in der Schlacht getöteten französischen Ritter, darunter Turpin, Roland und Olivier wieder. Die nur knapp 100 Verse, die von dem Epos überliefert sind, belegen, daß der französische Karlszyklus und das *Rolandslied* (*Chanson de Roland*) über die knappe *Nota Emilianense* hinaus in Spanien bekannt war. Das zweite Epos ist der *Cantar de Rodrigo*, dessen Handschrift erst aus dem 15. Jh. stammt, dessen Text jedoch bereits um 1300 verfaßt wurde. Der Text erscheint auch unter einem zweiten Titel: *Las Mocedades del Cid*. Es handelt sich um die fragmentarische, 1270 Verse umfassende recht phantastische Schilderung der Jugendtaten des Cid, die der *Cantar* nicht erwähnt: das Duell, in dem der 13jährige Rodrigo den Grafen Gómez de Gormaz tötet, die Heirat mit dessen Tochter Jimena und das Aussetzen des Vollzugs der Ehe, bis der Cid in Spanien und Frankreich eine Vielzahl von phantastischen Heldentaten vollbracht hat. Der junge, stolze und überhebliche Cid dieses Fragments – und nicht der des *Cantar de Mío Cid* – sollte in der europäischen Literatur weiterwirken: in den spanischen Romanzen und der *comedia Las Mocedades del Cid* (1618) von Guillén de Castro, in Corneilles *Cid* (1638) und in den Cid-Romanzen von Herder (1803/04).

Epenfragmente

Darüber hinaus ist es möglich, weitere Epen, deren Texte verloren sind, zu rekonstruieren. Die volkssprachigen Chroniken des 13. bis 15. Jh. enthalten Prosaauflösungen von mehr als einem Dutzend Epen und Epenteilen, die von den Verfassern der Chroniken als historische Quellen in ihre eigenen Texte übernommen wurden. Eine Identifizierung der jeweiligen Epentexte ist möglich, weil bei den Prosaauflösungen häufig die Versstruktur mit den Assonanzen beibehalten wurden. Auf diese Art konnte der

Rekonstruktion von Epen

Cantar de los siete Infantes de Lara rekonstruiert werden. Das Werk berichtet von der Fehde zweier kastilischer Familien, in deren Verlauf die sieben Infanten getötet und die abgeschlagenen Köpfe ihrem Vater nach Córdoba gebracht werden, wo sich dieser als Flüchtling und Gast von al-Manṣūr aufhält. Sein Sohn Mudarra, den er mit einer Muslimin gezeugt hatte, wird dann dieses unmenschliche Verbrechen rächen. Menéndez Pidal vermutet, das Epos sei bereits um das Jahr 1000 entstanden; überliefert ist es in der *Estoria de España o Primera Crónica General* (Kap. 736–743 und 751), die Alfons der Weise im letzten Drittel des 13. Jh. abfassen ließ und die im übrigen auch eine Prosaauflösung des *Cantar de Mío Cid* enthält. Auch die *Segunda Crónica General o Crónica de 1344*, die *Tercera Crónica General*, die 1541 sogar zum Druck gelangte, sowie die *Cuarta Crónica General* (entstanden nach 1455) enthalten in einem noch nicht endgültig entwirrten Gestrüpp von Texten jeweils neu bearbeitete Fassungen der Epenstoffe. Über sie gelangte die Kenntnis dieser Stoffe zu den Autoren des Siglo de Oro, von denen sie dann auf die Bühne gebracht wurden.

Kastilien und Poema de Fernán González

Mit ähnlicher Deutlichkeit lassen sich auch ein *Poema de Fernán González* und ein *Cantar de Sancho II* rekonstruieren. Der um 915 geborene Graf Fernán González hat während seiner Herrschaft die Unabhängigkeit Kastiliens begründet und in der Folgezeit die immer wieder behauptete Vorrangstellung eingefordert: »Pero de toda Spanna Castijella es mejor«.

Das Epos über den mythisch verklärten Gründungsvater Kastiliens nimmt bereits formal eine Sonderstellung ein. Es ist nicht wie die anderen Epen in den unregelmäßigen assonierenden Versen des *mester de juglaría* geschrieben, sondern in der *cuaderna vía*, der vierzeiligen durch den gleichen Reim verbundenen Strophe aus 14-Silbern, des *mester de clerecía*. Die Form läßt einen anonym gebliebenen geistlichen Autor vermuten, einen Mönch, der das Gedicht um 1250 im Dienst des Klosters San Pedro de Arlanza bei Burgos verfaßt haben könnte. Eine Prosaauflösung auch dieses Epos findet sich in der *Primera Crónica General*. Wie einzelne Elemente vermuten lassen, die in die lateinische *Crónica najarense* aus der zweiten Hälfte des 12. Jh. aufgenommen wurden, fußt es auf einem gleichfalls verlorengegangenen Spielmannsepos. Die komplexe Handlung des Epos, die siegreichen Kämpfe von Fernán González gegen León, Navarra und die Mauren, werden als ein göttlich vorherbestimmtes Geschehen gedeutet: Im Kloster San Pedro de Arlanza erscheint der Lokalheilige Pelayo dem frommen Grafen Fernán González im Traum und verspricht ihm den Sieg über seine Widersacher und den Beistand von Santiago, ein Versprechen, das dann auch tatsächlich eingelöst wird. Die propagandistische Zielsetzung zum einen für Kastilien, zum anderen für das Heimatkloster des Autors ist in diesem Epos mehr als deutlich.

Modernes (Phantasie-) Bildnis des Grafen Fernán González

Aus der *Primera Crónica General* (Kap. 829–845) rekonstruierbar ist auch der ansonsten verschollene *Cantar de Sancho II*, der die Vorgeschichte des *Cantar de Mío Cid* enthält. In ihm findet sich der »Schwur von Santa Gadea«, mit dem der Cid König Alfons VI. zwingt, sich durch Eid von dem Vorwurf des Brudermordes zu reinigen.

Bernardo del Carpio: ein romanesker Anti-Roland

Schließlich läßt sich aus der *Primera Crónica General* noch ein Epos über den kastilischen Nationalhelden Bernardo del Carpio rekonstruieren. In einer verworrenen Genealogie erscheint Bernardo hier als unehelicher Neffe Karls des Großen, der zunächst die französischen Truppen in Roncesvalles in die Flucht schlägt, dann aber Karl hilft, Zaragoza zu erobern, darauf in Paris Zuflucht sucht, um schließlich nach Spanien zurückzukehren und dort die Araber zu besiegen. Dieser *Cantar* belegt mit aller Deutlichkeit Menéndez Pidals These vom Verlust der Historizität der Epen im Verlauf ihrer mündlichen Tradierung. Der wohl zunächst als spanischer Anti-Roland konzipierte Bernardo wurde in der Fassung der *Crónica* mit anderen Gestalten kontaminiert, so daß ihm jede historische Konsistenz abgeht.

Wieviele Epen in Spanien tatsächlich existiert haben, kann angesichts ihrer ganz dem Zufall überlassenen Verschriftung und des Verlustes vieler Handschriften nicht mehr festgestellt werden. Die erhaltenen Texte zeigen jedoch sehr deutlich, daß die Epen nicht, wie vielleicht zu vermuten, die Auseinandersetzungen der Christen mit dem muslimischen *Andalus* in den Vordergrund stellten. Das »arabische Spanien« ist in ihnen zwar gegenwärtig, scheint aber nur am Rande ein Interesse erweckt zu haben. Im Zentrum der Epen stehen vielmehr die innerchristlichen Auseinandersetzungen, die Rivalitäten und Kämpfe der einzelnen Königreiche und Grafschaften um die schließlich von Kastilien errungene Vormachtstellung, sowie die Ambitionen der *hijos de algo*, des niederen Adels, gegenüber dem präpotenten höfischen Hochadel. Allen Epen und Epenfragmenten gemeinsam ist die Idee eines starken Königtums, das den tüchtigen, einfacheren Rittern bei entsprechender Treue seine Förderung angedeihen läßt. Dieser niedere Adel scheint auch das primäre Publikum der Epen gewesen zu sein; sein Selbstverständnis und seine »Identitätssuche« sind in ihnen gespiegelt.

Die Epik und der christliche Norden

Als Gattung sind die altspanischen Epen im Spätmittelalter aus der spanischen Literatur verschwunden. Ihre Stoffe und ihre Form haben jedoch in den *romances* bis in die jüngste Vergangenheit weitergelebt.

Eine neue Dichtung gelehrter Autoren: der »mester de clerecía«

Auf den starken Einfluß, den Kirche und Kultur Frankreichs ausgehend vom *Camino de Santiago* seit dem 10. Jh. ausgeübt haben, geht auch der *mester de clerecía* zurück, jene neue Art des Dichtens, die zwischen 1230 und 1260 eine kurze Blüte erlangte und die sich als verschriftete Dichtung ›gebildeter‹ Autoren (*clerici*) von der mündlich tradierten Dichtung der ›ungebildeten‹ Spielleute und ihrem *mester de juglaría* abgrenzt. So lobt sich der Autor des *Libro de Alexandre* selbst:

Eine neue Form: die cuaderna vía

> mester trago fermoso, non es de ioglaría;
> mester es sen pecado, ca es de clerezía,
> fablar curso rimado por la cuaderna vía,
> a sílabas cuntadas, ca es gran maestría.

(»Ich bringe Euch ein schönes Werk, es ist keine Spielmannsdichtung; / es ist ein Werk ohne Makel, denn es gehört zur Dichtung der Gebildeten, / es spricht in Reimen in Vierzeilern, / mit fester Silbenzahl, denn es ist von großer Kunst.«)

Der *mester de clerecía* zeichnet sich zunächst durch seine regelmäßige Metrik aus. Der hier verwendete 14-Silber, der keinerlei Ausnahmen zuläßt, setzt sich vom unregelmäßigen assonierenden 16-Silber des *mester de juglaría* ab. Das vom Alexandriner hergeleitete Metrum stammt ebenso aus Frankreich wie die vierzeilige, stets durch Vollreim verbundene Strophe der *cuaderna vía* (A14, A14, A14, A14). Auch die Stoffe des *mester de clerecía* stammen nicht, wie die des *mester de juglaría*, aus der spanischen Geschichte. Sie gehen in aller Regel auf französische oder mittellateinische Quellen zurück.

Dennoch sollte der Gegensatz zwischen den beiden Formen des Dichtens nicht überbetont werden, gibt es doch auch ausgesprochene Mischformen. Das *Poema de Fernán González* verwendet die *cuaderna vía* und behandelt doch einen Stoff aus der kastilischen Geschichte. Andere Texte des *mester de clerecía* gebrauchen den ›epischen Formelstil‹ und weitere Elemente, die den *mester de juglaría* charakterisieren: den Appell an die Zuhörer oder die Bitte um ein Glas Wein als Lohn für den Vortrag. Beides belegt, daß auch die Texte des *mester de clerecía* keineswegs nur für die Lektüre bestimmt waren, sondern durchaus auch von einen *juglar* vorgetragen werden konnten.

Den wenigen Dichtungen des *mester de clerecía* aus dem 13. Jh. ist es gemeinsam, daß sie alle im oberen Ebrotal, an den Schreiborten in der Rioja, verfaßt wurden und daß sie anders als die Epen und die höfische Lyrik direkt und massiv zur Propagierung christlicher Inhalte und Überzeugungen und, wie manche Epen auch, in den Dienst der Werbung für einzelne Klöster gestellt wurden. Dies zeigt mit besonderer Deutlichkeit der Fall von Gonzalo de Berceo, des ersten namentlich bekannten spanischsprachigen Autors.

Der ›erste‹ spanische Dichter: Gonzalo de Berceo

Weder Priester noch Mönch gehörte Berceo dennoch zu den Intellektuellen (*clerici*) des Hochmittelalters. Er hat wohl in Palencia eine juristische Bildung erhalten, die es ihm ermöglichte, im Dienst des Benediktinerklosters San Millán de la Cogolla tätig zu sein. Er war sicher nicht der naive Verfasser von Marienwundern und Heiligenviten, als der er noch häufig charaktersiert wird. Berceo war ein bewußter Propagandist und ›Laienprediger‹, der seine Zielgruppe, das ungebildete, wunderglaubige Volk, gut kannte und der sich nicht scheute, auch gefälschte Dokumente heranzuziehen, um die Pilger und ihr Geld zu ›seinem‹ Kloster San Millán und dessen wundertätigen Reliquien nahe bei Logroño und Burgos und etwas abseits vom Jakobsweg zu lenken.

Berceo und die ›geistige Reconquista‹

Berceos Dichtung stellt sich ganz in den Dienst der ›geistigen Reconquista‹, der Christianisierung des Denkens insbesondere des einfachen Volks, wie dies seinerzeit auch die Predigt der neuen Bettelorden der Franziskaner und Dominikaner mit wachsender Aggressivität unternahm. Seine Heiligenviten (*Vida de San Millán*, 1230; *Vida de Santo Domingo de Silos*, 1236; *Vida de Santa Oria virgen* und ein unvollendetes Leben des Hl. Laurentius) fordern und fördern Glaubensgewißheit. In ihrem Zentrum stehen Berichte über die von den Heiligen gewirkten Wunder, von Heilungen bis hin zu Totenauferweckungen, die sicherlich im Gegensatz zur Heilkunst arabischer und jüdischer Ärzte der Zeit zu lesen sind. Zweifel werden als Sünde bezeichnet und mit dem Hinweis auf die Autorität der lateinischen Quellen ausgeräumt. Heilsgewißheit bereits im Diesseits vermitteln die rhetorisch höchst geschickt und anmutig verfaßten *Milagros de Nuestra Señora* (vor 1246), die, auf einem vermutlich im deutschen Sprachbereich verfaßten lateinischen Werk fußend, von 25 Wundertaten der Jungfrau Maria berichten: vom einfachen Dieb etwa, der stets sein *Ave Maria* betet, und den die Jungfrau, als er gehenkt werden soll, mit ihren eigenen Händen stützt, so daß ihn die Schlinge nicht erwürgt, oder von Theophilus, dem Teufelsbündler (und Vorläufer der Faustgestalt), der auf Maria vertraut und für den sie persönlich den leichtfertig unterzeichneten Vertrag aus der Hölle zurückholt.

Berceo und die Juden

Die Festigung der christlichen Weltsicht geht einher mit einer deutlichen Abgrenzung gegenüber dem Islam und besonders dem Judentum. So empfiehlt Berceo San Millán, den Patron seines Klosters, als einen Heiligen, der Gefangene speziell aus der Macht der Muslime zu befreien vermag. In dem

Milagro »Los judíos de Toledo« scheut er sich sogar nicht, den Juden einen Ritualmord an einem Kind zu unterstellen und in wohlgesetzten Versen die tödliche Rache der Christen zu rechtfertigen. Angesichts eines solchen Textes gilt es daran zu erinnern, daß Toledo damals eine Stadt mit hohem jüdischen Bevölkerungsanteil war. Das *Milagro* kann daher nicht als fromme Legende aus ferner Zeit gelesen werden. Es war mehr als eine nur formale Absage an das »Zusammenleben der drei Kulturen«.

Die Dichtung der *mester de clerecía* des 13. Jh. ist in ihrer Gesamtheit als »pädagogischer Kreuzzug« (J. Saugnieux) bezeichnet worden. Dies gilt auch für diejenigen in der *cuaderna vía* verfaßten Werke, die keinen hagiographischen Inhalt haben. Der *Libro de Alexandre* interpretiert die Vita Alexanders als Beispiel unchristlichen Hochmuts und predigt Weltverachtung. Der *Libro de Apolonio* (1250) macht aus der hellenistischen Romanvorlage (*Historia Apollonii regis Tyri*) eine spannend zu lesende Erbauungsgeschichte, die zugleich die französische höfische Kultur des 13. Jh. propagiert. Das *Poema de Fernán González* schließlich stellt den Aufstieg Kastiliens zur Vormacht im christlichen Spanien als von Gott selbst gewolltes und gelenktes Geschehen dar.

Mester de clerecía: *ein geistiger Kreuzzug*

Die Tendenz, die Literatur in den Dienst religiöser Propaganda zu stellen, zeigt sich im 13. Jh. auch in Texten, die nicht zum *mester de clerecía* gehören. Die *Vida de Santa María Egipciaca* schildert im Rückgriff auf eine französische Quelle das sündige Leben und die strenge Buße der Heiligen. Im gleichen Manuskript ist das *Libre dels tres reys d'Orient* überliefert, das einem apokryphen Evangelium folgend von der Flucht der heiligen Familie nach Ägypten und der Kreuzigung Jesu berichtet. Das Gedicht ¡*Ay Jherusalem!* spiegelt als einziges spanisches Gedicht die europäischen Kreuzzugsaufrufe nach dem Fall Jerusalems (1244) wider, löste aber trotz seiner propagandistischen Absicht in Spanien keine größere Kreuzzugsbegeisterung aus.

Frühe erzählende Texte in Prosa: zur Rezeption der orientalischen Weisheitsliteratur

Bei allen inhaltlichen und formalen Unterschieden zwischen *mester de juglaría* und *mester de clerecía* war beiden gemeinsam, daß sie in Versen verfaßt wurden. In Prosa wurde im kastilischen Sprachbereich ein erzählender Text erstmals um die Mitte des 13. Jh. geschrieben. Dieser Kunstprosa war als Vorläufererscheinung eine kastilische ›Verwaltungsprosa‹ vorausgegangen, die sich seit dem Beginn des 13. Jh. entwickelt hatte und 1252 die offizielle Kanzleisprache wurde. Doch nicht diese Verwaltungssprache, sondern das Vorbild der arabischen und der hebräischen Literatur, die seit langem eine literarische Verwendung der Prosa kannten, war für den Übergang vom Vers zur Prosa entscheidend. Es ist daher kein Zufall, wenn der erste narrative Text in kastilischer Prosa eine Übersetzung aus dem Arabischen ist, die Erzählung von *Kalīla wa-Dimna* (*Kalila und Dimna*).

Die Entstehung einer Kunstprosa

Der Wechsel vom Vers zur Prosa war Ausdruck eines grundsätzlicheren Wandels. Die Prosaliteratur wurde nicht mehr wie der *mester de clerecía* in den Klöstern der Rioja und von Geistlichen verfaßt. Sie entstand unmittelbar am königlichen Hof und unter direktem Einfluß der Königsfamilie. Ihr

Die beiden Schakale Kalila und Dimna

Kalila und Dimna

Ziel war nicht mehr die Missionierung des einfachen Volkes, sondern die anspruchsvolle Unterhaltung einer schmalen Elite, der anhand von Erzählungen eine verstandesbetonte, weitgehend immanente Weltklugheit vermittelt werden sollte. Diese Erzählliteratur führt nicht mehr die frommen Wundertaten der christlichen Heiligen oder der Jungfrau Maria vor. Sie zieht vielmehr die Stoffe einer reichen orientalischen Weisheitsliteratur indischen Ursprungs heran. Im Frage- und Antwortspiel zwischen einem weisen Philosophen und einem Ratsuchenden wird ein illusionsloses Bild der Menschen, von ihrer Eigensucht und ihren Leidenschaften, entworfen. Die Einsicht in die Schwächen der Menschen bildet die Grundlage für ein kluges, auf den eigenen Vorteil bedachtes, doch darum moralisch nicht weniger gutes Verhalten des einzelnen, das Erfolg im Diesseits und Jenseits verspricht. Ist der Fragende ein Herrscher, so stellen sich die Texte als Fürstenspiegel dar. Formal bedienen sie sich gerne eines Erzählrahmens; die Antworten auf die Fragen des Ratsuchenden erfolgen als Beispielerzählungen, die häufig ins Reich der Tiere verlegt sind. Die Anwendung der jeweiligen ›Fabel‹ auf seine eigene Situation bleibt dann dem Scharfsinn des Fragenden überlassen.

Bei *Kalila und Dimna*, einem Buch, von dem es heißt, es sei im Mittelalter das meistgelesene Buch neben der Bibel gewesen, handelt es sich um einen Fürstenspiegel mit komplexer narrativer Struktur, in dem ein weiser Philosoph dem König Abendulet mit einer Fülle von Tiergeschichten zu jenem Wissen und jener klugen Vorsicht verhilft, deren ein Herrscher bedarf. Den Großteil des Textes nimmt die Geschichte der beiden Schakale Kalila und Dimna ein. Der ehrgeizige Dimna beschließt am Hof des Königs, des Löwen, Karriere zu machen. Als sein Rivale, der Stier, in der Gunst des Königs allzu sehr aufsteigt und Dimna um seinen Einfluß fürchtet, streut er Gerüchte aus und veranlaßt so, daß der schlecht beratene und überstürzt handelnde König seinen Freund, den Stier, tötet. Später, von wahren Freunden beraten, durchschaut der König den intriganten Schakal und verurteilt ihn zum Hungertod.

Die Themen des eigenen verstandesmäßigen Handelns, des Durchschauens der Motive der anderen, der guten und der schlechten Ratgeber, des Umgangs mit seinen Feinden und der Freundschaft kehren in allen Beispielgeschichten (»ejemplos«) wieder. Sie erklären, warum das Werk den noch jungen Alfons X. als unterhaltsamer, aber durchaus ernstzunehmender Fürstenspiegel interessierte. Das Werk kann aber auch als moralistischer Text schlechthin verstanden werden, als eine Anleitung zu Lebensklugheit für ein breites Publikum, woraus sich der große Erfolg des Buches erklärt. Dieser geht im Okzident allerdings auf die mittellateinische Übersetzung zurück, die ein getaufter Jude, Johannes von Capua, zwischen 1263 und 1278 nach einer hebräischen Vorlage unter dem sinnreichen Titel *Directorium vitae humanae* anfertigte.

Sendebar: *misogyne Literatur aus dem Orient*

Auf den ›Sitz im Leben‹ und die Aktualität dieser Texte bei den Zeitgenossen läßt ein weiteres Werk der orientalischen Weisheitsliteratur schließen, das Fadrique, der Bruder Alfons' X., nur zwei Jahre später (1253) in Sevilla anhand einer arabischen Vorlage anfertigen ließ: *Sendebar* oder *Libro de los engaños e los asayamientos de las mujeres* (Sinbad oder *Das Buch der Täuschungen und der Betrügereien der Frauen*). Die Rahmenhandlung, die Anlaß zur Erzählung von 23 »enxenplos« (*ejemplos*) gibt, ist eine Variante der Geschichte von »Potiphars Weib«. Aufgrund eines widrigen Horoskops muß der Sohn des Königs Alcos sieben Tage Schweigen bewahren. Eine Frau des Königs versucht, ihn zum Sprechen zu bringen; sie schlägt ihm vor, den König zu töten und sie zu heiraten. Voll Zorn vergißt der Königssohn das Schweigegebot und droht der Frau, seinem Vater alles zu offenbaren. Um ihn ins Unrecht zu setzen, behauptet sie, er habe versucht, sie zu vergewaltigen. Empört befiehlt der König, den Sohn hinzurichten. Um die verhängnisvollen sieben Tage des Schweigens zu überwinden, erzählen sieben Weise dem König Geschichten von der Falschheit der Frauen und den Gefahren überstürzten Handelns, auf die die Frau mit Beispielen vom Tun schlechter Ratgeber antwortet. Nach Ablauf der Frist vermag sich der Sohn zu rechtfertigen, und der König läßt die Frau verbrennen.

Das Interesse Fadriques an diesem Text könnte das kritische Bild vom König, den bösen Folgen seines autoritären Handelns und den Gefahren schlechter Ratgeber gewesen sein. Es ist bekannt, daß Alfons X. entschieden auf eine Stärkung der Macht des Königs abzielte – zum Verdruß des Adels und seiner Brüder. Fadrique selbst und sein Bruder Enrique hatten 1255 eine Rebellion gegen Alfons angezettelt, und Alfons ließ seinen Bruder Fadrique 1277 hinrichten. Auch die Frauen als Ratgeberinnen haben in diesem langen Streit eine Rolle gespielt. Häufig ist das Werk als Manifest der langandauernden Frauenfeindlichkeit der Literatur des spanischen Mittelalters angesehen worden, heißt es dort doch: »auch wenn die Erde zu Papier würde, und das Meer zu Tinte und die Fische zu Schreibfedern, so reichten sie nicht aus, um alle Bosheiten der Frauen aufzuschreiben«. Dennoch handeln nur 8 der 23 Exempel von den Tücken der Frauen. In vielen Fällen gilt der Spott des Autors nicht ihnen, sondern den Männern, die so töricht sind, ihre Ränke nicht zu durchschauen. Der Stoff des *Sendebar* ist, allerdings auf anderen arabischen Versionen des Textes fußend, in ganz Europa als die *Geschichte von den Sieben Weisen* rezipiert worden.

Von der Beliebtheit dieser moralistisch-didaktischen Erzählliteratur zeugen weitere Texte: *Poridat de Poridades* (*Das Geheimnis der Geheimnisse*), ein Fürstenspiegel mit bewußt dunkel formuliertem Herrscherwissen, den angeblich Aristoteles für Alexander den Großen verfaßt hatte; *Bonium o Bocados de oro* (*Bonium oder Goldene Bissen*), dessen Rahmenerzählung von der Fahrt des Königs Bonium nach Indien berichtet, der von dort eine reiche Spruchsammlung mitbringt. Eindeutig dem kastilischen Hof als Entstehungsort zuzuordnen sind auch die *Castigos e Documentos* (*Strafen und Beweise*), die der Nachfolger Alfons' des Weisen, Sancho IV., für seinen Sohn anfertigen ließ. In ihnen wird erstmals das weitgehend säkularisierte Denken der orientalischen Weisheitsliteratur mit christlichen Vorstellungen verbunden, ein Prozeß, der seinen Abschluß im *Conde Lucanor* von Juan Manuel findet.

Mode der orientalischen Weisheitsliteratur

Juan Manuel und der »Conde Lucanor«

Juan Manuel, der Enkel Ferdinands des Heiligen und Neffe Alfons' des Weisen, war einer der mächtigsten Adligen seiner Zeit. Von Jugend an nahm er hohe Militär- und Verwaltungsaufgaben wahr, so als *adelantado* im Königreich Murcia. Literarisch und theologisch außerordentlich gebildet, hielt er unmittelbaren Kontakt zur arabischen Kultur in Granada und war zugleich der Förderer des Dominikanerklosters in Peñafiel. Seine Lebenszeit fällt zusammen mit der Krise der mittelalterlichen Ständegesellschaft. Als selbstbewußter Vertreter des Hochadels trat er den zentralistischen Bestrebungen des Königs entgegen, den er mit der Waffe, aber auch mit seinem

Juan Manuel und sein Werk

Die Eigenständigkeit des Conde Lucanor

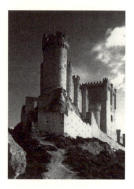

Schloß und Kloster von Peñafiel, in dem Juan Manuel seine Werke hinterlegte

Juan Manuels Kehre zum Christentum

literarischen Werk bekämpfte, das durch und durch politisch geprägt ist und nicht wie die Werke Alfons' des Weisen vorwiegend der Wissenschaft diente. Ehre und Ruhm sind geradezu obsessive Themen seines Werks. Erhalten sind nur acht seiner Schriften, verloren fünf, darunter die *Reglas de trovar*, die wohl älteste kastilische Poetik.

Der *Conde Lucanor,* sein bedeutendstes Werk, ist nicht mehr eine Übersetzung aus dem Arabischen, sondern ein grundsätzlich eigenständiges Werk, auch wenn es die Grundkonstellationen der orientalischen Vorläufertexte übernimmt. In ihm wird die dort bisweilen sehr lockere Verbindung zwischen Erzählrahmen, Beispielerzählungen, Fabeln und Sentenzen verstärkt: Insbesondere werden die einzelnen Exempel zu in sich schlüssigen, wenn auch etwas schematischen Erzählungen ausgestaltet, die stets aus einer konkreten Frage und einer ›offenen‹ Beispielerzählung bestehen. Zusammengefaßt werden sie durch eine verallgemeinernde Moral, die jeweils am Schluß in einem Reimpaar formuliert ist. Nicht zu Unrecht ist der *Conde Lucanor* in die unmittelbare Nähe der frühen europäischen Novellistik gerückt worden: Rein zeitlich trennen ihn keine zwei Jahrzehnte von Boccacios *Decamerone;* von Inhalt und Bedeutung her sind seine Beispielerzählungen allerdings weit von Boccaccios Novellen entfernt.

Auch im *Conde Lucanor* bildet das Wechselgespräch zwischen ratsuchendem Herrscher und weisem Ratgeber den Erzählrahmen, doch sind die Gestalten dieses Rahmens, der Graf (nicht König!) Lucanor und der ratgebende Petronio, von Juan Manuel selbst geschaffen. Im ersten der vier Teile des *Conde Lucanor* mit seinen 51 Exempeln geht es wie in *Kalila und Dimna* um Weltklugheit, um das Durchschauen des anderen, das verstandesmäßige Handeln, die Wahrnehmung des eigenen Vorteils (»llevar su pro adelante«), um Mißtrauen und Freundschaft. Doch ist das Buch kein eigentlicher Fürstenspiegel mehr, sondern ein recht pessimistisches Werk der Moralistik. Die Zunahme christlich-religiöser Vorstellungen zeigt sich besonders im abschließenden vierten Teil, der einen Abriß der Lehren des Christentums gibt. Die überkommene Weisheitslehre, so wird dort eingangs argumentiert, bezieht sich nur auf den Körper und das Diesseits. Die Seele und das Jenseits bedürfen anderer Verhaltensregeln, die nur in der »sancta fe católica segund la tiene et la cree la sancta madre Ecclesia de Roma« zu finden sind. Es folgen eine Paraphrase des Glaubensbekenntnisses, eine Sakramentenlehre und Ausführungen zur »miseria hominis«, die mit dem tröstlichen Hinweis enden, daß diese religiös christliche Weltsicht eine völlige Weltflucht nicht erfordert, da jeder das Heil in seinem Stand zu erlangen vermag. Diese Wende zum Christentum und der damit verbundene Rückgriff auf den Glauben entwerten das ›Aufklärerische‹ der Weisheitsliteratur. Der abschließende Teil des *Conde Lucanor* wird so zur Verkündigung nicht hinterfragbarer Glaubenswahrheiten. Diese christliche Grundhaltung mag es gewesen sein, die Eichendorff veranlaßte, den Text 1840 ins Deutsche zu übersetzen.

Mit Juan Manuel, der so wie Gonzalo de Berceo seinen Beitrag zur ›geistigen Reconquista‹ leistet, nähert sich der offene Dialog der drei Kulturen seinem Ende. Bereits sein *Libro de los estados* (um 1330) belegt, daß er die Vorstellung nicht mehr hinzunehmen vermag, die Frage, welche der drei großen Religionen die einzig richtige ist, sei prinzipiell unlösbar. So inszeniert er im *Ständebuch* – ausgehend von der orientalischen Erzählung von *Barlaam und Josafat* – statt Boccacios Ringparabel eine jener in der damaligen spanischen Wirklichkeit zahlreichen Debatten zwischen den drei Religionen, in denen das Judentum und der Islam dem Christentum stets unterlagen.

In einer Situation großer gesellschaftlicher Umbrüche greift Juan Manuel auf die Sicherheiten des Glaubens zurück. Das subversive Lachen, mit dem fast zur gleichen Zeit in Spanien Juan Ruiz mit dem *Libro de Buen Amor* oder Boccaccio in Italien mit dem *Decamerone* auf diese Krisensituation reagieren, findet sich in seinem Werk nicht. Für wie endgültig und bedeutsam Juan Manuel seine Darlegungen empfand, zeigt sich auch darin, daß er als erster spanischer Autor eine »Ausgabe letzter Hand« anfertigte. Er hinterlegte sie im Kloster Peñafiel, damit sie auf keinen Fall wie die Werke des *mester de juglaría* von jedermann fortgeschrieben und verändert werden konnten.

Die nicht-fiktionale Prosa: Alfons der Weise, die »Siete Partidas« und die Chroniken

Die von Alfons dem Weisen noch vor seiner Thronbesteigung veranlaßte Übersetzung von *Kalila und Dimna* und die von ihm verantworteten Übertragungen wissenschaftlicher Werke aus dem Arabischen stellen nicht den Hauptteil seines Beitrags zum Prosaschrifttum des ausgehenden 13. Jh. dar. Er hat auch Schriften verfaßt, die als ›Originalwerke‹ anzusehen sind, wenngleich sie ihre arabischen Quellen nicht leugnen können. Einen ersten Bereich bilden die zahlreichen naturwissenschaftlichen Schriften. In ihrem Zentrum steht die Astronomie (*Libros del saber de astronomía*) samt ihrem – astrologisch gedeuteten – Einfluß auf den Menschen; sie wird ergänzt durch ein Werk über die (Edel-) Steine (*Lapidario*), die, so wurde angenommen, gleichfalls die Geschicke des Menschen beeinflussen.

Naturwissenschaftliche und juristische Prosa

Den zweiten Bereich stellen eine Reihe umfänglicher Texte zu Fragen des Rechts und der Politik dar, deren bedeutendster die *Siete Partidas* sind. Das Werk ist die umfassendste Textsammlung des ganzen europäischen Mittel-

Beschädigtes Bild; zeigt Alfons X., der einem Kopisten und Redaktor Anweisungen erteilt

alters. In ihm wurden das geschriebene römische Recht (*derecho escrito*), so wie es gerade an der Universität Bologna wiederentdeckt wurde, und das spanisch-westgotische Gewohnheitsrecht (*derecho consuetudinario*) in sieben Teilen (*partidas*) von einer Juristenkommission zusammengetragen und systematisiert: sie behandeln die rechtliche Stellung von Kirche und Klerus; die Stellung und Rechte von Herrscher (»Emperador«) und Adel; die Rechtssprechung; die Ehe und Familie; das Vertragsrecht; das Erbrecht; die Vergehen und Strafen. Da alle Bereiche mit einer Fülle von Beispielen aus dem Alltagsleben illustriert sind, stellen die *Siete Partidas* eine unvergleichliche kulturgeschichtliche Quelle dar. Im Politischen spiegeln sie das vom Königtum weiterhin akzeptierte, von der Kirche, insbesondere den neuen Bettelorden bekämpfte Zusammenleben der drei Kulturen. Die politische Vorrangstellung, die in den *Siete Partidas* dem Herrscher eingeräumt wird, hatte zur Folge, daß der Adel ein Inkraftsetzen der Ende des 13. Jh. verfaßten Gesetzestexte bis 1348 verhinderte.

Historiographie

Den wichtigsten Beitrag, den Alfons der Weise zur Entstehung der spanischen Prosa geleistet hat, stellen jedoch seine historiographischen Werke dar. In ihnen ging es nicht nur um eine sachangemessene, sondern auch um eine stilistisch anspruchsvolle, ästhetisch befriedigende Darstellung. Zwei Projekte der Geschichtsschreibung hat Alfons auf den Weg gebracht, eine Geschichte Spaniens (*Estoria de España*) und eine Weltgeschichte (*Grande e General Estoria*). Obwohl von einer ganzen Arbeitsgruppe vorangetrieben, die ein beachtliches Quellenmaterial zusammentrug (von der Bibel über antike Autoren bis – und dies war ein Novum – zu arabischen Historiographen und verschiedenen Epen) blieben beide Projekte unvollendet. Die »Weltgeschichte« gelangte von der Schöpfung (nach der als korrekt angesehenen jüdischen Chronologie waren das etwa 5000 Jahre!) bis zur Geburt der Jungfrau Maria; die »Geschichte Spaniens« umfaßt den Zeitraum von der mythischen Gründung des Staates in vorromanischer Zeit bis zur Eroberung Valencias durch den Cid. Das Ziel beider Darstellungen war es sicher, eine ›spanische Identität‹ gegenüber den Muslimen und Juden, aber auch gegenüber dem als immer stärker empfundenen Frankreich zu schaffen. Das Lob Spaniens in der *Estoria de España* (»558. Del loor de Espanna como es complida de todos los bienes«) beschreibt Spanien als ein mit allen Gütern gesegnetes Paradies, vor allem deutet sie die beiden entscheidenden Ereignisse der spanischen Geschichte – den Sieg der Mauren über die Westgoten und die Reconquista – als gottgewolltes Geschehen. Der Untergang des Westgotenreichs wird so als göttliche Strafe für die sexuellen Sünden von König Rodrigo interpretiert, und die Reconquista erscheint als bloße Wiederherstellung des Westgotenreichs, deren Beginn unter Pelayo bei Covadonga gleichfalls als von Gott veranlaßt verstanden wird. Gleiches gilt für den Vorranganspruch Kastiliens im Konzert der nordspanischen Reiche. Die *Grande e General Estoria* scheint darüber hinaus auf eine Rechtfertigung der imperialen Bestrebungen Alfons' des Weisen angelegt gewesen zu sein, der nach der Kaiserkrone des »Heiligen Römischen Reichs« strebte. Da dieses Streben scheiterte, wurde die *General Estoria* nach seinem Tod nicht fortgesetzt. Ganz anders die *Estoria de España*. Sie ist – den jeweiligen politischen Umständen entsprechend – immer weiter fort- und umgeschrieben worden. In zahllosen Handschriften überliefert wird sie als *Primera, Segunda, Tercera, Cuarta Crónica General* (1282, 1344, 1404, 1460) bezeichnet. Eine Variante dieser Chroniken erschien schließlich 1541 im Druck.

Religiöse Deutung der Geschichte Spaniens

Ein spanischer ›Ritterroman‹: El caballero Zifar

Die große Neuerung in der europäischen Literatur in der zweiten Hälfte des 12. Jh. war die ›Erfindung‹ des höfischen Versromans, den in Frankreich Chrétien de Troyes und in Deutschland Wolfram von Eschenbach geprägt haben. Anhand der Stoffe aus dem bretonischen Sagenkreis, der legendären Gestalten von König Artus, der vollkommenen Rittern Gauvain und Lancelot, von Tristan und Isolde oder des Gralssuchers Perceval schuf sich die höfische Gesellschaft ein idealisiertes, ins Phantastische gesteigertes Selbstbild. Auf der Suche nach Bewährung im Kampf mit der Waffe und getrieben von der veredelnden Kraft der Liebe zu einer höfischen ›Herrin‹ ziehen die Ritter auf Abenteuer aus, besiegen ihre mit magischen Kräften ausgestatteten Feinde und stellen die von diesen Gegenkräften gestörte Ordnung der Welt wieder her.

Der höfische Versroman in Frankreich

Die spanische Literatur hat an dieser Mode der höfischen Versromane aus der Artuswelt nicht teilgenommen. Der erste und einzige aus dieser frühen Zeit vollständig überlieferte kastilische ›Ritterroman‹ ist ein Prosatext, die *Corónica del muy esforçado y esclarecido cauallero Zifar*, der in den ersten Jahren nach 1300 entstand und vielleicht von dem Geistlichen Ferrand Martínez verfaßt wurde. Der *Caballero Zifar* ist eine überraschende Synthese, in die die drei wichtigsten literarischen Tendenzen der Zeit eingegangen sind. Das Grundschema der Handlung ist dem französischen Ritterroman entnommen: Der Ritter Zifar zieht auf Abenteuerfahrt aus, erobert das Königreich Mentón, befreit die bedrängte Herrin des Landes und heiratet sie. Den gleichen Weg geht auch sein Sohn Roboán in einem ›Roman im Roman‹. Bevor dieser Sohn auszieht, gibt ihm sein Vater eine Reihe von Ratschlägen, die zusammen einen Fürstenspiegel ergeben. Sie entsprechen – bis hin zu den verwandten Exempeln – den spanischen Versionen der orientalischen Weisheitsliteratur. Schließlich zeigt der Text des Romans auch umfangreiche hagiographische Züge. Ihm liegt die Legende des hl. Eustachius als Deutungsschema zugrunde. Allegorisch gesehen sind der Ritter Zifar (arab. *safar*, »reisen«) und seine – von Seeleuten entführte – Frau Grima (arab. *ǧarīma*, »etwas (ein Verbrechen) erleiden« oder *karīma*, die »Edle«) auch Bilder der Seele auf der Suche nach Gott. Wie bei Alfons dem Weisen oder Juan Manuel ist auch hier alles Erzählen wieder stark didaktisch ausgerichtet. Ein freies, die christlichen Normen sprengendes Verhalten, wie die ehebrecherische Liebe von Tristan und Isolde wird hier ebenso vermieden wie ein Erzählen, das nur auf Unterhaltung zielt.

Caballero Zifar

Reich bebilderte Handschrift des Caballero Zifar (BN Madrid)

Vom *Caballero Zifar* führt kein unmittelbarer Weg zur Parodie des Ritterromans im *Don Quijote,* auch wenn man in der Gestalt von Zifars Mitstreiter Ribaldo, einem bäuerischen, Sprichwörter zitierenden Knappen, einen Vorläufer Sancho Panzas hat sehen wollen. Die Flut der ›*Amadisse*‹, in denen der höfische Ritterroman gerade in Spanien nach 1500 nochmals eine späte Blüte erlangt, ist durch andere Texte als den *Caballero Zifar* vorbereitet worden. Aus Namensnennungen und Anspielungen bereits in den *Cantigas* von Alfons dem Weisen, in der romanhaften Pseudochronik *Gran Conquista de Ultramar* (um 1280/90), in den Romanzen und der späthöfischen Lyrik des *Cancionero de Baena* und einigen Romanfragmenten kann geschlossen werden, daß die Stoffe der französischen Ritterromane um König Artus, um Tristan, um Lancelot und die Gralssuche in Spanien bekannt waren und auch in (Prosa-)Übersetzungen oder Weiterdichtungen

Spuren der verlorenen Ritterromane

Vorläufer des Amadís

vorgelegen haben müssen. Allerdings ist keines dieser Werke auch nur annähernd vollständig erhalten. Einige der Texte wurden zwar in späten Fassungen an der Kehre zum 16. Jh. sogar zum Druck befördert, doch läßt sich ihre Vorgeschichte im 14. und 15. Jh. nicht mehr im Detail rekonstruieren.

Dies gilt auch für den bekanntesten aller spanischen Ritterromane, den *Amadís*. Es besteht kein Zweifel, daß die 1508 von Garcí Rodríguez de Montalvo veröffentliche Fassung mittelalterliche Vorläufer gehabt haben muß. Erste Erwähnungen lassen sich bis 1350 zurückverfolgen; Fragmentfunde bestätigen nicht nur die Kontinuität der Überlieferung, sie lassen in einzelnen Fällen auch die Eingriffe Montalvos in den Text erkennen, so bei der Kürzung erotischer Passagen. Eine Rekonstruktion des Gesamtwerks erlauben sie jedoch nicht.

Die höfische Lyrik im 13. und 14. Jahrhundert

Das Galicisch-Portugiesische als Sprache der Lyrik

Christus ohrfeigt eine Nonne, die mit einem Ritter fliehen will: Motiv, das auch in den *Cantigas* behandelt wird

Alfons der Weise als Lyriker

In kastilischer Sprache hat sich im Norden Spaniens keine höfische Lyrik im Sinne der französischen Troubadourdichtung oder der deutschen Minnelyrik entwickelt. Das Formen- und Themeninventar dieser Lyrik blieb dort zwar nicht unbekannt, doch wurde die höfische Lyrik im christlichen Norden und Westen Spaniens nur in galicisch-portugiesischer Sprache gepflegt. Es war dies eine Folge des starken Mäzenatentums der Erzbischöfe von Santiago de Compostela und des portugiesischen Hofes, was sogar dazu führte, daß auch kastilischsprachige Lyriker sich des Galicisch-Portugiesischen als Dichtungssprache bedienten. Die dynastischen Beziehungen dieses Hofes zu Burgund, die immer stärkere Teilnahme französischer Ritter an den Kämpfen der Reconquista, vor allem aber die Pilgermassen, die auf dem Jakobsweg nach Galicien zogen und in die sich auch die französischen Troubadoure mischten, hatten eine verstärkte Rezeption der provenzalischen höfischen Lyrik im Nordwesten Spaniens zur Folge gehabt. Vom 13. Jh. an wurden in Galicien die beiden Hauptgattungen der Troubadourlyrik gepflegt: die *cantigas de amor*, die etwas vereinfacht und formelhaft der provenzalischen Kanzone nachfolgen, und die *cantigas de escarnho e maldezir*, realistische Spott- und Kritiklieder, die den *sirventès* der Troubadoure zum Vorbild haben. Hinzu kamen die aus einer vorhöfischen Schicht stammenden *cantigas de amigo*, die mit ihrem verhaltenen Ausdruck weiblicher Erotik ein inhaltliches und formal gänzlich anderes Register als die ›männlichen‹ Kanzonen zogen. Überliefert ist diese Lyrik in drei großen Sammelhandschriften, dem *Cancioneiro da Ajuda*, dem der *Biblioteca Nacional* und dem der *Vaticana*, die mehr als 2000 Gedichte von über 200 Dichtern des 13. und 14. Jh. enthalten.

Selbst König Alfons X., der in seinen Prosawerken das Kastilische zur Literatursprache gemacht hat, bediente sich in seiner Lyrik des Galicisch-Portugiesischen. In dieser Sprache sind auch die 427 *Cantigas de Santa María* verfaßt, in denen er mit der Hilfe anderer Autoren die Konventionen der höfischen Frauenminne zu einer Marienlyrik umformt. Inhaltlich und formal steht Alfons hier ganz unter französischem Einfluß; auch die Quellen der einzelnen Marienmirakel stammen aus Frankreich. Aus ihnen übernimmt der ansonsten tolerante König sogar den dort üblichen Antisemitismus. Der durchaus neue Versuch, die bisweilen recht prosaischen Lieder über die Mirakel der Jungfrau Maria in Zyklen zusammenzufassen, verweist jedoch auf arabische Vorbilder. Die Handschriften der *Cantigas* sind überdies von besonderem Interesse, weil sie nicht nur die Vertonungen einzelner Lieder, sondern auch prachtvolle Miniaturen mit kulturhistorisch interessanten Szenen aus dem Alltagsleben des 13. Jh. wiedergeben.

Das Prestige des Galicisch-Portugiesischen als Sprache der Lyrik begann zu sinken, als König Dinis, der letzte große Mäzen der Troubadoure am portugiesischen Hof, 1325 starb, und als sich Kastilien und Portugal nach der Schlacht von Aljubarrota (1385) politisch und kulturell immer stärker auseinanderentwickelten. Die erste Gedichtanthologie im Königreich Kastilien, die der Schreiber Juans II., Juan Alfonso de Baena, 1445 in dem nach ihm benannten *Cancionero de Baena* zusammengestellt hat, belegt das Aufkommen des Kastilischen als Sprache einer (späthöfischen) Lyrik. Diese Sammlung erfaßt mit 576 Gedichten die Lyrik von 54 Autoren, die seit den 70er Jahren des 14. Jh. geschrieben haben.

Das Aufkommen des Kastilischen

Symptomatisch ist der Fall des Alfonso Alvarez de Villasandino: Bis 1400 verfaßte er seine Lyrik in galicisch-portugiesischer, danach in kastilischer Sprache. Bedenkt man, daß zur gleichen Zeit in Kastilien der französische durch einen italienischen und humanistisch antikisierenden Kultureinfluß abgelöst wird, so manifestiert sich in diesem Sprachwechsel eine generelle geistige und literarische Neuorientierung. Ihr erster bedeutender Vertreter war Iñigo López de Mendoza, der humanistisch gebildete *marqués de Santillana*. Daß es bereits zuvor neben der höfischen galicisch-portugiesischen Lyrik eine anspruchsvollere Dichtung in kastilischer Sprache gegeben hat, die aber wohl kaum verschriftet wurde und daher so gut wie verloren ist, belegen die lyrischen Einschübe im *Libro de Buen Amor* des Erzpriesters von Hita aus der Mitte des 14. Jh. Nach dem Vorbild der Pastourellen provenzalischer und französischer Troubadoure hat er eine Reihe von *serranillas* geschrieben, die zum Grundbestand der spanischen Lyrik insgesamt gehören.

Die Troubadourlyrik faßte aber nicht nur über den Jakobsweg und die galicisch-portugiesische Dichtung im Westen der Pyrenäenhalbinsel Fuß. Sie wurde auch im Osten, in Katalonien, rezipiert, das unmittelbar an das okzitanische Sprachgebiet angrenzt und dessen ältere Sprachstufen sich nur unwesentlich vom Provenzalisch der Troubadoure unterschieden. Mit Jordi de Sant Jordi und Ausiàs March erlangte sie dort noch in der ersten Hälfte des 15. Jh. eine späte Blüte, als in der Provence selbst die Gesellschaft, die die Troubadourlyrik hervorgebracht hatte, im Gefolge der Albigenserkriege bereits zerstört war. Die Dichtung von A. March, die Einflüsse Petrarcas aufnahm, wurde auch im kastilischen Sprachgebiet bis ins 16. Jh. hinein rezipiert. Selbst Garcilaso de la Vega hat sie noch sehr hoch geschätzt.

Die Auflösung der Convivencia im 14. Jahrhundert

Das politische Geschehen im Kastilien des 14. Jh. ist bestimmt durch den Gegensatz zwischen einem starken Adel und einem schwachen Königtum. Gestützt auf seinen großen Grundbesitz, war der Adel nicht bereit, auf seine partikulären Interessen zugunsten eines modernen Zentralstaats zu ver-

Kampf zwischen Monarchie und Adel

zichten. Der latente Bürgerkrieg zwischen den beiden Gruppen hatte 1369 zum offenen Adelsaufstand gegen Pedro I. (den seine Anhänger »el Justiciero«, seine Feinde »el Cruel« nannten) geführt. Pedros Ermordung durch seinen Halbbruder, der als Heinrich II. den Thron bestieg, bereitete der neuen Dynastie der Trastámara den Weg.

Zerfall der ›klerikalen Wissensvormacht‹

Im ökonomischen Bereich wurde das Land durch die aufkommende Geldwirtschaft geprägt, die Frühformen eines ›neureichen Bürgertums‹ entstehen ließ und die alte Hierarchie der drei Stände tief erschütterte. Im Geistigen begann europaweit schon zu Ende des 13. Jh. das scheinbar so festgefügte theologische System der Hochscholastik zu bröckeln; das neue, auf Empirie basierende Wissen der Averroisten erschütterte die »klerikale Wissensvormacht« (K. Flasch), förderte Individualismus und Freiheit, machte grundsätzlich eine Sicht von Welt und Mensch außerhalb theologischer Kategorien und die Vorstellung irdischen Glücks möglich. Manches, was bis dahin als gottgewollt und sinnvoll erschien, wurde plötzlich fragwürdig. Am tiefsten erschüttert wurde das Jahrhundert in seiner zweiten Hälfte durch die furchtbaren Pestepidemien, die ganze Landstriche entvölkerten und die Grundlage der Wirtschaft, den Ackerbau, zusammenbrechen ließen. Angesichts dieser Katastrophe, die sich weder theologisch erklären noch medizinisch beherrschen ließ und die sich periodisch bis ins 18. Jh. wiederholte, machte sich jene »Angst im Abendland« (J. Delumeau) breit, die die Mentalität und Kultur Europas entscheidend mitprägen sollte. Eine in Literatur und Kunst vielfach gestaltete Todesbesessenheit, radikale religiöse Strömungen und irrationale Schuldzuweisungen an Minderheiten, vor allem an die Juden und ›Hexen‹, waren die Folge.

Verfolgungen der jüdischen Minderheit

So zerbrach denn auch das »Spanien der drei Kulturen« endgültig, als 1348 in Katalonien, dann 1391 in Sevilla Judenpogrome stattfanden. Diese waren keine spontane Folge der Volkswut über die angeblichen ›Brunnenvergifter‹, sondern das Ergebnis systematischer Predigten der Bettelorden gegen die ›Gottesmörder‹, in denen, wie bei Vicent Ferrer, die Ritualmordthesen wiederholt wurden, die bereits Berceo vorgebracht hatte, seinerzeit allerdings ohne direkte Folgen. Für die Juden ging so eine 200jährige Blütezeit, die sie im christlichen Spanien erlebt hatten, gewaltsam zu Ende. Während dieser Zeit waren einzelne von ihnen zu hohen Ämtern und großem Reichtum gelangt und hatten sich vor allem als Repräsentanten des königlichen Steuersystems verhaßt gemacht. Für Adel, Klerus und einfache Bevölkerung wurden die Juden zu ›Sündenböcken‹, auf die sich politisch, theologisch und sozial begründete Ressentiments lenken ließen. Die im christlichen Spanien verbliebenen Muslime (*mudéjares*) entgingen diesen Verfolgungen, weil sie, anders als die jüdische Bevölkerung, nur in wenigen Gebieten und getrennt von den Christen lebten und weil sie keine sozial hervorgehobenen Positionen innehatten. Zudem war es ihren Eliten immer möglich, in ›ihr‹ Land, das muslimische Königreich Granada, zu wechseln, das im 14. Jh. eine Blütezeit erlebte, wie der Bau der Alhambra deutlich belegt.

Zwangsbekehrung und Gettoisierung der Juden

Das offizielle Ziel der Pogrome war die Taufe der Juden. Die angestrebte Integration wurde jedoch damit häufig nicht erreicht, sondern im Gegenteil ein neues Problem geschaffen, das des tatsächlichen oder nur vermuteten Kryptojudentums. Die zwangsbekehrten Juden (*conversos*) blieben häufig heimlich ihrer ursprünglichen Religion treu und bildeten so als *judaizantes* (oder *marranos*, »Schweine«) eine Gruppe von ›Ketzern‹, die nach kirchlichem Verständnis verfolgt und bestraft werden mußten. Hier liegen die geistigen Ursprünge der Inquisition, die dann gegen Ende des 15. Jh. offiziell etabliert wurde.

Judenverfolgung und -bekehrung: die Jungfrau Maria rettet einen Juden, der von einer Klippe gestürzt wurde und sich taufen läßt

Die Suche nach den Ursachen für das Kryptojudentum führte zur weiteren Zerstörung der Convivencia. Sie wurden zunächst im weiterbestehenden Kontakt zwischen *conversos* und nichtbekehrten Juden gesehen. Die Folge war eine Gettoisierung der ihrem Glauben treu gebliebenen Juden. Sodann meinte man, die Ursache im ›verderbten Blut‹ der Juden zu sehen, einem unauslöschlichen Makel, der nicht nur den *conversos* – trotz der Taufe – weiter anhaftete, sondern auch alle Christen betraf, deren Familien sich durch Einheirat mit ›jüdischem Blut‹ verbunden hatten (was im übrigen auch auf Ehen zwischen Christen und Morisken zutraf). Diese im 14. Jh. angelegten rassistischen Vorstellungen sollten eine verhängnisvolle Langzeitwirkung zeigen. Im 15. Jh. führten sie zur Idee der ›Blutsreinheit‹ (*limpieza de sangre*) als Voraussetzung für ein vollwertiges Spaniertum. Diese Idee wurde dann ab 1483 mit den *Estatutos de limpieza de sangre* in Rechtsnormen umgesetzt. Wer immer im 16. Jh. ein staatliches oder kirchliches Amt erhalten, ein Studium aufnehmen oder in eines der renommierten ›altchristlichen‹ Klöster eintreten wollte, mußte seine ›Blutsreinheit‹ nachweisen. Diese ging im übrigen auch aufgrund der Tatsache einer Verurteilung durch die Inquisition verloren. Hier liegen die Ursachen für die Trennung der Gesellschaft des Siglo de Oro in eine privilegierte ›altchristliche‹, ›reine‹ Mehrheit einerseits und eine marginalisierte ›neuchristliche‹, ›unreine‹ Minderheit andererseits. Das Aufdecken des von vielen, insbesondere auch adligen Familien, ängstlich gewahrten Geheimnisses der fehlenden ›Blutsreinheit‹ konnte die völlige soziale Ächtung bedeuten. Dies hatte eine geradezu obsessive Beachtung der »Ehre«, der Wahrung des

Ideologie der Blutsreinheit

gesellschaftlichen Scheins, zur Folge. Sicher ist die Frage der Neuchristen und ihrer Ausgrenzung weit davon entfernt, der alleinige Schlüssel zur Erklärung der spanischen Abkehr vom »Projekt der Moderne« zu sein. Es kann jedoch kein Zweifel daran bestehen, daß der Konflikt zwischen Alt- und Neuchristen die spanische Mentalität in einem solchen Maß mit einer theologiezentrierten Sicht der Dinge geprägt hat, daß dadurch eine Rezeption der säkularisierten Moderne erheblich behindert wurde.

Ein Meisterwerk des Hochmittelalters: El libro de buen amor

Letzte Synthese der Convivencia

Das »Buch von der rechten Liebe« ist einer der wenigen Texte des spanischen Mittelalters, die auch heute noch von einem breiteren Publikum zum bloßen Vergnügen gelesen werden. An überschwenglichem Lob für das Werk und seinen Autor hat es nie gefehlt. Es ist als »menschliche Komödie« an die Seite von Dantes »göttlicher Komödie« gestellt worden und es gilt als spätes, doch unbestrittenes Meisterwerk der *poesía juglaresca*, das fortzuschreiben der Autor dem Belieben der Leser überläßt. Schließlich hat man im *Libro de buen amor* eine letzte, vollendete Synthese der Convivencia sehen wollen, ein Werk im *mudéjar*-Stil (A. Castro), das orientalische Sinnenfreude mit abendländischer Askese und Marienfrömmigkeit verbindet. Gegenüber dem Ernst der Werke eines Juan Manuel bringt das *Libro* einen neuen Ton in die spanische Literatur: das Gelächter des subversiven Karnevals und eines brillanten satirischen Sprechens, das mit der Mehrfachbedeutung der Wörter, Riten und Zeichen des Christentums ein nicht enden wollendes Spiel treibt. Die Liebe wird als »Ursprung und Wurzel alles Guten« bezeichnet. Dem (männlichen) Leser, der das Buch richtig zu lesen versteht, wird versprochen, ihm bei der Suche nach einer »prachtvollen Geliebten« (*dueña garrida*) zu helfen. Doch gleichzeitig behauptet das Buch am Anfang (Str. 17–18) und Ende (Str. 1626–1634), eine religiös-didaktische Absicht zu haben. Bei aller Schilderung diesseitiger Lebensfreude und erotischer Liebe wolle es zu einem gottgefälligen Leben und zur Verehrung der Jungfrau Maria anleiten. Im Sinn der doppelten Lektüre, die das *Libro de buen amor* mit der Unterscheidung von Text und Glosse erlaubt und fordert, ist die versprochene Geliebte für den profanen Leser eine sinnenfreudige Frau; für den religiösen Leser könnte es dagegen die Jungfrau Maria sein. So hat auch der »buen amor« des Titels seine doppelte Bedeutung. Er ist einerseits die sinnliche Liebe zum anderen Geschlecht, andererseits die entsagende Liebe zu Gott und zur Jungfrau.

Entstehung und Autorschaft

Die endgültige Textgestalt des *Libro de buen amor* läßt sich aus den erhaltenen drei, stark voneinander abweichenden Handschriften genauso wenig erschließen wie die Frage der genauen ›Erscheinungsdaten‹: diese liegen zwischen 1330 und 1343. Letztlich unbekannt bleibt auch der Autor. Als solcher nennt sich zwar ein »Juan Ruiz, Erzpriester von Hita« (Str. 933); Versuche, ihn über bloße Namensgleichheiten hinaus zu identifizieren oder ihm gar eine arabische Herkunft nachzuweisen, sind jedoch gescheitert. Der Allerweltsname könnte eine bloße Maske sein. Feststellen läßt sich aber, daß Juan Ruiz eine umfassende Bildung besaß, die ihn nicht als den einfachen *juglar* ausweist, zu dem er sich im Text stilisiert.

Der umfangreiche Text des *Libro* (7173 Verse) besteht aus erzählenden und lyrischen Passagen. Die narrative Grundstruktur bildet eine fiktive Autobiographie, in der Juan Ruiz, eingesperrt im Gefängnis, die Episoden seines wenig erfolgreichen Liebeslebens erzählt und diesen Bericht immer wieder mit religiösen Erörterungen unterbricht. In diese ›Liebesbiographie‹ eingefügt ist eine Anthologie von 32 Exempeln und Fabeln (wie der von den Fröschen, die Jupiter um einen König bitten) sowie lyrischen Einschüben, darunter ebenso fromme Lobpreisungen der Jungfrau Maria wie derb erotische *serranillas*, in denen der Erzpriester davon berichtet, wie er in der Einsamkeit des Gebirges das Opfer von gewalttätigen und liebestollen Hirtinnen wurde. Diese lyrischen Einschübe zeigen eine große metrische Vielfalt, während der Text ansonsten in Vierzeilern, der *cuaderna vía* des *mester de clerecía*, verfaßt ist.

Der wenig kohärente autobiographische Bericht setzt mit einer Anrufung Christi und einem Text in Prosa ein, in dem die Sündhaftigkeit aller Menschen und die Torheit jeder sinnlichen Liebe (»loco amor«) philosophisch-theologisch belegt wird. Sodann legt der Erzpriester seine Sicht der Menschen dar. Die Natur hat sie so geschaffen, daß sie alle – gleich ob Laien oder Kleriker – zwei Ziele haben: die Selbsterhaltung (»mantenençia«) und das Streben nach sexueller Lust (»aver juntamiento con fenbra plazentera«). Derart legitimiert und frei von Schuldgefühlen berichtet der Erzpriester dann im Hauptteil des *Libro de buen amor* in burleskem Ton von seinen verschiedenen Versuchen, mit seiner Sinnenlust ans Ziel zu gelangen. Er scheitert jedoch, verwünscht den Liebesgott Amor, der ihn darauf im Traum belehrt, wie er erfolgreicher vorgehen könne. Mit Hilfe der Göttin Venus und der Kupplerin Trotaconventos gelingt es ihm schließlich, als Don Melón de la Huerta die junge Witwe Endrina zu erobern und zu heiraten.

Dieser Erzählstrang, der im übrigen keineswegs autobiographisch ist, sondern direkt aus Ovids *Ars amatoria* und dem *Pamphilus* aus dem 12. Jh. entnommen ist, bricht hier abrupt ab. Die Erzählung setzt neu ein mit einer Anzahl von *serranillas*, in denen der Erzpriester seine kruden Erlebnisse mit Hirtinnen berichtet. Als er, vom Gebirge kommend, in die Stadt gelangt, beginnt dort gerade die Fastenzeit, die als Epenparodie in der Form einer als Schlacht zwischen dem sinnenfreudigen Don Carnal und der asketischen Doña Cuaresma geschildert wird. Nach Ende der Fastenzeit kehrt Don Carnal mit Don Amor im Triumph zurück und der Erzpriester macht sich auf die Suche nach einer neuen Liebe. Trotaconventos empfiehlt ihm, jetzt sein Glück mit einer Nonne, Doña Garoza, zu versuchen. Bevor es Trotaconventos jedoch gelingt, sie von den Vorzügen der Liebe zu überzeugen, stirbt Doña Garoza, wenig später auch Trotaconventos. In der Tradition des *Planctus* erhebt der Erzpriester eine bewegte Klage gegen den Tod, die in eine Belehrung über die Todsünden übergeht. Am Schluß dieser Belehrung steht das vielzitierte Lob der »dueñas chicas«, der als besonders erotisch gepriesenen kleinen Frauen. Ihm folgen wiederum Marienlieder. Ohne unmittelbaren Bezug zur Handlung ist dem Text schließlich noch das Klagelied angefügt, das die sinnenfreudigen Kleriker von Talavera erheben, als ihnen von ihrem Erzbischof mitgeteilt wird, daß für sie nunmehr und in alle Zukunft das Gebot des Zölibats in aller Schärfe gilt.

Mit seiner Verbindung von fiktiver erotischer Autobiographie und eingestreuten lyrischen Gedichten ist das *Libro de buen amor* in der kastilischsprachigen Literatur ohne Vorbild. Solche Vorbilder gibt es allerdings mit dem *Halsband der Taube* in der arabischen, der hebräischen, aber auch der

Pseudobiographie und Verteidigung der Sinnlichkeit

Die »Virgen Blanca« (14. Jh.), Kathedrale von Toledo

Ein Werk zwischen den Kulturen

mittellateinischen Literatur. Unbestreitbar sind auch weitere Verbindungen zur arabischen Literatur, auf die das Loblied der »dueñas chicas« zurückgeht. Die Grundidee des Werks fußt jedoch ebenso auf lateinischen Quellen zurück wie das Klagelied der Priester von Talavera, das sich auf die Literatur der Goliarden zurückführen läßt. Die *serranillas* und die Marienlieder schließlich lassen sich aus französischen Quellen erklären.

Juan Ruiz und das zeitgenössische Denken

Wichtiger als diese Quellenfragen erscheint jedoch die Frage nach dem grundsätzlichen Anliegen des *Libro de buen amor*. Will es wirklich, wie Juan Ruiz vorgibt, die Freuden der Liebe aufzeigen, um sie dann im Stil der zeitgenössischen Predigt zu verdammen und den »buen amor« als »loco amor« erweisen, die Liebe zu den Frauen in eine Liebe zur Jungfrau Maria überführen? Für eine solche Deutung scheint die im Prolog vorgebrachte philosophische Argumentation zu gewichtig und die Verurteilung der Liebe insgesamt zu wenig deutlich. Der Prolog steht ganz im Kontext der Debatten der philosophischen Averroisten und ihrer Verurteilung durch die Pariser Theologen im Jahre 1277. Die Grundthesen der Averroisten besagten, daß das Glück nicht erst im Jenseits, sondern bereits auf Erden zu finden ist; daß die Sexualität zur menschlichen Natur gehöre, ihre Ausübung keine schwere Sünde und der Tod das größte aller Übel sei. Diese Vorstellungen, die selbst Thomas von Aquin nur halbherzig zurückgewiesen hatte, finden sich im Zentrum des *Libro de buen amor*; und die Feststellung der – durch das IV. Laterankonzil (1215) und das Konzil von Valladolid (1322) zum Zölibat gezwungenen – Kleriker, »que todos somos carnales« (Str. 1697), bleibt ebenso unwiderlegt wie die Behauptung, Gott verzeihe der Kupplerin Trotaconventos und nehme sie ins Paradies auf. Gewiß, Juan Ruiz – oder wer immer sich hinter seiner Maske verbirgt – greift die kirchliche Lehre nicht direkt an. Er parodiert sie jedoch vielfach, wie im Fall der erotischen Deutung der »kanonischen Stunden«, und nimmt ihnen damit den Charakter der unumstößlichen Wahrheit.

Mudéjar-Kunst:
Die Kirche Santa María in Lebrija (Sevilla)

Christliches und Weltliches

Das *Libro de buen amor* zeigt, vielleicht in engerem Kontakt mit arabischem und hebräischem Denken, daß das Verhältnis von Diesseits und Jenseits, von Körper und Seele auch anders als in der offiziellen christlichen Lehre gesehen werden kann. Auch wenn das *Libro*, wie die Marienlieder belegen, diese Lehre nicht ausblendet, so gibt es dem Leser doch die Möglichkeit, ›hinter die Kulissen zu schauen‹ und einen realistischen, von religiösen Idealisierungen unverstellten Blick auf Mensch und Welt zu werfen. Es stellt einen – wenngleich vom Autor häufig zurückgenommenen – Beitrag zur grundsätzlichen philosophischen Kritik an den geistigen Grundfesten des Spätmittelalters dar, darin dem französischen *Rosenroman* von Jean de Meung und dem *Decamerone* Boccaccios nicht unähnlich. Seine ›Karnevalisierung‹ des Christentums ist eine Reaktion auf den Verlust der tradierten Sicherheiten im 14. Jh., Sicherheiten, von denen Juan Manuel noch geglaubt hatte, er könne sie in der Rückkehr zu einer streng christlichen Weltsicht bewahren.

Zeitkritik im spätmittelalterlichen Schrifttum

Die im *Libro de buen amor* allenthalben deutliche Kritik an einem dem Diesseits abgewandten Christentum findet sich auch, wenngleich nur implizit, in den *Proverbios morales*, die Sem Tob, der Rabbiner von Carrión de los Condes, um 1345 an König Pedro I. richtet. Jeweils vier zu einer Strophe (*redondilla*) zusammengefaßte Siebensilber ergeben etwa 500 geschliffene Aphorismen, die in hebräisch-arabischer Tradition ein weltimmanentes Wissen preisen:

> En el mundo tal caudal
> non ha como el saber;
> nin heredat nin ál
> nin ningún otro haber.

(»In der Welt gibt es keinen solchen Besitz / wie das Wissen; / weder Erbschaft noch etwas anderes; / noch irgendein weiteres Gut.«)

Ganz in diesem Sinn loben die *Proverbios* das Buch (»... tal amigo, / non ha como el libro«) und die Schrift (»letra«), von der es heißt, ein Pfeil fliege nur bis zu seinem nahen Ziel, die Schrift aber von Burgos bis Ägypten. Auf der Grundlage dieser universellen Humanität übt Sem Tob deutliche Kritik an der Politik des spanischen Adels und des Klerus, die – anders als der König – den Antisemitismus immer stärker zu ihrer propagandistischen Waffe machten, und tadelt die zunehmende geistige Dumpfheit (»torpedat«) und die mit ihr Hand in Hand gehende blindwütige Gewalt (»saña«) gegen die »Anderen«. Ein Großteil der *Proverbios* ist dem Thema der Einsamkeit gewidmet (»Non ha mejor riqueza / que buena hermandat, / nin tan mala pobreza / como la soledat«). A. Castro hat in diesen Klagen das bittere Lebensgefühl (»amargo vivir«) der spanischen Juden im Spätmittelalter gesehen.

Das ›bittere Leben‹ der Juden

Konkreter, doch nicht weniger scharf, wenn auch vom christlichen Standpunkt aus, ist die Zeitkritik von Pedro López de Ayala (1332–1407), den Heinrich II. zu seinem Kanzler gemacht hatte als Dank dafür, daß er seinen eigentlichen Herrn, Pedro I., verlassen hatte und zu den Trastámara übergelaufen war. In seinen an Livius geschulten, scharfsichtigen *Crónicas de los Reyes de Castilla* hat er die Ermordung Pedros und den Dynastiewechsel zu rechtfertigen versucht. Dieses Werk steht an der Wende zu einer neuzeitlichen Geschichtsschreibung, die sich wenig später in den *Generaciones y semblanzas* von Fernán Pérez de Guzmán und dann in der historischen Porträtkunst des *Libro de los claros varones de Castilla* von Hernando de Pulgar manifestiert.

An der Kehre vom Mittelalter zur Neuzeit steht auch Ayalas *Rimado de Palacio* (*Reimwerk vom Hofe*), das letzte große Werk, das überwiegend in *cuaderna vía* geschrieben ist. Wie das *Libro de buen amor* setzt es sich aus mehreren Teilen zusammen, deren roter Faden eine fiktive Beichte ist (»Los yerros que fiz, aquí, Señor, diré«). Sie gibt den Anlaß zu einer langen, mehr als 8000 Verse umfassenden scharfen Kritik an Papst und Klerus (»si estos son menistros, sónlo de Satanás«), am König, der notfalls beseitigt werden darf (»el que bien a su pueblo govierna e defiende, / éste es rey verdadero, tírese el otro dende«), an den Kaufleuten, den Juden (»que estan aparejados / para beber la sangre de los cuytados«), den Beamten (*letrados*) und Advokaten. Seine überaus düstere Sicht der Lage Kastiliens läßt ihn in schönen Gedichten Zuflucht bei der Jungfrau Maria suchen und veranlaßt ihn schließlich, sich und seine Zeit im alttestamentarischen Hiob wiederzuerkennen. So beendet er dieses vom Witz und literarischen Können eines Juan Ruiz weit entfernte Werk mit einer Paraphrase der *Moralia in Job* von Gregor dem Großen. Mit seinem außerordentlichen Pessimismus geht Ayala noch über die Stimmung tiefer Melancholie hinaus, die den »Herbst des Mittelalters« (J. Huizinga) als Krisenzeit insgesamt charakterisiert.

Zeitkritik und spätmittelalterlicher Pessimismus

Die gleiche aufbegehrende Klage und die gleiche Zuflucht zum tradierten Christentum findet sich auch in der *Danza general de la muerte*, dem spanischen Beitrag zur europäischen Mode der Totentänze, mit der die Literatur des 14. Jh. schließt. Wie in der Klage über den Tod der Trotaconventos im *Libro de buen amor* erscheint auch hier der Tod keineswegs als der ersehnte Befreier der Seele aus dem Gefängnis des Körpers oder als Wegbereiter des Paradieses. Er zeigt sich vielmehr – darin nicht mehr mittelalterlich – in all seinem Grauen mit gräßlich entstellten Sterbenden und überriechenden Gräbern. Keine der zahlreichen, vom Tod jeweils in Rede und Gegenrede aufgeforderten Personen, sich in den Reigen und das Sterben einzufügen, folgt diesem Ruf ohne Widerspruch, weder der Papst, der Kaiser, der Kardinal noch der für Spanien typische hebräische und arabische Schriftgelehrte (der *rabí* und der *alfaquí*). Man hat in dieser negativen Sicht des Todes arabischen Einfluß sehen wollen: »makaber« (französisch *danse macabre*, Totentanz, läßt sich von arab. *maqbara*, Friedhof, ableiten). Muslimische Trauerriten könnten auch die Quelle für die Vorstellung vom Tanz der Toten sein. So läßt sich vermuten, daß der anonyme spanische »Totentanz« das Werk eines ungenannten Morisken und die Auffassung vom Tod eher eine muslimische als eine christliche ist (J. Saugmieux). Überraschenderweise handelt es sich bei dem spanischen Totentanz mit seiner wenig christlichen Sicht um einen vereinzelt gebliebenen Text. Klerus und Altchristen haben sich schon bald des Themas bemächtigt und es in der Folge in unzähligen *Anleitungen zum rechten Sterben* (*Artes bene moriendi*) rechristianisiert.

Die allgemeine Zeitkritik, wie sie sich in der *Danza de la muerte* findet, sollte in der Versdichtung des 15. Jh. erheblich konkretisiert werden. Die *Coplas de ¡ay Panadera!* (1445) und die *Coplas del Provincial* (um 1470) üben aus der (fiktiven) Perspektive des einfachen Volkes scharfe Kritik am Egoismus und am Versagen der adligen Führungselite, das sich in der Feigheit der Ritter in der Schlacht von Olmedo (1445) offenbarte. Diese satirische Gebrauchslyrik ist literarisch wenig anspruchsvoll. Ihr im Vergleich mit der häufig konformistischen Dichtung des Siglo de Oro kritisches Engagement fand im Bürgerkrieg ein fernes Echo bei R. Alberti und seinem *Poeta en la calle*.

Danza de la muerte:
Der ›moderne‹ Tod und seine Schrecken

Totentanz (Detail)

Die Hauptgattung der spanischen Lyrik: el romance

Keine Gattung der spanischen Lyrik hat einen solch lang anhaltenden Erfolg gekannt wie der *romance*. Von ihren spätmittelalterlichen Ursprüngen hat sie sich bis in die Gegenwart als eine höchst lebendige Form erwiesen. Es ist bezeichnend, daß das altspanische Wort für die Volkssprache (»romance« aus vlat. *»romanice«*) zur Bezeichnung für die Gattung des »romance« wurde und sich nicht wie in Frankreich (afrz. »romanz«) zur Bedeutung »Roman« entwickelt hat.

Die metrische Form

Die ›Romanze‹ ist zunächst eine metrische Form: ein strophisch nicht gegliedertes Gedicht, das lediglich ein Dutzend, in seltenen Fällen wie dem *Romance del Conde Dirlos* aber auch mehrere hundert Verse umfassen kann. Die einzelnen Verse sind weitgehend regelmäßige 16-Silber mit einer

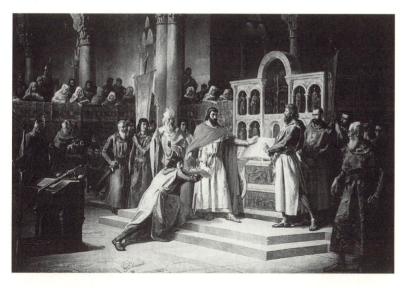

A. Ferrant: Der Reinigungseid von Santa Gadea, den der Cid König Alfons abnahm

deutlichen Mittelzäsur. Entsprechend ihrer Anordnung in den frühen Drucken des 16. Jh. können sie auch als 8-Silber verstanden werden. Die Verse sind durch Assonanzen verbunden: bei der Anordnung als 16-Silber gilt dies für jeden Vers; bei der Gliederung als 8-Silber jeweils nur für die ›geraden Verse‹, wie dies die »Romanze vom Eid, den der Cid dem König Don Alfonso abnahm« mit der Assonanz á-o illustriert:

> En Santa Agueda de Burgos,   do juran los hijosdalgo,
> le toman jura a Alfonso   por la muerte de su hermano;
> tomábasela el buen Cid,   ese buen Cid castellano,
> sobre un arroyo de hierro   y una ballesta de palo
> y con unos evangelios   y un crucifijo en la mano.

Dieses Beispiel zeigt, daß in den Romanzen Form und Themen der altspanischen Epen fortgesetzt werden. Sie übernehmen sogar den ›Formelstil‹ und die parataktische, leicht archaisierende Sprache mit ihren Wiederholungen und Parallelismen. Die einzelnen Romanzen – zumindest die der älteren Schicht – können als Bruchstücke der Epen angesehen werden. Zu einem Zeitpunkt, als das Interesse an den Epen und ihrer politischen Aussage verloren ging, wurden einzelne Episoden aus dem Gesamttext herausgelöst und als in sich geschlossene Einheit mündlich weitergegeben. Die Träger dieser kurzen Dichtungen waren nicht mehr die professionellen Spielleute (*juglares*), sondern das einfache Volk. Sein Interesse galt einer ›privaten‹ Sicht des historischen Geschehens, der Rückführung von Politik und Geschichte auf individuelle, für jedermann nachvollziehbare Gefühle und Sehnsüchte, auf Liebe und Haß. Die so entstandenen Romanzen wurden Bestandteil der Volkskultur: vom einfachen Volk über die Jahrhunderte hinweg immer wieder gesungen (wie beim Epos spielt auch bei den Romanzen die Musik eine wichtige Rolle) wurde ihr Text ständig verändert. In diesem Prozeß entstanden nicht nur verschiedene Varianten ein und derselben Romanze, im Laufe der Zeit verloren sich auch häufig die genauen Umrisse der im Epos berichteten historischen Ereignisse (*fragmentarismo*). Gelegentlich brechen die Romanzen auch abrupt ab, ohne die ›Geschichte‹

Die frühen Romanzen als Bruchstücke der Epen

Früher Druck der Romanze vom »Conde Dirlos« (»pliego suelto« von 1510)

zu Ende zu erzählen (*versiones truncadas*). Das Ergebnis sind außerordentlich poetische Romanzen wie die vom Conde Arnaldos:

> Quién hubiese tal ventura sobre las aguas del mar
> como hubo el conde Arnaldos la mañana de san Juan.

In ihnen überwiegt das lyrische Element gänzlich die episch-narrativen und die dramatischen Züge, die insgesamt für die Gattung der Romanze charakteristisch sind.

Die Gliederung der Romanzenproduktion

Die schier endlose Zahl der Romanzen läßt sich durch die Unterscheidung in *romances viejos* und *romances nuevos* grundsätzlich ordnen. Dem *romancero viejo* zuzurechnen sind all jene Texte, die im Laufe des Spätmittelalters, insbesondere seit der zweiten Hälfte des 14. Jh. entstanden. Als »Literatur der Mündlichkeit« entziehen sie sich jedoch dem unmittelbaren Nachweis. Einen ersten Beleg ihrer Existenz liefert ein Text, den der Mallorquiner Student Jaume de Olesa 1421 in seine Vorlesungsmitschrift eingetragen hat (»Gentil dona, gentil dona«). Die älteste Schicht innerhalb der »alten Romanzen« bilden die »romances épicos«, die wie die zahlreichen *Cid*-Romanzen direkt aus der altspanischen Epik hervorgegangen sind. Daneben finden sich auch Stoffe aus den in Spanien weitverbreiteten altfranzösischen Epen, insbesondere aus dem Rolandslied (*romances carolingios*). Später wurde die Romanzenform dazu verwandt, um die Erinnerung an zeitgeschichtliche Ereignisse zu bewahren (*romances históricos*). In diesen häufig mythenbildenden Berichten (*romances noticieros*) spielten die Ereignisse der Schlußphase der Reconquista eine besondere Rolle (*romances fronterizos y moriscos*). So gibt es Romanzen über die kriegsentscheidende Eroberung von Antequera (1410) oder über die Angriffe Juans II. auf das Königreich Granada. Von diesen berichtet eine der schönsten Romanzen:

> ¡Abenámar, Abenámar, moro de la morería,
> el día que tú naciste grandes señales había!

Ganz im Sinne der Privatisierung des historischen Geschehens formuliert der König dann den Wunsch, sich mit der Stadt zu verheiraten, den diese jedoch mit dem Hinweis auf den »moro que a mi me tiene« zurückweist.

Weitere Romanzen schließlich gehen auf fiktionale Texte zurück; diese *romances novelescos* können ebenso Episoden aus den altfranzösischen höfischen Romanen, dem *Tristan* oder dem *Lanzelot*, zum Gegenstand haben wie weniger eindeutig identifizierbare Vorlagen. Dies gilt zum Beispiel für solch bekannte Romanzen wie den »Conde Arnaldos« oder »Fonte Frida, Fonte Frida, Fonte Frida y con amor«. Selbst die Bibel und Texte der Antike wurden zu Romanzen gestaltet.

Die Entstehung der Romanceros

Die Romanzen wurden von der ›offiziellen Literatur‹ lange Zeit als kunstlose Dichtung des ungebildeten Volks verworfen, so auch 1449 vom marqués de Santillana im *Prohemio* seiner Werke. In den Bereich der hohen und damit auch der schriftlichen Kultur gelangten sie erst, als der Adel am Hof der Katholischen Könige sich gegen Ende des 15. Jh. für diese »volkstümliche Lyrik« und insbesondere für ihre Musik begeisterte, und als gleichzeitig der noch recht neue Buchdruck die Texte zu Tausenden als ›lose Blätter‹ (*pliegos sueltos*) von 4 bis 32 Seiten Umfang zu vertreiben begann. Von dieser Gebrauchsliteratur ist allerdings nur wenig erhalten. Anders verhält es sich mit den um 1530 einsetzenden Romanzensammlungen (*romanceros*) in Buchform, deren Mode um 1580 einen Höhepunkt erreicht. Die Ausgabe des *Romancero general* (1600–1605) und der *Primavera y flor de los mejores romances* (1622–1629) belegen eine neue Tendenz der

Romanzenproduktion: In ihnen finden sich neben den ›alten‹ eine Vielzahl ›neuer Romanzen‹: als solche werden jene Romanzen bezeichnet, die seit 1530 von zeitgenössischen, gebildeten Autoren verfaßt wurden und die mit der alten volkstümlichen Gattung in Wettstreit traten. Luis de Góngora, Francisco de Quevedo und Lope de Vega sind die unbestrittenen Meister dieser neuen Kunstromanzen (*romances artísticos*).

Über Lope fand die Form des *romance* auch Eingang in die *comedia* des Siglo de Oro, wo »neue« und »alte« Romanzen häufig in die Handlung und das polymetrische Schema der Stücke eingefügt wurden. Auch in der modernen Dichtung findet sich die Romanzenform immer wieder: sei es in der Spätaufklärung bei Meléndez Valdés, in der Romantik bei Zorrilla oder in der Moderne bei Unamuno, García Lorca (*Romancero gitano*, 1928) oder Jorge Guillén. Dieses Fortleben der »mittelalterlichen« Gattung ist bezeichnend für die spanische Kultur, die den für die französische Literatur charakteristischen deutlichen Bruch zwischen Mittelalter und Moderne nicht kennt. Nicht weniger kennzeichnend für die spanische Kultur ist die mündliche Tradierung und Weiterentwicklung der alten Romanzen bis in die Gegenwart, gänzlich unabhängig von ihrer Verschriftlichung im 16. Jh. Wieder war es Menéndez Pidal der – auf seiner Hochzeitsreise – entdeckte, daß jene Romanzen, die er aus den Sammlungen des 16. und 17. Jh. kannte, im ›kollektiven Gedächtnis‹ der einfachen Leute gegenwärtig waren und von den ›kleinen Leuten‹ weitergesungen und in zahlreichen Varianten fortgedichtet wurden. Diese Entdeckung kam rechtzeitig genug, um seit Beginn des 20. Jh. ein systematisches Sammeln der Romanzen zu ermöglichen, ehe diese von den modernen Massenmedien so gut wie ganz verdrängt wurden. Eine Besonderheit dieses jahrhundertelangen Überlieferungsprozesses ist die Existenz eines umfassenden *romancero sefardí*: Die 1492 aus Spanien vertriebenen Juden haben mit ihrer spanischen Sprache auch die Romanzen mit ins Exil genommen und in ihren neuen Heimatländern bis in die Gegenwart gepflegt. Als weniger umfassend und produktiv erwiesen sich demgegenüber jene *romanceros*, die von den Morisken bei ihrer Vertreibung nach Nordafrika und von den Konquistadoren mit in die Neue Welt genommen wurden.

Das Fortleben der Romanzen in der Moderne

Vom liturgischen und höfischen Fest zu den Frühformen des Theaters

Wie überall im südlichen Europa insgesamt war im Gefolge der Völkerwanderung und der Christianisierung das Theater der römischen Antike auch in Spanien gänzlich verschwunden. Zwar kannte das Mittelalter die lateinischen Texte von Terenz und Plautus, sie wurden jedoch als (Vor-)Lesetexte verstanden, da alles Wissen um die Aufführungspraxis verlorengegangen war. Ein neues ›Theater‹ entwickelte sich im Hochmittelalter im religiösen Bereich, wo die feierliche Liturgie in den großen Kathedral- und Klosterkirchen ohnehin Elemente einer ›Inszenierung‹ und damit eine wesentliche Voraussetzung für das Entstehen von ›Theater‹ zeigte. An hohen Festtagen wie Weihnachten und Ostern wurden in der Liturgie musikalische Abschnitte (Sequenzen oder Tropen) mit Texten zum Festgeschehen unterlegt und in der Folge auch von den Geistlichen in der Kirche selbst szenisch

Die Geburt des Theaters aus der Liturgie

Zeitgenössische Aufführung des »Misterio de Elche«

Spuren mittelalterlicher Theateraktivitäten

dargestellt. In der Weihnachtszeit bot sich die Geburt Christi oder die Anbetung durch die Weisen aus dem Morgenland für kurze theatralisch inszenierte Einschübe an, zu Ostern der Gang der drei Marien zum Grab Christi und die Entdeckung der Auferstehung. Insbesondere in Frankreich, England und Deutschland ist aus diesen liturgischen Einschüben – wohl unabhängig voneinander – ein reiches geistliches Theater entstanden, das sich anfangs des Lateinischen, dann auch der Volkssprache bediente. Die Stücke wurden zunächst in den Kirchen, dann bei zunehmender Textlänge und Zahl der (Laien-)Schauspieler außerhalb der Kirchen aufgeführt. Auch im mittelalterlichen Spanien gab es ein solches Theater, das sich räumlich überwiegend im katalanischen Sprachgebiet konzentrierte. Dort wurde es unter französischem Einfluß weiterentwickelt. Von dieser Tradition zeugt das heute noch aufgeführte *Misterio de Elche*.

Für Kastilien hat sich bislang kein Beleg für die Entwicklung eines lateinischen liturgischen Theaters finden lassen. Aus dem Fehlen der Texte wurde auf die Nicht-Existenz eines solchen Theaters geschlossen. Als Grund dafür ist angeführt worden, daß in Nordspanien noch bis ins 10. Jh. die mozarabische – und nicht die römische – Liturgie maßgeblich war. Diese kannte die Voraussetzung für die Entstehung des Theaters, die Tropen, nicht. Zudem schätzte der in Kastilien besonders aktive Cluniazenserorden das Theater nicht. Erhalten ist nur ein einziges um 1250 verfaßtes geistliches Theaterstück in der Volkssprache, *El Auto de los Reyes Magos* (*Spiel von den Heiligen Drei Königen*), in dem das biblische Geschehen aus Mt 2, 1–9 in dialogisierter Form dargestellt wird. Trotz der Kürze des Stücks (147 polymetrische Verse) handelt es sich nicht um ein Fragment. Sprachliche Züge weisen darauf hin, daß das *auto* entweder mozarabischer, gascognischer oder katalanischer Herkunft ist, auf jeden Fall nicht ohne fremde Vorlage im kastilischen Sprachgebiet entstanden ist. Die nächsten überlieferten Texte eines kastilischen Theaters – *La repesentación del nacimiento de Nuestro Señor* von Gómez Manrique oder der Alonso del Campo zugeschriebene *Auto de la Pasión* – datieren erst aus den letzten Jahrzehnten des 15. Jh.

Dennoch ist Kastilien im Mittelalter ebenso wie Frankreich oder Katalonien kein Land ohne Theater gewesen. Neuere, nicht abgeschlossene Forschungen, die systematisch alle auch paratheatralischen Aktivitäten im kastilischen Sprachbereich zu erfassen suchen, belegen anhand von Gesetzestexten, Polemiken einzelner Autoren und vor allem Untersuchungen der Rechnungsbücher einzelner Kathedralen, daß es auch in Kastilien lebhafte, religiös geprägte Theateraktivitäten gegeben hat, die sich zumindest für das 15. Jh. umfassender nachweisen lassen.

Ein viel zitierter Hinweis auf solche Aktivitäten findet sich bereits in den *Siete Partidas* (Teil I, VI, 35, um 1260) von Alfons dem Weisen. Dort wird es den Geistlichen verboten, an »iuegos de escarnio« als Schauspieler oder Zuschauer teilzunehmen, wobei unklar bleibt, was sich konkret hinter dem Begriff ›satirische Spiele‹ verbirgt. Den Geistlichen ist es jedoch erlaubt, an Stücken über die Geburt Jesu mitzuwirken, in denen dargestellt wird, »cuemo el ángel uino a los pastores e les dixo cuemo Jhesu Christo era nascido e otro sí de su aparecimiento cuémo los tres Reyes le uinieron adorar«, vorausgesetzt, das Ganze geschehe »muy apuestamiente e con grand deuoción«. Der Text scheint nicht nur eine religiöse Theaterpraxis zu belegen; das einleitende Verbot für Geistliche, an *juegos de escarnio* teilzunehmen oder deren Aufführungen sogar in der Kirche zu dulden, weist auch auf eine zweite, eine profane Theaterpraxis hin, die von spezialisierten

Spielleuten (*juglares*) in ferner Nachfolge der antiken Schauspieler (*mimi*) getragen wurde. Allerdings ist keines dieser *juegos de escarnio* überliefert. Nicht von der Hand zu weisen ist auch die Feststellung, die Bestimmungen der *Partidas* seien direkt aus dem *Corpus Iuris Canonici* übernommen, das unter Papst Innozenz III. im französisch-italienischen Raum verfaßt worden war, und spiegelten daher nicht die kastilische Realität des 13. Jh. wider.

In Anbetracht der Überlieferungslage wird sich die Frage, ob es ein eigenständiges kastilisches Theater im Mittelalter gegeben hat, nicht abschließend entscheiden lassen. Eine zunehmende Zahl von Hinweisen ergibt jedoch, daß es im »Herbst des Mittelalters« gerade auch in Kastilien mit seinem noch einmal prunkvollen Aufleben des höfischen Rittertums seit Ende des 14. Jh. eine Fülle religiöser und profaner Aktivitäten gegeben hat, die zumindest Theatercharakter gehabt haben. Im Bereich der Kirche ist eine lange Tradition des »obispillo« oder »puer episcopus« belegt, einer karnevalistischen Inszenierung von »verkehrter Welt«, in der ein Chorknabe befristet als Bischof inthronisiert wurde. Noch der erste Bischof von Granada, Hernando de Talavera, unterzog sich diesem rituellen Spiel – als Übung in frommer Demut. Besonders in Toledo, der faktischen Hauptstadt Kastiliens, wurde das geistliche Theater, so will es scheinen, intensiv gepflegt. Hier finden sich auch wiederholte Hinweise darauf, daß im Rahmen der Fronleichnamsprozessionen auf speziellen Wagen (»carretas«) zunächst Orgeln und Bilder mitgeführt wurden, später (ab 1445) dann auch *juglares* mit nicht näher beschriebenen *juegos* aktiv wurden. Es ist sicher nicht falsch, darin Frühformen der *autos sacramentales* und der *carro*-Bühne zu sehen, zumal auch Hinweise auf »feuerspeiende Schlangen« nicht fehlen, in denen unschwer die *tarasca* der späteren Fronleichnamsprozessionen zu erkennen ist.

Aber auch im profanen Bereich, bei Hof aus Anlaß prunkvoll inszenierter Feste, entwickelten sich im 15. Jh. ›Theateraktivitäten‹, an denen der – allmählich immer funktionsloser werdende – Adel sein Vergnügen gefunden zu haben scheint. Es sind hier zwei Formen von »paratheatralem« Verhalten belegt, die Phänomene vorwegnehmen, die für das spätere Theater des Siglo de Oro charakteristisch sind: die *momos* und die *entremeses*. Das Kennzeichen der *momos* ist die Verwendung von Masken und Verkleidungen, die ein kurzes Vorspiel zur Hauptbelustigung, dem Tanz, darstellten. Die *entremeses*, ein Begriff, der über das Katalanische auf das Französische zurückgeht und ein »Zwischengericht« in der umfänglichen Speisefolge höfischer Bankette bezeichnet, waren tatsächlich überraschend inszenierte Zwischengerichte: etwa, wie für das Jahr 1381 belegt, ein auf einem ›Speisewagen‹ vor die Festgemeinde gefahrenes, aufwendig dekoriertes und den Blicken überraschend freigegebenes Gericht, das von einem szenisch vorgetragenen Lobgedicht begleitet wurde, aus dem sich leicht eine witzige Handlung entwickeln konnte, wie sie für das *entremés* im Theater des Siglo de Oro typisch ist.

Trotz des Mangels an Texten läßt sich so anhand einer wachsenden Zahl von Hinweisen schließen, daß es auch im angeblich ›theaterlosen Kastilien des Mittelalters‹ umfangreichere Theateraktivitäten gegeben hat, die den Weg für Juan del Encina bereitet haben, der allerdings weiterhin zu Recht den Titel eines ›Vaters des kastilischen Theaters‹ beanspruchen darf, hat er doch das Theater aus den Bereichen von Kirche und Hof auf die öffentlichen Plätze gebracht und es damit erst einem breiten Publikum zugänglich gemacht.

Der Kirchenraum als Ort religiösen Theaters: Kathedrale von Toledo

Vorläufer der autos sacramentales

Theater und höfisches Fest: die entremeses

Die Aljamiado-Literatur: der Untergang der arabischen Kultur im Spanien der Christen

Die *aljamiado*-Literatur ist eine besonders markante Folgeerscheinung der muslimisch-christlichen Convivencia. Es handelt sich um Texte, die zunächst von den Mudejaren verfaßt wurden, den Muslimen, die in den rückeroberten Gebieten unter christlicher Herrschaft lebten, später auch von den Morisken, wie die Muslime bezeichnet werden, die nach dem Fall Granadas (1492) und den Zwangstaufen (1502) meist als Kryptomuslime in Kastilien und Aragón lebten, bis sie 1609 aus Spanien vertrieben wurden. Als zumindest sprachlich weitgehend Assimilierte bedienten sie sich im Alltag und in der Literatur einer der romanischen Sprachen der Pyrenäenhalbinsel (besonders des Kastilischen und des Aragonesischen), des »Nicht-Arabischen«, denn nichts anderes meint das arabische Wort *aljamía*. Geschrieben wurden diese Texte jedoch nicht in lateinischen Buchstaben, sondern in arabischer (selten auch in hebräischer) Schrift, deren Verwendung zunächst bloße Kulturtradition gewesen sein mag, bei den Morisken aber auch aus Gründen der Geheimhaltung erfolgte. Bislang sind etwa 200 dieser Texte entdeckt worden, die ihre Besitzer wegen ihrer Inhalte und des Verbots alles Arabischen in ihren Häusern sorgfältig versteckt hatten und die häufig erst im 19. Jh. bei Bauarbeiten freigelegt wurden. Es zeichnet sich immer deutlicher ab, daß diese *aljamiado*-Texte eine umfänglichere, diversifizierte und keineswegs nur auf reine Gebrauchstexte beschränkte Literatur darstellen, die in Spanien vom 14. bis zum 17. Jh. von einer nicht unbedeutenden Minderheit gepflegt wurde.

Spanische Texte in arabischer Schrift

Der älteste überlieferte Text ist das *Poema de Yuçuf* (Anfang des 14. Jh.), das, auf der 14. Sure des Korans und auf arabischen Legenden fußend, die auch aus der Bibel (1. Moses, 37 ff.) bekannte Geschichte von Joseph, dem Sohn Jakobs, berichtet, den seine Brüder nach Ägypten verkauften. Diese Verserzählung ist zugleich einer der spätesten Belege für die Verwendung der *cuaderna vía*. Insgesamt gehen die narrativen und lyrischen Texte der *aljamiado*-Literatur auf lange Zeit vorwiegend mündlich tradierte Dichtungen zurück (A. Galmés de Fuentes).

Frühe Texte

Seit der Mitte des 15. Jh., als die Christianisierung der Morisken immer stärker betrieben wurde, entstand ein zweiter Typus der *aljamiado*-Literatur. Es handelt sich hier um Texte, die darauf abzielten, den zwangschristianisierten Mauren weiterhin ein Grundwissen des Islam zu vermitteln. Dies versuchen der *Kitab segoviano* (»Buch aus Segovia«), ein Kurzfassung des Korans von Yça de Gebir, des Imams von Segovia (um 1450), ebenso wie die Schriften des ›Mancebo de Arévalo‹, des ›jungen Mannes aus Arévalo‹, dessen Name wie der vieler *aljamiado*-Autoren hinter einem Pseudonym verborgen geblieben ist. Die jüngste Wiederentdeckung ist allerdings ein gänzlich anderer Text. Er wurde nach 1609 in Tunis von einem anonym gebliebenen, mit den Schriften Lope de Vegas bestens vertrauten Morisken geschrieben. Es handelt sich um einen erotischen Traktat, der in arabischer Tradition die sexuelle Liebe als Vorwegnahme des Paradieses und der Schau Gottes feiert, und der als *Kama Sutra español* (so der moderne Titel) integraler Bestandteil der spanischen Literatur werden wird. Zwischen der Welt der Altchristen und der *aljamiado*-Literatur hat jedoch, anders als vielleicht zu vermuten, keine unüberwindbare Trennung bestanden. Die schon lange festgestellten Einflüsse der islamischen Mystik auf

Die Wahrung der muslimischen Identität

Manuskript des *Poema de Yuçuf*

Teresa de Jesús und Juan de la Cruz lassen sich immer klarer als Auseinandersetzung mit dem religiösen Schrifttum der Morisken, auch der des ›Mancebo de Arévalo‹, erklären (L. López-Baralt).

Zwischen Spätmittelalter und den Konflikten der Moderne

Die Entwicklung Spaniens im 15. Jh. ist vor allem durch die Herstellung der politischen und religiösen Einheit des Landes geprägt. Dabei vermochten es die Könige der Trastámara-Dynastie wie ihre Vorgänger im 14. Jh. zunächst nicht, den mächtigen Adel in seine Schranken zu verweisen und den Aufbau eines modernen Staates voranzutreiben. Der Versuch Heinrichs III. (1390–1406), den Adel durch Gewährung reicher Privilegien an sich zu binden, führte zu keinem positiveren Ziel als das nachgiebige Verhalten seiner beiden Nachfolger. Unter Juan II. (1406–1454) wurde die Königsmacht zwar u.a. durch den Aufbau einer Verwaltung aus der neuen Schicht der *letrados* gestärkt. Auch wurde der rebellierende Adel in der Schlacht von Olmedo (1445) geschlagen, in der er schmählich versagte. Dennoch erreichte er, daß der König Juan de Luna, dem entschiedensten Vertreter seiner Macht, seine Gunst entzog und 1453 in Valladolid köpfen ließ. Nicht ehrenvoller erging es Heinrich IV. (1454–1474). In einem entwürdigenden Spektakel (»la farsa de Avila«) stieß der Adel den König, *in effigie*, vom Thron. Überdies zwang er ihn, seine – doch wohl eheliche – Tochter Juana als ehebrecherisches Kind seines Günstlings auszugeben und als die »Beltraneja« von der Erbfolge auszuschließen. An ihrer Stelle förderte ein Teil des Adels die Erbfolge der Stiefschwester des Königs, der jungen Isabel, von der man kein allzu energisches Durchgreifen erwartete. Ihren Thronanspruch wußte sie dann allerdings in einem mehrjährigen Krieg (1474–1479) durchzusetzen. Als sie 1469 Ferdinand II. von Aragón heiratete und dieser 1479 die Krone Aragóns erbte, übernahm in Spanien erstmals ein starkes zentrales Königtum die Macht, das in der Folgezeit den Adel systematisch von der Machtausübung ausschloß.

Die Heirat von Isabel und Ferdinand hatte zur Folge, daß von den drei verbliebenen Königreichen auf der Pyrenäenhalbinsel – Kastilien, Aragón, Portugal – zukünftig Kastilien und Aragón als ›Spanien‹ zusammengehen sollten, zunächst als Doppelmonarchie und wenig später, unter den Habsburgern, als von Kastilien dominierter Einheitsstaat, der allerdings viele regionale Sonderrechte respektierte.

Isabel und Ferdinand erstrebten in der Folge die völlige territoriale und die religiöse Einheit des Landes. So nahmen sie zu Beginn der 80er Jahre den Kampf gegen das tributpflichtige Königreich Granada wieder auf, ein Kampf, der seit dem Sieg bei Antequera (1410) im wesentlichen geruht hatte. Ihr Vorteil war es, daß sie gegen eine innerlich zerstrittene Nasriden-Dynastie kämpften, ausländische Hilfe in Anspruch nehmen und den Krieg als Kreuzzug (*cruzada*) führen und finanzieren konnten. Insgesamt handelte es sich um einen grausamen, mit moderner Technik geführten Krieg, der kaum etwas mit seiner Stilisierung zum ritterlichen Kampf in der Literatur der Folgezeit und deren ›Maurophilie‹ gemein hat. Die Kapitulation Granadas am 2. Januar 1492 bedeutete den Abschluß der Reconquista und die

Der Weg zum Einheitsstaat

Bildnis Don Alvaro de Lunas, des Günstlings von Juan II. (Juan de Segovia)

Der Fall Granadas

Übergabe der Schlüssel Granadas an die »Katholischen Könige« durch die besiegten Mauren

›Wiederherstellung‹ des ›christlichen Spaniens der Goten‹. Ziel war, trotz anderslautender Absprachen, eine rasche Assimilation der Mauren. Als sich diese unter Kardinal Cisneros auch nicht mit Gewalt durchführen ließ und es zu Aufständen kam, wurden die Mauren 1501 vor die Alternative Konversion oder Exil gestellt. Die (zwangs-)konvertierten Muslime bildeten eine neue, des religiösen Rückfalls verdächtigte Minderheit, die schließlich als ›nicht-assimilierbar‹ 1609 aus Spanien vertrieben wurde.

Die Vertreibung der Juden

Dieses Schicksal war der jüdischen Minderheit bereits 1492, wenige Monate nach der Eroberung Granadas widerfahren. Das grundsätzliche Anliegen, das Isabel und Ferdinand zu diesem Schritt veranlaßte, scheint tatsächlich ein religiöses gewesen zu sein. Ihr Hauptziel war es, die konvertierten Juden, die Neuchristen, von ihren ehemaligen Glaubensbrüdern endgültig zu trennen, um ihnen so jeden Anlaß und jede Möglichkeit für einen Rückfall ins Judentum zu nehmen. Die Vertreibung scheint insgesamt weniger als 200 000 Personen betroffen zu haben und hatte längerfristig wohl keine entscheidend negativen Folgen für die spanische Wirtschaft (J. Pérez). Für Spaniens geistiges Leben entscheidender war, daß das Vertreibungsedikt eine erneute Welle problematischer, weil erzwungener Konversionen zur Folge hatte. Zum einen konnten sich diese Neuchristen mit der ihnen aufgezwungenen Religion nicht identifizieren; freiwillig oder von ihrer altchristlichen Umwelt gewungen gingen sie in den ›geistigen Untergrund‹ und gingen mit ihrem Wissen und ihrer Kreativität der offiziellen spanischen Kultur verloren. Zum anderen rief der Verdacht, sie könnten ins Judentum zurückfallen, die Inquisition verstärkt auf den Plan, die 1478 zur ideologischen Kontrolle der Neuchristen etabliert worden war. Ihre Gerichte arbeiteten seit 1480 und wurden schon bald zuständig für die Kontrolle und Bestrafung aller Spanier, die als ›Häretiker‹ vom eng definierten katholischen Glauben abwichen. Die Durchführung des Verfahrens als Geheimprozeß, die Zulassung der Folter im Beweisverfahren, die anonyme Denunziation und die Grundproblematik der ›Gesinnungsprüfung‹ brachten von vornherein zahlreiche Mißstände mit sich. Die zur Abschreckung und Propaganda prunkvoll inszenierten Urteilsverkündungen und -voll-

Massentaufen der arabischen Bevölkerung Granadas

streckungen, die *autos de fe*, die öffentliche Schande und Grausamkeit der Strafen – vom Tragen eines Schandgewands (*sambenito*) bis zum Tod auf dem Scheiterhaufen (*quemadero*) –, das Erstellen eines eigenen Indexes der verbotenen Bücher machten aus der Inquisition ein mächtiges Repressionsinstrument, das vor bewußten Fehlurteilen nicht zurückschreckte. Ein solches Urteil stand auch am Ende des 1490 aufwendig inszenierten Prozesses um das »heilige Kind aus La Guardia« (»El Santo Niño de La Guardia«). In ihm wurde einigen Juden und Neuchristen vorgeworfen, einen Ritualmord an einem Christenkind begangen zu haben, ein unbewiesener Vorwurf, den sie mit dem Feuertod büßen mußten.

Als nicht weniger problematisch sollte sich für Spanien das dritte große Ereignis des Jahres 1492 auswirken, die Entdeckung Amerikas. Kolumbus hatte im Auftrag von Isabel und Ferdinand gehandelt, denen dafür 1494 vom Papst der Titel der »katholischen Könige« (*Reyes Católicos*) verliehen wurde. Amerikas Gold und Silber, das nach Europa strömte, ruinierte das spanische Wirtschaftsleben und die spanische Wirtschaftsmentalität: Die im einzelnen sicherlich mit heroischen Leistungen verbundene *conquista* Amerikas schrieb die überholten kriegerischen Werte des Adels aus der Endphase der Reconquista fort, statt die Elite auf die neuen Anforderungen des beginnenden Kapitalismus und der Moderne einzustellen.

Entdeckung Amerikas und wirtschaftliche Folgen

Die Lyrik des 15. Jahrhunderts zwischen späthöfischer Tradition und Neuanfang

Die spanische Literatur erreichte im 15. Jh. eine bis dahin unbekannte Fülle und Vielfalt. Insgesamt sind die Namen von mehr als 900 Autoren überliefert. Die Mehrzahl von ihnen bleiben zwar bloße Namen, die lediglich mit einigen wenigen Gedichten in den *Cancioneros* verbunden sind. Doch kennt das 15. Jh. auch eine Reihe von großen Dichterpersönlichkeiten mit ausgeprägten Individualstilen: Enrique de Villena, Iñigo López de Mendoza, der marqués de Santillana, Juan de Mena, Gómez und Jorge Manrique, Diego de San Pedro und ganz am Ende des Jahrhunderts in einer Sonderstellung den Autor der *Celestina*, Fernando de Rojas.

Literatur und höfisches Mäzenatentum

Die reiche literarische Produktion der Zeit, in der die Lyrik eine Vorrangstellung einnimmt, wurde vor allem vom Mäzenatentum des Adels getragen. Nicht weniger als 200 Autoren, darunter der *marqués de Santillana* und Juan de Mena, waren allein im Umfeld des kastilischen Hofs von König Juan II. tätig, der nicht nur ein bedeutender Mäzen, sondern auch ein akzeptabler Dichter war. Seine lange Regierungszeit (1406–1454) wird zurecht als das Tor zur spanischen Renaissance bezeichnet. Das zweite Zentrum kastilischer Lyrik im 15. Jh. befand sich in Neapel, das Alfons V. (der Großmütige) 1443 im Zuge der aragonesischen Ausdehnung in den Mittelmeerraum erobert hatte und bis zu seinem Tod (1458) beherrschte.

Fortschreiben der höfischen Lyrik

Inhaltlich ist diese Dichtung eine epigonenhafte Wiederbelebung und Fortführung der späthöfischen Lyrik in kastilischer Sprache, die weitgehend auf schwierigere Großformen wie die Kanzone und den gravitätischen *verso de arte mayor* verzichtet. Sie bevorzugt zwei kleinere Formen, die *canción* und den *decir*, mit den Kurzversen des *arte menor* (vor allem Sechs- und Achtsilber). Der *decir* stellt dabei die einfachere Form dar, eine Abfolge von gleichgebauten, häufig acht Verse umfassenden Strophen, deren Themeninventar von der Liebe über die Politik bis zur Religion reicht. Die *canción* ist strenger gebaut; anders als der (vor-)gelesene *decir* ist sie als ursprünglich gesungene Form von einer musikalischen Struktur bestimmt. Die *canción* (die Texte vor 1450 verwenden auch den älteren galicischen Begriff der *cantiga*) besteht aus einer Einleitungs- und einer (oder mehreren) Folgestrophe(n), wobei die Reimfolge und Melodie der ersten Strophe (des *tema*) sich am Ende der zweiten (als *vuelta*) wiederholt und ihr Schlußvers zugleich als Refrainvers am Ende des Gedichts erscheint. Zwischen diese beiden Blöcke sind zwei symmetrische, musikalisch eigenständige Stollen (*mudanzas*) eingebaut (R. Baehr), so daß sich eine recht einfache metrische und musikalische Gesamtstruktur ergibt:

Tema:	*Sabe Dios cuanto porfío*	a
	por vos poder desamar;	b
	mas no me puedo tirar	b
	de ser más vuestro que mío.	a

1. Mudanza	Por vos fallar tan ingrata	c
	y contra de mi plazer,	d
2. Mudanza	querría non vos querer,	d
	pues esto sólo me mata.	c
Vuelta:	Pero soy tornado río,	a
	que no me puedo tornar	b
	aunque quiero, nin *tirar*	b
	de ser vuestro más que mío.	a

(*Weiß Gott, wie sehr ich mich bemühe/ Euch nicht mehr lieben zu können; / aber ich vermag es nicht, mich davon freizumachen, / mehr Euer als meiner selbst zu sein.* // Da ich Euch [meiner Liebe gegenüber] so undankbar finde, / und meiner Liebeslust entgegengesetzt,/ möchte ich Euch nicht mehr lieben, denn [diese Liebe] allein bedeutet meinen Tod. // Aber mir geht es wie dem Fluß, der zurückfließen will, / ich kann nicht mehr umkehren/ auch wenn ich es will, noch mich *davon freimachen, / mehr Euer als meiner selbst zu sein*).

Das ganze thematische Inventar der höfischen Liebe wird hier nochmals zitiert und variiert: die namenlose und physisch kaum gegenwärtige hohe Dame, die sich verehren läßt, sich dem sinnlichen Begehren (*plazer*) jedoch verschließt; der begehrende höfische Mann, der liebt und leidet, da er nie ans Ziel seiner Wünsche gelangt; schließlich das Thema des Todes und des Märtyrertums aus Liebe.

Lyrik als artistisches Spiel

Die kurzen Verse, der knappe Gesamtumfang des Gedichts, die Verwendung des repetitiven Refrains und eine unüberhörbare Ironie zeigen jedoch, daß diese *canción* (wie Hunderte von Gedichten des 15. Jh.) nur noch ein Spiel, wenngleich ein artistisch gelungenes Spiel, mit den tradierten Versatzstücken der höfischen Lyrik ist. Ein weitgehend funktionsloser Adel hatte sich diese Dichtung zu seiner Unterhaltung und zum Nachweis seiner Bildung auserkoren. Dies zeigen auch die neuen Formen der Streitgedichte (*preguntas y respuestas*), in denen das Pro und Contra einer These scharfsinnig und in genauer metrischer Entsprechung vertreten werden, aber auch burleske Gedichte, die die idealisierte höfische Dame durch das betrunkene Weib der Unterschicht oder, wie bei Jorge Manrique, durch die eigene Stiefmutter ersetzen und mit verbalem Unflat bedecken. Dieses ›unterhaltsame‹ Gattungsspektrum ergänzen die *serranillas*, Gedichte von Begegnungen mit Frauen aus dem Volk, in denen überaus deutlich all jene erotischen Phantasien ausformuliert werden, die das Bild der höfischen Dame tabuisiert.

Die höfische Lyrik des 15. Jh. ist kaum in Handschriften zu einzelnen Autoren, sondern vor allem in Form großer Sammelhandschriften überliefert. Diese *Cancioneros* entstanden an den Höfen der großen Mäzene. Die älteste Sammlung ist der *Cancionero de Baena*, die der *converso* Juan Alfonso de Baena im Dienst Juans II. um 1445 zusammenstellte. Die in ihr erfaßten 576 Gedichte von 54 Autoren decken den Zeitraum von 1370 bis 1440 ab, wobei die ältesten Gedichte – darunter auch *cantigas de amigo* – noch in galicisch-portugiesischer Sprache verfaßt sind. Zu den frühesten Autoren gehört Macías, »der Verliebte«, einer jener Dichter, die sich zum Märtyrer einer unerfüllten Liebe stilisiert haben. In ihm sollten sich die Romantiker, insbesondere Larra, wiedererkennen. Der aus Genua stammende Francisco Imperial repräsentiert dagegen eine neuere Dichtung, in der die höfische Lyrik spanischer Tradition mit Reminiszenzen der allegori-

Die Cancioneros: *Sammelhandschriften der späthöfischen Lyrik*

Blatt aus dem *Cancionero de Stúñiga*

Iñigo López de Mendoza, marqués de Santillana (Jorge Inglés)

Vom decidor/trovador *zum* poeta/vates

sierenden Visionsliteratur Dantes verbunden wird. Er verwandte bereits vor Santillana und Boscán den italienischen Elfsilber.

Nur wenig später (um 1460) entstand in Neapel der *Cancionero de Stúñiga*, benannt nach dem ersten Dichter der Sammlung, Lope de Stúñiga. Obwohl auch hier Einflüsse Dantes deutlich sind, so bei Juan de Andújar, dessen *Visión de amor* auf den vierten und fünften Gesang des *Inferno* zurückgeht, bleibt dieser in Italien entstandene *Cancionero* im wesentlichen unberührt von Geist und Dichtung der Renaissance. Die zahlreichen *villancicos*, *serranillas* und frühen *romances* zeigen, daß auch hier die Dichtung als bloß unterhaltsames Spiel für Mußestunden des Adels verstanden wurde.

Einen solch spielerischen Umgang mit einem der späthöfischen Register, dem ›antifeministischen‹, zeigen auch die *Coplas de las calidades de las donas* von Pere Torrellas, die in der sogenannten – langlebigen – ›Frauendebatte‹ des 15. Jh. viel Staub aufwirbelten. Ihr Autor soll, so wenigstens berichtet Juan de Flores in seinem sentimentalen Roman *Grisel y Mirabella*, wie einst Orpheus von empörten Frauen zerfleischt worden sein. Auch hier sind aber die Grenzen zwischen Realität und artistisch inszeniertem höfischen Spiel deutlich erkennbar.

Im *Cancionero musical de Palacio* (1505) und im *Cancionero General*, der erstmals 1511 gedruckt und im Siglo de Oro immer wieder aufgelegt wurde, ergänzen zeitgenössische Autoren den Bestand an Dichtern. Auch hier kreisen Formen und Themen ausschließlich um das Zentrum der höfischen Liebe. Im *Cancionero General* findet sich auch die erste namentlich bekannte kastilische Autorin, Florencia Pinar.

Das Ende der späthöfischen Kultur bedeutete jedoch nicht das Ende ihrer Dichtung. Über das neue Medium Buch (seit etwa 1470 wurden auch in Spanien Bücher gedruckt) und über das neu entstehende Theater, das Gedichte häufig in den dramatischen Text einschloß, gelang es ihr, die Epochenschwelle zwischen Spätmittelalter und Siglo de Oro zu überwinden.

Das 15. Jh. hat aber neben dieser spielerischen Lyrik noch eine gänzlich andere Form des Dichtens gekannt, die als ernsthafte intellektuelle Tätigkeit verstanden wurde. Sie ist verbunden mit der – von Humanismus und Renaissance geförderten – Vorstellung von der Würde des Menschen und seinem gottähnlichen schöpferischen Vermögen. In seinem nur als Fragment erhaltenen *Arte de trobar* (1423) setzt sich Enrique de Villena gegen jede schlichte Versemacherei ab und betont Wissen und technisches Können als Voraussetzung aller wahren Dichtung. Für den an Dante geschulten Francisco Imperial stellt der *marqués de Santillana* fest, er sei kein »deçidor o trovador«, kein adliger Liebhaberdichter, sondern ein »poeta«. Der aus der Antike übernommene Begriff unterstreicht, wie der des »vates«, des Seherdichters, eine neue geistige und moralische Würde des Dichters und läßt etwas von dessen zukünftigen Anspruch spüren, neben dem Adel und dem Klerus in den öffentlichen Angelegenheiten die Stimme erheben zu dürfen. Die Dichtung, so fährt Santillana fort, sei Wissenschaft (»sçiençia«), »ein himmlisches Streben, ein göttliches Gefühl, ein unstillbares Verlangen des Geistes«.

Der »Prohemio« (1449), aus dem hier zitiert wurde, ist mehr als nur ein Vorwort zur Lyrik *Santillanas*. Es ist die erste Poetik in kastilischer Sprache und die erste Skizze einer spanischen Literaturgeschichte. In seiner eigenen Dichtung hatte *Santillana* zunächst traditionelle *canciones*, *decires* und *serranillas* (»Moça tan fermosa / non vi en la frontera, / com' una vaquera / de la Finojosa«) verfaßt. Danach wandte er sich, seinem Programm entsprechend, einer anspruchsvolleren moralisch-philosophischen Dichtung zu. Als eine angemessene Form für dieses neue Dichten hat er das aus Italien stammende Sonett angesehen, das er als erster in Spanien verwandt hat.

Der unbestrittene Meister dieser neuen Dichtung war der mit Santillana befreundete Juan de Mena. In seinem *Laberinto de Fortuna* (1444), einem allegorischen, von Dante, Vergil und Lukan inspirierten Epos von rund 300 *coplas de arte mayor*, die der geistigen Reflexion genügend Raum bieten, beschreibt Mena eine Reise in eine Welt des Traums, die es ihm ermöglicht zu erkennen, »was die Welt im Innersten zusammenhält«. Der launische Zufall, Fortuna, und nicht die göttliche Vorsehung bestimmt die Geschicke der Menschen: Nicht der religiöse Glaube, sondern das Denken der antiken Stoa geben dem einzelnen Halt. Die in Spanien stets hochgeschätzten Lehren Senecas, des in Córdoba geborenen ›Spaniers‹, wurden so durch philosophisch orientierte Dichtungen wie Menas *Laberinto* oder den *Diálogo de Bías contra Fortuna* (1448) des marqués de Santillana einem breiten Laienpublikum vermittelt, das nunmehr von der Dichtung jene Weltdeutung erwartete, die es vorher von der Theologie erhalten hatte.

Trost in Philosophie und Dichtung

Als Vehikel dieser anspruchsvollen Dichtung hat Mena erstmals in Spanien eine spezielle »Dichtungssprache« geschaffen, die mit ihrer starken rhetorischen Überformung, ihrem latinisierenden Wortschatz und ihrer komplexen Syntax außerordentlich feierlich wirkt und dem profanen Leser kaum zugänglich war, von den Gebildeten aber hoch geschätzt wurde. Wie ein Autor der Antike, wie Dante und Petrarca wurde daher seine Dichtung bis weit ins Siglo de Oro hinein immer wieder kommentiert.

Trotz aller Hochschätzung ist es Juan de Menas Dichtung aber nicht gelungen, die Barriere zu den Lesern der Moderne zu überwinden. Dies gelang nur einem Dichter des 15. Jh., Jorge Manrique, einem im Sinne Menas nur wenig gebildeten Autor und hochadligen Krieger, dessen konventionelle Liebesgedichte längst vergessen wären, hätte er nicht jene *Coplas a la muerte de su Padre* (1476) verfaßt, die zu Recht als das abschließende Meisterwerk der spätmittelalterlichen spanischen Dichtung gelten. Dem Schema der literarischen Totenklage (*planctus*) und der Predigt folgend, ruft das Gedicht im einleitenden ersten Teil die Allgegenwart des Todes und die Vergänglichkeit aller Menschen in Erinnerung und illustriert dies, das *ubi sunt*-Thema aufnehmend, an der prunkvollen späthöfischen Welt Juans II. und am Sturz so vieler Großer dieser Welt. Der zweite Teil des Gedichts zeichnet Taten und Tugenden von Rodrigo Manrique nach, des Vaters des Dichters. Dieser war in jeder Hinsicht ein Vorbild und Held, der es bis zum hohen Amt des »Maestre« im mächtigen und ruhmreichen Ritterorden von Santiago gebracht hatte. Der dritte, abschließende Teil schildert dann das Sterben des Ritters: die respektvolle Aufforderung des Todes, ihm zu folgen; seine Einsicht in die Unvermeidlichkeit des Sterbens; die vertrauensvolle Anrufung Christi und die Hingabe der Seele im Kreis der Familie (»dio el alma a quien se la dio, / ..., / y aunque la vida murió, / nos dexó harto consuelo / su memoria«).

Jorge Manriques Coplas

Der »Page von Sigüenza«, Grabmal des Martín Vázquez de Arce in der Kathedrale von Sigüenza, gestorben 1486 im Kampf vor Granada (Detail)

Die Faszination dieses wohl bekanntesten Gedichts der spanischen Literatur geht von seiner rhythmischen Gestaltung aus. Die *copla manriqueña* zwingt zu einem verhaltenen, feierlichen und doch zugleich natürlichen Sprechen, das trotz der bedrängenden Todesthematik Gelassenheit und Ruhe ausstrahlt. Dem Tod wird in Bildern, die der Alltagserfahrung entnommen sind, jeder Schrecken und alles Überraschende genommen:

> Nuestras vidas son los ríos
> que van a dar en la mar
> 	que es el morir:
> allí van los señoríos
> derechos a se acabar
> 	y consumir;
> allí, los ríos caudales,
> allí, los otros medianos
> 	y más chicos;
> allegados, son iguales,
> los que viven por sus manos
> 	y los ricos.

Dieser Tod, der den »Maestre« respektvoll als »buen caballero« und »claro varón« anspricht, reißt niemanden aus der Lebensfülle fort; er führt nach einem erfüllten Leben zur jenseitigen Vollendung. Hier ist nichts von den »stinkenden Gräbern« und dem gleichmachenden Zynismus des Todes in der *Danza general de la Muerte* zu spüren, auch nichts von der kreatürlichen Verzweiflung, die selbst den stoischen Humanisten angesichts des Sterbens ergreift. Diese archaische Sicht eines »gezähmten« Todes (Ph. Ariès) ist noch ganz dem Kosmos des christlichen Mittelalters zuzuschreiben.

Die Prosadichtung des 15. Jahrhunderts: die novela sentimental

Abkehr von der höfischen Dame

Die starke Idealisierung der Frau und der Liebe war in der mittelalterlichen Dichtung seit dem ausgehenden 13. Jh. von einer ausgesprochen misogynen Literatur begleitet, die vor allem mit dem französischen *Rosenroman* und den von ihm ausgelösten Debatten sehr große Verbreitung fand. Ein fernes Echo dieses heftigen Streits ist auch der *Corbacho o reprobación del amor mundano* (*Der Corbacho oder die Verwerfung der weltlichen Liebe*, entstanden 1438, gedruckt 1498) des Erzpriesters von Talavera und Kaplans am Hof Juans II., A. Martínez de Toledo. Die beiden ersten Teile des Textes führen aus, daß alle Übel der Welt ihren Ursprung in der sinnlichen Liebe (»loco amor«) der Männer zu den Frauen haben (»por amor vienen todos los males«) und daß die schlechten Frauen (»las perversas mujeres«; von den guten, so lautet die salvatorische Klausel, soll nicht gesprochen werden) alle Laster der Welt in sich vereinigen, Laster, deren sie sich rückhaltlos bedienen, wenn es darum geht, einen Mann zu erlangen. Der versöhnlichere dritte Teil ist den Männern gewidmet. Er klärt über ihre Temperamente auf, über ihre Fähigkeiten als Liebhaber und über den diesbezüglichen Einfluß der Sterne. Ein abschließender Teil verwirft diesen Sternenaberglauben und verteidigt gegenüber allzu leichten Ausreden die Freiheit des Menschen und seine moralische Eigenverantwortung. Weder eine inhaltliche Originalität – es werden nur die bekannten misogynen Topoi wiederholt – noch eine raffinierte Erzählstruktur – sie fehlt ganz – geben dem Buch seinen Reiz. Es zeigt auch nicht die feine Ironie und die Vielschichtigkeit des *Libro de buen amor*, das die Frage der Sinnenfreude insgesamt thematisiert und sich nicht auf eine vorschnelle Verurteilung der Frauen einläßt. Unterhaltsam macht den *Corvacho* vor allem seine höchst lebendige, »realistische« Sprache, die sich an die volkstümliche Predigt der Bettelorden anlehnt. Die zahlreichen Beispielerzählungen und witzigen Szenen aus dem Alltag sowie ein schadenfrohes Gelächter garantierten dem nicht allzu scharfsinnigen Buch mit seiner schwankhaften Frauenschelte einen langanhaltenden Erfolg bei einem Publikum, das wohl eher am Rand der höfischen Kultur stand oder ›moralische Ferien‹ von dessen anstrengendem Idealismus zu machen wünschte.

Die Apotheose von Liebe und Frauen in der »novela sentimental«

Anders als der *Corvacho* stehen die etwa zehn Texte des »sentimentalen Romans« wieder ganz im Zentrum der späthöfischen Kultur. Die *novelas sentimentales* waren, wie wenig später die Ritterromane, die ersten spanischen Bestseller mit europaweitem Erfolg, mit denen die kastilische erstmals die französiche und die italienische Literatur überflügelte. Bezeichnenderweise sind alle Autoren der *novela sentimental* auch als Lyriker im höfischen Stil hervorgetreten. In ihren handlungsarmen Romanen wird vor allem der Analyse der Liebe und der Leidenschaft viel Raum gewährt, wozu auch allegorische Gestalten herangezogen werden. Briefe, Dialoge, Monologe, die den Blick in das Innere und die Zweifel der Protagonisten erlauben, aber auch eingeschobene Gedichte sind die Mittel einer skrupulösen Selbstanalyse, die in einer komplizierten, an Bildungselementen reichen Sprache erfolgt. Überraschenderweise endet keiner dieser Romane mit einem *happy end*. Auch darin stimmen sie mit ihren italienischen Vorläufern, Boccaccios *Fiammetta* und Silvio Enea Piccolominis *Historia de duobus amantibus: Euryalo et Lucretia*, weitgehend überein.

Die novela sentimental

Die Geschichte, die Juan Rodríguez del Padrón in der ersten der *novelas sentimentales*, seinem *Siervo libre de amor* (um 1440) erzählt, endet ebenso unglücklich wie die Binnenerzählung von den Liebenden Ardanlier und Liessa. Die beiden haben sich, anders als in der Lyrik und damit im Widerspruch zu den literarischen Konventionen der Gesellschaft, tatsächlich ihrer Leidenschaft ergeben, worauf die Frau mit dem Tod bestraft wird, während der Mann Selbstmord begeht. Ein nicht weniger schreckliches Ende findet die Heldin aus Juan Flores' *Grisel y Mirabella* (veröffentlicht 1495), die eine Geschichte aus dem *Decamerone* (IV,1) fortschreibt. Auch hier erliegen die beiden adligen Protagonisten ihrer Leidenschaft. Vor Gericht wird dann die Frage erörtert, ob an diesem Vergehen den Mann oder die Frau die größere Schuld trifft. Vom Ritter Torrellas, dem katalanischen Dichter misogyner *Coplas*, aufs heftigste angegriffen, wird Mirabella als eigentliche Anstifterin schuldig gesprochen und auf dem Scheiterhaufen verbrannt. Die über das Urteil empörten Damen bei Hofe nehmen allerdings grausame Rache: sie foltern und zerfleischen Torrellas, verbrennen ihn und tragen künftig seine Asche im Medaillon bei sich.

Leidenschaften und Tod

Der bekannteste und erfolgreichste dieser Romane ist Diego de San Pedros *Cárcel de amor* (*Liebesgefängnis*, 1492), der in erster Linie für die Hofdamen von Königin Isabel bestimmt war. Ihnen berichtet der Erzähler, wie er in der Sierra Morena einem »wilden Mann« (dem *Deseo*, der Allegorie der Liebesleidenschaft) begegnet ist, der einen gefesselten jungen Ritter, Leriano, mit sich führt. Dieser ist in leidenschaftlicher Liebe zu Laureola, einer Königstochter, entbrannt. Aufgefordert, sie zu begleiten, gelangt er mit ihnen zu einem wiederum allegorisch zu deutenden Gebäude, dem »Liebesgefängnis«, in dem Leriano furchtbare (Liebes-)Qualen er-

Die Cárcel de amor

Holzschnitt: Leriano auf dem Weg ins »Liebesgefängnis«

Disziplinierung der Leidenschaften

leidet. Der Erzähler versucht nun, zwischen Leriano und Laureola zu vermitteln. Es kommt zum Austausch von Briefen, zu Begegnungen und der Hoffnung auf eine Heirat. Die Verleumdungen eines Rivalen, Persio, der behauptet, die Liebenden an »unrechten Orten und zu unrechten Zeiten« gesehen zu haben, machen jedoch alles zunichte. Laureola, die extrem auf ihre Ehre bedacht ist, verbietet Leriano jegliches Wiedersehen. Daraufhin beschließt dieser, den Hungertod zu sterben. Der Tod ereilt ihn jedoch nicht, ohne daß er zuvor die frauenfeindlichen Thesen seiner Laureola grollenden Freunde zurückgewiesen und ausführlich das Lob der Frauen dargelegt hat, denen er die altbekannten, höfischen Gründe hinzufügt, warum die Frauen zu lieben seien. Dem Tod nahe, zerreißt er die Briefe Laureolas, löst sie in einem Becher Wasser auf und trinkt ihn aus; eine deutliche Anspielung auf die Eucharistie und das Märtyrertum aus Liebe.

In einem Punkt gehen die in ihren Auffassungen allerdings nicht völlig homogenen *novelas sentimentales* entschieden über die höfische Lyrik hinaus. Sie stellen die Liebe nicht mehr als ein – nur sprachlich artifizielles – Spiel dar, sondern als vitale Leidenschaft, auf die auch die Frau, insbesondere die junge unverheiratete, ein Anrecht hat. Damit üben sie einen faszinierenden Tabubruch aus. Im *Siervo libre de amor* und in *Grisel y Mirabella* wird dieser Tabubruch allerdings mit dem Tod sanktioniert. Anders in der *Cárcel de amor*. Hier wird dargestellt, daß der Tabubruch die bestehende moralische Ordnung, wie das Recht des Königs, über seine Tochter Laureola zu bestimmen, nicht gefährdet. Dies wird belegt mit der Selbstdisziplinierung der Protagonisten, die Selbstaufgabe und Freitod einschließt.

Mit einem gewissen Recht ist Leriano als Vorläufer des Werther bezeichnet worden. Beide sind sie von Leidenschaft ergriffen und beide beweisen, daß diese Leidenschaft beherrscht werden kann, notfalls mit dem Opfer des eigenen Lebens. Die hinter einer solchen Auffassung stehende Idee von der sittlichen Autonomie des einzelnen war es wohl, die die *Cárcel de amor* den Zeitgenossen solange als ein Handbuch höfischen Verhaltens erscheinen ließ, bis Castigliones *Cortegiano* (1528) und sein vom Geist der Renaissance getragenes, weitaus humaneres Zivilisationsprojekt auch in spanischer Sprache (1534) vorlag.

Mit Recht und wiederholt ist daraufhin gewiesen worden, daß Diego de San Pedro *converso* war. Es ist versucht worden, das Scheitern der Liebe und den Tod des Protagonisten seines Romans aus seiner gesellschaftlichen Marginalisierung herzuleiten. Der Grundkonflikt der *Cárcel de amor*, der Gegensatz zwischen gesellschaftlicher Ordnung und individueller Leidenschaft, scheint jedoch zu komplex und zu allgemein menschlicher Art zu sein, um sich schlüssig und allein aus dem »amargo vivir« der Neuchristen zu erklären.

Ein Werk der Krise: die Celestina

Zu den Gestalten, die die spanische Literatur in eine *Weltliteratur* eingebracht hat, gehört neben dem Don Quijote und dem Don Juan zweifelsohne auch die Celestina. Der Name dieser Nachfolgerin der Trotaconventos des Erzpriesters von Hita ist im Spanischen gleichbedeutend mit dem Begriff der »Kupplerin« geworden. Doch stand diese Kupplerin, die mit ihrem medizinischen Wissen den frühneuzeitlichen ›Hexen‹ durchaus ähnlich ist, ursprünglich nicht im Zentrum des Werks. In dessen Titel erscheint ihr Name erstmals 1502. Bis dahin lautete er in den rasch aufeinanderfolgenden Auflagen des erfolgreichen Buchs: *Comedia de Calisto y Melibea* (1499) oder wegen des traurigen Endes der Protagonisten *Tragicomedia de Calisto y Melibea* (1502).

Gattungsgeschichtlich ist das Werk schwer einzuordnen. Komödie und Tragikomödie, die Einteilung in Akte und die durchgehende Verwendung des Dialogs scheinen auf eine Zugehörigkeit zum Genus ›Theater‹ hinzuweisen. Eine Institution Theater und eine Bühne, auf der ein solch komplexes Stück hätte aufgeführt werden können, gab es jedoch im damaligen Spanien noch nicht. Das Werk, das sich an die vor allem in Italien beliebte neulateinische Humanistenkomödie anlehnt, war wohl zur Gemeinschaftslektüre mit verteilten Rollen bestimmt, allerdings nicht im höfischen, vorwiegend weiblich bestimmten, sondern im universitären, ausschließlich männlich dominierten Milieu. Dieses Publikum erklärt so manche stilistische Züge der durchaus neuen literarischen Sprache der *Celestina*: die Verwendung zahlreicher Bildungselemente, darunter das Zitieren des ›Modeautors‹ Petrarca und seines *De remediis utriusque fortunae* (nach einem bequem handhabbaren alphabetischen Verzeichnis), aber auch den Gebrauch vieler sexueller Anspielungen und Eindeutigkeiten. Trotz eines Bezugs zum Theater wird die *Celestina* heute eher als *novela dialogada* in die Vorgeschichte des spanischen Romans eingeordnet.

Die Celestina *zwischen Theater und Roman*

Nicht geringere Probleme stellen die Fragen nach Entstehung und Autorschaft des Werks. Die erste Ausgabe erschien anonym; in der Ausgabe von Toledo 1500 nennt sich im einleitenden Gedicht in einem Akrostichon ein Jurastudent, Fernando de Rojas aus Puebla de Montalbán, als Autor. Er gibt jedoch zugleich an, den umfangreichen ersten Akt des Stücks als anonymes Fragment (von Rodrigo de Cota oder Juan de Mena) vorgefunden und als Student in Salamanca (frühestens 1496) um weitere 15 Akte auf insgesamt 16 ergänzt und vollendet zu haben. Die als *Tragicomedia* titulierten Versionen erschienen schließlich in einer als endgültig angesehenen Fassung von 21 Akten. Dabei ist unklar, ob die fünf zusätzlichen »autos«, die hier zwischen die Akte 14 und 15 eingeschoben wurden und den Inhalt nicht wesentlich berühren, gleichfalls von Rojas oder einem dritten Autor stammen.

Eine Wiedergabe des Inhalts der *Celestina* läßt kaum etwas von der Faszination spüren, die das Werk auf die zeitgenössischen Leser ausgeübt haben muß. Calisto, ein junger Adliger, übersteigt auf der Suche nach seinem Falken eine Gartenmauer, begegnet dort Melibea, der einzigen Tochter einer reichen (nichtadligen) Familie, zu der er sofort in leidenschaftlich sinnlicher Liebe entbrennt. Er wird jedoch von Melibea schroff abgewiesen. Vor Liebe krank, eröffnet er seinem Diener Sempronio seine maßlose Leidenschaft (statt Christ zu sein, gesteht er, »Melibeo soy, y a Melibea

Der »loco amor« oder die Macht der Leidenschaften

Die Ermordung der Celestina durch die Diener

Der Todessturz Melibeas

Lektüren der Celestina

amo«). Der Diener, der auch in diesen Dingen lebenstüchtiger erscheint als sein Herr, empfiehlt ihm die Dienste der übel beleumundeten Kupplerin Celestina. Dieser gelingt es, sich Zugang zum Haus der Eltern Melibeas zu verschaffen und in ihr mit Schmeichelreden und angeblichem Zauber eine heftige Liebe zu Calisto zu entfachen. Ein erstes Treffen der Liebenden ist auch wegen der Feigheit der Diener von kurzer Dauer. In einem Nebenstrang der Handlung wird dargestellt, wie die Celestina von den Dienern ermordet wird, weil sie sich weigerte, den Lohn, den sie von Calisto erhielt, mit ihnen zu teilen. Die Diener werden hingerichtet, was den verliebten Calisto, zu dessen ›Familie‹ sie eigentlich gehören, unberührt läßt. Bei einem zweiten Treffen gelangen Calisto und Melibea an das Ziel ihrer Wünsche. Ihrer Leidenschaft ist jedoch keine Dauer beschieden: beim erneuten nächtlichen Übersteigen der Mauer des Gartens stürzt sich Calisto zu Tode. Die verzweifelte Melibea offenbart ihrem ahnungslosen Vater Pleberio schonungslos ihre Leidenschaft zu Calisto und stürzt sich gleichfalls in den Tod. Das Werk endet mit der ergreifenden Klage Pleberios über die zerstörerische Macht der Liebe und die Sinnlosigkeit der Welt.

Die *Celestina* ist völlig unhistorisch als die Verherrlichung der bedingungslosen, romantischen Liebe gelesen worden, aber auch sozialgeschichtlich als das Werk eines von der Inquisition bedrohten *converso*, der in der Liebe Calistos und Melibeas die Leibfeindlichkeit der »Altchristen« kritisieren und in dem pessimistischen Schluß die ausweglose Situation der »Neuchristen« zum Ausdruck bringen wollte. Rojas selbst hat, ähnlich wie der Arcipreste de Hita, ein viel einfacheres didaktisches Anliegen des Werks betont: Es sei verfaßt zur Ermahnung töricht Verliebter (*los locos enamorados*), die, übermannt von ihrer zügellosen Lust (*desordenado apetito*), ihre Geliebten (*amigas*) zu ihrer Gottheit erheben und ihren Leidenschaften nachgeben. Auch sei es geschrieben zur Warnung vor den trügerischen Machenschaften der Kupplerinnen und übler, schmeichlerischer Diener. Die Ernsthaftigkeit dieses Anliegens kann dem Autor zumindest im Ansatz nicht abgesprochen werden.

Literarhistorisch gesehen ist die *Celestina* weniger eine volkssprachige Version der Humanistenkomödie mit der Betonung des Gegensatzes von schlauen Dienern und betrogenem Herrn als vielmehr eine parodistische Replik auf die idealisierende *novela sentimental* und ganz konkret auf die *Cárcel de amor*. Calisto ist der entidealisierte, müßiggängerische, ›realistische‹ Leriano, der es der angebeteten Dame gegenüber an höfischem Verhalten fehlen läßt. Bei erster Gelegenheit zerreißt er ihr Oberkleid und rechtfertigt dies mit dem gänzlich unhöfischen Vergleich, daß das Hühnchen erst gerupft werden muß, ehe es verspeist werden kann. Auch die Reaktion Melibeas ist nicht die Laureolas, die um der gesellschaftlichen Werte willen darauf verzichtet, ihrer Leidenschaft nachzugeben. Während die Liebe (und die Frau) in der *Cárcel de amor* als ordnungs- und sinnstiftende Macht innerhalb der höfischen Gesellschaft dargestellt wird, die selbst von ihrem Opfer, Leriano, aufs heftigste verteidigt wird, erscheint sie in der *Celestina* als entfesselte Leidenschaft, die die Welt des reichen Kaufmanns Pleberio und ihre Zweckrationalität zerstört.

Die Celestina *als Replik auf die* novela sentimental

Die »gezähmte«, stets normativ dargestellte höfische Liebe der *Cárcel de amor* vermag den heutigen Leser nicht mehr zu fesseln. Völlig anders ist dies bei der Sinnlichkeit und Triebhaftigkeit, die Rojas im Handeln all seiner Figuren offenlegt, sei es bei den beiden Protagonisten, sei es bei den Dienern, die – erstmals in der spanischen Literatur – gegen ihre Herren aufbegehren, oder sei es schließlich bei Celestina selbst, in deren Verhalten auch Lesbisches und Pädophiles anklingt. In Rojas *Tragicomedia* wird nicht nur die späthöfische Liebesauffassung als eitler Wahn enthüllt; es wird zugleich der Blick auf tiefere und weniger idealisierte Schichten im Menschen gerichtet, deren Komplexität aufzudecken und ins Bewußtsein zu heben sich auch die moderne Literatur bemüht. Hier liegen die Gründe der Faszination, die von dem Werk noch heute ausgeht. Faszinierend in ihrer Diesseitigkeit ist auch die abschließende Klage Pleberios. Sie führt nicht wie der mittelalterliche *planctus* oder wie Manriques *Coplas* zur Resignation und metaphysischem Trost, sondern läßt die Welt als hoffnungsloses »Tränental« erscheinen, beherrscht von der Macht der Leidenschaften, des »loco amor«. Nicht zufällig ist die *Celestina* nicht mehr im Kontext der spätmittelalterlichen Höfe, sondern in dem allem Neuen aufgeschlossenen Milieu der Universitätsstadt Salamanca entstanden.

Die Modernität der Celestina

Vom Spätmittelalter zu Humanismus und Renaissance

Zusammen mit dem Gemeinplatz von der »kulturellen Verspätung Spaniens« (E. R. Curtius) ist auch lange Zeit die Auffassung vertreten worden, Spanien habe an der europäischen Bewegung des wissenschaftlich-philologischen Humanismus und der Kunst der Renaissance gar nicht oder nur in stark abgeschwächter Form teilgenommen. Eine intensivere Forschung zum 15. Jh., die auch das neulateinische Schrifttum miteinbezieht, hat jedoch deutlich gemacht, daß Auffassungen, die ein frühes, umfassendes Ausscheren Spaniens aus dem »Projekt der Moderne« postulieren, nicht zu halten sind. Über den aragonesischen Hof in Neapel, an dem u. a. der italienische Humanist Lorenzo Valla wirkte, war schon in der ersten Hälfte

Spanien ohne ›kulturelle Verspätung‹

des 15. Jh. das Denken des italienischen Humanismus, darunter das Petrarcas, über Katalonien nach Kastilien gelangt. Hier entwickelten sich unter den *letrados* am Hof Juans II. und an den zwischen 1400 und 1500 neugegründeten Universitäten die sogenannten *studia humanitatis* oder *letras humanas*, die im Gegensatz zu den theologischen *letras divinas* eine von der christlich dogmatischen Tradition unverstellte Auseinandersetzung mit dem philosophischem Denken der Antike aufnahmen. Der Mensch erscheint hier nicht mehr als »eitler«, erlösungsbedürftiger Sünder, sondern als Wesen mit eigener Würde und Freiheit. Sein Erkenntnisdrang und seine Schaffenskraft sind von geradezu göttlicher Größe.

Die Pflege von Latein und Muttersprache

Der neue Typus des humanistischen Intellektuellen: Antonio Nebrija als Professor

Als unabdingbare Voraussetzung für die fruchtbare Auseinandersetzung mit der Antike galt die vollkommene Beherrschung der antiken Sprachen und die Kenntnis ihrer Kulturen. Die Auseinandersetzung mit den alten Sprachen war jedoch begleitet von einer ganz neuen Aufwertung und Pflege der kastilischen Muttersprache. In beiden Bereichen hat der Humanist Antonio de Nebrija Wegweisendes geleistet, für das Lateinische mit seinen auf Valla fußenden *Introductiones latinae* (1481) und für das Spanische mit seiner *Gramática sobre la lengua castellana* (1492), der ersten gedruckten vollständigen Grammatik einer romanischen Sprache. Zusammen mit Humanisten wie Alfonso de Cartagena, Alfonso de Palencia, Juan de Lucena, dem nach Spanien berufenen Pedro Mártir, aber auch kirchlichen Reformkreisen wie dem um den Kardinal Francisco Ximénez de Cisneros, den Großinquisitor und Begründer der Reformuniversität Alcalá de Henares, hat Nebrija die Voraussetzungen für jene tiefgreifende geistige und religiöse Erneuerung Spaniens in der ersten Hälfte des 16. Jh. geschaffen, die mit dem Namen des großen niederländischen Humanisten Erasmus von Rotterdam verbunden ist. Mit dem Humanismus wird Spanien in das europäische Geistesleben integriert, auch wenn die Folgen *seines*, im europäischen Kontext einzigartigen, Mittelalters bis weit ins Siglo de Oro weiterwirken sollten.

SIGLO DE ORO

Einleitung

Vorspiel im 15. Jahrhundert

Mit Siglo de Oro wird das 16. und 17. Jh. bezeichnet; es beginnt aber bereits etwas eher. Die epochale Zeitenwende wird gemeinhin auf das Jahr 1492 datiert; das Ende der Reconquista durch die Eroberung Granadas und, im selben Zusammenhang, das Dekret zur Vertreibung der Juden markieren die Wende im Innern, die Entdeckung der Neuen Welt und der Beginn der Conquista eine Wendung nach außen. Ein neues Goldenes Zeitalter stehe bevor, so Juan del Encina 1478 bei der Geburt des Thronfolgers der Katholischen Könige, Ferdinand von Aragón und Isabella von Kastilien, deren Eheschließung 1469 die beiden Königreiche vereinigt hatte, eine der Voraussetzungen für den folgenden Aufstieg Spaniens zur führenden Macht in Europa.

Goldenes Zeitalter

Katholische Könige heißen sie nach dem griechischen *katholikós* – das Ganze betreffend, weil sie, zumal durch die Eroberung Granadas, die vereinigten Königreiche Kastilien und Aragón: Spanien als eine Ganzheit und als eine politische Macht konstituiert hatten. Allerdings bedeutet der militärische Sieg über die Mauren nicht gleich auch eine Unterwerfung der maurischen Bevölkerung, denn bis tief ins 16. Jh. gibt es weite Landstriche, wo die Bevölkerung in der arabischen Tradition weiterlebt und nicht einmal die spanische Sprache versteht. Versuche zur Zwangsintegration stoßen auf Widerstand; der Krieg mit dem Osmanischen Reich verstärkt auch den Druck auf die Morisken in Spanien, was Ende der 60er Jahre zu Aufständen führt, die zunächst militärisch niedergeschlagen und dann 1570/71 durch strategische Umsiedlungspolitik bekämpft werden, allerdings langfristig ohne Erfolg, so daß es schließlich zwischen 1609 und 1614, nach dem »Scheitern« der Integration, zur großangelegten Vertreibung kommt. An die 300 000 Morisken – die Gesamtbevölkerung beträgt 8,5 Millionen – werden vertrieben; die Ricote-Episode im zweiten Teil des *Don Quijote* ist in diesem Kontext angesiedelt und deutet an, daß hier wohl nicht umstandslos von Scheitern zu reden ist.

Isabel I.

Juan del Encina schreibt 1478 seine vierte Ekloge als Echo auf Vergils legendäre vierte Ekloge, die ein neues Goldenes Zeitalter verhieß, das mit der Wiederkehr einer Jungfrau – Asträa-Dike, die Gerechtigkeit war gemeint, die einst als letzte Göttin die Erde verlassen hatte – sowie der Geburt eines Jungen beginnen sollte. Das Mittelalter hatte darin eine Verkündigung der Geburt Christi gesehen, und der Dichter will die Verse nun auf den Thronfolger bezogen wissen: »in unseren Zeiten« herrscht Gerechtigkeit, die sich in der »Heiligen Inquisition« artikuliert. Der Glaube ist dadurch geläutert worden und wird jeden Tag strahlender. »Schon weiß man in ihren Reichen nicht mehr, was Juden sind.« Mit den Katholischen Königen beginnen »los siglos dorados«. Wieder kommentiert Cervantes reserviert: Die Rede auf das Goldene Zeitalter – »que se pudiera muy bien escusar« – hält Don Quijote »en nuestros detestables siglos« (I,11), und die darauf

Ferdinand II.

Tizian, Karl V. (1548)

plus ultra

folgende Marcela-Episode endet entsprechend mit der Flucht der Jungfrau in die Berge (I,14).

Die Devise Ferdinands hat der Gelehrte Antonio de Nebrija in Rücksicht auf Alexander den Großen und die Episode des Gordischen Knotens gewählt: »Tanto monta« – gleichviel macht es aus, ihn zu zerhauen oder aufzulösen. Solche typologische Bezugnahme auf den Begründer eines Großreichs markiert die Stimmungslage, die mit der Vision eines Goldenen Zeitalters mythisch aufgeladen wird. Verbunden mit einer cäsaristisch konzipierten Königsidee entsteht eine Macht, die sich vor allem in Eroberungen manifestiert. Karl V., Carlos I in Spanien, begründet dann tatsächlich dieses Großreich. »Un Monarca, un Imperio, una Espada« rühmt Hernando de Acuña in einem vermutlich nach der Schlacht von Mühlberg (1547) geschriebenen Sonett. Antonio de Guevara widmet seine *Década de Césares* (1539), exemplarische Biographien von zehn römischen Kaisern, die »la monarquía del mundo« innehatten, der »sacra, cesárea, cathólica magestad del emperador y rey nuestro señor«. Und Tizian stellt ihn 1548 als neuen Augustus dar, mit der »hasta summa imperii« der römischen Cäsaren.

Jenseits der Säulen des Herakles

Träger und Garant solcher Großreichspolitik ist der Typus des Abenteurers, der zumal in Gestalt des Conquistadors ein Nachfahre des Kondottiere ist, den Jacob Burckhardt zum allegorischen Typus der Renaissance erklärt hat: »Die höchste und meistbewunderte Form der Illegitimität ist aber im 15. Jh. der Kondottiere, der sich – welches auch seine Abkunft sei – ein Fürstentum erwirbt.« Diese Haltung nimmt eine konzeptistisch verdichtete Form im Wappen Karls V. an: zwei Säulen und ein Spruchband mit der Inschrift *plus ultra*. Nach antiker und mittelalterlicher Tradition markieren die Säulen des Herakles an der Meerenge von Gibraltar die Grenzen der zivilisierten Welt. Im spanischsprachigen Raum hat man die Devise im Hinblick auf die Entdeckung und Kolonisierung Amerikas gern als Umwertung dieser Überlieferung gedeutet. Die Überschreitung der Grenze war unheilvoll konnotiert, denn im atlantischen Westen lag für die Antike das Totenreich und für das Mittelalter das Reich des Teufels, weshalb die Schiffahrt nach Westen über die Säulen des Herakles hinaus bei Höllenstrafe verboten war. Diese mythische Auffassung des Westens begleitet auch die Eroberer und ist noch im 17. Jh. so bekannt, daß sie in Theaterstücken umstandslos verwendet werden kann; sie gibt der Entdeckung eines ganzen Kontinents im Westen von Anfang an auch eine mythische Bedeutung.

Den Odysseus Dantes hat seine brennende Wissensgier die herakleische Warnung, der Mensch solle *più oltre non* sich begeben (Inf. 26), mißachten und sich aufs hohe Meer hinauswagen lassen, wo er Schiffbruch erleidet. Zugleich deutet sich aber eine andere Tendenz an: Odysseus sieht im Streben nach Wissen und Erfahrung gerade das spezifisch Menschliche. Das *più oltre*, die Überschreitung der Grenzen des Bekannten unterscheidet den Menschen vom Tier. Die verwerfliche Überschreitung wird mit dem Geist des Abenteurers angereichert, dem Erfahrung und Erforschung des Unbekannten als verdienstvoll gelten und die Grenze nicht Abschluß, sondern Übergang in ein Jenseits ist.

Auch dafür gibt es eine, ebenfalls mit Herakles verbundene mythische Tradition. Ihr zufolge bereitet Herakles die moderne Wendung nach Westen vor, indem er die Meerenge von Gibraltar öffnet, durch die nun der spanische König, *Hercules Hispanicus*, hindurchfährt nach Amerika. Karls *plus ultra* markiert das Verwerfliche und Faszinierende der Überschreitung und gibt damit der Neuzeit schon zu Anfang eine Signatur: Beschränkung und Verbot im Widerstreit mit Wagemut und Forschergeist; Neugier, Wissensdurst und Lust aufs Unbekannte im Zeichen frevelhafter Übertretung und notfalls im Bund mit dem Teufel. Die gegenstrebige Semantik der Devise überträgt sich dann auf die geographische und geopolitische Wirklichkeit der Entdeckung des Kolumbus. Mit der Kolonisierung Amerikas – die mythologisch nichts weniger als den Pakt mit dem Teufel bedeutet – wird Spanien zum Weltreich und der spanische König selbst zum Fürsten der Welt, dessen *plus ultra* den Gehalt des neuen Nomos der Erde und der beginnenden neuen Zeit bildet.

Herkules trennt die Berge und öffnet die Meerenge: aus Zurbaráns Herkules-Zyklus

Glaubenskämpfe und Krieg in Flandern

Karl ist zwar vierzig Jahre König von Spanien, hält sich aber insgesamt nur etwa sieben Jahre im Land auf. Das weitläufige Reich und die politischen Erfordernisse nötigen ihm eine nomadische Existenz auf. In Deutschland ist die Reformation zu bekämpfen; in Italien, wo Neapel und Sizilien spanische Vizekönigtümer sind, sowie mit Frankreich und dem Osmanischen Reich sind Kriege zu führen; 1529 stehen die Türken vor Wien, der französische König Franz I. und der türkische Sultan Süleyman der Prächtige, die großen Gegenspieler in Europa und im Mittelmeerraum, schließen 1536 sogar ein Bündnis. Die politische Wirklichkeit in Spanien wird von einem Regierungsapparat geprägt, der durch eine Reihe von *Consejos* (Rätekammern) die anstehenden Aufgaben bewältigt. Die Vor- und Nachteile neuzeitlicher Verwaltungspolitik sind hier bereits existent: hochdifferenzierte Beamtenschaft und unbeweglicher Apparat; formalisierte, persönlichkeitsunabhängige Entscheidung und institutionalisierte Trägheit; systematisch verbundenes Institutionsgefüge und Filz, Bestechlichkeit, Ämterkauf.

Von 1545 bis 1563 tagt in mehreren Perioden in Trient das Konzil, das sich die gründliche Reform der katholischen Christenheit zur Aufgabe gemacht hat, und an dem spanische Theologen bei der Formulierung der künftigen Dogmatik maßgebend beteiligt sind. Nach der Augsburger Konfession und dem Schmalkaldischen Bund (1530/31) sowie der Niederlassung Calvins in Genf (1541) wird die zunehmende Konsolidierung und Institutionalisierung der Reformation und damit der konfessionelle Konflikt in Mitteleuropa zu einem Hauptproblem der Politik. Wenn das Konzil anfänglich die Aufgabe haben sollte, die Einheit der Christenheit wiederherzustellen, scheiterte das schon daran, daß die protestantischen Gruppen nicht teilnahmen. Der Augsburger Religionsfrieden (1555), in dem Protestanten und Katholiken im deutschen Reich gleichgestellt werden, wobei das Bekenntnis der Fürsten das der Untertanen bestimmt: *cuius regio, eius religio*, und die Religionszugehörigkeit zu einer Frage von Geographie und Wohnsitz wird, macht das endgültig manifest. Die liberale Jurisdiktion beseitigt keineswegs den faktischen Widerstreit der Konfessionen; das Zeitalter der Religionskriege beginnt gerade, und erst nach dem Dreißigjährigen Krieg erhält die territoriale Neugliederung Europas nach Maßgabe der Konfessionen eine für lange Zeit einigermaßen feste Gestalt. 1556 dankt Karl ab und zieht sich ins Kloster San Jerónimo de Yuste (Estremadura) zurück.

Politik und Religion

Gegen die mitteleuropäische Politik einer Liberalisierung und Neutralisierung des Konfessionskonflikts hält Spanien unter Philipp II. an der Verschärfung des Gegensatzes fest. Die Protestanten sind »die Häretiker

Aufstand in Flandern

Philipp II., Porträt von Sánchez Coello

Die »leyenda negra«

unserer Zeit« und als solche auch politische Feinde: »rebelde y hereje« ist die Standardformel für die Niederlande, wo mit Philipps Inthronisierung (1556) die Probleme beginnen. Der in Gent geborene Karl V. war als Herzog von Burgund sozusagen einheimischer Herrscher gewesen; der in Valladolid geborene Philipp II. gilt dort als Fremdherrscher, zumal er die flandrischen Provinzen der spanischen Zentralverwaltung anschließt. Ausgehend von ständischer Adelsopposition gegen den Verlust alter Privilegien entsteht, auch im Zusammenhang des sich ausbreitenden Calvinismus, unter der geistigen und organisatorischen Führung Wilhelms von Oranien, der unter Karl V. noch Heerführer, unter Philipp zunächst Ratgeber und ab 1559 Statthalter in den Niederlanden gewesen war, eine Opposition gegen die nach Truppenstationierung, Besteuerung und Einführung der Inquisition zunehmend als Besatzungsmacht empfundenen Spanier. Graf Egmont, der ebenfalls unter Karl als Heerführer gedient hatte und unter Philipp im Krieg gegen Frankreich maßgeblich an der Schlacht bei Saint Quentin (1557) beteiligt gewesen war, fährt 1564/65 zu Verhandlungen nach Madrid, nach deren Scheitern ab 1566 der von Schiller so genannte »Abfall« der Niederlande beginnt: Rebellion gegen die Besatzungsmacht im Verein mit calvinistischen Kirchenschändungen und Bilderstürmen bilden eine kaum zu entwirrende Verbindung aus Politik und Religion. Das harte Vorgehen des Herzogs von Alba, der ab 1567 als Statthalter in Flandern die militärischen Operationen gegen den bewaffneten Widerstand leitet, verstärkt diesen nur. Die Grafen Egmont und Hoorn werden verhaftet und 1568 in Brüssel wegen Hochverrats hingerichtet; Oranien entgeht durch Flucht demselben Ende.

Nach der Abberufung des Herzogs von Alba wird ab 1576 der natürliche Sohn Karls V. und Halbbruder Philipps II., Juan de Austria, zum Generalstatthalter der Niederlande. Er hat als Befehlshaber der militärischen Niederschlagung der Maurenaufstände in Granada Ende der 60er Jahre, im Kampf gegen die Piraten im Mittelmeer und als Oberbefehlshaber der Flotte der christlichen Liga mit dem Sieg bei Lepanto 1571, der die türkisch-islamische Vorherrschaft im Mittelmeer bricht, Ruhm und politische Bedeutung erlangt, die Philipp, erfolglos, gegen Wilhelm von Oranien einzusetzen versucht.

Als sich 1578 die südlichen Provinzen, heute Belgien und Luxemburg, in der Union von Arras an Spanien zurückbinden, schließen sich 1579 die sieben nördlichen Provinzen der Niederlande in der Union von Utrecht zu einem politischen Verbund zusammen und erklären sich 1581 für unabhängig. Wilhelm von Oranien, 1573 zum Calvinismus übergetreten, wird 1580 von Philipp II., dem der Kämpfer für die Unabhängigkeit der Niederlande ein politischer Rebell und Ketzer bleibt, in Acht getan und kommt 1584 durch ein Attentat zu Tode.

Zur Zeit der Thronbesteigung Philipps geht ein Wort in Deutschland um, wonach viele lieber ein Arrangement mit den Türken sähen als Philipp auf dem Thron. Das trägt mit zur Trennung der Habsburger-Linie in Spanien und Deutschland bei und markiert eine spanienfeindliche Haltung auch in katholischen Kreisen; umso mehr in protestantischen. Philipp wird, wie der Papst, zum Antichristen erklärt, wie umgekehrt ebenfalls die protestantischen Führer im katholischen Lager verteufelt werden.

Es gibt im Siglo de Oro in ganz Europa einen antispanischen Affekt, der sich mit stereotypen Vorstellungen über die Inquisition, das Jesuitische und den Katholizismus, die Person Philipps, die Eroberung Amerikas und den Herzog von Alba in Flandern befeuert und der später als »leyenda negra«

bezeichnet wird. Seine Anfänge liegen wohl im Italien der spanischen Vizekönigtümer, wo in der ersten Hälfte des Jahrhunderts eine antispanische Propaganda aufkommt, die in ähnlicher Form auch in den Gebieten mit spanischer Präsenz in ganz Europa entsteht, sich im Kontext des Abfalls der Niederlande, zumal seit Philipps Bann über Wilhelm von Oranien und dessen Apologie (1581), zur »leyenda negra« im engeren Sinn verdichtet und jedenfalls von dort ausgehend zum festen Bestand des neuzeitlichen Spanienbilds wird. Der Rebell, der seinen Aufstand als Widerstand gegen tyrannische Herrschaft rechtfertigen will, geht in der Apologie doppelt vor, um den Gegner moralisch zu diskreditieren. Er klagt den König als Person und Spanien als politische Macht an. Das Material der Vorwürfe – die endlose Grausamkeit der Eroberer gegen die Indios; die unzähligen Scheiterhaufen mit brennenden Ketzern und die barbarischen Folterungen durch das Heilige Offizium; die Lasterhaftigkeit, Verkommenheit und Tyrannei Philipps –, die historische Forschung als schiere Propaganda erwiesen hat, stammt großenteils aus Publikationen dreier Spanier: Bartolomé de Las Casas, Reginaldo González Montes und Antonio Pérez. Die Begierigkeit, mit der es aufgegriffen und bis heute in Umlauf gehalten wird, ist erstaunlich und erklärungsbedürftiger noch als die Klischees selbst, und zeigt jedenfalls, daß die darin sich artikulierenden Probleme noch nicht aus der Welt sind.

Politik und Sprache

Im Siglo de Oro entsteht das moderne Spanien nicht nur als eine politische Großmacht, sondern ebenfalls als eine kulturell prägende Größe. Deshalb ist es eine, wenn auch zufällige, rückblickend doch aufschlußreiche Konstellation, wenn im politisch so bedeutsamen Jahr 1492 die *Gramática castellana* von Antonio de Nebrija erscheint. Obwohl diese erste systematische Erfassung einer »lebenden« Sprache im 16. und 17. Jh. selbst kaum beachtet wurde, ist das Buch ein deutliches Symptom eines aufkommenden Sprachbewußtseins (H. Weinrich). Die Sprache soll nicht nur den Unwägbarkeiten des alltäglichen Gebrauchs folgen, sondern in ihrer systematischen und regelhaften Gestalt erkannt werden, wodurch dann wiederum der Sprachgebrauch gelenkt werden kann. Es geht um die Einsicht, daß Sprache nicht nur ein quasi natürliches Instrument des zwischenmenschlichen Umgangs, sondern auch ein geistiges Phänomen und ein tragendes Element der Kultur ist. Das zeigt sich auf zwei Ebenen. Die Sprache wird als eine imperiale und als eine literarische Größe bedeutsam.

Sprachbewußtsein

Nebrija schreibt seine Grammatik, um die Größe »unserer Nation« zu mehren, in der Erkenntnis, die er am Vorbild des antiken Rom gewonnen hat: »immer war die Sprache Begleiterin des Imperiums und folgte ihm so, daß sie zusammen begannen, wuchsen und zur Blüte kamen und dann gemeinsam verfielen.« Spanisch ist die Amtssprache des Reichs, in dem die Sonne nicht untergeht, von Europa über Amerika bis zu den Philippinen; und deshalb muß sie kultiviert werden. Nebrija legt nahe, die Sprache als ein Mittel der Reichsbildung und -erhaltung ernstzunehmen, das womöglich, da es das alltägliche Leben betrifft, wirksamer und bedeutender ist als die abstrakten Ideen von Reich und König. Die Sprache ist das Medium, bei dem der ideelle Gehalt zugleich eine nicht nur geistige, sondern geradezu körperliche Haltung mitbestimmt; das Sprachgefühl hängt aufs engste mit dem Lebensgefühl zusammen.

Titelseite des *Lateinisch-Spanischen Wörterbuchs* (1536) von Antonio de Nebrija

Ein deutlicher Ausdruck dieser Sprachkultur ist die Übersetzungstätigkeit, die sich zur Aufgabe macht, die großen Werke der Antike in der Übersetzung zu spanischen Büchern zu machen. Das imperiale Selbstbewußtsein eignet sich die fremden Kulturgüter an – auch darin hat Nebrijas Vergleich mit Rom seinen Grund. Daß es etwas anderes sein könnte, Homer auf Griechisch oder Spanisch zu lesen, kommt diesem Sprachbewußtsein gar nicht in den Sinn. »Unsere kastilische Sprache« ist das Maß und prägt wiederum das imperiale Lebensgefühl. Darin zeigt sich der souverän moderne Stolz gegenüber den Errungenschaften der Alten; das Sprachbewußtsein ist auch ein Grund des modernen Selbstbewußtseins gegenüber der Antike.

Sprache und Literatur

Cervantes läßt Don Quijote nicht nur das Lob der Muttersprache verkünden, sondern auch die volkssprachliche Dichtung rechtfertigen. Wie die antiken Dichter in der Sprache geschrieben haben, »die sie mit der Muttermilch eingesogen haben«, so jetzt die Spanier (II,16). Und deren Sprache ist das Kastilische. Im Siglo de Oro bildet sich die bis heute maßgebende Form des Spanischen heraus – lexikalisch, semantisch, syntaktisch – und nimmt in ebenfalls bis heute als maßgebend akzeptierten Texten literarische Gestalt an. Deren Sprachgebrauch gilt als beispielhaft für den allgemeinen. Die Dichter und Schriftsteller werden zu den Autoritäten der spanischen Sprache, als die sie zu Anfang des 18. Jh. im *Diccionario de Autoridades* institutionalisiert werden. Dabei ist es wohl von einiger Bedeutung, daß diese Autoritäten, im Unterschied zum Frankreich der »âge classique« oder zum Deutschland der Weimarer Klassik, einen barocken Stil pflegen. Wenn die spanische Sprache eher einem barocken Gesetz folgt als einem klassischen, dürfte das auch für das ihr folgende Lebensgefühl von Belang sein.

San Lorenzo de El Escorial

»Sólo Madrid es Corte«

1561 verlegt Philipp den Hof nach Madrid, das seitdem, mit kurzer Unterbrechung unter Philipp III., der Regierungssitz Spaniens ist. »Solo Madrid es Corte«, wird zum geflügelten Wort, denn vorher war der Hof eher nomadisch im Land umhergezogen. Das dauerhaft in Madrid angesiedelte höfische Leben und das hochkomplexe Rätekammernsystem ist eine Brut-

Madrid im 16. Jh., vom río Manzanares aus gesehen

stätte für Intrigen, bei denen auch die regionalen Interessen und Ansprüche nach wie vor eine Rolle spielen, denn das vereinte Spanien des Siglo de Oro ist so wenig einmütig und homogen wie das heutige. Vor allem das komplizierte Zusammenwirken von »consejeros«, »privados« und »validos« macht »la Babilonia de confusiones« (Gracián) zu einem Ort unaufhörlicher Kämpfe um Einfluß und Macht. Prototypisch für die Existenzform der Intrige und ihr zwielichtiges Schillern zwischen Vertrauen und Verrat, Aufstieg und Fall ist die Karriere des Antonio Pérez, der als Sekretär Philipps II. dessen Vertrauen erworben hatte, da er das höfische Intrigenspiel und die Informationsströme gut zu bedienen und zu benutzen verstand, zumal im Verhältnis Philipps zu seinem Halbbruder Juan de Austria. Philipp läßt 1579, als er nach Juans Tod das Ausmaß der Intrige erkennt, Pérez verhaften. Dem gelingt die Flucht nach Aragón, wo er 1591/92 den Aufstand gegen die Krone anführt. Als Philipp ihn bis dorthin verfolgt, flieht er nach Frankreich und beutet dort sein Wissen über die spanischen Staatsgeschäfte schriftstellerisch aus, indem er die antispanische Propaganda Heinrichs IV. mit Material bestückt. Philipp hatte durch Truppenentsendung Erbansprüche bei der französischen Thronfolge angemeldet, die ihm, nachdem er bereits 1580 durch Erbfolge zum Herrscher Portugals geworden war, auch die Herrschaft über Frankreich eingebracht hätte. Heinrich weist die Ansprüche im Krieg gegen Spanien zurück. Die Texte von Antonio Pérez werden unter dem Pseudonym Rafael Peregrino gedruckt und tragen maßgeblich zur Ausmalung des negativen Bilds Philipps II. bei.

Antonio Pérez

Denkbar ist, daß Philipps Entscheidung für Madrid auch mit der nach dreijähriger Suche getroffenen Wahl des Orts El Escorial, etwa 40 km nordwestlich von Madrid, für den Bau des Klosters und Palasts San Lorenzo zusammenhängt. Der Plan dazu entstand nach der Schlacht bei Saint Quentin am 10. Aug. 1557, als Dank an den Tagesheiligen, den hl. Lorenz. Die Schlacht bildet die Wende im Krieg gegen Frankreich, der folgende Frieden von Cateau-Cambrésis 1559 besiegelt den ersten militärischen Triumph Philipps und legt den Grund für die Vorherrschaft Spaniens in der Welt während der folgenden Jahrzehnte. Außerdem sollte der Bau als königliche Grablege in der Krypta unter dem Hauptaltar der Basilika dienen, zunächst für den »cuerpo del Emperador, mi padre«, den 1558 verstorbenen Karl V., dann für Philipp selbst und die königliche Familie und so als dynastisches Monument der Habsburger. Ein Hieronymitenkloster war für die Betreuung des Gottesdienstes vorgesehen, und um das Heiligtum herum wollte Philipp, einer mittelalterlichen spanischen Bautradition folgend, die Kloster und Palast verband, seine königliche Wohnstätte legen; er bewohnte seine »moradas escurialenses« ab 1571. Da es außerdem eine umfangreiche Bibliothek, eine Forschungsstätte mit einer Sammlung von Landkarten und wissenschaftlichen Geräten und ein Priesterseminar gab, da Philipp bedeutende Künstler und Wissenschaftler der Zeit für die Gestaltung und Unterhaltung des Baus beschäftigte, kann man sagen, daß der »rey prudente« mit dem imperialen Bau auch den Versuch unternahm, Wissen und Kunst der Zeit zu konzentrieren: in der Tradition Alfons' des Weisen und des biblischen Königs Salomon. Fray José de Sigüenza hat 1605 in seiner Geschichte des Baus immer wieder Bezüge zum Tempel Salomons, zur Vision des Ezechiel und zum Himmlischen Jerusalem der Apokalypse hergestellt.

Architektur und Herrschaft

Wenn der Escorial typologisch auf den Tempel Salomons bezogen und der »rey prudente« ein neuer Salomon ist, man also wirksame symbolische Beziehungen durch Raum und Zeit annimmt, und wenn andererseits astro-

Fabricio Castello (?)
Zeichnung vom Bau des
Escorial, um 1576

logisch motiviertes Geheimwissen der Renaissancegelehrsamkeit den Bau beeinflußt hat, dann ist es nicht weiter verwunderlich, wenn die zwölf Stämme Israels sich mit den zwölf Tierkreiszeichen sowie einer Zwölferstruktur des Escorial konstelliert finden und die Fresken in der Bibliothek aus der hermetischen Tradition erklärt werden. Damit wäre der zeitgenössische Geschmack am Geheimnisvollen und am verborgenen Sinn bedient wie auch der ebenso verbreitete Versuch, die heidnischen Mysterien mit der christlichen Offenbarung zu versöhnen. Die Vorstellung, daß der Mensch in seinem Gebäude mit dem Himmel durch einander entsprechende anthropologische, architektonische und kosmologische Zahlenverhältnisse verbunden, daß die der Wirklichkeit innewohnende Wahrheit, ihre Idee, ein Zahlenverhältnis sei und numerologische Analogien Verhältnisse in der Wirklichkeit bedeuten, so daß z. B. die sieben damals bekannten Planeten mit den sieben Sakramenten eine wirkliche Beziehung bilden, gehört zum Kern nicht nur der hermetischen Tradition, sondern ist, vor dem gemeinsamen Hintergrund antiker Philosophenschulen, auch orthodox augustinisch denkbar und gehört zur Essenz dessen, was man Theorie nennt, als deren Gipfel mathematische Formalisierung gilt. Idee und Wirklichkeit, Erde und Himmel sollen verbunden werden; und diese Absicht hätte auch die Erbauer des Escorial geleitet, die z. B. das Gebäude auf den Sonnenuntergang am 10. August, also nicht mehr, wie traditionell üblich, nach Osten, sondern – wie das spanische Reich selbst – nach Westen ausgerichtet haben. Eine Zeichnung aus den 70er Jahren erinnert wie von ungefähr an die zeitgenössischen Darstellungen des Turmbaus zu Babel.

Entwicklung der Kunst

Der Escorial ist deutlichster Ausdruck der Kunstpolitik des »rey prudente«, der sich auf Reisen durch Europa (1548–51) an der flämischen und italienischen Malerei geschult hat und später bedeutende Maler aus Italien und Flandern nach Madrid holt. Tizian allerdings, sein Favorit, bleibt in Venedig, weshalb Sánchez Coello Hofmaler wird. Der König läßt Bilder malen für den Alcázar in Madrid, die Casa de Campo, den Palast in Aranjuez und den Escorial. Als Sammler ist ihm von den Italienern Tizian, von den Flamen Hieronymus Bosch der wichtigste. Er soll zwölf verschiedene Versionen der Versuchung des hl. Antonius besessen haben. Für den Toledaner El Greco – manchen das malerische Genie der Zeit – hatte er überhaupt keinen Sinn. Insgesamt hat Philipp weit über tausend Bilder erworben. Auch das markiert den Beginn einer neuen Zeit; eine derart aufwendige Form der Kunstsammlung hatte es bis dahin nicht gegeben. Mit Philipp II. beginnt die Ära der »mega-collectors« (J. Brown), die das 17. Jh. prägen. Unter dem weniger kunstbeflissenen Philipp III. wird der Herzog von Lerma zum Hauptförderer der Malerei, der beispielgebend für den spanischen Adel wirkt. Philipps Kunstpolitik hat zwei Wirkungen. Die weitläufige Sammlertätigkeit und Beschäftigung ausländischer Maler internationalisiert die spanische Kunst und führt zu einem schon in der folgenden Generation merklichen Qualitätssprung. Zum andern konzentriert sich die spanische Malerei auf Madrid, das die talentierten und nach Erfolg strebenden Künstler der Regionen sammelt.

Königliche Kunstsammlung

Mehrere Versuche, in der ersten Hälfte des 17. Jh. in Madrid eine Kunstakademie nach italienischem Vorbild zu gründen, scheitern nicht zuletzt am Widerstand der Masse der Maler, die keinen Wert auf Künstlerschaft legen und ein rigoroses Lehrprogramm nicht akzeptieren. Vicente Carducho, Hofmaler und ein mit vielen Literaten seiner Zeit befreundeter *pictor doctus*, der versucht, wie zuvor bereits El Greco, den Status des Malers vom Handwerker zum Künstler und die Malerei zu einer der freien Künste aufzuwerten, ist Hauptbetreiber einer Akademie; 1633 veröffentlicht er seine kunsttheoretischen *Diálogos de la pintura*.

Kunstpolitik

Neben Madrid hält sich nur Sevilla als vergleichbare Kunstmetropole. Die Stadt ist bis weit ins 17. Jh. der Einschiffungshafen nach und Umschlagplatz der Waren aus Amerika und verliert erst, als der Guadalquivir für die immer größeren Schiffe nicht mehr befahrbar ist, ihren Status an andere Häfen. Sie ist um die Jahrhundertwende mit an die 150 000 Einwohnern die größte Stadt Spaniens. Entsprechend zahlreich sind die Einrichtungen der Kirche – um die Mitte des 17. Jh. gibt es 70 Klöster und 28 Pfarrkirchen –, die hier größter Auftraggeber der Künstler ist, nicht zuletzt auch für ihre Einrichtungen in Übersee. Deshalb gibt es in Sevilla eine regelrechte Massenproduktion in Malerwerkstätten. Da die Kirchen meistens mehr Wert auf erbauliche Inhalte als auf künstlerische Qualität legen, führt das Bestreben, ein orthodox gegenreformatorisches Bildprogramm in Umlauf zu bringen, zu einer größeren Bindung der Maler durch Vorschriften. Francisco Pacheco, Theoretiker und Lehrer – Velázquez war sein Schüler – an der in den 60er Jahren von dem Humanisten Mal Lara zusammen mit Theologen, Dichtern und Gelehrten gegründeten Akademie, handelt in seinem *Arte de la pintura* (postum 1649) von den orthodoxen Gestaltungsformen der Hauptthemen katholischer Kunst.

Kunstmetropole Sevilla

Die Maler der folgenden Generationen: Velázquez, Cano, Zurbarán und Herrera, Valdés Leal, Murillo lösen sich von den italienischen Vorbildern und begründen eine spanische Malerei, deren Hauptmerkmal realistische und zugleich theatralisch-allegorisierende Darstellung, das Ineinanderspielen verschiedener Ebenen bildet: Diesseits und Jenseits, Heiliges und Profanes, Geist und Leib finden sich so miteinander verwoben, daß der Gott im Menschen, das Heilige im Profanen und der Himmel auf Erden sichtbar werden.

Die Zeit der »privados«

Der Herzog von Lerma

Kampf um die Vorherrschaft auf dem Meer

Probleme der Wirtschaft

Mit Philipp III. beginnt die Zeit des verstärkten Einflusses der *privados* und *validos* auf die Politik. Sein Vater hatte befürchtet, der Sohn sei unfähig, das große Reich zu regieren – »temo que me lo gobiernen« –, und dieser, 1598 bei der Thronbesteigung 20 Jahre alt, überläßt die Regierung dem 25 Jahre älteren Herzog von Lerma. Diese Konstellation wiederholt sich mit Philipp IV. und Olivares. Karl V., sechzehnjährig zum König Spaniens geworden, und Philipp II. haben ebenfalls mit Sekretären und Beratern gearbeitet, aber erst im 17. Jh. weitet sich deren Einfluß bis zur Ausübung der Regierungsgeschäfte aus. Das markiert die zunehmende Komplexität der Verwaltung des riesigen Reichs. Die Bedeutung des »valimiento« ist Ausdruck der Notwendigkeit und nicht nur satirisch, sondern auch in politischen Traktaten über den »privado perfecto« und den »valido politico-cristiano« behandelt worden.

Lerma betreibt konservierende Politik, die im Innern die desolate Wirtschaft reformieren und nach außen Frieden schaffen will. 1604 führt ein Frieden mit Jakob I. vorläufig zum Ende militärischer Streitigkeiten mit England. Seit Jahrzehnten hatte ein Piratenkampf und Kaperkrieg gegen spanische Schiffe aus Amerika empfindliche Verluste bewirkt. Seit 1585 unterstützte England die niederländischen Rebellen, und 1587 zerstörte Francis Drake – dessen Namen spanische Propaganda als Drachen ausdeutet und ihn so zum mythischen Gegenspieler der Apokalypse macht – einen Großteil der spanischen Flotte in Cádiz, indem er die Schiffe anzündet und »dem König von Spanien den Bart versengt«. Eine spanische Invasion der Insel scheiterte 1588; von den 130 Schiffen der Armada kamen nur etwa zwei Drittel zurück. Größer als der materielle Verlust war dessen emotionale Wirkung. Das Gefühl, ein von Gott für die Sache der wahren Religion auserwähltes Volk zu sein, wurde durch die Armada-Katastrophe gründlich erschüttert: 1588 ist ein symbolisches Datum in der Auseinandersetzung zwischen den Konfessionen. Auch mit den Niederländern schließt Lerma 1609 einen zwölfjährigen Waffenstillstand, da sie militärisch nicht zu besiegen sind, politisch aber auch nicht als eigenständige Nation anerkannt werden sollen.

Ein Hauptproblem der spanischen Wirtschaft liegt im Tabu über der Arbeit. Der Ehrenkodex verbietet den Adligen, Handel zu treiben oder gar zu arbeiten, so daß ausgedehnte Ländereien brachliegen. Und jeder, der nicht arbeitet, kann sich ein bißchen adlig fühlen. Ein Zeitgenosse mit mehr Sinn für Ökonomie als Standesehre meinte, in Spanien seien fünf von sechs Einwohnern für Handel und Arbeit untauglich, in England oder Holland einer von hundert. Ein weiteres Problem bilden die Unmengen von »totem, unfruchtbarem Golde« (Schiller) aus Amerika, die eine Inflation bewirken. Bei gleichbleibender, gar sinkender Produktion wird die umlaufende Geldmenge immer größer, so daß sich z. B. von 1600 bis 1610 die Preise verdoppeln. Und der 40jährige Krieg in Flandern hatte knapp 40 Millionen Dukaten gekostet: das Siebenfache der jährlichen Staatseinnahmen.

Nicht zuletzt ist die flagrante Korruption ein dauernder Minusposten. Allen voran Lerma selbst, anfangs ein armer Landadliger, hat ein unermeßliches Vermögen angehäuft. Auf sein Betreiben wird 1601 der Hof nach Valladolid verlegt. Er kauft vorher systematisch Liegenschaften dort auf und verkauft sie dann teuer an die Mitglieder des Hofs. Dasselbe macht er noch einmal in Madrid, als der Hof 1607 dorthin zurückkehrt. Lermas Sturz 1618 erfolgt durch seinen eigenen Sohn und Nachfolger im Amt, den

Herzog von Uceda. Ein rechtzeitig erworbener Kardinalstitel schützt ihn vor strafrechtlicher Verfolgung.

Zur Inthronisierung Philipps IV. (1621) läßt die Stadt Sevilla »dem spanischen Herkules« Münzen schlagen, die den jungen König auf der einen und den kleinen Herkules, in der Wiege, Schlangen würgend, auf der anderen Seite zeigen. Noch einmal beginnt eine Ära spanischer Großmachtpolitik. Deren bestimmende Gestalt ist der Graf-Herzog von Olivares, ein berühmter Bibliophiler, dessen Bibliothek aus 2700 gedruckten Büchern und 1400 Manuskripten mit religiöser, historischer und politischer Literatur besteht. Olivares ist seit 1615 Philipps Kammerherr und erlegt dem König zunächst ein umfängliches Bildungsprogramm aus Politik, Geschichte, Geographie, Sprachen, Literatur und Kunst auf, damit er in die Position hineinwachse, die er emblematischer Deutung gemäß hat. Als Philipp IV. ist er der »rey planeta«, der Sonne vergleichbar, dem vierten Planeten am ptolomäischen Himmel, der das Weltbild der Zeit noch prägt – 80 Jahre nach Kopernikus und 10 Jahre nach Galileis Entdeckung der Jupitermonde und den Berechnungen Keplers. Um dem realpolitisch Ausdruck zu geben, betreibt Olivares als leitender Minister wieder militärische Offensivpolitik und beginnt nach dem Ende des Waffenstillstands 1621 erneut den Krieg in Flandern. Die Einnahme von Breda (1625) hat mehr noch symbolischen als militärischen Status, denn die Niederländer sind offenbar unter keinen Umständen bereit, sich hispanisieren zu lassen, und der Krieg ist auf die Dauer nicht zu gewinnen. Bis in die 30er Jahre aber wird Spanien wieder zur militärisch führenden Macht in Europa. Kulturell ist es das ohnedies. Die erste Jahrhunderthälfte ist eine Hochzeit überschwänglicher Kreativität in Theologie und Philosophie, Musik und Kunst, Literatur und auf dem Theater, wie sie auch im weltgeschichtlichen Vergleich nur selten stattgefunden hat.

Innenpolitisch führt Olivares mit einer »Junta de Reformaciones« die Finanzreform weiter und will eine strikte Politik der Beschränkung durchsetzen, was ihm zumal im Hochadel Feinde verschafft. Ein Grundkonflikt der Zeit Philipps IV. ist das problematische Verhältnis von ökonomischer und politischer Notwendigkeit: strenge, auf Sparsamkeit, Effizienz und Stabilität zielende Wirtschaftspolitik und pompöse, auf Repräsentation und Verausgabung zielende Festkultur, deren exemplarische Form wohl das so beliebte Feuerwerk ist. Als schier unermüdlicher Arbeiter mit einem von frühmorgens bis spätnachts geregelten Tagesablauf – 22 Jahre unaufhörlicher Schreibtischarbeit – erregt Olivares schon deshalb Mißtrauen. Mit seiner regelmäßigen täglichen Arbeit – »tan terrible y penetrante contra la vida« – habe er vier Sekretäre verschlissen: »los mató por seguir su paso«.

Das Zeitalter des Olivares

Der Conde-Duque de Olivares – Velázquez' berühmtes Reiterbild (Detail)

Sparpolitik versus barocke Festkultur

Der Retiro-Palast

Leitbild seiner Politik ist die imperiale Monarchie, deren Einheit durch eine starke Position des Königs gewährleistet wird, der als Herrscher des größten Reichs der Erde zu allerhöchsten Aufgaben bestimmt war: Verteidigung des Glaubens und Sicherung des Weltfriedens. Als Philipp der Große sollte er in die Geschichte eingehen. Deshalb will Olivares die disparaten und heterogenen Bestandteile des spanischen Imperiums nicht unter der zentralen Herrschaft Kastiliens, sondern unter der im König Gestalt annehmenden Idee des Reichs zusammenhalten, der sich sämtliche Einzelinteressen gleichrechtlich und gleichrangig einfügen sollten. Was in Spanien der Idee nach seit den Katholischen Königen und der Ausweitung auf Portugal unter

Philipp II. herrschte – und was sich in der Wirklichkeit immer wieder am regionalen Widerstand und Eigenwillen brach –, sollte Modell für das ganze Weltreich sein. Wie die einzelnen Regionen der iberischen Halbinsel die *eine* spanische Nation bilden sollten, so die Gesamtheit der »reinos« das spanische Reich. Als Mittel stellt sich Olivares einerseits eine Vermischung der Volksgruppen vor – die Utopie der Rassenmischung, ein ethnisches Pfingsten als Grundlage politischer Einheit, befeuert noch im 20. Jh. die politische Phantasie, z.B. im Konzept der »raza cósmica« des Mexikaners José Vasconcelos – und andererseits eine Öffnung der Verwaltung, in die regionale Kräfte zunehmend integriert werden sollen. Es ist deshalb nur konsequent, daß Olivares nach dem Aufstand der Katalanen und der Ablösung Portugals Anfang der 40er Jahre mit seiner Politik gescheitert war und abtreten mußte.

Architektur und Herrschaft

Das Projekt, dem »rey planeta« ein angemessenes Bauwerk zu errichten, entwickelt Olivares, der auch die Planung bis ins Detail kontrolliert. Der Palast, unmittelbar außerhalb an der Grenze Madrids gelegen und gewissermaßen eine Vorstadt bildend, soll die Annehmlichkeiten einer Residenz auf dem Land mit städtischem Prunk höfischer Repräsentation verbinden und den Hochadel, der sich aus Protest gegen Olivares und seine Politik vom Hof zurückgezogen hatte, durch unwiderstehliche Prachtentfaltung zurückholen. Die Eile allerdings, mit der gebaut wird, befremdet allenthalben. Der Retiro-Palast entsteht in den 30er Jahren in weniger Zeit, als Philipp II. für die Planung des Escorial aufgewendet hatte. Lope de Vega erinnert in einem Sonett vielleicht nicht ganz ohne Ironie an die Genesis und das Wirklichkeit setzende Wort Gottes: »fue apenas dicho, cuando fue hecho«.

Im Unterschied zum Escorial gibt es keinen allgemeinen Plan. Die einzig leitende Idee ist, dem König einen Vorstadtpalast für grandiose Feste zu bauen: Zerstreuung ist Prinzip des Buen Retiro. Nach Augenblickserwägungen wird der Bau begonnen, ausgeweitet, umgebaut: eine Ansammlung von Gebäuden eher als ein Bauwerk, parataktische Architektur, ein königliches *patchwork* – Discordia ist in der Ikonik der Zeit eine »furia infernale« mit buntscheckigen Kleidern. So wird der Bau zum Bild der Wünsche und Notwendigkeiten der Politik des Olivares: Integration hetero-

Palast und Gärten des Buen Retiro (Gemälde von Martínez del Mazo)

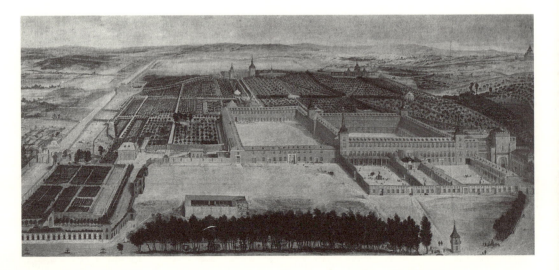

gener Elemente unter der Ägide des Königs, der dem Gefüge Einheit und Zusammenhalt gibt – an der Grenze zur Ordnungslosigkeit.

Die verschwenderisch-prachtvolle, erlesene Inneneinrichtung des Palasts übersteigt jedes bis dahin bekannte Maß. Gezielt werden in ganz Europa Teppiche, Gemälde, Skulpturen, Möbel und Preziosen aufgekauft. Philipp IV. ist ein großer Verehrer von Rubens, dem er während dessen Madrid-Aufenthalt 1628/29 ein Atelier im Alcázar einrichten läßt, wo er ihn täglich besucht, und er ist ein noch größerer Sammler als sein Großvater. Er hat wohl über 2000 Bilder erworben; jedenfalls gibt es beim Tod Karls II. (1700) im königlichen Besitz über 5300 Gemälde. Unter Philipp IV. ist Madrid zur größten Kunstsammlung der Zeit geworden. Ein französischer Besucher meinte 1663, im Retiro-Palast mehr Bilder gesehen zu haben, als es in ganz Paris gab.

Kunst im Retiro

Das Konzept des Palasts gibt der »Salón de Reinos«, benannt nach den dort abgebildeten Wappen der 24 »reinos de la monarquía de España«. Zwölf Schlachtengemälde verweisen auf die militärisch-politische Macht, zehn von Zurbarán gemalte Szenen aus dem Leben des Herkules bilden den mythisch-allegorischen Überbau und reihen Philipp in die Tradition der imperialen Emblematik des *Hercules Hispanicus* ein. (1636 wird Calderóns Herkules-Drama *Los tres mayores prodigios* im Retiro-Palast aufgeführt.) Fünf königliche Reiterporträts von Velázquez – Philipp III. und IV. sowie deren Frauen und Kronprinz Baltasar Carlos – zeigen die reale dynastisch-genealogische Linie zu dieser Tradition.

Nach dem Sturz von Olivares übernimmt Philipp zunächst selbst die Regierungsgeschäfte, greift aber bald schon wieder auf die Unterstützung eines »valido« zurück. Eine prägende Gestalt der letzten 20 Jahre seines Lebens ist Sor María de Jesús de Agreda, in einem umfangreichen Briefwechsel seine geistliche Beraterin. Politisch verliert Spanien seine europäische Bedeutung. 1648 muß es die Niederlande offiziell anerkennen, 1659 besiegelt der Pyrenäenfrieden, daß Spanien seine Vormachtstellung an Frankreich hat abtreten müssen. Das Zeitalter Ludwigs XIV. beginnt. Unter Philipps Sohn Karl II. wird Spanien zunehmend zum Gegenstand der Vertragspolitik der Großmächte Frankreich und Österreich. Innenpolitisch dagegen scheint, wie neuere Forschungen zeigen, die das traditionell negative Bild Karls II. und seiner Zeit zu revidieren beginnen, die Lage sich vor allem ökonomisch zu stabilisieren, allerdings um den Preis, daß Handel und Finanzen von ausländischen Kräften kontrolliert werden. Politische und kulturelle Veränderungen seit den 80er Jahren bereiten offenbar schon die Reformen des 18. Jh. vor, das demnach nicht, wie bislang üblich, als ein deutlicher Neuanfang zu sehen ist, sondern in vieler Hinsicht Tendenzen des ausgehenden Siglo der Oro weiterentwickelt. Obwohl mit dem 18. Jh. wegen der Kinderlosigkeit Karls II. die Habsburger auf Grund vorheriger dynastischer Heiraten von den Bourbonen abgelöst werden, sieht die neuere Historiographie darin nicht so sehr die Zäsur, sondern betont die Kontinuität.

Philipp IV.

Neue Welt

Conquista und Reconquista

Die Jungfrau von Guadalupe, bis heute die Identität stiftende Heilige Lateinamerikas

Die Kolonisierung der Neuen Welt prägt das gesamte Siglo de Oro und bildet die Grundlage der spanischen Universalmonarchie. Kolumbus stellt in einem das *Bordbuch* einleitenden Brief an die Katholischen Könige überdeutlich den Zusammenhang zur Eroberung Granadas her und konzipiert so die Conquista, bevor sie überhaupt beginnt, als Fortsetzung der Reconquista. Im selben Monat der Eroberung Granadas und des Siegs über die »Sekte Mahomeds« sowie »nach der Vertreibung aller Hebräer« will er den Auftrag erhalten haben, »in westlicher Richtung aufzubrechen«, um nach Indien zu gelangen. Tatsächlich gehen die spanischen Soldaten in Amerika ebenfalls mit dem Schlachtruf »Santiago y cierra España« in den Kampf. Der Inca Garcilaso de la Vega berichtet in seiner Geschichte Perus, wie der Schutzheilige der Reconquista, Santiago, »sichtbar vor den Spaniern erschien, so daß sie und die Indios ihn auf einem herrlichen weißen Pferd sahen.« Ein alljährlich stattfindendes Fest erinnert an das Ereignis und ein Bild zeigt den Heiligen in Kämpferpose: »Unter seinen Füßen hatte er viele besiegte Indios« (II,2,24/5). Die Umwertung dieses Vorgangs beginnt vermutlich schon damit, daß der Indio, dem die Jungfrau von Guadalupe erschien, deren Verehrung ein wichtiges Moment bei der amerikanischen Identitätsbildung ist, Juan Diego geheißen hat. Sie setzt sich darin fort, daß eine Serie von amerikanischen Städten bis heute den Namen Santiagos trägt, und endet gewiß noch nicht damit, daß Diego Rivera und Elia Kazan den Revolutionär Emiliano Zapata ebenfalls mit einem »herrlichen weißen Pferd« darstellen.

Religiöse Motivierung und Sendungsbewußtsein der Kolonisatoren zeigen sich bereits bei Kolumbus, der nicht nur die Bedeutung seines Namens Christophorus – der Christusträger – als Omen akzeptiert, sondern sein ganzes Unternehmen im Geist eines franziskanisch grundierten Millenarismus konzipiert: Das Pathos des ursprünglich Unberührten, paradiesisch Utopischen, die Neue Welt als Neuanfang ergibt ein Grundmuster für die zukünftige Wahrnehmung Amerikas. Die Bekehrung der Juden und der Sieg über die Feinde des Glaubens galt seit langem als Zeichen für die Vollendung der Zeit und den Beginn einer neuen. So erhält Granada 1492 – und noch Lepanto 1571 – heilsgeschichtlichen Sinn. Eine andere Überlieferung verband das Ende der Zeit mit dem Wiederauftauchen der zwei verlorenen Stämme Israels und hat zu dem Glauben geführt, die Indios seien deren Nachfahren, was nicht nur im 16. und 17. Jh. zu belegen versucht, sondern noch im 19. Jh. im Norden wie im Süden ernstlich vertreten worden ist. Auch Zurbaráns Serie *Las doce tribus de Israel* ist wohl in diesem Zusammenhang zu sehen. Jedenfalls haben solche Vorstellungen Endzeitstimmung und Hoffnung auf ein neues Reich geschürt und zumal den Geist der Missionare befeuert. Dazu passend gibt es utopische, von den Idealen des Humanismus geprägte Besiedlungsmodelle. Der erste Bischof von Mexiko richtet eine Siedlung nach dem Vorbild der *Utopia* (1515) des Thomas Morus ein, um den Geist urchristlicher Gemeinschaft neu zu begründen. Auch die Reduktionen genannten Siedlungen der Jesuiten im heutigen Paraguay, 100 Jahre später gegründet und erst im 18. Jh. aufgelöst, sind vom gleichen Geist durchweht.

Paradies im Westen

Entsprechend sieht man die Neue Welt. Die Eingeborenen sind nackt, »wie Gott sie erschaffen hat«, und, wie Kolumbus immer wieder hervorhebt, »jung und von schönem Körperbau«. Bilder in den ersten Berichten erinnern an Adam und Eva im Paradies, wozu auch die Beschreibung der arkadisch-paradiesischen Landschaft mit immerzu duftenden Pflanzen und Bäumen gehört. Und Kolumbus glaubt wirklich, mit dem Orinoko einen der vier im Paradies entspringenden Flüsse gefunden zu haben. Aus Klima- und Wetterbeobachtungen schließt er, die Erde sei nicht ganz und gar rund, sondern habe eine gewisse Ausbuchtung – wie eine Birne oder eine Frauenbrust – und dort liege das irdische Paradies, aber den Menschen unzugänglich. Das markiert noch einmal eine absolute Grenze.

Kolumbus wollte den Seeweg nach Indien, nicht einen neuen Kontinent finden und ist wohl im Glauben gestorben, in Asien angekommen zu sein. Der neue Kontinent tritt erst nach und nach ins Bewußtsein der Europäer. Amerigo Vespucci veröffentlicht 1503 den Bericht seiner Reise unter dem Titel *Mundus Novus* – und nach ihm ist diese Neue Welt benannt: Amerika.

Kolumbus trägt Christus in die Neue Welt (Weltkarte des Juan de la Cosa, 1500)

Aufteilung der Welt

Von Anfang an stellt die Entdeckung auch politisch-juristische Probleme. Der Streit zwischen Portugal und Spanien über die Hoheitsrechte im atlantischen Raum wird zunächst von Papst Alexander VI. geschlichtet, indem er die neuentdeckten Gebiete unter spanische Oberhoheit stellt. 1494 regelt der Vertrag von Tordesillas, alles Land diesseits einer angenommenen Nord-Süd-Linie gehöre Portugal, jenseits Spanien. Deshalb ist das heutige Brasilien portugiesisch kolonisiert worden. Und bereits Kolumbus fordert in einem um 1500 geschriebenen Brief an die Könige, angesichts der Übergriffe von Spaniern gegen die Eingeborenen, es solle dafür gesorgt werden, die »justicia real« auch in den neuentdeckten Gebieten durchzusetzen.

Voraussetzung der millenaristischen Vorstellungen ist die Ideologisierung der Neuen Welt zu einer jungfräulichen Erde, unberührt und frei von europäischer Verkommenheit, deren Inbild das Phantasma vom guten Wilden wird. Dazu muß die Tatsache verdrängt werden, daß Amerika weitflächig mit teils verfeindeten, teils verbündeten hochzivilisierten Großreichen besiedelt ist. Dem trägt aber ein juristisch-politisches Verhalten zur Neuen Welt Rechnung. Hernán Cortés ist ein wendiger Stratege, der verfeindete Völker gegeneinander ausspielt, mit den einen gegen die anderen kämpft und sie schließlich gegen Moctezuma, dem sie fast alle tributpflichtig sind, als Verbündete gewinnt. Der Haß der Küstenvölker gegen die sie beherrschenden Azteken ist eine Waffe für die Spanier, die ohne solche Hilfe nicht mit einigen hundert Mann ein dicht besiedeltes Gebiet von der Größe Mitteleuropas hätten erobern können.

Holzschnitt aus Vespuccis *Mundus Novus*

Conquista und politische Strategie

Aus dieser Politik zieht Cortés die Rechtfertigung seines Vorgehens, denn Amerika ist den Spaniern keineswegs ein rechtsfreier Raum, in dem die Gesetze der Zivilisation und Christenheit nicht mehr gelten. Neben dem allgemeinen Rechtstitel, der sich aus dem Missionsgebot ableitet, bildet die Hilfe, die Cortés den unterdrückten Völkern bringt, indem er sich mit ihnen gegen die Azteken verbündet, die wichtigste Legitimation seines Vorgehens. Deshalb wird Moctezuma in den *Cartas* des Cortés systematisch als ungerechter, tyrannischer Herrscher eines Reichs des Bösen dargestellt, das 1521 in einem gerechten Krieg besiegt wird: zum Nutzen der Verbündeten, zur Vergrößerung des spanischen Reichs und zur Vermehrung der Christenheit. Um solcher Rechtfertigung Gewicht zu geben, wird der Gegner verteufelt. Deshalb werden in allen Berichten aus der Neuen Welt massiert die barbarischen und götzendienerischen Sitten der Indios beschrieben: Menschenopfer, Kannibalismus und immer wieder die Sünde wider die Natur. Die Mexikaner sind »malos y perversos«, und Moctezumas Anspruch, »señor

Verteuflung des Gegners

Hernán Cortés
und Moctezuma

*Modernes
Selbstbewußtsein*

Indiengesetzgebung

del mundo« zu sein, erweist ihn vollends als Vasallen des »Fürsten dieser Welt«.

Diese Optik findet sich auch in dem Bericht des Bernal Díaz del Castillo, eines Soldaten aus der Truppe des Cortés, der seinen Bericht 1568 in Santiago de Guatemala schreibt, wo er als Lohn für soldatische »méritos y servicios« eine Encomienda, eine Besitzung, hat. In der *Historia verdadera de la conquista de la Nueva España* ist Tenochtitlán einerseits ein »Zauberreich« und erinnert an »die Paläste im Ritterbuch des Amadís«: Gärten, Blumen, Wasserstellen bilden eine arkadische Idylle, »über allem schwebten herrliche Düfte«. Niemals »vor unserer Zeit sind schönere Länder entdeckt worden ... Heute ist von all dem nichts mehr zu sehen. Kein Stein dieser schönen Stadt steht mehr auf dem andern.« Auch ihm dienen die »besonders wilden Götzen« der aztekischen Religion zur Rechtfertigung: »Es war wie in der Hölle.« Und wenn Moctezuma Cortés auf die zentrale Opferpyramide einlädt und ihm sein Reich zeigt, »seine Hauptstadt, die anderen in den See gebauten Städte und die zahlreichen Ortschaften ringsum, nicht zuletzt auch den großen Marktplatz«, dann ist das eine Replik auf die Passage aus dem Neuen Testament, in der Jesus vom Teufel durch eine derartige Vision in Versuchung geführt wird. Die indianische Kultstätte wird zu einem »Götzen-, nein Teufelstempel« und »Haus des Satans«. Das ideologisch notwendige Furchtbare wechselt beständig ab mit dem überwältigend Faszinierenden der Pracht und des hohen Grads der Zivilisiertheit.

Schon früh werden die *Cartas* des Cortés mit den Schriften Cäsars über den Krieg in Gallien verglichen, die Kolonisierung Amerikas also mit der Europas durch die Römer in eine Linie gestellt. Die Spanier bringen den Indios nicht nur das Christentum, die Einfügung in das spanische Reich bedeutet auch zivilisatorisch einen qualitativen Sprung. In den Texten über die Conquista wird die Jetztzeit im Vergleich zur Antike aufgewertet. Die Römer haben derartiges nicht zu Stande gebracht. Die Modernen haben damit nicht nur etwas den Alten Vergleichbares, sondern sie gar noch Übertreffendes geleistet. Die Entdeckung und Besiedlung Amerikas ist die moderne Großtat und wird zum Ursprungsmythos eines modernen Selbstbewußtseins gegenüber der Antike.

Die juristischen Probleme, die sich mit der Conquista stellen, drehen sich in erster Linie um die Frage nach der Legitimation der Spanier, die bestehenden politischen Ordnungen der Indios mit ihrer Verwaltung und Rechtsprechung zu überziehen. 1503 wird in Sevilla die *Casa de Contratación* gegründet, die zentrale Behörde für den Amerikahandel. 1511 wird mit der *Audiencia* von Santo Domingo ein königliches Gericht etabliert, und ab 1519 werden die Gebiete in Übersee vom *Consejo de las Indias* verwaltet. Ebenfalls noch vor der Eroberung Mexikos wird 1513 mit den *Leyes de Burgos* ein erster Versuch unternommen, das Verhältnis zur Neuen Welt juristisch zu regeln. 1539 hält Francisco de Vitoria in Salamanca seine *Relectiones de Indis*, in denen er völkerrechtlich argumentierend vom eigenen Recht anderer Völker ausgeht. Und ab 1542 regeln die *Leyes Nuevas* detailliert das Verhältnis zwischen Europäern und Eingeborenen und schaffen z.B. jede Form von Sklaverei für die Indios ab, wofür als Ersatz Sklaven aus Afrika eingeführt werden. Die Kolonisten rebellieren schon bald gegen die neuen Gesetze, die ihnen die Indios als billige Arbeitskräfte nehmen. Die Indiengesetzgebung wird insgesamt von widerstreitenden Interessen bestimmt. Zum einen geht es um die Rechtfertigung der Landnahme, um die Rechtmäßigkeit des erweiterten spanischen Reichs.

Zum weiteren geht es um die Regelung des Verhältnisses zu Eigentum und Arbeitskraft der Indios, denn das System der Encomiendas, die lehensartige Überantwortung von Gebieten und Bewohnern an Spanier im Namen der Krone, ist auf die Arbeitskraft der Indios angewiesen. Das Missionsgebot schließlich macht die Kolonisierung erforderlich zur Missionierung, aber umgekehrt dient diese auch zur Rechtfertigung bei der Ausbeutung der Kolonien.

Die Argumentation der Vorlesungen Francisco de Vitorias ist für die Ausarbeitung der *Leyes Nuevas* von Bedeutung gewesen. Eine Reihe von Voraussetzungen hat demnach das Verhältnis zwischen Christen und Ungläubigen zu bestimmen. Sie sind Menschen mit einer unsterblichen Seele und deshalb den Europäern gleichwertig. Sie haben eine eigene Rechtsprechung mit Herrschafts- und Besitzverhältnissen – und somit auch Eigentum an Boden – und sind deshalb den Spaniern gleichberechtigt. Deren Christentum ist nicht schon für sich eine Rechtfertigung der Eroberung und Landnahme. Nach dieser Argumentation ist die Rechtslage zwischen den Amerikanern und Europäern gegenseitig und umkehrbar. Das ist wohl die erste Formulierung einer nicht eurozentrischen Völkerrechtsprechung und Politik. Wenn alle Rechtstitel weltweit gleichwertig sind, gibt es kein unmittelbares Vorrecht der Europäer und Christen gegenüber den Amerikanern und Barbaren. Soll die Conquista dennoch gerechtfertigt werden, muß das mittelbar aus dem natürlichen Recht der Völker und dem Kriegsrecht geschehen. Solche Argumente sind nach Vitoria das Recht auf Verkehrs- und Handelsfreiheit, die Pflicht zur Hilfe für Verbündete, das Gebot, die Religion zu verbreiten, der Schutz für bereits konvertierte Christen, die Tyrannei der dortigen Fürsten. In letzter Instanz maßgebend ist die Wahrheit des Christentums gegenüber dem Irrglauben der Heiden. Das markiert die Grenze der Gleichberechtigung, die sich an der Ungleichwertigkeit der Religionen bricht, denn dem Feind des Glaubens steht nicht das gleiche Recht zur Verbreitung seines Irrglaubens zu wie dem Vertreter des wahren Glaubens, und der Christ hat sogar umgekehrt aus christlicher Nächstenliebe die Pflicht, den Irrgläubigen von seinem Irrtum abzubringen. Die missionarische Intention und der juristische Anspruch solcher Argumentation zerbrechen in der Alltagswirklichkeit allerdings an den ökonomischen Zwängen: der Staatsverschuldung Spaniens und den Privatinteressen, der »codicia«, der Habgier der Encomenderos. Die wegweisenden Gesetze erscheinen großenteils als Makulatur und müssen nach hartem Widerstand der Encomenderos zu deren Gunsten teilweise neu formuliert werden. Die dabei offenbar wirksame Dialektik von juristischer Liberalität und faktischer Ausbeutung, politischer Gleichberechtigung und barbarischer Vernichtung der autochthonen Kulturen ist für sich genommen schon schwer zu erklären und wird vielleicht noch komplizierter durch die Frage, warum die zahlenmäßig so unendlich überlegenen Indios die Spanier zu Siegern haben werden lassen.

Gegen die Übergriffe der Kolonisten haben zumal die kirchlichen Orden protestiert. Der berühmteste Verteidiger der Indios ist der Dominikaner Bartolomé de Las Casas. Mit seiner 1542 verfaßten polemischen *Brevísima relación de la destrucción de las Indias* hat er in die Diskussion um die Indiengesetzgebung eingegriffen. Nachdem der Text 1552 im Druck erschienen war, ist er in zahllosen Übersetzungen zu einer Hauptquelle für die antispanische Propaganda in Europa geworden. Der Erfolg des Berichts verdankt sich seiner ideologischen Vorgabe. Er degradiert die Indios zu unschuldigen Primitiven und hilflosen Kindern. Die Perfidie dieses Vorge-

bellum iustum

Kritik der Conquista

Bartolomé de Las Casas

Las Casas' *Wahrhaftige Beschreibung der Indianischen Länder*. Deutsche Ausgabe von 1665

Kulturmischung

hens, das den Indios eigene Zivilisation und Kultur abspricht und sie als vor- oder außerrechtliche Naturwesen behandelt, liegt darin, daß die so geschaffenen »Indios«, frei von jeder ethnischen Wirklichkeit, nichts sind als die Projektionsfläche für die freischweifende gute Gesinnung von Autor und Leser, die sich den Bonus des Indioverteidigers gutschreiben und so die intellektuelle Annihilierung der Indios auch noch mit allen Annehmlichkeiten des guten Gewissens vollziehen. Die eine Generation später entstandene *Historia general de las cosas de Nueva España* des Franziskaners Bernardino de Sahagún zeigt, daß man die indianische Kultur auch sehr differenziert, mit einem geradezu ethnographischen Blick wahrnehmen konnte und macht den Kampfschriftcharakter des Berichts von Las Casas deutlich.

Dessen Erfolg beruht auch auf einer hermeneutischen Borniertheit, einem realistischen Vorurteil, das die polemische Darstellung nur als Abbild der Wirklichkeit verstehen kann. Geschuldet ist es einer Lesekunst, die als Kriterium für den Wahrheitsgehalt von Texten nur ihre Wirklichkeitshaltigkeit gelten läßt und sie auf ihren Literalsinn reduziert. Eine solche Lesehaltung nimmt die Beschreibungen für eine realistische Darstellung von wirklich Vorgefallenem. Es ist zwar unbestreitbar und auch aus anderen Texten zu belegen, daß es derartige Übergriffe gegeben hat – das Herrenrecht, Frauen zu schänden, wird bis heute als Gewohnheitsunrecht der Sieger praktiziert. Es ist aber undenkbar, daß solche Übergriffe die Alltagswirklichkeit der Kolonisierung gebildet haben. Las Casas stellt die Indios nicht als tatsächlich Ausgebeutete bei der Arbeit dar, was weder in Spanien noch im europäischen Ausland als polemischer Funke gezündet hätte. Die Polemik bezieht ihre Energie aus einer anderen Quelle. Sie zeigt die Spanier, wie sie Indios schinden, ohne einen Nutzen davon zu haben. Grausamkeit gegen Greise, Frauen und Kinder ist der Inbegriff des Kriegsverbrechens, und das Leiden unschuldiger Kinder – von der Mutterbrust gerissen und an Felsen zerschmettert oder von Hunden zerrissen – ist der Gipfel solcher Grausamkeit. Und deshalb auch sind die Indios insgesamt »Kinder«. Die endlose Reihung von Ungeheuerlichkeiten hat ein Gemeinsames: die reine, grund- und zwecklose Grausamkeit. Solches grundlos Böse ist in der theologischen Tradition das Böse überhaupt, als dessen Vertreter die Spanier selbst zu Teufeln werden. Ihre Kriege in Amerika sind »todas diabólicas e injustísimas« und sie stiften »toda la desorden que pudiera Lucifer«. Nach Jacob Burckhardt ist »das Böse auf Erden: die Vergewaltigung«. Darin besteht, kurzgefaßt, der Wahrheitsgehalt des Berichts. Er denunziert die Kolonisierung Amerikas als das radikal Böse.

Einen differenzierten Kommentar zu der komplexen Problemlage liefert der Inca Garcilaso de la Vega. Der uneheliche Sohn einer Inkaprinzessin und eines spanischen Offiziers ist eine hybride Rand- und Grenzgestalt. 1560 geht er nach Spanien und verbringt den Rest seines Lebens in Andalusien. Er kämpft als Soldat gegen die Moriskenaufstände Ende der 60er Jahre und beginnt nach 1570 humanistische Studien. Sein literarisches Erstlingswerk ist die Übersetzung der *Dialoghi d'amore* (1535) des Leone Hebreo. Wenn der indiospanische Mestize aus Peru dieses Werk eines spanischen Juden, der nach der Vertreibung 1492 in Italien lebt und sein Buch, in dem griechisch-neoplatonische und jüdische Traditionen zusammenkommen, auf Italienisch schreibt, ins Spanische übersetzt, ergibt das geradezu eine Realallegorie der spanischen Kultur der Zeit. Als biologischer und kultureller Mestize, der versucht, die beiden Komponenten seines Daseins zu artikulieren, ist er auch ein realer Kontrapunkt zu dem grassierenden Phantasma der »limpieza de sangre« und wird gerade in der Mischung auf allen Gebieten zum Prototypen des Verhältnisses von Europa und Amerika und zu einem Muster von Gelehrsamkeit, Sprachkunst und literarischer Gabe für das Siglo de Oro und die spanischsprachige Kultur. Der erste Teil seiner Geschichte Perus: die der Inkas und der Welt seiner Mutter, erscheint 1609, der zweite, der die Zeit der Spanier und die Welt seines Vaters in Peru behandelt, erscheint postum 1617.

Eine allgemeine Zielsetzung seines Unternehmens ist, das Gemeinsame der menschlichen Natur und die Einheit der Kultur aufzuzeigen und das vermeintlich Barbarische als eine andere Form der Zivilisation zu erweisen. Das Reich der Inkas war »otra Roma en aquel Imperio«. Das bedeutet im Rahmen eines christlich-teleologischen Geschichtskonzepts: Wie Rom das Christentum vorbereitet hat, indem es die antike Welt vereint hat, so haben die Inkas in Amerika die Voraussetzungen für die Ausbreitung des Christentums geschaffen. Und wie Rom ins Christentum eingegangen ist, so das Inkareich, indem es ideologisch kolonisiert und transformiert wird. Calderón hat diese kolonisatorische Logik und Ökonomie in *La Aurora de Copacabana* (1672) in aller Deutlichkeit vorgeführt. Im Zug heilsgeschichtlich-typologischer Orientierung werden die »idolatría, ritos, sacrificios y ceremonias« der heidnischen »vana religión« ins Christentum als seine notwendige Voraussetzung einbezogen und gerechtfertigt. Bei derartigem Vertrauen auf die Vorsehung ist dem Inca Garcilaso aber durchaus klar, daß solche Rechtfertigung nicht einfach ist. Die Zerstörung einer blühenden Kultur im Namen des heilsgeschichtlich konzipierten Fortschritts – und nur durch die erfolgte Christianisierung ist ihm das zu rechtfertigen – bleibt, wie er am Schluß des Werks schreibt, eine Tragödie: schuldhaft aus providentieller Notwendigkeit. Die Kolonisierung Amerikas ist das tragische Moment der Neuzeit.

Garcilasos Comentarios reales, *erster Teil (1609)*

Kolonisierung als Tragödie

Religion und Spiritualität

Es gibt eine Tradition spanischer Kirchengeschichtsschreibung, die, was in Europa als Gegenreformation gilt, »reforma católica« nennt und die protestantische Reformation entsprechend eine ketzerische Sekte. Eine solche Haltung ist spätestens seit dem Augsburger Religionsfrieden (1555) in Rücksicht auf die realen politischen Verhältnisse einigermaßen wirklichkeitsfremd. Sie erklärt sich aus einem Primat der Theologie und Kirchenpolitik. Der Anspruch, die einzig mögliche und deshalb orthodoxe Wahrheit zu vertreten und damit allein die Einheit des Christentums zu verkörpern, führt dazu, die abweichende Position als heterodoxe Irre und damit als Rebellion gegen die Einheit zu verketzern und sie nicht als Institution eigenen Rechts und eigener Orthodoxie anzuerkennen. Das Katholische als Idee im Angesicht der Ewigkeit stellt sich gegen das bloß Zeitliche der Forderungen sogenannter Realpolitik. Das Kriterium für die Beurteilung der Reformation kann nicht ihre massenhafte Ausbreitung sein; vor dem Richterstuhl der Wahrheit bleibt sie auch als institutionalisierte Kirche eine ketzerische Sekte. Sogar der Islam ist dem Siglo de Oro noch eine christliche Häresie und tritt z.B. in den *autos sacramentales* konstant als »Secta mahometana« auf. Eine solche Haltung erklärt sich auch aus der Weige-

Gegenreformation und katholische Reform

Fassade des Colegio San Ildefonso, der Universität Alcalá de Henares. Durch päpstliche Bulle ermächtigt legte Cisneros 1500 den Grundstein zu dem Kollegiengebäude. Die abgebildete Fassade im plateresken Stil wurde erst 1543 errichtet.

rung, das Aufblühen spanischer Spiritualität nur als Reaktion auf die Reformation in Mitteleuropa zu deuten. Deshalb ist einige Anstrengung auf den Nachweis verwandt worden, die katholische Reform habe lange vor der protestantischen begonnen, diese sei dagegen eine irrläufige Abweichung.

Der Franziskaner Franzisco Jiménez de Cisneros, ab 1507 Erzbischof von Toledo, betreibt Kirchenpolitik in der reformerischen Tradition seines Ordens. Ein Markstein ist die Gründung der Universität von Alcalá (1508), eine der wichtigsten Universitäten im Siglo de Oro. Neben humanistischer Gelehrsamkeit ist Theologie Schwerpunkt des Studiums, und man hofft Erasmus von Rotterdam als Lehrer zu gewinnen, um mit der intellektuellen Unruhe in Mitteleuropa im Austausch zu bleiben. Eine zweite Schicht dieser Reformbemühungen bildet die asketische Kultur der inneren Erfahrung. Sein Cousin, der Benediktiner García Jiménez de Cisneros, hat als Abt des Klosters Montserrat den Geist der *devotio moderna* gepflegt und dort 1500 mit dem *Exercitatorio de la vida spiritual* eine Anleitung für geistliche Übungen veröffentlicht. Auffallend ist aber auch, daß in den 20er und 30er Jahren, also parallel zur Ausbreitung der protestantischen Reformation, eine Reihe von Texten erscheint, fast alle von Franziskanern, die wichtige Grundlagen für das geistliche Leben bereitstellen. 1521 veröffentlicht Fray Alonso de Madrid den *Arte para servir a Dios*, der in den folgenden 100 Jahren an die zwanzigmal nachgedruckt wird. 1527 erscheint das *Tercer Abecedario Espiritual* von Francisco de Osuna, das fünfmal neu aufgelegt wird. Teresa von Avila hat sich seine Lehre schon in jungen Jahren angeeignet. Und 1535 erscheint Bernardino de Laredos ebenfalls mehrfach nachgedruckte *Subida del Monte Sión*. In diesem Umfeld entstehen die *Ejercicios espirituales* des Ignatius von Loyola, die seit den 20er Jahren erarbeitet, um 1540 endgültig redigiert, 1558 von Papst Paul III. offiziell anerkannt werden und die Basis des spirituellen Lebens im Jesuitenorden bilden. Die Gesellschaft Jesu, 1534 von Ignatius von Loyola gegründet und 1540 vom Papst als Orden bestätigt, wird schnell zu einem der bedeutendsten Orden des gegenreformatorischen Katholizismus. Mit der Einrichtung von Schulen über ganz Europa verteilt, die ungefähr ab 1600 mit einem einheitlichen Lehrplan, der *Ratio studiorum*, ausgestattet sind, nimmt sie entscheidenden Einfluß auf die Bildung der führenden Intelligenz-

Ignatius von Loyola

Gesellschaft Jesu

schicht. Quevedo und Calderón z. B. haben ihre Schulbildung in Jesuitenkollegien erhalten.

Die *Geistlichen Übungen* des Ignatius sind um zwei dramaturgische Brennpunkte angeordnet: die Meditation des Sündenfalls und die des Lebens und der Passion Christi als Erlösung von der Sünde. Der Exerzitand vollzieht die Übungen zur Vorbereitung, um mit Gottes Hilfe eine wichtige Lebensentscheidung treffen zu können. Seine Seele soll disponiert werden, mit dem Willen Gottes in Einklang zu gelangen. Ziel ist die Zurichtung des Willens: Aufgeben des Eigenwillens als Aufgehen im göttlichen Willen. Die Übungen vollziehen sich in vier Wochen, denen vier inhaltliche Momente entsprechen. Als Grundlage dient die ausführliche Betrachtung des Sündenfalls, Luzifers Engelssturz und Adams Fall; die anderen Momente bilden Leben, Leiden und Auferstehung Christi. Die besondere Situation des Exerzitanden wird so mit den entscheidenden Stationen der Heilsgeschichte gekoppelt und damit als wandelbar deutlich. Die Einwilligung in den Willen Gottes ist die Form dieser Verwandlung.

Geistliche Übungen

Solcher Einwilligung steht beträchtlicher Widerstand entgegen, der seine Energie aus dem Eigenwillen bezieht, der satanischen Potenz überhaupt, die schon Luzifers Fall bewirkt hat. Dieser anfängliche Widerstreit wird in den Übungen, die damit zutiefst den Charakter eines Seelenkampfs (Psychomachie) erhalten, noch einmal typologisch ausgetragen, dabei aber durch die folgende Meditation der Passion Christi, die der Exerzitand durch die Bewegung einer *imitatio Christi* in sich nachvollzieht und der er sich geradezu anverwandelt, in seiner heilsgeschichtlichen Wirkung umgekehrt. Der anfänglichen Abkehr von Gott entspricht die Konversionserfahrung der Übungen als Rückkehr zu Gott. Die innere Erfahrung lenkt die Aufmerksamkeit nach innen: *recogimiento* ist das Grundwort der Spiritualität – Rückzug aus der Welt als innere Sammlung. Ein Exerzitienmeister als Kontrollinstanz gewährleistet, daß dieses meditative Seelendrama nicht zu einer reinen Herzensangelegenheit wird und der individuelle Vorgang an die allgemeine Glaubenswahrheit und das religiöse Leben gebunden bleibt.

Seelenführung

Eine Schwierigkeit bei diesem inneren Kampf mit dem Bösen bilden die »astucias« des Widersachers, deren Form die Täuschung ist, indem er nicht offen als Feind auftritt, sondern sich als Freund tarnt und »debajo de especie de bien« in Versuchung führt. Damit stellt sich die Frage, wie das scheinbare vom wahren Guten zu unterscheiden ist: eines der Hauptprobleme der Spiritualität und im weiteren auch der Rahmen für die barocke Obsession des Spiels mit Sein und Schein. Die Voraussetzung für die Lebensentscheidung des Exerzitanden ist also die Entscheidung im Kampf zwischen Gut und Böse, Gott und Teufel; die »conquista de las Indias de Dios« (Fray Juan de los Angeles) findet als das agonale Drama der Psychomachie statt und gibt der inneren Erfahrung den Gehalt.

Zweck der spirituellen Literatur ist, die innere Erfahrung als die der Begegnung und womöglich Vereinigung der Seele mit Gott methodisch und systematisch gegen schwärmerische Illusion und teuflische Täuschung abzusichern und ihre Wirklichkeit und Wahrheit zu gewährleisten. Deshalb hat sie in erster Linie psychagogischen Charakter. Ihre Texte sind nicht visionäre Berichte von ekstatischen Verzückungen, sondern geistliche Anleitung, die dem Seelenleben Halt und Orientierung geben soll. Der Seelenführer – *guía* – ist vermutlich die am weitesten verbreitete Literaturform der Zeit.

Damit ist aber auch bereits die Gefahr markiert, die man meint, in solchen Bestrebungen sehen zu müssen. Die »alumbrados« oder »ilumina-

Streit um Orthodoxie

Inmaculada Concepción von Zurbarán – eine der zahllosen Mariendarstellungen der Zeit

Index

Das Banner der spanischen Inquisition (Kupferstich von Bernard Picart)

Inquisition

dos«, einzelne Visionäre, Ekstatiker oder sonstwie »Erleuchtete« und zumal Gruppen, über die der Geist gekommen ist und die ihre enthusiastischen Erfahrungen zum Maß des Glaubens und des religiösen Lebens machen, werden in spektakulären Prozessen als Glaubens- und Kirchenfeinde verurteilt, bei denen die Kultur der inneren Erfahrung, die Praxis des inneren Gebets und überhaupt die ganze Verinnerlichung ins Empfindsam-Schwärmerische und Individuell-Beliebige zu entarten droht. In dem Maß nämlich, wie innere Erfahrung innerlich ist, bleibt sie dem öffentlichen Raum und der dogmatischen Kontrolle entzogen und ist privat. Wenn Fray Francisco Ortiz 1524 in einer Fastenpredigt vor dem anwesenden königlichen Hof meint, Christus sei vollkommener gegenwärtig in der Seele der Gerechten als im Allerheiligsten Altarsakrament, dann ist damit die Schmerzgrenze zwischen Ortho- und Heterodoxie bezeichnet. Der gleiche Satz wird ein Jahr später im Edikt gegen die »alumbrados« verurteilt. Mit der Kultur der inneren Erfahrung droht die Gefahr, den Glauben und das religiöse Leben zu einer Privatangelegenheit zu machen.

Deshalb gibt es bedeutende Kräfte, denen die Spiritualität insgesamt verdächtig ist. Sie kommen aus dem Umfeld des Dominikanerordens, der seit je mit der Inquisition betraut war, aber auch bei der Ausarbeitung der rational fundierten Theologie der Scholastik maßgebend beteiligt war. Der markanteste Ausdruck dieses Widerstands ist der Index der zu verbietenden Bücher des Inquisitors Valdés von 1559, der hauptsächlich auf Initiative des Dominikaners Melchor Cano zu Stande kommt. Indiziert werden Bücher namhafter Autoren: Luis de Granada, Juan de Avila, Francisco de Borja und andere Jesuiten – auch Ignatius selbst mußte sich während seines Studiums in Alcalá gegen die Anschuldigung verteidigen, »alumbrado« zu sein. Teresa von Avila erinnert sich im *Libro de la vida*: »ich habe das sehr bedauert, denn einige habe ich mit Gewinn gelesen«. 1559 finden ebenfalls spektakuläre *autos de fé* in Valladolid und Sevilla statt; verurteilt werden *luteranizantes*. Es scheint, als hätte die Institutionalisierung der protestantischen Reformation eine gewisse Panik im katholischen Raum ausgelöst. 1563/64 jedenfalls werden unter Papst Paul IV. auf dem Tridentinum viele der indizierten Bücher für unbedenklich erklärt. Francisco de Borja wird Ordensgeneral der Gesellschaft Jesu und 1671 heiliggesprochen. Luis de Granada wird der Kardinalstitel angetragen, den er aber ablehnt. Das markiert das Spannungsfeld zwischen Hetero- und Orthodoxie, in dem die Spiritualität sich bewegt. Die ideologisch-theologische Ungewißheit über die Rechtgläubigkeit von Positionen, die in der Sache kaum von irrigen zu unterscheiden sind, und offenbar auch die Unfähigkeit, deutliche Kriterien zur Unterscheidung anzugeben, wo aus kirchenpolitischen und theologischen Gründen absolut unterschieden werden muß, dürfte auch ein Hintergrund für die zunehmende Angst vor der Täuschung durch den Teufel sein. Der ganze Konflikt dreht sich zuletzt um die Frage, ob die Gründe des Herzens denen des Verstands gleichwertig sind, und ob sie überhaupt Gründe sind. Die katholische Kirche hat das schließlich bejaht und Teresa von Avila und Johannes vom Kreuz nicht nur zu Heiligen, sondern zu Kirchenlehrern erklärt.

Die Inquisition bildet die eiserne Ration der schwarzen Legende. 1567 veröffentlicht Reinaldo González Montes in Heidelberg ein viel gelesenes Enthüllungsbuch, das sofort in zahlreichen Übersetzungen kursiert und wohl die Quelle für all die Horrorgeschichten mit sadistischen Folterknechten in blutrünstigen Verliesen und allenthalben brennenden Scheiterhaufen ist. Zumal die Aufklärung hat sie begierig aufgenommen und das

Auto de fe auf der Plaza Mayor in Madrid (Gemälde von Feo Rizzi, 1680)

inquisitorische Spanien zum Inbegriff religiöser Borniertheit gemacht, damit allerdings weniger aufgeklärt, als vielmehr die moderne *delectatio morosa*, die Lust am Schauerlichen, bedient. Neuere Forschungen haben einige Klarheit geschaffen. Gegründet wird die Inquisitionsbehörde 1478 als Instrument der Mauren- und Judenpolitik, zur Kontrolle der Konvertiten und Zwangsgetauften, der »cristianos nuevos«, die immer wieder in ihren alten Glauben zurückfallen oder das Christentum ohnehin nur zum Schein angenommen haben. Die ersten Jahre nach der Gründung sind die Zeit der stärksten Wirksamkeit mit einigen tausend Opfern. Ab 1520 ist sie eher ein beiläufiges Rechtsinstitut; ihre Auswirkung auf das Alltagsleben bleibt »very marginal« (H. Kamen). Jedenfalls zeigen statistische Erhebungen in den Inquisitionsarchiven, daß die absoluten Zahlen der Opfer sehr viel niedriger liegen als die phantastische Legende bis heute will. Die Inquisition ist ein bürokratischer Apparat; und man ist im Umgang mit den Häftlingen höchst rücksichtsvoll. Vor allem gibt es keine Hexenhysterie in Spanien. In knapp 200 Jahren bleibt die Zahl der Inquisitionstoten unter 1000. Im Vergleichszeitraum werden in Mitteleuropa Hunderttausende von Hexen hingerichtet. Ein Moment allerdings dürfte die Inquisition doch unangenehm im Alltagsleben gemacht haben: die »familiares«, die geheimen Mitarbeiter und Spitzel, deren Zahl um 1600 etwa 20000 betragen haben könnte. Das führt zur Verinnerlichung der Inquisition – und der symbolische Großinquisitor ist mächtiger als es der wirkliche je gewesen ist.

Das zeigt sich in den Schriften Teresas von Avila, die ihr hochkomplexes Innenleben beständig rechtfertigen und gegen den Verdacht verteidigen zu müssen glaubt, es handle sich um krankhafte Überspanntheit oder teuflische Einblasungen. Deshalb unterwirft sie alle ihre Äußerungen rückhaltlos dem Urteil ihrer Vorgesetzten und der kirchlichen Lehrautorität. Zugleich ent-

Teresa von Avila

wickelt sie Strategien, um die Wahrheit ihrer Erfahrungen gegen die unverständige Borniertheit und Hilflosigkeit der Beichtiger und Ordensoberen geltend zu machen, indem sie verschiedene Hierarchieebenen gegeneinander ausspielt. Wenn ihr geistlicher Meister ihre Gesichte für Teufelsspuk erklärt, führt sie dagegen ihren inneren Meister an: Gott selbst, dem sie höheren Gehorsam schuldet. Entsprechend führt sie gegen die kirchliche Autorität, deren Index Bücher für bedenklich erklärt, die ihr geistliche Leitung gegeben hatten, Gottes Wort als »libro vivo« an und Gott selbst wird ihr in ihren Visionen zum »libro verdadero«.

Der freie Geist der Mystik

Der Index und die orthodoxe Disziplinierung haben die Funktion, die innere Erfahrung vor der Hypertrophie wilder Schwarmgeisterei zu bewahren. Das will auch Teresa. Deshalb akzeptiert sie so bereitwillig die Autorität als Korrektiv. Und deshalb führt sie gegen die kirchliche Autorität Gott als »su Majestad« ins Feld. Die »Freiheit des Geistes«, das Ziel ihrer geistlichen Übungen, findet ihr Regulativ im Gehorsam gegenüber dem innerlich vernommenen Wort Gottes. Die höhere Form der Autorität und des Gehorsams ist auch eine innere Hörigkeit. Darin zeigt sich das Bedenkliche einer solchen Figur. Sie kann Einübung und Rechtfertigung der souveränen Haltung eines freien Geistes oder der knechtischen Gesinnung eines autoritären Charakters sein. Das ist der Bereich, in dem die Spiritualität unter Häresieverdacht hat fallen können. Das »servum arbitrium«, der knechtische Wille lutheranisch-calvinistischer Willenstheologie drohte hier.

Kontroverse um die Willensfreiheit

Deshalb hat die spanische Theologie der Zeit eine Hauptanstrengung in die Erarbeitung einer orthodoxen Lehre vom freien Willen gelegt. Die *Concordia liberi arbitrii cum gratiae donis* (1589) des Jesuiten Luis de Molina hat eine heftige Kontroverse zwischen Dominikanern und Jesuiten über die katholische Rechtfertigungslehre ausgelöst, bei der es auch um Streitigkeiten zwischen den Orden ging, theologisch aber das paradoxe Verhältnis von göttlicher Gnade und menschlicher Freiheit strittig war. Ist Gott allmächtig, wie kann der Mensch frei sein; ist der Mensch frei, wie kann Gott souverän sein? Die Dominikaner akzentuieren die Wirksamkeit der göttlichen Gnade, die Jesuiten die menschliche Freiheit. Der historische Ertrag der Kontroverse ist, die Freiheit als eine geschichtliche, für den Einzelfall konkrete Größe thematisiert zu haben, als das Moment kreatürlicher Kontingenz, das die göttliche Vorsehung in der Heilsgeschichte ergänzt.

Innere Erfahrung und Seelenkampf

Die spanische Spiritualität entwickelt eine Methode des souveränen Freigeists, gleichweit entfernt von eigensinniger Schwärmerei und höriger Unterwürfigkeit. Die Form dieser Methode ist der Seelenkampf. Weil die inneren Vorgänge jederzeit durch teuflische Täuschungsmanöver imitierbar sind, müssen sie genauestens beobachtet werden. Die heilige Teresa ist wohl die größte Phänomenologin der inneren Erfahrung nach dem heiligen Augustinus. Die Auseinandersetzungen mit den Machenschaften des Teufels haben eine der eigentümlichsten Figuren hervorgebracht, die das Christentum dem Abendland beschert hat. Innerlichkeit ist seit Prudentius und Augustinus konfliktiv aufgefaßt worden. Das Innenleben ist Krieg: Seelenkampf als Widerstreit von spirituellen Größen, den Tugenden und Lastern. Das Modell scheint so plausibel, daß auch die physiologisch denkenden Mediziner ihre Krankheiten »bekämpfen«. Der Sinn der geistlichen Übungen ist die psychomachische Auseinandersetzung von Tugenden und Lastern und gibt der Souveränität des Einzelnen den Gehalt. Der souveräne Freigeist unterscheidet zwischen Gut und Böse.

Handschrift Teresas aus *Libro de la Vida* 19, 10f.

Das Kriterium der Unterscheidung ist die Lust, die das Gute bewirkt. Das

Genießen ist die höchste Form der inneren Erfahrung. Deshalb ist es unerläßlich, das Gute vom Bösen zu unterscheiden. Die Hauptschwierigkeit dabei ist, daß der Teufel das Gute imitieren und die Seele ein scheinbares Gut für das wahre nehmen kann. In einer erstaunlichen Figur führt Teresa die Lust selbst als das Unterscheidungsmittel an. Das Übermaß des Genießens gibt die Gewähr, daß es von Gott stammt. Das könnte der Teufel gar nicht bewirken. Das Kriterium der Gnadenwirklichkeit ist ihre Zweifellosigkeit: gewiß, da unbezweifelbar, und unbezweifelbar, da gewiß. Die Unterscheidung zwischen Gut und Böse gipfelt in einer Tautologie. Die höchste Lust rechtfertigt sich selbst.

Das Befremdliche an diesem Gipfelpunkt der inneren Erfahrung ist nun, daß die tautologische Artikulation des »matrimonio espiritual« zugleich die Artikulation absoluter Differenz ist. Die mystische Vereinigung vollzieht sich kontrapunktisch: »pena y gloria junta«. Im *Libro de la Vida* (1565) beschreibt Teresa eine solche Erfahrung: »Era tan grande el dolor ... y tan excesiva la suavidad que me pone este grandísimo dolor, que no hay desear que se quite ni se contenta el alma con menos que Dios« (Kap.29). »Sie brauchen sich nur in Rom die Statue von Bernini ansehen zu gehen, um sofort zu begreifen, daß sie genießt, da gibt es keinen Zweifel« (J. Lacan). Im *Castillo interior o Las Moradas* (1577) hat Teresa die Vorgänge der inneren Erfahrung in einer hochkomplexen Allegorie dargelegt. Die Seele ist ein Schloß, das als Festung gegen die Feinde zu verteidigen ist und in dessen Innern der König wohnt, mit dem die bräutliche Seele die mystische Hochzeit feiert.

Diesem Glück der inneren Erfahrung hält im äußeren Leben eine ausgeprägte religiöse Festkultur die Balance. Periodisch wiederkehrende Feste des sakralen Kalenders: Weihnachten, Ostern, Fronleichnam, Marienfeste und Feiern zu Ehren der Ortsheiligen sowie außergewöhnliche, einmalige Feierlichkeiten bilden die großen Ereignisse im Jahresablauf. Aus dem Reigen der übrigen Feste ragen die Feiern vom Juni 1622 heraus. Anlaß ist die Heiligsprechung der beiden Jesuiten Ignatius von Loyola und Franz Xaver, Teresas von Avila und des Schutzpatrons von Madrid, Isidro. Prächtig geschmückte Altäre sind über die ganze Stadt verteilt. Eine Prozession ist, so eine Chronik, die größte, die je in Madrid stattgefunden hat: mit Fackeln und Wagen, allegorischen Gestalten, Riesen und exotischen Tieren, Tanzgruppen und Feuerwerk.

Gnade und Genuß

Gian-Lorenzo Bernini, »Die Herzdurchbohrung der hl. Teresa von Avila«, Detail der Marmorplastik (1645–52)

Religiöse Festkultur

Moralistik

Das Lebensgefühl des Siglo de Oro findet einen repräsentativen Ausdruck in der barocken Festkultur, deren Hauptcharakteristikum eine auf den Augenblick bedachte Prachtentfaltung und prunkvolle Verausgabung ist. Das Fest ist gerade durch die Vergänglichkeit seiner Elemente Ereignis. Die Umzüge mit für den Tag entworfenen Kostümen und Wagenaufbauten, die Triumphbögen, Ehrenpforten und allerlei Dekoration aus Pappe und Leinwand sind eine Apotheose des Hier und Jetzt – im Bewußtsein ihrer Flüchtigkeit und Endlichkeit. Als 1623 der Prinz von Wales, der nachmalige Karl I., in Madrid um die Hand der Schwester Philipps IV. anhält, werden in dichter Folge die aufwendigsten Feste gefeiert mit Konzerten und Thea-

Fest und Verausgabung

Festlicher Einzug
des Prinzen von Wales
in Madrid
am 23. März 1623

*Hasardeurmentalität:
Der Graf von
Villamediana*

teraufführungen, Umzügen und Feuerwerk, Stierkampf und Jagdpartien in beständig sich überbietender Pracht, um die Gäste zu beeindrucken, und das offenbar mit einigem Erfolg, wie deren Berichte nach England bezeugen. Der Aufwand ist allerdings auch zweckorientiert und zeigt den politischen Charakter der ganzen Festkultur. Verausgabung ist eine Bekundung von Stärke und Macht. Im Fall des Prinzen von Wales geht es darum, einen Frieden mit England und womöglich einen Übertritt des Prinzen zum Katholizismus zu bewirken. Fünf Monate lang wird unaufhörlich gefeiert, doch weder die Ehe noch der Friedensschluß kommen zustande.

Eine exemplarische Gestalt dieser Lebenshaltung ist der Graf von Villamediana. Sein Vater hatte durch die Organisation des Kurierwesens unter Philipp II. ein riesiges Vermögen erworben, das der Sohn mit vollen Händen wieder ausgibt. Villamediana ist ein Feuerkopf von hohen Graden, ein sulphurischer Geist in einem kriegerischen Körper, ein heroisches Abenteurergemüt und eine durch und durch agonale Spielernatur, die erst dort zu sich selbst kommt, wo der Einsatz des Spiels der Ernst selbst ist: das Leben. Sein Freund Góngora hat in einem Sonett den Geschmack gelobt, »den er an Diamanten, Gemälden und Pferden fand«. Er soll die Mode aufgebracht haben, hochkarätige Diamanten in Blei gefaßt zu tragen, um ihren Glanz zu erhöhen. Noch eine Generation nach seinem Tod schreibt die Französin Madame d'Aulnoy von ihm als dem Inbegriff höfischer Ritterlichkeit und Eleganz, die alle Tugenden geistreicher Weltläufigkeit in sich vereint. Dieser Mann, der sein Maß noch einmal an der *virtus* des alten Adels zu nehmen versucht, ist zugleich in seiner unbändigen Lebensgier und rauschhaften Lustbesessenheit – er soll Tirso de Molina für die Gestalt des Don Juan als Vorbild gedient haben – von allen großen Geistern der Zeit vielleicht der modernste. Seine grandiose Gestaltung des Phaeton-Mythos zeigt, was geschieht, wenn der Todestrieb entfesselt wird.

Villamediana wird mehrfach vom Hof verbannt, teils weil er beim Glücksspiel um unmäßige Einsätze spielt, teils weil er als scharfer Satiriker die verkommenen Verhältnisse angreift. Nach Lermas Sturz kehrt er nach

Madrid zurück und gehört bald zur »privanza« des jungen Philipp IV., auf den er großen Einfluß hat. Die Hintergründe seiner Ermordung am 21. August 1622 sind nie aufgeklärt worden. Ein Liebesverhältnis zur Königin ist als Motiv erwogen worden; möglich ist, daß seine homosexuelle Praxis – eines der schlimmsten Vergehen überhaupt im Siglo de Oro – öffentlich zu werden drohte; nicht auszuschließen ist auch, daß Olivares den härtesten Konkurrenten um den Einfluß auf den König hat beseitigen lassen. In einem Gedankenspiel könnte man sich fragen, was aus Spanien im 17. Jh. geworden wäre, wenn statt Olivares Villamediana der »valido« Philipps IV. geworden wäre.

Die entschiedenste Gegenposition zur Hasardeurmentalität Villamedianas bezieht Francisco de Quevedo, der, selbst ein großer Satiriker, seine Kritik von einem hochkonservativen Standpunkt aus formuliert. Seine *Sueños* (1606–1622) kursieren zunächst in Handschriften und werden nach der Drucklegung 1627 ein solcher Erfolg, daß Quevedo sagen kann, er sei »dichoso por sueños«. In zehn Jahren erscheinen über zwanzig Ausgaben und Übersetzungen in ganz Europa. Johann Michael Moscherosch hat sie 1641 als *Wunderliche und Wahrhafftige Gesichte* in einer den deutschen Verhältnissen angemessenen Version herausgebracht. Noch hundert Jahre später knüpft Diego de Torres Villaroel mit seinen *Visiones y visitas de Torres con Don Francisco de Quevedo por la Corte* (1727) an die *Sueños* an. Es handelt sich um eine Sammlung schwarzer Sittenbilder, nicht durch einen Handlungsfaden verbunden, sondern in episodischer Reihung von Momentaufnahmen. Die serielle Redundanz soll die kritische Wirkung erzeugen; sie erstreckt sich als Formprinzip bis in die Syntax: »ein Scheinheiliger, ein lebender Betrug, eine beseelte Lüge, eine sprechende Unwahrheit«.

Quevedo ist ein eifernder Kritiker, der mit seinen Traumgesichten einen prophetisch-alttestamentlichen Zorn bekunden will, dessen Wut über die verkommene Gegenwart aber häufig einen schrillen Ton annimmt. Ein auffälliger Zug ist seine Misogynie. Über die Frauen gießt er seinen giftigsten Spott. Sie flößen »Ekel« und »Schrecken« ein; ja die Hölle wäre kein so übler Ort, gäbe es dort nicht so viele Frauen. Das führt zu einer reichlich verklemmten Sexualisierung seiner allgemeinen Kritik. Amerika wird kalauernd eine »ramera rica«, eine reiche Hure. Die deutschen Protestanten haben die französische Krankheit aus Luthers und Calvins Bordellen; die Ketzerei ist eine Krankheit, die man sich bei einer verkommenen Frau holt, der ewigen Eva, die an allem Schuld hat. Die Misogynie dürfte auch der Grund sein, weshalb Quevedo sich in dem Streit engagiert, ob Teresa von Avila neben Santiago Schutzpatronin Spaniens werden solle; er ist dagegen.

Den Part der Frauen hat in der ersten Jahrhunderthälfte am klügsten María de Zayas vertreten, die zu ihrer Zeit hochberühmt gewesen ist, von der heute nicht einmal die genauen Lebensdaten bekannt sind. Sie hat Gedichte, Dramen und zwei Bände mit Novellen geschrieben: *Novelas amorosas y ejemplares* (1637) und *Desengaños amorosos* (1648), von denen Clemens Brentano einige ins Deutsche übersetzt hat. Im Vorwort an den Leser wird ein manifester Feminismus deutlich, der sich etwa gegen den vielgelesenen Traktat des Fray Luis de León über die vollkommene Ehefrau *La perfecta casada* (1583) und ähnliche Schriften richtet. Männer und Frauen sind aus dem gleichen Stoff gemacht und auch an der Seele gleich, denn die Seelen sind geschlechtlich nicht differenziert. Deshalb gibt es keinen Grund für die Behauptung, Männer könnten gelehrt sein, Frauen aber nicht. Deren mangelnde Bildung ist nicht fehlender Begabung, sondern

Konservative Reaktion: Quevedo

Quevedos *Sueños* Titelblatt 1627

Feminismus: María de Zayas

fehlender Ausbildung geschuldet. Bei entsprechender Erziehung wären die Frauen »gerade so geeignet für Ämter und Lehrstühle wie die Männer«. Und womöglich würden sie die Männer an ingeniöser Verstandesschärfe noch übertrumpfen. »Man kann das bereits jetzt an ihren schlagfertigen Antworten und ihren listig täuschenden Gedankenspielen sehen, denn alles, was mit Geschick und Schläue ausgeführt wird, auch wenn es nicht unbedingt tugendhaft ist, stammt aus dem Ingenium.«

Liebe und Begehren – Ehe und Ehre

Als beispielhafte Liebesgeschichten untersuchen die Novellen in deutlicher Anknüpfung an die *Novelas ejemplares* von Cervantes das Verhältnis von Liebe und Begehren im Widerstreit mit Eherecht und Ehrenkodex. Dabei wird immer wieder deutlich, daß die weiblichen Freiräume gerade nicht in den vom – männlichen – Gesetz verfügten Ordnungsräumen der Ehe und der Ehre zu suchen und zu finden sind. Deshalb handeln die Novellen häufig davon, wie diese Ordnung durchbrochen oder hintergangen wird. Die Handlungsstrukturen und Personenkonstellationen zeigen eine andere und vielleicht radikalere Form von Feminismus, als es die schlicht frauenrechtlerische Forderung nach Gleichberechtigung ist. In auffallend vielen Geschichten ist ein Kloster der Ort, wo sich die Frauen dem Elend der Ausgeliefertheit und Entfremdung des Familien- und Ehelebens entziehen können. Das Kloster ist regelrecht eine Festung gegen die Zumutungen der männlichen Ordnung und für eine Frau, die auf das Ihrige zu achten versteht, ein alles in allem zufriedenstellender Ort. Der Lebensweg der mexikanischen Nonne Sor Juana Inés de la Cruz, die eine Generation später mit genau solchen Überlegungen eine Klosterexistenz führen will, zeigt allerdings, daß auch das Kloster den Frauen nicht umstandslos einen Freiraum bietet.

María de Zayas' *Novellas*, 1637

Ordnung und Recht – Scharfsinn und List

Neben dem Kloster zeigen die Novellen eine andere Existenzform der Frauen, die sie der Willkür und dem Zugriff der Männer entzieht. Sie besteht in der Überlistung des Ehrenkodex und der Ordnung. Die Novelle vom gewarnten Betrogenen, »El prevenido engañado«, zeigt eine Reihe von Frauen, die ihre Ehemänner oder allgemein die Öffentlichkeit hintergehen und heimlich der Befriedigung ihres Begehrens nachgehen. Ein männlicher Protagonist hat die Funktion, die verschiedenen Formen dieser klandestinen Praktiken vorzuführen. Der gerät immer wieder in Situationen, in denen er mit Frauen konfrontiert wird, die auf zutiefst hinterlistige Weise betrügen, weshalb er beschließt, eine dumme und in allem Weltlichen unerfahrene Frau zu heiraten, um sich gegen weibliche Verschlagenheit zu schützen. In einer abgründigen Volte werden zwei Handlungsstränge der Novelle parallelisiert, in der das Verhalten der dummen Ehefrau und das einer scharfsinnigen Herzogin beschrieben werden. Diese erzählt ihrem Mann den gerade vollzogenen Ehebruch in allen Details und sagt ihm dann, als er sich empören will, er werde doch nicht glauben, daß sie so dumm sei, ihm die Wahrheit zu sagen; sie habe das alles erfunden, was den Mann zufriedenstellt. Die Herzogin lügt mit der Wahrheit, hintergeht die Ehrenordnung und hält sie so, indem sie sie bricht, aufrecht. Die andere erzählt ihrem Mann ebenfalls den vollzogenen Ehebruch, aber da sie tatsächlich dumm und unerfahren ist, kommt ihr gar nicht in den Sinn, es könnte etwas zu verheimlichen geben, womit eine Veröffentlichung der Ehrverletzung nur knapp vermieden wird.

Die Ironie der Erzählung liegt darin zu zeigen, daß alle Frauen – sowohl vor als auch neben der Ehe – die Männer hintergehen; daß sie ein außereheliches – und das heißt im Rahmen der Ehe- und Ehrenordnung: ein außermännliches – Leben führen. Das aber nicht bloß in einem frivolen, sondern regelrecht in einem strukturellen Sinn. Das weibliche Begehren unterläuft und hintergeht die öffentliche Ordnung der Männer und bringt sie durcheinander. Die kluge und vorsichtige Frau – und es wird kein Zufall sein, daß diese Figur an eine gesellschaftlich so hochstehende Position wie die der Herzogin gekoppelt ist – schlägt aus dem Moment der Unterwanderung einen stabilisierenden Effekt und zugleich einen zusätzlichen Lustgewinn. Ihre verschlagene Ironie – sie sagt es und sagt es zugleich nicht, entehrt ihren Mann und entehrt ihn zugleich nicht, bricht den Ehrenkodex und festigt ihn zugleich – wird so regelrecht und paradoxerweise zum ordnungsbildenden Faktor und tragenden Moment des Gemeinwesens.

Die Konstellation aus Ironie und Gesetz, die den Ehrenkodex und die Gesetzesordnung aufrechterhält, indem sie sie bricht, bekundet, was man den Konservatismus der María de Zayas genannt hat. Es geht ihr wohl nicht um eine Emanzipation der Frau, um eine Entlassung aus dem Bereich des männlichen Gesetzes in ein utopisches und anomisches Frauenreich. Wenn in der Ökonomie der Geschlechter das Gesetz und die Rechtsordnung dem Gebiet des Männlichen zugeordnet sind, dann ist die Sphäre der Frau die List, die das Gesetz, es überlistend, nicht bricht, sondern ergänzt. Das Zusammenspiel von Gesetz und Hintergehung, von Recht und List ist die spezifische Form ihres Konservatismus. Das bedeutet allerdings eine maßgebliche Umorientierung des Konzepts von Recht und Gesetz: Die Ordnung ist nicht mehr eindeutig, hat keinen einfachen Ort, sondern ist doppelbödig. Die Gestalt der Herzogin ist nicht unmoralisch, sondern regelrecht doppelt moralisch. Die Logik der Täuschung und die Topologie des doppelten Bodens verleiht dem Gesetz erst die Tiefe der Wirklichkeit. Damit ist allerdings auch der heikelste Punkt der ganzen Angelegenheit berührt: die Frage nach einer möglichen Ethik der Ironie, nach einer Moral der Doppelbödigkeit und einem Recht der Hinterlist. Für María de Zayas und ihre Zeitgenossen scheint es ausgemacht zu sein, daß die Ordnung des Ehrenkodex ein zu bewahrendes Gut ist. Status und Funktion der Ehre im Gemeinwesen ist eines der befremdlichsten Momente dieser frühmodernen Gesellschaft. Welchen Gewinn bringt sie ihren Mitgliedern, daß sie – trotz allen rigiden Einschränkungen individueller Freiheitsansprüche – so großen Wert darauf legen, sie zu bewahren?

Der Konservatismus Quevedos dagegen orientiert sich strikt am Gesetz und am Richtigen. Die Rigidität seiner Kritik transportiert alle erdenklichen Vorurteile gegen alles von der Ordnung Abweichende: Juden, Moslems, Protestanten und alle Arten von Sonderlingen; Homosexuelle sind selbst in der Hölle unerwünscht. Ohne seinen funkelnden Sprachwitz und die virtuosen Wortspiele bliebe häufig nur eine Sammlung schwer erträglicher Ressentiments. Und womöglich erzeugt gerade diese Form des autoritären Charakters solche Art von Sprachwitz: eine karnevalistische Übertretung zur Entladung – möglichst auf Kosten von anderen und Schwächeren. Quevedos Kritik ist starr und eindeutig, mit wenig Sinn für Ambiguitäten und Unentschiedenheit. Zweifel scheint er nicht zu kennen. Die Verhältnisse sind verkehrt, also müssen sie umgekehrt werden. Das ergibt das kritische Prinzip: *desengaño* – Aufdeckung der allgemeinen Täuschung. Der Kluge läßt sich durch keinen schönen Schein beirren, sondern sieht die Welt, wie sie wirklich ist, und macht den »mundo por de dentro« sichtbar.

Baltasar Gracián hat in seinen Büchern über den klugen Hof- und Weltmann *El Discreto* (1646) und *Oráculo manual y arte de prudencia* (1647) und besonders in dem konzeptistisch-allegorischen Roman *El Criticón* (1651–57) die Logik von *engaño* und *desengaño* in ihren strategischen

Ironie und Gesetz

Deutsche Übersetzung der *Sueños*

engaño und *desengaño*: Gracián

Implikationen für den zwischenmenschlichen Umgang deutlich gemacht. Das *Handorakel*, Schopenhauer hat es ins Deutsche übersetzt, besteht aus einer Sammlung von 300 Aphorismen, die als Klugheitsregeln Anleitung für das Verhalten bei Hofe bieten und in die Kunst der strategischen Intrige und hinterlistigen Täuschung einweisen. Aphorismus 13 führt die Hypokrisie (die Heuchelei) als höchste Form der Weltklugheit vor. Er gibt die Theorie zur Praxis der Herzogin aus der Novelle von María de Zayas und wirft damit das Problem auf, was es für die Moralität überhaupt bedeutet, wenn Wahrheit und Lüge sich gegenseitig ersetzen und bis zur Ununterscheidbarkeit nachahmen können.

Konzeptismus Ingenium Scharfsinn

Außerdem macht er einige Grundzüge des konzeptistischen Denkens deutlich. In der Abhandlung *Agudeza y arte de ingenio* (1648) definiert Gracián das *concepto* als einen Verstandesakt, der die Korrespondenz zwischen den Dingen in einer »correlación artificiosa« ausdrückt. Das tut es, indem es die Klanggestalt der Worte wirken läßt, Ähnlichkeiten und Gleichklänge ausbeutet, Wortspiele und geistreiche Formulierungen verwendet, um Verschiedenes zueinander in eine Beziehung zu setzen. Besonders gern setzt es Gegensätzliches in ein Korrespondenzverhältnis; und die höchste Form des Gegensatzes ist der von Gut und Böse, Wahrheit und Lüge. Das Paradox ist die Lieblingsdenkfigur der Konzeptistik. Das Ingenium ist ihr Organ, die *agudeza*, der Scharfsinn, ihr Medium. Ein *concepto* steht nicht in einem Abbildverhältnis zur Wirklichkeit – Realismus ist Stumpfsinn –, sondern gibt ein Denkbild für den Intellekt, eine geistvolle Konstellation von Worten und Gedanken, die den Scharfsinn herausfordert.

Weltklugheit und strategische Intrige

Unter der Prämisse »milicia contra la malicia« entwickelt Gracián im Aphorismus 13 des *Handorakels* seine Überlegung in vier Schritten. Der erste ist die einfache Verstellung; die Täuschungsabsicht bekundet eine »intención«, um die »atención« des Gegners zu lenken, wendet sich dann gegen die bekundete »intención« und siegt durch das unerwartete Verhalten. Dem begegnet in einem zweiten Schritt der Verstand des Gegners, indem er die Verstellung enttarnt und die Wahrheit hinter der Lüge erkennt; die »atención« versteht dann jeweils genau das Gegenteil dessen, was sie der gegnerischen »intención« zufolge verstehen soll, sie erkennt die Täuschung *als* Täuschung, die Intention als simulierte, hinter der sich eine zweite, wahre Intention verbirgt. In einem dritten Schritt erkennt die durchschaute Simulation ihrerseits, daß ihr Kunstgriff erkannt ist und begegnet dem mit einer erneuten Wendung, einer doppelten Lüge, indem sie mit der Wahrheit selbst täuscht. Wenn also in der ersten, vorgetäuschten, eine zweite, wahre, Absicht verborgen wird, wenn der Gegner dieses Manöver durchschaut, der ersten Absicht zuvorkommt und sich gleich auf die zweite richtet, muß der Scharfsinn, um weiterhin täuschen zu können, diesem Zuvorkommen seinerseits zuvorkommen und es in seinen Kalkül einbeziehen, indem er die vorausgesehene Umkehrung seiner Täuschungsabsicht seinerseits wieder umkehrt und die Wahrheit, die zuvor zweite Absicht, nun zum Medium seiner Täuschungsabsicht macht, damit die gegnerische Aufmerksamkeit, im Glauben, diese sei, wie zuvor, die erste Absicht, also die Täuschung, sich wiederum auf die nun zweite, die vormalige erste, täuschende Absicht bezieht und so doch wieder getäuscht wird. Die Lüge kann offenbar die Wahrheit und diese ihrerseits auch wieder die Lüge imitieren.

Baltasar Gracián

Im letzten Schritt durchschaut die aufmerksame Beobachtung auch diese Doppeltäuschung und »entdeckt die in Licht gehüllte Finsternis«. Weil sie sich dazu selbst auf das Spiel der vertauschten Absichten einlassen muß, um nicht getäuscht zu werden, ist nach diesem verwirrenden Kreislauf der Verstellungen und Umstellungen, der Vertauschungen und Täuschungen keineswegs am Ende alles wieder auf seinem Platz; die Verkehrungen der Positionen bleiben nicht ohne Auswirkungen auf diese Positionen selbst. Wenn die Wahrheit in der Position der Lüge und die Lüge in der Position der Wahrheit erscheinen kann und ihre Positionen austauschbar sind, wenn die Wahrheit imitierbar ist und die Finsternis sich tatsächlich als Licht verkleiden kann, dann vermag die »atención« nie mit letzter Gewißheit zu sagen, ob es sich um eine einfache Täuschung, eine Doppeltäuschung oder gar um die einfache Wahrheit handelt. Der Kreislauf der vertauschten Positionen hat in das Problem ihrer Unterscheidung ein Moment formaler Unentscheidbarkeit eingeführt; die Tatsache, daß sie nur als aufeinander bezogene unterscheidbar sind – und auch das nicht mit letzter Gewißheit –, macht sie uneindeutig und damit moralisch untauglich. Am Ende bleibt nur das negative Wissen in bezug auf ihre Verläßlichkeit, daß man sich auf sie nicht verlassen kann.

Täuschung und Betrug als Umgangsform

Im *Criticón* wird dieses allgemeine Durcheinander der Unordnung und Ungewißheit einer »confusión universal« in der Geschichte der beiden Kinder Fortunas gezeigt. Eins, die Tugend, ist schön und beliebt, das andere, das Laster, ist häßlich und unbeliebt. Deshalb sucht es Hilfe bei Engaño, der es sofort als seinesgleichen erkennt: »Tu eres el Mal.« Engaño klärt das Kind auf, es werde nicht verabscheut, weil es böse sei, sondern weil es so erscheine; ein verändertes Aussehen werden auch seinen Status in der Welt ändern. Das böse Kind bringt Engaño als Führer der blinden Fortuna in deren Haus, »das die ganze Welt ist«, und der beginnt sein Täuschungswerk sofort, indem er alles vertauscht und durcheinanderbringt. Zur Vollendung der »confusión universal« vertauscht er nachts die Kleider der beiden Kinder, so daß Fortuna, die Blinde, am nächsten Morgen der Tugend das Kleid des Lasters und dem Bösen das Gewand des Guten anzieht. »Niemand erkannte ihn, alle liefen ihm nach und luden ihn zu sich ins Haus, im Glauben er wäre der Gute« (I,11). Das Problem der Nachahmung der Tugend durch das Laster ist im zweiten Korintherbrief (11,14) des Apostels Paulus formuliert worden; die Stelle ist ein Grundtext des gesamten Siglo de Oro und zeigt die tiefste Implikation des ganzen Simulationsproblems. Wenn das Gute durch das Böse bis zur Ununterscheidbarkeit nachahmbar ist, berührt das den Grund der Moralität überhaupt, die Möglichkeit sittlichen Verhaltens und Urteilens steht dann schlechthin in Frage.

confusión universal

EL CRITICON
PRIMERA PARTE
EN
LA PRIMAVERA
DE LA NIÑEZ,
Y EN
EL ESTIO DE LA IVVENTVD.
AVTOR
GARCIA DE MARLONES.
Y LO DEDICA
AL VALEROSO CAVALLERO
Don PABLO DE PARADA,
DE LA ORDEN DE CHRISTO,
General de la Artilleria, y Governador de Tortosa.
CON LICENCIA.
En ZARAGOZA, por IVAN NOGVES, y a su costa
Año M.DC.LI.

Angesichts solcher »confusión universal« wird die Moralistik melancholisch. Besonders Quevedo ist ein verzweifelter Apokalyptiker, dessen Kritik die Welt vom Ende her betrachtet. Die Todesverfallenheit ist allgegenwärtig, Vergänglichkeit gibt den Schlüssel für den Sinn des Lebens. Der Moralist geht von der Endlichkeit aus und stellt die Hinfälligkeit der Welt ins Zentrum. Er denkt vom Sündenfall her, vom Bösen und der Schlechtigkeit der Menschen auf das Ende hin und dieses deshalb als Gericht. »El Juicio«, das Jüngste Gericht gibt das Maß für alles Urteil, »juicio«. Unter dem Blickwinkel der Beurteilung erweist sich das Leben als zu verurteilen. Das ergibt den endlosen Reigen der Verdammten in den *Sueños* und der *Hora de todos*.

Melancholie

Aber Quevedo kritisiert nicht nur moralistisch allgemein, sondern bezieht sich auf konkrete Verhältnisse der Gegenwart, was ihm Verbannungen und Gefängnisaufenthalte eingebracht hat. Innenpolitisch greift er am schärfsten die Finanzpolitik an. Die »arbitristas«, Projektemacher aller Art, zumal die

Zeitkritik

Valdés Leal, »In ictu oculi« (1672) – »innerhalb eines Wimpernschlags« löscht der Tod das Lebenslicht und macht alles Irdische zunichte

Goldmacher stehen ihm für ein ökonomisches Denken, das glaubt, Reichtum ohne Arbeit erzeugen und die Wirtschaftsprobleme des Lands durch Magie lösen zu können. Olivares – das gehört zur dunklen Seite seines Wirkens – hat solchen Scharlatanen immer wieder leichtgläubig Gehör geschenkt. Wenn Quevedo allerdings gemeint hat, in der Figur des Goldmachers auch den Geist der spanischen Wirtschaft getroffen zu haben, die sich seit Generationen auf die in gewisser Weise gratis nach Spanien kommenden amerikanischen Reichtümer stützt, dann bleibt die Kritik oberflächlich. Sie unterzieht sich nicht einer theoretischen Anstrengung und fragt, warum das Land trotzdem immer ärmer wird, sondern geht über die schlichte Feststellung nicht hinaus, daß etwas faul ist im Staate. Eine zweite Ebene seiner Kritik richtet sich gegen den Status des »privado«. Wenn der die Stelle des Königs einnimmt und nicht mehr beratend, sondern entscheidend tätig wird, ist die Grenze zur verkehrten Welt überschritten. Insgesamt ist die Kritik eher an einem wenig konkreten Bild vergangener spanischer Größe und Königsherrlichkeit orientiert als an den Notwendigkeiten der Gegenwart, etwa den realen Bedingungen eines hochkomplexen Verwaltungsstaats, in dem die Vorstellung eines »buen Monarca« fast schon den Charakter einer nostalgischen Fiktion hat.

Staatstheorie

Der bedeutendste Staatstheoretiker der Zeit Philipps IV. ist Diego Saavedra Fajardo, der seine politische Theorie nicht zuletzt im diplomatischen Dienst entwickelt, zumal während des Dreißigjährigen Kriegs in Deutschland. Seine *Idea de un príncipe político cristiano* erscheint 1640 in München. Sie ist dem Kronprinzen Baltasar Carlos gewidmet und soll in der Tradition der Fürstenspiegel seiner Unterweisung dienen. Politisch vertritt er in etwa die Linie von Olivares und unternimmt, wie man es genannt hat, eine Rechtfertigung des spanischen Reichs. Ein durchgängiger Zug der politischen Theorie des Siglo de Oro ist es, die imperiale Politik als berechtigt und gerecht darzustellen und die Kriege durch nachvollziehbare Gründe zu legitimieren. Die Theoretiker lassen sich vom kaiserzeitlichen römischen Historiker Tacitus die Frage vorgeben, wie der richtige, also effiziente

Emblem aus Saavedra Fajardos *Idea*

Gebrauch der Macht mit der rechtlichen, legitimen Macht und mit den Forderungen der Gerechtigkeit zu verbinden sei. Das spanische Reich soll keinesfalls eine ungerechte Herrschaft sein, sondern durch rechtmäßige Erbfolge oder gerechten Krieg vergrößert werden und so zum Exempel der politischen Form eines vorbildlichen Staats werden.

Saavedra Fajardo hat das Funktionieren des Staatswesens in der Mechanik eines Uhrwerks verbildlicht. Der König ist zugleich Schwungrad, das die Räder antreibt, und Zeiger, der die Stunde angibt gemäß dem Lauf der Räder. Von ihm hängt alles ab, ohne ihn löst sich alles auf. Das Zusammenspiel der Räder – Räte der Reiche und Provinzen –, die nicht von Natur aus zusammengehören, sondern mit Hilfe von Klugheitsregeln vereinigt werden, ergibt die Regierung des spanischen Reichs, ausgerichtet am obersten Maß der Gerechtigkeit und des Friedens. Zu dieser idealen Vorstellung verhält sich die Wirklichkeit häufig kontrapunktisch: die Moriskenvertreibung und die Aufstände in Aragón und Katalonien, der Krieg in den Niederlanden und die Ablösung Portugals zeigen, wie störanfällig das Uhrwerk ist. In einem anderen Bild wird der Fürst als Reiter konzipiert. Die Menschen sind zwar von Natur aus mit Freiheit ausgestattet, die aber ist an sich haltlos und unvernünftig. Aufgabe des Fürsten ist es, die Untertanen zu wirklicher, nämlich gezügelter Freiheit anzuhalten, wie der Reiter das Pferd durch souveränen Schenkeldruck oder mit der Peitsche bändigt. Die zeitgenössischen Königsporträts, die Velázquez als Reiterporträts geradezu in Serie malt, zeigen die Herrscher allesamt ohne Peitsche, das Pferd souverän zügelnd.

Ideal und Politik

Velázquez, »Baltasar Carlos zu Pferde« (1635)

Calderón hat sein Königsdrama *La vida es sueño* (1635) an der »furia de un caballo desbocado« (2429) orientiert. Das durchgegangene Pferd gleich zu Anfang wird durch den Vergleich mit den vier Elementen zu einer Katastrophe der gesamten Natur ausgeweitet, die durch einen weiteren Vergleich mit dem Sturz des Phaeton zugleich – als Aufstand gegen den Vater – eine politische Dimension hat. Der Bürgerkrieg ist das Unheil, in dessen Tohuwabohu Segismundo, klug geworden, als Lösung eine doppelte Strategie verfolgt. »Obrar bien es lo que importa« hat sich ihm als ethische Maxime erschlossen, und »a reinar, fortuna, vamos« ist ihm als politische Klugheitsregel deutlich geworden (2420/27). Wie das »obrar bien« mit der Fortuna in Einklang zu bringen sei, ist die Frage, die im 17. Jh. immer wieder aufgeworfen wird.

Katastrophe

Villamediana führt Fortuna in der *Fábula de Faetón* in ihrer radikalsten Form vor, als absoluten Zufall. Ihr ist weder durch Vernunft noch Willkür oder, wie in Machiavellis *Principe*, durch Ungestüm beizukommen. Als »Reina de casos« ist sie absolute Herrscherin, die auch das Gesetz nicht anerkennt; nur den »error juvenil« mag sie, so daß sie schließlich die Unterscheidung von Schuld und Unschuld aufhebt (70–75). Villamediana hat den *Faetón* 1617 geschrieben; seine Gedichte sind erst postum 1629 und 1635 gedruckt worden. 1635 schreibt Quevedo die ebenfalls erst postum 1650 gedruckte *Hora de todos y Fortuna con seso*, die als Antwort auf Villamediana zu lesen ist. Den Vorwurf Jupiters, sie übertreibe das wilde Spiel des Zufalls, so daß die Menschen dächten, es gäbe keine Götter mehr, weist Fortuna zurück. Sie ist »Fortuna con seso« und geht sehr wohl verständig vor, aber die Menschen können nicht mit ihren Gelegenheiten umgehen. Nur dem oberflächlichen Betrachter erscheint es, als bekäme nicht jeder, was er verdient. Schaut man hinter die Dinge, sieht man, was jedem, schlägt ihm die Stunde, gerechterweise zukommt; das zeigt die »hora de todos«. Fortuna ist nicht der haltlose Wirbel des besinnungslosen Tau-

Fortuna – Zufall und Vorsehung

mels, sondern vernünftig und eigentlich die Vorsehung selbst, die am Ende jedem sein Maß gehörig zubemißt.

Da Quevedo Fortuna providentiell konzipiert, ist garantiert, daß es in der Welt geordnet und gerecht zugeht. Er denkt den Zufall quasi chaostheoretisch als eine komplexere Form der Ordnung. Was als Unordnung erscheint, ist tatsächlich die höhere Ordnung der Vorsehung. Villamediana denkt Fortuna vom Ernstfall der Katastrophe aus, als Chaotisierungsmoment, das sich nicht ohne weiteres in einer Form höherer Ordnung aufgehoben findet. Die Vorsehung muß dann etwas konstitutiv Unvorhersehbares – den absoluten Zufall, die freie Willenshandlung – vorhersehen. Das ergibt den Begriff der Wahrscheinlichkeit und den Probabilitätskalkül. Der Schritt, nicht den Zufall von der Providenz, sondern die Providenz vom Zufall her zu bestimmen, macht Villamedianas Modernität aus.

Gunst und Geschick

Bei Gracián wird daraus der Begriff der »ventura«. Fortuna ist Spanierin geworden, sagt sie im zweiten Teil des *Criticón* (1653). Nachdem Asträa die Erde verlassen hat und das Goldene Zeitalter zu Ende gegangen ist, sind von Weisheit und Tugend nur »borrones« geblieben, Skizzen und Entwürfe in Büchern. Gracián konzipiert Fortuna von der *Malicia* aus. Die Menschen sind »los malos«, deshalb ist sie in der gefallenen Welt zwar der Providenz untergeordnet, aber nicht mit ihr im Gleichtakt. Darum scheint sie unbeständig zu sein und ihre Gaben blind auszuteilen. Tatsächlich ist sie scharfsichtig und hat die »Equidad«, das rechte Gleichmaß zur Seite. Die durch das Böse entstandene Störung findet in der *ventura* – »ohne die Wissen und Besitz wertlos sind und alle Begabung nichtig bleibt« – ein Supplement, das sie zwar nicht behebt, aber gelegentlich ausgleicht. Nicht der wilde Hasard des Abenteuers und nicht die strikte Ordnung der Providenz, sondern das Glück der günstigen Gelegenheit, die als *ventura* kommt, ausgeteilt von Fortunas Premierminister *Favor*, ergibt die Gunst des geglückten Augenblicks, der dem zukommt, der sie, »con linda maña«, mit Geschick zu ergreifen vermag. Die *Malicia* bleibt das Störende zwischen Fortuna und Providenz und macht Gerechtigkeit zu einer komplizierten Forderung. Am Ende des Siglo de Oro ist aus dem zu Anfang verheißenen jungfräulichen Mädchen Asträa-Dike die erwachsene Frau Fortuna-Tyche geworden. *Dike* und *Tyche*, das reimt sich fast – jedenfalls müssen die beiden in der Zukunft miteinander auskommen.

Die Lyrik im Goldenen Zeitalter

Die Erneuerung der Poesie

Der italienische Einfluß

> Garcilaso y Boscán, siendo llegados
> Al lugar donde están los trovadores
> Que en esta nuestra lengua y sus primores
> Fueron en este siglo señalados,
>
> Los unos a los otros alterados
> Se miran, con mudanza de colores,
> Timiéndose que fuesen corredores
> Espías o enemigos desmandados;
>
> Y juzgando primero por el traje,
> Paresciéronles ser, como debía,
> Gentiles españoles caballeros;
>
> Y oyéndoles hablar nuevo lenguaje
> Mezclado de estranjera poesía,
> Con ojos los miraban de estranjeros.

(Als Garcilaso und Boscán dorthin kamen, / wo die Dichter sind, / die in unserer Sprache und in ihrer Blüte / in diesem Jahrhundert glänzten, // schauten diese einander an und wechselten die Farbe / fürchtend, daß es Zuträger seien, Spione oder zügellose Feinde; // der Aufmachung nach zu urteilen / schienen sie ihnen, wie zu erwarten, / edle spanische Caballeros; // doch als sie sie eine neue Sprache sprechen hörten, / untermischt mit fremder Poesie, / sahen sie sie als Fremde an.)

Bei den zu Beginn des Gedichtes Genannten muß es sich um zwei Dichter handeln, denn das Wort ›trovador‹ bezeichnet, wie man dem *Diccionario de Autoridades* von 1739 entnehmen kann, noch im 18. Jh. nicht nur die altprovenzalischen Minnesänger, sondern auch den Dichter schlechthin, den »componedor de versos«. Die beiden werden mißtrauisch beäugt von ihren Kollegen, sprechen sie doch eine »neue Sprache, untermischt mit ausländischer Poesie«. Und das, obwohl sie wie spanische »caballeros« gekleidet sind. Der hier offenbar auf Distanz geht, ist ein aufrechter Streiter für eine eigenständige spanische Dichtung, Cristóbal de Castillejo, Sekretär des späteren deutschen Kaisers Ferdinand I., für den er bis an sein Lebensende am Wiener Hofe tätig war. An anderer Stelle, in seiner »Represión contra los poetas españoles que escriben en verso italiano« (»Strafmaßnahmen gegen die spanischen Dichter, die im italienisierenden Stil schreiben«), äußert er sich noch schärfer gegen die Dichter unter ausländischem Einfluß, ja, er fordert geradezu ihre Bestrafung durch die Inquisition:

Spanischer Widerstand

> Bien se pueden castigar
> a cuenta de anabaptistas,
> pues por ley particular
> se tornan a bautizar
> y se llaman petrarquistas.
> Han renegado la fe
> de las trovas castellanas,
> y tras las italianas
> se pierden, diciendo que
> son más ricas y lozanas.

(Strafen soll man sie / ganz wie Wiedertäufer, / denn nach eigenem Gesetz / taufen sie sich wieder, / und nennen sich Petrarkisten. / Aufgegeben haben sie den Glauben / an die spanischen Verse, / sie jagen den italienischen nach, / und behaupten, diese seien / reicher und frischer.)

Aus Italien also kommt der fremde Einfluß, aus jenem Lande, das im 16. Jh. politisch, wirtschaftlich und kulturell noch am stärksten auf das sich stürmisch entwickelnde spanische Weltreich Einfluß nimmt. Italiens Dichter beherrschen mit ihren Modellen und ihrem Stil in der Nachfolge Petrarcas die Literaturszene nicht nur in Spanien: Widerstand ist zwecklos. Cristóbal de Castillejo bleibt deshalb auch eine Einzelerscheinung. Garcilaso de la Vega und Juan Boscán Almogáver dagegen stehen mit ihrem Versuch, das hohe Niveau der italienischen Dichtung auf die iberische Halbinsel zu übertragen, am Beginn der modernen spanischen Poesie.

Hofliteratur

Einer wenn nicht wahren, so doch zumindest gut ausgedachten Legende zufolge war es der junge Boscán, der 1526 in den Gärten der Alhambra von Granada, als dort die Hochzeit Kaiser Karls V. mit Isabella von Portugal gefeiert wurde, den venezianischen Botschafter Andrea Navagero kennengelernt haben soll und sich mit diesem über Dichtung unterhielt. Angeblich beschloß er daraufhin, seinen Dichtungsstil der neuen italienischen Mode anzupassen, also insbesondere von den gerade in dieser Zeit modischen Romanzen abzulassen und ein neues Versmaß einzuführen, den italienischen Elfsilbler, ein Vorhaben, in dem ihn sein Freund Garcilaso bestärkt.

Titelblatt der Werkausgabe von 1543

Auch wenn dies eine Legende sein sollte – und angesichts der in diesen Jahrzehnten ohnehin überall zu spürenden Dominanz der italienischen Kultur und Literatur spricht einiges dafür –, die Freundschaft der beiden dichtenden Höflinge ist eine historische Tatsache. Im Dienste des Kaisers und spanischen Königs lernen Boscán und Garcilaso de la Vega ganz Europa kennen, vor allem Italien und das spanische Vizekönigreich Neapel, wo sich Garcilaso mehrfach und länger aufhält, aber auch Frankreich, Flandern, Deutschland und Österreich. Die Provence, das Land der Troubadours des 12. und 13. Jh., wird einem der beiden, Garcilaso, sogar zum Schicksal. Hier, wo er am 12. Oktober 1534 auf der Durchreise das ein Jahr zuvor von dem französischen Dichter Maurice Scève wiederentdeckte Grab Lauras besucht, der Angebeteten Petrarcas, findet er zwei Jahre später bei einer Belagerung den Tod. Er hat keines seiner eigenen Gedichte je gedruckt gesehen, und es blieb dem Freund Boscán vorbehalten, die ihm zugänglichen Texte Jahre später in die eigene Werkausgabe aufzunehmen: *Las obras de Boscán y algunas de Garcilaso de la Vega* (1543).

Neue Themen und Formen

Was macht die Dichtungen Boscáns und Garcilasos so wichtig für die spanische Literaturgeschichte? Zwar hatte der Marqués de Santillana schon im 15. Jh. mit den italienischen Versformen und den Themen Petrarcas experimentiert, doch erst Boscán und dann Garcilaso de la Vega gelingt es, sie in breiter Front durchzusetzen, den Elfsilbler in der ›octava rima‹ und Terzine, aber auch den freien Vers, die Kanzone und ganz besonders das Sonett, von denen Boscán 92 und Garcilaso 40 hinterlassen haben. Damit erwächst der Romanze und ihren durch Assonanzen gegliederten Achtsilblern eine mächtige, wenn auch eher in gebildeten und höfischen Kreisen sich entfaltende Konkurrenz. Aber auch die Inhalte ändern sich, sie entstammen nun nicht mehr der mittelalterlichen spanischen Geschichte und der Folklore, sondern kommen verstärkt aus Italien und, weiter zurück noch, aus dem Bildungsschatz der humanistischen Gelehrsamkeit der Frührenaissance, also insbesondere der griechischen und der römischen Klassik, insbesondere aus Horaz und Ovid. Im Zentrum steht neben heroischen Themen die Liebe, so wie sie Petrarca zu einem poetischen Kosmos entfaltet hat. Die Liebestheorie des florentinischen Neuplatonismus, wie sie Marsilio Ficino und Pietro Bembo in Anlehnung an eine christliche Neuinterpretation der platonischen Dialoge als Rückführung des irdischen Eros und der irdischen Schönheit auf ihr Urbild verstehen, kommt hinzu. Doch das Diesseits überwiegt und taucht nun auch Spanien in den milden Glanz einer Renaissance, die sich einmal heiter bukolisch, einmal heroisch strahlend gibt. Und auch hier, lange vor dem barocken *engaño* wartet schon der Tod hinter den Kulissen, sei es, daß Boscán in einem Sonett den toten Freund betrauert (»Garcilaso, que al bien siempre aspiraste«), sei es, daß dieser selbst den Tod hinter der Geliebten erkennt:

> En tanto que de rosa y d'azucena
> se muestra la color en vuestro gesto,
> y que vuestro mirar ardiente, honesto,
> con clara luz la tempestad serena;
>
> y en tanto que'l cabello, que'n la vena
> del oro s'escogió, con vuelo presto
> por el hermoso cuello blanco, enhiesto,
> el viento mueve, esparce y desordena:
>
> coged de vuestra alegre primavera
> el dulce fruto antes que'l tiempo airado
> cubra de nieve la hermosa cumbre.
>
> Marchitará la rosa el tiempo helado,
> todo lo mudará la edad ligera
> por no hacer mudanza en su costumbre.

(Solange noch rosen- und lilienfarben / sich zeigt dein Antlitz / und ein feurig-scheuer Blick / mit hellem Glanz den Sturm besänftigt; // solange noch das Haar, / aus einer Goldader gewählt, / mit schnellem Flug am stolzen weißen Hals bewegt / der Wind, verteilt, verwirrt: // pflückt eures heiteren Frühlings / süße Frucht, bevor der Zorn der Zeit / mit Schnee bedeckt das schöne Haupt. / Welken läßt des Winters Frost die Rose, / alles wird die rasche Zeit verändern, / da sie selbst nicht verändert ihre Art.)

Alles an diesem Gedicht ist so schon bei den Italienern vorhanden, die Thematik, die Bilder, der Schönheitskatalog und auch der Schlußeffekt, das Doppelspiel mit dem Konzept der Veränderung, die die Zeit bewirken wird, die selbst unveränderlich bleibt. Und doch strahlt das Ganze eine Leichtigkeit und Eleganz aus, die von jener *sprezzatura* (Leichtigkeit) zeugt, die Baldassare Castiglione in seinem *Libro del Cortegiano* (1528) als das höchste Ideal höfischen Verhaltens fordert – Boscán übersetzt das Buch sechs Jahre nach dessen Erscheinen in italienischer Sprache ins Spanische und diskutiert die Details mit Garcilaso.

Daß Garcilaso de la Vega und Juan Boscán ein neues Kapitel in der Geschichte der spanischen Lyrik aufgeschlagen haben, zeigt sich am Fortleben der Werke Garcilasos. Sein Ruhm hat die Jahrhunderte bis hin ins zwanzigste überdauert. Doch schon im eigenen wird Garcilaso zum Klassiker, dessen man in Verehrung gedenkt. Der erste, der ihn feiert und die Gedichte in seine eigene Werkausgabe aufnimmt, ist der Freund. Es folgt ein Rhetorik-Professor der altehrwürdigen Universität Salamanca, Francisco Sánchez de las Brozas, genannt El Brocense. Er erweitert 1574 die Ausgabe Boscáns um elf und 1577 nochmals um drei Texte, begleitet von Fußnoten

Sebastián de Córdobas
Gedichte *a lo divino*

voll humanistischer Gelehrsamkeit, als handle es sich um kanonische Texte. Fernando de Herrera aus Sevilla, selbst ein Dichter und Anhänger der neuen italianisierenden Richtung, geht noch weiter und gibt jedem Gedicht nicht nur Anmerkungen, sondern auch einen ausführlichen poetologischen Kommentar bei, der seine Garcilaso-Ausgabe geradezu zu einer Einführung in die Theorie der Dichtung macht, übrigens in offensichtlicher Konkurrenz zur Ausgabe von Salamanca. Und schließlich muß hier Sebastián de Córdoba genannt werden, der nichts weniger unternimmt als die Christianisierung dieser Liebeslyrik: Die neuplatonische Liebessehnsucht nach der Welt des Ideals und der Ideen wird kurzerhand moralisch interpretiert (*Las obras de Boscán y Garcilaso transladadas en materias Christianas y religiosas*, 1575). Das Vorhaben scheint tollkühn und gewaltsam, doch Sebastián de Córdoba, von dem man mit Ausnahme seines Geburtsortes Úbeda kaum etwas weiß, verfolgt seine didaktische Absicht mit verblüffender Konsequenz, so wenn er das soeben zitierte Sonett XXIII von Garcilaso de la Vega mit den folgenden Terzetten enden läßt:

> ...
> coged de penitencia, [a] la carrera,
> el dulce fructo, porque el tiempo ayrado,
> cubriendo con la nieve vuestra cumbre,
>
> marchitará la rosa; y encorvado
> la fuerça os dexará, la edad ligera
> devil, y endurecida la costumbre.

(Wählt den Weg der Buße / die süße Frucht, denn die erzürnte Zeit, / die Euer Haupt mit Schnee bedeckt, // wird die Rosen welken lassen; und gebeugt / wird die Kraft Euch lassen, / schwach die rasche Zeit / und hart die Gewöhnung.)

Das Ganze mutet an wie der verzweifelte Versuch eines dichtenden Theologen, die Diesseitigkeit der Welt und der Liebe wieder unter die Vormundschaft der Kirche zu stellen, wenn auch mit höchster und sogar poetischer Raffinesse. Und doch ist diese *translatio amoris* von großer Bedeutung für die Lyrik der Zeit, denn sie bereitet den Weg für die mystischen Liebesgedichte eines Heiligen: San Juan de la Cruz.

Die Schulen von Sevilla und Salamanca

Zunächst jedoch gilt es festzuhalten, daß Garcilaso de la Vega und mit ihm Boscán auch eine Schule begründet haben: die Sevillaner Dichterschule, die sich bis ins 17., ja sogar 18. Jh. verfolgen läßt. Ihr bedeutendster Vertreter im 16. Jh. ist der schon genannte Fernando de Herrera. Wie seine Vorbilder verzichtet auch Herrera nicht vollständig auf die *metros castellanos*, d. h. in seinem Falle auf die Romanzen in achtsilbigen ›redondillas‹ im spanischen Stil. Doch schulbildend sind seine petrarkistischen Gedichte geworden, voller humanistischer Bildungsreminiszenzen und neuplatonischer Anspielungen.

In den 70er Jahren versucht sich Herrera auch an der sog. *canción grave*, feierlichen Kanzonen mit patriotischem Inhalt: »Canción en alabanza de la Divina Majestad, por la victoria del Señor Don Juan« (1572), »Por la pérdida del Rey Don Sebastián« (nach 1578), »Al Santo Rey Don Fer-

Fernando de Herrera

nando« (nach 1578). Der um einige Jahre jüngere ›Dichtersoldat‹ Hernando de Acuña hatte das düstere Pathos dieser Kanzonen schon vorweggenommen, als er dem spanischen König in einem Sonett »Al Rey Nuestro Señor« huldigte, dessen die Quartette beschließende Zeile »un Monarca, un Imperio, y una Espada« zu einem weitverbreiteten Identifikationstext für die imperiale Ideologie des spanischen Weltreiches wurde. Europa und Amerika, weltliche Herrschaft und religiöse Legitimation vereinen sich hier und lassen jeden Krieg Spaniens zu einem gerechten werden.

Daß neben diesen schweren lyrischen Geschützen auch leichtere Waffen im Einsatz waren, zeigen die Gedichte eines anderen Dichtersoldaten, des Sevillaners Gutierre de Cetina, etwa sein populäres Madrigal »Ojos claros, serenos«, oder fast hundert Jahre später und also schon weit im 17. Jh., die Silva »A la rosa« des königlichen Beamten Francisco de Rioja (1583–1659):

> *A la rosa*
> Pura, encendida rosa,
> émula de la llama
> que sale con el día,
> ¿cómo naces tan llena de alegría
> si sabes que la edad que te dá el cielo
> es apenas un breve i veloz vuelo?

(*An die Rose*   Reine Flammenrose, / Ebenbild des Lichts, / das mit dem Tag aufgeht. / Wie entstehst du so voll Freude, / wenn du doch weißt, daß die Zeit, die dir der Himmel gibt, / kaum mehr ist als ein kurzer und schneller Flug?)

Diese Gedichte und ihre Popularität führen vor, wie sich die petrarkistisch und humanistisch inspirierte Lyrik allmählich aus der Hofsphäre löst und das Erbe der volkstümlichen Romanzen anzutreten beginnt, auch wenn diese, wie etwa der Sevillaner Stadtschreiber Lorenzo de Sepúlveda (um 1551) mit seinen *Romances nuevamente sacados de historias antiguas de la Crónica de España* (1551) vorführt, noch immer gelehrte Nachahmer und Bewunderer findet.

Spanien ist schon immer das Land gewesen, in dem sich Entwicklungslinien der unterschiedlichsten Art überkreuzen. Das zeigt die andere große Figur dieser zweiten Etappe der neuen spanischen Poesie neben Herrera: Fray Luis de León (1527?–1591). Luis de León ist von der Literaturgeschichte zum Haupt einer Schule gemacht worden, die sich den Tendenzen der Sevillaner widersetzt: nüchterner, klassischer, weniger an eine ausgefeilte Bildersprache gefesselt als die Petrarkisten in der Nachfolge Garcilasos und Boscáns. Doch auch Luis de León, gleichermaßen gelehrter Humanist wie begabter Dichter, steht in der Bildungstradition seiner Zeit. Er kennt nicht nur die Bibel im hebräischen Urtext und übersetzt aus ihm statt aus der Vulgata (was ihm, gelinde gesagt, einigen Ärger mit der Inquisition eintrug), sondern auch Vergil und Horaz. Er imitiert diesen, aber auch Petrarca, und er verwendet für die eigenen Gedichte die sog. *lira garcilasiana*. Es ist dies eine metrische Form, die gleichsam stellvertretend die komplexe Geschichte der europäischen Literatur vorzuführen vermag. Erfunden hat sie Bernardo Tasso, der Vater des ungleich berühmteren Torquato Tasso, als ein Äquivalent für die horazische Odenform. Garcilaso bringt sie in seiner fünften Kanzone, der er bezeichnenderweise den lateinischen Titel »Ode ad florem Gnidi« gibt, nach Spanien, wo sie dann Luis de León zu seiner Lieblingsform macht.

Herrera unter den großen heroischen Dichtern, Kupferstich von 1672

Hofkritik

Kein Wunder also, daß eine seiner berühmtesten Oden (»Vida retirada«) sich an dem horazischen »Beatus ille qui procul negotiis« (»Wohl dem, der fern der Geschäfte«) inspiriert und all das voraussetzt, was seit Vergil und Horaz zu diesem Thema gedichtet worden ist. Zugleich jedoch beschreibt Luis de León damit auch die eigene Situation inmitten der Eifersüchteleien der Universitätskollegen und Ordensbrüder, nicht ohne einen verächtlichen Blick auf Politik und Hofleben: *Menosprecio de corte y alabanza de aldea* (1539), wie schon Jahrzehnte zuvor der Franziskanermönch Fray Antonio de Guevara eine in ganz Europa gelesene Moralsatire betitelt hatte. Auch die religiösen Gedichte Luis de Leóns sind nicht ohne den Bezug zur Gegenwart zu sehen, ja aus ihnen spricht schon, wenngleich noch verdeckt, eine neue Zeit. In der Ode »A Felipe Ruiz« etwa gehen typisch neuplatonische Elemente und Projektionen, die in die Moderne weisen, eine erstaunliche Verbindung ein:

> *A Felipe Ruiz*
>
> ¿Cuándo será que pueda,
> libre de esta prisión, volar al cielo,
> Felipe, y en la rueda
> que huye más del suelo,
> contemplar la verdad pura, sin velo?
>
> ...

(*Für Felipe Ruiz* Wann wird es sein, daß ich, / erlöst aus diesem Kerker, aufwärtsflieg, / Felipe, und auf des Rades / höchster Stelle / die reine, unverhüllte Wahrheit schau? ...)

Die Sehnsucht, aus dem Kerker des irdischen Leibes in den Himmel der reinen Wahrheit aufzufliegen (Str. 1/2), ist rein platonisches Gedankengut. Die nähere Beschreibung des verborgenen Weltprinzips dagegen mutet, je weiter Luis de León fortfährt, schon fast modern an, zumal er sie mit Fragen verbindet, wie sie die zeitgenössischen Naturwissenschaften beschäftigen: das Fundament, auf dem die Erde ruht (Str. 3/4), die Herkunft der Erdbeben, der Winde, Ozeane, Flüsse (Str. 5/6), die Erklärung der Himmelsphänomene (Wolken, Gewitter, Regen) (Str. 7–10), schließlich die vorkopernikanische Himmelsmechanik (Sterne, Sonne, Jahreszeiten) und ihre Verankerung im reglosen Empyräum (Str. 11–14). Luis de León stellt alle diese Fragen, ohne mit der Möglichkeit einer wissenschaftlichen Antwort zu rechnen, doch der Katalog ist benannt und wird die folgende Generation beschäftigen.

Fray Luis de León

Marienlyrik

Die andere Mischung, die wir bei Luis de León finden, ist die von Petrarkismus und Religion bzw. hier näherhin Marienlyrik – eine Mischung, die, bedenkt man die umstrittenen Anfänge der abendländischen Lyrik bei den provenzalischen Troubadours, nichts Überraschendes hat:

> *A nuestra Señora*
> Virgen que el sol más pura,
> gloria de los mortales, luz del cielo,
> en quien la piedad es cual alteza;
> los ojos vuelve al suelo,
> y mira un miserable en cárcel dura,
> cercado de tinieblas y tristeza
> y si mayor bajeza

no conoce, ni igual, juïcio humano
que el estado en que estoy por culpa ajena,
con poderosa mano
quiebra, Reina de cielo, esta cadena.

(*An die Jungfrau Maria*   Maria, sonnenrein, / du Ehr der Sterblichen, du Himmelslicht, / in der die Liebe gleich der Hoheit wohnt; / ach, kehr dein Aug zur Erd / und sieh mich Elenden in Kerkersnot, / umringt von Trauer, schwarzer Finsternis; / kennt größre Niedertracht / noch gleiche nicht der menschliche Verstand / als die, in die mich fremde Schuld gebracht: / Zerbrich mit starker Hand, / o Himmelskönigin, die harte Fessel! [Übers.: Ernst-Edmund Keil])

Wieder ist von den Ketten, dem Gefängnis des Diesseits die Rede, aus denen sich das Ich zu befreien wünscht. Doch diesmal ist es Maria, sonnenrein und Himmelslicht, die ihn erkennen und ihm zur Hilfe kommen soll. Das Gedicht, nach Auskunft der Manuskripte im Gefängnis der Inquisition verfaßt (daher die »culpa ajena«) hat den Klang einer echten Klage in tiefster Not. Und doch hat es zugleich – und dieses »zugleich« ist typisch für die ältere, immer an die *imitatio* literarischer Vorbilder gebundene Dichtungsauffassung – eine Kanzone Petrarcas zum Ausgangspunkt. Es ist dies die wichtige letzte des *Canzoniere* (gedruckt 1470), in der Petrarca nach langen Serien von Liebesgedichten auf die lebende und dann verstärkt auf die tote Laura, die »vergine pura, d'ogni parte intera« (v. 27), um Beistand und Rettung aus seinen irdischen Wirren bittet. Luis de Leóns Not ist eine größere, metaphysische, und doch opfert er ihr nicht die literarische Tradition, das sprachliche Erbe der Zeit.

Francisco de Aldana

Der wichtigste Name im Umkreis Luis de Leóns ist nicht Francisco de la Torre, den Francisco de Quevedo 1631 ebenso wie Luis de León benutzt, um durch die Erstausgabe ihrer Werke nachzuweisen, daß die Sevillaner Dichter im Gefolge Herreras mit ihrem zum Teil manierierten Petrarkismus dem nichts Gleichwertiges entgegenzusetzen haben, sondern Francisco de Aldana. Aldana verkörpert wie Garcilaso de la Vega und Hernando de Acuña ein weiteres Mal das spanische Ideal der Verbindung von *armas y letras*, er ist ein ›Dichtersoldat‹ und stirbt zusammen mit dem legendären König Sebastian von Portugal 1578 auf dem Schlachtfeld in Marokko. Francisco de Aldana ist noch zu entdecken, er spannt den Bogen seiner Dichtung von der Renaissance zum Barock, von der Sinnlichkeit zur Spiritualität, unter dem Banner des spanischen Imperiums ebenso wie unter dem Christi: Das Gedicht »Al Rey Don Felipe, nuestro señor« etwa ist nach dem Sieg entstanden, den die unter Don Juan de Austria vereinigten christlichen Flotten 1571 bei Lepanto über die Türken errungen hatten. Lepanto wurde von den Zeitgenossen als endgültiger Sieg der Christenheit über die Heiden verstanden, als ein Zeichen, daß Philipp II. berufen sei, als Moses zu vollenden, was Don Juan de Austria als Johannes der Täufer durch seine Tat verkündet habe. Während sich der Vergleich mit Johannes einer Botschaft des Papstes verdankt, ist die Gleichsetzung des spanischen Königs mit Moses, des spanischen Weltreichs mit Israel eine Erfindung im Dienste der imperialen Idee – ausführlicher noch huldigt ihr Aldana in den »Octavas dirigidas al Rey Don Felipe, Nuestro Señor«. Die Weltgeschichte ist nach 6000 Jahren an ihr Ende gekommen, das spanische Weltreich und die

Dichtersoldaten

Gedicht von der Hand Aldanas

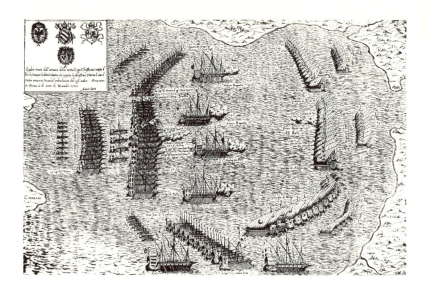

Sieg der Christen gegen die Türken in der Schlacht vor Lepanto 1571 – in der Mitte das Schiff von Don Juan de Austria

christliche, d. h. die katholische Glaubensgemeinschaft werden eins, eine scheinbar Gestalt gewordene politische Utopie, die der Dominikanermönch Tommaso Campanella noch zu Beginn des 17. Jh. als Einheit von Papsttum und Weltkönigtum verfolgt (*Monarchia di Spagna*, 1601).

Francisco de Aldana verficht in Wort und Tat die Idee des spanischen Weltreiches und feiert im Verein damit den Triumph der katholischen Kirche über Ketzer und Heiden, so wenn er ein Sonett auf die nunmehr christliche Moschee von Córdoba macht (»Al templo del Rey Almanzor en Córdoba«). Zahlreiche seiner Gedichte gelten den großen Themen des christlichen Glaubens. Die Reihe ist lang und läßt eine Seite in Aldana erkennen, die ihn den großen mystischen Schriftstellern seiner Zeit, Teresa de Ávila und San Juan de la Cruz, annähert. Doch daneben finden wir in diesem beeindruckenden lyrischen Œuvre Gedichte, die Aldana als einen Menschen zeigen, der alle Seiten einer erfüllten Existenz in sich vereinigt, den militanten Patriotismus ebenso wie die klassische Kultur, die Geborgenheit im Glauben ebenso wie die Leidenschaft der irdischen Liebe:

Liebesleidenschaft

> Mil veces digo, entre los brazos puesto
> de Galatea, que es más que el sol hermosa,
> luego ella, en dulce vista desdeñosa,
> me dice: »Tirsis mío, no digas esto.«
>
> Yo lo quiero jurar, y ella de presto,
> toda encendida de un color de rosa,
> con un beso me impide y presurosa
> busca atapar mi boca con su gesto.
>
> Hágole blanda fuerza por soltarme,
> y ella me aprieta más y dice luego:
> »No lo jures, mi bien, que yo te creo.«
>
> Con esto, de tal fuerza a encadenarme
> viene que Amor, presente al dulce juego,
> hace suplir con obras mi deseo.

(Tausendmal sage ich, in den Armen / Galateas liegend, daß sie schöner ist als die Sonne / und sie dann, mit süßem beschwichtigenden Blick: / sagt mir: »Mein Tirsis, sag' das nicht.«// Ich will es schwören, und sie, schnell, / ganz rosenfarben entflammt, / hindert mich mit einem Kuß daran und beeilt sich, / mir den Mund mit ihrem Antlitz zu schließen.// Ich tue' ihr sanft Gewalt an, um mich zu befreien,/ und sie drückt mich stärker und sagt dann:/ »Schwör' es nicht, mein Liebster, ich glaube dir.«// Davon, von solcher Kraft der Verstrickung, / kommt es, daß Amor, beim süßen Spiel dabei, / mein Begehren mit Taten unterstützen hilft.)

Aldana, der einen verlorengegangenen Traktat über die Liebe geschrieben hat (*Obra de amor y hermosura a lo sensual*), verabschiedet sich in diesem wie in mehreren anderen Gedichten dezidert von den Theorien der höfischen Liebe, wie sie die Troubadours, die Italiener vor Petrarca und dieser selbst sowie seine Nachfolger vertreten, aber auch die mehr und mehr damit verschmelzende neuplatonische Liebestheorie: eine Dame, die unerreichbar bleibt, ein Begehren, das schon selbst die höchste Stufe der Liebe darstellt, eine Erfüllung, die sich im Anblick der Geliebten, vielleicht noch in einem Blick, einem Wort, eventuell in einer flüchtigen Berührung erschöpft. So etwa argumentiert auch der in Portugal geborene Jude León Hebreo in seinen zuerst in italienischer Sprache erschienenen *Dialoghi d'amore* (1535) im Gefolge Marsilio Ficinos, so denkt noch Baldassare Castiglione, wenn er in seinem *Libro del Cortegiano* die *cupiditas*, das Begehren als einen Genuß verurteilt, der sich im Vollzug selbst entehrt. Die italienischen Aristoteliker unter den Theoretikern der Liebe dagegen, Mario Equicola in seinem *Libro de natura de amore* (1525), Sperone Speroni in seinem *Dialogo di amore* (1542), Tullia d'Aragona in *Della infinità d'amore* (1547) verteidigen die Einheit von körperlichem Begehren und seelischem Einssein gegen deren neuplatonische Abwertung, aber in Wahrung der spiritualisierenden Kraft der Liebe. Auch Aldana gelingt es im vorstehenden Sonett, mit den Elementen der klassischen Liebeslyrik einem neuen und doch uralten Hedonismus Ausdruck zu verleihen. Die Sinnlichkeit entzündet sich dabei gerade an der Wahrung weiblicher Dezenz, ehe sie der neuplatonischen Entsinnlichung umso deutlicher zuwiderhandelt: »con obras«.

Liebestheorien

Ein mystischer Dichter: San Juan de la Cruz

Auch San Juan de la Cruz, der große mystische Dichter des Siglo de Oro, handelt von der Liebe und von ihrem Vollzug, diesmal allerdings von der himmlischen, auch er in genauer Kenntnis der literarischen Tradition, doch nunmehr in unverrückbarer Konzentration auf den Glauben. In einem seiner populärsten Gedichte, der »Kleine Hirte« (»Pastorcico«) genannt, nach dem Willen des Autors eine »Canción a lo divino de Cristo y el alma«, geht San Juan nicht vom literarischen Motiv aus, sondern er nimmt gerade umgekehrt das christliche Bild des guten Hirten und bindet es an die traditionelle Topik der Schäferliebe. Das konventionelle Bild gibt erst in der zweiten Hälfte des Gedichtes seinen Geist auf, um in den Dienst eines ganz anderen zu treten: Während der Hörer oder Leser noch überlegt, warum in der vierten Strophe von der Schäferin nicht mehr die Rede ist, wird, hervorgehoben durch eine deutliche Pause (»a cabo de un gran rato«, V. 17), vor seinem inneren Auge das Kreuz aufgerichtet, an dem Christus unser Los beweint, nicht das seine.

San Juan de la Cruz

Mystik und Humanismus

San Juan de la Cruz vereint in seinen Gedichten, auch in den großen mystischen Texten, klassische Bildung und petrarkistische Tradition, die Liebesmetaphorik des Hohen Liedes mit der bukolischen Erotik der Antike (Theokrit, Ovid, Vergil) und den christianisierenden Tendenzen der neuplatonischen Liebestheorie. Er rückt damit in die Nähe von Luis de León, dessen religiöse Gedichte ganz ähnliche Strukturen aufweisen. Doch im Unterschied zu seinem akademischen Lehrer, bei dem er zwischen 1566 und 1568 an der Universität Salamanca in der Vorlesung saß, verläßt San Juan die irdische Welt und ihre Liebe nicht auf dem Wege des Verstandes, sondern auf dem schmalen Pfad der Intuition und der inneren Erleuchtung. Die mystische Flamme ist es, die die Nacht erhellt, in der das Ich zu Gott findet, ohne noch des Tageslichts zu bedürfen, die spirituelle Entsagung (*negación espiritual*) bringt der Seele das Glück. Die Liebeserfüllung, die Francisco de Aldana noch als Aktion beschreibt, hier erreicht sie ihr höchstes Stadium in der Transzendierung der Welt:

> En la noche dichosa
> en secreto que nadie me veya,
> ni yo mirava cosa,
> sin otra luz y guía
> sino la que en el coraçón ardía.
>
> Aquesta me guiava
> más cierto que la luz del mediodía
> adonde me esperava
> quien yo bien me savía
> en parte donde nadie parecía.
>
> ¡O noche, que guiaste!
> ¡O noche, amable más que el alborada!
> ¡O noche que juntaste
> Amado con amada,
> amada en el Amado transformada!

(In seliger Nacht, / heimlich, daß niemand mich sähe, / und auch ich sah nichts, / mit keinem anderen Licht / als dem, das im Herzen brannte. // Das aber leitete mich / sicherer als das Licht des Mittags / dorthin, wo der mich erwartete, / den ich wohl wußte / an einem Ort, wo niemand war. // O Nacht, wie führtest du mich! / O Nacht, lieblicher als der Morgen! / O Nacht, die du vereintest / den Liebenden mit der Geliebten, / diese in jenen verwandelt!)

Sprachnot

Die wenigen Gedichte, die San Juan de la Cruz geschrieben hat, sind Zeugnisse eines intimen Umgangs mit Gott, »Canciones del alma en la íntima comunicación de unión de amor de Dios«, wie es im Titel von »Llama de amor viva« heißt. Mit anderen Worten, es sind mystische Texte, die von etwas reden, das sich nicht mitteilen läßt. Genau dies ist es, was den Wunsch hat entstehen lassen, die Gedichte zu erläutern. Zwei fromme Frauen sind mit einer solchen Bitte an San Juan de la Cruz herangetreten, eine Nonne und eine vornehme Dame aus Granada – beiden war der Heilige als Beichtvater vertraut. Und beiden, der Mutter Ana de Jesús, die ihn immerhin veranlaßte, die Werke der heiligen Teresa de Ávila herauszugeben, wie auch Doña Ana de Peñalosa, gibt er unumwunden zu verstehen, daß er selbst keine Erklärungen, keine Auflösung des Textes geben könne, höchstens eine gleichsam parallel verlaufende zweite Version desselben Inhalts. Im Prolog des 200 Seiten umfassenden Prosakommentars zu seinem »Cántico espiritual«, einem Gedicht, das in der endgültigen Fassung 40 fünfzeilige Strophen umfaßt (was auf jeweils durchschnittlich eine Seite Kommentar pro Zeile hinausläuft), schreibt er der ehrwürdigen Mutter Ana de Jesús, daß er, »da diese Gedichte, entstanden in der Liebe überfließenden mystischen Verstehens, sich eigentlich nicht genau erklären lassen ... nur einige ganz allgemeine Aufhellung« geben wolle. Und im Prolog des etwa 80 Seiten umfassenden Prosakommentars zu den vier sechszeiligen Strophen des Gedichtes »Oh llama de amor viva« (was das Verhältnis Text / Kommentar sogar auf durchschnittlich drei Seiten pro Zeile bringt) an Doña Ana de Peñalosa erklärt er: »Nur unter der Voraussetzung also, daß alles, was ich sage, ebenso hinter dem zurückbleibt, was dort ist, wie Gemaltes hinter dem Leben, werde ich so viel zu sagen wagen, wie ich kann.«

Was diese Äußerungen so wichtig macht, ist die Tatsache, daß San Juan de la Cruz sich durchaus des prekären Status seiner immerhin mehrere hundert Seiten umfassenden Erläuterungen zu »Noche oscura«, »Cántico espiritual« und »Llama de amor viva« bewußt ist, prekär übrigens nicht nur in hermeneutischer Hinsicht, sondern auch in dogmatischer: Mit seiner Empfehlung für die ehrwürdige Mutter Ana de Jesús etwa, die göttlichen Wahrheiten im Geiste einer franziskanischen Liebe jenseits der scholastischen Theologie zu verstehen, bewegt sich San Juan hart am Rande des von der Kirche Erlaubten.

Die Erläuterungen selbst mögen den modernen, auf Klarheit erpichten Leser enttäuschen. Sie bestehen zum größten Teil aus Paraphrasen, Worterklärungen und allegorischer Deutung und haben nicht zuletzt die Aufgabe, das Gesagte an das Dogma der katholischen Kirche und die Bibel zurückzubinden. Jenseits einer theologischen Lektüre erscheint es deshalb heute fast wichtiger, daß hier am Ende des 16. Jh. ein Meister des Wortes ausspricht, was zu den Grundvoraussetzungen jedes Poesie-Verständnisses gehört: die Unerreichbarkeit des poetischen Textes im Kommentar. Auch San Juan de la Cruz läßt keinen Zweifel daran, daß wir es bei seinen Dichtungen mit einer Sprechweise *sui generis* zu tun haben, mit Zeugnissen extremer Sprachnot, wie sie am eindrücklichsten die Heilige aus Ávila beschrieben hat.

Die Lyrik des Barock: Góngora und Lope de Vega

Eine ähnlich schwierige, wenn auch auf andere Weise dunkle Art des Dichtens entsteht im Einzugsbereich des Barocks, einer Stilepoche, die sich schon im letzten Drittel des 16. Jh. ankündigt und die ihre Vitalität nicht zuletzt aus artistischen Experimenten bezieht, die das poetische Wort so verabsolutieren, daß es sich vom Inhalt löst und selbständig macht. Daß das nicht unbedingt jedermanns Sache ist, versteht sich von selbst, und so finden sich am Beginn des 17. Jh. zwei fast genau gleichaltrige Autoren, die in ihrer Gegensätzlichkeit gleichsam die Sevillaner bzw. die Salmantinische Dichterschule fortführen, dann aber schnell im eigenen Namen Berühmtheit erlangen und ihrerseits Schulen bilden: Luis de Góngora y Argote und Lope de Vega Carpio.

Lope de Vega zunächst, das »Wunder der Natur« (»monstruo de naturaleza«), wie ihn Cervantes genannt hat. Schon als Kind beginnt er zu dichten und erreicht schnell ein Niveau, das ihn als Genie ausweist. Seine Gedichte fliegen ihm scheinbar mühelos zu, und doch sind sie das Produkt einer unermüdlichen, ja unersättlichen Lese- und Schreiblust. Lope de Vega versucht sich in allen poetischen Gattungen, kurzen wie langen, klassischen wie modernen, und fast alles gelingt ihm. Viele seiner Gedichte finden sich

Lope de Vega

El Greco, »Das Begräbnis des Grafen von Orgaz« (1586–88), ein Hauptwerk der Epoche

in Werken, die Platz für Lyrik lassen, so etwa in den Schäferromanen *La Arcadia* (1602) und *Los pastores de Belén* (1612), einer *a-lo-divino*-Fassung derselben Gattung, und natürlich in den *comedias*, die er zu Hunderten schreibt: Hier sind es vor allem, wie er dies später auch in seinem *Arte nuevo de hacer comedias en este tiempo* (1609) fordert, Sonette, in denen die Protagonisten ihren Gefühlen Ausdruck verleihen. 1602 publiziert Lope zusammen mit den Epen *La hermosura de Angélica* und *La Dragontea* auch eine erste Gedichtsammlung: *Doscientos sonetos*. Noch steht er ganz im Banne Petrarcas und Herreras, und auch der 1604, beim Nachdruck des ersten Teils hinzugefügte, zweite Teil mit Eklogen, Episteln, Elegien und anderen klassischen Formen kann und will diese Herkunft nicht verleugnen. Man hat sogar vermutet, daß Lope vorhatte, in der Sonettsammlung des ersten Teils die Architektur des *Canzoniere* von Petrarca zu imitieren, doch wohl zu Unrecht. Erst die *Rimas Sacras* von 1614, wieder in einen ersten Teil mit diesmal 100 Sonetten und einen zweiten mit Gedichten anderer Gattung aufgeteilt, lassen einen systematischen Ordnungswillen erkennen, wie auch, stärker noch, die *Rimas humanas y divinas* von 1634, die Lope unter dem Pseudonym »Tomé de Burguillos« erscheinen läßt, begleitet u. a. von einer Empfehlung (*Aprobación*) Quevedos, in der dieser feststellt, daß die vorliegenden Gedichte nur mit denen Lope de Vegas vergleichbar seien.

Lope verhält sich in der Übernahme der klassischen Modelle zunehmend satirisch, parodistisch, burlesk. Und er greift auch mit Lust und Verve in den großen literarischen Streit seiner Zeit zwischen *culteranos* und *claros* ein, zwischen einer hochartifiziell-hermetischen und einer klassisch-klaren Dichtung. Lope steht bei allem Respekt vor Góngora, dem Hauptvertreter der *culteranos*, auf der Seite der »natürlichen« Dichter, darin kräftig unterstützt von Quevedo. Dies zeigt zum einen die überreiche eigene lyrische Produktion, die von der petrarkistischen Frühphase über Dutzende volkstümlich gewordener Gedichte aus allen lyrischen Gattungen einschließlich der Romanze und der musikabhängigen Formen (*cantares, serranas, mayas, villancicos, seguidillas, canciones*) bis hin zu Gedichten reicht, die sich bei aller Reserve doch dem mächtigen Einfluß Góngoras nicht entziehen können, so vor allem in den Sammlungen *La Filomena* und *La Circe, con otras Rimas y Prosas* (1621 bzw. 1624). Nicht vergessen werden darf dabei auch die religiöse und philosophierende Gedankenlyrik als eine vierte Gruppe in einem lyrischen Gesamtwerk, das durch seine Fülle erstaunt und durch die Fähigkeit überzeugt, auf allen Registern zu spielen und dies in einer Mischung, die Leichtigkeit und Tiefsinn, Heiterkeit und Ernst zu verbinden weiß.

Stellt man etwa dem Gedicht »Pastorcico« von San Juan de la Cruz ein ähnliches von Lope de Vega zur Seite, das Sonett »Pastor que con tus silbos amorosos« aus den *Rimas sacras* von 1614, so fesselt sofort die konkrete, keiner vagen Religiosität huldigende Sprache:

Dichtung gegen Góngora

Lope de Vegas *Rimas sacras*

Religiöse Dichtung

> Pastor que con tus silbos amorosos
> me despertaste del profundo sueño,
> Tú, que hiciste cayado de ese leño,
> en que tiendes los brazos poderosos,
>
> vuelve los ojos a mi fe piadosos,
> pues te confieso por mi amor y dueño,
> y la palabra de seguirte empeño
> tus dulces silbos y tus pies hermosos.
>
> Oye, pastor, pues por amores mueres,
> no te espante el rigor de mis pecados,
> pues tan amigo de rendidos eres.
>
> Espera, pues, y escucha mis cuidados;
> ¿pero cómo te digo que me esperes,
> si estás para esperar los pies clavados?

(Mein Hirte, Deine Liebesweise / hat mich aus tiefem Schlaf erweckt. / Du wandeltest zum Hirtenstab das Holz, / an dem Du Deine starken Arme breitest. // Sieh doch in Erbarmen meinen Glauben. / Dich hab ich in Liebe mir zum Herrn erwählt. / Dir zu folgen ist mein Sinnen, / Deiner Weise, lockend, Deinem Schritt. // Erhöre mich, der Du aus Liebe zu uns stirbst, / Erschrick nicht vor der Schwere meiner Sünden, / bist Du doch der Reuevollen Freund. // Bleib und höre doch mein Klagen. / Aber wie nur kann ich Dich zu warten bitten, / harrest Du doch unser mit durchbohrten Füßen? [Übers.: Hans Felten / Ulrich Prill])

Liebeslyrik

Die Erweckung aus dem spirituellen Schlaf, der Wechsel *leño/cayado* (V. 3), das Den-Schritten-Folgen, genauer den schönen Füßen (»seguir tus pies hermosos«, V. 7/8), der vertrauliche Umgang mit dem »pastor« in der dritten Strophe und die überraschende, in ihrer grausamen Konkretheit jede Süßlichkeit verscheuchende Schlußwendung (»los pies clavados«, V. 14) – wie könnte die Gratwanderung religiöser Lyrik zwischen Kitsch und Authentizität besser bewältigt werden? Oder ein anderes Sonett, diesmal durchaus weltlicher Natur:

> El humo que formó cuerpo fingido,
> que cuando está más denso para en nada;
> el viento que pasó con fuerza airada
> y que no pudo ser en red cogido;
>
> el polvo en la región desvanecido
> de la primera nube dilatada;
> la sombra que, la forma al cuerpo hurtada,
> dejó de ser, habiéndose partido,
>
> son las palabras de mujer. Si viene
> cualquiera novedad, tanto le asombra,
> que ni lealtad ni amor ni fe mantiene.
>
> Mudanza ya, que no mujer, se nombra,
> pues cuando más segura, quien la tiene,
> tiene polvo, humo, nada, viento y sombra.

(Rauch, der scheinbar Körper bildet, / dichtes Gewölk verliert sich im Nichts. / Zornmütig eilender Wind, / läßt im Netz sich nicht fangen. // Staub auf dem Wege, Regenwolke / löscht ihn mit einem Mal. / Schatten: Bilder fremder Körper / fliehen, kehrn sich diese ab. // So sind Weiberworte. Alles / Neue ziehet sie in Bann. / Nicht hält sie Wort, noch Lieb', noch Treu'. // »Schwachheit, dein Name ist Weib.« / Meinst du, sie vollends zu besitzen, / hältst du nur Staub und Rauch, Nichts, Wind und Schatten. [Übers.: Hans Felten / Ulrich Prill])

Lope de Vega spielt hier, er spielt mit den Denkklischees seiner Zeit, wenn man so will. Zunächst ist es der Illusions-Charakter der Erscheinungen, der rastlose Wechsel von *engaño* und *desengaño*, dem der Dichter eine schnell dahinjagende meteorologische Bildlichkeit verleiht. Und dann, nicht minder barock, das Thema der Vergänglichkeit, das in eine Schlußzeile mündet, deren ideales Schwergewicht Lope gleich zweifach in die Leichtigkeit des Anfangs zurückholt, durch die souveräne Einbeziehung der leicht variierten Schlußzeile eines berühmten Sonetts von Luis de Góngora (»Mientras por competir«) und mehr noch durch die Verwendung des ganzen luftigen Kunstgebildes zur Charakterisierung der Frau. Ihr Redefluß unterbricht das Dahinjagen an hervorgehobener Stelle, am Zeilensprung zu Beginn der Terzette und gibt so dem Gedicht gleichermaßen Witz und Halt.

Braucht ein Dichter wie dieser den ganzen aufwendigen Kunstapparat des Kulteranismus? Lope bleibt, wie gesagt, nicht unberührt von ihm, doch sein Zentrum liegt nicht hier, sondern im schnellen Szenenwechsel der *comedia* (aus dem das letzte Beispiel stammt), im energischen Zugriff auf das Thema und seine Bildlichkeit, nicht im kleinteiligen Feilen am Detail. Kein Wunder also, daß er die Schale seines Spottes über die Literaten ausgießt, über die Renaissancepoeten, bei denen er in die Schule ging, ebenso wie über die Anhänger Góngoras und diesen selbst:

Pululando de culto, Claudio amigo,
minotaurista soy desde mañana,
derelinquo la frasi castellana,
vayan las *Solitúdines* conmigo.

Por precursora desde hoy más me obligo
a la aurora llamar Bautista o Juana,
chamelote la mar, la ronca rana
mosca del agua y sarna de oro al trigo.

...

(Aufblühend vor Pflege, Freund Claudio, / bin ich Minotaurist von morgen an, / ich verlasse den kastilischen Satz, / mögen die *Solitudines* mit mir gehen. // Ich verpflichte mich, ab heute, da ankündigend, / die Morgenröte Täuferin oder Johanna zu nennen, / Seidentuch das Meer, den brünstigen Frosch / Wasserfliege und Goldkrätze den Weizen. ....)

Don Luis de Góngora y Argote, der Altersgenosse Lope de Vegas, war, als dieses Sonett 1632 in Lopes Epos *La Dorotea* erschien, bereits fünf Jahre tot. Der Stil jedoch, den er in zäher Beharrlichkeit entwickelt und als maßgebend durchgesetzt hatte, beherrschte auch nach ihm noch die Literaturszene Spaniens und Spanischamerikas und forderte die Polemik geradezu heraus. Góngoras Lyrik könnte man, auch wenn dies einer groben Unterschätzung Lopes gleichkommt, als das genaue Gegenteil von dessen Kunstideal bezeichnen: artistisch, hochartifiziell, ja manieristisch, schwierig, dunkel. Es sind diese den sogenannten Kulteranismus oder Kultismus konstitituierenden Eigenschaften, die nach einer langen Periode des Ruhms, die bis ins 18. Jh. reicht, dazu führen, daß Góngora komplett dem Vergessen und der Lächerlichkeit anheimfällt und eigentlich erst im frühen 20. Jh. wiederentdeckt wird, von jener Generation nämlich, die 1927 Góngoras 300. Todestag zum Anlaß nimmt, auf ihre eigene, alle Maßstäbe durchbrechende Kunst aufmerksam zu machen.

San Juan de la Cruz

Dabei hatte Góngora durchaus populär begonnen: seine Romanzen und Letrillas waren in aller Munde und er fand Aufnahme in den *Romanceros* der Zeit und in der ersten großen Anthologie zeitgenössischer Lyrik, der *Primera parte de las Flores de poetas ilustres de España* (1605) von Pedro Espinosa. Das wenig auffällige Leben, das Góngora als Literat in Córdoba, Salamanca und seit 1617 in Madrid führt, die Tatsache, daß zu seinen Lebzeiten kein einziges Buch mit seinem Namen gedruckt wurde, aber auch der schwierige, die Bilder und Metaphern pointiert gegeneinanderstellende Konzeptismus seiner Gedichte haben nicht verhindert, daß diese, insbesondere die Sonette, von denen es je nach Zuschreibung bis zu 200 gibt, der Epoche als kanonische Texte den Weg weisen:

De la brevedad engañosa de la vida
Menos solicitó veloz saeta
destinada señal, que mordió aguda;
agonal carro por la arena muda
no coronó con más silencio meta,

que presurosa corre, que secreta,
a su fin nuestra edad. A quien lo duda
(fiera que sea de razón desnuda,)
cada sol repetido es un cometa.

Confiésalo Cartago, ¿ y tú lo ignoras?
Peligro corres, Licio, si porfías
en seguir sombras y abrazar engaños.

Mal te perdonarán a ti las horas,
las horas que limando están los días,
los días que royendo están los años.

Titelblatt von *Polifemo y Galatea*, kommentierte Ausgabe von 1629

(*Über die trügerische Kürze des Lebens*   Nicht schneller erreichte der Pfeil / das ihm bestimmte Ziel, das er spitz traf; / der Kampfwagen in der stummen Arena / erreichte nicht in größerer Stille die Zielsäule // als eilends und im verborgenen / seinem Ende zustrebt unser Leben. Wer daran zweifelt / (Tier, der Vernunft entblößt), / dem ist jede Sonne ein Komet. // Karthago beweist es und du weißt es nicht? / Du begibst dich in Gefahr, Licio, wenn du hartnäckig / Schatten folgst und Trugbilder umarmst. // Kaum werden es dir die Stunden verzeihen, / die Stunden, die an den Tagen feilen, / die Tage, die an den Jahren nagen.)

Das barocke Thema der Vergänglichkeit wird in diesem Sonett, das der Literat Don García de Salcedo Coronel in seiner Ausgabe der Gedichte von 1644 für »uno de los más sentenciosos y elegantes sonetos que escribió don Luis« hält, sozusagen auf höherem Niveau abgehandelt. Aber auch bei Góngora kristallisiert sich die Hinfälligkeit alles Seins aus einer Serie bestürzender Bilder (Pfeil, Kampfwagen, Komet, Karthago) so eindrücklich-bedrohlich heraus, daß man am Ende fast froh ist zu sehen, wie sich die Zeit in der letzten Strophe im Ablauf der Stunden, Tage und Jahre in ein Nichts auflöst.

Zum Gesprächsthema der Literaten und der Gebildeten wird Góngora jedoch nicht mit seinen Sonetten und Romanzen und auch nicht mit seinen satirischen *Letrillas*, sondern mit seinen die kulteranistische Bilderakrobatik des Barock auf die Spitze treibenden Großgedichten, die er um 1611 zu schreiben beginnt, zunächst eine »Canción a la toma de Larache«, dann, sich rasch steigernd, die *Fábula de Polifemo y Galatea* (1613) nach Ovid und die beiden *Soledades* (1613 und 1614) und schließlich, glanzvoll ausklingend, einen *Panegírico al duque de Lerma* (1617) und ein weiteres mythologisches Gedicht, die *Fábula de Píramo y Tisbe* (1618). Der Stil dieser Gedichte ist bewußt schwierig gehalten und aufwendig konstruiert, doch in seiner kunstvollen Machart der geduldigen Bemühung des humanistisch und literarisch Gebildeten durchaus zugänglich. Der raffiniert verhüllte Inhalt zählt hier kaum, wichtiger ist seine Verwandlung in eine autonome poetische Welt, die schon die Realität selbst metaphorisch erscheinen läßt. Wenn also in den *Soledades* der Weg eines schiffbrüchigen Jünglings vom Strand zu freundlichen Hirten und Bergbauern, zu einer Hochzeit, zu Fischern und schließlich zu einem Marmorschloß führt, so ist es nicht dieser Weg, der fasziniert, sondern die virtuos gezügelte Bildlichkeit, die Góngora an ihm entlang und mit ihm als Vorwand entfaltet. Die ersten vier Verse der Widmung für den Herzog von Béjar lassen diese Verselbständigung der Dichtung schon ahnen – sind es die Schritte des Jünglings oder der Rhythmus der Verse, mit denen die Muse hier den einsamen Dichter inspiriert?

Großgedichte

Die Soledades

Pasos de un peregrino son, errante,
cuantos me dictó, versos, dulce musa:
en soledad confusa
perdidos unos, otros inspirados.

(Schritte eines Wandrers sind, hinirrenden, / all diese, die mir die Muse eingab, die süße, Verse: / in verworrner Einsamkeit / verlorn die einen, die andern eingegeben. [Übers.: Erich Arendt])

Die Form der *Soledades* läßt sich nur schwer charakterisieren, es sind sogenannte *silvas amorfas*, verschieden lange Verse ohne geregelte strophische Gliederung, 1091 in der ersten *Soledad*, 979 in der zweiten. Und doch läßt schon der Beginn der Dichtung selbst erkennen, wie sich in diesem Haupttext des europäischen Barock Inhalt und Formwille, Wissen und Poesie ebenso elitär wie elegant verbinden:

> Era de el año la estación florida
> Ten que el mentido robador de Europa
> – media luna las armas de su frente,
> y el Sol todos los rayos de su pelo –,
> luciente honor del cielo,
> en campos de zafiro pasce estrellas;
> cuando el que ministrar podía la copa
> a Júpiter mejor que el garzón de Ida
> – náufrago y desdeñado, sobre ausente –,
> lagrimosas, de amor, dulces querellas
> da al mar ...

(Es war des Jahrs die blumenreiche Zeit, / in der, verkappt, Europas trügender Entführer / – ein Halbmond seiner Stirne Waffen, / und die Sonne all' die Strahlen seines Haars –, / leuchtend des Himmels Ehre, / auf saphirenen Gefilden Sterne weidet; / als einer, der kredenzen könnte Jupiter / den Kelch weit besser als vom Idaberg der Jüngling, / – schiffbrüchig, verschmäht und überdies getrennt, / Tränen der Liebe, süße Klagen / hingab dem Meer ... [Übers.: Erich Arendt])

Die Anhänger Góngoras

Góngoras Stil findet zahlreiche Bewunderer in Adelskreisen und bei den Gebildeten, aber auch dichtende Nachfolger von Format. In Granada gehören dazu Francisco Trillo y Figueroa mit seinem Versepos *La Neapolisea* (1651, zweite Fassung 1672) und Pedro Soto de Rojas mit seiner zweiteiligen Gedichtsammlung *Desengaño de amor en rimas* (1623), dem Langgedicht *Los rayos de Faetón* (1628, gedruckt 1639) und vor allem mit der kultistischen Beschreibung seines Gartens in Granada, dem *Paraíso cerrado para muchos, jardines abiertos para pocos* (1652). Der kunstvoll im andalusisch-arabischen Stil arrangierte Garten besitzt schon selbst ästhetische Qualitäten, die Soto de Rojas in seiner die gelehrten Anspielungen und mythologischen Metaphern häufenden Beschreibung nur potenziert – auch hier ist die Natur nur der antithetisch arrangierte Vorwand, um eine künstliche Welt zu erzeugen, die von ferne schon an Baudelaires »Rêve parisien« erinnert, belebt allerdings hier durch eine barocke Fülle von Tönen, Pflanzen und Tieren.

Soto de Rojas

Phaëthon stürzt vom Sonnenwagen

In Madrid andererseits sind es, qualitativ ausgewogener, Gabriel Bocángel und der Graf von Villamediana, die durch ihr eigenes Werk vom Ruhme Góngoras künden, der eine mit seiner *Fábula de Hero y Leandro*, der andere mit seinen Sonetten und Versepen, der *Fábula de Faetón, Apolo y Dafne, La Europa* und *La Fénix*, letztere schon religiös eingetönt. Villamediana, ein Höfling, dem die Spielleidenschaft eine Verbannung vom Hofe eingetragen hatte, nutzt sie für einen längeren Aufenthalt in Italien. Hier lernt er den größten Barockdichter des Landes, Giambattista Marino, ken-

Villamediana

nen und liest gleichzeitig auch Góngoras Dichtungen *Polifemo* und die *Soledades*, die in Abschriften zirkulieren. Es ist einigermaßen gleichgültig, welcher von den beiden Dichtern den größeren Eindruck auf ihn gemacht hat, Marino oder Góngora. Wichtiger ist, daß Villamediana in Leben und Werk konkret vorführt, wie sich in diesem ersten Drittel des 17. Jh. in ganz Europa ein einheitlicher Geschmack durchsetzt. Der Kulturimport aus Italien verschmilzt mit dem, was die Dichter Spaniens aus dem Petrarkismus des 16. Jh. gemacht haben und bringt Texte von höchster Qualität hervor.

Auch im fernen Amerika, das allerdings kulturell gleichsam direkt vor der Haustür Madrids liegt, findet Góngora Bewunderer und Nachahmer, den Kolumbianer Hernándo Domínguez Camargo etwa, genannt der »Primogénito de Góngora«, den Peruaner Juan de Espinosa Medrano, der die erste literaturwissenschaftliche Abhandlung Spanischamerikas verfaßt, einen *Apologético en favor de don Luis de Góngora, príncipe de los poetas líricos de España* (1662), vor allem aber die mexikanische Nonne Sor Juana Inés de la Cruz. Sie, die am Hofe des spanischen Vizekönigs von Nueva España aufgewachsen ist, bevor sie sich aus Gründen der intellektuellen Selbstachtung ins Kloster zurückzieht, ahmt in ihren Dramen Calderón nach und in ihrer Lyrik den barocken Petrarkismus und Góngora. Ihr wichtigstes Werk, das Langgedicht *El Sueño* (1685), trägt den erklärenden Zusatz »Primero Sueño, que así intituló y compuso la madre Juana Inés de la Cruz, imitando a Góngora« und ist ein weiteres Mal eine mythologische Fabel, wie sie Mode sind, die Erzählung vom Sturz Phaëtons. Doch anders als ihre Vorgänger im selben Stil und zum selben Thema, der Graf von Villamediana und Pedro Soto de Rojas, wendet Sor Juana den Mythos ins Philosophische und macht ihn zu einer Parabel des menschlichen Wissensdrangs. Die kulturelle Verspätung der amerikanischen Provinz gegenüber dem Mutterland, aus der heraus Sor Juana dichtet, erweist sich hier als ein Vorteil: Nicht im literarischen Stil, doch in der geistigen Haltung kündigt Sor Juana im *Primero Sueño* schon das 18. Jh., das Jahrhundert der Aufklärung an.

Sor Juana Inés de la Cruz

Die Gegner Góngoras

Góngora ist ferngerückt, er hatte schon 1627 das Zeitliche gesegnet. Und doch war er, wie die Phalanx seiner Anhänger und mehr noch die seiner Gegner zeigt, immer präsent in dieser Spätphase des Siglo de Oro. Denn auch diese Gegner, vor allem Lope de Vega, der 1635 stirbt, und Francisco de Quevedo, der zehn Jahre danach die Welt verläßt, 50 Jahre vor Sor Juana, können sich dem Einfluß des Gongorismus nicht völlig entziehen, ja sie dichten vielfach im gleichen Stil. Góngora hat das ganze 17. Jh. hindurch die Gemüter bewegt, besonders aber in dem in der Literaturgeschichte wohl einmaligen Disput um sein Dichtungsideal, eine Schlacht, die mit allen Mitteln geführt wurde, mit gelehrten Gutachten und Kommentaren, aber auch mit Satiren und Parodien, Verunglimpfungen und Beschimpfungen. Es ist nicht notwendig, immer nur von den Schmähgedichten und -briefen zu sprechen, die Lope de Vega und Quevedo mit Góngora gewechselt haben und in denen auch dieser sich im Ton durchaus nicht zimperlich zeigt. Auch auf der Ebene einer seriösen literaturkritischen Argumentation findet die Schlacht statt. Ein Priester, Pedro Díaz de Ribas, schreibt *Discursos apologéticos por el estilo del Polifemo y Soledades*, in denen er in scholastischer Manier elf Vorwürfe entkräftet, die Góngora gemacht werden: die Vielzahl der Fremdwörter und Tropen, die Dunkelheit und Unausgewogenheit des Stils, die Länge der Sätze usw. Und Juan de Jáuregui, ein Dichter und Maler aus Sevilla, der sich später selbst als kulteranistischer Autor betätigt, beginnt seine Karriere mit einer mythologischen Fabel *Orfeo* (1624), die als

Die Schlacht um Góngora

Reaktion eine weitere Orpheus-Fabel hervorruft, den *Orfeo en lengua castellana* (1624) von Juan Pérez de Montalbán, einem Schüler Lope de Vegas (wenn sie nicht sogar von diesem selbst stammt). In ihr wirft Pérez de Montalbán Jáuregui vor, er selbst arbeite mit kulteranistischen Effekten, und dies, obwohl er der Verfasser eines *Antídoto contra la pestilente poesía de las Soledades* (1624) ist, einer vehementen, aber durch unzählige Zitate aus den Werken Góngoras seriös abgesicherten Attacke gegen die barocke Bilderflut des Dichters aus Córdoba. Erneut zeigt sich hier, wie unübersichtlich die Fronten im Krieg der »kulteranistischen« mit den »klaren« Dichtern sind.

Das gilt in vollem Umfange auch für Quevedo, der mit allem, was ihm in die Hände kommt – Spott, Satire, Beleidigung, Beschimpfung – auf Góngora einschlägt und ihm doch mit seinem eigenen konzeptistischen Stil sehr nahesteht. Es gibt neben zahlreichen Góngora persönlich ›gewidmeten‹ Gedichten zwei antigongoristische Satiren von Quevedo, *La culta latiniparla* (1631) und die *Aguja de navegar cultos. Con la receta para hacer soledades en un día*:

Francisco de Quevedo

> *Receta*
> Quien quisiere ser Góngora en un día
> la jeri (aprenderá) gonza siguiente:
> fulgores, arrogar, joven, presiente,
> candor, construye, métrica, armonía;
> poco, mucho, sí, no, purpuracía,
> ...

(Wer in einem Tag Góngora sein möchte, / lerne das fol(Kauder)gende Welsch: / Schimmer, an sich reißen, jung, fühlt vor, / Reinheit, konstruiert, Metrik, Harmonie; / wenig, viel, ja, nein, Purpurerei, ...)

Quevedo ist ein Satiriker, der sein sprachliches Können, das sich nuancenreich auf allen Stilebenen bewährt, von der vulgärsten bis zur elitärsten, erbarmungslos zur Geißelung der spanischen Gesellschaft insgesamt einsetzt, aber auch bestimmter Typen, der Scheinheiligen, der alternden Frau, des betrogenen Ehemannes, des Don Juan, nicht zu vergessen die Verhöhnung und Verunstaltung der klassischen Bildung und ihrer Vertreter. Die barocke Hypertrophie der Form, die den Inhalt überwuchert, wird in Quevedos hämischen Häufungen von Adjektiven und Metaphern wieder zum Inhalt, zu einer Verzerrung der Wirklichkeit, die sie erst richtig freilegt, so wenn er für einen Mann mit langer Nase – Góngora? – vierzehn Beschreibungen aneinanderreiht, von der *nariz superlativa* bis zum *naricismo infinito* (»A un hombre de gran nariz«). Doch Quevedo setzt sein Sprachkönnen nicht nur satirisch ein, er hat auch die Größe, politische, philosophische und religiöse Gedichte von großem Ernst zu schreiben. Auch hier hält er seiner Zeit den Spiegel vor, sei es, daß er an Spaniens gefährdete Größe erinnert (»Advertencia a España«), an die Vergänglichkeit alles Irdischen (»Descuido del divertido vivir a quien la muerte llega impensada«) oder schlicht an den Tod Christi (»Consideración de la palabra *ignosce illis*«). Und auch Liebesgedichte kann der zu Zeiten sehr frauenfeindliche Quevedo schreiben, darunter solche, die nach der Meinung mancher Kritiker zu den schönsten der spanischen Literatur gehören, so etwa das Sonett »Amor constante más allá de la muerte« mit der schönen Schlußzeile »polvo serán, mas polvo enamorado« (»Staub sei ihr Los, doch Staub, der Liebe leidet«). Das Gedenken über den Tod hinaus, die unaus-

Stilvielfalt

Francisco de Quevedo

Liebeslyrik

»Mutuum auxilium« (gegenseitige Hilfe), Emblem des Alciatus

löschliche Erinnerung an eine Liebe, die einmal in den Adern brannte (V. 10: »venas que humor a tanto fuego han dado« / »Adern, die solcher Flamme Öl geleitet«), hier haben sie ihre zugleich tiefempfundene und bildhafte Gestalt gefunden.

Quevedo ist ein Sprachkünstler von erstaunlicher Vielfalt und Farbigkeit, in seinen Gedichten versammelt sich wie in seinen Übersetzungen, in seinen politischen, theologischen und philosophischen Traktaten, satirischen Traumvisionen und in seinem Schelmenroman *El Buscón* (1626) alles, was das spanische Goldene Zeitalter zu einem Abbild der Welt überhaupt gemacht hat: Lebensfülle und Vergänglichkeit, Affekt und Meditation, Frechheit und Distanz, Vitalität und Kultur, Patriotismus und Weltbürgertum, Liebesglut und religiöse Zuversicht. Quevedo gibt sich keiner Illusion über die Welt hin, er durchschaut ihr *do ut des* ebenso wie den zweifelhaften Wert dessen, was dabei ausgetauscht wird, dem Blinden gleich, der den Lahmen auf seine Schultern nimmt:

> Si tú me das los pies, te doy los ojos:
> todo este mundo es trueco interesado,
> y despojos se cambian por despojos.
> . . .

(Wenn du mir Füße gibst, gebe ich dir Augen. / Alle Welt will tauschen, / und Plunder tauscht man gegen Plunder. . . .)

Kontemplation

Und doch findet Quevedo die Kraft, im Aufstieg und steilen Absturz der eigenen Karriere, aber auch im Glanz und in der Dekadenz des spanischen Weltreichs, des irdischen Daseins überhaupt, den Geist zu suchen und die Substanz aufzuspüren, die überdauert. Aus der Abgeschiedenheit seines Landsitzes La Torre de Juan Abad schickt er dem Freund und Herausgeber José González de Salas ein Sonett, das davon spricht:

> *Desde la Torre*
> Retirado en la paz de estos desiertos,
> con pocos, pero doctos, libros juntos,
> vivo en conversación con los difuntos
> y escucho con mis ojos a los muertos.
>
> Si no siempre entendidos, siempre abiertos,
> o enmiendan, o fecundan mis asuntos;
> y en músicos callados contrapuntos
> al sueño de la vida hablan despiertos.
>
> Las grandes almas que la muerte ausenta,
> de injurias de los años, vengadora,
> libra, ¡oh gran don Iosef!, docta la emprenta.
>
> En fuga irrevocable huye la hora;
> pero aquella el mejor cálculo cuenta
> que en la lección y estudios nos mejora.

(*Aus dem Turm* Fernab der Welt in meinem Einödfrieden, / mit wenigen, weisen Büchern reich versehen, / üb ich mich, mit den Toten umzugehen, / und schauend lausche ich den Abgeschiedenen. // Nicht stets begriffen zwar, geöffnet immer, / sind hilfreich sie dem eigenen Tun zu Willen, / und kontrapunktische Musik der Stillen / dringt in den Lebenstraum als wache Stimme. // Die großen, durch den Tod entrückten Seelen, / läßt, Rächerin der Zeit und ihrer Wunden, / die weise Druckkunst aus dem

Grab erstehen. // In unhaltbarer Flucht jagen die Stunden; / doch jene soll allein ein Glücksstein zählen, / die überm Lesen lernend uns gefunden. [Übers.: Werner von Koppenfels])

Cervantes und der Roman des Siglo de Oro

Vorbemerkungen

Angesichts des »Romans« im Siglo de Oro befindet sich der Literaturgeschichtsschreiber in einiger Verlegenheit. Selten wird ihm so bewußt wie hier, daß eine Literaturgeschichte, vor allem die der voraufklärerischen Zeit, ein Kompromiß zwischen den heutigen Vorstellungen und Interessen und denen der Zeit ist, von der sie handelt. Für *uns* ist es (nach fast vierhundert Jahren) ausgemacht, daß der *Don Quijote* gleichsam der Höhepunkt des literarischen Schaffens im Goldenen Zeitalter war und daß er zugleich die Geschichte des modernen Romans eröffnet, insofern er das Leben eines problematischen Helden erzählt, der mit seiner Zeit nicht ›klarkommt‹ und insofern er zugleich *über* das Erzählen reflektiert. Deshalb erwartet der Benutzer einer spanischen Literaturgeschichte zu Recht, daß das Romankapitel zum Siglo de Oro im *Quijote* kulminiert. Dieses Recht soll auch nicht bestritten, aber es muß doch wenigstens einleitend durch eine Reihe von Überlegungen relativiert werden, die den ganz anderen Status des Romans im Siglo de Oro selbst berücksichtigen.

Erwartungen von heute und damals

Zunächst ist zu bedenken, daß der *Quijote* seinerzeit nur einen recht guten, aber keineswegs einen Spitzenplatz in der Gunst der Leser einnahm. Er rangierte jedenfalls eindeutig hinter anderen Romanen, die uns inzwischen weniger bedeuten: Jorge de Montemayors Schäferroman *Diana* z.B. oder Mateo Alemáns mit moralischen Belehrungen überfrachteter pikaresker Roman *Guzmán de Alfarache* (mit dem auch der heute viel höher geschätzte *Lazarillo de Tormes* nicht konkurrieren konnte); selbst Montalvos Ritterroman *Amadís de Gaula*, dessen Phantastik Cervantes nach unserer Auffassung ein für allemal der Lächerlichkeit preisgegeben hat, war zu jener Zeit populärer als sein (nachmaliger) Überwinder.

Bedeutsamer als das ›ranking von Bestsellern‹, deren tatsächliche Verbreitung heute nur noch aus Indizien und nicht mit absoluter Sicherheit rekonstruiert werden kann, ist die prekäre Situation, in der sich die Gattung im gesamten Siglo de Oro befand. Ihr Prestige war gering, und von seiten der staatlichen, vor allem aber der geistlichen Autorität wurde ihr grundsätzlich mißtraut: der Roman galt als frivol, weil er die Unterhaltung über die Belehrung, die Zerstreuung über die Moral zu stellen schien. Die Inquisition verdächtigte ihn sogar heterodoxer Abweichung und kontrollierte Romane mit Argusaugen. Der *Lazarillo* wurde auf den Index gesetzt, und zwischen 1625 und 1634 gab es in Kastilien sogar ein generelles Druckverbot für Romane. Nur im *Renacimiento*, bis zur zweiten Hälfte des 16. Jh. also, durfte sich die Phantasie etwas freier entfalten (im Ritterroman, im Schäferroman, in der Moriskenerzählung); aber schon zur Zeit des Cervantes, um die Jahrhundertwende, waren literarische Aktivitäten, die nicht unmittelbar der Religion dienten, oder die sich nicht wenigstens mit einem orthodoxen Mantel umgaben, anrüchig, ja gefährlich geworden. Gegen Ende des 16. Jh.

Geringes Prestige der Gattung Roman

ist jedenfalls eine deutliche Tendenz zur Moralisierung, ineins damit zur Entfiktionalisierung des Romans zu beobachten, die sich am besten am Vergleich zwischen den beiden bekanntesten pikaresken Romanen ablesen läßt, dem ›frechen‹ (und eben deshalb bald verbotenen) *Lazarillo* von 1552/54 und dem 1599 und 1604 erschienenen zweiteiligen *Guzmán de Alfarache*, in dem die pikareske Handlung in der Überfülle moralischer Rücksichtnahmen und Kommentare mehr als einmal zu ersticken droht. Selbst einem so souveränen Text wie dem *Quijote* (1605/1615) ist die (subjektiv gewiß ehrliche) Sorge um moralische Korrektheit und didaktische Nützlichkeit anzumerken, denn Cervantes bemüht sich ganz offensichtlich, die möglicherweise zu ›oberflächliche‹ Haupthandlung durch eine Reihe von zum Teil umfangreichen Einschüben, exemplarischen Geschichten und belehrenden Reden ›seriös‹ zu untermauern. Es sind eben diese Einschübe, die dem modernen Leser fremd vorkommen, die in manchen billigen Ausgaben gekürzt oder sogar weggelassen werden und die dennoch erst zusammen mit der Geschichte von Don Quijote und Sancho Panza den ›wahren‹ *Quijote* ausmachen. Man darf auch nicht vergessen, daß für Cervantes selbst nicht der *Quijote*, sondern das für unseren Geschmack wesentlich langweiligere, weil moralisch einwandfreie *Los trabajos de Persiles y Segismunda* den Höhepunkt seines Schaffens markierte. Aber möglicherweise wird ja durch die Mode der *political correctness*, über die inzwischen eine (gewiß harmlosere) neue Inquisition wacht, eine veränderte Voraussetzung für das Verständnis des *ganzen Quijote* geschaffen.

Gründe für die Kurzlebigkeit der Gattung

Des weiteren muß man sich vor Augen halten, daß der Roman zwischen 1550 und 1650 nur eine relativ kurzlebige Erscheinung war: der *Quijote* war nicht nur ein Kulminations- sondern fast schon ein Endpunkt und jedenfalls ein Spätprodukt im Siglo de Oro des Romans. Nach dem *Quijote* gab es zwar noch ein Reihe von pikaresken Romanen; aber schon im *Buscón* von Quevedo (1626) tritt die Handlung entscheidend zugunsten der moralischen Reflexion und der barocken Rhetorik in den Hintergrund. Spätere Autoren, denen die Genialität Quevedos fehlte (die den *Buscón* trotz allem noch einmal zu einem Markstein der *Novela picaresca* gemacht hatte) behalten zwar die Verfehlungen des *pícaro* bei (die sie für ihre moralische Empörung sogar benötigen), ordnen sie aber ganz der asketischen Lehrabsicht unter, die gar kein Verständnis mehr für den Zusammenhang einer durch eine handelnde Person zusammengehaltenen, relativ autonomen Geschichte, geschweige denn für moralische Zweideutigkeiten aufbringt, die den frühen *Lazarillo* so reizvoll gemacht hatten. So wird im Laufe der Zeit das »Übergewicht ethischer Reflexion über die jedesmal dünner werdende Romanmaterie« (Montesinos) immer erdrückender, bis sie gegen Mitte des 17. Jh. in der Ideenprosa Graciáns vollends verschwindet. Damit ›versiegt‹ der spanische Roman, der doch um 1600 erst seine wirklichen Möglichkeiten entdeckt zu haben schien, schon fünfzig Jahre später wieder und kommt erst nach einem Umweg über England und Frankreich mit Cadalsos *Cartas marruecas* in der zweiten Hälfte des 18. Jh. wieder zu einer bescheidenen und im Zeitalter des europäischen Realismus/Naturalismus, in der zweiten Hälfte des 19. Jh. also, zu einer auch über die spanischen Grenzen hinaus beachteten Geltung.

Leser- und Hörerschaft

Dennoch darf die Bedeutung des Aszetismus in der spanischen Romanliteratur des Siglo de Oro auch nicht vereinseitigt und übertrieben werden. Es bleibt, vor allem in den herausragenden Produktionen der Zeit, eine glorreiche Zwei- ja Mehrdeutigkeit zu konstatieren, die überhaupt erst die

Voraussetzung dafür geschaffen hat, daß einige Texte die Zeiten überdauern und auch noch auf unsere Sensibilität wirken konnten, die wir in ganz anderen Umständen leben. Diese Mehrdeutigkeit – oder sagen wir besser: die Möglichkeit unterschiedlicher Lektüren und Auslegungen – ist den Texten des Siglo de Oro schon deshalb von Beginn an eingeschrieben, weil sie sich nicht an ein bestimmtes Publikum richteten und weil sie nicht nur auf *ein* Interesse Rücksicht nahmen. Ähnlich wie die Comedias des Siglo de Oro waren auch die Romane für die *discretos* und für den *vulgo* bestimmt, und ihre Rezeption war nicht auf die kleine Schicht der Lesefähigen und der Reichen beschränkt, die sich die teuren Drucke oder die noch wertvolleren Manuskripte leisten konnten. Vielmehr lehrt uns schon die aufmerksame Lektüre des *Quijote*, in dem die Novelle vom *Curioso Impertinente* vom Pfarrer in einer Straßenwirtschaft vorgelesen wird, daß die Romanliteratur nicht nur Leser, sondern auch eine – vermutlich viel größere – Zahl von Hörern hatte, die in der genannten Wirtschaft von der Aristokratie über das gehobene Bürgertum und die Beamtenschaft bis zum niederen Personal der Handlungsreisenden, der Maultiertreiber und des Bedienungspersonals reicht – Sancho Panza höchstselbst nicht zu vergessen. Cervantes malt hier ein vermutlich ziemlich realistisches Bild vom weitgefächerten Interesse an unterhaltsamen (und belehrenden) Erzählungen und von der Notwendigkeit, daß die unterschiedlichen Interessen auch bedient werden. Deshalb wäre es viel zu einseitig, in der Novela Picaresca nur eine Absage an das Streben nach sozialem Aufstieg und nach gesellschaftlicher Veränderung oder eine Ermutigung für das resignative Hinnehmen der gegebenen Verhältnisse sehen zu wollen (wie es dem Interesse der herrschenden Schichten zweifellos gelegen kam). Es ist vielmehr gewiß auch die umgekehrte Sehnsucht nach Befreiung aus den Fesseln der Geburt und nach einer wie auch immer gearteten materiellen Absicherung im Spiel (wie es dem Interesse der einfacheren Hörer und Leser entspricht). Und so, wie einerseits die offizielle Forderung nach Befolgung einer asketischen Moral durch die Bestrafung oder Verhöhnung des pícaro zur Geltung gebracht wird, ist doch gleichzeitig nicht zu übersehen, daß auch die Lust an der Übertretung der Normen einen nicht geringen Teil des Vergnügens an der Lektüre des pikaresken Romans ausmacht. Und was den *Quijote* betrifft, so ist ja die Dialektik von Idealismus und Materialismus, von Sublimierung und Bedürfnisbefriedigung dem Text schon durch die Aufteilung in zwei Protagonistenrollen mitgegeben. Es ist deshalb auch keineswegs dezisionistische Willkür, sondern nur die Inanspruchnahme einer von vornherein angebotenen Pluralität der Lektüren, wenn *unsere* Zeit bei der Beschäftigung mit dem Roman des Siglo de Oro andere Akzente setzt als es damals der Fall war. Wir sind jedenfalls ganz in unserem Recht, wenn wir das Verständnis des pikaresken Romans oder des *Quijote* nicht mehr mit dem der Inquisition oder mit dem der um ihre Privilegien bangenden Altchristen ineins setzen, sondern wenn wir auch und sogar mehr auf die alternativen, die volkstümlichen und die befreienden Tendenzen achten, die allein die großen Texte der Weltliteratur vor dem (sonst verdienten) Vergessen bewahrt haben.

Die Bedienung verschiedener Interessen

Der Ritterroman (novela de caballerías)

Für die Gegenwart verblaßt vor dem Ruhm des *Don Quijote* und vor dem seines Autors die übrige Erzählliteratur des Siglo de Oro. Nur der pikareske Roman und – in Maßen – Cervantes' eigene Novellen sind dem Leser unserer Tage daneben noch ein Begriff. Und dennoch gibt es Erzählgattungen, die sich seinerzeit größter Beliebtheit erfreuten und die, zusammen genommen, überhaupt erst die Konfiguration der Leseerfahrungen herstellten, von der Cervantes ausging, als er im *Quijote* noch einmal all jene Erzählformen Revue passieren ließ, die erst durch die Integration in *sein* Konzept ihre eigene Leuchtkraft verloren.

Amadis de Gaula und Tirant lo Blanc

Die beliebteste und erfolgreichste dieser Gattungen, auf die Cervantes schon durch den Titel seines Romans anspielt, war der Ritterroman, allen voran der *Amadís de Gaula*, der in einer 1508 erschienenen Fassung des aus Medina del Campo stammenden Garçi Rodríguez de Montalvo (gest. vor 1505) zwanzig Auflagen erreichte und zum Vorbild von rund sechzig weiteren Ritterromanen wurde, von denen eine ganze Reihe im berühmten, vom Pfarrer veranstalteten Autodafé am Anfang des *Quijote* (Kap. 6) namentlich genannt und wie in einer kritischen Bibliographie mit einer Kurzcharakteristik versehen werden.

Amadís: Titelblatt der ersten kastilischen Ausgabe 1511

Wie viele seiner Zeitgenossen hatte Cervantes zum Ritterroman ein zwiespältiges Verhältnis. Einerseits lehnte er ihn ab, wie der Kirchenmann in seinem Roman, der zunächst alle Ritterbücher dem Feuer überantworten will. Denn der Ritterroman galt den Orthodoxen, weil er bloß *historias fingidas*, keine *historias verdaderas* verbreitete, als unnützer und, wegen gewisser Liebesabenteuer (weniger wegen der vielen Zweikämpfe), auch anstößiger Zeitvertreib. Überhaupt hatte die Gattung des Romans, auch der *Quijote*, wegen dieses ›Wahrheitsdefizits‹ und wegen des Mangels an ›Nützlichkeit‹ zunächst erhebliche Legitimationsprobleme. Andererseits aber hatte Cervantes, ebenfalls wie andere Zeitgenossen, darunter so unerwartete wie Teresa de Avila und Ignacio de Loyola, ganz offensichtlich Spaß an unterhaltsamer Abenteuerlektüre, so wie wir heute Spaß beim Betrachten von James Bond- oder Schwarzenegger-Filmen – dem modernen Pendant des Ritterromans – haben, auch wenn wir uns sonst ›anspruchsvoll‹ gebärden. Und deshalb läßt er den Pfarrer neben dem *Amadís* noch zwei andere Ritterbücher vom Scheiterhaufen nehmen: den anonymen *Palmerín de Inglaterra* (1547) und den *Tirant lo Blanc* (1490) des Valencianers Joanot Martorell.

Ritterroman und Don Quijote

Die spanischen Ritterbücher sind gleichsam der letzte Nachklang der mittelalterlichen Ritterepik (*matière de Bretagne*, besonders der Lancelot- und der Tristansage) und lassen schon in der Herkunft ihres Personals und in der Abenteuerstruktur die bleibende Nachwirkung des höfischen Romans und seiner Liebeskonzeption (*amour courtois*) erkennen. Tatsächlich reicht der Amadís-Stoff mindestens bis ins 14. Jh. und damit in die Feudalzeit zurück, so daß eine kontinuierliche Weitergabe von Elementen der höfischen Epik immerhin vorstellbar wird. Die Ritterromanmode des 16. Jh. hat aber kaum noch Verbindungen zu einer chevaleresken Realität. In einer Zeit, in der ein nach ritterlichen Regeln geführter Zweikampf längst durch den auf Distanz tötenden Schußwaffenwechsel und der persönliche Mut durch die Anonymität der Söldnerheere ersetzt waren, konnte der Ritterroman nur noch den Charakter einer nostalgischen Evasionsliteratur haben, in der man an ›bessere Zeiten‹ erinnert wurde. Zum obligaten Bestand dieser hochgradig standardisierten, erst durch abweichende Variationen reizvollen Literatur, gehörten neben dem Titelhelden (meist königlichen Geblüts) die Dame, welcher er dient, die Abenteuer, die ihn (und den Leser) ständig in Bewegung halten und meist weit weg führen, die Begegnung mit mehr oder weniger gefährlichen Widersachern, unter denen sich auch mißgünstige Zauberer befanden (die ihrerseits wieder einen guten

Gegenzauber erforderlich machten), der Schildknappe als treuer Weggefährte und der humanitäre Auftrag, den Schwachen und Hilfsbedürftigen beizustehen, wo immer es nötig ist, ohne Rücksicht aufs eigene Leben, von der Bequemlichkeit ganz zu schweigen. Wie man sieht, ist hier die ganze Grundstruktur des *Quijote* schon vorgegeben, dessen parodistischer Charakter sich gerade in der *imitatio* des Ritterromans erst wirklich entfalten konnte. – Selbstverständlich gehörten zu dieser Märchenwelt auch prächtige Burgen und Schlösser, sowie glänzende Feste und Turniere. So sehr waren die Leser von den oft bizarren Palästen der Ritterromane beeindruckt, daß die Soldaten des Hernán Cortés bei der ersten Begegnung mit der Aztekenkultur allen Ernstes daran glaubten, sie seien auf die Architektur des *Amadís* gestoßen.

Tirant lo Blanc: erste Seite der Erstausgabe 1490

Indes: ganz spurlos sind die Veränderungen der historischen Realität nicht am Ritterroman vorübergegangen. Das zeigt sich in einer zunehmenden Verfremdung der ritterlichen Welt und in einem spürbaren Unstimmigwerden ihrer Ideale. Schon im *Amadís* müßte der Held vor dem bösen Zauberer Arcaláus kapitulieren, wenn ihm nicht ständig die gute Fee Urganda zu Hilfe käme. Ebenfalls im *Amadís*, mehr noch im *Palmerín*, beginnt auch das Konzept der höfischen Liebe brüchig zu werden, weil sowohl die Dame als auch der ihr dienende Ritter nicht mehr das rechte Verständnis für sie haben. Besonders früh wird der Geltungsschwund des höfischen Ideals im *Tirant lo Blanc* sichtbar, wo der Titelheld nur noch bei privaten Turnieren, im Spiel also, die ritterlichen Regeln einhält, nicht aber mehr im Kampf gegen die Türken, wo es um den ›Ernst des Lebens‹ geht. Auch die von Carmesina vertretene (und ›offiziell‹ noch immer gültige) höfische Liebe wird von ihren Gegnerinnen offen als überholt bezeichnet und bekommt Konkurrenz in der von Placerdemivida (und anderen) vertretenen sinnlichen Liebe. »¡E com, senyora!, ¿pensa vostra altesa que siam en lo temps antic, que usaven les gents de llei de gràcia?« muß sich Carmesina vorhalten lassen, als sie Tirant zum Zeichen ihrer Liebe nur eine Haarsträhne schenken will. Darüberhinaus vertritt Placerdemivida auch die Ansicht, daß in der Liebe wie im Krieg der Zweck die Mittel heilige. – So ist also in manchen Ritterromanen schon der Zweifel an ihren eigenen Voraussetzungen zu spüren, und es zeigt sich, daß nicht alle so wirklichkeitsfremd waren, wie es zunächst den Anschein hat.

Schäferroman (novela pastoril) *und* novela sentimental

Kaum weniger erfolgreich als der Ritterroman war der Schäferroman. Auch er richtete sich zunächst an ein adliges Publikum, wirkte dann aber, wie der Ritterroman, auch in die Breite, und war besonders beim weiblichen Publikum beliebt. Fray Pedro Malón de Chaide spöttelte, daß die Mädchen kaum, daß sie laufen könnten, schon ein Exemplar der *Diana* in der Schürzentasche trügen. Die *Diana*, genauer *Los siete libros de la Diana* (1559) von Jorge de Montemayor, eines gebürtigen Portugiesen, der in Spanien zum Hofmann und Soldaten wurde, war in der Tat für den Schäferroman das, was *Amadís* für den Ritterroman war: gattungs- und modebildend. Wie der Ritterroman hat der Schäferroman einen starken Märchen- oder besser Traumcharakter, ist doch auch er in einer ›anderen‹, freilich weniger bewegten und abenteuerhaft-gefährlichen Welt angesiedelt. Die Welt der *novela pastoril* ist vielmehr die der friedlichen Bukolik, des Einvernehmens mit der Natur, der Nähe zur Utopie des Goldenen Zeitalters, in der es, außer den Leiden der Liebe, keine Probleme, auch keine

Die Weltsicht des Schäferromans

Zeitgenössische
Darstellung von Hirten

sozialen Unterschiede gibt. Insofern ist auch die Welt des Schäferromans eine Gegenwelt, die aber durchaus auf die Realität bezogen bleibt, insofern sie eine Möglichkeit der Evasion, der Weltflucht, darstellt. In der Schäferwelt erscheinen die höfischen Damen und Herren, die in der städtischen Wirklichkeit tagtäglich um Einfluß buhlen, den Verlust ihres Ranges befürchten oder die Erhöhung ihres Status betreiben müssen, eben nicht mehr umgetrieben von Neid und Mißgunst, sondern, fern aller Alltagssorgen, als selbstgenügsame, neid- weil besitzlose Hirten, als ›Aussteiger‹ sozusagen, die der Natur noch nicht entfremdet sind, oder besser: ihr nicht länger entfremdet sein wollen. – Nur diese kompensatorische Wechselbeziehung zur umgebenden Alltagswirklichkeit kann den anhaltenden Erfolg einer

Gattung erklären, die allein in Spanien über Jahrzehnte *en vogue* blieb. Denn obwohl es eine weit- und in andere Länder zurückreichende bukolische Tradition gab – von Vergil über Sannazaro bis zu Garcilaso de la Vega – konnte sich nirgends sonst der Schäferroman wirklich festsetzen. Daß dazu nicht nur die Verbindung zum Hofleben beitrug, sondern möglicherweise auch die tatsächliche Bedeutung, die Hirten, Schafherden und Wollproduktion für die damalige spanische Volkswirtschaft besaßen, hat Werner Krauss früh zu bedenken gegeben.

Das einzige Problem, das es im sozialen Frieden des Schäferromans noch gibt – und das deshalb umso intensiver zur Diskussion gestellt werden kann –, ist das der Liebe, das, was heute die ›Beziehungsproblematik‹ genannt wird. Vor allem das Problem der unerwiderten, also unglücklichen Liebe, das seinerseits wieder aus dem Gegensatz zwischen dem egoistischen Begehren bzw. dem Besitzanspruch und der altruistischen Hingabe bzw. dem Respekt vor der Freiheit des anderen entsteht. Daß solche Fragen auf breites Interesse stoßen konnten, zeigt, wie weit die spanische Gesellschaft zumindest in ihren Spitzen inzwischen ›zivilisiert‹ war. Schon in der sogenannten *novela sentimental* am Ende des 15. Jh. – Romane wie Diego de San Pedros *Cárcel de amor* (1492) oder Juan de Flores' *Historia de Grisel y Mirabella* (um 1485) – entwickelt sich diese Liebesproblematik. Im Schäferroman kommt noch der Einfluß der platonischen *Dialoghi d'amore* (1502) von León Hebreo, eines aus Spanien vertriebenen Juden hinzu, wonach das letztlich erstrebenswerte Ideal der vom körperlichen Begehren befreite liebende Respekt ist. Ein Stück dieses Traktats ist in die Rede über die Liebe wortwörtlich eingelassen, die Felicia im vierten Buch der *Diana* hält.

Der Kern von Montemayors Schäferroman ist die unerwiderte Liebe Sirenos zu Diana, die ihm den reichen Delio vorzieht, sowie die Heilung des liebeskranken Sireno durch einen Zaubertrunk der weisen Felicia, der ihm Erleichterung durch Vergessen verschafft. Dieser in Prosa verfaßte Kern wird überwuchert von Nebenhandlungen, eingeschobenen Geschichten, Gedichten und Liedern in Versen, Streitfällen aus der Liebeskasuistik und anderen Unterbrechungen. Diese variantenreiche Vielseitigkeit wurde offensichtlich vom Publikum geschätzt, wie ja auch im *Quijote* die Einheit der Haupthandlung ständig durch Einschübe unterbrochen wird, die teilweise so lang und so gewichtig sind, daß man die Haupthandlung fast aus den Augen verliert. – In der *Diana* sind die Einschübe so konstruiert, daß man ständig auf die Durchlässigkeit der Grenze zwischen fiktiver und realer Welt aufmerksam gemacht wird. Schon im zweiten Buch treten mit der Erzählung der zunächst unglücklichen Liebe zwischen Felismena und Felís (diesmal ist die Frau die Enttäuschte) Personen in der Schäferwelt auf, die alsbald wieder in die ›reale‹ Welt zurückkehren: Felís hat Felismena verlassen, worauf diese sich, als Mann verkleidet, auf seine Verfolgung macht (die als Mann verkleidete Frau, die sich dem ungetreuen Liebhaber auf die Fersen heftet, ist – wie man weiß – auch ein häufiges Motiv der *comedia* im Siglo de Oro). Im letzten Buch rettet Felismena Felís nahe Coimbra aus einer Gefahr der ›wirklichen‹ Welt (einem der häufigen Raubüberfälle auf den wenig belebten Landstraßen). Erst dann wird im Palast der Fee Felicia, der seinerseits wieder an die Feudalpaläste der Wirklichkeit und an deren Feste erinnert, die ›Auflösung‹ dieses und anderer Fälle gefeiert. Das leichte Überwechseln zwischen fiktiver und realer Welt hat das damalige Publikum dazu veranlaßt, die *Diana* als Schlüsselroman zu lesen, der voller Anspielungen auf real existierende Personen sei.

Lope de Vega, dessen *Arcadia* (1598) einer der bekanntesten Nachfolge-

Montemayors Diana

Jorge de Montemayor

Arcadia: Titelblatt der Ausgabe Barcelona 1602

Cervantes und der Schäferroman

romane war, hat diesen Schlüsselcharakter der Gattung bewußt ausgenutzt, um seine Hauptperson Anfriso nach dem Vorbild seines Mäzens, des Herzogs von Alba, zu gestalten, der wie die Romanperson unter ›unerwiderter Liebe‹ litt. Auch Cervantes ist mit seinem ersten (nicht vollendeten) Roman *La Galatea* (1585) in die erfolgverheißende Spur des Schäferromans getreten, setzt sich aber schon in diesem Erstling in eine gewisse Distanz zu ihm, indem er dem ›literarischen‹ Schäfer Elicio den ›echten‹ Schäfer Erastro entgegenstellt und so schon zu Beginn seiner Laufbahn den Widerspruch von Ideal und Wirklichkeit thematisiert, der den *Quijote* so reizvoll macht. – Im 17. Jh. ist dann die Pastoralmode zunächst nach Frankreich (Honoré d'Urfés *Astrée*, 1607–22), dann nach Deutschland (Harsdörffer und Opitz) übergewechselt, wo sie aber nicht lange anhielt, bis sie im 18. Jh. – nicht zuletzt infolge des Neuanstoßes durch Rousseau – im Rahmen der Oper noch einmal zu neuem Leben erwachte.

Wie der Ritterroman ist auch die *novela pastoril* im *Quijote* gleichsam aufgehoben, allerdings auf andere Weise. Während der Ritterroman das Strukturgerüst vorgegeben hat, an dem sich der Gang der gesamten Haupthandlung orientiert, ist der Schäferroman nur in Teilen des *Quijote* präsent. Auch er taucht zunächst im Autodafé des Pfarrers auf, wo die *Diana* zwar kritisiert, aber nicht verdammt wird. In der Marcela-Grisóstomo-Erzählung des Ersten Teils (Kapitel 11–14) versetzt uns Cervantes dann mitten hinein in die Welt der Pastorale, wobei er sich ganz auf die ›Beziehungsproblematik‹ konzentriert und sich weitgehend mit dem Standpunkt der Frau, hier der der Selbstbestimmung reklamierenden Marcela, identifiziert. Im Zweiten Teil kommt der Pastorale sogar eine abschließende Funktion zu: Zuerst blamiert sich Don Quijote vor einer Gesellschaft adliger Schäferinnen (Kap. 58). Als er dann vom Caballero de la Blanca Luna, der niemand anders als der junge Nachbar Sansón Carrasco ist, zur Aufgabe seiner Ritterlaufbahn gezwungen wird, versucht er, gleichsam ersatzweise, eine Schäferromanimitation in Gang zu bringen, wozu er für seine Freunde schon entsprechende Namen erfindet (Kap. 67). Diese lassen sich auch darauf ein, weil sie die Schäferroman-Manie für weniger schädlich halten als die des Ritterromans. Es wäre also ein dritter Teil des *Quijote* als Schäferromanparodie vorstellbar. Weil Don Quijote von selbst wieder vernünftig wird und bald darauf stirbt, kommt das Projekt allerdings nicht mehr zur Ausführung.

Die Moriskenerzählung (novela morisca)

Großer Beliebtheit erfreute sich auch die *novela morisca*, obwohl ihre Texte nicht so zahlreich sind wie die der beiden zuvor besprochenen Gattungen, möglicherweise deshalb, weil der Geist der Toleranz und der Respekt vor den Mauren, der in diesem Genre zum Ausdruck kommt, nach der Eröffnung der offiziellen Bekehrungs- und Vertreibungspolitik nicht mehr opportun war. Andererseits war es nur natürlich, daß in einem Land, wo Mauren und Christen über Jahrhunderte nicht nur miteinander gekämpft, sondern auch miteinander gelebt haben, die Literatur besonders für Grenzfälle sensibel war, in denen sich Maurisches und Christliches überlagerte.

»Historia del Abencerraje« und andere Morisken-Erzählungen

Dies geschah besonders während der rund sieben Jahrzehnte während relativen Waffenruhe zwischen der Eroberung von Antequera (1410) und der Wiederaufnahme des Kriegs mit der Einnahme von Granada (1481–1492). Damals entstanden die *romances fronterizos* (Grenzromanzen). Später, im 16. Jh., wurde daraus die *novela morisca*, die gemäß der Bedeutung von span. *novela* auch eine Kurzgeschichte sein konnte, und deren Nähe zu den historischen Ereignissen nicht zu übersehen ist. In der Tat ist die erste bekannt gewordene *novela morisca*, die *Historia del Abencerraje y la hermosa Jarifa* – eine schmale, noch immer gut lesbare Novelle, deren Autor unbekannt blieb – zuerst 1561 im Rahmen einer Chronik erschienen, bevor sie durch den Einschluß in eine spätere Ausgabe von Montemayors *Diana* erst richtig bekannt wurde. Daß der Text nicht selbständig veröffentlicht wurde, scheint zunächst auf Zensurrücksichten hinzudeuten, kann aber auch einen ganz banalen Grund haben, da im 16. Jh. kleinere Texte oft aus Kostengründen an größere angeschlossen wurden; manchmal geschah das auch, weil der Autor oder Verleger sich von der Einverleibung eine Bereicherung oder bessere Absatzchancen für das empfangende Werk versprachen.

Trotz ihrer Verankerung in den Geschehnissen der letzten Reconquista-Jahrzehnte ist die *Historia del Abencerraje* vor allem romaneske Erfindung und erinnert in ihrer Wertehierarchie – Ehre, persönliche Tapferkeit, Frauendienst und Großmut über alles – stark an den Ritterroman, ist also ebenfalls nostalgisch, denn sie steht auf dem Standpunkt der Zeit, von der sie erzählt (und die sie idealisiert), nicht der Zeit, in der sie geschrieben wurde. – Die Rede ist von der Großzügigkeit des Rodrigo de Narváez, des ersten christlichen Alcalden von Antequera, der den maurischen Ritter Abindarráez aus der vornehmen Abencerraje-Familie gefangen genommen hat, ihn auf Ehrenwort beurlaubt, damit er die schöne Jarifa heiraten kann, und ihm die Freiheit schenkt, als der Maure samt Jarifa pünktlich wieder zurückkehrt.

Die zweite bedeutende Moriskenerzählung stammt von dem Historiker Ginés Pérez de Hita und ist weitgehend mit dem ersten Band seiner *Guerras civiles de Granada* (1595) identisch. Dieser erste Band, mit dem Titel *Historia de los bandos de Zegríes y Abencerrajes, caballeros moros de Granada*, ist nichts anderes als ein historischer Roman mit den Merkmalen der Moriskenerzählung, das heißt dem Respekt vor den Andersgläubigen und der Emphatisierung der Rittertugenden. Die Rede ist hier von den inneren Kämpfen zwischen den mächtigen Familien im noch maurischen Granada und den äußeren Kämpfen zwischen Mauren und Christen. – Der zweite Teil (1619) ist weniger romanhaft und beschreibt die Moriskenaufstände von 1568–71 und 1609 im bereits christlich gewordenen Andalusien, genauer in den Alpujarras, an deren Niederschlagung der Autor selbst teilgenommen hat. Er ist also eher ein Dokument der Zeitgeschichte, die von der unseligen Morisken-Vertreibungspolitik der Austrias geprägt war. – Es ist deshalb nicht überraschend, daß es im 17. Jh. nur noch *eine* spanische Moriskengeschichte gab, die *Historia de los dos amantes Ozmín y Daraja* von Mateo Alemán, die dieser in den ersten Teil seines pikaresken Romans *Guzmán de Alfarache* (1599) eingefügt hat.

Cervantes hat im Zweiten Teil des *Quijote* mit der Geschichte des Ricote (Kap. 54 ff) das Einzelschicksal eines vertriebenen Morisken, der Hals über Kopf fliehen und Hab und Gut zurücklassen mußte, eindrucksvoll geschildert – eindrucksvoll deshalb, weil diese Geschichte nicht romanesk, sondern realistisch und aktuell ist und weil Ricote von Cervantes mit Sympathie, nicht etwa als ›Fremdkörper‹ dargestellt wird (der ›entfernt‹ werden muß), sondern als Freund und Nachbar Sancho Panzas, d.h. als ›Einheimischer‹, eben als Kastilier. – Darüber hinaus gibt es im Ersten Teil des *Quijote* (Kap. 39 ff) noch die äußerst spannende Geschichte vom Cautivo, des von maurischen Sklaven nach Algier verschleppten Christen, der – wie ein *Papillon* avant la lettre, allerdings unter Beihilfe einer heimlich zur

Morisca in einer zeitgenössischen italienischen Darstellung

Bericht über den Aufstand und die Vertreibung der Morisken von Antonio Corral y Rojas (1613)

Cervantes und die Morisken

Christin gewordenen Maurin – seine tollkühne Flucht zuerst geduldig vorbereitet und dann entschlossen durchführt. Diese teils romaneske, teils autobiographische Erzählung ist gleichsam eine *novela morisca* mit vertauschten Rollen (Held ist ein Christ im Maurenland).

Der byzantinische Roman (novela bizantina)

Das Erbe Heliodors

1516 erschien in Basel eine lateinische, 1554 in Antwerpen die erste spanische Übersetzung von Heliodors *Aethiopica*, einem umfangreichen hellenistischen (oder ›byzantinischen‹) Abenteuer-, Reise- und Liebesroman aus dem 3. Jh., der in Europa, infolgedessen auch in Spanien, zahlreiche Nachahmer fand. Zum eisernen Bestand der *novela bizantina* gehört das Liebespaar, das durch ein schicksalhaftes Ereignis getrennt und weit weg, manchmal über die ganze Welt verschlagen wird, das dabei gefährliche Abenteuer erlebt – wobei auch Tugend und Keuschheit auf (siegreich bestandene) Proben gestellt werden – und das am Ende, durch die bestandenen Gefahren geläutert, wieder zusammenfindet. Es handelt sich also um ein Paradigma der moralischen Bewährung, gleichzeitig aber auch der Welterfahrung, das im weitgespannten und von zahlreichen Gefahren bedrohten Reisenetz des damaligen Spanien (Schiffbrüche, Überfälle, Entführungen waren an der Tagesordnung) eine auch tatsächlich erfahrbare Entsprechung hatte.

Die heute kaum noch bekannten spanischen Nachfolgeromane stammen von Alonso Núñez de Reinoso (*Historia de los amores de Clareo y Florisea y de los trabajos de Isea*, 1552), von Jerónimo de Contreras (*Selva de aventuras*, 1565), aber auch von Lope de Vega (*El peregrino en su patria*, 1604) und von Cervantes.

Cervantes' Trabajos de Persiles y Segismunda

Auf den ersten Blick scheint die *novela bizantina* im *Quijote* keine Spuren hinterlassen zu haben. Trotzdem gibt es zu Beginn des 48. Kapitels des Ersten Teils einen interessanten Hinweis. Der Kanonikus nämlich, der dort und im vorhergehenden Kapitel eine regelrechte Poetik des guten Abenteuerromans entwickelt, gibt zu erkennen, daß er selbst ein Romanprojekt in der Schublade hat, von dem er schon hundert Seiten geschrieben haben will und von dem er behauptet, es sei bei den normalen Lesern ebenso auf Zustimmung gestoßen wie bei den Gelehrten. Höchstwahrscheinlich ist das ein diskreter Hinweis auf Cervantes' damals noch im Entstehen befindliches *Los trabajos de Persiles y Segismunda* (1617, postum), sein letztes Werk, eine Mischung aus Ritterroman und byzantinischem Roman (die in der Tat eng miteinander verwandt sind), dem der moderne Leser angesichts des *Quijote* zwar nicht mehr so viel abgewinnen kann, den Cervantes selbst aber für die Krönung seines Schaffens hielt. Er glaubte nämlich, in diesem Werk das Außerordentliche mit dem Möglichen und Wahrscheinlichen versöhnt und also einen Abenteuerroman nach den Regeln der aristotelischen Poetik geschrieben zu haben, einen Anti-Amadís sozusagen, in dem der Leser auch das richtige Gleichgewicht zwischen Unterhaltung und moralischem Nutzen findet. Nach diesem Gleichgewicht hat Cervantes in seinem ganzen Schriftstellerleben gesucht, und es ist nicht zu übersehen, daß er noch im *Quijote* unsicher war und daß er eben deshalb der in seinen Augen anspruchslosen Haupthandlung mit den eingeschobenen Geschichten, die z. T. richtige *novelas ejemplares* sind, ein moralisch bedeutsames Gegengewicht verschaffen wollte.

Mit dem *Persiles* ist die Geschichte des byzantinischen Romans in Spanien im wesentlichen abgeschlossen. Ihr Weiterleben ist in Frankreich (spä-

Der Hafen von Sevilla am Guadalquivir im 17. Jh. – Spaniens bedeutendster Seehafen war Tummelplatz auch der Picaresca. Auf dem Fluß sieht man zwei spanische Galeeren – Endstation für viele Delinquenten, u. a. für Guzmán de Alfarache.

ter auch in Deutschland) zu suchen, vor allem in den heroisch-galanten Romanen im Stil der Mlle de Scudéry.

Der pikareske Roman (novela picaresca)

Im scharfen Gegensatz zu den bisher behandelten Romanformen steht die *novela picaresca*. Die in ihr beschriebene Welt ist nicht mehr fern und märchenhaft, sondern spanisch nah, aktuell und real; es ist auch nicht mehr die Welt der Könige, des Adels und der vornehmen Frauen, sondern die der Bettler, Gauner und Prostituierten, und *wenn* darin die Oberen auftreten, sind sie jedenfalls ihres Glanzes beraubt. Schauplätze sind ferner nicht mehr der Palast oder der arcadische *locus amoenus*, sondern die Straße, der Platz, die Kaschemme, der Hafen und die Universität, deren Studentenschaft auch ›in Wirklichkeit‹ z. T. lebhaften Umgang mit der Unterwelt hatte. Kurz: die *novela picaresca* ist ein Stadtroman (Hauptschauplätze sind Madrid und Sevilla), genauer ein Gassen- und Gossenroman. Es ist also die andere Seite der spanischen Medaille, die hier gezeigt wird und – zum ersten Mal in der Geschichte der abendländischen Literatur – die Seite des Elends, des Hungers, der Arbeitslosigkeit, des *struggle for life*, des sozialen Abstiegs, der Korruption. Nicht mehr eine Fluchtwelt, sondern ein ›Milieu‹, und zwar eines, aus dem es für den *pícaro*, den Antihelden par excellence, gerade kein Entkommen gibt (das deutsche Wort »Schelm« ist ebenso wie die – am besten zu vermeidende – Gattungsbezeichnung »Schelmenroman« ein *zu* niedlicher Euphemismus). Bis zu einem gewissen Grad spiegelt sich in der *novela picaresca* der Niedergang Spaniens und der Zerfall seiner gesellschaftlichen Ordnung, besonders an ihrem unteren Rand. Trotzdem ist die *novela picaresca* kein Sozialroman im Sinne von Dickens oder Zola, in dem – unter dem Einfluß des aufkommenden Sozialismus – das Schicksal der Unterschichten als schreiendes Unrecht erscheint, dem es – sei es durch

Gattungsmerkmale der novela picaresca

Reformen, sei es durch revolutionären Umsturz – beizukommen gilt. Nein: in der *novela picaresca* ist das soziale Elend noch gottgegeben, unveränderlich und deshalb fatalistisch hinzunehmen. Und vor allem: seine Beschreibung gehört noch in den Zuständigkeitsbereich des niederen Stils, ja der Komik, noch nicht in den der tragischen Höhe, die erst im 19. Jh. erreicht wurde. Dennoch ist die ›soziale Frage‹ in der pikaresken Literatur zumindest aufgeworfen und sie ist, obwohl sie im Sinne der geistlichen und weltlichen Machthaber gelöst wird, bezeichnenderweise aus der ›Sicht von unten‹ gestellt.

Die Frage der Einheit des Genres war lange umstritten, vor allem wegen des langen Zeitabstandes zwischen dem ersten Text – dem anonymen *Lazarillo de Tormes* (1554) – und dem zweiten, Mateo Alemáns *Guzmán de Alfarache* (1599/1604), durch den überhaupt erst das Gattungsbewußtsein gebildet wurde. Danach gab es bis in die zweite Hälfte des 17. Jh. noch etwa dreißig weitere Romane, die in kurzen Abständen aufeinander folgten. Trotz der erheblichen Unterschiede zwischen dem *Lazarillo* und dem *Guzmán* sowie dem *Guzmán* und den übrigen Texten, gibt es einige Grundmerkmale, die auf die meisten pikaresken Romane zutreffen:

Der Pícaro

Der *pícaro* (die Etymologie des Wortes ist noch nicht vollständig geklärt) entstammt niederen und – als Antiheld – stets auch zweifelhaften Verhältnissen. Er muß sich ganz auf seine persönliche Gewitztheit und Geschicklichkeit verlassen, denn er hat keine Familie, die hinter ihm steht, und kann als Plebejer keine Waffen tragen, es sei denn das Messer. Dennoch scheut er vor der Anwendung von Gewalt zurück, nicht weil er Skrupel hat, sondern weil es ihm an Kampfesmut gebricht. Denn moralische Hemmungen kennt er nicht, höchstens die späte Reue.

Die *novela picaresca* wird meist in der ersten Person erzählt und gibt sich als autobiographische Selbstrechtfertigung. Aus der Differenz zwischen dem Erzähler- und dem Protagonisten-Ich und aus der unterschiedlichen Perspektive des angekommenen und des noch unterwegs befindlichen Pícaro ergeben sich die reizvollsten stilistischen Eigenheiten und die schillerndsten moralischen Ambiguitäten der Gattung.

Die *novela picaresca* ist ein Episodenroman. Die Episoden ergeben sich aus dem Umstand, daß der Pícaro als Diener vieler Herren von einem Dienstverhältnis ins andere wechselt, wobei er reichlich Gelegenheit hat, seinen jeweiligen Arbeitgeber und dessen Stand ironisch oder satirisch bloßzustellen.

Der Pícaro durchläuft eine regelrechte Gauner-Karriere, bei der Fortuna ihn Höhen und Tiefen durchleben läßt, die aber als Ziel immer die Überwindung der Misere im Auge behält. Dieses Ziel ist noch nicht der gesellschaftliche Aufstieg, wohl aber eine materielle Absicherung der Existenz. Dennoch steht – und darin liegt die eiserne Reserve an Moralität, die auch der zynischste Schelmenroman hat – am Schluß kein wirkliches Happy End, vielmehr oft eine Galeeren- oder Gefängnisstrafe, die Flucht nach Südamerika oder bestenfalls ein unehrenhaftes Arrangement.

Vorläufer und Nachfolger der Gattung

Viel diskutiert wurde die Frage nach Vorläufern oder nach dem Ursprung der Gattung. Wie alle Ursprungsfragen ist aber auch diese nicht überzeugend zu beantworten. Am meisten genannt werden der *Goldene Esel* von Apuleius (160/170 n.Chr.), wo es immerhin die Ich-Form und das Schema des Dieners vieler Herren gab; die Satiren von Lukian (150/160 n.Chr.), die im Zeitalter des Humanismus breit rezipiert wurden, und die Figur der Celestina bei Fernando de Rojas. Forciert erscheint die in jüngster Zeit lancierte Theorie vom Ursprung der Picaresca aus dem Geist der

Humanistenbriefe (*lettere volgari*). In der Tat beginnt der *Lazarillo* als Antwort an »Vuestra merced« (»Euer Gnaden«), einem nicht näher bestimmten Dialog- oder Briefpartner, der sich nach dem im letzten Kapitel geschilderten »caso« (»Fall«) des *ménage à trois* erkundigt. Die Brieffiktion – wenn sie denn überhaupt angenommen werden darf – wird aber nicht weiter durchgehalten und spielt auch sonst in der Picaresca kaum eine Rolle. – So wie die Gattung hier definiert worden ist, vor allem, wenn man an den Charakter der moralischen Selbstrechtfertigung denkt, der bei allen »Vorläuferformen« fehlt, ist sie in der Tat erst seit der Mitte des 16. Jh. und zunächst allein in Spanien anzutreffen, bevor sie im späten 17. und frühen 18. Jh. nach Deutschland (Grimmelshausen), Frankreich (Lesage), England (Defoe und Fielding), im 19. Jh. auch nach Lateinamerika ausstrahlte. Die letze *novela picaresca* von Rang waren Thomas Manns *Bekenntnisse des Hochstaplers Felix Krull* (1913/54).

Für den heutigen Leser ist *La vida de Lazarillo de Tormes y de sus fortunas y adversidades* (erste überlieferte Ausgaben 1554 gleichzeitig in Antwerpen, Burgos und Alcalá de Henares) mit Abstand der reizvollste pikareske Roman, nicht nur wegen seiner noch kaum von moralischen Bedenken gebremsten Frechheit und Frische, sondern auch wegen der würzigen Kürze des Textes. Für Maxime Chevalier ist der *Lazarillo* der erste Roman, dem es gelingt, disparate Elemente der Folklore und der populären Erzählkunst in der Ich-Form zu organisieren, einheitlich zu perspektivieren und dabei gleichzeitig das System der offiziellen Wertgeber (Kirche, Adel, Ehre) wenigstens in seinen niederen Formen der Lächerlichkeit preiszugeben. Deshalb ist es auch nicht überraschend, daß der schmale Band 1559 auf den Index gesetzt und in Spanien nur noch in ›gereinigter‹ Form (*El Lazarillo castigado*, ab 1573) erscheinen konnte. Vermutlich hat erst das Schicksal des *Lazarillo* spätere Autoren, vor allem Mateo Alemán, dessen *Guzmán de Alfarache* lange Zeit als Muster der Gattung galt, zur Einnahme eines moralkonformen Standpunkts veranlaßt. Nach dem Verfasser des *Lazarillo* wurde bisher vergebens gefahndet; keiner der vielen Namen, die gehandelt wurden, ließ sich in überzeugender Weise mit dem Text verbinden. Américo Castro vermutete – in diesem Fall nicht ohne Grund –, daß der Autor ein *converso* (ein zur Konversion gezwungener Jude) war, was auch das Verschweigen des Verfassernamens verständlich machen würde. Er nahm das vor allem im Hinblick auf das satirische Temperament an, mit welchem der Verfasser die Korruptheit der Justizorgane und der Kirchendiener bloßstellt, und im Hinblick auf den Zynismus, mit dem Lazarillo sein spätes Glück als Ausrufer (der am wenigsten ehrenvollen staatlichen Charge, denn sie war mit dem Amt des Henkers verbunden) und als Ehemann der Erzpriester-Konkubine richtiggehend zur Schau stellt.

In der Tat legen Anfang und Ende des Romans, in dem das Wort *pícaro* noch nicht vorkommt, einen Rahmen der Ehrlosigkeit um Lázaros Leben: Geboren wird er am (oder im) Tormes bei Salamanca als Sohn eines diebischen Vaters und einer Mutter, die es weder mit der *honra* noch mit der *limpieza de sangre* sonderlich genau nahm (»Buhlschaft« mit einem Schwarzen, aus der Lázaros farbiger Halbbruder hervorging). Das ist der Anfang. Am Ende steht die Duldung des Ehebruchs, eine nach damaliger Auffassung besonders schlimme Ehrlosigkeit, zumal Lazarillo materiellen Vorteil aus ihr zieht und Ehre und Geld als unvereinbar galten.

Aber auch sonst kreist der Roman um das Problem der Ehre. In seiner Mitte, just im dritten ›Traktat‹ (= Kapitel) von sieben, ist Lazarillo Diener bei einem Escudero, einem Angehörigen des niederen Adels, der alles ver-

Lazarillo de Tormes

Das Problem der Ehre

loren hat außer der Ehre und der so arm ist, daß selbst Lazarillo Mitleid mit ihm hat und ihm beisteht, so gut es geht. Das läßt auf den ersten Blick auf ein gutes Verhältnis der beiden und auf eine Hervorhebung des Adligen schließen, denn Lazarillo hat sonst nur Herren, die ihn schlecht behandeln, ihn hungern lassen und gegen die er sich wehren muß. In Wahrheit ist aber auch der Adlige, der selbst hungert, wie alle anderen Ständevertreter im Roman (Geistliche und Polizisten) eine minderwertige Figur: Er läßt Lazarillo schmählich im Stich und in den Klauen seiner Gläubiger, die er ohne mit der Wimper zu zucken um ihr Geld geprellt hat. Seine so penetrant zur Schau gestellte Ehre ist weiter nichts als eine eitle und lächerliche Fassade, welche die tatsächliche Nichtigkeit des Escudero verschleiern soll. Dieser Stand war – wie der des Hidalgo – auch in Wirklichkeit in schwere Not geraten, nachdem er – die Reconquista war vorbei, die neuen Kriege wurden mit Söldnern geführt – funktionslos und zwischen den gehobenen Adligen, die ihn verachteten, und den reich gewordenen Plebejern, die ihn überflügelten, gleichsam aufgerieben wurde.

So ist der *Lazarillo* einer der ersten Texte, der die verbrämende Funktion des Ehrbegriffs aufdeckt und zugleich Sympathie für denjenigen erzeugt, dem solche ›Ehre‹ überhaupt nichts gilt und dessen bedenkenlose Unverschämtheit fast schon wieder moralisch erscheint. Man könnte den Roman wie ein Lob der *deshonra* lesen, vor der die offizielle Scheinmoral und die Scheinheiligkeit umso verwerflicher wirken. Besonders die des Blinden, der die *misericordia* ausbeutet (Kap. 1), die des geistlichen Ablaßkrämers (Kap. 5), der zusammen mit dem Polizisten aus der Höllenangst Kapital schlägt, und die des Erzpriesters, der das Zölibat mit einem betrügerischen *ménage à trois* unterläuft und sich selbst, dank diesem Arrangement, als untadeliger Gottesmann produziert. – Auch die Gestalt des Ablaßkrämers, dessen Geschäfte Luther so sehr gegeißelt hat, gehört in die Zeitgeschichte; sicher hat dessen Beschreibung, ja Denunziation, auf das Heilige Offizium einen besonders schlechten Eindruck gemacht. Auch der Blinde ist eine Figur der spanischen Realität mit ihrem weitverbreiteten Bettler- und Landstreicherunwesen, von dem in den späteren Schelmenromanen immer wieder die Rede sein wird und zu dem letztlich auch der Pícaro selbst gehört. Im pikaresken Roman geht es also nicht um die – fast ehrwürdige, um nicht zu sagen heilige – Gestalt des Bettlers als *pordiosero*, an dem sich die Fähigkeit des Reichen zur Ausübung der Caritas bewähren kann (wie in Calderóns *Gran teatro del mundo*), sondern um den Bettler als Gauner, dessen Unverschämtheit direkt auf die aus den Fugen geratene Ordnung der spanischen Gesellschaft verweist.

Lazarillo und der Blinde, Seite aus einer Edition von 1621

Stil des Lazarillo

Der stilistische Reiz des auf den Raum zwischen Salamanca und Toledo beschränkten *Lazarillo* liegt zum einen in der fingierten Naivität, mit der erzählt wird, wobei sich die erzählerische ›Reichweite‹ des ungebildeten Protagonisten und die des gebildeten Erzählers ebenso zweideutig wie wirkungsvoll überlagern. Und zum anderen im ungebrochenen Amoralismus der Ich-Erzählung, die noch nicht zwischen der Reue des Angekommenen und der Sündhaftigkeit des unterwegs Befindlichen unterscheidet. Charakteristisch für den pikaresken Roman und nicht nur für den *Lazarillo* ist ferner die Mischung aus kruder Grausamkeit und grotesker Kreatürlichkeit, den Ingredienzen des niederen Stils. Grausam ist zum Beispiel Lazarillos Rache am Blinden, den er gegen einen Pfeiler springen läßt; oder die Zertrümmerung von Lázaros Gebiß im zweiten Kapitel, als sein geiziger Herr dahinterkommt, daß er den Schlüssel zum Brotkasten hinter den Zähnen verborgen hat. Und grotesk-kreatürlich ist die Aufspürung der von

Lazarillo verschluckten Blutwurst, die der Blinde mit seiner immer länger werdenden Nase im Schlund ertastet, was ihre sofortige Rückkehr durch Erbrechen zur Folge hat.

Obwohl der *Guzmán de Alfarache* (Teil 1: 1599, Teil 2: 1604) zu seiner Zeit noch erfolgreicher war als der *Lazarillo* (32 Auflagen in 20 Jahren) und obwohl er diesem überhaupt erst zu einem dauerhaften (Wiederauflage-) Erfolg verhalf, ist er für den Leser unserer Tage wesentlich schwerer zu verdauen. Das hängt zum einen an dem gewaltig gesteigerten Umfang (700 Seiten anstelle der 50, die der *Lazarillo* umfaßte). Zum anderen aber auch an dem radikalen Strukturwandel, dem die *novela picaresca* – offensichtlich aus Zensurrücksichten – von Mateo Alemán unterworfen wurde. Dieser entstammte einer von Florenz nach Sevilla verschlagenen Handelsfamilie, studierte Medizin, Jura und Theologie, kannte also genau das von ihm so trefflich geschilderte Universitätsmilieu, versuchte sich in vielen Berufen, verfaßte, als königlicher Beamter, eine Denkschrift über die schlechte Behandlung von Sträflingen in den Quecksilberbergwerken, welche die Fugger in Spanien unterhielten, saß selbst mehrmals im Gefängnis und ging schließlich nach Mexiko, wo er vermutlich 1616 starb.

Guzmán de Alfarache

Die wichtigste strukturelle Änderung ist die entschiedene Moralisierung des Schelmenromans: Im *Guzmán* beginnt die Aufspaltung in das sündige und das bereuende, das unterwegs befindliche und das angekommene Ich. ›Angekommen‹ ist Guzmán am Ende an der Station ›Galeerensträfling‹, bei der er in sich geht und fortan ein gottgefälliges Leben zu führen beschließt, dessen erste Frucht just der Text ist, den der Leser liest. Und nicht nur das: Aus der Perspektive des reuigen Sünders wird der Bericht über dessen pikaresken Lebensweg mit einer solchen Fülle von moralischen Beobachtungen, theologischen Kommentaren und lebenspraktischen Ratschlägen überzogen, daß der Leser vor lauter didaktischen Mahnzeichen gewiß nicht mehr so leicht auf die Idee kommt, am Gaunerleben insgeheim Gefallen zu finden. Eine auf moralische Besinnung (nicht auf Vergnügen) vorbereitende Einleitung sorgt vollends dafür, daß der Leser von vornherein auf den Weg des richtigen gegenreformatorischen und d.h. asketischen Verständnisses geführt wird: Der Mensch ist verdorben, eigentlich unrettbar verloren; aber er kann, wenn er bußfertig ist, auch auf die Gnade Gottes und seinen eigenen freien Willen vertrauen (die Wirkung des letzteren stellt Guzmán selbst unter Beweis, als er seinem Leben die entscheidende Wende gibt).

Die Moralisierung der Picaresca

Mateo Alemán

Der *Guzmán* ist nicht nur im Umfang eine Überbietung des *Lazarillo*. Es erweitert sich auch das geographische Betätigungsfeld des Pícaro; es steigern sich seine Vergehen vom Mundraub bis zu den raffinierteren Formen des Betrugs; und es erheben sich die sozialen Sphären, zu denen er Zugang hat. Von Sevilla führt ihn der Weg über Toledo nach Madrid. Von dort via Barcelona nach Italien. In Rom findet er Beschäftigung bei einem Kardinal, der einzigen moralisch einwandfreien Person im Roman. Bei ihm lernt er die alten Sprachen kennen, womit der Bildungsgrad, den der Pícaro für seine schriftstellerischen (hier auch für seine moraltheologischen) Aktivitäten braucht, ›wahrscheinlicher‹ gemacht wird als im *Lazarillo*. Anschließend finden wir Guzmán, der trotz der Weitläufigkeit seiner Reisen nur acht Herren hat, zwischendurch auch auf eigene Rechnung arbeitet, in Diensten des französischen Botschafters. Weitere Stationen sind Genua, Siena, Florenz, Bologna (mit Gefängnisaufenthalt), Zaragoza und Alcalá de Henares (Sitz der neben Salamanca bedeutendsten spanischen Universität im Siglo de Oro). Wie immer geht es dabei um die Suche nach materieller Sicherheit, mit vielem Auf und Ab und ohne dauerhaften Erfolg. Am Ende schließt sich der Kreis mit der Rückkehr an den Ausgangspunkt Sevilla. Nicht zufällig ist im übrigen Sevilla der geographische Dreh- und Angelpunkt des *Guzmán* und anderer pikaresker Erzählungen, denn Sevilla war im 16./17. Jh. Spaniens größter Hafen, der Hauptumschlagplatz für das aus Amerika ankommende Gold (und andere Waren) und für die nach Amerika abgehende ›Fracht‹ an Menschen aller Klassen – von den in offizieller Mission reisenden Beamten bis zu den Desperados, die in der Neuen Welt das Glück zu finden hofften, das ihnen in Spanien vorenthalten blieb. Es ist bezeichnend, daß der Pícaro, dem es – wie gesagt – an Wagemut gebricht, just auf der Schwelle zwischen der alten und der neuen Welt stehen bleibt und es vorzieht, seinen Schnitt mit dem zu machen, was andere ›erobert‹ haben. – Im Gegensatz zum *Lazarillo*, wo von Anfang bis Ende ironische Zweideutigkeit herrschte, ist im *Guzmán de Alfarache* aber eine deutliche Zweiteilung, ja eine scharfe Antithese zwischen dem gottvergessenen Treiben des Pícaro und den prinzipienfesten Kommentaren des reuigen Sünders festzustellen. Diese Spaltung läßt den Roman einerseits vor den Zensurinstanzen als ›linientreu‹ (d.h. auf der Linie der Gegenreformation liegend) erscheinen; sie sichert ihm andererseits aber auch noch das Interesse solcher Leser, die lediglich eine ›gepfefferte Geschichte‹ aus ihm herauslesen wollten (wozu sie bloß die Kommentare zu überspringen brauchten).

Einfluß Alemáns auf Cervantes

Auf Cervantes hatte Mateo Alemán einen nicht geringen Einfluß. Ihm sah der Verfasser des *Quijote* die Technik der Verwendung eingeschobener Geschichten ab. Bei ihm auch konnte er lernen, wie man sich gegenüber einem Plagiator verhält. Denn Alemán wurde ebenso wie Cervantes (nur früher, 1602) Opfer eines Fortsetzungsschreibers, der sich den Erfolg des ersten Teils zunutze machte, um dem zweiten Teil des Originalautors zuvorzukommen und ihm das Wasser abzugraben. Der Plagiator hieß im Fall des *Guzmán* Juan Martí und firmierte unter dem Pseudonym Mateo Luján de Sayavedra. Alemán bestrafte ihn (wie später Cervantes den Avellaneda) nicht mittels eines Prozesses (zu jener Zeit gab es noch kein *copyright*), sondern indem er ihn zur Romanperson, zum Mitspieler *seines* zweiten Teils machte. Dabei gab er ihn so nachhaltig der Lächerlichkeit preis, daß Luján de Sayavedra heute nur noch den Spezialisten bekannt ist. – Im übrigen gehört die *novela picaresca* nicht zu den Gattungen, die im *Quijote* parodiert werden. Das war schon deshalb nicht möglich, weil die *picaresca* selbst eine anti-idealistische Weltsicht hat. Wohl aber gibt es mit Ginés de Pasamonte, dem Galeerensträfling des Ersten, alias Maese Pedro, dem Puppenspieler des Zweiten Teils, eine Person, die dem *Guzmán de Alfarache* entsprungen sein könnte, die selbst schriftstellerische Ambitionen hat (Ginés will einen pikaresken Roman schreiben und tritt zugleich als Kritiker der Gattung auf) und die zudem Don Quijote zweimal zum Narren hält. Darüberhinaus spielen zwei *Novelas Ejemplares* (*Rinconete y Cortadillo* und *El coloquio de los perros*) ganz oder teilweise im Milieu der Picaresca.

Quevedos Buscón

Der dritte bekannt gebliebene Schelmenroman entstammt der Feder eines der ›Großen‹ des Siglo de Oro: Francisco de Quevedo. Die *Historia de la vida del Buscón llamado don Pablos, ejemplo de vagamundos y espejo de tacaños* (kurz: *El Buscón*, 1626) ist ein eigenartiger Text, der zwar noch alle Merkmale der *novela picaresca* aufweist und sowohl dem *Lazarillo* als auch dem *Guzmán* Tribut zollt, der aber dennoch atypisch ist. Die pikareske Handlung ist noch auszumachen, aber sie ist nicht mehr die Hauptsache. Pablos, der aus Segovia stammt (und schon deshalb anrüchig sein *muß*, denn die Segovianer galten als Krämerseelen, d.h. als Juden) ist ein Neuchrist, der sich weniger durch Diebereien als durch eine besondere Form der

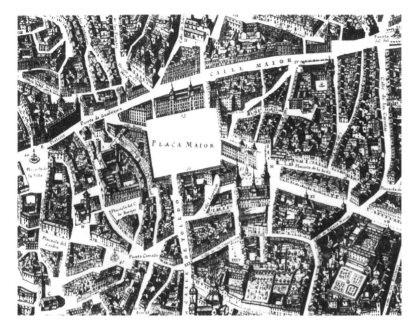

Plaza Mayor in Madrid, 1617–19 erbaut von J. Gómez de la Mora (aus dem Stadtplan von Texeira) – um sie herum spielt der größte Teil des *Buscón*

Hochstapelei disqualifiziert. Er erstrebt nicht mehr einfach die materielle Absicherung, sondern den Aufstieg in höhere Kreise, wobei er kläglich scheitert: Dem Versuch, die gesellschaftlichen Schranken zu überspringen, wird von Don Diego, dem Vertreter der traditionellen Ständegesellschaft, ein Ende gesetzt, und es ist deutlich zu sehen, daß der Altchrist und Kleinadlige Quevedo selbst hinter dieser Demaskierung des Parvenu steht; ja es ist zu vermuten, daß der Roman ideologisch den schwindenden Einfluß des alten Adels gegen die aufkommende und schnell des Judaismus verdächtigte Geldmacht der reichen Händler verteidigt, die sich Adelstitel, Privilegien und Altchristenschaft kurzerhand kaufen konnten.

Wichtiger, oder besser: auffälliger als die Handlung ist aber die Sprache und die mit ihr realisierte Deformierung der Weltanschauung. Nicht zu unrecht wurde der *Buscón* von Leo Spitzer als »exercice de style«, von Maxime Chevalier als »obra de ingenio« (im Sinne von Graciáns *Agudeza y arte de ingenio*) bezeichnet, in dem das konzeptistische Wortspiel an die Stelle der relativ realistischen Beschreibungstechnik anderer pikaresker Romane tritt. Formulierungen wie die folgende (es ließen sich hundert andere anführen) sind einerseits Rätselaufgaben, die beim Leser einigen Scharfsinn voraussetzen, und andererseits pessimistisch-asketische Entlarvungen des Scheincharakters aller weltlichen Ehre, *desengaño* also im Sinne des spanischen Barock: »300 Cardenales« hätten ihn begleitet, sagt Pablos über seinen (zur Hinrichtung!) aus dem Gefängnis entlassenen Vater, wobei die Doppelbedeutung von span. »cardenal« (1. = Kardinal; 2. = rote Striemen als Folge einer Mißhandlung) die Hochstapelei des ehrversessenen Pícaro sofort entlarvt, zumal die Kurie damals nur 60 bis 80 Kardinäle hatte. Hier wird auch sichtbar, daß bei Quevedo der Pícaro nicht mehr mit dem Autor zu verwechseln ist, sondern im Gegenteil sprachlich von ihm dominiert und desavouiert wird.

Zu den Eigenheiten dieses Schelmenromans gehört ferner die karikaturistische Beschreibungstechnik, die sich besonders in dem surrealen, schon

Stilistische Eigenheiten

Spanischer Edelmann in der archetypischen Gestaltung El Grecos (1580)

an Goyas *Caprichos* gemahnenden Portrait des Priesters Cabra niederschlägt, der grotesken Verkörperung des Geizes; oder Quevedos Vorliebe für abstoßende, ja ekelerregende Details aus der Berufspraxis von Pablos Onkel, des Henkers von Segovia und Exekutors seines (Pablos) eigenen Vaters. All das gehört zur großen desengaño-Strategie, die Quevedo im Roman verfolgt und die teilweise Ausfluß des Zeitgeists, teilweise aber auch des profunden Pessimismus, des Ekels und der Enttäuschung Quevedos angesichts der spanischen Dekadenz und des galoppierenden Verlustes traditioneller Werte ist.

Weitere Schelmenromane

Weitere und spätere Schelmenromane sollen hier nur noch stichwortartig erwähnt werden. Dazu gehört z. B. der erst jüngst edierte *Guitón Honofre* (1604) von Gregorio González (»guitón« ist synonym mit »pícaro«). Bemerkenswert ist ferner der erste Schelmenroman mit weiblicher Hauptperson: *La pícara Justina* (1605) von Francisco López de Ubeda. Alonso Jerónimo de Salas Barbadillo ließ daraufhin 1612 *La hija de la Celestina* folgen. Von Interesse sind weiterhin die *Relaciones de la vida del escudero Marcos de Obregón* (1618) von Vicente Espinel, der auch als Poet und Musiker einen bedeutenden Namen hatte. Sein Pícaro stammt nicht mehr aus dem Lumpenproletariat, sondern aus dem Kleinadel und bezeugt damit dessen sozialen Abstieg. Einen quasi landeskundlichen Akzent hat auch *Alonso, mozo de muchos amos* (1624/26) von Jerónimo de Alcalá Yáñez, der den Leser in das Milieu der Segovianer Handwerker und Kaufleute, auch in das der in Mexiko reich gewordenen ›indianos‹ führt. Den Schlußpunkt unter die Gattung in Spanien setzte 1646 das anonym erschienene *Vida y hechos de Estebanillo González*.

Daß und warum die Gattung in ihrem Ursprungsland nicht über die Mitte des 17. Jh. hinausreichte, ist in den Vorbemerkungen zum Romankapitel bereits erörtert worden. Bemerkenswert an der weiteren (außerspanischen) Entwicklung des pikaresken Romans ist besonders, daß die Tabuisierung des gesellschaftlichen Aufstiegs nach und nach aufgehoben und daß der *pícaro* (die *pícara*), moralisch geläutert, in die Gesellschaft integriert wird (Lesages *Gil Blas*, 1715 ff; Defoes *Moll Flanders*, 1722). Es zeigt sich sogar, daß das Konzept des Schelmenromans vorzüglich geeignet war, dem auch im 18. Jh. noch nicht selbstverständlichen Aufstiegsgedanken als imaginäres Vehikel zu dienen. Denn einerseits war die Sehnsucht nach der Emanzipation aus den Verhältnissen, in die man geboren wurde, schon der spanischen Pikareska eingeschrieben, andererseits aber war gerade die Tatsache, daß der Aufstieg in dieser Gattung als das Nicht-Normale angelegt war, die Voraussetzung dafür, ihn gleichsam versuchsweise einmal geschehen zu lassen. – Erst mit der zweiten Hälfte des 19. Jh. und zu Beginn des 20. Jh. (Thackerays *The Memoirs of Barry Lyndon, Esq.*, 1856, und Thomas Manns *Felix Krull*, erste Fassung 1913) wird der Pícaro erneut zum Außenseiter, der die nun bürgerlich gewordene Gesellschaft und das zur Norm erhobene individuelle Erfolgsstreben aus der Distanz eines pikaresken Dandy- und Artistentums ironisiert.

Cervantes

Biographische Spuren

Soviel man über den *Don Quijote* an kommentierendem Wissen angesammelt hat, so wenig Sicheres weiß man über das Leben seines Verfassers. Es ist dies ein Fall, wo der Autor hinter dem Text fast vollständig verschwunden ist, so wie die Autoren der Evangelien hinter dem Text der Heiligen Schrift. Unamuno, der die romantische Verklärung des *Quijote* auf

Kosten des Verfassers auf die Spitze getrieben hat, ging sogar so weit, dem ›unbedeutenden‹ Cervantes das Recht auf seinen ›genialen‹ Text abzusprechen, als sei der *Quijote* dem ›Medium‹ Miguel ohne dessen Zutun aus dem Kopf und über den Kopf gewachsen. Wieviel an persönlicher Erfahrung im *Quijote* verarbeitet worden ist, können wir deshalb nur noch erahnen, aber kaum mehr wirklich ermessen. Ebensowenig wissen wir über die (jedenfalls nicht besonders glücklichen) Umstände Bescheid, unter denen sich Cervantes' ungewöhnliche Intelligenz, sein Humor und seine Offenheit entwickelt haben.

1547 kam Cervantes als viertes von sechs Geschwistern vermutlich in Alcalá de Henares zur Welt, wo sein angebliches Geburtshaus noch heute zu besichtigen ist. Sein Vater war »Chirurg«, was damals weder mit hohen Einkünften noch mit gesellschaftlichem Prestige, noch mit der Notwendigkeit verbunden war, sich besondere Kenntnisse anzueignen. Von Miguels Jugendzeit ist nichts bekannt; sein Name taucht erstmals in Verbindung mit dem von López de Hoyos auf, bei dem der 20jährige möglicherweise eine humanistische und vielleicht sogar eine dezent erasmistische Ausbildung erfuhr. Für beides gibt es Belege in seinem Werk, dessen Katholizität zwar fraglos, zugleich aber auch erstaunlich liberal und aufgeklärt ist. Vielleicht hat er die Grundlagen humanistischer Bildung aber auch erst in Rom erworben, wohin er 1569, 22jährig, fliehen mußte, weil er – nicht zum letzten Mal in seinem Leben – von der Polizei gesucht wurde, in diesem Fall wegen Körperverletzung. In Rom fand er eine bescheidene Anstellung bei dem gleichaltrigen Giulio Acquaviva, der im Gegensatz zu Cervantes eine steile Karriere in den *Letras* machte und bald darauf ein blutjunger Kardinal wurde.

Cervantes. Porträt von Juan de Jáuregui

Der Marinesoldat

Cervantes hingegen wandte sich den *Armas* zu. 1571–1575 diente er als Marinesoldat und nahm an der berühmten Seeschlacht von Lepanto – dem großen Sieg der spanischen Flotte über die türkische – teil, wobei er sich durch besondere Tapferkeit auszeichnete und so schwer verletzt wurde, daß seine linke Hand unbrauchbar blieb (weshalb man Cervantes in patriotischer Vereinseitigung auch »El manco de Lepanto« nennt). Im Spätsommer 1575, auf der Heimreise nach Spanien, wurde sein Schiff auf der Höhe von Cadaqués, an der Costa Brava, von türkischen Piraten gekapert (so bedroht war Spaniens Sicherheit damals). Cervantes wurde nach Algier verschleppt, wo man ihn irrtümlich für eine hochgestellte Persönlichkeit hielt, der man ein deftiges Lösegeld abforderte. Da die Familie nicht zahlen konnte, schmachtete Cervantes fünf Jahre lang im Bagno, unternahm freilich auch vier Ausbruchsversuche. Erst im Herbst 1580 wurde er durch Spenden der Trinitariermönche, die eine bedeutende Gefangenenhilfsorganisation aufgebaut hatten, und durch Geld der Familie, die sich dafür hoch verschuldete, freigekauft. Mit 33 Jahren war Cervantes also allenfalls als Haudegen, nicht aber als Autor bekannt.

Die Textproduktion

Sein erster größerer Text, der Schäferroman *La Galatea*, erschien 1585. Im übrigen versuchte Cervantes (im Grunde bis an sein Lebensende) vergebens, unter dem Schutz eines adligen Gönners in Madrider Literatenkreisen Fuß zu fassen. Deshalb mußte er mit ungeliebten Brotberufen vorliebnehmen, die ihn von 1587–1600 durch ganz Andalusien führten (Hauptwohnsitz war Sevilla). Als Proviantkommissar für die spanische Flotte (einer von vielen) kam er 1592 zum ersten Mal ins Gefängnis (wahrscheinlich unschuldig); als Steuereinnehmer (ein verhaßter Beruf) 1597 abermals, weil eine Bank, der er staatliche Gelder anvertraut hatte, bankrott machte. Es ist anzunehmen (Cervantes selbst hat dieses Gerücht lanciert), daß im Sevillaner Gefängnis der *Quijote* begonnen wurde.

1603–1605 wohnte Cervantes in Valladolid, wohin Philipp III. vorübergehend den Hof verlegt hatte. Kein geringerer als Lope de Vega, der Cervantes zeitlebens nicht grün war, sorgte dafür, daß der unliebsame Konkurrent bei den Granden nicht ankam. Dennoch erschien der Erste Teil des *Quijote* (1605) und wurde rasch populär – vielleicht der einzige Glücksfall im Leben des Autors. Im gleichen Jahr nämlich landete er abermals im Gefängnis, diesmal unter einer rasch entkräfteten Mordanklage. Daß man mit Cervantes wenig Federlesens machte, verdankte er zu einem guten Teil auch dem lockeren Lebenswandel der Frauen, die zu seinem Haushalt gehörten, und die als ›Las Cervantas‹ einen denkbar schlechten Ruf hatten.

1606 kehrt der Hof wieder nach Madrid zurück, der ewig um Protektion bemühte Cervantes erneut in seinem Gefolge. Nur der Graf von Lemos nahm sich seiner – eher halbherzig – an. Gut ging es Cervantes auch in den letzten Lebensjahren jedenfalls nicht. 1613 veröffentlichte er die *Novelas ejemplares*, 1615 den Zweiten Teil des *Quijote* (beide dem Grafen von Lemos gewidmet). Wenn man seine im Grunde optimistischen und lebensbejahenden Texte liest, könnte man meinen, ihrem Verfasser habe es an nichts gefehlt. Das Buch, das er selbst am meisten schätzte, *Los trabajos de Persiles y Segismunda*, erschien erst 1617, ein Jahr nach seinem Tod. Cervantes starb, verarmt und seit längerem krank, am 23. April 1616 in Madrid. Das Kloster, in dem er begraben wurde, liegt – letzte Ironie des Schicksals – in der (heutigen) Calle Lope de Vega.

Der Quijote – Don Quijote und Alonso Quijano

Der *Quijote* gibt sich von vornherein als literatur*kritischer* Roman zu erkennen, als Parodie der Ritterromane. Dies tut er nicht nur im Prolog, sondern auch im Titel: die Formulierung »El *ingenioso* hidalgo Don Quijote de la Mancha« weist sogleich darauf hin, daß sich das Ritterroman-Geschehen nur noch im Kopf des Protagonisten abspielt. Tatsächlich wird das alte Legitimationsproblem der Gattung Roman – ihre Inhalte galten als reine Phantastik, ja Lüge – von vornherein dadurch gelöst, daß die Vorstellungskraft bzw. das Ingenium Don Quijotes, das allein noch die ritterliche Welt imaginierend aufrechterhält, mit der spanischen Alltagsrealität der Jahre 1605–1615 konfrontiert wird. In dieser gibt es keine märchenhafte Ferne mehr, sondern nur noch die dörfliche Nähe der Mancha; es gibt keine Reise mehr nach nirgendwo, vielmehr bewegt man sich innerhalb der wohlbekannten peninsularen Grenzen und bloß bis zum Wendepunkt Barcelona. Keine Ritter, Giganten, Edelfräulein und Zauberer treten in dieser Wirklichkeit auf, sondern Gewerbetreibende, Reisende, Bauern, Hidalgos, Beamte, leichte Mädchen, Nachbarn, Straßenräuber, Matrosen, Schankwirte, Sträflinge, Pilger, ja sogar die soeben vom spanischen Staatsgebiet vertriebenen Morisken. Allerdings auch ein echtes Grandenpaar, die Herzöge, die aber nicht weniger närrisch sind als Don Quijote selbst.

Frontispiz der Ausgabe Brüssel 1662

Dieser freilich – und das ist für das Verständnis des Romans von kapitaler Bedeutung – war nicht immer verrückt (*loco*). Er heißt eigentlich auch nicht Don Quijote, sondern Alonso Quijano und hat den (von Freunden und Nachbarn verliehenen) Beinamen ›el Bueno‹, was darauf hinweist, daß er von Natur aus gütig und vernünftig ist. Erst mit fast fünfzig Jahren (damals ein hohes Alter) wird er durch die übermäßige Lektüre von Ritterromanen geistesgestört, aber auch das nur vorübergehend. Jetzt erst bildet er sich in seiner *locura* ein, zum fahrenden Ritter berufen zu sein und die Welt im Alleingang in Ordnung bringen, ja erlösen zu müssen. Erst jetzt vernebelt sich ihm der Blick für die (völlig unritterliche) Realität, macht er Windmühlen zu Riesen und Schafherden zu Heerscharen, deutet also die Welt zur Ritterromankulisse um und nennt sich selbst Don Quijote, macht

Das Innere eines Landgasthofs an einer spanischen »Straße« des 18. Jh. (Skizze von John Frederick). Gegenüber dem *Quijote* hat sich noch kaum etwas geändert.

seinen Klepper zu Rocinante (was wörtlich »früher war es ein Roß« heißt) und seine Dame (die eigentlich Aldonza Lorenzo heißt und Bäurin ist) zu Dulcinea del Toboso. – Am Ende des Zweiten Teils jedoch kommt Don Quijote wieder zu sich, wird wieder vernünftig und stirbt als Alonso Quijano el Bueno, der er im Grunde nie aufhörte zu sein. Denn dessen natürliche Güte ließ sich auch während der *locura*-Phase nie verleugnen; und wenn Don Quijotes Phantasie einmal nicht von Ritterromanvorstellungen in Anspruch genommen war, blieb sein Naturell auch weiterhin zu erstaunlichen Vernunftleistungen und Äußerungen menschlicher Größe fähig, was sich einerseits in seinen Reden über das Goldene Zeitalter und über Waffen und Wissenschaften und andererseits in seinem durch paternalistische Zuneigung bestimmten Verhältnis zu Sancho Panza zeigt.

Es war sicher der glücklichste Einfall des Cervantes, dem hochfliegenden Herrn Don Quijote (der in Wirklichkeit nur ein verarmter Hidalgo war) mit Sancho Panza einen erdverbundenen Schildknappen an die Seite zu stellen. Gewiß gab es den (an sich adligen) *escudero* auch schon im Ritterroman; aber dort war er bestenfalls eine Nebenfigur ohne Eigengewicht. Im Roman des Cervantes hingegen wird er – jetzt als Plebejer – zur zweiten Hauptperson, die sprachlich genauso präsent ist wie Don Quijote selbst und die bis ans Ende der gemeinsamen Reise der ständige Gesprächspartner und Gegenredner des Protagonisten bleibt. Dadurch erhält der Roman des Cervantes überhaupt erst jene dialogische und dialektische Dynamik, die ihn über die Jahrhunderte hinweg lebendig erhalten hat. Die Wortwechsel zwischen Herrn und Diener machen dem Leser darüber hinaus begreiflich, daß die ›Wirklichkeit‹ nicht für alle Menschen und unter allen Umständen gleich aussieht, sondern je nach dem Standpunkt oder der Perspektive, unter der man sie betrachtet, zwei oder sogar mehr Seiten haben kann. Dabei erweist sich weder die Weltsicht Don Quijotes noch die Sancho Panzas als ›richtig‹, sondern als von je verschiedenen Interessen bestimmt. Es ist Sache des Erzählers, den Leser zur kritischen Wachheit anzuhalten und ihn durch gelegentliche auktoriale Eingriffe auf das empirisch Erfahr- und Sichtbare hinzuweisen, auf das Cervantes in weit höherem Maß vertraute als etwa Calderón.

Don Quijote und Sancho Panza

Don Quijote, Erster Teil

Zusammenspiel von Teil I und Teil II

Der deutlich erkenntniskritische Charakter des cervantinischen Romans ist aber nicht das Produkt einer bewußten intellektuellen Anstrengung, sondern resultiert, gleichsam von selbst, aus den unterschiedlichen ›Anlagen‹ der antipodischen Hauptpersonen: Don Quijote ist groß und dürr, Sancho Panza klein und dick; der eine denkt idealisch, der andere materialistisch; der eine redet gewählt, ja preziös; der andere volkstümlich und in sprichwörtlichen Redensarten; Don Quijote ist zwar verrückt, aber auch intelligent; Sancho Panza zwar bauernschlau, aber auch beschränkt und leicht zu beeinflussen. Fast könnte man Sancho die Negation Don Quijotes nennen. Denn während alle anderen Personen des Romans nur ein Abenteuer lang auftreten und dann wieder verschwinden, bleibt Sancho Panza, gleichsam als der institutionalisierte Einspruch ›von unten‹, ständig an Don Quijotes Seite. Trotz dieser Gegensätzlichkeit werden die sozial und charakterlich so ungleichen Weggefährten mit der Zeit zu wirklichen Freunden, und sie bewähren ihre Freundschaft, ja ihre Solidarität, gegen ihre jeweils höchste Illusion: Don Quijote gebietet, als Dulcinea durch Sanchos Auspeitschung angeblich entzaubert werden kann, Einhalt, weil er das Leben des Schildknappen und Familienvaters im entscheidenden Augenblick über seine Ritterchimäre stellt; und Sancho Panza, als er die langersehnte Insel von der Herzogin nur unter der Bedingung bekommen soll, daß er seinen Herrn verläßt, ist seinerseits zum Verzicht bereit.

Durch die Freundschaft zwischen Don Quijote und Sancho Panza bekommt der Roman von vornherein einen versöhnlichen (übrigens auch einen sozialutopischen) Charakter, weil Don Quijote in Sancho die Wirklichkeit, so wie sie ist, auch noch in den Momenten der höchsten *locura* anerkennt, weshalb auch das Ende des Romans, an dem der närrische Ritter wieder zu sich kommt, alles andere als ein tragisches Scheitern ist (wie es der romantischen *Quijote*-Deutung erschien).

Der tröstliche Sinn des Ganzen wird auch durch die spezielle Kompositionsweise verdeutlicht, dank derer der Zweite Teil des Romans mehr als eine bloße Fortsetzung des Ersten ist. Vielmehr wird im Zweiten Teil die Bekanntheit des Ersten (und die des Avellaneda-Plagiats) im Text selbst vorausgesetzt, so daß Don Quijote und Sancho Panza schon als Berühmtheiten erwartet werden und alle Welt sich auf sie einstellen kann. Schon am Anfang des Zweiten Teils beginnt auch die Rezeption des Romans, weil die handelnden Personen selbst kritische Urteile über den Ersten Teil referieren. Der Zweite Teil ist aber nicht nur ein Metaroman im Verhältnis zum Ersten; er ist zugleich dessen kritische Umkehrung: Während im Ersten Teil alle Initiative von Don Quijote ausging und die Anderen nur darauf reagieren konnten, ist das Verhältnis im Zweiten Teil entgegengesetzt; jetzt geht die Initiative von den ›bescheidwissenden‹ Anderen aus und Don Quijote ist derjenige, der zum Spielball ihrer Launen wird. Wenn der Erste Teil eine Parodie der Ritterromane war, ist der Zweite Teil eine Parodie des Ersten. Gut sichtbar wird das schon an der ›Verzauberung‹ Dulcineas durch Sancho Panza, der inzwischen gelernt hat, wie Don Quijote zu ›phantasieren‹, während Don Quijote, wie einst Sancho, statt der drei von Sancho vorgegaukelten Prinzessinnen nur die drei tatsächlich vorhandenen Bäuerinnen auf drei Eseln sieht. Auch die zentrale Episode im Zweiten Teil, Don Quijotes Aufenthalt bei den Herzögen, ist bloß eine gigantische *burla*, in der sich die Anderen auf Kosten Don Quijotes amüsieren. Diese Umkehrung der Initiative hat aber zugleich einen moralischen Sinn: im Zweiten Teil wird Don Quijote exemplarisch (durch Verlachen) abgestraft dafür, daß er im Ersten die Welt nach *seiner* Vorstellung verbessern wollte, was, wie man weiß, ohnehin ständig schiefging. Stets blieb die Welt nach dem Eingreifen des Weltverbesserers und ›Erlösers‹ in schlechterem Zustand zurück als sie es vor seinem Auftreten war. In der Tat ist im spanischen 17. Jh. die Vorstellung, daß der Mensch von sich aus die Welt ändern oder gar erlösen könne, noch eine schwere Sünde, die nicht ungestraft bleiben kann, denn nachbessern zu wollen, was Gott geschaffen (und gut geschaffen) hat, ist pure Anmaßung und Größenwahn. Der *desengaño* – die tiefe persönliche Enttäuschung –, der mit Don Quijotes Desavouierung und mit der Final-Niederlage gegen den Spiegelritter alias Sansón Carrasco verbunden ist, und der schließlich zu Don Quijotes Tod in »melancolías y desabrimentos« führt, ist deshalb auch nicht als Katastrophe zu verstehen. Vielmehr ist er eine angemessene Sühne und bietet die Chance, in sich zu gehen und wieder zur Vernunft zu kommen, wie es – mit Gottes Hilfe – dann ja auch tatsächlich geschieht (und wie es durch den zunehmenden Realitätssinn Don Quijotes im Zweiten Teil auch aus der Handlung selbst heraus vorbereitet wird).

Don Quijote, Zweiter Teil

Bestätigt wird die moralische Dimension des Romans durch die Eingeschobenen Geschichten, die lange Zeit als unzugehörig betrachtet wurden, die in Wahrheit aber, wie Novelas ejemplares, die sie oft tatsächlich sind, der Haupthandlung eine zusätzliche Tiefendimension verschaffen, indem sie deren Problematik wie in einem Brennspiegel zusammenfassen, ja öfter überhaupt erst wirklich zuspitzen. Am schönsten ist das an der Novelle *El curioso impertinente* (eig.: »Der unzulässig Neugierige«) zu exemplifizieren, die auf den ersten Blick ohne jeden Zusammenhang mit der Haupthandlung zu sein scheint. Erst bei genauerem Hinsehen zeigt sich, daß Cervantes, anders als seine Vorgänger, *seine* Einschübe z. T. sorgfältig auf die Haupthandlung hin komponiert hat. Diese wurde bereits im 23. Kapitel des Ersten Teils durch die (noch halb mit ihr verwobene) Geschichte um Cardenio und Luscinda, Dorotea und Fernando unterbrochen. Die Dorotea-Geschichte wird dann ihrerseits durch die Novelle vom Curioso Impertinente sistiert, so daß der *Curioso impertinente*, der auf einer ganz anderen Fiktionsebene spielt (diese Geschichte wird vom Pfarrer *vorgelesen*), eine Eingeschobene Geschichte ›zweiten Grades‹ wird. Aber auch die Lektüre des *Curioso impertinente* wird unterbrochen, und zwar durch Don Quijotes Kampf mit den Weinschläuchen, so daß die Haupthandlung ihrerseits vorübergehend zum Einschub, also zur Episode, wird. Erst dann wird der *Curioso impertinente* wieder aufgenommen und zu Ende geführt, dann die Dorotea-Geschichte, samt der Erzählung des Cautivo und des Richters, und erst im Kapitel 44 wird die Haupthandlung wieder alleinherrschend. Wie man sieht, verhalten sich Haupthandlung und eingeschobene Geschichten reziprok bzw. gleichberechtigt zueinander, weil jede Erzählebene im Verhältnis zu anderen sowohl über- als auch untergeordnet sein kann.

Funktion der eingeschobenen Geschichten

Thematisch wird im *Curioso impertinente* wie in der Hauptgeschichte ein Fall von *locura* behandelt. Anselmo will untersuchen (ist neugierig), ob die Tugend seiner Frau Camila wirklich so zweifelsfrei ist, wie es den Anschein hat. Deshalb beauftragt er seinen Freund Lotario, Camila mit allen zu Gebote stehenden Mitteln zu versuchen, denn er ist so verrückt anzunehmen (und er empfindet seine Experimentierlust selbst als abwegig, als *locura*), daß nur die feuererprobte Idealtugend wahre Tugend genannt werden kann. Natürlich geht das unangebrachte Experiment schief: Camila versagt, aber nicht aus mangelnder Verzichtbereitschaft, sondern wegen der chimärischen, die menschliche Wirklichkeit vollkommen verfehlenden Bedingungen, die ihr Anselmo auferlegt hat (Lotario wird zu Verführung

El Curioso Impertinente

»Er erfüllte nun seine Phantasie mit solchen Dingen, wie er sie in seinen Büchern fand.« Gustav Dorés Illustration zum *Quijote*.

gezwungen, ja erpreßt; Camilas Widerstand wird mutwillig unterminiert, ihre Hilferufe bleiben unbeantwortet). Als Moral der Geschichte wird Anselmo, als sei es ein Zwischenruf auch für die Haupthandlung, vorgehalten: »Wer das Unmögliche will, dem geschieht Recht, wenn ihm das Mögliche versagt bleibt«. Auch Don Quijote bleibt das Mögliche versagt, weil er das Unmögliche anstrebt. Und auch in seiner Welt ist die bestehende Realität noch nicht deshalb schlecht, weil sie *anders* ist als der angestrebte Idealzustand. Sie ist, im Gegenteil, eigentlich ›ganz in Ordnung‹ und ›versagt‹ erst dann, wenn man sie mit weltfremden Forderungen konfrontiert. Während aber die Konsequenzen des unangebrachten Verhaltens in der kleinen Welt der Novelle, die nur aus drei Personen besteht, katastrophal sind (alle verlieren Ehre und Leben), hat das ebenso unangebrachte, aber wesentlich harmlosere Handeln Don Quijotes in der epischen Weite der Haupthandlung eher komische Folgen. Haupthandlung und Eingeschobene Geschichten verhalten sich also wie die heitere und wie die tragische Stilisierung eines und desselben Sachverhalts, ja in der Eingeschobenen

Geschichte wird überhaupt erst als ernsthaftes Problem auf den Punkt gebracht, was in der Haupthandlung leicht als ›Spaß‹ unterschätzt wird.

Nicht alle Eingeschobenen Geschichten sind derart akkurat mit der Haupthandlung vernetzt. In jedem Fall aber bieten sie mehr als bloße ›Abwechslung‹, vielmehr immer ›Vertiefung‹ von in der Haupthandlung angeschlagenen Themen: Die Geschichte vom Cautivo korrespondiert mit Don Quijotes ernstzunehmender Rede über Waffen und Wissenschaften und schafft zugleich einen Kontrast zwischen den Gefahren des echten Soldatenlebens auf der einen und Don Quijotes närrischer Rittertümelei auf der anderen Seite; die Marcela-Grisóstomo-Episode (in der Cervantes, wie übrigens auch in den echten *Novelas ejemplares*, für die Rechte der Frau eintritt), korrespondiert mit der Rede über das Goldene Zeitalter *und* mit Don Quijotes närrischer, für Maritornes aber gleichwohl belästigender Verliebtheit. Selbst im Zweiten Teil, wo die Episoden weniger auffällig sind, bestehen Zusammenhänge. Auch die Geschichte vom katalanischen Straßenräuber Roque Guinart weist Parallelen zur Haupthandlung auf: so wie Roque, gleichsam e contrario, zu bedenken gibt, Recht und Vernunft seien so unverzichtbar, daß selbst die Wegelagerei Regularien braucht, so singt die Haupthandlung, ebenfalls aus der Verneinung, nämlich über die *locura* Don Quijotes, *eigentlich* das Lob der einfachen Menschlichkeit und der Güte Alonso Quijanos.

Im übrigen kann man den Roman des Cervantes nur als außergewöhnlich trickreich bezeichnen. In der Tat ist die Meisterschaft, mit der Cervantes all das bereits ins Spiel bringt, was der heutigen Literarästhetik teuer ist – Autoreflexivität, Intertextualität, Dialogizität, ironisch gebrochene Beglaubigungsstrategien, komplexe Erzähltechniken –, schier unglaublich. Ob Cervantes sich all dessen bewußt war, oder ob es ihm gleichsam beiläufig *unterlief* und ob es eben deshalb so unangestrengt und befreiend wirkt, ist schwer zu entscheiden. Es steht aber außer Frage, daß Cervantes eine poetologische *Absicht* verfolgte: Das Vorwort des ersten Teils, das Autodafé gegen die Ritterbücher, die fast wörtlichen Zitate aus der aristotelischen Poetik am Anfang des Zweiten Teils bezeugen das. Dennoch ist er mit seinem Roman de facto weit über das hinausgegangen, was damals poetologisch üblich und denkbar war.

Cervantinische Poetik und Roman im Roman

Ein paar Andeutungen müssen genügen: Während es vor Cervantes ganz selbstverständlich war, einen Roman *historia* zu nennen, den Fiktionscharakter also zu verschleiern, geht Cervantes den umgekehrten Weg. Er begibt sich in die Offensive und tritt dem konservativen Lügengeschichten-Vorbehalt just dadurch entgegen, daß er den Fiktionscharakter seiner Geschichte plakativ offenbart. Gewiß hätte er das nicht ohne die Autorität von Alonso López Pinciano wagen können, der 1596 mit seiner *Filosofía antigua poética* eine erste Aufwertung ›ehrbarer‹ Unterhaltungsliteratur eingeleitet hatte. Trotzdem hat die Unbekümmertheit, mit der sich Cervantes der alten Beglaubigungsfesseln entledigt (die ja vor allem Bedenkenträger-Fesseln der offiziellen Kirche waren) auch heute noch nichts von ihrem entwaffnenden Charme verloren. Denn auch hier bleibt Cervantes seinem Vorsatz treu: Er bietet zwar eine Beglaubigungsstrategie auf, aber eben nur noch in ironisch-parodistischer Form. Im achten Kapitel des Ersten Teils z. B., als Don Quijote und der Biskayer gerade mit erhobenen Waffen kampfbereit einander gegenüberstehen, geht dem Erzähler angeblich die Quelle bzw. die ›historische‹ Vorlage aus, so daß vorübergehend nicht mehr von Don Quijote, sondern von der Suche nach einer Fortsetzung seiner Taten die Rede ist. Schließlich findet der Erzähler auf einem Markt in

Plakativer Fiktionscharakter

Titelblatt einer der frühesten Ausgaben der *Novelas ejemplares*

Toledo das Manuskript eines arabischen Historiographen namens Cide Hamete Benengeli, das er von einem Morisken ins Spanische übersetzen läßt und das ›zufällig‹ just an der Stelle beginnt bzw. weitermacht, wo der Film vorher abgerissen war, bei den erhobenen Schwertern nämlich. Damit wird einerseits unmißverständlich auf die demiurgische Macht des wahren Autors verwiesen, der alles nach seinem Belieben verschwinden lassen und wieder neu erfinden kann. Andererseits wird aber auch ironisch von dessen Verantwortung abgelenkt und die Authentizität der *historia* in Zweifel gezogen, stammt sie doch von einem Mauren (d. h. von einem Ungläubigen und eben deshalb der ›Wahrheit‹ nicht Teilhaftigen) und wurde zudem von einem Morisken übersetzt, über dessen Zuverlässigkeit (schließlich ist er ein Glaubenswechsler) sich der Leser ebenfalls keine Illusionen machen darf. Tatsächlich erfährt man, daß der Moriske nach eigenem Gutdünken ganze Passagen unübersetzt läßt. Damit hat Cervantes mit einem Schlag die *historia* desavouiert und zugleich doch auch Raum für seine eigene Erzählerwillkür geschaffen, die mit dem genialen Trick, Don Quijote im Zweiten Teil als die ›bekannte Romanfigur‹ sozusagen leibhaft auftreten zu lassen, dieser ihre *eigene* Wirklichkeit verschafft. Cervantes selbst ist auf ähnliche Weise in seinem Roman ›wirklich‹ präsent: nicht nur als Verfasser des Ersten Teils, der im Zweiten auch als Plagiatsgeschädigter Erwähnung findet, sondern auch als Nebenfigur in der Erzählung des Cautivo, der in algerischer Gefangenschaft »un tal de Saavedra« (Cervantes' zweiter Nachname) kennengelernt hat, oder als Verfasser der *Galatea* in des Pfarrers berühmten Autodafé. So ist Cervantes Autor des *Don Quijote* und Romanfigur in einem; Erfinder und Opfer des lügenhaften Benengeli; Kopist einer unvollkommen übersetzten *historia* und Schöpfer einer großangelegten Fiktion, die zu Recht als der erste selbstgewisse Roman der Neuzeit gilt, weil in ihr nicht nur die Geschichte eines problematischen Protagonisten, der kein ›Held‹ mehr ist, erzählt, sondern zugleich auch über das Geschäft des Erzählens selbst und über das Wesen der Fiktionalität aufs Vergnüglichste räsoniert oder besser: erzählerisch-beiläufig reflektiert wird.

Novelas ejemplares

Die 1613 erschienenen, z. T. schon früher verfaßten *Exemplarischen Novellen* (zwölf an der Zahl) sind von der späteren Kritik wesentlich zurückhaltender aufgenommen worden als der *Quijote*; zu ihrer Zeit erfreuten sie sich allerdings keiner geringeren Wertschätzung. Nun sind gewiß nicht mehr alle Novellen für den Leser unserer Tage ein reines Lesevergnügen; mehrere von ihnen stehen aber der großen italienischen Novellentradition (von Boccaccio bis Bandello) in nichts nach, und bei einigen ist auch heute noch der außerordentliche Rang unschwer zu erkennen.

Der Prolog

Es lohnt sich, zunächst einen Blick auf den Prolog zu werfen, in dem Cervantes mit einer eigenartigen Mischung aus Selbstsicherheit, Originalitätsbewußtsein, Zensurrücksicht und Liebedienerei aufwartet. Auf der einen Seite steht die selbstgewisse Portraitskizze, die er von sich zeichnet, der Stolz auf sein Werk und der berechtigte Anspruch, er sei der erste gewesen, der in kastilischer Sprache von ihm selbst erfundene Originalnovellen geschrieben habe, die außerdem formal so unterschiedlich seien, daß jeder Geschmack auf seine Kosten komme. In der Tat ist von der byzantinischen Erzählung (»El amante liberal«) über die Hahnreigeschichte (»El celoso extremeño«), die Zigeunernovelle (»La gitanilla«) und den *fait divers* (»La fuerza de la sangre«) bis zur pikaresken Erzählung (»Rinconete y Cortadillo«) und zum lukianischen Dialog (»El coloquio de los perros«) eine große Spannweite erzählerischer Paradigmata aufgeboten, wie es im übrigen der Novellentradition entspricht. Auf der anderen Seite wird aber (offensichtlich mit Blick auf Boccaccio, mit dem Cervantes wetteifert) immer wieder betont, *seine* Novellen seien moralisch einwandfrei, von christlichem Geist erfüllt und verschafften dem Leser eine ›nützliche‹ Unterhaltung. Darüber hinaus wird, wie damals üblich, die Protektion eines mächtigen Gönners, hier des Conde de Lemos, beschworen.

Diese umsichtige Rückversicherungstechnik war angesichts des Zensurdrucks, der im Siglo de Oro herrschte, durchaus angebracht. Die staatlichen und kirchlichen Druckerlaubnisse (*aprobaciones*), die vor der Veröffentlichung einzuholen und dem gedruckten Text beizugeben waren, zeigen in der Tat, daß mit Argusaugen über die ›Linientreue‹ der Literatur gewacht wurde; erst wenn diese ausdrücklich bestätigt war, konnte ein Buch verkauft werden. So stellen also *aprobaciones* und Prolog *zusammen* einen Novellenrahmen dar, an dem abzulesen ist, welche Zwänge im nachtridentinischen Spanien geherrscht haben. Dennoch ist auch bei Cervantes (wie bei Boccaccio) zu beobachten, daß die eigentlichen Novellen Spielräume schaffen, in denen diese Zwänge vorübergehend etwas abgemildert werden. So wie die *Brigata* bei Boccaccio gegen die Bedrohung der Pest anerzählte, so der cervantinische Erzähler gegen die strengen Auflagen der von der Inquisition kontrollierten Moral. Deshalb wirken die *Novelas ejemplares* (wie schon der *Quijote*) ausgesprochen liberal im Vergleich zu dem, was eigentlich die Norm war, ohne daß man sagen könnte, die Normen würden in den Geschichten nicht respektiert.

Schon die erste Novelle des Korpus, »La gitanilla«, zeigt, *wie* die cervantinischen Spielräume aussehen. Erzählt wird hier von einem vermeintlichen Zigeunermädchen (Preciosa), in das sich ein Kavalier so verliebt, daß er nicht nur am Zigeunerleben teilnimmt, sondern auch seinen gesellschaftlichen Rang angesichts der bezaubernden Persönlichkeit Preciosas aufs Spiel setzt. In dieser Novelle werden gleich mehrere ›Selbstverständlichkeiten‹ in Frage gestellt. Zum einen sind die – schon damals verachteten – Zigeuner mit Sympathie dargestellt. Zum anderen verblassen die Standesprärogativen angesichts des ungebundenen und doch zivilisatorisch geordneten Lebens, das die Zigeuner, allen voran Preciosa, führen. Vor allem aber erstaunt die Selbstsicherheit, mit der die sonst so gegängelte junge Frau auftritt, und das Verantwortungsbewußtsein, mit dem sie selbst über ihr Leben bestimmt. Es scheint, als ob das Zigeunermilieu den utopischen Freiraum schaffe, in dem die Frau völlig gleichberechtigt wird und in dem Mann *und* Frau vorübergehend ihr Verhältnis autonom und in gegenseitiger Achtung gestalten können. Aber natürlich sind solche Freiheiten nur unter der Bedingung möglich, daß am Schluß dann doch wieder alles ›in Ordnung‹ kommt: Preciosa ist in Wahrheit ein Mädchen von Stand, das dem Kavalier ebenbürtig ist; ihre ›Reinheit‹ hat sie sich trotz der Ausnahmesituation, in der sie lebte, bewahrt; die beiden heiraten, selbstverständlich mit Zustimmung der Eltern.

»La gitanilla«: Cervantes' Liberalität

Wie *weit* aber Cervantes mit dieser Zigeunergeschichte schon gegangen ist, zeigt ein kurzer Blick auf Mérimées berühmte Replik in der Novelle *Carmen* (1846), deren Personenkonstellation ähnlich ist. Hier aber – mitten im bürgerlichen Zeitalter und angesichts drohender sozialer Revolutionen – erscheint die Freiheit von vornherein als etwas Suspektes, die Ordnung Zersetzendes; und die selbstbewußte Zigeunerin als ebenso verführerische wie gefährliche *femme fatale*, die den bürgerlichen Mann wie selbstverständlich ins Unglück stürzt.

Cervantes-Replik Carmen

Bei aller formalen Vielfalt der *Novelas ejemplares* gibt es auch Merkmale, die sie verbinden. Eines der auffälligsten ist die für Cervantes typische

Das Geschäft des Steuereintreibers – Cervantes wohlvertraut (Juan de Parejas Gemälde »Die Berufung des heiligen Matthäus«)

»*Rinconete y Cortadillo*«: *Verfremdungstechnik*

Technik der Verfremdung. In »La gitanilla« bestand sie in der Annäherung ans ›fremde‹ Zigeunermilieu. Im »Coloquio de los perros« wirkt die Einnahme der Hundeperspektive (kynisch) verfremdend. In anderen Geschichten, in »Rinconete y Cortadillo« etwa, liegt das Element der Verfremdung in der paradoxalen Umkehrung des Erwarteten: Rinconete und Cortadillo, zwei Gaunerlehrlinge, begeben sich nach Sevilla, der Hauptstadt der spanischen Pikareska, um dort schnell und ungehindert Beute zu machen. Abgesehen davon, daß uns Cervantes die pikareske Welt hier mit den Augen zweier Novizen neu *entdecken* läßt (während sie uns in der eigentlichen Novela picaresca immer aus der Perspektive eines schon Abgebrühten präsentiert wird), machen die beiden Protagonisten (und wir mit ihnen) eine völlig unerwartete Erfahrung: Anstatt die freie Wildbahn vorzufinden, wo jeder auf sich selbst gestellt ist, sieht man sich dem wohlorganisierten Syndikat des Señor Monipodio gegenüber, das seine eigenen Gesetze, sein eigenes Verteilungssystem, seine eigene Fürsorge hat und in das man überhaupt erst eintreten kann, wenn man eine Reihe von Eignungsprüfungen bestanden hat. Dabei haben die beiden vor allem zu lernen, »(que) el hurtar no es oficio libre« (frei übersetzt: daß auch das Stehlen seine Ordnung haben muß). Damit nimmt die Novelle von »Rinconete y Cortadillo« eine ganz ähnliche Position ein, wie die Roque Guinart-Episode im *Quijote*, deren Moral ja auch auf eine gleichsam paradoxale Anpreisung von Recht und Ordnung durch die Rechtsbrecher selbst hinauslief. – Bemerkenswert ist also, daß Cervantes just dort, wo er eine konservative Moral vertritt, Normen*brecher* zu deren Illustrierung heranzieht, womit er zugleich zur Tolerierung, ja Anerkennung derjenigen beiträgt, die vom Normensystem eigentlich ausgegrenzt wurden.

Liebe und Leidenschaft

Was die Thematik der *Novelas ejemplares* anbetrifft, steht *ein* Motiv deutlich im Vordergrund: das Thema der Liebe; einerseits das der Liebesbewährung, andererseits aber auch speziell das der Leidenschaft bzw. der Triebe und wie und ob die Leidenschaften von der Vernunft und der von ihr vertretenen Moral unter Kontrolle zu halten sind. Es ist dies im übrigen nicht nur ein Thema der cervantinischen Novelle, sondern eines der großen Themen der Zeit, das in allen europäischen Literaturen und auch jenseits der Erzählgattungen (besonders in Drama und Aphoristik) vielfach erörtert und durchgespielt wurde. Die cervantinische Position zeichnet sich durch eine freundliche Skepsis aus, die im 17. Jh. selten war, die sich zwar über die Schwäche und Widersprüchlichkeit der menschlichen Natur keine Illusionen macht, die aber trotzdem darauf vertraut, daß der daraus entstehende Schaden mit Gottes und anderer Menschen Hilfe zu begrenzen ist.

Zwei Geschichten aus dem Novellenkorpus beschäftigen sich besonders eindringlich mit dieser Problematik: »La fuerza de la sangre«, dessen Problematik – kann eine Vergewaltigung verziehen werden? – in Kleists *Marquise von O.* weiterentwickelt wurde; und die Geschichte vom »Celoso extremeño«, die für viele Beobachter die schönste cervantinische Novelle überhaupt ist. Die Rede ist hier von einem reich gewordenen ›Indiano‹, einem im Alter aus abenteuerlichen Südamerika-Unternehmungen zurückgekehrten Handelsmann, der es sich in den Kopf gesetzt hat, eine sehr junge Frau zu heiraten, sie hinter den Mauern eines ausgeklügelten ›Hochsicherheitstraktes‹ den Verführungen der Welt zu entziehen und sie für sich allein zur Verfügung zu halten. Wir haben es hier also mit einer ähnlich extremen Versuchsanordnung zu tun wie im »Curioso impertinente«, und ähnlich wie dort erweist sich auch hier, daß die menschliche Natur einer Zerreißprobe nicht standhält, aber auch daß die Unterdrückung der Leidenschaften und Sinne diese nur umso empfänglicher für ihre Reizung macht: Gerade *weil* das Sicherheitssystem des Alten so perfekt zu sein scheint, reizt es einen Jungen, es aufzuknacken. Und weil dieser klüger ist als der alte Zerberus, stellt er just die unbefriedigten Bedürfnisse des Wachpersonals in Rechnung, das er nach und nach ausschaltet, indem er die jeweiligen Schwächen, aber auch die Freiheitssehnsucht der selbst Miteingesperrten geschickt ausnutzt. Schließlich gelangt er bis zum Allerheiligsten, ins Zimmer der jungen Frau nämlich, mit der er ›schläft‹, allerdings (das ist die ultima ratio des iberischen Tugendsystems) ohne daß es ›zum Letzten‹ kommt. Dennoch ist damit der Tatbestand des Ehebruchs erfüllt, und der Mann wäre, jedenfalls nach calderonianischer Vorstellung, ohne weiteres zur tödlichen Ehrenrache berechtigt. Bei Cervantes aber kommt es zu einer Wendung ins Unübliche. Der Ehemann sieht seine *locura* ein, begreift, daß er eine schwere Verfehlung begangen hat, indem er die junge Frau ihrer Freiheit beraubte und sie gegen die Natur in eine unglückliche Ehe zwang – und verzeiht. – Im Kontext des ehrbesessenen Siglo de Oro, in dem die *honra* über alles ging, ist das eine – im Sinne der Definition Goethes – wahrhaft ›unerhörte Begebenheit‹.

»El celoso extremeño«

Das Theater im Siglo de Oro

Reichtum an Theatertexten

Das spanische Theater des Siglo de Oro zeichnet sich im europäischen Vergleich durch einen kaum faßbaren Reichtum aus. Nicht weniger als 10 000 (Ch. Aubrun) oder gar 30 000 (Graf Schack) Theaterstücke sollen im Verlauf des 16. und 17. Jh. verfaßt und aufgeführt worden sein: *autos sacramentales, comedias, entremeses, fiestas palaciegas*. Allein Lope de Vega will 1 500 Stücke verfaßt haben. Gewiß sind diese Zahlen mit Vorsicht zu handhaben. Vieles ist nie gedruckt worden und vieles wohl auch für immer verlorengegangen. Doch sind allein unter Lopes Namen rund 450 Theaterstücke überliefert und mit Sicherheit von ihm verfaßt worden – eine eindrucksvolle Zahl, vergleicht man sie mit den etwa 40 Stücken eines Shakespeare oder den kaum ein Dutzend Stücken eines Schiller. Diese Fülle ist um so erstaunlicher, als sich in Spanien bis zum Ende des Mittelalters zwar eine Theaterpraxis und die Existenz von Theatertexten mit guten Gründen vermuten, aber kaum nachweisen lassen. Im folgenden gilt es, die Theaterkultur des Siglo de Oro von ihren Anfängen bis ins 18. Jh. hinein nachzuzeichnen und dabei stets im Auge zu behalten, daß »Theaterkultur« entschieden mehr meint als das Vorhandensein von Texten, denn die Texte waren stets zur Aufführung bestimmt. Dazu aber bedurfte es einer professionell verwalteten »Theaterwelt«. Es wurden Örtlichkeiten (Theater, Bühnen) mit technischen Einrichtungen benötigt, ausgebildete Schauspieler und Schauspielerinnen, eine umfassende Organisation des Schauspielbetriebs und ein zahlungsfähiges Publikum. Auch gilt es nicht zu vergessen, »Theatermachen« hieß im Siglo de Oro in erster Linie, ein vielfach nicht unbedeutendes wirtschaftliches Unternehmen zu betreiben, das seinen Gewinn mit der Ware »Unterhaltung« erzielte, die es einem keineswegs einfach zufriedenzustellenden Publikum zu verkaufen galt. So ist dieses – nicht homogene – Publikum für alle Beteiligten an der Theaterkultur des Siglo de Oro das letzte Maß aller Dinge.

Der künstlerische und wirtschaftliche »Theaterbetrieb« des Siglo de Oro hat sich im Lauf des 16. Jh. recht zielstrebig, wenn auch nicht ohne gelegentliche Irrwege entwickelt. Seine Entwicklung ist im wesentlichen in den letzten beiden Jahrzehnten des 16. Jh. abgeschlossen. Für Bühnen und Texte sind die entscheidenden Formen und Formeln gefunden, die dann im 17. Jh. den Rahmen für das Unterhaltungsgewerbe »Theater« bilden. Den immensen Bedarf an stets neuen Texten versuchte eine Vielzahl von Autoren abzudecken, die aber keineswegs immer erfolgreich waren noch gut bezahlt wurden. Im Gegenteil, die Gestalt des begeisterten, doch hungernden Theaterautors gehört selbst zu den Figuren des komischen Theaters der Zeit.

Die Fülle der Autoren wird von der modernen Kritik um die beiden bedeutendsten und erfolgreichsten Theaterschriftsteller des Siglo de Oro in zwei »Schulen« zusammengefaßt: Lope de Vega und seine Schule für die erste Hälfte, Calderón de la Barca und seine Schule für die zweite Hälfte des 17. Jh., wobei allerdings die Grenzen der Chronologie und der Zuordnungen im konkreten Fall fließend sind. Calderón selbst etwa hat seine ersten Stücke bereits zu Beginn der 20er Jahre geschrieben. Bevor jetzt die Entwicklung des Theaters des Siglo de Oro in ihren Grundlinien dargestellt wird, scheint eine grundsätzliche Bemerkung vonnöten: Wir sind gut über die Theatertexte, und zumindest relativ gut über die Aufführungstechniken und -bedingungen im 17. Jh. informiert. Für das 16. Jh. ist diese Information für beide Bereiche aufgrund fehlender Dokumente erheblich lückenhafter, insbesondere hinsichtlich der Aufführungspraxis, so daß gerade für diesen theatergeschichtlichen Bereich so manche Aussage eher spekulativ bleiben muß.

Die Herausbildung des Theaters im 16. Jahrhundert

Das ausgehende Mittelalter kannte in Spanien zwei Frühformen der Theaterpraxis. Zum einen eine religiöse Praxis, in der im kirchlichen Raum an den großen Festtagen (Weihnachten, Ostern, später auch am Fronleichnamsfest) die jeweiligen biblischen Texte wohl von den Geistlichen selbst in ein kurzes szenisches Spiel umgesetzt wurden. Das *Auto de los Reyes Magos* (um 1250) ist das einzige erhaltene, sehr frühe Beispiel für die bei diesen Aufführungen verwandten Texte. Eine zweite frühe Form findet sich im weltlichen Bereich in den prunkvollen Festen an den Höfen des Adels, deren Umzüge, Tänze, Maskenspiele (*momos*) theatralische Elemente enthalten. Wie das Beispiel von Gómez Manrique zeigt, konnte hier etwa die Geburt eines Infanten Anlaß zu einem szenisch vorgetragenen Gelegenheitstext werden.

Höfisches Fest, Liturgie und Theater

Aus diesen Typen einer frühen Theaterpraxis sollten sich die beiden Hauptformen des Theaters im Siglo de Oro entwickeln: das *auto sacramental* als religiöses Theater, das an Fronleichnam (*Corpus Christi*) auf einer *carro*-Bühne aufgeführt wurde, sowie die *comedia* mit den verschiedenen Subgattungen des *teatro menor* (*loa*, *entremés*, *baile*, *mojiganga*), die (fast) ganzjährig auf einer *corral*-Bühne aufgeführt wurden. Ein entscheidender Schritt in dieser langen Entwicklung vollzog sich um 1500, zur Zeit der Reyes Católicos, im Werk einer Gruppe von Autoren, die zunächst noch »bei Hof« im Dienst von Mäzenen in Spanien, Portugal und Italien tätig waren und in deren Werk sich die beiden Formen des Theaters, die religiöse und die profane, allmählich auseinander entwickelten. Es sind dies Juan del Encina, Gil Vicente und Bartolomé de Torres Naharro.

Das Werk Juan del Encinas, der – wie nach ihm Lope de Rueda – bisweilen als »Vater des spanischen Theaters« apostrophiert wird, setzt noch ganz als »höfisches Gelegenheitstheater« ein, dessen Aufführungsort zunächst die Gemächer seines Mäzens, des Herzogs von Alba, sind. In recht statischen Dialogen thematisieren seine frühen dramatischen Eklogen (*églogas*, auch als *autos* oder *representaciones* bezeichnet) im Rückgriff auf die Bibel (weihnachtliche Hirtenszene) und die Bukolik Vergils den Gegensatz zwischen den Vertretern des Adels und den als Tölpel dargestellten Hirten, die zum Gegenstand des Gelächters des höfischen Publikums werden. Dies zeigt bereits sein erstes Stück, die *Egloga representada en la noche de la Natividad* (1492, 180 Verse). Die darin auftretenden Hirten sind Vorformen des *pastor bobo* und der Dienergestalt des *gracioso*, die zum unabdingbaren Figurenbestand der Comedia werden sollten. Auch der künstliche, pseudorealistische Dialekt, den diese Gestalten häufig sprechen, das sogenannte *sayagués*, wird bereits bei Encina verwandt (»¡Dios salve acá, buena gente! / Asmo, soncas, acá estoy, / que a ver a nuestrama voy... O la visera me miente / o es ella sin dudança. / ¡Miafé! Tráyole un presente / poquillo y de buenamiente«). In späteren, dramatisch komplexeren und längeren Stücken, die aber dennoch nur wenige Personen auftreten lassen, wie in der *Egloga de Fileno, Zambardo y Cardonio* (aufgeführt 1496) wird die Welt der Hirten mit den Gemeinplätzen der späthöfischen Liebe verbunden, wie sie zur gleichen Zeit die *novela sentimental* behandelt. Hier klagt Fileno vor

Juan del Encinas Hirtenspiele

Liebespaar aus der dramatischen Ekloge *Plácida y Victoriano* von Juan del Encina (EA Rom 1514)

seinen Freunden über seine unerwiderte Liebe zu Céfira; anschließend begeht er Selbstmord. Diesen Freitod betrachten seine Freunde, wie die Lerianos in der *Cárcel de amor*, als geheiligten Opfertod.

Auch die Stücke von Gil Vicente, der am spanisch-portugiesischen Hof in Lissabon arbeitete und seine Werke in den beiden Sprachen verfaßte, spielen zunächst in der aus höfischer Sicht »nach unten« stilisierten Welt der Hirten und in der Idealwelt der Ritterromane. *Don Duardos* (verfaßt 1522), behandelt eine Episode aus dem *Primaleón*: Dem als Gärtner verkleideten Prinzen Don Duardos gelingt es, allen scheinbaren Standesunterschieden zum Trotz, Flérida, die Tochter des Kaisers von Konstantinopel, zu heiraten. Doch Vicente hat nicht nur dieses Unterhaltungstheater geschaffen. Wie das breite Panorama der zeitgenössischen Gesellschaft in den drei *Autos das barcas* (*Spiele von den Barken*) zeigt, hat er das Theater auch als Medium maßvoller gesellschaftlicher und religiöser Kritik und als ein literarisch durchaus anspruchsvolles Genus verstanden. Die Verwendung von Gedichten in den Theatertexten bei Encina und Vicente weist im übrigen auf die Polymetrie der Comedia voraus.

Theaterkonzeption bei Torres Naharro

Den wichtigsten Beitrag zur späteren Theatertheorie und -praxis im Siglo de Oro hat in dieser Frühphase der spanischen Theatergeschichte Torres Naharro geleistet. Nach einem (vermuteten) Studium in Salamanca, Dienst als Soldat, Gefangenschaft in Algier und Priesterweihe trat er in Rom in den Dienst von Kardinal Giulio de' Medici, des zukünftigen Papstes Clemens VII., und des 1510 exkommunizierten spanischen Kardinals Bernardo de Carvajal. In diesem weltoffenen, geistig anspruchsvollen Milieu wurden zwischen 1508 und 1516 fünf seiner acht Theaterstücke (sowie ein noch ganz in der Tradition Encinas stehender früher *Diálogo del Nacimiento*) verfaßt und aufgeführt: *Serafina*, *Trophea*, *Jacinta*, *Calamita* und *Aquilana*. Aus nicht bekannten Gründen wechselte Torres Naharro dann in den Dienst des Grafen von Pescara in Neapel, wo er – auch dies ein bedeutsames Zeichen für eine neue Würde des Theaters – seine Stücke 1517 unter dem antikisierenden Titel *Propalladia* (*Erstlinge der Pallas Athene*) im Druck erscheinen ließ. In der Tat sieht er sein Theater nicht mehr in der Linie der spanischen spätmittelalterlichen Theaterpraxis, sondern in der von der italienischen Renaissance wiederbelebten Tradition der Antike, insbesondere der Komödien von Plautus und Terenz. An den Anfang der *Propalladia* hat Torres Naharro einen *Prohemio* gestellt, der in all seiner Kürze die erste spanische (und wahrscheinlich auch europäische) Theatertheorie der Neuzeit darstellt. Von Cicero und Horaz ausgehend (die *Poetik* des Aristoteles war trotz der lateinischen Ausgabe von Venedig 1481 noch weitgehend unbekannt) definiert er Komödie als »un artificio ingenioso de notables y finalmente alegres acontecimientos por personas disputados«. Diese Komödie ist in fünf Akte gegliedert, die Torres erstmals mit dem Begriff *jornadas* bezeichnet, der sich im 17. Jh. auch für die *comedia nueva* durchsetzen sollte. Diese Comedia wird allerdings nur noch drei Akte enthalten; kein Geringerer als Cervantes hat sich gerühmt, diese Vereinfachung in den 80er Jahren des 16. Jh. vorgenommen zu haben.

Titelblatt der *Propalladia* von Torres Naharro

Komödie als »einfallsreiches Kunstwerk«

Die Definition der Komödie als »einfallsreiches Kunstwerk« ist insofern zukunftsträchtig, als sie auf die dominierende Rolle vorausweist, die in der Comedia die komplexe, spannende Handlung gegenüber der eher vernachlässigten Ausgestaltung der Charaktere einnimmt. Dennoch hebt Torres mit dem Begriff des »decoro« hervor, daß die Personen der Komödie, die er auf sechs bis zwölf beschränkt sehen will, alle die jeweils ihrem Stand zukommende Sprache verwenden sollen.

Die Komödie selbst unterscheidet Torres in zwei Untergruppen: die *comedia a noticia* und die *comedia a fantasía*. Die erstere soll ihre Handlung und ihr Ambiente aus dem tatsächlichen Leben, der »realidad de verdad« entnehmen, wie dies in seiner *Soldatesca* und der *Tinellaria*, zwei Werken aus dem zeitgenössischen Soldatenmilieu und der Welt des Küchenpersonals, geschieht. Die zweite Untergruppe handelt von »cosa fantástica o fingida«, das heißt erfundenen Dingen, die aber den Rahmen der Wahrscheinlichkeit (»color de verdad«) nicht überschreiten dürfen. Hierher zählt Torres den Rest seiner Stücke, darunter auch die *Himenea*, benannt nach dem griechischen Gott der Eheschließung. Diese »erfundene Geschichte« zeigt bereits Züge der *comedia de capa y espada* und des Ehrendramas. Der junge Adlige Himeneo ist in Febea verliebt und möchte ihr ein Ständchen bringen. Doch ihr um die Familienehre besorgter Bruder versucht, dies zu verhindern. Als Febea dem Verliebten ein Rendezvous gewährt, werden sie von ihrem Bruder überrascht; Himeneo kann seinen Attacken nur im letzten Moment entgehen. Auch ein zweiter Annäherungsversuch endet fast tragisch: Nur mit Mühe gelingt es Febea, ihren Bruder, der sie erneut mit Himeneo ertappt hat und sie nun wegen seiner verletzten Ehre töten will, von seinem Vorhaben abzubringen und ihr die Heirat mit dem Geliebten zu gestatten.

Neben dieser typischen Liebeshandlung und Ehrproblematik weisen auch andere Elemente auf die Comedia voraus. So wiederholt sich das ganze Geschehen der »Herrenhandlung« auf der Dienerebene, wo es gleichfalls zu einer Hochzeit kommt. Auch nimmt der Diener Boreas bereits deutlich Züge des *gracioso* voraus. Dennoch wäre es falsch, hier bereits allzu viele Parallelen sehen zu wollen. Die bei Torres übliche Präsentation der Komödie durch einen von Terenz und Plautus übernommenen »Introito«, der Anlaß zu allerlei sexuellen Grobheiten bot, kann mit der *loa*, die jede Comedia einleitet, nicht gleichgesetzt werden. Auch ist Febea noch weit davon entfernt, den selbstzerstörerischen Ehrbegriff Lopes oder Calderóns einfach hinzunehmen; sie tritt als selbstbewußte Frau auf, die ihr Recht betont, sich den Ehemann selbst auswählen zu dürfen. Welche Unterschiede zwischen diesen, dem kosmopolitischen Ambiente der italienischen Renaissance verpflichteten, in vieler Hinsicht durchaus kritischen Stücken und den fast ein Jahrhundert später verfaßten, weitgehend systemkonformen Comedias des spanischen Barocks bestehen, mag auch die Tatsache unterstreichen, daß der Index von Toledo aus dem Jahre 1559 viele dieser frühen Theaterstücke verbot. Zwar sind die Gründe dafür im einzelnen unklar, sie zeigen jedoch, daß Staat und Kirche das besonders öffentlichkeitswirksame Theater genau zu kontrollieren begannen. Die Autoren wurden dadurch zweifelsohne zur Selbstzensur veranlaßt. Kritische Ansätze, die bei Vicente oder Torres noch deutlich spürbar sind, wurden zugunsten der für die Comedia bezeichnenden »gezähmten Unterhaltung« aufgeben.

Neben diesem weltlichen Theater wurde in Spanien auch das religiöse Theater weitergepflegt. Der *Códice de autos viejos*, der nicht weniger als 96 zwischen 1550 und 1590 verfaßte Stücke enthält, belegt dies für die zweite Jahrhunderthälfte eindrucksvoll. Was die erste Jahrhunderthälfte angeht, so sind viele der einst zweifelsohne vorhanden gewesenen Texte verlorengegangen, handelte es sich doch, anders als bei Torres, um reine Gebrauchstexte ohne größere literarische Ansprüche, die für eine einmalige Aufführung bestimmt waren. Wie die Stücke von Hernán López de Yanguas, Sebastián de Orozco oder Diego Sánchez de Badajoz zeigen, wurden die Stoffe dieses religiösen Theaters häufig dem Alten und dem Neuen Testa-

Frühes religiöses Theater

Improvisiertes Theater beim Einzug des Prinzen von Wales in Madrid 1623, wie es bereits Lope de Rueda bespielt haben dürfte (Detail eines zeitgenössischen Stichs)

ment entnommen. Als einprägsames didaktisches Mittel verwenden die Autoren in ihren noch rudimentären Autos sacramentales bereits allegorischen Figuren (»Vernunft«, »Willensfreiheit«). Anhand von Badajoz' *Farsa de santa Susana* läßt sich überdies belegen, daß diese – hier häufig als *farsas [religiosas]* bezeichneten Autos sacramentales – bereits auf Vorformen der *carro*-Bühne inszeniert wurden.

Auf dem Weg zur Professionalisierung des Theaters

Um die Mitte des 16. Jh. vollzog sich eine tiefgreifende Kommerzialisierung, Professionalisierung und Popularisierung des spanischen Theaters. Sie erfolgte zunächst in der ökonomisch und geistig aufgeschlossenen Peripherie des Landes, in Sevilla und Valencia; Kastilien und Madrid wurden erst in den 70er Jahren einbezogen. Grundlegend dabei war, daß das Theater sich aus dem beschränkten Rahmen der höfischen Kultur und des adligen Mäzenatentums sowie der kirchlichen Festtage löste und in den aufblühenden Städten, in denen eine Nachfrage nach Freizeitvergnügen entstanden war, zu einem allgegenwärtigen Unterhaltungsgewerbe wurde. Es bildeten sich professionelle Schauspieltruppen, und es entstanden die ersten festen Theater. Die Truppen benötigten ein umfangreicheres Stückerepertoire, um dem damals noch zahlenmäßig beschränkten Publikum stets Neues bieten zu können. Diese Entwicklung vollzog sich in einer für Spanien einzigartigen

Symbiose mit bestimmten religiösen Institutionen, den Laienbruderschaften, in deren Händen das städtische Hospiz- und Hospitalwesen lag. Diese *cofradías* hatten vielfach als Laienschauspieler auch die Aufführung des religiösen Theaters, darunter die der Autos sacramentales, übernommen. Die immer komplexeren Stücke veranlaßten sie seit den 60er Jahren, diese Aufführungen professionellen Schauspieltruppen anzuvertrauen, zumal Prunk und Perfektion der Darbietung mitbestimmend für das Sozialprestige der untereinander wetteifernden *cofradías* war. Ihre Verbindung zum Theater hatte darüber hinaus noch eine wichtige, finanzielle Komponente. Die Theatertruppen verfügten nur über improvisierte Bühnen auf Märkten und Plätzen. Den *cofradías* gelang es jedoch in der Folge, ihnen feste Spielorte anzubieten, indem sie von den Stadtverwaltungen (die das Theaterwesen minutiös regelten) das Privileg erhielten, den Truppen die Innenhöfe (*patios, corrales*) ihrer Gebäude als »Theater« zu vermieten und entsprechend einzurichten. Die Miete wurde dann zur Finanzierung des Krankenwesens verwandt. Selbst wenn die Bühnen nicht mehr räumlich mit den Hospitälern verbunden waren (wie dies für die beiden ersten Madrider Theater, den *Corral de la Cruz*, 1579, und den *Corral del Príncipe*, 1582, der Fall war), mußte doch weiterhin im ganzen Siglo de Oro ein Anteil der Eintrittsgelder an die *cofradías* und das Krankenwesen abgeführt werden. Diese Einbindung war aber auch für das Theaterwesen von Vorteil, verhinderte sie doch, daß sich die von theologischer Seite immer wieder erhobenen Forderungen nach einem generellen Verbot des Theaters als einem Ort der Sünde tatsächlich (von kurzfristigen Ausnahmen abgesehen) durchzusetzen vermochten.

Symbiose von Theater, religiösen Institutionen und städtischer Verwaltung

Der bedeutendste Repräsentant dieses »Theaters vor Lope« (»teatro prelopesco«) ist der Sevillaner Lope de Rueda, der lange Jahre mit seiner Truppe als Schauspieler und Stückeschreiber von Stadt zu Stadt zog. Cervantes hat den »gran Lope de Rueda« als den eigentlichen Schöpfer der spanischen Comedia verehrt; er hat ihn in seiner Jugend selbst noch spielen sehen und ihn stets seinem Intimfeind Lope de Vega vorgezogen, dessen Theater ihm zu bloßem Spektakel herabgesunken zu sein schien. Im Vorwort zu seinen *Ocho comedias y ocho entremeses* (1613) beschreibt Cervantes die schlichten Umstände, unter denen Lope de Rueda seine noch ganz aus der Kraft des poetischen Worts und der Schauspielkunst lebenden Stücke aufführte. Das improvisierte Theater bestand aus »cuatro bancos en cuadro y cuatro o seis tablas encima, con que se levantaba del suelo cuatro palmos; ... El adorno del teatro era una manta vieja, tirada con dos cordeles de una parte a otra, que hacía lo que llaman vestuario, detrás de la cual estaban los músicos, cantando sin guitarra algún romance antiguo«. Bedenkt man, daß einem Molière das kirchliche Begräbnis verweigert werden sollte, so verdeutlicht die Tatsache, daß Rueda in der Hauptkirche Córdobas beigesetzt wurde, das hohe soziale Ansehen, das das Schauspielwesen in Spanien grundsätzlich genoß. Welchen Beschwerlichkeiten sich andererseits die weniger bedeutenden ambulanten Truppen (*compañías de la legua*) ausgesetzt sahen, zeigt – wenn auch in satirischer Romanform – der *Viaje entretenido* (1603) von Agustín de Rojas.

Lope de Rueda und das »teatro prelopesco«

Von den Komödien, die Rueda verfaßt hat, sind nur sechs erhalten, die Juan Timoneda 1567 in überarbeiteter Form veröffentlicht hat. Sie erschließen die italienische Literatur als neuen Stoffbereich des spanischen Theaters: Die *Comedia llamada de los engañados*, ein Stück in Prosa, folgt der anonymen italienischen Komödie *Gl'ingannati* (1531), und die komplexe Handlung der *Eufemia* basiert auf Boccaccios *Decamerone* (II,9). Als erster

Gestalt des Juan Rana, dargestellt von dem Schaupieler Cosme Pérez

hat Rueda auch die Gestalt der für die zeitgenössischen Zuschauer besonders erotisch wirkenden »mujer vestida de hombre« verwandt. Sein wichtigster Beitrag zur spanischen Theatergeschichte sind jedoch die in die Komödien eingeschobenen *pasos*. Diese kurzen, witzig burlesken Stücke, häufig mit derber, erotischer Sprache, sind im niederen Volk angesiedelt, unter tölpelhaften Bauern, prahlerischen Soldaten, pfiffigen Studenten, radebrechenden Schwarzen, naiven und raffinierten Frauen sowie Gaunern jeder Art, deren Agieren noch beim einfachsten Zuschauer Gelächter und Schadenfreude erweckt: So der törichte Ehemann in *Cornudo y contento*, den seine Frau mit einem Studenten betrügt oder das streitende Ehepaar in *Las aceitunas*, das seine Tochter verprügelt, weil es sich über den Preis jener Oliven nicht einigen kann, die es vielleicht einmal in dreißig Jahren ernten wird. Fußend auf der mittelalterlichen Farcentradition, aber auch in Anlehnung an die italienische *commedia dell'arte* hat Lope de Rueda mit seinen *pasos* jene Hauptgattung des *teatro menor* geschaffen, die sich in literarisch anspruchsvoller Form als *entremés* bei Cervantes (*La cueva de Salamanca*, *El retablo de las maravillas*) und selbst bei Calderón findet, der sich nicht scheut, in seinem *Dragoncillo* das ernsthafte Ehrendrama zu parodieren. Im 17. Jh. wurde die trotz ihrer Attraktivität anspruchslose Gattung als willkommenes Versatzstück ohne erkennbaren Zusammenhang mit der Haupthandlung und als Pausenfüller zwischen die erste und zweite *jornada* der Comedia, ja selbst bei Aufführungen von Autos sacramentales eingeschoben. Der unbestrittene Meister des *entremés* war Luis Quiñones de Benavente, der die – bei Cervantes in *La elección de los alcaldes de Daganzo* erstmals skizzierte – Figur des Juan Rana zur völlig ins Groteske stilisierten komischen Figur schlechthin gemacht hat: Dick, bauernschlau, feige, gefräßig, Hahnrei und unterm Pantoffel stehend, löste sie, von dem hervorragenden Schauspieler Cosme Pérez gespielt, mit ihrer Parodie der Werte und Gestalten der Comedia bei allen Publikumsschichten wahre »Orgien des Gelächters« (E. Asensio) aus. Nichts wird in den Entremeses geschont, nicht die Behörden (*alcaldes*) und nicht die Ordensleute, selbst das Thema der Homosexualität wird nicht vermieden (Jerónimo de Cáncer, *Los Putos*). Aber außer bei Cervantes, der dem Theater wie der Literatur überhaupt mehr als eine bloße Rolle der Unterhaltung zuschreibt, dient all dies nirgends zu ernsthafter Kritik. Es löst sich in folgenloses Gelächter auf.

Italienisches Theater und Spanien

Lope de Rueda hat bereits die italienische Literatur als Quelle des spanischen Theaters erschlossen und damit den Weg für viele Comedias des 17. Jh. eröffnet, die in ihren Stoffen auf die reiche italienische Novellistik zurückgreifen sollten. Aber auch das italienische Theater selbst hat auf das spanische Theater in der entscheidenden Phase seiner Ausprägung in der zweiten Hälfte des 16. Jh. tiefgehend eingewirkt. Die italienische Theaterpraxis war in Spanien gut bekannt. Sei es durch Theaterbesuche von Spaniern in Italien, zu denen auch der zukünftige Philipp II. gehörte, der jedoch persönlich dem Theater ablehnend gegenüberstand, sei es durch die Aktivitäten italienischer Truppen, die seit 1548 in Spanien spielten und erst gegen Ende des Jahrhunderts endgültig von spanischen Truppen wieder verdrängt wurden. Es war ein italienischer Schauspieler, Ganassa, der 1579 das königliche Privileg erhielt, daß Theaterstücke nicht nur an Sonn- und Feiertagen, sondern auch an zwei (seit 1580 dann an allen) Werktagen aufgeführt werden durften – eine immer wieder heftig umstrittene Entscheidung, förderte sie doch, nach Sicht ihrer Gegner, den viel beklagten Müßiggang und das wirtschaftliche Desinteresse in dem immer tiefer in Krisen versinkenden Spanien.

Gestalten der *commedia dell'arte*

Die Präsenz des italienischen Theaters in Spanien, auch die der beliebten *commedia dell'arte*, hat eine Reihe von Zügen mitbestimmt, die für die *comedia nueva*, wie Lope seine Theaterformel in Abgrenzung vom »alten Theater« Lope de Ruedas nannte, von großer Bedeutung geworden sind: die Mischung von Ernstem und Komischem, der Verzicht auf die Einheit des Ortes und der Zeit (den die Dramatisierung von Novellenstoffen mit sich brachte) und das Entstehen des Personen- und Typeninventars der Comedia, die deutlich im Gefolge der verschiedenen Masken der *commedia dell'arte* stehen: die einen entstammen der Welt des Adels, wie der stets mutige *galán* (der Liebhaber), die schöne *dama*, der stets mehr oder minder komische Alte (*barbas*); die anderen entstammen der Welt des niederen Volkes: der triebhafte, ängstliche und wortreiche *gracioso* als der ständige Begleiter seines Herrn, die sonstigen Dienergestalten (*criados* und *criadas*) und schließlich die Repräsentanten der Autorität, der Vater und der König, wobei das fast vollständige Fehlen des Typus der Mutter anzumerken ist, an deren Stelle die Anstandsdame (*dueña*) oder die Kupplerin (*alcahueta*) tritt. Von volkstümlichen italienischen Vorbildern beeinflußt ist sicherlich das einfache Handlungsschema der Comedia, deren Intrige sich stets zum Guten, in einer Heirat, löst. Die Aufnahme rhetorisch geformter Passagen, die als »gesprochene Arien« in Text und Aufführung erscheinen, geht eher auf die gleichfalls italienische *commedia erudita* zurück.

Ausbildung der comedia nueva

Lope de Rueda ist jedoch keineswegs der einzige erwähnenswerte Vertreter des *teatro prelopesco*. In Valencia etwa setzte es der in allen literarischen Genera außerordentlich rührige Joan Timoneda nicht nur als Herausgeber der Stücke Ruedas, sondern auch in eigenen dramatischen Werken fort, die *comedias*, *entremeses* (die er *farsas* nennt) und *autos sacramentales* enthalten. Unter letzteren ist das von Lukas 15, 4–7 und von Matthäus 12, 11 inspirierte Spiel vom verlorenen Schaf (*La oveja perdida*) ein gutes Beispiel für das frühe, von Calderóns Perfektion jedoch noch weit entfernte, Fronleichnamsspiel. Schließlich sei Juan de la Cueva erwähnt, dessen Theaterschaffen sich nicht nur zeitlich mit dem Lope de Vegas überschneidet. Er war der erste Autor, der den *Romancero* und die mittelalterlichen Chroniken für seine Theaterstücke heranzog (*Los siete infantes de Lara*) und neben dem Gebrauch antiker Stoffe (so in seiner *Tragedia de la muerte de Virginia*) die Verwendung der spanisch-nationalen Stoffe als Neuerung in seinem *Exemplar poético o arte poética española* (1606) gerechtfertigt hat.

Erste Ausgabe der *entremeses* und *pasos* von Lope de Rueda (1567)

Das Theater der Antike und die Theaterkultur in Valencia

Neben der bisher skizzierten, eher volkstümlichen Theaterpraxis ist von humanistischer Seite im 16. Jh. auch versucht worden, an das Theater der Antike anzuknüpfen. Dies geschah bei Hernán Pérez de Oliva, Simón Abril und Juan de Mal Lara zunächst in der Form von Übersetzungen. Bereits in der ersten Jahrhunderthälfte übertrugen sie Theaterstücke von Euripides, Sophokles, Plautus und Terenz, jedoch ohne den Sprung aus der Gelehrtenstube auf die zeitgenössische, für ihre Aufführung nicht geeignete Bühne zu schaffen.

Zu dem Versuch einer Symbiose zwischen dem anspruchsvollen antiken Theater und der vorrangig auf Unterhaltung ausgerichteten spanischen Theaterpraxis kam es in der zweiten Jahrhunderthälfte. In Valencia, wo sich ein reiches Theaterleben entwickelt hatte und zwei *corrales*, die *Casa de la Olivera* und die *Casa dei Santets*, funktionierten, unternahmen es eine

Bemühungen um eine spanische Tragödie

Reihe von Autoren – Fray Jerónimo Bermúdez, Andrés Rey de Artieda, Cristóbal de Virués, Francisco Tárrega, Gaspar Aguilar – ein anspruchsvolles Literaturtheater und eine spanische Tragödie zu schaffen. In seiner *Nise lastimosa* und *Nise laureada*, die den Inés de Castro-Stoff behandeln, hat Bermúdez sogar den antiken Chor wiederzubeleben versucht. Doch scheiterten alle diese »Tragödien«, da sie unter dem Einfluß Senecas weniger das Tragische als die Elemente des Schauerspektakels hervorhoben und statt »Mitleid und Furcht« blutrünstigen Schrecken auf der Bühne verbreiteten. Dennoch waren die Bemühungen um eine Literarisierung und Nobilitierung des Theaters durch die Valencianer Theaterautoren und -praktiker nicht umsonst. Indem sie sich auf heimische Traditionen, auf italienische Einflüsse und humanistische Vorbilder beriefen, schufen sie in den 80er Jahren ein Theater, das bereits viele Elemente der Comedia nueva enthielt. Als Lope de Vega 1588 wegen Liebeshändel und übler Nachrede in Form von Spottgedichten aus Madrid verbannt wurde und im Alter von 26 Jahren als nicht mehr ganz unerfahrener, jedoch noch allem Neuen offener Autor nach Valencia kam, machte er sich sehr rasch mit der dortigen Theaterpraxis vertraut. Lope war der Schriftsteller, der der Comedia nueva bislang gefehlt hatte, um sie in ganz Spanien zur erfolgreichen und bald einzigen Theaterformel zu machen, die dann selbst vom religiösen Theater, dem *auto sacramental*, übernommen wurde. Innerhalb kürzester Zeit erlangte Lope die »monarquía cómica« in Spanien, wie es Cervantes voll Bewunderung, aber auch mit deutlicher Kritik formuliert hat. Noch während seiner Verbannung in Valencia schickte Lope seine Stücke durch reitende Boten zur Aufführung nach Madrid.

Ansätze zu einem *teatro clasicista* gab es auch außerhalb von Valencia. Der Aragonese Lupercio Leonardo de Argensola etwa verfaßte in der Nachfolge Senecas drei Tragödien, *Filis*, *Alejandra* und *Isabela*. In einem berühmten Gespräch über das Theater zwischen Don Quijote und dem Kanonikus (I, 48) lobt Cervantes diese Werke als vorbildlich und setzt sie von den »disparates«, dem »Unsinn«, der Comedia nueva ab. Gleiches Lob läßt er dort auch einem seiner eigenen Theaterstücke, dem *Cerco de Numancia*, zuteil werden, dessen Massenszenen Parallelen zu Aischylos' *Persern* aufzeigen. Thema der *Numancia* ist der heldenhafte Widerstand, den die Bewohner der gleichnamigen Stadt – der erste »kollektive Held« im spanischen Theater – einst den römischen Eroberern entgegengebracht haben und ihr gemeinsamer Selbstmord, als der Widerstand aussichtslos wird.

Cervantes und das Theater

Die *Numancia* stellt wahrscheinlich die einzige wirkliche Tragödie im Theater des Siglo de Oro dar. In einer breiten Handlung mit über 50 Personen, darunter den allegorischen Figuren España, Duero, Guerra, Hambre, Fama, will sie den Spaniern eine Deutung ihrer Geschichte und der Probleme ihrer Gegenwart geben. Indem Cervantes hier Krieg und Grausamkeit ablehnt, spricht er dem Theater das Recht zu, politisch Stellung zu beziehen. Das Stück gehört zur ersten Phase des dramatischen Schaffens von Cervantes, während der er zwischen 1581 und 1587 20 bis 30 Theaterstücke verfaßt haben will, von denen jedoch neben der *Numancia* nur zwei weitere – *Los tratos de Argel* (*Das Leben in Algier*) und die erst jüngst entdeckte *Conquista de Jerusalén* – erhalten sind. Obwohl Cervantes angibt, seine frühen Theaterstücke seien tatsächlich aufgeführt worden, so scheint dies kaum möglich. Denn das benötigte Personal ging weit über die Zahl der Schauspieler einer damaligen Truppe hinaus.

Cervantes hat sich in einer zweiten Schaffensphase nach 1600 noch einmal mit dem Theater befaßt. Das Ergebnis sind jene, wie er im Titel trotzig feststellt, *Neuen, nie aufgeführten acht Komödien und Zwischenspiele* (*Ocho comedias y ocho entremeses nuevos, nunca representados*), die er 1615 veröffentlichte, nachdem alle Versuche, die Stücke aufzuführen, am Widerstand der ganz auf Lopes Comedia nueva fixierten Schauspieltruppen gescheitert waren. Denn weder seine Comedias, wie der *Rufián dichoso*, eine *comedia de santos*, noch seine *entremeses*, wie der *Retablo de las maravillas*, in dem er die kollektive Dummheit und den Wahn der »limpieza de sangre« kritisiert, geben sich mit der variierenden Wiederholung der erfolgreichen Formeln und Rezepte zufrieden. Es handelt sich vielmehr um formal experimentierende und inhaltlich anspruchsvolle Theaterstücke, ein Umstand, der auch erklärt, warum Cervantes nur eine relativ geringe Zahl von Theaterstücken verfaßt und publiziert hat. Insgesamt vermochten sich die Stücke von Cervantes keinen Platz auf der zeitgenössischen Bühne zu erobern; sie blieben ohne Einfluß auf die Entwicklung des spanischen Theaters. Dies gilt im übrigen für das *teatro clasicista* insgesamt, dem Cervantes mit seinen nationalen Stoffen und seiner freien Handhabung der Regeln freilich nicht gänzlich zuzurechnen ist. Das *teatro clasicista* stellt in der spanischen Theatergeschichte lediglich eine interessante Parenthese in den Jahren von 1550 bis 1600 dar (Ch. Aubrun).

Theater und Bühne im Siglo de Oro

Wie die verschiedenen Textgattungen des Theaters hat sich auch das Theater als Ort der Aufführung und der Rezeption der inszenierten Texte durch die Zuschauer im Laufe des 15. Jh. zu einer gleichsam normativen Form entwickelt, die sich in ihren Grundgegebenheiten bis zur Mitte des 18. Jh. kaum noch veränderte. Erst zu diesem Zeitpunkt fand im sogenannten »Neoklassizismus« der Bruch mit den Texten und den Aufführungsformen des »barocken Theaters« des Siglo de Oro statt. Das Siglo de Oro hat drei Theater- und Bühnenformen gekannt: In den Städten gab es die fest eingerichtete *corral*-Bühne, die prinzipiell jedem zahlenden Zuschauer zugänglich war. Die Palastbühne (*teatro palaciego*) dagegen blieb grundsätzlich dem höfischen Publikum vorbehalten. Daneben gab es die transportable *carro*-Bühne, die im Rahmen religiöser Feiern und der mit ihnen verbundenen Prozessionen Verwendung fand. Dienten die beiden ersten Bühnenformen dazu, Comedias, d. h. weltliche Theaterstücke aufzuführen (bei der Palastbühne kommen die aufwendigen *fiestas mitológicas* und die opernhaften *zarzuelas* hinzu), so war die dritte Bühnenform ausschließlich der Darstellung des religiösen Theaters, den Autos sacramentales vorbehalten.

Bühnenformen

Die corral-*Bühne*

Die *corral*-Bühne – als die ursprünglichste und einfachste Form des Theaters – ist aus jenem improvisierten Brettergestell hervorgegangen, auf dem – nach Cervantes – noch Lope de Rueda gespielt haben soll. Sie entwickelte sich dann zum fest etablierten, staatlich strikt geregelten und von Zensurmaßnahmen eingegrenzten Theater, wie es seit den 70er Jahren des 16. Jh. in vielen spanischen Städten existierte. Die meisten dieser Theater wurden im 18. Jh. abgerissen oder zweckentfremdet. Einige wenige sind in jüngerer Zeit »wiederentdeckt« worden und konnten wie das Theater in Almagro einer – nicht unproblematischen – Rekonstruktion unterzogen werden.

Für diese Bühnen wurden keine eigenen Theatergebäude errichtet. Sie wurden vielmehr in den mehr oder minder rechteckigen Freiraum zwischen

Rekonstruktion des *corral*-Theaters im neukastilischen Städtchen Almagro (1950). Der Zuschauerraum (*patio*) ist nicht überdacht. Die Bühne besitzt weder Vorhang noch Kulissen. Die Bestuhlung fehlte im 17. Jh.

Ein lärmendes Theater

bereits bestehenden Gebäuden, der vorher als Wirtschaftshof (*corral*) benutzt worden war, eingebaut und blieben grundsätzlich ohne Bedachung. An der Stirnseite befand sich die Bühne, die im ersten und zweiten Stock befindliche Fenster und Türen des abschließenden Gebäudes als Bühnenhintergrund und bespielbaren Raum miteinbezog. Unmittelbar vor der Bühne lag der größere Bereich der billigen Stehplätze, der sogenannte *patio*, der von dem lärmenden, das Schauspiel häufig störenden einfachen, männlichen Publikum, den *mosqueteros*, eingenommen wurde. An den Seiten befanden sich, erhöht und bis auf die Bühne selbst reichend, die Sitzplätze (*gradas*) für die zahlungskräftigeren Zuschauer. Der Bühne gegenüber, integriert in das den *corral* zur Straße hin abschließende Gebäude, befanden sich Eingänge und Kassen, darüber der strikt begrenzte Bereich, von dem aus die Frauen das Bühnengeschehen verfolgen durften und der wohl wegen der dort herrschenden Hitze als *cazuela* (»Pfanne«, »Ofen«) bezeichnet wurde. Darüber, unmittelbar unter dem Dach, lag ein kleiner als *tertulia* bezeichneter Bereich, der, so wird vermutet, den besonderen »Kennern« vorbehalten war. Privilegierte und Reiche konnten sich *aposentos* mieten, logenartige Räume in den Längsgebäuden des *corral*, in deren Außenmauern Fenster gebrochen waren. Insgesamt faßten die beiden Madrider *corrales* jeweils 2000 Zuschauer.

Ausstattung und ›Spezialeffekte‹

Die Bühne selbst (*tablado*) war einfach ausgestattet. Sie erhob sich mannshoch über den *patio*, besaß keinen zum Publikum abschließenden Vorhang (*telón de boca*), wohl aber einen *telón de fondo* vor den Fenstern und Türen der die Bühne abschließenden Wand, die ein Spielen »hinter der Bühne« und die Fiktion von »Nacht« erlaubten. Die Bühne verfügte über einfache technische Möglichkeiten, die jedoch mit solcher Begeisterung eingesetzt wurden, daß selbst ein Lope de Vega fürchtete, ihre Überraschungseffekte könnten die Zuschauer gänzlich vom Text der Stücke ablenken. Es waren dies eine Reihe von Öffnungen im Bühnenboden (*trampas* und *escotillones*), die das plötzliche Auftreten und Verschwinden von Personen ermöglichten; die *tramoya*, ein noch immer nicht ganz geklärtes Gerät, ein »Mühltrichter«, wohl eine drehbare, bemalte umgekehrte Pyramide, die rasche Szenen- und Ortswechsel andeuten konnte. Der Begriff *tramoya* wurde später für die gesamte Bühnenmaschinerie verwandt.

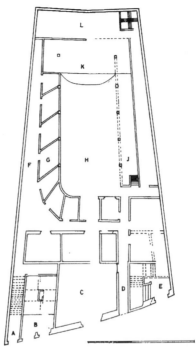

Grundriß des *Corral de la Cruz* in Madrid zu Anfang des 18. Jh.:
A. Zugang zu den ›Logen‹ (*aposentos*)
B. Laden (?)
C. Überdachter Vorraum
D. Zugang zum Hauptzuschauerraum (*patio*)
E. Aufgang zur den Plätzen im Obergeschoß (*tertulia* und *desvanes*)
F. Flur
G. ›Logen‹ (Sitzplätze, *aposentos*)
H. Nicht überdachter Bereich für die Masse der Zuschauer (*patio*; Stehplätze)
J. Galerien
K. Bühne
L. Garderobe

Schließlich besaß die *corral*-Bühne einen *monte*, einen auf Räder gesetzten »Berg«, der es den Schauspielern (wie der Rosaura zu Anfang von Calderóns *La vida es sueño*) erlaubte, sich eindrucksvoll aus einer nicht ungefährlichen Höhe »herabzustürzen«. Das beliebteste Gerät aber war der *pescante*, ein Hebegerät, das es in den aufwendig inszenierten (und vor allem deshalb beliebten) Heiligenkomödien – den *comedias de santos* – erlaubte, Engel und Teufel durch die Lüfte schweben zu lassen. Unter dem *tablado* befand sich der Umkleideraum der Schauspielerinnen, ein Ort magischer Anziehung für die männlichen Zuschauer, wie Juan de Zabaleta in seinem satirischen *Día de la fiesta por la tarde* (1660) berichtet, und zugleich ein Gegenstand der Empörung für die theaterfeindlichen Theologen. Furcht vor möglichen Feuersbrünsten durch künstliche Beleuchtung und die Sorge um die sittliche Gefährdung der weiblichen Zuschauer waren die Gründe für die rigoros eingehaltene Vorschrift, daß die Aufführungen auf jeden Fall vor Anbruch der Dunkelheit abgeschlossen sein mußten. Da das Theater kein Dach, sondern nur ein Sonnensegel besaß, fiel die Vorstellung bei Regenwetter aus. Gespielt werden durfte mit Ausnahme der Fastenzeit das ganze Jahr über.

Auf die enge Verknüpfung des spanischen Theaterwesens mit dem – modern gesprochen – Sozialsystem der Städte ist bereits hingewiesen worden. Von den fünf *cuartos*, die ein Stehplatz 1608 kostete, gingen nach diesen Regelungen in Madrid drei an die Schauspieltruppe, die beiden restlichen nach genauen Schlüsseln an verschiedene Hospitäler. Der Staat hatte also ein großes Interesse an einem intensiven und peinlich genau geregelten Theaterbetrieb, für den eine eigene Polizei (*alguaciles de comedia*) und eine hochrangige Kontrollinstanz zur Verfügung standen. Um regelmäßige Einkünfte sicherzustellen, konnten einzelne Truppen sogar zum Spielen in Madrid gezwungen werden. Das *corral*-Theater war ein durchorganisiertes Wirtschaftsunternehmen. Seine charakteristische Verbindung

Theater als Wirtschaftsunternehmen

Unterhaltung und Massenproduktion

zum Sozialwesen, die es vor kirchlichen Rigoristen rettete, hatte tiefgreifende Konsequenzen für die Produktion und Aufführung der Texte. Angesichts der noch recht geringen Einwohnerzahlen der Städte, die wiederum eine noch geringere Zahl potentieller Theaterbesucher ergaben, konnte sich ein Theaterstück höchstens fünf bis sechs Tage auf dem Spielplan halten, bevor es durch ein neues ersetzt werden mußte. Jede Truppe mußte daher pro Spielzeit mindestens 10 neue und 30 alte Comedias im Repertoire haben. Dieser enorme Textbedarf konnte von den Autoren nur in »Serienproduktion«, das heißt auch durch ein gemeinsames Verfertigen von Stücken und einen sehr freien Umgang mit dem geistigen Eigentum anderer gestillt werden. Zwischen zehn- und dreißigtausend Stück ist die Gesamtzahl der im Siglo de Oro verfaßten Theaterstücke geschätzt worden. Eine solche Massenfertigung war nur nach leicht reproduzierbaren Handlungsschemata möglich, die in klar umschriebenen Untergruppen (*comedia de capa y espada, comedia histórica, de santos, de honor, de enredos*) und auf der Basis fester Personenkonstellationen erfolgte: Das Grundschema der Comedias ist die Liebesgeschichte, die mit der ersten Begegnung der potentiellen Paare einsetzt, diese dann in eine Phase der Verwirrungen (»confusión«, »enredos«) stürzt und schließlich zum guten Ende (Heirat) führt. Den eigentlichen Handlungsträgern, den jungen und meist adligen *galanes* und den entsprechenden *damas,* die dazu tendieren, sich über die gesellschaftlichen Regeln hinwegzusetzen, steht in der Figur des Alten (*barbas*) ein Prinzip der Autorität und der Ordnung gegenüber. Diese sozial höhere Schicht wird durch die Vertreter des einfachen Volks (*criadas, criados* und den *gracioso,* die lustige Person) ergänzt. So ergaben sich im Grundmuster durchschnittlich zwölf Rollen, die jede Truppe zu besetzen hatte.

Die szenischen Möglichkeiten der Bühne, der generelle Bedarf an Stücken und die auf den Konsum von Serienprodukten gerichteten Erwartungen der Zuschauer bestimmten die Formen, Inhalte und die Ideologie der Texte erheblich mehr als die individuellen Aussage- und Wirkungsabsichten der Autoren. Dies ist sicherlich der Hauptgrund dafür, daß die spanischen Theatertexte des Siglo de Oro abgesehen von unbestreitbaren Meisterwerken vielfach den Eindruck des Repetitiven, des Fehlens einer eigenständigen Problematik, hinterlassen und daher häufig nicht zu Unrecht in Vergessenheit geraten sind. Ein Grund für die häufige geistige Anspruchslosigkeit der Comedias mag auch im Publikum der *corrales* zu suchen sein. Dieses war nicht, wie das Publikum Molières oder Racines, die höfische und städtische Elite, sondern mehrheitlich, wie es Lope drastisch formuliert, der *vulgo ignorante,* das einfache Volk, das im Theater schlichte Unterhaltung und keine tiefgreifende Reflexion über die »condition humaine« suchte. Das unter ganz ähnlichen Umständen entstandene Theater Shakespeares allerdings zeigt, daß sich Unterhaltung und geistige Tiefe nicht auszuschließen brauchen.

Die Hofbühne

Am Hof – Madrid wurde zu Beginn des 17. Jh. endgültig die Hauptstadt Spaniens, und mit Philipp IV. übernahm 1621 ein Theaternarr die Regierung – entwickelte sich aus der *corral*-Bühne unter dem Einfluß italienischer Theaterspezialisten wie dem Architekten Lotti das *teatro palaciego*, ein Theater im geschlossenen Raum, mit einer Perspektivbühne und täuschend realistischen Kulissen (*bastidores*) sowie einem *telón de boca*. Diese Elemente erlaubten zusammen mit einer immer perfekteren Bühnenmaschinerie prunkvolle Inszenierungen, die im Sinne des Barock an visuellen und akustischen Überraschungen überreich waren, zumal sie auch Aufführungen bei Nacht mit all den für die Zeitgenossen faszinierenden Effekten einer künstlichen Beleuchtung ermöglichten, die allerdings sehr kostspielig war, da sie mit teurem Bienenwachs funktionierte. Calderón hat dieses ungeheuer aufwendige Theater, dessen Ziel die Selbstfeier der Monarchie war, mit anspruchsvollen Texten versorgt. Die von ihm selbst verfaßten *memorias de apariencias*, genaue Beschreibung der verschiedenen Bühnenbilder, lassen etwas von der unglaublichen Pracht und den Kosten dieser Aufführungen ahnen. Die Entwicklung der Palastbühne trug seit der zweiten Jahrhunderthälfte zumindest in Madrid zum allmählichen Niedergang der *corral*-Bühne bei. Denn zum einen mußten die Schauspieler, die in den *corrales* und bei Hof spielten, ihre *corral*-Aufführungen häufig vernachlässigen, um die aufwendigen Inszenierungen des *teatro palaciego* einzuüben. Zum anderen ließ der König schon bald das städtische Publikum zu den Aufführungen zu, um mit den Eintrittsgeldern die enormen Kosten zu reduzieren. Die von den prunkvollen Inszenierungen verwöhnten Zuschauer waren dann mit den einfacheren Möglichkeiten der *corral*-Bühnen nicht mehr zufriedenzustellen und blieben aus. Zu dem Niedergang trugen auch zum Teil mehrjährige Aufführungsverbote aus Anlaß von Hoftrauer (und theologischer Interventionen etwa in Sevilla) bei, die das Auseinanderfallen der hochspezialisierten Schauspieltruppen zur Folge hatten.

Theater und höfischer Prunk

Die carro-*Bühne und das Auto sacramental*

Die dritte Bühnenform, die das Theater des Siglo de Oro kannte, ist die *carro*-Bühne. Sie wurde ausschließlich für die Aufführung der *autos sacramentales* (Fronleichnamsspiele) verwandt, der einzigen Gattung, die von den verschiedenen Formen des mittelalterlichen religiösen Gelegenheitstheaters (Weihnachts-, Osterspiele u.a.m.) im Siglo de Oro erhalten geblieben ist. Die Autos sacramentales wurden zunächst nur an einem einzigen Tag, dem Fronleichnamsfest, aufgeführt, später auch während einiger weniger Tage nach dem Fest. Das Fronleichnamsfest, das am Donnerstag nach Trinitatis gefeiert wird, wurde 1264 von Papst Urban IV. eingesetzt und 1443 von Papst Eugen IV. nochmals bestätigt. Gegenstand des Festes ist die freudige Verehrung der eucharistischen Gaben Brot und Wein, die nach katholischem Glauben durch die Transsubstantiation (Wesensverwandlung) in Leib und Blut Christi gewandelt werden. Das Fronleichnamsfest wurde in dreifacher Form gefeiert: Am Vormittag fanden ein Gottesdienst mit Predigt sowie eine aufwendige Prozession statt, bei der die geweihte Hostie (»el pan«) in immer prunkvoller gestalteten Monstranzen (»muestrarios«) mitgeführt wurde, in die aber auch dem heiteren Charakter des Festes entsprechend allerlei staunenerweckende Gestalten eingereiht waren, darunter die *tarasca*, eine feuerspeiende Riesenschlange. Am Nachmittag wurden dann in der Regel zwei Autos sacramentales aufgeführt. Die Aufführung fand im Freien statt. So wie eine Prozession von Station zu Station zieht, wurden auch die Autos sacramentales (in Madrid) zunächst vor dem König sowie den kirchlichen und staatlichen Autoritäten aufgeführt. Die Aufführungszeit der etwa 1000 Verse betrug etwas mehr als eine halbe Stunde. Danach wurden die Autos an weiteren Orten der Stadt vor dem einfacheren Publikum wiederholt. Möglich war dies, weil die aufwendigen, auf Räder montierten Bühnen, von Ochsen von einem Aufführungsort zum nächsten ge-

Inszenierung des Fronleichnamsfestes

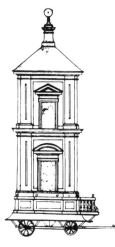

Wagen mit zweistöckigem, bespielbaren Aufbau von mehreren Metern Höhe

Tarasca (1670). Das große, feuerspeiende Ungeheuer wurde auf Rädern fortbewegt. Kopf und Hals waren beweglich montiert und konnten zur Freude der Zuschauer über die Menge hinwegstreichen.

zogen werden konnten. Um eine genügend große Spielfläche zu erhalten (sie umfaßte 1620 immerhin 18 m Breite und 7 m Tiefe), wurden zunächst zwei, später vier der fahrbaren »Wagen« (*carros*) zusammengestellt. Auf jedem der *carros* befanden sich kunstvoll gestaltete, hohe, auch im oberen Bereich voll bespielbare Aufbauten: Türme, in denen ganze Schiffe verschwinden konnten oder Erd- und Weltkugeln, die sich öffnen ließen und vor deren Perspektivmalerei die Schauspieler agierten, wie dies in Calderóns *Divino Orfeo* der Fall ist. Musik und Tanz gehörten auch hier zu jeder Aufführung.

Theologie auf der Bühne

Lope de Vega hat die Autos sacramentales als »Schauspiele zu Ruhm und Ehre der Eucharistie« (*comedias a honor y gloria del pan*) und »religiöse Geschichten« (*historias divinas*) bezeichnet. Komplexer ist die Definition Calderóns; für ihn handelt es sich um »in Verse gefaßte Predigten, in darstellbare Vorstellungen [umgesetzte] Fragen der Heiligen Theologie« (»sermones puestos en verso, en idea representable cuestiones de la Sacra Teología«). Diese theologischen Fragen reichen von der Erbsünde bis zur Erlösungstat Christi und zur Jungfräulichkeit Mariens, die in einer dem Zuschauer einsichtigen Handlung, häufig unter der Verwendung allegorischer Gestalten (Glaube, Willensfreiheit, Sünde), dem Publikum als zwar rational nur bedingt einsichtige, doch auf jeden Fall bewundernswerte Wahrheiten der Kirche dargestellt werden. Der Schluß des Auto sacramental leitet über zum Preis der Eucharistie, die in der Form von Kelch und Hostie auf der Bühne dem staunenden Publikum anschaulich gemacht und zur Verehrung dargeboten wird.

Die Ritualisierung der Theateraufführungen

Seit Lope de Rueda waren die Aufführungen der Comedia (später dann auch des Auto sacramental) nie auf den uns überlieferten Text beschränkt; das Stück war vielmehr in ein umfassendes Bühnengeschehen eingebettet. Die Aufführung begann mit einer *loa*, einem kurzen Prolog. Ihr Ziel war es, das Publikum durch direkte Ansprache in Form der *captatio benevolentiae* um Ruhe und Aufmerksamkeit zu bitten, da die damaligen Zuschauer einer Theateraufführung nicht als literarische Weihestunde folgten, sondern in ihr auch die Möglichkeit zu lautstarker, die Schauspieler vielfach störender Unterhaltung sahen. Der *loa* folgte der erste Akt (*jornada*) der Comedia, auf den unmittelbar anschließend ein witziges *entremés* aufgeführt wurde, das häufig mit Musik und Tanz abschloß. Auch nach dem zweiten Akt wurde ein weiteres Zwischenspiel aufgeführt, diesmal eine *jácara*, ein kurzes Stück aus dem Milieu der Gauner und Dirnen mit der entsprechenden Verwendung der einschlägigen Sprache (*germanía*). Mit dem dritten Akt war zwar die Comedia abgeschlossen, nicht aber der Theaternachmittag. Es folgte ein groteskes Maskenspiel, eine *mojiganga*, die das laute musikalische und tänzerische Ende des Theatererlebnisses bildete. Daß dergleichen nur von professionellen Schauspielern auch mit großer artistischer Übung und in einer gut eingespielten und von ihrem Leiter, dem *autor*, straff geleiteten Truppe geleistet werden konnte, ist ohne weiteres einsichtig. Ihrem Zusammenhalt diente die strenge religiöse Organisation der Truppen in einer eigenen *cofradía*, was auch ein Grund dafür sein mag, daß die Schauspieler in Spanien nicht der sozialen Mißachtung verfielen und bereits seit 1583 Frauen als Schauspielerinnen auftreten durften.

Inszenierung von Haupt- und Nebentexten

Zur gesellschaftlichen Funktion des Theaters im Siglo de Oro

Das Theater des Siglo de Oro war ein gut funktionierendes Element in der ›Freizeitgesellschaft‹, wie sie sich in den spanischen Städten des 17. Jh. entwickelte. In seinem ritualisierten Ablauf und in seiner lustvollen Unterhaltungsfunktion (*entretenimiento*, *pasatiempo* und *deleite* waren die zeitgenössischen Begriffe) ist es durchaus zutreffend mit dem Stierkampf verglichen worden (L. Pfandl). Als »moralische Anstalt«, die im Sinne Schillers und Lessings einen aufklärerischen Beitrag zur »Erziehung des Menschengeschlechts« liefern wollte, verstand sich dieses Theater aber noch nicht. Es wollte sicher nicht die Tugenden und Werte seiner Zeit hinterfragen oder gar die großen Institutionen des gesellschaftlichen und politischen Systems der Zeit in ihren zweifelsohne vorhandenen Mißständen anprangern. Das enge Netz von Zensur und Kontrollen, das das Theater umgab, hätte solche systemkritischen Ansätze im Keim erstickt. Ein Stück wie Lope de Vegas *Fuenteovejuna*, das im 20. Jh. als Revolutionsdrama rezipiert worden ist, war weder vom Autor so gemeint, noch wurde es vom Publikum als solches verstanden. In ihm wird zwar kurzfristig die gesellschaftliche Ordnung erschüttert, doch wird dieser Vorgang als Unrecht dargestellt, der von der

Unterhaltung und Fehlen von Fragen

Autorität des Königs zu bestrafen ist oder aber, da die einzelnen Täter nicht identifizierbar sind, von eben dieser Instanz verziehen werden kann. Es ist bezeichnend, daß Staat und Kirche an den – weitgehend unter Selbstzensur geschriebenen – Texten keinen Anstoß nahmen, sondern vorrangig an den Begleitumständen der Aufführung, vor allem an der Anwesenheit von Frauen auf der Bühne und im Publikum.

Dennoch waren die Theaterstücke des Siglo de Oro ideologisch und politisch keineswegs neutral. Neben ihrer höchst erfolgreich eingelösten Unterhaltungsfunktion erfüllten sie die Aufgabe einer »Apologie des Bestehenden« (S. Neumeister) mit der fraglosen Anerkennung und dem Lobpreis von Kirche, Staat und Aristokratie, den drei Säulen des feudalen Gesellschaftssystems im Barock. Die auf der Palastbühne aufgeführten *fiestas* dienten der barocken Selbstfeier des Königtums. Die Autos sacramentales der *carro*-Bühne dienten der Selbstinszenierung der *Ecclesia triumphans*. Differenzierter verhält es sich gewiß mit der großen Zahl der in den *corrales* aufgeführten Comedias. Doch stellen sowohl die »Mantel- und Degenstücke«, als auch die »Ehrendramen« und viele der historischen Stücke in ihren jungen adligen Protagonisten die Aristokratie als bewundernswerte gesellschaftliche Klasse dar und legitimieren so ihre Privilegien.

Lope de Vega und die comedia nacional

Lope de Vegas ›Erfindung‹ der »comedia«

Für die ältere noch von der Romantik inspirierte spanische Literaturgeschichte war Lope de Vega ein naives Naturgenie, das gegen Ende des 16. Jh. plötzlich und unvermittelt das sogenannte *teatro nacional* des Siglo de Oro erfunden hat. Diese Auffassung hat sich als weitgehend unzutreffend erwiesen. Lope hat seine Werke für ein bereits bestehendes, ausdifferenziertes Theater geschrieben, das aus einer Schauspieltradition heraus feste Schauspieltruppen, eine hoch konventionalisierte Bühne und verschiedene, nicht minder konventionalisierter Textgattungen, die auf dieser Bühne gespielt wurden, kannte. Zutreffend ist jedoch, daß diese Schauspieltradition in Lope de Vega einen genialen und höchst produktiven Autor fand, der den Theaterbesuch für die städtische Bevölkerung zu einem überaus beliebten Freizeitvergnügen machte.

Lope de Vega Carpio

Lope, der aus einfachen Verhältnissen stammte, aber dennoch eine humanistische Ausbildung bei den Jesuiten und an den Universitäten Alcalá de Henares und Salamanca erhalten und dort das antike Theater kennengelernt hatte, war von Jugend an aber auch mit der zeitgenössischen Theaterpraxis in Madrid, später in Valencia, zum Teil über Liebesverhältnisse zu Schauspielerinnen, bestens vertraut. In engem Kontakt mit Schauspieltruppen und Schauspielerinnen (Elena Osorio, Micaela de Luján, Jerónima de Burgos) entwickelte er die bis ins 18. Jh. hinein außerordentlich erfolgreiche Formel der Comedia nueva. Er selbst hat die Formel in seinem knappen, in Versen verfaßten *Arte nuevo de hacer comedias en este tiempo* (1609) dargelegt. Es handelt sich um keine programmatische Schrift, Lope hat sie vielmehr für eine Madrider Akademie verfaßt, deren humanistisch gebildete Mitglieder das antike Theater und die Poetik des Aristoteles schätzten und Lope vorwarfen, von dieser antiken Norm abgewichen zu sein und mit der Comedia nueva ein nicht humanistisches, sondern ein barbarisches Theater geschaffen zu haben. Lope, der zu diesem Zeitpunkt schon über 500 höchst erfolgreiche Theaterstücke verfaßt hat, erklärt seinen jeder Theaterpraxis fernen, theoretisierenden Gegnern voller Ironie, daß ihm Aristoteles zwar von Kindesbeinen an vertraut sei, er wolle jedoch ein ganz anderes, zeitgemäßes Theater machen, ein Theater, wie es vom heterogenen Publikum der *corrales* verlangt werde. Dieses Publikum, das im Theater sein Vergnügen (*deleite*) und keine theoretischen Debatten sucht, bezeichnet er in – natürlich nur scheinbarem – Einverständnis mit seinen Kontrahenten als *vulgo*. Da dieser *vulgo* aber für sein Vergnügen bezahle, habe er einen Anspruch darauf, daß man seinem Geschmack (*gusto*) entgegenkomme, auch wenn dabei die neoaristotelischen Regeln verletzt würden.

Die Comedia Lopes kennt die in seinen Augen künstliche, jeder Wahrscheinlichkeit (*verisimilitud*) widersprechende Trennung in Komödie und Tragödie mit ihrer Ständetrennung nicht. Gerade die Mischung von höher gestellten und einfachen Personen mit ihrer je eigenen Sprache, sowie die Mischung von Ernst und Komik entspricht, so Lope, der »Natur« und stellt eine gefällige (barocke) Vielfalt (*variedad*) dar. Von den drei Einheiten – der der Handlung, des Ortes und der Zeit – wahrt die Comedia nur die der Handlung, wobei diese jedoch stets durch eine Nebenhandlung auf der Dienerebene im Sinne der Vielfalt begleitet wird. Formal zeichnet sich die Comedia durch die Verwendung einer Vielzahl von Versmaßen aus (Polymetrie), wobei eingefügte Sonette oder Romanzen von den Schauspielern wie »gesprochene Arien« als Bravourstücke verwandt werden. Jede Comedia besteht aus drei *jornadas* (insgesamt etwa 3000 Verse). Damit das Interesse der – immer unruhigen – Zuschauer bis zuletzt erhalten bleibt, empfiehlt Lope, die Lösung erst im letzten Moment aufzudecken, was seinen Stücken häufig ein abruptes, psychologisch wenig vorbereitetes Ende gibt. Die Sprache der Comedia soll anders als die im *entremés* grundsätzlich den Anstand wahren und dem sozialen Stand der einzelnen Personen entsprechen (*decoro*), wobei Lopes Dienergestalten allerdings bisweilen den *hablar discreto* ihrer Herren teilen. Als besonders publikumswirksam sieht er schließlich die *mujer vestida de hombre* an, das aus der italienischen Novellistik bekannte Auftreten von Frauen in Männerkleidung, sowie die Verwendung der *casos de honor*, der Ehrenproblematik, als Gegenstand und Handlungsschema der Comedia.

Mischung der Stände

Wie geschickt es Lope verstand, sein Theater im Hinblick auf das Publikum der *corrales* zu konzipieren, zeigt das Identifikationsangebot, das in ihm den hauptsächlichen Zuschauergruppen gemacht wird. Die anwesenden *hidalgos* vermögen sich durchaus mit den jugendlichen *galanes* und den autoritären Vaterfiguren, der Schicht der adligen Protagonisten, zu identifizieren. Die Frauen aller Schichten können sich in den umworbenen *damas* und den gewitzten *criadas* wiedererkennen und in den Eskapaden der *mujeres tapadas* und der »verkleideten Frauen« so manchem Evasionstraum hingeben. Die große Zahl der *mosqueteros* aber, der einfachen Männer aus dem Volk, kann sich mit der erst von Lope richtig ausgestalteten Kunstfigur des *gracioso*, der »figura de donaire«, als ihrem »alter ego« (F. Lázaro Carreter), identifizieren. Trotz einer gewissen Ängstlichkeit, seiner Eßlust, der misogynen Züge und seines Materialismus ist der *gracioso* eine sympathische Figur, die am Ende des Stücks in aller Regel durch eine Heirat ihr eigenes »Kleinglück« erlangt. Der *gracioso* ist der Vertraute seines Herrn, dem er bisweilen überlegen ist und den er bisweilen verlacht. Doch ist dieses Lachen – das Lope in die Comedia einführt – kein subversives Lachen und das Überlegenheitsgefühl des *gracioso* kein Anlaß zur Sozialkritik. Lopes Dienergestalten sind weit entfernt von den kritischen, rebellierenden Dienergestalten in der *Celestina*. Sie sind anders als der Lazarillo de Tormes oder Sancho Panza kaum individualisierte Gestalten, sondern reine Funktionen im Gesamtgetriebe der Comedia. Ähnliches gilt

Die Comedia und ihr Publikum

für den Publikumskreis der *labradores*, den der Bauern. Auf der Bühne wird ihnen eine – dem des Adels analoge – Ehre und ein hohes Maß an »Blutsreinheit« zugesprochen. Ihre Aufwertung geht einher mit dem »Lob des Landlebens«, das zu Zeiten massiver Landflucht eindeutig politische Ziele verfolgte (N. Salomon).

Der Schlüssel zu dem Erfolg Lopes ist die immer wieder reproduzierte Formel der *comedia de capa y espada*. Ihr Thema ist die Trinität von erotischer, aber nicht maßlos leidenschaftlicher Liebe, von Ehre und Eifersucht (*los celos*) zwischen jungen Leuten aus der gehobenen Gesellschaft, die in der Regel mit der Hochzeit der Protagonisten (und einer weiteren Hochzeit auf der Dienerebene) endet. Sie spielt in der unmittelbaren spanischen Gegenwart und bedarf daher keines anderen Kostüms als des alltäglichen »Mantels und des Degens« der vornehmen jungen Leute. Um Spannung in die voraussehbare Handlung zu bringen, ist die Comedia de capa y espada auf überraschende Wendungen und komplizierte Verwicklungen (*enredos*) angelegt. Es handelt sich bei diesen Stücken um eine höchst konventionalisierte Gattung, ohne Anspruch auf Realitätsnähe und Wahrscheinlichkeit. Sie stellt jene Formel und Struktur dar, die es Lope erlaubte, in kürzester Zeit immer wieder neue Theaterstücke anzufertigen und mit dieser Ware den enormen Textbedarf der *corrales* zu stillen.

Konventionen der Ehre

Nicht weniger konventionalisiert sind Lopes »Ehrendramen« (*comedias de honor*), die er selbst als besonders publikumswirksam bezeichnete. In diesen Stücken wird die Ehefrau des adligen Protagonisten wegen tatsächlicher oder auch nur vermuteter Untreue getötet. Das grausige Geschehen wird als unausweichliche Pflicht des Ehemanns und als moralisch nicht verwerfliche Tat dargestellt. Über den Sinn dieser Comedias ist viel gestritten worden. Ihr extremer – altchristlicher – Ehrbegriff ist als ein später Reflex der gescheiterten *convivencia* der drei Kasten verstanden worden (A. Castro). Ihr Erfolg beim Publikum aber mag sich anders erklären. Die Ehrendramen erlauben der Masse der einfachen Zuschauer einen neugierigen Blick in die geheimen Abgründe der »Welt der Großen«. Dieser Blick ist schadenfroh – auch der Adlige kann sich der Treue seiner Frau nicht sicher sein. Zugleich wirkt er entlastend, denn der einfache Mann kann den »Fall« ohne Pflicht zum Töten einfach übergehen, wie dies in den Comedias und Entremeses auf der Dienerebene immer wieder vorgeführt wird. Der zuschauende Adel seinerseits mochte in der rigorosen Pflichterfüllung seinen Anspruch auf gesellschaftliche Privilegierung legitimiert sehen. Auch die Ehrendramen sind höchst konstruierte Stücke; das in ihnen dargestellte Geschehen spiegelt keine gesellschaftliche Realität wider.

Lopes ›endlose Produktion‹

Die Fülle der von Lope de Vega verfaßten Theaterwerke stellt eine Reihe schwieriger Probleme. So ist weder ist die Chronologie der Stücke noch die Authentizität bei einem Großteil der 500 unter seinen Namen überlieferten Stücke gesichert. Vieles was nicht von ihm stammte, wurde unter seinem Namen aufgeführt und (in insgesamt 25 *partes*) publiziert. Der Hinweis »es de Lope« war bei dieser Ware außerordentlich verkaufsfördernd.

Bances Candamo hat in seinem *Teatro de los teatros* (1690) vorgeschlagen, Lopes Theaterstücke in *comedias amorosas* und in *comedias históricas* zu unterscheiden. Die ersteren, die weitgehend identisch sind mit den *comedias de capa y espada*, spielen in der spanischen Gegenwart; ihre Stoffe sind in der Regel frei erfunden oder der Novellistik entnommen. Anders verhält es sich mit den *comedias históricas*. Sie spielen in der Vergangenheit; ihre Stoffe sind schriftlichen Quellen oder der mündlichen Tradition, etwa den Romanzen, entnommen: Sie entstammen der Geschichte Spaniens, häufig auch der Italiens, der Welt der Bibel und der Kirchengeschichte oder der Antike, ihrer Geschichte und Mythologie.

Dem Wunsch des Publikums nach unbeschwerter Unterhaltung folgend, hat er ohne tiefgehende Veränderungen von seinem frühesten – *Los hechos de Garcilaso* (1583) – bis zu seinem vermutlich letzten Stück – den *Bizarrías de Belisa* (1634) – immer wieder das Schema der Comedia de capa y espada gebraucht. In *El acero de Madrid* (1610; *Das Eisenwasser von Madrid*) weiß es die gescheite Belisa einzurichten, daß sie sich der strengen väterlichen Obhut entziehen und mit dem Geliebten Lisardo treffen kann. Ein als Arzt verkleideter *gracioso* hat ihr das Trinken von Eisenwasser und Spaziergänge außerhalb Madrids verordnet. Den Argwohn ihrer devoten Tante Teodora versteht ein Freund Lisardos zu täuschen, der vorgibt, in sie verliebt zu sein. Nach mancherlei Täuschungen und Eifersüchteleien heiratet das Paar der Protagonisten wie auch sein Diener und ihre Dienerin. Die gestrenge ältliche Teodora aber geht ins Kloster. *La dama boba*, *El perro del hortelano*, *El caballero del milagro*, *La discreta enamorada* gehören zum gleichen Typus.

Lopes bekannteste historische Comedias mit Stoffen aus der spanischen Geschichte sind *Fuenteovejuna*, *El mejor alcalde, el Rey* und *Peribáñez y el comendador de Ocaña*. Ihnen ist gemeinsam, daß sie im ländlichen Bereich spielen und Konflikte der Bauern mit den Feudalherren behandeln. Angriffe und Widerstand der Bauern gegen die Übergriffe der Herren werden jedoch erst durch den König, der im Stück als *deus ex machina* erscheint, legitimiert. In *Fuenteovejuna* (1610) tötet die Dorfgemeinschaft ihren despotischen Herrn, den Großkomtur des Calatrava-Ordens. Ein königlicher Richter vermag die einzelnen Schuldigen nicht festzustellen, da alle Dorfbewohner selbst unter der Folter nur eins bekennen: »Fuenteovejuna lo hizo«. Über die Standhaftigkeit der Dorfbewohner und die Tyrannei des Großkomturs informiert, verzeiht das Königspaar als die höchste irdische Autorität dem Dorf, das sich seiner Herrschaft unterstellt. *Fuenteovejuna* illustriert zugleich sehr deutlich das Grundschema der Comedia Lopes, den Dreischritt von Ordnung, Bruch der Ordnung und abschließender Wiederherstellung der Ordnung. Dieses Schema liegt auch seinem bekanntesten Ehrendrama zugrunde, das auf einer Novelle Bandellos fußt: In *El castigo sin venganza* (1631; *Strafe ohne Rache*) leben der gealterte Herzog von Ferrara und sein natürlicher Sohn Graf Federico harmonisch miteinander, bis der Herzog beschließt, die junge Casandra zu heiraten. Um sie heimzuführen, schickt er ihr Federico entgegen; bereits bei ihrer ersten Begegnung verlieben sich die beiden leidenschaftlich ineinander. Eine längere Abwesenheit des Herzogs erlaubt ihnen, ihr Glück zu genießen. Bei seiner Rückkehr erkennt der Herzog die Lage und beschließt, das Paar ›ohne Rachegedanken‹ zu bestrafen. Er bedeckt die gefesselte und geknebelte Casandra mit einem Tuch und fordert den nichtsahnenden Federico auf, die Person, die er als Verschwörer bezeichnet, mit dem Degen zu töten. Federico gehorcht; als er zugestoßen hat, ruft der Herzog die Wachen und läßt seinen Sohn von ihnen als den Mörder der Herzogin hinrichten: eine ›Wiederherstellung von Ordnung‹, die dem modernen Leser höchst fremd erscheint.

Lope hat, neben einer Reihe von Autos sacramentales, auch bühnenwirksame *comedias religiosas* verfaßt. In *Lo fingido verdadero* (1622; *Sein ist Schein*) wird die Legende vom römischen Schauspieler Genesius (Ginés) behandelt, der auf der Bühne einen Christen darstellt und sich so mit seiner Rolle identifiziert, daß er sich zum Christentum bekennt und glücklich das Martyrium auf sich nimmt. Hier stellt Lope, wie viele Autoren nach ihm,

Nationalgeschichte auf der Bühne

Titelblatt der zwölften Teilausgabe (*parte*) der *comedias* Lope de Vegas

Rekonstruktion der Bühne und des Bühnenbildes für Lope de Vegas Auto sacramental *La adúltera perdonada* (Madrid 1608). Skizze von Richard Southern nach Überlegungen von J.E. Varey

die Formel der Comedia in den Dienst der religiösen Propaganda, so auch in dem antisemitischen Stück *El niño inocente de la Guarda*, in *La hermosa Esther*, das auf dem Alten Testament basiert, oder in seiner Trilogie auf San Isidro, den Schutzpatron der Stadt Madrid. Neben diesen Comedias hat Lope jedoch auch einige Stücke geschrieben, die – in allerdings wenig ergiebigen Debatten – als Tragödien bezeichnet werden. Außer auf *La Estrella de Sevilla* (1617) trifft diese Bezeichnung auf *El caballero de Olmedo* (1625–30) zu, der nicht mit der üblichen Heirat von *galán* und *dama* endet, sondern mit der heimtückischen Ermordung des Protagonisten durch einen Nebenbuhler.

Lope de Vega hat es als erster Autor verstanden, alle Register des damaligen Theaters (einschließlich der Entremeses) meisterhaft zu benutzen. Ursache und Folge seiner unüberschaubaren Produktivität war es jedoch, daß er in seinen Stücken weitgehend die Weltsicht seiner Zuschauer reproduziert, ohne neue existentielle Fragen zu erschließen. Lope de Vega ist daher als »der größte Dichter der Konformität« (A. Alonso) bezeichnet worden. Dieser Feststellung kann zugestimmt werden, wenn sie nicht als Werturteil verstanden wird und die Bühnenwirksamkeit seiner Stücke nicht vergessen läßt.

Die Schule Lope de Vegas

Die Liste der Autoren, die der »Schule Lope de Vegas« zuzurechnen sind, könnte außergewöhnlich lang sein. Allein im Jahre 1632 sollen in Madrid 50 Theaterautoren gewirkt haben. Hier sei nur auf die mit Lope fast gleichaltrigen Dichter Guillén de Castro und José de Valdivielso verwiesen sowie – als Vertreter der Folgegeneration – auf Tirso de Molina, Antonio Mira de Amescua, Luis Vélez de Guevara, Andrés de Claramonte, Juan Ruiz de Alarcón, Felipe Godínez und Agustín Moreto. Lopes Schüler sind sie insofern, als sie die von ihm kodifizierte Formel der Comedia übernommen haben. Inhaltlich galten ihre Werke lange als bloße Variationen der Themen Lopes. Eine genauere Kenntnis dieser Werke läßt jedoch immer deutlicher ihre Individualität hervortreten.

Der originellste Autor in dieser Schule ist zweifelsohne Tirso de Molina, der mit Lope de Vega und Calderón das Dreigestirn am Theaterhimmel des Siglo de Oro bildet. Tirso, ein Mercedariermönch, der zwischen 1620 und 1625 in Madrid seine großen Triumphe feierte, will nicht weniger als 300 Comedias und 100 Autos sacramentales verfaßt haben, erhalten sind aber nur 80 Comedias und 6 Autos. Eine entscheidende Wende trat in seinem Leben ein, als ihm sein Orden 1625 das für einen Mönch anrüchige Theaterschreiben verbot und ihn aus Madrid verbannte.

Ein Mönch als Theaterautor

In seinem weltlichen Theater, das auch heute noch erfolgreich aufgeführt wird, hat Tirso Lopes Formel der Comedia in doppelter Hinsicht weiterentwickelt. Bei ihm bestimmen zunehmend die Frauen das Handlungsgeschehen (wie in *Marta la piadosa o la beata enamorada* und *La villana de Villecas*), häufig auch die als Mann verkleidete Frau, wie in seiner erfolgreichsten Comedia de capa y espada, dem *Don Gil de las calzas verdes*. Eine Frau, die Witwe von Sancho IV., ist auch die Heldin in *La prudencia en la mujer*, die als gelungenste historische Comedia gilt (M. Menéndez Pelayo). Über Lope geht Tirso auch insofern hinaus, als er die Mechanismen der Comedia äußerst phantasievoll bis zum manieristischen Spiel treibt (*El vergonzoso en palacio*).

Tirso de Molina im Habit der Mercedarier (Porträt von Fray Antonio M. de Hartalejo)

Die beiden berühmtesten Stücke Tirsos, *El Burlador de Sevilla y convidado de piedra* (vor 1620) und *El condenado por desconfiado* gehören seinem religiösen Theater an. Allerdings ist fraglich, ob die beiden Stücke tatsächlich von ihm stammen. Mit dem *Burlador*, der ersten Fassung des im Abendland so erfolgreichen Don Juan-Mythos, sollte ganz im Sinne der Fastenpredigten illustriert werden, wie falsch es ist, Reue und Buße ständig hinauszuschieben. Don Juan, der – sexuelle – Sünder schlägt alle konkreten Warnungen in den Wind (»tan largo me lo fiáis«) und wird dann ohne die erlösende Beichte von der Statue des *Comendador* in die Höllenglut gestürzt. Tirsos Don Juan ist noch nicht der Molièresche Rebell gegen Gott, der Idealsucher Mozarts und E.T.A. Hoffmanns oder der durch die Liebe einer Frau Erlöste in Zorrillas *Don Juan Tenorio*. Das Stück wird heute bisweilen Andrés de Claramonte zugeschrieben, einem Autor und erfahrenen Leiter einer Theatertruppe. Träfe dies zu, so wäre in der spektakulären Schlußszene wohl mehr ein gekonnter »coup de théâtre« als eine theologische Aussage zu sehen.

Die erste Fassung des Don Juan-Mythos

Der *Condenado por desconfiado*, dessen Quellen ins indische Erzählgut zurückreichen, wirft die damals hochaktuelle Frage von Prädestination und Willensfreiheit auf und versucht, sie dem *corral*-Publikum anhand des Schicksals des Einsiedlers Paulo darzulegen. Da in dem Stück der Mörder Enrico erlöst, der fromme Einsiedler Paulo aber als egoistisch entlarvt und verdammt wird, sind die Vorbehalte seines Ordens gegenüber Tirsos Versuch, die Theologie in die *corrales* zu bringen, zumindest nachvollziehbar. Dennoch waren die *comedias religiosas* bei den Zeitgenossen sehr beliebt. Deren Interesse galt aber weniger den theologischen Inhalten als solch spektakulären Elementen der Inszenierung wie dem von Blitz und Donner begleiteten Auftritt der Statue in der Schlußszene des *Burlador*. Dergleichen aufwendige Inszenierungen – und keine besondere Frömmigkeit der spanischen Zuschauer – erklären den bis in die 80er Jahre des 18. Jh. reichenden Erfolg der *comedias de santos* und der späteren *comedias de magia*, die an die Stelle der Heiligen einen theologisch weniger verfänglichen, wohlwollenden Zauberer setzten (*El mágico de Salerno*).

Guillén de Castro

Unter den vielen Schülern Lope de Vegas verdient Guillén de Castro eine gesonderte Erwähnung. Er begann in Valencia als »Tragiker«, übernahm dann aber Lopes Theaterformel für sein berühmtes, vom *Romancero* inspiriertes Cid-Drama (*Las mocedades del Cid*). In mehreren Comedias behandelt er nicht wie Lope die Liebesintrigen vor, sondern wie in *Los mal casados de Valencia* die in der Ehe, einen Konflikt, der in diesem Fall mit der Annullierung der Ehe endet. Der Lope-Schüler Vélez de Guevara hat sich auf Frauengestalten spezialisiert, die Opfer ihrer Liebe werden (*Reinar después de morir*, mit dem Inés de Castro-Stoff und *La niña de Gómez Arias*, ein Stoff aus dem *Romancero*, den auch Calderón behandelt hat). Der aus Mexiko stammende Alarcón hat eine gänzlich spielerische Typenkomödie geschaffen, den Lügner in *La verdad sospechosa* und den Verleumder in *Las paredes oyen*. Godínez, der von Juden abstammte und von der Inquisition als *judaizante* verurteilt wurde, hat viele Gestalten des Alten Testaments (Ruth, Esther, David, Hiob, Thamar) zu Protagonisten seiner Stücke gemacht. Eine Sonderstellung nimmt Luis Quiñones de Benavente ein, der ausschließlich Entremeses geschrieben hat. Ihre Zahl beläuft sich auf nicht weniger als 600. Er ist der eigentliche Schöpfer der Gestalt des Juan Rana, des Antihelden schlechthin. Das Ziel dieser Entremeses, in denen die Werte der Comedia (Liebe und Ehre) auf den Kopf gestellt werden, ist das Gelächter, ein Lachen, das jedoch nicht auf Gesellschaftskritik, sondern ausschließlich auf den *deleite*, auf das Vergnügen, zielt.

Calderón de la Barca und die zweite Phase der Comedia

Die erfolgreiche »Theatermaschinerie« mit ihrer von Lope de Vega geprägten Hauptgattung der Comedia funktionierte bereits seit dreieinhalb Jahrzehnten, als Pedro Calderón de la Barca 1623 sein erstes Stück (*Amor, honor, poder*) zur Aufführung brachte. Mit dieser Comedia begann er eine Karriere, die fast 60 Jahre dauern und das gesamte Theatergeschehen seit Lopes Tod (1635) bis zum Ende des 17. Jh. tiefgreifend beeinflussen sollte. Dabei steht Calderón deutlich in der Tradition Lopes, dessen Stücke bis zum Ende des 18. Jh. neben den seinen weiterhin aufgeführt wurden. Dennoch setzt Calderón eigene Akzente. Zum einen entwickelt er Lopes Comedia de capa y espada zur perfekten »Komödienmaschine« (S. Neumeister) fort, die keinerlei Anspruch mehr erhebt, die zeitgenössische Realität zu spiegeln, sondern nur noch den gattungseigenen Gesetzen gehorcht: der Forderung nach einer komplexen Handlung, dem Spiel des Verkleidens und Verwechselns, der Zufälle und überraschenden Lösungen. Zum anderen richtet sich Calderóns Theater stärker auf das elitäre höfische Publikum aus, ist ernsthafter und anspruchsvoller als die für den *vulgo* geschriebenen Stücke Lopes. Neben dem an der Oberfläche bleibenden »Bereich des Komischen« hat es daher auch einen »Bereich des Tragischen« (M. Vitse) entwickelt, der die Tiefen der menschlichen Existenz zu erschließen versucht. Dieses Theater gibt den Fragen einer anspruchsvollen Inszenierung mehr Raum und richtet sich dabei nach den größeren technischen Möglichkeiten der Hofbühne. Anspruchsvoll, ja bisweilen ausgesprochen

Calderóns anspruchs-volleres Theater

schwierig ist es auch in sprachlicher Hinsicht, neigen Calderón und sein Publikum doch dem *conceptismo* zu, den Lope stets abgelehnt hat. Unter Beibehaltung des grundlegenden Comedia-Schemas hat Calderón Lopes Unterhaltungstheater zumindest in Teilbereichen zu einem Theater der Reflexion fortentwickelt.

Calderóns Vita ist, ganz anders als die Lopes, eine ›Biographie des Schweigens‹. Dem niederen Adel angehörend, in Madrid geboren und dort lebend, von den Jesuiten am elitären *Colegio Imperial* erzogen, studierte er in Alcalá Jura und wohl auch Theologie. Konflikte mit dem Vater, den er mit 15 Jahren verlor und der ihn in ein geistliches Amt zwingen wollte, scheinen sich in den vielen Vatergestalten seiner Comedias zu spiegeln, gegen deren versagende Autorität die Söhne rebellieren, wie dies in *La vida es sueño* der Fall ist. 1621 war er mit seinen zwei Brüdern in einen Totschlag verwickelt. 1629 drang er – ein schweres Vergehen – in ein Nonnenkloster ein, um einen Schauspieler zu verfolgen, der seinen Bruder schwer verletzt hatte und dorthin geflüchtet war. Doch Calderón verlor die Gunst des Hofes nicht, die er zwischenzeitlich als Theaterautor errungen hatte. Er verfaßte vielmehr das »Maschinenstück« *Los encantos de Circe y peregrinación de Ulises* für die Festlichkeiten, mit denen 1635 der Buen Retiro eingeweiht wurde. Im Folgejahr wurde er Ritter des Santiago-Ordens und damit in die Elite der altchristlichen Gesellschaft aufgenommen. Diese – militärische – Würde zwang ihn zur Teilnahme am Krieg gegen Katalonien (1640–1642). Die Kriegserfahrung, der immer deutlichere Niedergang Spaniens in den 40er Jahren, vielleicht auch der Tod seines unehelichen Sohns hatten eine persönliche Krise zur Folge, die Calderón veranlaßte, sich 1651 zum Priester weihen zu lassen. Für Lope war das Priesteramt kein Hindernis, weiterhin Comedias zu schreiben. Bei Calderón erhoben sich (wie bei Tirso) Proteste von hoher kirchlicher Seite, denen er in einer *Carta al Patriarca de Indias* mit einer generellen Verteidigung des Theaters entgegentritt. Dennoch gibt er das Schreiben von Comedias für die *corrales* auf und verfaßt nur noch Autos sacramentales und prunkvolle Stücke für das Hoftheater. Hinzu kommen – was zunächst überraschen mag – eine Vielzahl von Stücken des *teatro menor* (*entremeses, mojigangas, bailes*). Da diese parodistischen und komischen Werke von Calderón als Zwischenspiele für die Aufführungen seiner Autos sacramentales verfaßt wurden, ließ sich ihr Schreiben als ergänzendes oder alternatives Register zum Ernst des religiösen Theaters auch aus einer rigoristischen theologischen Sicht rechtfertigen. Geistesgeschichtlich ist Calderón in seiner Anthropologie und Theologie dem Trienter Konzil und der Gegenreformation verpflichtet, ohne daß er deshalb als düsterer »Dichter der Inquisition« oder der Gegenreformation zu bezeichnen wäre. Er vertritt im Gegenteil die eher optimistische Tridentiner Auffassung von der grundsätzlichen Freiheit des menschlichen Willens (*libre albedrío*). Auch in der seinerzeit heftig umstrittenen ›Gnadenfrage‹ vertritt Calderón – wohl im Gefolge des Jesuiten Molina – eine maßvoll optimistische Position: Die göttliche Gnade und damit die Möglichkeit, das ewige Seelenheil zu erlangen, wird niemandem versagt, der sich ernsthaft darum bemüht. Dieses Vertrauen in die Freiheit und Selbstverantwortung des Menschen ist jedoch in eine ganz von der Theologie bestimmten Weltsicht eingebettet, für die das diesseitige Glück wenig, die Verachtung der Welt und das Streben nach dem Jenseits als dem eigentlichen Ziel des Menschen alles bedeuten. Diese Auffassung zeigt sich besonders deutlich in Calderóns berühmtestem Auto sacramental, dem *Gran teatro del mundo* (1641). Das Leben erscheint hier als ein Theater-

Pedro Calderón de la Barca im Habit der Santiago-Ritter (Porträt von Juan Alfaro y Gómez)

Die Kehre zur Kirche

Das Leben als Spiel auf dem Theater

Spätgotische Prunkmonstranz der Kathedrale von Toledo zum Mitführen und Ausstellen der Hostie bei Prozessionen

spiel, in dem es nur darauf ankommt, die zugeteilte Rolle dem göttlichen Gebot entsprechend (»Obrar bien, que Dios es Dios«) möglichst gut zu spielen. Dabei geht es nicht um das diesseitige Glück, sondern um das jenseitige, ewige Heil, so daß es gleichgültig ist, ob der einzelne in seinem kurzen Erdenleben die Rolle des Bettlers, des Bauern oder die des Reichen und Königs zu spielen hat. Im Gegenteil: Dem Armen ist das Heil gewisser als dem Reichen, der so vielen Versuchungen ausgesetzt ist.

Calderón lebte und schrieb in einer Phase, die bereits von den Zeitgenossen als Periode einer umfassenden Dekadenz empfunden wurde. Politisch und ideologisch konservativ, sah er den Ausweg aus dieser tiefen Krise nicht im Wandel, sondern im Erhalt der ständischen, monarchischen Ordnung des späten Feudalismus. Dementsprechend heroisiert Calderón den Adel, dem er sich – anders als Lope – selbst zurechnete, einen Adel, den Cervantes im *Don Quijote* (1605) bereits als überlebt verspottet hatte. Seine Ehrendramen legitimierten den Führungsanspruch des Adels. Sie zeigen, wie dieser Adel, um seines höchsten Wertes, der Ehre, willen, sogar zum Töten der eigenen Frau bereit sein muß, um jeden Makel an dieser Ehre zu vermeiden; Juan Rana dagegen – und mit ihm das einfache Volk – kann sich im Register des *teatro menor* als verspotteter Hahnrei und feiger Vielfraß mit dem Verlust der Ehre abfinden und leben, ohne der gesellschaftlichen Ächtung zu verfallen. Wenn dennoch Calderóns Königsgestalten häufig als tyrannisch oder machtlos erscheinen, so bedeutet dies keine Kritik am Prinzip der Monarchie. Die Kritik gilt lediglich wenig fähigen Repräsentanten des monarchischen Prinzips wie Felipe IV und Carlos II.

Gegenüber der schier uferlosen Theaterproduktion Lopes nimmt sich das dramatische Werk Calderóns fast bescheiden aus. Er hat etwa 120 Comedias, 30 Autos sacramentales und 15 höfische *fiestas* verfaßt, sowie gut 100 Stücke des *teatro menor*, von denen allerdings nur 30 erhalten sind. In diesem immer noch sehr reichen Werk lassen sich zwei Phasen unterscheiden: Eine Frühphase, die von seinen literarischen Anfängen bis zum Ende der 40er Jahre reicht, als die Theater wegen Staatstrauer (zunächst um die Königin María Luisa de Borbón, dann um den Thronfolger Baltasar Carlos) 1644 bis 1649 fast völlig geschlossen blieben. In dieser Phase verfaßte Calderón vorwiegend Comedias, die nicht mehr allein für das einfache Theater der *corrales* bestimmt waren, sondern auch bei Hof gespielt wurden. Die zweite Phase seines Schaffens setzt nach der Priesterweihe ein. In dieser Phase stehen die Autos sacramentales (mit den dazugehörigen Stücken des *teatro menor*) ganz im Vordergrund. Hinzu kommen die für das höfische Publikum und speziell für den Monarchen bestimmten *fiestas mitológicas*.

Insgesamt zeigt Calderóns »ernsthaftes Theater« deutliche Tendenzen zur ideologischen und politischen Belehrung. Da es sich auch an den Hof richtet, legt es von vornherein größeren Wert auf eine anspruchsvollere Inszenierung, wie sie die größeren technischen Möglichkeiten der Hofbühne erlauben, deren aufwendiges Maschinentheater nach Cosme Lotti Ingenieure wie Baccio del Bianco, A. M. Antonozzi, Josef Caudi und Gabriel Jerónimo zur Vollendung geführt hatten.

Die Ausrichtung auf das höfische Publikum erklärt auch, warum Calderón in stilistischer Hinsicht der Mode des Konzeptismus gefolgt ist, dessen schwierige Sprach- und Gedankenfiguren dem einfacheren Publikum der *corrales* kaum nachvollziehbar waren.

Calderóns Comedias

In Calderóns Comedia-Produktion lassen sich recht deutlich ein im engeren Sinn »komisches Feld« von einem »tragischen Feld« unterscheiden, wobei dieses letztere mit etwa 50 Stücken weit umfangreicher als bei Lope de Vega oder Tirso de Molina ist.

Das »komische Feld« bilden Calderóns *comedias de capa y espada* und seine *comedias palaciegas*, die sich bei gleichbleibendem Handlungsschema und dem gleichen positiven Schluß im wesentlichen darin unterscheiden, daß die ersteren in Spanien, die letzteren an ausländischen Höfen, insbesondere in Italien, spielen, wie *El acaso y el error*, *Las manos blancas no ofenden*, *El astrólogo fingido* oder *No hay burlas con el amor*. Ein besonders gelungenes Beispiel für Calderóns Comedias de capa y espada ist *La Dama duende* (1629; *Die Dame Kobold*), ein heiteres Stück, das auch heute noch mit großem Erfolg aufgeführt wird, wenn man gewillt ist, Calderón nicht unbedingt zum Autor eines metaphysischen Theaters zu stilisieren. Diese Comedia steht ganz in der Lope-Tradition, die sie so fortentwickelt und verfeinert, daß die Unwahrscheinlichkeiten der Handlung nicht ins Gewicht fallen. Als »mujer tapada« gelingt es der jungen Witwe Doña Angela, sich der Aufsicht ihrer Brüder zu entziehen. Sie verliebt sich in den ihr unbekannten Don Manuel, der sich um ihretwillen mit ihrem Bruder duelliert, dann jedoch als alter Freund des zweiten Bruders erkannt wird und als Gast in dessen Haus aufgenommen wird, wo ihn von Doña Angela nur eine Wand trennt. Mit Hilfe eines drehbaren Schranks gelingt es ihr, heimlich – wie ein Kobold – in das Zimmer von Don Manuel einzudringen und mit allerlei (Liebes-)Briefen dessen Herz zu gewinnen, so daß das Stück nach einer an Verwechslungen und überraschenden Wendungen reichen Handlung mit einer Hochzeit enden kann. Das Stück stützt sich auf ein heute verlorenes Werk von Tirso de Molina und ist damit ein frühes Beispiel für das von Calderón häufig verwandte Verfahren der *refundición*. Hierbei handelt es sich um die aktualisierende Bearbeitung eines älteren Stücks, wobei weite Teile, gelegentlich sogar eine ganze *jornada*, übernommen werden, ohne das geistige Eigentum der Autoren zu respektieren.

Der gleichen Theaterformel folgen rund 20 weitere Stücke Calderóns, so *Casa con dos puertas, mala es guardar* (1629), *La Banda y la flor* (1632), das die deutschen Romantiker so schätzten, *Guárdate del agua mansa* (1644), das in der Gestalt des possenhaft verzerrten tölpelhaften Ehekandidaten Toribio Cuadradillos die *comedia de figurón* vorausnimmt, bis hin zu *Cada uno para sí* (1652), der vermutlich letzten profanen Comedia Calderóns. Das Grundthema dieser Comedias ist die erotische Liebe, die als irrationale und schwer beherrschbare Leidenschaft (*pasión*) die lebensnotwendige Ordnung (zwischen den Geschlechtern, in der Familie, zwischen den Ständen) zu zerstören droht. In den Stücken des »komischen Feldes« wird diese Gefahr nach allerlei heiteren, handlungsreichen Verwirrungen durch die Heirat der Protagonisten in einem »happy end« gebannt und »aufgehoben«.

Trotz der bis heute ungeschmälerten Bühnenwirksamkeit dieser Stücke wird Calderóns Ruhm eher mit seinen Werken des »tragischen Felds« in Verbindung gebracht. In diesen Stücken stellt sich die Lösung weitgehend anders dar, wie auch die Gruppe der »religiösen Dramen« belegt. Zu ihr gehören einige der bekanntesten Werke Calderóns: *La devoción de la Cruz* (1625/30), *El príncipe constante* (1629), *El mágico prodigioso* (1637), *Los amantes del cielo* (1640). In diesen Stücken wird die erotische Leidenschaft

Calderóns Theater: mehr als Unterhaltung

Vertonung der Dame Kobold als »Komische Oper in drei Akten« von Felix Weingartner (1916)

Calderón und die Tragödie

Manuskriptseite von *El príncipe constante*

Leidenschaften und Willensfreiheit

nicht in der Heirat aufgehoben. Den welt- und leibfeindlichen Tendenzen der barocken Frömmigkeit entsprechend schlägt sie vielmehr um in eine bedingungslose Gottesliebe, an deren Ende ein freudvoll hingenommener Märtyrer- oder Sühnetod steht. Das Liebesthema dient zugleich dazu, die Entwicklung des Protagonisten von sündiger Gottesferne zur erlösenden Glaubensgewißheit zu führen. So wird auch in diesen Comedias abschließend eine Ordnung hergestellt, die hier allerdings eine viel umfassendere, die göttliche Ordnung der Welt, ist.

In der *Andacht zum Kreuz* ist Eusebio in heftiger Leidenschaft zu Julia entbrannt. Beide ahnen jedoch nicht, daß sie ein in früher Jugend getrenntes Geschwisterpaar sind. Julias Vater Curcio stellt sich einer Heirat entschieden entgegen. In einem Duell tötet Eusebio einen Bruder Julias, flieht und wird Anführer einer Räuberbande. Um in den Besitz Julias zu gelangen, schreckt er nicht vor einem Sakrileg zurück: Er dringt in das Kloster ein, in das ihr Vater sie gegen ihren Willen gesteckt hat. Ein Kreuz, das er auf ihrer Brust entdeckt und das einem Mal gleicht, das er selber trägt, erfüllt ihn als Zeichen Gottes mit Entsetzen. Ohne sein sündiges Vorhaben zu verwirklichen, flieht er. Die ihrerseits von Leidenschaft ergriffene Julia folgt ihm und tritt als Mann verkleidet der Bande Eusebios bei, den jedoch eine geradezu abergläubische Kreuzesverehrung von mancher Untat fernhält. Als es dem Rache suchenden Curcio gelingt, die Bande aufzuspüren, wird Eusebio im Kampf getötet. Ihm wird jedoch die Gnade zuteil, daß sein Tod erst eintritt, nachdem er die für die Rettung seiner Seele unabdingbare Beichte ablegen konnte. Julia kehrt geläutert ins Kloster zurück. Ein Kreuz über Eusebios Grab symbolisiert die göttliche Vergebung und Wiederherstellung der Ordnung.

Insbesondere die deutschen Romantiker haben bei ihrer Suche nach Glaubensgewißheit in den religiösen Stücken Calderóns ein begeistertes Glaubensbekenntnis des Autors und seiner Zeitgenossen sehen wollen. Es stellt sich jedoch die Frage, ob deren Begeisterung für das »religiöse Register« ihre Ursache nicht weniger in den theologischen Fragestellungen als vielmehr in der an Überraschungen reichen Handlung und den spektakulären Elementen der Inszenierung dieser *dramas religiosos* hat.

Dramaturgisch höchst wirksam ist auch Calderóns Stück *La vida es sueño* (1634/1635), das nicht allzu scharf als »drama filosófico« von den eindeutig religiösen Stücken abgegrenzt werden sollte. Mit seiner religiös bedingten Auffassung von der Scheinhaftigkeit alles irdischen Seins angesichts von Tod und Jenseits (*desengaño*) gilt es als eines der vollendetsten Beispiele für das Denken und die Literatur des europäischen Barocks. Auch in diesem Werk geht es darum, die eigenen Leidenschaften zu zügeln, sich in die göttliche Ordnung einzufügen und als höchster Maxime dem »Handele gut!« (*el hacer bien*) Folge zu leisten, weil vor Gott und im Jenseits nur die guten Taten Bestand haben.

Der polnische König Basilio läßt seinen Sohn Segismundo in einem einsamen Turm unter der Aufsicht Clotaldos dahinvegetieren, weil es in dessen Horoskop hieß, er werde ein grausamer Herrscher sein und seinen Vater demütigen. Inzwischen ist Segismundo herangewachsen und der Vater will ihn kurz probeweise regieren lassen. Segismundo wird betäubt, in den Palast gebracht und bestätigt mit seinem tyrannischen Wesen alle Voraussagen. Auch seine erotische Leidenschaft gegenüber Rosaura vermag er nicht zu zügeln. Er wird daher erneut betäubt und in den Turm zurückgebracht, wo ihm Clotaldo erklärt, alles, was er im Palast erlebt zu haben glaube, sei nur ein Traum gewesen. Wichtig sei nur, so überzeugt er ihn, selbst im Traum »gut zu handeln«. Wenig später wird Segismundo durch einen Volksaufstand befreit, besiegt seinen Vater in der Schlacht und ist – sittlich gereift – jetzt in der Lage, seine Leidenschaften zu beherrschen. Er verzeiht seinem Vater, verzichtet auf Rosaura, vermag als Herrscher Gerechtigkeit zu üben und heiratet die »standesgemäße« Estrella.

Trotz aller Anspielungen auf die zeitgenössische Politik und mancher konkreter Einzelkritik, etwa am Glauben an die Astrologie, hat Calderón diese Comedia wohl vor allem als Allegorie des menschlichen Lebens angelegt: Der Mensch ist von seinen als unbezwingbar »prophezeiten« Leidenschaften bedrängt; er besitzt jedoch die nötige Willensfreiheit (*libre albedrío*), um ihnen nicht zu erliegen; er vermag gut zu handeln, und so auch dereinst im Jenseits zu bestehen. Es ist daher falsch, Calderóns *desengaño* als Ausdruck eines tiefen Pessimismus zu deuten. Auch ist Segismundo keine tragische Figur. Er vermag es im Gegenteil, sich in die göttliche – und damit sinnhafte – Ordnung der Welt einzufügen. Denn Calderóns Gott ist nicht der »verborgene Gott« des Jansenisten Racine, dessen Ordnung der Mensch nicht mehr zu entwirren vermag.

Pablo de Valladolid, Schauspieler und Hofnarr (Velázquez)

In diesem Sinne ist *La vida es sueño* ein christliches »Lehrstück«, das die Gestalt des Segismundo in den Dienst der Propagierung religiöser Wahrheiten stellt (»acudamos a lo eterno«) und dabei auf die Funktion der Literatur als Ort einer weltimmanenten Analyse des Menschen weitgehend verzichtet. Der Ernst des Stückes hindert im übrigen nicht, daß auch hier wie im *Mágico prodigioso* oder der *Devoción de la Cruz* den Regeln der Comedia entsprechend Clarín, die Gestalt des »gracioso«, ausführlicher und innovativ, nicht mehr nur als Begleiter, sondern auch als Gegenspieler des Protagonisten in Erscheinung tritt. Das Thema der Leidenschaften hat Calderón immer wieder beschäftigt, so in *El Mayor monstruo del mundo* (1635) und in der Doppel-Comedia *La hija del aire* (1653), die den Übergang zu den »mythologischen Festspielen« bildet. Anders als Segismundo vermögen die Protagonisten dieser beiden Schauspiele jedoch nicht, ihre Leidenschaften zu beherrschen. Herodes, »das größte Scheusal der Welt«, tötet, von maßloser Eifersucht verblendet, statt des vermeintlichen Nebenbuhlers die eigene, nicht weniger maßlos geliebte Frau. Semiramis schließlich, die »Tochter der Luft«, kennt nur eine Leidenschaft, die der grenzenlosen, despotischen Macht über Männer und Völker. Ihren Verstoß gegen die göttliche Ordnung büßt sie, die Schutzbefohlene der Aphrodite, mit dem gänzlich unweiblichen Tod auf dem Schlachtfeld.

Nicht von Leidenschaft, so zumindest will es Calderón, sondern von dem höchsten innerweltlichen Wert, dem der Ehre, werden die Protagonisten der *dramas de honor* getrieben, deren Rigorosität Calderón weit über die Position Lopes hinaus getrieben hat. Im *Médico de su honra* (1635) glaubt Don Alfonso Gutierre im Verhalten seiner Frau, Doña Mencía, Anzeichen für eine Untreue mit Don Enrique, dem Halbbruder des Königs Pedro des Grausamen, zu erkennen. Um auch nur den Verdacht eines Makels an seiner Ehre auszuräumen, läßt er Doña Mencía von einem Wundarzt die Adern öffnen und verbluten. Der König selbst bestätigt ihm die Richtigkeit seines Handelns, indem er ihn erneut verheiratet. Ganz ähnlich ist die Comedia *A secreto agravio secreta venganza* (1636) aufgebaut, nur daß hier der Ehemann auch noch den vermeintlichen Rivalen tötet. Auch im *Pintor de su deshonra* (1650) tötet der Ehemann – im übrigen sehr modern mit der Pistole – aufgrund eines bloßen Verdachts seine unschuldige Frau und ihren angeblichen Liebhaber. Die ungeheure Tat erhält hier ihre gesellschaftliche Sanktionierung, indem der Autor die Väter der beiden Opfer das Geschehen

Obsessionen der Ehre

Perspektivisch gestaltetes Bühnenbild für *La fiera, el rayo y la piedra*, das als Calderóns am aufwendigsten inszeniertes mythologisches Festspiel gilt (Valencia 1690)

ausdrücklich billigen läßt. Als heute »kaum mehr genießbar« (K. Voßler) sind diese Ehrendramen bezeichnet worden, eben weil sie keine für den modernen Menschen nachvollziehbare Verbrechen aus Leidenschaft sind, die ein zutiefst verletztes Individuum begeht, sondern das nüchterne Kalkül eines standesbewußten Adligen, der um seine gesellschaftliche Reputation fürchtet und sich deshalb auch nicht dem ›öffentlichen‹ Duell aussetzt.

A. Castro hat in dieser extremen Ehrauffassung einen letzten Reflex der längst gescheiterten *convivencia* sehen wollen, einen Legitimationsanspruch der altchristlichen Aristokraten. Es ist auf jeden Fall bezeichnend, daß Calderón das Thema der Ehre, anders als Lope, nur einmal mit dem der Bauern verbunden hat. Im *Alcalde de Zalamea* (1636) läßt Pedro Crespo, ein reicher Bauer und der Richter des Dorfs Zalamea, im Widerspruch zu allem ständischen Rechtsbrauch den Hauptmann Alvaro de Ataide aufhängen, weil er seine Tochter vergewaltigt hat und sich weigert, ihre Ehre durch eine Heirat wiederherzustellen. Wie in Lopes gleichnamigen Stück und wie in dessen *Fuenteovejuna* bedarf dieses Geschehen der ausdrücklichen Billigung des Königs, um als Akt der Wiederherstellung der etablierten Ordnung anerkannt zu werden.

Calderón und der Hof

An der Legitimität der monarchischen Ordnung hat Calderón nie gezweifelt. Der Sonderstellung, die er dem Monarchen und dem Hof in seinem Weltbild einräumt, ist er als Autor dadurch gerecht geworden, daß er trotz seiner Weihe zum Priester und trotz des klerikalen Protests gegen seine Theateraktivitäten in der zweiten Schaffensperiode zwar das Schreiben von Comedias für den *vulgo* aufgegeben, für den Hof aber die höchst aufwendigen Festspiele, *comedias mitológicas*, verfaßt hat, die als wahre »Gesamtkunstwerke« mit Musik und Gesang, kunstvoll gestalteten Kulissen und vielerlei Lichteffekten aufgeführt wurden. Sie gehören in die Vorgeschichte der spanischen Oper; und nur dem Genie Calderón ist es zu verdanken, daß die Texte von *Eco y Narciso, El mayor encanto, amor, La púrpura de la rosa, La fiera, el rayo y la piedra* oder *Hado y divisa de*

Bühnenbild für *La fiera, el rayo y la piedra*

Leónido y Marfisa nicht zum bloßen »Hintergrundrauschen« in diesen höfischen Selbstfeierritualen geworden sind.

Calderóns Autos sacramentales

Calderón selbst hat es lange Zeit abgelehnt, die Texte seiner Autos sacramentales insgesamt zu veröffentlichen. Als er sie dann 1677 doch zum Druck beförderte, nannte er die Texte »mal limados borradores« und schickt ihnen eine Entschuldigung voraus: In den Stücken träten immer wieder die gleichen Personen auf, »la Fe, la Gracia, la Naturaleza, el Judaísmo, la Gentilidad etcétera«. Diese Monotonie, so führt er aus, ergibt sich jedoch daraus, daß alle Stücke den gleichen Gegenstand (*asunto*) haben, d.h. die Heilsgeschichte und die Rolle, die der Eucharistie darin zukommt. Da alle Stücke jedoch jeweils eine ganz eigene Handlung (*argumento*) besitzen, sei die Monotonie der Gestalten entschuldbar. Außerdem mögen dem Leser manche Passagen recht schwach (*tibios*) erscheinen. Dies beruhe darauf, daß das Papier, der bloße Text weder »lo sonoro de la música, ni lo aparatoso de las tramoyas« wiedergebe. Der Leser müsse sich daher die Aufführung in ihrem ganzen Prunk vorstellen und schließlich bedenken, daß jeder, der für das einfache Publikum (*pueblo*) und für die Bühne schreibe, sich auf ein niederes (theoretisch-theologisches) Niveau begeben müsse.

Die wenigen Bemerkungen machen deutlich, daß es sich wie bei der Comedia auch beim Auto sacramental um eine hoch konventionalisierte Bühnengattung handelt, deren Erfordernisse Calderón meisterhaft zu erfüllen verstand. Ab 1649 lieferte er allein der Stadt Madrid gegen gute Bezahlung die zwei Autos sacramentales, die jeweils am Fronleichnamsfest aufgeführt wurden. Calderón verfaßte jedoch nicht nur den Text, sondern auch die »memoria de apariencias«, in der die Bühnenaufbauten und ihr Einsatz bei der Aufführung genau festgelegt waren. Diese ingeniöse, teure,

Lesetext und Theatererlebnis

Staunen oder religiöse Belehrung

von der Stadt finanzierte Ausgestaltung der vier *carros*, die zusammen die Spielfläche bildeten, wurde bis zur Aufführung strikt geheimgehalten. Der primäre Adressat war nämlich der schaulustige *vulgo ignorante*. Um ihm schwierige theologische Sachverhalte zu verdeutlichen, arbeitete Calderón mit den Mitteln der Visualisierung. Sollte dargelegt werden, daß allen Menschen von Gott die gleiche Gnade zuteil wird, so ließ er die Gestalt der *Gracia* jedem der Spieler eine Rose reichen. Vielfach ist Calderón jedoch einen anderen als diesen vereinfachenden didaktischen Weg gegangen. Die Sprache der Autos sacramentales ist häufig außerordentlich schwierig, von theologischen Fachtermini durchsetzt. Will man nicht, was bisweilen allerdings geschehen ist, postulieren, daß im Siglo de Oro auch der einfache spanische *vulgo* aus geborenen Theologen bestand, so ist anzunehmen, daß Calderón mit dieser komplexen Sprache beim Zuhörer nicht auf diskursives Verständnis, sondern auf emotionale Bewunderung und fraglose Zustimmung zielte. So wie der Kirchenbesucher das Latein der Liturgie hinnahm, ohne es zu verstehen, so nahm der Zuschauer der Autos sacramentales deren »Fachsprache« als Ausdruck der Institution Kirche und ihres religiösen Interpretationsmonopols hin. Für den Gebildeten allerdings war und ist Calderóns Sprache eine gelungene Mischung aus Theologie und Poesie, die im Deutschen bislang nur Eichendorff angemessen wiederzugeben verstand. Daß diese Mischung bei den Fachtheologen Bedenken erregen mochte, hat Calderón, der sich trotz seines Priesteramts der kirchlichen Zensur unterwerfen mußte, in seinem angeführten Vorwort selbst hervorgehoben.

Theologischer Gehalt und literarische Einkleidung

Die in diesem Vorwort getroffene Unterscheidung zwischen dem immer gleichen theologischen *asunto* und seiner literarischen Umsetzung in eine je neue Handlung (*argumento*) ist für das Auto sacramental von entscheidender Bedeutung. Der *asunto* ist das Heilsgeschehen: der gesamte Komplex der Erlösung des Menschen durch den Kreuzestod Christi. Dazu gehören auch die Fragen nach der Rolle des Glaubens, der guten Werke, dem Verhältnis von Willensfreiheit und Gnade, der Kirche, des Ketzertums, der Liebe. Sie alle – und viele andere mehr – erscheinen als allegorische Figuren auf der Bühne, nicht als Charaktere, sondern als bloße Illustratoren der vorgegebenen theologischen Wahrheiten.

Die Handlung hat Calderón in aller Regel nicht erfunden, sondern den verschiedensten Quellen entnommen und einer neuen religiösen Deutung (»a lo divino«) unterzogen. Die Stoffe entstammen dem Alten Testament (*La cena del rey Baltasar*; die Josephsgeschichte in *Sueños hay que verdades son*) ebenso wie dem Neuen Testament (*La siembra del Señor*), der spanischen Geschichte (*El santo rey don Fernando*) oder der antiken Mythologie (*El divino Orfeo*, *El verdadero Dios Pan*). Sie können schließlich auf Comedias beruhen (*La vida es sueño*; *El pintor de su deshonra*) oder aber von einem Gemeinplatz angeregt sein wie das bekannteste, mit seiner relativ realistischen Handlung jedoch wenig typische Auto sacramental vom *Großen Welttheater*. Bewundernswert ist, mit welchem Geschick es Calderón dabei – allerdings jenseits aller historischen oder psychologischen Wahrscheinlichkeit – gelingt, den heterogensten Stoff in seinem Sinn umzudeuten. Die Dinge liegen bei weitem nicht immer so einfach wie im *Großen Welttheater* (veröff. 1655), wo Gott die Gestalten des Königs, der Klugheit, der Schönheit, des Reichen, des Bauern, des Armen und des Kindes ins Leben ruft, sie der »Welt«, und dem »Gesetz der Gnade« unterstellt und sie mit dem Gebot »Ama al otro como a ti, / y obra bien, que Dios es Dios« ins Leben schickt, um sie danach entsprechend dem erworbenen Verdienst zu richten. Zwei Türen, Wiege und Sarg, symbolisieren dabei den Lebensweg.

Die Bühnendekoration des Stücks ist jedoch mit einer »Erd-« und einer »Himmelskugel« noch erheblich komplizierter. Beide Kugeln lassen sich durch Aufklappen öffnen und sind bespielbar. In der »Himmelskugel« erscheint am Schluß Gottvater (»el Autor«) mit Kelch und Hostie.

Komplexer und typischer ist der *Divino Orfeo* (zwei Fassungen: vor 1635 und 1663). Hier stellt Euridike den sündigen und erlösten Menschen dar, während Orpheus Christus symbolisiert. Die überlieferte »memoria de apariencia« der Version von 1663 fordert eine sehr aufwendige Bühnengestaltung: Auf den beiden äußeren *carros* ist je ein Turm installiert, aus dem oben ein komplettes Schiff herausgefahren werden kann; auf den beiden inneren *carros* ist je ein »Himmelsglobus« und ein »Felsen« installiert, die sich öffnen und gleichfalls vor einem reich bemalten Hintergrund bespielen lassen. Zusammen mit Musik und Gesang machte all dies die Aufführung eines Auto sacramental zu einem visuellen und akustischen Gesamterlebnis, in dem der Text – anders als in einem reinen Worttheater – für viele Zuschauer nur noch eine geringe Rolle spielte.

Die sehr großen Kosten dieser Inszenierungen, die jedes Jahr erneut entstanden, die Dunkelheit der Texte (dem aufklärerischen Denker des 18. Jh., Clavijo, machten sie den Eindruck, in griechischer Sprache verfaßt zu sein) und ihre triumphalistisch barocke Religiosität hatten zur Folge, daß die Autos sacramentales 1769 verboten wurden. Dieses Verbot betraf jedoch nicht die Comedias Calderóns, die in Spanien bei allerdings nachlassendem Interesse bis zum Ende des 18. Jh. gespielt wurden. Den Nimbus der »Göttlichkeit« sollten dem in Spanien allmählich aus der Mode gekommenen Calderón erst die deutschen Romantiker verleihen.

Rekonstruktion des Bühnenbildes für Calderóns Auto sacramental *El divino Orfeo* (1663). Die Schauspieler agierten auf dem tablado, den die *carros* bilden, sowie auf den ›Türmen‹, wo durch das Öffnen der zunächst geschlossenen ›Kugeln‹ eine weitere Spielfläche entstand. Die Schiffe konnten vollständig in den ›Türmen‹ versenkt werden. Modelle von Pedro R. León

geöffnete Weltkugel

Die Schule Calderóns

Eine Fülle von Autoren führte das Theater des Siglo de Oro neben und nach Calderón fort, ohne jedoch das grundsätzliche Gattungsspektrum oder den Aufführungsritus wesentlich zu ändern. Dieses Theater überschwemmte in der zweiten Hälfte des 17. Jh. den gesamten literarischen Markt und hat andere, innovativere Gattungen wie den Roman trotz des Erfolgs des *Don Quijote* in der Publikumsgunst verdrängt. Bezeichnend für die generelle

Vom Theater zum Spektakel

Entwicklung dieses Theaters ist die allmähliche Zunahme der *comedia de santos* und der *comedias de magia*, deren Texte immer einfacher und deren Inszenierungen immer aufwendiger und spektakulärer wurden. Wenn Calderón gegenüber Lope das Theater problematisiert und vertieft hat, so ist bei seiner »Schule« das Gegenteil festzustellen. Dies zeigt auch der Erfolg einer sich jetzt stärker ausbildenden Subgattung, die der *comedia de figurón*, deren bestes Beispiel Moretos *El lindo don Diego* (1662) darstellt. Sie ebnet den Weg zu einer Typenkomödie, in deren Zentrum ein ins Groteske verzerrter Protagonist steht, über den sich das Publikum amüsieren kann, der jedoch dem Theater jeden Bezug zur zeitgenössischen Realität und damit auch die Möglichkeit einer kritischen Funktion nimmt. Trotz nicht unbedeutender Einzelleistungen sind daher eine Steigerung der bloßen Unterhaltungsfunktion und eine weitgehende Banalisierung die grundlegenden Tendenzen dieses Theaters. Es ist dies zugleich die Zeit der *refundiciones*, zum Teil auch der Parodierung (»refundiciones en chanzas«) sowie der in Gemeinschaftsarbeit verfaßten Stücke. Wie schon Calderón richtet sich auch seine »Schule« immer stärker auf die Unterhaltungsbedürfnisse des Hofes aus. Moreto war der letzte Autor des Siglo de Oro, der überwiegend für die *corrales* schrieb, während Bances Candamo als erster Autor den Titel eines »Dramaturgen des Königs« trug. Seine bescheidenen Versuche, dem Theater einen politischen Inhalt zu geben und in *La piedra filosofal* (1693) die drängende Frage der Nachfolge Karls II. aufzuwerfen, hatte den Verlust der Gunst des Königs und die endgültige Kastration des spanischen Theaters (M. Vitse) zur Folge. Francisco Rojas Zorrilla, Agustín Moreto y Cavana und Juan Vélez de Guevara heben sich am deutlichsten aus der Legion von Autoren heraus, unter denen in der zweiten Hälfte des Jahrhunderts auch Antonio de Solís y Ribadeneira, Juan Bautista Diamante – und schon ins 18. Jh. hinüberreichend Francisco Antonio Bances Candamo, Antonio de Zamora und José de Cañizares anzuführen sind. Als 1743 und 1745 in Madrid der *Corral de la Cruz* und der *Corral del Príncipe* abgerissen und durch neue, ›neoklassizistische‹ Theater ersetzt werden, geht die große Periode des *teatro nacional* und der Comedia nueva endgültig zu Ende. Es war dies der natürliche Tod eines Theaters, das sich nach einer fast zweihundertjährigen Geschichte überlebt hatte.

Ausklang einer Tradition

DAS 18. JAHRHUNDERT

Das 18. Jahrhundert in Spanien - el siglo de las luces?

Probleme der spanischen Aufklärung

Im Laufe des 18. Jahrhunderts werden die meisten Länder Europas von der Ideologie erreicht, die die Menschen für fähig hält, glücklich, in Frieden und materiellem Wohlstand zusammenzuleben, wenn sie nur von ihrer angeborenen Vernunft Gebrauch machen, um sich von althergebrachten Vorurteilen und Irrlehren zu befreien. Der Begriff der Aufklärung dient zur gemeinsamen Epochenbezeichnung, wenn auch die Bewegung in den einzelnen Ländern höchst unterschiedlich ausgeprägt ist.

Was Spanien betrifft, so ist die Frage nach der Reichweite der Aufklärung bis heute ein strittiger Punkt. Weitaus entschiedener als in anderen Ländern stellt sich hier die mächtige katholische Kirche den neuen Lehren entgegen. Schon die Metaphorik der neuen Begriffe tritt in Konkurrenz mit dem religiösen Vokabular: Das ›Licht‹, das dem Menschen im Sinne der Aufklärung durch seine eigene Ratio zuteil wird, kann im religiösen Sinne nur von Gott gesandt werden. Während in zeitgenössischen Texten zunächst neben *ilustrar* auch *iluminar* in der Bedeutung ›aufklären‹ zu finden ist, hat sich im Laufe des Jahrhunderts eine deutliche Abgrenzung zwischen den Begriffen vollzogen: *iluminar* bleibt der religiösen Erleuchtung vorbehalten, *ilustrar* wird im didaktischen Sinne der Aufklärung verwendet. Wie in der Terminologie, so zeigt im gesamten Geistesleben die Kirche in Spanien der Aufklä-

Lichtmetaphorik

Aufstieg eines Heißluftballons der Brüder Montgolfier in den Gärten von Aranjuez – ein Ausdruck der wissenschaftlich-technischen Revolution im Zuge der Aufklärung, die auch an Spanien nicht vorbeiging (Gemälde von Antonio Carnicero)

Aufklärung und Kirche

rung ihre Grenzen auf. Daher hat sich hier eine Spielart der Aufklärung entwickelt, die eine Kritik an der katholischen Religion nicht notwendig einschließt. Zahlreiche aufklärerische Autoren gehören sogar dem Klerus an, wie der Benediktinermönch Feijoo oder der Jesuit Isla. Der Glaube an Gott und der Respekt vor den Institutionen der Kirche werden nicht grundsätzlich in Frage gestellt, die Kritik – auch der aufklärerischen Kleriker selbst – richtet sich vielmehr gegen Mißstände, wie Korruption und Verbreitung von Aberglauben durch die Kirche. Dennoch sind die Aufklärer mit ihren Forderungen nach größerer Freiheit und Eigenverantwortlichkeit des Individuums und ihrer Hinwendung zu den modernen Naturwissenschaften die Zielscheibe fortgesetzter Kritik und Verspottung seitens der konservativen Kleriker. Gefördert, wenn nicht in einigen Bereichen sogar initiiert, wird die Bewegung hingegen von Seiten der Krone. Die Reformen, die die Bourbonen seit Beginn ihrer Regierungszeit in Spanien in Angriff nehmen, entsprechen in ihrem Ansatz in hohem Maße den Vorstellungen, die die Aufklärer von einer fortschrittlichen Politik haben. Im Notfall greifen die Monarchen sogar aktiv in die fortwährende Polemik pro und contra Aufklärung ein, um die ihnen ideologisch nahestehenden Autoren zu protegieren, wie etwa im Fall von Feijoo. Die Aufklärer selbst sind sich durchaus bewußt, in einer Epoche der Erneuerung zu leben; sie tendieren bisweilen dazu, die Bedeutung ihres Jahrhunderts apologetisch zu überhöhen, vor allem, indem sie die neue Reformpolitik der scharf kritisierten Mißwirtschaft der Dynastie der Habsburger gegenüberstellen. Sicherlich bleibt die spanische Aufklärung auf eine gebildete Minderheit begrenzt und tangiert vor allem die große Masse der Landbevölkerung nicht. Dennoch gibt sie die Impulse, die das geistige Leben des Jahrhunderts prägen, das sich ja durch die Entstehung des Pressewesens auch zum Zeitalter der öffentlichen Auseinandersetzung und Diskussion entwickelt.

Geschichtlicher Abriß

Der Spanische Erbfolgekrieg

Als der letzte Habsburger auf dem spanischen Thron, Carlos II, 1700 ohne Nachkommen stirbt, hinterläßt er ein abgewirtschaftetes Land. Er hat den Bourbonen Philippe d'Anjou, einen Enkel von Louis XIV, zum Thronfolger bestimmt, aber der deutsche Kaiser, unterstützt von England und Holland, möchte seinen Sohn Karl auf dem spanischen Thron sehen – ein Erbfolgekrieg bricht aus, der auch Spanien selbst in zwei Lager spaltet. Katalonien, Aragón und Valencia unterstützen Karl, die anderen Regionen Philippe. Im Frieden von Utrecht (1713) verliert Spanien alle seine europäischen Besitzungen und mit Gibraltar die Kontrolle über die Zufahrt zum Mittelmeer, und Philippe besteigt als Felipe V den spanischen Thron. In seiner Regierungszeit bis 1746 versucht Felipe, Spanien nach französischem Vorbild zentralistisch umzukrempeln. Die Provinzen, die im Erbfolgekrieg gegen ihn gekämpft hatten, verlieren ihre *fueros*, die alten Sonderrechte. Die Innenpolitik hat Vorrang, Verwaltungs- und Steuersysteme werden reformiert, Handel und Industrie gefördert. Auch in der Landwirtschaft gibt es Fortschrittsbestrebungen, die aber durch die nach wie vor feudalistischen Besitzverhältnisse stark behindert werden. Außenpolitisch verhält sich Felipe V weitgehend neutral. Sein Nachfolger Fernando VI (1746–1759) führt diese Politik des äußeren Friedens und inneren Aufbaus fort und erreicht durch gezielte Förderung von Straßenbau, Handel, Industrie und Kultur, daß ein ökonomischer Aufschwung in Gang kommt.

Carlos III

Ihm folgt sein Bruder Carlos als Carlos III auf den Thron, nachdem er bereits in Neapel Regierungserfahrung gesammelt hat. Seine Regierungszeit (1759–1788) gilt als die Blütezeit des *Despotismo Ilustrado* – so die Bezeichnung des aufgeklärten Absolutismus in Spanien –, denn er befördert den Aufschwung des Landes durch umfangreiche Reformen. Seine Reformpolitik tangiert notwendigerweise die Interessen des Adels und des Klerus, die 1766 in Madrid einen großen Volksaufstand, den ›motín de Esquilache‹, provozieren. Als dessen Folge werden die italienischen Berater des Königs entlassen, aber ihre Positionen werden spanischen Aufklärern, wie Floridablanca und Campomanes, übertragen. Darüber hinaus bietet der Aufstand Carlos III einen Anlaß, die Jesuiten, vehemente Gegner seiner Reformen, zu vertreiben, indem er sie beschuldigt, den Aufstand initiiert zu haben. Der Klerus reagiert auf diesen Affront mit einem Inquisitionsprozeß gegen Pablo de Olavide, einen radikalen Verfechter aufklärerischer Ideen. Die Nachricht von diesem *autillo* verbreitet sich in Europa und trägt mit zu dem Bild eines antiquierten, in mittelalterlichen Strukturen befangenen Spanien bei.

1788 gelangt Carlos IV auf den Thron, ein schwacher Nachfolger. Er übernimmt zunächst die aufgeklärten Minister und Berater seines Vaters, aber als 1789 in Frankreich die Revolution beginnt, bricht in Spanien Panik aus. Der Staat rückt wieder näher an die Kirche heran, die Inquisition erhält größere Machtbefugnisse. Das zeitweilige Verbot der gesamten Presse bedeutet für die Verbreitung aufklärerischer Ideen eine starke Behinderung. Carlos überläßt die Regierungsgeschäfte dem *valido* (›Günstling‹) Godoy, der sich zunehmend an Frankreich bindet und dadurch den Konflikt mit England heraufbeschwört. 1805 vernichtet Nelson bei Trafalgar die spanische Flotte fast vollständig. Dadurch kann Spanien die Verbindungen zu seinen überseeischen Kolonien nur noch in sehr begrenztem Umfang aufrechterhalten, was deren Unabhängigkeitsprozeß beschleunigt. 1806 wird Napoleon im Vertrag von Fontainebleau autorisiert, Truppen nach Spanien zu bringen, um gemeinsam gegen Portugal zu Felde zu ziehen. Sein eigentliches Ziel ist jedoch die ›Gleichschaltung‹ Spaniens, und nachdem er das ganze Land besetzt hat, zwingt er Carlos IV und dessen Sohn Fernando VII zum Verzicht auf die Krone. Stattdessen setzt er seinen Bruder Joseph als José I (1808–14) auf den spanischen Thron. Dieser Übergriff löst am 2. Mai 1808 in Madrid einen Volksaufstand gegen die Besatzer aus, der sich zum sechs Jahre dauernden Unabhängigkeitskrieg ausweitet, dem ersten nationalen Befreiungskrieg gegen Napoleons Hegemonialpolitik.

Das 18. Jh. ist in Spanien im Hinblick auf die Aufklärung eine zwiespältige Epoche: Das Land öffnet sich unter den Bourbonen nach Frankreich und nimmt von dort aufklärerisches Gedankengut auf. Aber die Invasion Napoleons bereitet dieser Öffnung ein gewaltsames Ende – Frankreich wird nun auch von der Mehrheit der liberalen Intellektuellen nicht mehr als Vorbild, sondern als Besatzungsmacht gesehen. Die Bourbonen bemühen sich um eine zentralistische Umorganisation des Landes, aber die Provinzen widersetzen sich. Zahlreiche Reformen werden durchgeführt, Transportwege werden verbessert, Industrie und Landwirtschaft gefördert. Damit wird tatsächlich ein wirtschaftlicher Aufschwung erzielt, aber radikale Veränderungen bleiben aus: So findet weder eine industrielle Revolution statt wie in anderen europäischen Ländern, noch ändern sich die feudalen Besitzverhältnisse in der Landwirtschaft entscheidend.

Despotismo Ilustrado

Vertreibung der Jesuiten

Der Graf von Floridablanca (Porträt von Goya)

Einmarsch Napoleons

Limitationen der spanischen Aufklärung

Carlos IV und seine Familie: mit ihm geht die Epoche des aufgeklärten Absolutismus in Spanien zu Ende (Gemälde von Goya).

Gesellschaft und Kultur

Auch das Sozialgefüge Spaniens erfährt im 18. Jh. keinen wirklich tiefgreifenden Wandel: Adel und Klerus können ihre privilegierte Stellung noch gegen eine allmählich erstarkende Handelsbourgeoisie verteidigen. Dennoch zeichnen sich Tendenzen ab, die auf eine wachsende Durchlässigkeit der Standesgrenzen hindeuten. So beruft Carlos III auch Nicht-Adlige in höchste Regierungsämter, die später dann in einigen Fällen aufgrund ihrer Verdienste in den Adelsstand erhoben werden. Das sich formierende Bürgertum orientiert sich in seinem Lebensstil an den Gepflogenheiten des Adels, was ihm durch seine zunehmende Finanzkraft erleichtert wird. Ökonomischer und moralischer Nutzen und Schaden des Luxus werden bezeichnenderweise zu Dauerthemen zeitgenössischer Autoren. Andererseits wird es in Adelskreisen Mode, die auffällige Kleidung und das selbstbewußtdreiste Auftreten der volkstümlichen *majos* und *majas* zu imitieren, die vor allem dank Goya noch heute ein Begriff sind.

Dieses zum Teil eher spielerische Überschreiten der feudalen Ständeordnung bleibt auf die Städte, insbesondere die Hauptstadt Madrid beschränkt. Die Landbewohner, die den größten Anteil an der Gesamtbevölkerung stellen, werden davon ebensowenig berührt wie von den übrigen Neuerungen des Jahrhunderts auf politischem, sozialem und kulturellem Gebiet. Zentrum der neuen Entwicklungen ist Madrid, das sich im 18. Jh. von einem armseligen Städtchen zu einer europäischen Metropole wandelt. Vor allem Carlos III sorgt für einen rasanten Aufschwung: Er läßt den imposanten Palacio Real erbauen, Straßen pflastern und beleuchten und den Paseo del Prado zu einer Prachtstraße ausgestalten. Der italienische Architekt Sabatini prägt das Gesicht des bourbonischen Madrid. Madrids Einwohnerzahl wächst sprunghaft an, die Stadt wird zum Anziehungspunkt für alle, die Karriere machen wollen. Auch die Literaten suchen die Nähe des Hofes, ohne dessen Wohlwollen sie schwerlich reüssieren könnten.

Madrids Aufstieg zur Metropole

Im gesellschaftlichen Leben der Hauptstadt bilden sich neue Gepflogenheiten heraus: Man trifft sich zu *tertulias*, die entweder in Privathäusern oder auch in öffentlichen Lokalen stattfinden, wie die berühmte *Tertulia de la Fonda de San Sebastián*. Einige der *tertulias* werden tatsächlich zu hochkarätigen Foren des intellektuellen Austauschs, in denen man wirtschaftliche und politische Themen, aber auch literarische Texte und die Ideen der Aufklärer diskutiert. Viele andere sind hingegen eher oberflächliche Plauderzirkel, und als solche eine beliebte Zielscheibe zeitgenössischen Spotts, wie etwa Cadalsos *Cartas Marruecas* belegen. Die frivole Seite des Jahrhunderts kommt auch in der außerordentlichen Bedeutung der Mode zum Ausdruck, die in manchen Kreisen zum Lebensinhalt avanciert: *petimetres* und *petimetras* (von frz. *petit maître*) werden die Männer und Frauen genannt, denen das perfekt gestylte Aussehen über alles geht. Adel und Großbürgertum feiern rauschende Feste, die sog. *saraos*. Beliebte Vergnügungen sind ferner die *paseos* – vor allem im ausgebauten Paseo del Prado – der Stierkampf und der Besuch der neu eröffneten Cafés, der allerdings bis zum Ende des Jahrhunderts allein den Herren vorbehalten bleibt.

Spanierin im Galakleid

Ansonsten stellt gerade der Wandel in der Stellung der Frau eine der einschneidendsten sozialen Veränderungen des Jahrhunderts dar. Stand noch im 17. Jh. die *honra*, die Ehre, für deren Bewahrung vor allem die Frau zuständig war, über allen anderen Werten und verdammte sie dazu, ihr Dasein praktisch als Gefangene des Vaters bzw. Ehemanns zu fristen, so gilt dieses Konzept der Ehre nun als antiquiert, und Eifersucht ist verpönt. *Chichisbeo* und *cortejo* sind die neuen Schlagworte – freilich nur in den ›besseren Kreisen‹ –, die den Brauch beschreiben, daß eine verheiratete Frau, mit Duldung des Ehemannes, eine enge Beziehung zu einem anderen Mann pflegt. Es ist dies eine von zahlreichen Aktivitäten, die die Frauen im Laufe des Jahrhunderts entwickeln, um der trostlosen Langeweile eines untätigen Lebens an der Seite eines nicht selbst gewählten, oft sehr viel älteren Ehemannes (Thema zahlreicher Theaterstücke) zu entgehen. Sie treten als Gastgeberinnen von *tertulias* und als Initiatorinnen karitativer Maßnahmen ins Licht der Öffentlichkeit; sie bemühen sich um Zugang zu Bildung und Wissenschaft, und tatsächlich wird mit María Isidra Quintina de Guzmán die erste Frau in die Real Academia Española aufgenommen.

Neue Rolle der Frau

Das Erziehungswesen, das den Aufklärern besonders am Herzen liegt, nimmt im 18. Jh. einen großen Aufschwung, dennoch wird keine umfassende Bildungsreform durchgeführt. Kinder reicher Eltern werden nach wie vor von Privatlehrern erzogen und, angesichts der Misere der spanischen Universitäten, nach Möglichkeit zum Studium ins Ausland geschickt. Zwar wird 1781 der Besuch der Grundschule obligatorisch, aber in der Praxis ist diese Vorschrift undurchführbar, da es noch kaum gebührenfreie Schulen gibt. Die Analphabetenrate bleibt folglich weiterhin vor allem auf dem Land sehr hoch. Die Universitäten bilden quasi das Schlußlicht des Erziehungssystems, sie sind elitär und dekadent und werden in keiner Weise dem aufklärerischen Ideal des Jahrhunderts gerecht. In dem Vakuum, das durch ihre Unzulänglichkeit entsteht, werden zahlreiche andere Institutionen gegründet, die einem progressiven Bildungsanspruch Rechnung tragen: vor allem Berufsschulen und technische Fachschulen, in denen kostenlos und ohne strenge Ständetrennung unterrichtet wird. Auch private Sprachakademien erfreuen sich regen Zulaufs, erfordert doch die zunehmende Öffnung nach dem übrigen Europa die entsprechenden Sprachkenntnisse. Ein weiterer Schwerpunkt ist die Gründung zahlreicher *academias*, allen voran der Real Academia Española von 1712. Diese Akademien sind Bildungs- und zugleich Forschungsinstitute, die sich auf unterschiedlichste Disziplinen spezialisieren. Sie entstehen auch außerhalb von Madrid, etwa in Barcelona,

Erziehungswesen

Die Real Academia

Die *majas*, in deren Attitüde sich ein neues weibliches Selbstbewußtsein manifestiert, gehören zu den bevorzugten Motiven Goyas. Im Hintergrund zwei *majos*

Valencia und Sevilla, und existieren zum Teil bis heute. Besonders nach der Ausweisung der Jesuiten (1767) zeichnet sich in Spanien eine erste Tendenz zur Verweltlichung des Bildungswesens ab, das bis dahin als eine Aufgabe im alleinigen Zuständigkeitsbereich des Klerus angesehen wurde.

Schließlich bleiben die Sociedades Económicas de Amigos del País zu erwähnen, deren Mitglieder aus Adel, Klerus und Bürgertum stammen und deren Zielsetzung die wirtschaftliche, aber auch kulturelle Förderung der einzelnen Provinzen beinhaltet. Richtungsweisend ist vor allem die Mischung der Stände in diesen Gesellschaften im Interesse des Fortschritts.

Reisen im Zeichen der Bildung

Die Öffnung Spaniens nach Europa, die Rezeption ausländischer Ideen, Sitten und Moden wird nicht nur über das geschriebene Wort ermöglicht, sondern in besonderem Maße auch durch das ständig beliebter werdende Reisen. Zum einen bereisen immer mehr Ausländer Spanien, obwohl das Land abseits der Hauptreiserouten Europas liegt. Diesen Reisenden stehen neuartige Publikationen zur Verfügung, wie die jährlich erscheinende *Guía de forasteros* oder der 1761 von Campomanes verfaßte *Itinerario de las carreras de posta de dentro y fuera del Reino*, der sich durch seine Fülle konkreter Informationen über Entfernungen, Postkutschenstationen, Preise etc. als praktischer Reiseführer empfiehlt. Von größerer Bedeutung für die Entwicklung des Landes sind gleichwohl die zahllosen Auslandsreisen, die die Spanier selbst unternehmen. Diese Reisen dienen weniger dem Vergnügen, als vielmehr der Erziehung und Bildung und der Erweiterung des technischen Wissens. Aufgrund des anerkannten Nutzens solcher Informationsreisen werden sie zum Teil sogar von der Regierung finanziert. Reiseberichte und Beschreibungen fremder Länder werden zu einem wichtigen Sektor des Buchmarktes, da sie dem wachsenden Bedürfnis der gebildeten Schichten nach Information und Impulsen von außen Rechnung tragen.

Literaturbetrieb und Zensur

Der Verbreitung des gedruckten Wortes stehen in Spanien zu Anfang des 18. Jh. gewichtige Hindernisse im Wege. Zum einen ist es um die handwerkliche Seite nicht zum besten bestellt: Typen und hochwertige Papiersorten müssen importiert werden, die Druckerzeugnisse sind von mangelhafter Qualität. Auch in diesem Bereich erweist sich Carlos III als der entscheidende Reformator, denn seine gezielten Fördermaßnahmen nähern die spanische Buchherstellung dem europäischen Niveau an. Die Zahl der Druckereien und Buchhandlungen steigt in seiner Regierungszeit rasch an, vor allem in der Hauptstadt Madrid.

Förderung des Buchdrucks

Das andere große Hemmnis für eine zügige Ausweitung des Buchmarktes bleibt hingegen das ganze Jahrhundert hindurch bestehen: die doppelte Zensur. Seit dem 16. Jh. muß für jegliches Druckerzeugnis eine staatliche Genehmigung eingeholt werden, wofür ab 1705 der Consejo de Castilla zuständig ist. Die Zensur kennt keine einheitlichen Kriterien, sondern lediglich zwei grundlegende Normen: Die katholische Kirche und die Krone müssen respektiert werden. Verstöße gegen die Zensurbestimmungen werden strengstens geahndet: Drucker und Buchhändler, die verbotene Texte drucken bzw. vertreiben, werden verbannt und enteignet, ja sogar die Todesstrafe kann zur Anwendung kommen. Besonders rigoros werden Theaterstücke zensiert, da die öffentliche Aufführung eine wesentlich größere Publikumswirkung hat als die individuelle Lektüre. Während die obligatorische Vorzensur in den Händen des Staates liegt, ist das *Santo Oficio* für die Verfolgung bereits gedruckter Schriften zuständig, insbesondere für die gefährlichen Importe aus dem benachbarten Frankreich. Aber obwohl die Landesgrenzen und der Buchhandel von der Inquisition streng kontrolliert werden, kann sie nicht verhindern, daß die wichtigsten Schriften der Aufklärer nach Spanien gelangen und rezipiert werden. Die Französische Revolution führt zu einer deutlichen Verschärfung der spanischen Zensurmaßnahmen, um das Land gegen die revolutionären Impulse aus dem Norden abzuschotten.

Die doppelte Zensur

Auch ökonomische Schwierigkeiten behindern den Buchmarkt. Die Bücher sind so teuer, daß ihr Erwerb nur einer finanzkräftigen Minderheit möglich ist. Vor allem ausländische Publikationen sind für den größten Teil der Bevölkerung unerschwinglich. Ein mangelhaftes Distributionssystem macht es potentiellen Käufern außerhalb von Madrid praktisch unmöglich, über Neuerscheinungen auf dem laufenden zu sein. Zwischen Druckern und Buchhändlern herrschen Spannungen, etwa wegen des hohen Anteils an importierten Büchern, der zwar dem Buchhandel zugute kommt, aber den Druckern die Arbeit nimmt. Eine wichtige Neuerung, die ebenfalls unter Carlos III eingeführt wird, ist die Abschaffung der sog. Druckprivilegien und die Übertragung der Exklusivrechte an einem Text auf die Person des Autors.

Trotz aller angeführten Probleme erlebt der spanische Buchmarkt im 18. Jh. einen beträchtlichen Aufschwung. Es werden öffentliche Bibliotheken gegründet, allen voran die Biblioteca Real (1712), die an jedem Werktag dem Lesepublikum offensteht. Obwohl die Liste der meistverkauften Bücher des Jahrhunderts von religiösen Texten angeführt wird, sind etwa auch die Werke von Feijoo auf den oberen Plätzen zu finden. Neben dieser ›hohen‹ Literatur bilden sich auch volkstümliche Sparten heraus, billig und daher weit verbreitet, aber von der gebildeten Schicht mit Mißfallen betrachtet. Zum einen sind dies die Almanache und *pronósticos*, etwa eines Diego de Torres Villarroel, in denen eine bunte Mischung aus astrologischen Voraussagen, praktischen Ratschlägen und unterhaltsamen Anekdoten präsentiert wird. Zum anderen sind die Romanzen zu nennen, die auf *pliegos*, losen Blättern, und *de cordel*, an einer Schnur befestigt, an Straßenständen zum Verkauf angeboten werden. Diese meist in Versform verfaßten, äußerst populären Texte, die von wilder Leidenschaft und atavistischer Gewalt handeln, können als eine frühe Form der ›Trivialliteratur‹ angesehen werden.

Volkstümliche Literaturformen

Entstehung des Pressewesens

Wie der Begriff *luz* im 18. Jh. einen Bedeutungswandel von ›göttlicher Erleuchtung‹ zu ›Licht der Vernunft‹ durchmacht, so meint *opinión pública* nicht mehr, wie noch im 17. Jh., die Instanz, die über den Ruf und damit die lebenswichtige Ehre des einzelnen entscheidet, sondern die kritische öffentliche Auseinandersetzung über alle aktuellen Fragen. Diese Diskussion braucht notwendigerweise ein Forum, und so entsteht ein mannigfaltiges Pressewesen, das das geistige Leben der Epoche entscheidend prägt. Zahlreiche Tages- und Wochenzeitungen erscheinen, viele verschwinden nach einigen Ausgaben wieder, andere bestehen über Jahrzehnte hinweg. Die Themen sind äußerst vielfältig, umfassen sämtliche naturwissenschaftlichen Disziplinen, Medizin, Landwirtschaft, Handwerk, Literatur, Kunst, Mode, Sitten und Gebräuche etc. Auffällig ist die enge Verbindung zwischen Naturwissenschaft und Literatur, die z.B. in der ersten Ausgabe der *Variedades de Ciencias, Literatura y Artes* (1803) ausdrücklich begründet wird: Alle menschlichen Wissenschaften seien Zweige eines einzigen Baumes; sie bereicherten und stärkten einander; die Naturwissenschaften gäben den Schönen Künsten Gewicht und Solidität, während diese die Nüchternheit der Naturwissenschaften auflockern und sie leichter zugänglich machen könnten. Im Gegensatz zu den folgenden Jahrhunderten findet jedoch das politische Tagesgeschehen in der Presse wenig Beachtung.

Neue ›Streitkultur‹

Die meisten Publikationen treten mit dem expliziten Anspruch auf, den Zielen der *Ilustración* zu dienen, indem sie ihr Publikum informieren und bilden. Eine Vorreiterfunktion kommt hier dem *Diario de los literatos de España* zu, nach der *Gaceta de Madrid* (seit 1661) die erste periodische Publikation des 18. Jh., die 1737 erstmalig erscheint und 1742 wieder vom Markt verschwindet. Die vier *diaristas*, wie die verantwortlichen Journalisten Juan Martínez Salafranca, Leopoldo Jerónimo Puig, Francisco de la Huerta und Juan de Iriarte genannt werden, orientieren sich an der literari-

Titelblatt des ersten Bandes, 1737

schen Presse Frankreichs und Englands, vor allem dem *Journal des Savants* und den *Mémoires de Trévoux*. Sie sind angetreten, um dem spätbarocken *mal gusto* ein Ende zu machen und nehmen die cartesianische Philosophie zum Bewertungsmaßstab. Da ihnen die Schwierigkeiten des spanischen Buchmarktes wohlbekannt sind, versuchen sie, mit journalistischen Mitteln Abhilfe zu schaffen: Sie publizieren bibliographische Informationen und Rezensionen von Neuerscheinungen, die dem Leser die Kaufentscheidung erleichtern sollen – ein wichtiger Aspekt angesichts der horrenden Buchpreise – und veröffentlichen Auszüge aus schwer zugänglichen Büchern. Das Schicksal des *Diario* ist ein gutes Beispiel für die Neigung der Epoche zur Polemik: Das Projekt muß u. a. deshalb eingestellt werden, weil sich die Auseinandersetzungen um einige Rezensionen (u. a. eine Kritik der *Poética* von Luzán) zu einem Skandal ausgeweitet haben. Der berühmteste Journalist des Jahrhunderts ist indes Francisco Mariano Nifo, Herausgeber des 1758 gegründeten *Diario noticioso, erudito y comercial, público y económico*. Nach dem Modell seiner Zeitung erscheinen in der Folge in den Provinzhauptstädten ähnliche Erzeugnisse.

Der Journalist Nifo

Für die Verbreitung der Literatur spielt die Presse eine eminent wichtige Rolle, was sich auch darin zeigt, daß viele wichtige Texte, wie etwa Cadalsos *Cartas Marruecas*, zunächst in Zeitschriften publiziert werden. Und auch die Diskussion um die poetologische Ausrichtung des spanischen Theaters wird vor allem in der Presse geführt. Clavijo y Fajardo propagiert in *El Pensador* den Neoklassizismus, auch Cándido María Trigueros setzt sich im *Diario de Madrid* für den an Luzán orientierten *buen gusto* ein, während Nifo sich als vehementer Fürsprecher des nationalen spanischen Theaters erweist. Neben *El Pensador* ist *El Censor*, der aufgrund seiner scharfen Kritik an Adel und Klerus 1787 verboten wird, das wichtigste Organ der sogenannten Meinungspresse. Gleichfalls durch Radikalität zeichnet sich *El apologista universal* (1786) aus, dessen Herausgeber und Autor, der Augustinermönch Pedro Centeno, seine Kritik an Aberglauben und Frömmelei in die Form beißender Ironie kleidet.

Einen schweren Rückschlag für die Entwicklung der Presse stellt das am 24. 2. 1791 als Reaktion auf die Ereignisse in Frankreich ausgesprochene Verbot sämtlicher Zeitungen und Zeitschriften dar. Später in den 90er Jahren finden sich dann z. T. schärfste Verurteilungen der französischen Aufklärer oder gar des gesamten französischen Volkes, etwa im *Memorial literario, instructivo y curioso de la Corte de Madrid* oder im *Semanario erudito y curioso de Salamanca*.

Presseverbot

Die Zeitungen des 18. Jh. bemühen sich zwar um möglichst große Verbreitung: Die Preise kommen auf ein erschwingliches Niveau, das System des Abonnements wird eingeführt, handliche Formate (z. T. nicht größer als ein heutiger Taschenkalender) erleichtern die Lektüre. Es muß aber auch hier die Einschränkung gemacht werden, daß ein wirkliches Massenpublikum aufgrund von Analphabetismus und wirtschaftlicher Not nicht erreicht wird.

Die erste Jahrhunderthälfte: Anfänge einer ›aufgeklärten‹ Literatur

Wegbereiter der spanischen Aufklärung: Feijoo

Die folgenreiche Zäsur, die das Jahr 1700 durch den Dynastiewechsel für die politische Entwicklung darstellt, läßt sich nicht ohne weiteres auf den literarhistorischen Bereich übertragen. Hier sind die Übergänge fließend, und während die Barockepigonen noch jahrzehntelang die alten Formen pflegen, ergreifen in der ersten Hälfte des 18. Jh. die Wegbereiter der Aufklärung das Wort, allen voran der Benediktinermönch Benito Jerónimo Feijoo. Der gebürtige Galicier, der den größten Teil seines Lebens als Theologieprofessor in Oviedo (Asturien) verbringt, beginnt erst spät auf Anregung seines Ordens mit dem Schreiben. Von 1726 bis 1739 erscheinen die acht Bände seines *Teatro Crítico Universal* (*TC*), das auf ein enormes Publikumsinteresse stößt und ihn zum meistgelesenen Autor seiner Zeit macht. Die äußerst rege Korrespondenz mit Lesern und Kritikern des *TC* gibt den Anstoß zur Publikation seines zweiten Hauptwerkes, der *Cartas eruditas y curiosas* (*CE*), in fünf Bänden, von 1742 bis 1760.

Publikumserfolg

Feijoo führt ein äußerlich sehr ereignisarmes Leben in seinem asturischen Kloster. Die wegen seiner Publikationen unausweichlichen Reisen nach Madrid sind ihm aufgrund der Intrigen und Machenschaften im Umfeld des Königshofes ein Greuel, und er lehnt sämtliche Angebote, in die Hauptstadt oder gar als Bischof nach Amerika zu übersiedeln, beharrlich ab. Das ruhige Klosterleben schafft ihm den Rahmen, in dem er seine ausgedehnten Studien betreiben kann, deren Gegenstand nicht etwa die Theologie, sondern höchst unterschiedliche Wissensgebiete, von Medizin über Geographie bis Kunst und Literatur, sind.

Benito Jerónimo Feijoo

Das *TC* besteht aus 118 Essays, sogenannten *discursos*, in denen er *ein* großes Ziel verfolgt, wie es der Untertitel anzeigt: *Discursos varios en todo género de materias, para desengaño de errores comunes*. Unter *errores comunes* versteht er Vorurteile und Aberglauben in allen Lebensbereichen; der Begriff *desengaño*, der in der Ideologie des Barockzeitalters die Erkenntnis der *vanitas mundi* meinte, erhält bei Feijoo eine ganz andere Konnotation: Er will gerade nicht die Nichtigkeit der Welt propagieren, sondern, im Gegenteil, Wege aufzeigen, wie sie durch den kritischen Gebrauch der Vernunft zu verbessern ist. Feijoo ist sich der Krise, in der sich Spanien zu Beginn des 18. Jh. befindet, schmerzlich bewußt: »El descuido de España lloro, porque el descuido de España me duele« – Die Verwahrlosung Spaniens beweine ich, weil die Verwahrlosung Spaniens mich schmerzt (*TC*, Bd. 8, Disc. XII). Anders als viele Zeitgenossen, sieht er deren Ursachen aber weniger in historischen Ereignissen, wie etwa den Kriegen der habsburgischen Könige, als vielmehr in einem krassen Mangel an geistiger Offenheit und neuen Sichtweisen. Das starre Festhalten an überkommenen Werten, das tiefe Mißtrauen allem Neuen gegenüber scheint ihm verantwortlich zu sein für die sowohl ökonomisch als auch kulturell desolate Lage Spaniens. Er ist angetreten, diesen Mißstand zu beheben, neues Gedankengut in Spanien zu verbreiten und sein Publikum zu eigenständigem, kritischem Denken anzuregen.

Der Anlaß für seine erste öffentliche Äußerung ist die Polemik, die der Arzt Martín Martínez 1725 mit seinem zweibändigen Werk *Medicina Scép-*

tica y Cirurgía Moderna, con un Tratado de Operaciones Quirúrgicas auslöst. Diese Veröffentlichung ist im Kontext der anhaltenden Debatte zwischen Traditionalisten und sogenannten *novatores* zu sehen, die unter dem neuen Regime der Bourbonen in Spanien entfacht wurde. Der Valencianer Tomás Vicente Tosca hatte in seinem umfangreichen *Compendio mathemático* (1707–15) die notwendige Trennung zwischen philosophischem und naturwissenschaftlichem Diskurs und damit die Loslösung der (Natur-)Wissenschaften von metaphysischen Strukturen postuliert. Auf der Gegenseite war der Bischof von Jaén, Francisco Palanco, mit einem Angriff gegen die Vertreter der neuen Wissenschaftstheorien auf den Plan getreten und hatte für sie die Bezeichnung *novatores* geprägt. In einem heiklen Moment, als nämlich zwei prominente *novatores* (die Ärzte Muñoz Peralta und Mateo Zapata) von der Inquisition verurteilt worden waren, bezieht nun auch Martínez eindeutig Stellung für die neuen Theorien, für den Empirismus eines Bacon oder Locke, woraufhin sich die Entrüstung der Traditionalisten wieder einmal in flammenden Pamphleten äußert.

Traditionalisten versus novatores

Daraufhin meldet sich Feijoo erstmals öffentlich zu Wort und publiziert, unterstützt vom Benediktinerorden, eine Verteidigungsschrift für Martínez. Diese *Aprobación apologética del scepticismo médico del Doctor Martín Martínez* (1725) weist bereits die Charakteristika der *discursos* des *TC* auf: Es handelt sich nicht mehr um einen weitschweifigen, an eine spezialisierte Minderheit gerichteten Traktat, sondern um einen konzisen, allgemeinverständlich geschriebenen Text. Feijoo geht nicht auf konkrete medizinische Fragestellungen ein, sondern auf das Grundproblem der Abgrenzung zwischen Glauben und Wissenschaft. Letztere bedürfe nicht der Philosophie eines Aristoteles, sondern solle ihre Erkenntnisse einzig aus Erfahrung (*experiencia*) und sorgfältiger Beobachtung (*observación*) gewinnen, lauten seine Forderungen.

Autonomie der Wissenschaft

Die Notwendigkeit dieser Abgrenzung hebt Feijoo auch im *TC* immer wieder hervor, etwa in »Voz del pueblo«, dem programmatischen ersten Essay des ersten Bandes. Dort legt er dar, daß zwei Wege zur Erkenntnis führen – im Glauben die Offenbarung (*revelación*), in der Wissenschaft aber der Beweis (*demostración*). Im *TC* und in den *CE* greift Feijoo mit Begeisterung die Theorien von Bacon, Newton oder Gassendi auf, freilich ohne den Rahmen zu überschreiten, den sein religiöser Status ihm vorgibt. Er informiert sich durch ausländische Publikationen, wie das *Journal des Savants* und die *Mémoires de Trévoux*, über die außerhalb Spaniens diskutierten Autoren und Theorien und ist durch unermüdliche Lektüre bestrebt, sein Wissen ständig zu erweitern. Neue Gedanken und Erkenntnisse, die ihm von allgemeinem Interesse zu sein scheinen, gibt er in seinen Texten an die spanische Leserschaft weiter.

So bunt gemischt die Themenpalette seiner Schriften sich auch präsentiert, lassen sich doch einige Schwerpunkte erkennen: der volkstümliche Aberglaube, die Rolle und die Methode der Wissenschaften, biologische und medizinische Fragestellungen, die soziale und wirtschaftliche Situation Spaniens und Probleme der Ästhetik. In »Voz del pueblo« unterscheidet er zwischen der Minderheit der Weisen und dem unwissenden *vulgo*, wobei *vulgo* keineswegs identisch ist mit dem ›einfachen Volk‹ – er versteht darunter geistig träge, sich an überkommene Werte klammernde Vertreter *jeder* sozialen Schicht, Adel und Klerus inbegriffen. Dem *vulgo* will er die Augen dafür öffnen, daß keine Lehre allein deshalb Anspruch auf Gültigkeit hat, weil sie seit langer Zeit verbreitet wird, noch weil eine Mehrheit ihr anhängt. Wahr in seinem Sinne ist nur das, was rational verifizierbar ist. So

Der Palacio Real in Madrid wird unter den Bourbonen zum politischen und kulturellen Herzen des Landes.

Kritik am Adelsstand

Reformbedarf der Landwirtschaft

stellt er in »Valor de la nobleza e influjo de la sangre« (*TC*, Bd. 4, Disc. II) die traditionellen Privilegien des Adels in Frage. Er definiert den Wert des einzelnen nicht mehr, wie im feudalistischen Gesellschaftssystem, in Abhängigkeit von seiner Standeszugehörigkeit, sondern nimmt ›la virtud‹, die Tugend, zum Maßstab. Ein tugendhafter Mann, ein *hombre de bien*, gilt in seinem Wertesystem mehr als ein lasterhafter Adliger – das Individuum wird wichtiger als der Stand. Der Adel darf sich folglich nicht darauf beschränken, in hochmütiger Lethargie zu verharren, sondern muß sich aktiv bemühen, seinen Sonderstatus zu legitimieren. Das ist für Feijoo am ehesten möglich, indem Adlige wichtige Staatsämter bekleiden und sich damit in den Dienst des Gemeinwohls stellen. Die *utilidad pública*, der ›öffentliche Nutzen‹, ist ein Wert, der in Feijoos Ideologie eine Schlüsselposition einnimmt. Auch der Reichtum des Adels kann, ökonomisch richtig eingesetzt, durchaus dem Gemeinwohl dienen. Hier klingt Feijoos Interesse an modernen Wirtschaftstheorien an, das in der Widmung von Bd. 5 des *TC* an den erfolgreichen Industriellen Juan de Goyeneche deutlichen Ausdruck findet. Feijoo betont, daß dessen Unternehmergeist, der sich u. a. in der Gründung zahlreicher Manufakturen niedergeschlagen hat, den Weg aus der wirtschaftlichen Krise weist. Ein neues bürgerliches Unternehmertum ist gefragt, um die alten Feudalstrukturen abzulösen. Mit einem seines Erachtens sträflich vernachlässigten Bereich der Wirtschaft befaßt Feijoo sich in »Honra y provecho de la agricultura« (*TC*, Bd. 8, Disc. XII). Die *utilidad pública* der Landwirtschaft ist unbestreitbar, und dennoch führen gerade die Bauern ein armseliges Dasein. Den Grundbesitzern aber, die von ihrer Arbeit profitieren, geht es glänzend. Feijoo hält daher staatliche Maßnahmen für unerläßlich: Der Grundbesitz sei in kleinere Einheiten zu teilen, so daß niemand mehr besitze, als er bewirtschaften lassen kann. Ein ›Bau-

›ernrat‹ am Hof solle über sinnvolle Reformen beraten und deren Durchführung organisieren. *Discursos* wie dieser machen deutlich, daß Feijoo sich nicht mehr auf den barocken Standpunkt zurückzieht, das Leben im Diesseits sei ein *engaño*, eine Täuschung bzw. eine unwesentliche Zeit der Vorbereitung auf das eigentliche Leben im Jenseits. Er beschränkt sich nicht darauf, die Bauern auf eine Kompensation ihres Elends im Jenseits zu vertrösten, sondern fordert eine Verbesserung ihrer Arbeits- und Lebensbedingungen.

Auf ein ganz anderes Gebiet begibt sich der Autor in »El no sé qué« (*TC*, Bd. 6, Disc. XII): Hier geht es um Fragen der Ästhetik und des Geschmacks. Feijoo bemüht sich, dem »no sé qué«, dem ›gewissen Etwas‹, auf den Grund zu gehen, das über Gefallen und Mißfallen entscheidet. Er kommt zu dem Ergebnis, daß zum einen der besondere Reiz eines Kunstwerks oft gerade darauf beruht, daß der Künstler von allzu starren Regeln abgewichen ist. Diese Regeln erscheinen ihm zu kurzsichtig, zu eng, da sie aus unendlich vielen möglichen Gestaltungsprinzipien nur wenige herausgreifen und zur Norm erheben. Zum andern betont er den subjektiven Aspekt des Gefallens, wenn er von der notwendigen Übereinstimmung zwischen Gegenstand und ›Rezeptionsorgan‹ spricht. Hier manifestiert sich Feijoos große Achtung vor der Eigenart des Individuums und damit die Toleranz dem Anderen, Fremden gegenüber. Immer wieder führt er in seinen Argumentationen die Sitten und Ideologien anderer Völker an: nicht etwa, um sie als Kuriosa zu belächeln oder um ihre Rückständigkeit zu denunzieren, sondern um zu zeigen, daß es viele Denksysteme, Lebensweisen und Gesellschaftsformen gibt, die ihre Berechtigung und ihre Vorzüge haben. In bezug auf das tatsächliche Verhältnis seiner Landsleute dem Ausland gegenüber sieht Feijoo zwei Extreme: entweder brüske Ablehnung oder kritikloses Übernehmen alles Fremden. Als überzeugter *moderado* lehnt Feijoo freilich jede extreme Position ab: Sein Ideal, wie auch das späterer Aufklärer, ist das *justo medio*, die goldene Mitte.

Ästhetische Prinzipien

Gemäß seinem Anspruch, ein möglichst großes Publikum zu erreichen, ordnet Feijoo alle formalen Aspekte dem Ziel der Allgemeinverständlichkeit unter. Die Wahl der Textsorten – Essay bzw. Brief – ermöglicht die Behandlung sehr diverser Themen in knapper, einprägsamer Form – ein Vorteil, den auch spätere Aufklärer wie Cadalso und Jovellanos nutzen. Er bemüht sich um eine möglichst unprätentiöse, klare Sprache, was durchaus als wichtige Innovation zu sehen ist. Selbst die ihm ideologisch nahestehenden *novatores* pflegten noch einen höchst elitären Gelehrtenstil. Seine Spontaneität und eine gelegentlich aufscheinende Ironie verleihen seinen Texten eine auch heute noch goutierbare Qualität lebendiger Unmittelbarkeit.

Schon der erste Band des *TC* löst eine überaus heftige Polemik zwischen Gegnern und Befürwortern aus. Es erscheinen unzählige Schriften, die Feijoos Thesen angreifen und zu widerlegen versuchen, wie etwa das *Anti-Teatro Crítico* (1729) von Salvador José Mañer. Seine Verteidiger antworten ihrerseits mit erhitzten Plädoyers, allen voran der ehemalige Schüler, spätere Freund und Ordensbruder Feijoos, Martín Sarmiento, der als enger Mitarbeiter wesentlich an der Publikation des *TC* beteiligt war. Auch der Jesuit José Francisco Isla zählt zu den Verteidigern des *TC*. Der Streit, der die spanische Geisteswelt in *feijoístas* und *antifeijoístas* spaltet, nimmt solche Ausmaße an, daß der König selbst sich zum Eingreifen genötigt sieht. Feijoo, der in seinen Schriften stets die Linie der bourbonischen Reformpolitik vertreten hat, wird 1748 zum königlichen Ratgeber ernannt, und 1750 verbietet Fernando VI per Dekret die Veröffentlichung weiterer An-

Polemik um Feijoo

griffe auf Feijoos Schriften. Natürlich hat die öffentliche Auseinandersetzung beträchtlich zur Bekanntheit Feijoos beigetragen. Ohne sein Kloster in Oviedo zu verlassen, ist er zu einer zentralen Figur des Zeitgeschehens geworden.

Feijoos selbstgestellte Aufgabe, seine Zeitgenossen zu lehren, althergebrachte Regeln und Normen kritisch in Frage zu stellen, Aberglauben als solchen zu erkennen und zu überwinden, auf eine materielle und ideelle Optimierung im Diesseits hinzuarbeiten, konnte er selbstverständlich nicht zur Gänze erfüllen. Dennoch ist heute sein Verdienst unbestritten, frischen Wind in das geistige Klima Spaniens gebracht und für eine relativ breite Rezeption aufklärerischer Ideen und moderner Wissenschaftstheorien gesorgt zu haben. Seine Bedeutung für die Kultur Spaniens in der ersten Hälfte des 18. Jh. liegt nicht so sehr in seiner wissenschaftlichen Kompetenz – die konnte bei der Vielfalt der Themen gar nicht so weitreichend sein –, sondern in seiner Rolle als Vermittler zwischen einem in spätbarocken Strukturen befangenen Spanien und dem Europa der Frühaufklärung.

Ähnliche Ziele wie Feijoo verfolgt der Valencianer Gregorio Mayáns y Siscar, der als Hochschullehrer und Königlicher Bibliothekar tätig ist, bevor er sich ganz dem Schreiben widmet. In *El Orador Christiano* (1733) wendet er sich in Dialogform gegen die Auswüchse der barocken kulteranistischen Rhetorik in der Predigt und fordert eine klare, allgemeinverständliche Ausdrucksweise. Er verfaßt die erste Cervantes-Biographie (*Vida de Miguel Cervantes*, 1737), publiziert die bedeutenden *Orígenes de la lengua española* (1737), die unter anderem die erste gedruckte Ausgabe des *Diario de la lengua* von Juan de Valdés enthalten, und schließlich eine zweibändige *Retórica* (1757). Obwohl er ideologisch Feijoo sehr nahesteht, kommt es zwischen beiden immer wieder zu heftigen Auseinandersetzungen, die wohl auch Ausdruck eines gewissen Konkurrenzdenkens sind. Während Feijoo sich bewußt an ein möglichst breites Publikum richtet, beschränkt sich Mayáns eher auf die intellektuelle Elite und unterstellt dem populären Feijoo oberflächliches Arbeiten.

Gregorio Mayáns y Siscar

Ausgangspunkt der Theaterdiskussion: Luzán und seine Poética

Die formale Innovation, im Sinne einer Verschlankung und Befreiung von stilistischem Ballast, die zur Originalität von Feijoos Texten beiträgt, wird bei Ignacio de Luzán zum zentralen Thema. Die spätbarocke Literatur, insbesondere die immer aufwendigeren Theaterspektakel, die ausschließlich auf das Unterhaltungsbedürfnis des Publikums zielen, sind ihm Anlaß, einen Gegenentwurf zu wagen. Seine Arbeiten liefern der das Jahrhundert prägenden Auseinandersetzung zwischen Verfechtern des spanischen Nationaltheaters und neoklassizistischen Neuerern die entscheidende poetologische Grundlage.

Früh verwaist, erlebt Luzán eine bewegte Kindheit und Jugend zwischen Spanien und Italien. Der intensive Kontakt mit anderen Sprachen und Kulturen wird sich als prägend für seinen weiteren Werdegang erweisen. Der promovierte Jurist bekleidet verschiedene Regierungsämter und ist gern gesehener Gast der berühmten literarischen *tertulias* seiner Zeit. Sein vierbändiges Werk *La poética o reglas de la poesía* (1737) gilt als richtungsweisend für den spanischen Neoklassizismus, insbesondere der dritte Band *De la tragedia y comedia y otras poesías dramáticas*.

Luzán beruft sich auf die Poetiken von Aristoteles und Horaz, Boileau und Muratori und entwickelt auf dieser poetologischen Grundlage eine eigene Theorie der Dichtung. Die Hauptaufgabe des Dichters ist für ihn die aristotelische Imitation der Natur, die bestimmten Regeln folgen müsse. Es reiche, um ein perfektes Kunstwerk zu schaffen, nicht aus, daß der Dichter über schöpferische Erfindungskraft verfügt, er müsse sich darüber hinaus ein theoretisches Regelwerk aneignen. Nur die auf diese Weise entstandene Dichtung könne beiden Teilen der Horazschen Forderung ›prodesse et delectare‹ gerecht werden, und die didaktische Funktion des Theaters steht in Luzáns Poetik, anders als in der spätbarocken Aufführungspraxis, außer Frage. Die Nachahmung der Natur schließt alles Künstliche aus, worunter Luzán z. B. eine metaphernreiche, schwülstige Sprache und eine verwirrende Handlungsführung versteht. Er verteidigt nachhaltig das Gebot der ›verisimilitud‹, der Wahrscheinlichkeit, und daraus abgeleitet die drei aristotelischen Einheiten von Zeit, Ort und Handlung. Schon in seiner Vorrede ›Al lector‹ betont Luzán, daß seine Poetik im Prinzip nichts Neues propagiere, sondern sich im Gegenteil auf überlieferte Lehrsätze stütze. Dieser Verweis auf die Verwurzelung in jahrhundertelanger Tradition mag dazu bestimmt sein, die erwartete Kritik seitens eines konservativen Publikums zu entkräften, was freilich nicht gelingt. Denn Luzán entwickelt seine Poetik nicht nur theoretisch, sondern er legt seine Maßstäbe auch an die großen spanischen Autoren des Siglo de Oro an, die seinen Forderungen in vielen Fällen nicht gerecht werden. Verstöße gegen die drei Einheiten und das Gebot der ›verisimilitud‹ sind in ihren *comedias* an der Tagesordnung. Dennoch stellt er der konkreten Kritik an einzelnen Dramen ein ausführliches Lob voraus, das den spanischen Theaterautoren generell »rara ingeniosidad, singular agudeza y discreción« bescheinigt und besonders die Qualitäten Lope de Vegas und Calderóns hervorhebt. Dieser eher versöhnliche Ton der *Poética* wird in der zweiten (posthumen) Ausgabe von 1789 durch ein rigoroseres Plädoyer für den Neoklassizismus ersetzt. Umstritten ist bis heute, inwieweit die Modifizierungen dieser, von Luzáns Sohn Juan Ignacio und Eugenio Llaguno besorgten, Edition aus der Feder des Autors selbst stammen.

Aber schon die Ausgabe von 1737 führt dazu, daß sich die Meinungen zu Aufgaben und Form des Theaters stark polarisieren. Die durch Luzáns Kritik auf den Plan gerufenen Verteidiger der Barockdramaturgie treten für die unbegrenzte schöpferische Freiheit des Autors ein, die durch keine Regeln beschnitten werden darf. Sie begreifen das Theater nicht als ›moralische Anstalt‹, sondern als einen Ort der Zerstreuung. Da die Unterhaltungsfunktion über allem anderen stehe, seien alle Mittel und Kunstgriffe erlaubt, die den Spektakelcharakter der Aufführungen unterstreichen: eine möglichst bewegte, abwechslungsreiche Handlung mit vielen Ortswechseln; Verknüpfung verschiedener Handlungsstränge und Verquickung tragischer und komischer Momente; Eingreifen übernatürlicher Wesen und Mächte.

Die Anhänger Luzáns verteidigen demgegenüber die in der *Poética* aufgestellten Normen, deren Grundlage letztlich die von den Aufklärern neu bewertete ›razón‹, die Vernunft, ist. Zu den frühen Befürwortern des Neoklassizismus zählen Blas Antonio Nasarre und Agustín Montiano y Luyando. Nasarre legt seine Auffassungen in der *Disertación sobre las comedias españolas* dar, die er seiner Ausgabe der *Comedias* von Cervantes (1749) voranstellt. Er bezichtigt Calderón und Lope de Vega, das spanische Theater korrumpiert zu haben. Montiano y Luyando, ein enger Freund Luzáns, bemüht sich, Theorie und Praxis miteinander zu verbinden. So publiziert er zugleich mit seinem ersten *Discurso sobre las tragedias españolas* (1751) die Tragödie *Virginia* als Beispiel für ein neoklassizistisches

Nachahmung der Natur

Gebot der Wahrscheinlichkeit

Luzáns *Poética* 1737

Für ein neoklassizistisches Theater

Drama. In der Absicht, neoklassizistische Grundsätze und nationale Theatertradition in Einklang zu bringen, sucht er nach spanischen Tragödien, vor allem des 16. Jh., die die klassischen Regeln befolgen. 1753 folgt ein zweiter *Discurso*, begleitet von der Tragödie *Ataúlfo*. Beide Stücke werden heute geringer eingeschätzt als Montianos theatertheoretische Abhandlungen.

Die zweite Jahrhunderthälfte: Blütezeit der Aufklärung und Übergang zur Romantik

Das neoklassizistische Drama: Nicolás Fernández de Moratín, Jovellanos und der Sonderfall García de la Huerta

Unter Carlos III, Spaniens aufgeklärtem Herrscher schlechthin, gewinnt die Auseinandersetzung um das Theater insofern noch schärfere Konturen, als nun die neoklassizistische Linie deutliche Unterstützung von oben findet. Carlos III und insbesondere sein Minister Aranda schätzen das Theater als Propagandainstrument, was nicht zuletzt auch in den umfangreichen baulichen Maßnahmen zum Ausdruck kommt, die Aranda 1763 zur Verschönerung der Theater in Angriff nimmt. Auf ihn geht außerdem die Gründung der Theater von Aranjuez, El Escorial und La Granja zurück. In der lebhaften öffentlichen Diskussion entwickeln sich die *autos sacramentales* zusehends zum Stein des Anstoßes. Den Neoklassizisten gelten sie in ihrer allegorischen Ausdrucksform, ihrer Mischung aus Heiligem und Profanem und mit ihrer aufwendigen Theatermaschinerie als besonders kritikwürdiges Beispiel der spätbarocken Dramaturgie. Aber die kritischen Stimmen kommen schon seit dem 17. Jh. zugleich aus dem Klerus selbst, denn gerade dessen ›fundamentalistischen‹ Vertretern ist der immer mehr ins rein Weltliche abdriftende Charakter der Aufführungen ein Dorn im Auge. Ästhetische und moralisch-religiöse Argumentation vermischen sich in der Polemik, die schließlich 1765 in dem Verbot der *autos* per königlichem Dekret gipfelt. Zu den Verteidigern des Genres zählen Juan Cristóbal Romea y Tapia und der Journalist Nifo, zu den erklärten Gegnern Nasarre, Clavijo y Fajardo und Nicolás Fernández de Moratín.

Streit um die autos sacramentales

Nicolás Fernández Moratín – Porträt von Goya

Moratín erweist sich in den drei Teilen seiner *Desengaños al teatro español* (1762–63) als radikaler Gegner nicht nur der Barockepigonen, sondern der großen Vorbilder Calderón und Lope de Vega selbst. Wie Nasarre bezeichnet er beide als Verderber des spanischen Theaters, da ihre Dramen in absurder und unglaubwürdiger Weise verschiedene Handlungsstränge verknüpften, die drei Einheiten nicht beachteten und eine moralische Intention vermissen ließen. Mit gleicher Vehemenz greift er Ramón de la Cruz an, dessen volkstümliche *sainetes* ebensowenig seinen neoklassizistischen Richtlinien entsprechen.

Moratín betätigt sich nicht nur als Theaterkritiker, sondern versucht sich auch selbst als Autor in diversen dramatischen und lyrischen Genres. Seine einzige Komödie, *La petimetra* (1762), gelangt nie zur Aufführung. Das Stück vereint Handlungsmuster der barocken *Comedia de capa y espada* mit neoklassizistischer Form und ist insofern ein Dokument des Zeitgeistes, als mit der *petimetra* Jerónima eine für das Jahrhundert typische Gestalt im

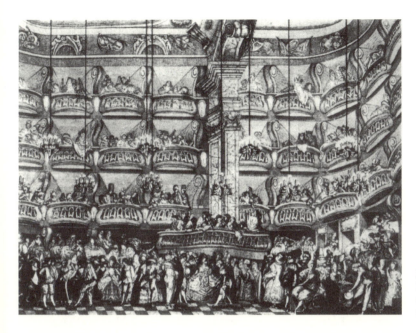

Maskenball im Teatro del Príncipe in Madrid um die Mitte des 18. Jh. (Radierung nach L. Paret)

Mittelpunkt steht. Auch die Tragödie *Lucrecia* (1763) folgt im Aufbau neoklassizistischen Regeln, während sie inhaltlich eng mit dem calderonianischen Ehrendrama verwandt ist: Lucrecia, die von Tarquino, dem Sohn des Kaisers, vergewaltigt wird, bewertet ihre Ehre höher als das Leben und sieht folglich keine andere Möglichkeit der Rehabilitation als den Selbstmord. Tarquino wird anschließend in einem kollektiven Akt der übrigen Personen ebenfalls erdolcht. Die Ehre bestimmt nicht nur den Handlungsverlauf, sondern wird von den Bühnenpersonen ebenso oft im Munde geführt wie in den entsprechenden Dramen des Siglo de Oro. Auch dieses Stück Moratíns wird nicht aufgeführt, wobei möglicherweise auch politische Gründe eine Rolle spielen: Der Übeltäter ist hier der zukünftige Monarch, und er wird für seinen Frevel von den Untertanen getötet, was beileibe nicht mit dem von Carlos III propagierten Bild eines vorbehaltlos akzeptierten aufgeklärten Absolutisten vereinbar ist. In der 1770 unter der Protektion Arandas aufgeführten Tragödie *Hormesinda* hat Moratín jedenfalls die Konstellation zugunsten des zukünftigen Herrschers, hier Don Pelayo, geändert: Pelayo ist nicht der Übeltäter, sondern der durch seine frevlerische Schwester Hormesinda – scheinbar – Entehrte. Doch bevor diese auf den Scheiterhaufen geführt wird, erfährt Pelayo von ihrer Unschuld. Er befreit sie und tötet an ihrer Statt den Mauren Munuza, der die gefährliche Intrige gesponnen hat. Das Stück endet mit Pelayos Lobpreisung durch den Chor. Die Handlung geht auf den historischen Pelayo († 737) zurück, den Nationalhelden, der die Asturier zum Widerstand gegen die Mauren aufrief und mit der siegreichen Schlacht von Covadonga die Reconquista einleitete. Einem weiteren Heroen der spanischen Geschichte widmet sich Moratín in seiner dritten und letzten Tragödie, *Guzmán el Bueno* (1777). Dem kastilischen Adligen Alonso Pérez de Guzmán (1256–1309) wurde dieser Beiname verliehen, da er sich in besonderer Weise um die Verteidigung des bereits zurückeroberten Andalusien verdient gemacht und sogar seinen Sohn dafür geopfert hatte. Guzmán wird präsen-

Nach den Regeln des Aristoteles

Vorliebe für historische Stoffe

tiert als ein Musterbeispiel eines König und Vaterland treu ergebenen Vasallen. Dem Dramatiker Moratín ist beim zeitgenössischen Publikum kein Erfolg beschieden, und seine Stücke gelten bis heute eher als konstruierte Lehrbeispiele neoklassizistischer Dramaturgie denn als inspirierte Bühnenkunst.

Jovellanos' Pelayo

Gaspar Melchor de Jovellanos hat sich nicht nur in einer seiner zahlreichen Reformschriften theoretisch mit der Theatersituation auseinandergesetzt (s. u.), sondern tritt auch selbst als Dramatiker in Erscheinung. Unter dem Titel *Pelayo* (1769) bearbeitet er, wie Moratín, den historischen Stoff um Pelayo, seine Schwester Hormesinda und Munuza. Anders als bei Moratín wird hier die Handlung nicht durch falsche Gerüchte und Intrigen vorangetrieben, sondern entwickelt sich aus dem offenen Machtkampf zwischen Pelayo und Munuza. Die Spannung erwächst vor allem aus der Unbeständigkeit des Glücks, das zunächst Munuza zu begünstigen scheint, bevor letztendlich ›die gerechte und heilige Sache‹ Pelayos den Sieg davonträgt. Bemerkenswert, insbesondere im Vergleich mit Moratíns Version, ist die Ausgestaltung der Charaktere bei Jovellanos. Selbstverständlich baut auch er die Gestalt des Mauren Munuza (nach dem das Stück ursprünglich sogar benannt war) zum Antagonisten Pelayos auf, aber er stattet ihn nicht ausschließlich mit negativen Zügen aus. Das Bemühen um Ausgewogenheit, um Vermeidung von Schwarz-Weiß-Malerei fällt auch bei der Figur Acmeths, des Ratgebers Munuzas, ins Auge: Jovellanos selbst erklärt, er habe Acmeth als positiven Charakter konzipiert, ungeachtet der Tatsache, daß er ein Maure sei. Die Anerkennung individueller Tugenden einzelner Mauren verhindert freilich nicht, daß der letztendliche Triumph Pelayos auch als ein kollektiver Sieg der Christen über die Mauren gefeiert wird.

Die comedia lacrimosa

Von Diderot beeinflußt, wendet sich Jovellanos in *El delincuente honrado* (1773), einem fünfaktigen Prosadrama, dem Genre der *comedia lacrimosa* oder *comedia sentimental* zu. Torcuato ist glücklich verheiratet mit Laura, aber die Vergangenheit droht ihn einzuholen: Er hatte sich aus Gründen der Ehre gezwungen gesehen, die Herausforderung des Marqués de Montilla zum Duell anzunehmen und diesen dabei getötet. Montilla war der erste Ehemann Lauras, die nichts von der Tat erfuhr. Nun stellt ein neues Gesetz die Teilnahme an einem Duell unter Todesstrafe, unabhängig davon, wer wen herausgefordert hat. Don Justo, der mit der Untersuchung des Falles beauftragte Hofbeamte, betrachtet das Gesetz mit skeptischen Augen, da es ihm mit der persönlichen Ehre eines Mannes unvereinbar scheint. Torcuato, den sein schlechtes Gewissen quält (weniger wegen der Tötung Montillas als wegen der Unaufrichtigkeit Frau und Schwiegervater gegenüber), stellt sich freiwillig. Don Justo, von der aufrechten Gesinnung des jungen Mannes beeindruckt, setzt sich für ihn ein, ohne freilich das Gesetz zu mißachten, an das er kraft Amtes gebunden ist. Am Ende stellt sich heraus, daß Torcuato, der immer unter seiner dunklen Herkunft gelitten hatte, in Don Justo seinen Vater gefunden hat. Der König hat in letzter Minute ein Einsehen, Torcuato wird begnadigt, und alle sind glücklich.

Die Zuordnung zum Genre der *comedia lacrimosa* ist durchaus wörtlich zu nehmen: Gefühle spielen nicht nur als Handlungsimpulse eine wichtige Rolle in diesem Stück, sondern es wird tatsächlich sehr viel geweint. Sogar der König vergießt heiße Tränen, als er von den genauen Tatumständen erfährt, die ihn zur Begnadigung Torcuatos bewegen. Ebenso wie die Betonung der Emotionen weist auch eine recht großzügige Interpretation der drei Einheiten darauf hin, daß Jovellanos in diesem Drama schon einen

Schritt aus dem strengen neoklassizistischen Rahmen in Richtung auf das romantische Theater des 19. Jh. getan hat. Andererseits ist *El delincuente honrado* in seiner didaktischen Aufbereitung eines gesellschaftlich relevanten Themas eindeutig der Aufklärung verpflichtet. In den Diskussionen um das Duellgesetz droht zeitweise die Dramatik der Didaktik und theoretischen Erörterung zu erliegen. Dem Stück scheint dies freilich nicht geschadet zu haben, es wurde erfolgreich aufgeführt und diente zahlreichen Nachahmern als Modellbeispiel einer *comedia lacrimosa*.

Zu den neoklassizistischen Theaterautoren gehört ferner Cándido María Trigueros, der über 20 Tragödien und Komödien verfaßt hat, darunter eine weitere Bearbeitung des *Guzmán el Bueno*-Stoffes (ca. 1767/68), und mit *Los menestrales* (1784) eine Art Sozialdrama, das den Stand der Handwerker in den Blickpunkt des Interesses rückt.

José Cadalso greift in *Sancho García* (1771) ebenfalls auf einen historischen Stoff zurück, um – ganz im Sinne des Absolutismus – die bedingungslose Treue des Vasallen zu seinem König zu rühmen. Der Tragödie ist allerdings kein Erfolg beim Publikum beschieden. Anders die *Numancia destruida* (1775) von Ignacio López de Ayala, ein dramatischer Aufruf zu nationaler Einheit und Patriotismus, der sich auf der Bühne recht gut zu behaupten weiß.

Komödien um das Thema ›Erziehung‹

Erste Erfolge im Bereich der neoklassizistischen Komödie – bevor Leandro Fernández de Moratín in diesem Genre triumphiert – erzielt Tomás de Iriarte mit seinen Stücken *El señorito mimado* (1783) und *La señorita malcriada* (1788). Beide Komödien kreisen um das Thema der Erziehung, ein Grundanliegen der Aufklärer, das auch in Leandro de Moratíns Theater eine zentrale Rolle spielen wird. Iriarte führt seinem Publikum vor Augen, zu welch katastrophalen Ergebnissen eine zu laxe Haltung der Erzieher bei ihren Zöglingen führt. Er hält mithin den Menschen durchaus im Sinne der Aufklärer für fähig, zur Tugend erzogen zu werden, widerspricht aber nachdrücklich der pädagogischen Überzeugung Rousseaus, das Gute im jungen Menschen entwickele sich in möglichst großer Freiheit und Ungestörtheit am besten.

Die Jüdin von Toledo

Vicente García de la Huerta verhilft ein einziges Werk zu anhaltender Popularität: *Raquel*, eine Tragödie in Elfsilbern. Die Uraufführung findet 1772 in Oran statt, wohin der Autor verbannt war, der Satiren gegen den Conde de Aranda bezichtigt, einen der mächtigsten Staatsmänner unter Carlos III. García de la Huerta bedient sich eines historischen Stoffes, der Legende der Jüdin von Toledo, die bereits zahlreiche Bearbeitungen erfahren hat, nicht zuletzt durch spanische Dramatiker des Siglo de Oro, unter ihnen Lope de Vega. Alfonso VIII, König von Kastilien (historische Regierungszeit: 1158–1214), lebt seit einigen Jahren mit seiner schönen Geliebten Raquel, einer Jüdin, zusammen. Unter ihrem Einfluß vernachlässigt er seine Regierungsgeschäfte, und im Land breiten sich allmählich Unzufriedenheit und Chaos aus. Der Adel, der sich seiner privilegierten Stellung durch Raquel beraubt sieht, sinnt auf Abhilfe. Der König läßt sich zunächst von seinen Vasallen überzeugen, seine Liebe zu Raquel zu opfern und will sie vom Hof verbannen. Aber ihr gelingt es schließlich doch, ihn umzustimmen. Sie darf nicht nur bleiben, sondern wird offiziell zur Mitregentin ernannt. Diese Machtposition mißbraucht sie, aufgestachelt durch ihren jüdischen Vertrauten Rubén, um ihren persönlichen Widersachern gegenüber ihren Triumph auszuspielen. Die Kastilier sind daraufhin so erzürnt, daß sie in Abwesenheit des Königs den Palast stürmen, um Raquel zu töten. Durch einen dramaturgischen Kunstgriff läßt der Autor aber Rubén zum

García de la Huerta

Kritische Sicht des Monarchen

Mörder Raquels werden, der so sein eigenes Leben zu retten hofft. Der König kehrt zurück und tötet Rubén, verzeiht hingegen den Kastiliern, die den Mord provoziert haben.

Der König Alfonso entspricht keineswegs dem absolutistischen Idealbild eines unfehlbaren, von allen geliebten Herrschers. Der Autor läßt ihn vielmehr wankelmütig und unbeherrscht erscheinen, menschlich in seinem Konflikt zwischen Liebe und Staatsraison, zwischen individuellem Glücksanspruch und rollenbedingter Verantwortlichkeit, aber den Anforderungen seiner Position nicht ohne fremde Hilfe gewachsen. Und diese Hilfe wird ihm von Hernán García zuteil, der positiven Identifikationsfigur des Dramas. García, der bezeichnenderweise auch das letzte Wort im Drama sprechen darf, verkörpert das Idealbild des loyalen, verantwortungsbewußten Vasallen, der dem König treu, aber keineswegs blind ergeben ist: »Cuando se aparta/ de lo que es justo el Rey, cuando declina/ del decoro que debe a su persona,/ lealtad será advertirle, no osadía.«

Besonnenheit und Kontrolle der Affekte befähigen ihn, im Gegensatz zum König, zu politisch geschicktem Handeln. Mit dieser Figur propagiert der Autor die Unentbehrlichkeit eines einflußreichen, an den Staatsgeschäften beteiligten Adels.

Die Anlage des Stücks und die Konzeption der Personen sind im historischen Kontext des *motín de Esquilache* zu sehen, in dem sich die Unzufriedenheit von Klerus und Adel mit der Politik Carlos' III manifestiert hatte. Der Bourbone beschnitt die Privilegien und Machtbefugnisse des spanischen Hochadels und holte stattdessen bürgerliche und vor allem ausländische Berater an seinen Hof, unter ihnen den verhaßten Esquilache. Die mehr oder weniger offene Fremdenfeindlichkeit der traditionalistischen Kreise, die ihren Machtverlust der Einflußnahme der Ausländer zuschrieben, kommt in García de la Huertas Tragödie in der äußerst negativen Darstellung der intriganten Juden um Raquel zum Ausdruck. Auch in der Argumentation der Kastilier wird immer wieder deutlich, daß sie nicht allein die Person Raquels bekämpfen, sondern daß sie generell eine Zunahme des jüdischen Einflusses auf das Reich befürchten.

Fremdenfeindlichkeit

Das Drama vereint mithin progressive und traditionalistische Elemente in sich: Formal erfüllt es die Normen der neoklassizistischen Neuerer (drei Akte, rigorose Beachtung der drei Einheiten); mentalitätsgeschichtlich weist es mit seinem Plädoyer für eine stoische Beherrschung der Leidenschaften und Gefühle durchaus Parallelen zu aufgeklärten Autoren wie Leandro de Moratín und Montengón auf; politisch jedoch ist es vom selben antiabsolutistischen und restaurativen Geist durchdrungen wie die Aufrührer von 1766. Es verwundert daher nicht, daß *Raquel* von der Zensur um über 700 Verse gekürzt wurde und trotzdem in Madrid nach wenigen Tagen vom Spielplan verschwand.

Höhepunkt der Bühnenkunst: Leandro Fernández de Moratín

Während die neoklassizistische Theaterproduktion insgesamt sowohl von Zeitgenossen wie auch von der späteren Forschung sehr zwiespältig beurteilt wird, galt und gilt bis heute Kritikern und Philologen Leandro Fernández de Moratíns Œuvre als unbestrittener Glanzpunkt der Epoche. Durch seinen Vater Nicolás wird dem kränklichen und introvertierten Jungen schon früh die Welt der Literatur eröffnet. Er übt verschiedene Staatsämter aus und unternimmt, mit Unterstützung Floridablancas und vor allem Godoys, zahlreiche Auslandsreisen. Als Protégé Godoys genießt

Leandro Fernández Moratín

er finanzielle Vorteile und eine gezielte Förderung seiner Karriere als Dramatiker, aber durch den Unabhängigkeitskrieg wendet sich diese Privilegierung ins Gegenteil. Als *afrancesado* diffamiert und verfolgt, verläßt er Spanien und stirbt schließlich in Paris. Nach ersten lyrischen Versuchen betätigt er sich als Shakespeare- und Molière-Übersetzer und konzentriert sich dann auf das Verfassen von Theaterstücken. Als glühendem Verfechter einer neoklassizistischen Dramenkonzeption gelingt es Moratín endlich, die Einhaltung der entsprechenden Normen mit einer publikumswirksamen Dramaturgie in Einklang zu bringen. So gilt sein letztes Werk, *El sí de las niñas* (1806), nicht nur als Paradebeispiel einer neoklassizistischen Komödie, sondern zugleich als erfolgreichstes Theaterstück seiner Zeit.

Politische Verfolgung

Die Handlung spielt sich – unter Beachtung der drei Einheiten – im Laufe einer Nacht in der Diele einer Posada ab und kreist um ein zentrales Ereignis: die geplante Heirat des 59jährigen, wohlhabenden Don Diego mit der 16jährigen Paquita. Diego meint in dem im Kloster erzogenen Mädchen die ideale Gefährtin für ein spätes Eheglück gefunden zu haben, während Paquitas Mutter vor allem die finanziellen Vorteile der Verbindung im Auge hat. Aber Paquita hat ihr Herz bereits verloren, und zwar an keinen anderen als Diegos Neffen Carlos, der sich, von ihr zu Hilfe gerufen, ebenfalls in der Posada einfindet. Das permanente Bemühen aller Personen zu ›dissimulieren‹, den anderen etwas zu verheimlichen, führt zu zahlreichen komödientypischen Verwechslungen. Diego fördert schließlich durch hartnäckige Nachforschungen die Wahrheit zutage, sieht seinen Irrtum ein und erteilt der Liebe der beiden jungen Leute seinen Segen.

El sí de las niñas

Eines der Themen des Stückes ist der Konflikt zwischen Liebe und Gehorsamspflicht, in den die geplante Ehe sowohl Paquita als auch Carlos stürzt. Anders als im späteren romantischen Theater stellen hier beide schließlich Pflicht über Gefühl und unterwerfen sich der Autorität der Älteren. Dafür werden sie freilich am Ende dadurch belohnt, daß durch Diegos Verzicht der Gegensatz aufgehoben wird und ihrer Liebe nichts mehr im Wege steht. In Paquitas Mutter Irene und Don Diego stehen sich zwei antagonistische Autoritätsprinzipien gegenüber: Irene, die Negativfigur des Stücks, nutzt ihre Machtposition als Mutter skrupellos aus, um sich auf Paquitas Kosten selber Vorteile zu verschaffen. Diego dagegen hat zwar in einem Anflug von Torheit seine Heiratspläne geschmiedet, aber sein egoistisches Interesse läßt ihn dennoch nicht blind für die Bedürfnisse der anderen werden. Schließlich erkennt er, daß neben seinem eigenen Irrtum vor allem *ein* Mißstand für die Zuspitzung der Situation verantwortlich ist: die Erziehung Paquitas zu Selbstverleugnung und Heuchelei. Er selbst vertritt ein aufgeklärtes Erziehungskonzept, das auf Ehrlichkeit beruht und die Gefühle der Kinder respektiert, aber zugleich deren vernünftige Mäßigung fordert. Unabdingbar freilich sind auch für ihn die Anerkennung der Autorität und der Gehorsam. So kann es schließlich nur deswegen zum Happy End kommen, weil einerseits Paquita und Carlos ihr Schicksal in seine Hände legen und andererseits er selbst in besonnener und verantwortungsbewußter Weise das Wohl seiner Schutzbefohlenen zur Richtschnur seines Handelns erhebt. Über die konkrete Kritik an überkommenen Erziehungsmustern und allgegenwärtiger Heuchelei hinaus wird so durch die Gestalt Diegos eine Apologie des aufgeklärten Absolutismus zum Anliegen des Stückes. In diesem Zusammenhang sind auch die implizite Kritik an der Kirche (Paquitas repressive Erziehung fand im Kloster statt, und ihre Tanten, selber Nonnen, schmiedeten mit am Ehekomplott) und die Erwähnung des Idealbildes der Aufklärung, des *hombre de bien*, zu sehen. Diego betont

Liebe versus Pflicht

Szene aus *El sí de las niñas*

Das Ideal des hombre de bien

nicht nur, daß dieses Konzept maßgeblich die Erziehung seines Neffen bestimmte, sondern er gesteht das Prädikat auch seinem Diener Simón zu – deutlicher Hinweis darauf, daß die *hombría de bien*, anders als die barocke *honra*, nicht an einen bestimmten Stand gebunden ist.

In *El viejo y la niña* (1790) stattet Moratín die Figur des Dieners Muñoz gar mit wesentlich mehr Vernunft aus als seinen Herren Roque. Auch in diesem Stück, seinem ersten, geht es um die Verbindung zwischen einem alten Mann und einer sehr jungen Frau, wobei die beiden hier bereits verheiratet sind. Dadurch kommt eine glückliche Lösung natürlich nicht mehr in Frage: Roque erkennt seinen Irrtum zu spät, und seiner jungen Ehefrau bleibt das Kloster als einziger Ausweg. Auch hier waren es Lügen, Heuchelei und Habgier, die schließlich zu der Eheschließung führten. Nur Muñoz weist seinen Herrn immer wieder darauf hin, daß diese Ehe unvernünftig und unnatürlich sei, aber trotz seines Selbstbewußtseins kann er als Diener den Lauf der Dinge nicht wesentlich beeinflussen. So führt das Stück vor Augen, wohin Unaufrichtigkeit und Unvernunft führen, wenn nicht ein gütiger, umsichtiger Don Diego die Fäden in der Hand hält.

Die Schauspielerin Juana García

In *El Barón* (1803), ursprünglich als *zarzuela* (Singspiel) verfaßt, bemüht sich der Titelheld, ein windiger Hochstapler, durch die Heirat mit Isabel, einem recht wohlhabenden Provinzmädchen, zu Geld zu kommen. Isabels Mutter, die er mit Schmeicheleien umgarnt, sieht endlich ihre Chance gekommen, den sozialen Aufstieg zu schaffen. Der unerschrockene Leonardo, der Isabel wirklich liebt, und vor allem ihr klarsichtiger Onkel Pedro entlarven den Blender freilich rechtzeitig und ermöglichen so das Happy End. Neben der Heuchelei und der Zweckheirat kritisiert Moratín hier offensichtlich auch den Ehrgeiz, den angestammten Platz in der gesellschaftlichen Hierarchie zu verlassen. Das Aufstiegsstreben von Isabels Mutter wird schonungslos der Lächerlichkeit preisgegeben, und der weise Don Pedro antwortet auf die Bemerkung des ›Barons‹, Isabel hätte ein besseres Schicksal verdient, als in der Provinz zu versauern: »¡Mejor que verse casada / A su gusto en su lugar? / No puede ser!«. Damit bezeugt auch Moratín, daß eine aufgeklärte Gesinnung keinesfalls mit einer revolutionären gleichzusetzen ist, vor allem nicht, nachdem die politischen Ereignisse in Frankreich ihre Schockwirkung auf Spanien ausgeübt haben.

Zementierung der Standesgrenzen

Das Thema der arrangierten Eheschließung wird auch in *La mojigata* (1804) wieder aufgegriffen, als *ein* Aspekt elterlichen Mißverhaltens. Die didaktische Absicht wird hier gar zu schematisch und plakativ umgesetzt, so daß der dramaturgische Reiz des Dramas geschmälert wird.

Künstlerische Selbstreflexion

Völlig aus dem Rahmen dieser Stücke mit familiärer Thematik fällt *La comedia nueva* (1792), ein Theaterstück über das Theater, das zugleich Moratíns künstlerische Stellungnahme zur Diskussion zwischen Neoklassizisten und Traditionalisten enthält. In einem Café in der Nähe eines Theaters wird die Aufführung von *El gran cerco de Viena*, einer typischen *comedia heroica*, reflektiert und kommentiert. Der Verfasser Eleuterio, ein mittelloser Familienvater, setzt alle Hoffnung auf diese *comedia*. Pedro, ein Gast des Cafés, hält wenig vom zeitgenössischen spanischen Theater und sorgt sich um den Eindruck, den es im Ausland machen könnte: »¿Y esto se imprime, para que los extranjeros se burlen de nosotros?« Pedro läßt sich widerwillig überreden, die Premiere der *comedia* zu besuchen, kommt aber bereits nach dem 1. Akt voller Empörung ins Café zurück: Das Stück vernachlässige nicht nur jegliche Regel, sondern lasse auch Geist und Inspiration vermissen. Seine Kritik, und damit die Moratíns, richtet sich nicht mehr, wie noch bei Nasarre und Nicolás de Moratín, gegen die Barockdramatiker selbst, sondern gegen ihre Epigonen, denen er jedes Talent abspricht. Aber nicht nur der gebildete Pedro übt vernichtende Kritik an Eleuterios Stück, sondern es fällt auch beim Publikum durch. Pedro nutzt die Gelegenheit, dem am Boden zerstörten ›Dichter‹ klarzumachen, daß das Verfassen von Theaterstücken außer Talent auch lebenslanges Studium und besondere Sensibilität verlange. Aber Pedro wäre kein *hombre de bien*, ließe er es bei der schmerzvollen Belehrung bewenden. Die verschuldete Familie des gescheiterten Dichters weckt sein Mitleid, und er ebnet ihr durch finanzielle Unterstützung und die Aufnahme Eleuterios in seine Dienste einen in seinem Sinne vernünftigen Weg in die Zukunft. Wie in *El Barón* werden die Personen, die die ihrem Stand bestimmten Grenzen überschreiten wollten, an ihren angestammten Platz zurückverwiesen und erkennen selbst, daß sie nur dort ihr Glück finden können. Eindeutig fällt hier auch Moratíns Kommentar zur Stellung der Frau aus: Die Gattin Eleuterios, die ihre Hausfrauen- und Mutterpflichten zugunsten der Mitarbeit an der *comedia* vernachlässigt hatte, wird mit strafenden Worten über die Unbotmäßigkeit ihres Verhaltens belehrt.

Das Hauptanliegen des Stückes ist freilich die Kritik an der *comedia heroica*, von deren überladener und unzusammenhängender Handlung der Zuschauer durch die Dialoge im Café ein Bild gewinnt. Bemerkenswert ist die Rolle des Publikums in Eleuterios Erkenntnisprozeß: Es ist zunächst *sein* lautstarker Protest, der dem Möchtegern-Dichter die Augen öffnet; Pedros grundsätzliche Belehrung kann erst greifen, nachdem das Stück öffentlich durchgefallen ist. Damit widerspricht Moratín der in der Theaterdiskussion lange Zeit präsenten Gleichung: traditionalistisches Theater für das Massenpublikum, neoklassizistisches für eine intellektuelle Elite. In *La comedia nueva* betont er die zentrale Rolle, die das Publikum bei einer Reformierung des Theaters spielen muß. Und das beste Beispiel bietet sein eigenes Theater, das sich trotz strenger Einhaltung der Regeln nicht über das Unterhaltungsbedürfnis des Publikums hinwegsetzt und mit diesem Konzept außerordentlich erfolgreich ist.

Kritik der comedia heroica

De la Cruz und das Sainete

Zu den wenigen Theaterautoren, deren Namen über das 18. Jh. hinaus nicht nur einem Insider-Publikum bekannt sind, zählt Ramón de la Cruz. De la Cruz, von Haus aus nicht begütert, ist zeit seines Lebens darauf angewiesen, den Brotberuf eines einfachen Beamten auszuüben. In seiner Freizeit widmet er sich der Produktion von Theaterstücken, insbesondere von *sainetes*, was ihm zwar keinen Reichtum, aber doch nachhaltigen Erfolg beschert. Dies ist deshalb erstaunlich, weil es sich bei den *sainetes* um eine dramatische Kurzform handelt, eine Weiterentwicklung des *entremés* der vorausgehenden Jahrhunderte. Es besteht aus einem einzigen Akt von ca. 300–700 meist achtsilbigen Versen, enthält musikalische Einlagen und dient als komisches Zwischenspiel in der Aufführung einer regulären *comedia*.

Dramatische Kurzform sainete

Die Mehrzahl der über 500 Sainetes, die de la Cruz verfaßt, bewegt sich auf einer im weitesten Sinne costumbristischen, Sitten und Gebräuche der Zeit thematisierenden Ebene: Der beliebteste Schauplatz ist Madrid, die Stadt, in der de la Cruz fast sein ganzes Leben verbringt und die er folglich bestens kennt. De la Cruz läßt die charakteristischen Typen seiner Epoche auftreten, die volkstümlichen *majos* und *majas*, die affektierten *petimetres* und *petimetras* der gehobenen Schichten, die *payos* (Bauerntölpel) und die

Der *majo*, hier in einer Darstellung des Venezianers Giambattista Tiepolo, wird nicht nur von den bildenden Künstlern des 18. Jh., sondern auch in den *sainetes* von Ramón de la Cruz mit Vorliebe verewigt.

Costumbristische Skizzen

abates (Abbés). Diese costumbristischen Szenen würzt er mit einer kräftigen Portion Ironie. Insbesondere über den Typus des *petimetre* macht er sich ausgiebig lustig. Wir erleben *petimetres* und *petimetras*, wie sie mit endlosen Prozeduren der Schönheitspflege den Tag beginnen (*El petimetre*, 1764; *La petimetra en el tocador*, 1762), wie sie sich zu oberflächlichen *tertulias* treffen (*Las tertulias de Madrid o el porqué de las tertulias*, 1770) oder rauschende Feste feiern (*El sarao*, 1764; *Las resultas de los saraos*, 1764). Besonders kritisch sieht de la Cruz die in diesen Kreisen gepflegte Mode des *cortejo*, die er nicht etwa als eine Liberalisierung der Moralgesetze darstellt, sondern eher als eine alle Beteiligten einengende bzw. demütigende gesellschaftliche Konvention (*La elección de cortejo*, 1767; *El cortejo escarmentado*, 1773). Ironische Seitenhiebe ist ihm auch die Frankophilie der gehobenen Schichten wert, die bei ihm als lächerliche Hörigkeit allem Französischen gegenüber erscheint (*El cocinero*, 1769; *La hostería de buen gusto*, 1773).

Populäres Ambiente

Während wir also die *petimetres* in Boudoirs und Salons, in Tanzsälen und auf den neuen Madrider Prachtstraßen antreffen, läßt de la Cruz *majos* und *majas* auf Märkten und Plätzen, in den Straßen des populären Stadtteils Lavapiés, auf dem Rastro oder in Tavernen agieren. Der *majo* geht gemeinhin keiner beruflichen Tätigkeit nach, sondern ist mit Selbstdarstellung, Rauferei und allerlei kleinen Gaunereien beschäftigt. Sein weibliches Pendant hingegen verkauft Kastanien, Obst und andere Waren oder verdingt sich als Hausmädchen. Gerade die Sainetes, die Lebensraum und -umstände der volkstümlichen Schichten skizzieren, weisen oft einen sehr reduzierten Plot auf und konzentrieren sich auf die Schilderung des Milieus (*La retreta*, 1770; *El rastro por la mañana*, 1770; *La plaza mayor*, 1765). *Payos* und *payas* werden zum einen in ihrem angestammten Ambiente gezeigt, vor allem auf dem Dorfplatz oder am Brunnen, oder sie kommen als unbedarfte Besucher in die Metropole Madrid. Während sie sich im Dorf unter Umständen den großstädtischen Einflüssen gegenüber behaupten können (*La civilización*, 1763), stehen sie in Madrid, dem ureigenen Terrain der durchtriebenen *majos* und *majas*, auf verlorenem Posten. Hier deutet sich ein Zug in de la Cruz' Gesellschaftsbild an, der sich in der Darstellung der *abates* bestätigt: Seine zwar ironische, aber doch eher milde Gesellschaftskritik gewinnt immer dann an Schärfe, wenn sie sich gegen das Übertreten von Standesgrenzen richtet. Dieses Bestreben nimmt er insbesondere den *abates* übel, die ihren Status ausnutzen, um sich in Schichten umzutun, die ihnen von ihrer Geburt her verschlossen sind (*El abate Diente-agudo*, 1775; *El caballero don Chisme*, 1766). Wie Leandro de Moratín vertritt de la Cruz mithin die Auffassung, jeder solle sein Glück an seinem angestammten Platz in der Gesellschaft suchen.

Madrid versus Provinz

Eine eher liberale Gesinnung hingegen läßt er bei einem Thema erkennen, das Ende des 18. Jh. viele Zeitgenossen beschäftigte: das der arrangierten Heirat. In *De tres ninguna* (1771) gesteht er den Frauen zu, daß sie selbst den Ehepartner ihrer Neigung folgend wählen, und in *El viejo burlado* (1770) nimmt er im Kern das Thema von Moratíns Erfolgsstück *El sí de las niñas* vorweg: Die geplante Ehe zwischen einem alten Mann und einem jungen Mädchen wird im letzten Moment verhindert, der Alte und die Mutter des Mädchens erkennen ihren Fehler und geben ihre Einwilligung zur Heirat der beiden jungen Partner, die sich lieben.

Lumpensammler in Madrid, zeitgenössischer Kupferstich

Die Kürze der Sainetes macht nicht nur die Entwicklung einer ausgefeilten Handlung unmöglich, sondern erlaubt auch keine eingehende Charakterisierung der Personen. De la Cruz hat sich daher auf die Darstellung von Typen beschränkt, die das Publikum schon aufgrund von Kostüm und Auftreten problemlos identifizieren konnte. Von Vorteil war dabei die Tatsache, daß immer wieder dieselben Schauspieler in ähnlichen Rollen zu sehen waren. De la Cruz verwandte in seinen Stücken meist die Namen der Schauspieler, für die er die einzelnen Rollen schrieb, und nur in Ausnahmefällen die Namen der fiktiven Figuren. In einigen Sainetes werden die Schauspieler gar zu Titelhelden (*Chinica en la aldea*, 1767). Wie wichtig der gute Kontakt zu den Schauspielern ist, zeigt das Beispiel Nicolás de Moratíns, dessen Stücke deshalb nicht zur Aufführung kamen, weil die Schauspieler sich weigerten, sie zu spielen. De la Cruz hingegen streicht in zahlreichen Sainetes ihre professionellen Qualitäten heraus und bildet damit bewußt ein Gegengewicht zu Verfechtern des Neoklassizismus, wie etwa Clavijo y Fajardo, die die Schauspieler ausdrücklich in ihre Kritik am spanischen Theaterwesen einschließen.

Bedeutung der Schauspieler

Die Position de la Cruz' in der Theaterdiskussion zwischen Traditionalisten und Neoklassizisten läßt sich nicht eindeutig bestimmen. Zwar bewegt er sich vor allem unter dem Einfluß des Conde de Aranda mehr zu einem neoklassizistisch orientierten Theater hin, aber in zahlreichen Sainetes verteidigt er die spanische Bühnentradition (*El teatro por dentro*, 1768). Von besonderem Interesse sind die Sainetes, in denen sich Autor, Schauspieler und Publikum über Anspruch und Funktion des Theaters auseinandersetzen (*La crítica*, 1770; *El pueblo quejoso*, 1765). Daß dabei etwa auch *der* Theoretiker des Neoklassizismus – Luzán – namentlich erwähnt wird, und zwar in durchaus zustimmender Weise, belegt ein weiteres Mal, daß de la Cruz sich nie ganz auf eine Seite festlegen ließ. Sein wohl bekanntestes Sainete ist *Manolo* (1769) – eine, wie der Untertitel *Tragedia para reír o sainete para llorar* andeutet, Parodie der klassischen Tragödie. De la Cruz siedelt seine ›Tragödie‹ im populären Milieu der *majos* an, die sich hier gleichwohl in feierlichen Elfsilbern äußern. Inhalt und Form der Dialoge

Tragödienparodie

Theater für das Publikum

stehen so in komischem Kontrast. Höhepunkt ist das Ende des Sainete, als der Tod des ›Helden‹ Manolo eine ganze Kette von Selbstmorden auslöst, einschließlich dessen seiner Verlobten »La Potajera«, die es aber vorzieht, die Tat gemütlich zu Hause im Bett zu begehen. Ein Fixpunkt in de la Cruz' Lavieren zwischen Traditionalisten und Neoklassizisten läßt sich freilich ausmachen: seine Hochachtung vor dem Publikum, für das er schreibt. Dessen Akzeptanz bewertet er höher als das Befolgen poetologischer Normen und befindet sich damit in bester spanischer Tradition: Lope de Vega vertritt in seinem *Arte nuevo* die gleiche Einstellung. Als ein Praktiker des Theaters antwortet de la Cruz den neoklassizistischen Gegnern seines Theaters nicht mit Pamphleten, sondern, in seinem ureigenen Medium, mit einem Sainete: In *¿Cuál es tu enemigo?* (1769) treten ›studierte‹ Vertreter verschiedener Berufssparten (darunter ein Dichter) gegen ›Selfmademen‹ an – mit dem Ergebnis, daß das Publikum die volkstümlichen Autodidakten vorzieht. Betrachtet man vom heutigen Standpunkt aus das Schicksal der Dramatiker des 18. Jh., so hat auch auf längere Sicht das Publikum zugunsten des populären *sainetero* entschieden. In der Romantik wird das durch die Mode des journalistischen *costumbrismo* (in der die ›Typenlehre‹ des Ramón de la Cruz fortgesetzt wird) und am Ende des Jahrhunderts erneut durch den Erfolg des *género chico* (hauptsächlich Sainetes und Zarzuelas) bestätigt. Auch die Tragödienparodie im Stil des *Manolo* bleibt eine beliebte spanische Unterhaltungsgattung, deren Höhepunkt 1918 mit Pedro Muñoz Secas unsterblichem *La venganza de Don Mendo* erreicht wird.

Ramón de la Cruz

De la Cruz ist zwar der bei weitem erfolgreichste Autor von Sainetes seines Jahrhunderts, aber nicht der einzige. Auch Diego de Torres Villarroel, Luciano Francisco Comella, Juan Ignacio González del Castillo, Gaspar Zabala y Zamora und nicht zuletzt der Journalist Nifo haben sich in diesem Genre versucht.

In der heutigen Sicht tritt die Dramenproduktion des 18. Jh. zugunsten der Diskussion um die ästhetische und moralisch-politische Ausrichtung des Theaters etwas in den Hintergrund. Weder die spätbarocken Spektakel, die Inhalt zunehmend durch Form ersetzt haben, noch die Mehrzahl der neoklassizistischen Lehrstücke, bei denen die didaktische Intention nicht selten die Unterhaltungsfunktion erdrückt, haben das Jahrhundert ihrer Entstehung überdauert. In der Literaturgeschichtsschreibung werden zwischen Calderón und Leandro de Moratín kaum Theaterstücke von Interesse ausgemacht. Mit Moratín erreicht die neoklassizistische Komödie zwar einen kurzen Höhepunkt, aber einer längerfristigen Etablierung dieses »Theaters der Aufklärung« steht die politische Entwicklung im Wege. Der Mangel an kanonisierten ›Meisterwerken‹ in der Bühnendichtung des 18. Jh. darf freilich nicht darüber hinwegtäuschen, daß das Theater als Ereignis des öffentlichen Lebens eine zentrale Rolle spielte und, wie im Siglo de Oro, ein großes und von der sozialen Zugehörigkeit her sehr heterogenes Publikum erreichte. Erst die Aufklärer bemühen sich darum, aus dieser beliebten Vergnügungsstätte für alle eine Institution der erbaulichen Belehrung für eine Elite zu machen.

Satirische Spanienkritik und romantische Schwermut: Cadalsos Prosatexte

José Cadalso genießt als Sohn einer begüterten Kaufmannsfamilie eine privilegierte Erziehung, vor allem in Jesuitenschulen. Schon als Jugendlicher unternimmt er längere Reisen durch Europa und spricht fließend französisch und englisch. Seine militärische Karriere und der gesellschaftliche Aufstieg bedeuten ihm mindestens so viel wie das Schreiben. Beide Tätigkeiten geraten immer dann miteinander in Konflikt, wenn seine satirischen, die Heuchelei der Madrider Aristokratie entlarvenden Schriften bei Hof mißbilligt werden und zu Sanktionen führen. Cadalsos letzte Lebensjahre sind von Enttäuschung und Resignation gekennzeichnet, da seine ehrgeizigen Karrierepläne trotz glänzender Ausgangsbedingungen gescheitert sind.

In seiner ersten Satire, *Calendario manual y guía de forasteros en Chipre* (1768) macht er die amourösen Gewohnheiten des Madrider Adels zur Zielscheibe seines Spotts, was die betreffenden Personen empört und ihm die Verbannung nach Aragón einträgt. In *Los eruditos a la violeta* (1772) attackiert er eine negative Spielart des ungezügelten Bildungshungers, der zahlreiche seiner Zeitgenossen erfaßt hat: die Oberflächlichkeit einer Bildung, die ernsthaftes Studium durch geschwätzigen Dilettantismus ersetzt und sich weitgehend im Aneinanderreihen von Zitaten erschöpft. Er kleidet die Satire in die Form eines »Crash-Kurses«, der in nur sieben Tagen alles vermittelt, was man braucht, um das Ziel jeglichen Studiums zu erreichen: die Fähigkeit, im gesellschaftlichen Leben mit dem angelesenen Halbwissen zu brillieren. So sarkastisch Cadalso Unsitten seiner Zeit denunziert, so gekränkt reagiert er auf die seines Erachtens völlig ungerechtfertigte Kritik, die der von ihm hochgeschätzte Montesquieu in Brief 78 seiner *Lettres persanes* an Spanien übt. Schon in den *Eruditos a la violeta* widerlegt er Punkt für Punkt Montesquieus satirisches Zerrbild eines vollkommen rückständigen Spanien; darüber hinaus widmet er dem Thema einen eigenen Text, *Defensa de la nación española contra la Carta Persiana LXXVIII de Montesquieu* (erst 1970 von Guy Mercadier ediert) und kommt auch in seinem Hauptwerk, den *Cartas Marruecas* (CM), darauf zurück. Die 1774 beendeten *CM* waren zu Cadalsos Lebzeiten nur als Manuskript in Umlauf, da es Schwierigkeiten bei der Erteilung der Druckerlaubnis gab. Erst 1789 wird der Text in Fortsetzung in der Tageszeitung *Correo de Madrid* publiziert, und 1793 erscheint die erste Buchausgabe. Der große Erfolg bleibt freilich aus, bis die Generation von 1898, die sich in ähnlicher Weise wie Cadalso kritisch mit Spanien auseinandersetzt, den Text wiederentdeckt. Azorín besorgt 1917 eine neue Edition, der nun auch ein beträchtliches Publikums- und Kritikerecho beschieden ist.

Gesellschaftssatiren

Antwort an Montesquieu

In der *Introducción* der *CM* bringt Cadalso dem Leser sein Anliegen nahe: Selbstbewußt hat er sich vorgenommen, an die von Cervantes im *Quijote* begründete Tradition zeit- und gesellschaftskritischer Romane anzuknüpfen. Um Belehrung und Unterhaltung des Publikums zu verbinden, erscheint ihm die Briefform am geeignetsten. Wie vor ihm Montesquieu in den *Lettres persanes*, Goldsmith in *Citizen of the World* und zahlreiche weitere Autoren läßt er einen exotischen Reisenden die Briefe verfassen, der das bereiste Land aus einer ungewohnten Perspektive sieht und dadurch Mißstände aufzudecken vermag. Cadalso nimmt den Besuch des marokkanischen Botschafters Sidi Hamet Al Ghazzal in Spanien zum Anlaß, einen fiktiven jungen Mann aus dessen Gefolge, den er Gazel nennt, zu seinem Briefschreiber zu machen.

Titelblatt des ersten, postumen Drucks der *Cartas*, 1793

Gazel bleibt nach dem offiziellen Botschafterbesuch auf eigene Faust in Spanien zurück, um das Land wirklich kennenzulernen. Als typischer Reisender im Zeitalter der Aufklärung sucht er den Kontakt mit neuen Denk- und Lebensweisen, um den eigenen Horizont zu erweitern – *viajar con utilidad*, nutzbringendes Reisen, ist sein Ziel. Dabei betont er ausdrücklich, daß es ihm nicht um die Karikatur besonders exotischer Eigenheiten zu tun sei, worin Cadalsos Unmut über das satirische Spanienbild in den *Lettres persanes* anklingt. Gazel bemüht sich vielmehr um ein tieferes Verständnis des Landes, dessen Sprache er bereits erlernt hat und dessen Kleidung er trägt. Vor allem hat er mit einem Spanier Freundschaft geschlossen, der ihm weitreichendes Insiderwissen vermitteln kann. Dieser Freund, Nuño Núñez mit Namen, und Gazels alter marokkanischer Mentor Ben-Beley kommen ebenfalls in einigen der insgesamt 90 Briefe zu Wort. Die weitaus größte Zahl machen freilich die Briefe aus, die Gazel an Ben-Beley schreibt. Er berichtet über die Dinge, die in Spanien seine Aufmerksamkeit erregen, wobei seine Wahrnehmung durch eine gewisse jugendliche Naivität, *ingenuidad*, geprägt ist. Sich auf Nuño berufend, entwirft er ein Panorama der spanischen Geschichte (Briefe III, XXXIV, LXXIV), in dem die Zeit der Katholischen Könige als glanzvoller Höhepunkt erscheint, von dem aus die Habsburger das Land unaufhaltsam in den Ruin führten. Erst die Bourbonen hätten eine Wende herbeigeführt, trügen aber immer noch schwer an der Last der Vergangenheit. Als kontraproduktiv für einen umfassenden Aufschwung stellt der Text u. a. die Luxussucht des Adels, die mangelnde Infrastruktur und den Hidalgo-Geist dar, den aristokratischen Hochmut, der vor allem den niederen Adel untätig und in Armut verharren läßt. Die kritische Durchleuchtung der spanischen Gegenwart wird bereits in der *Introducción* als Hauptanliegen des Textes ausgewiesen. Vom Standpunkt des *justo medio*, der goldenen Mitte aus will Cadalso sowohl die Fehler der eingefleischten Traditionalisten als auch der frankreichhörigen *afrancesados* herausstreichen. So wird der desolate Zustand der Wissenschaften in Spanien beklagt, der mangelnder Förderung, der Rückständigkeit der Universitäten und insbesondere der engstirnigen Dominanz der Scholastiker zugeschrieben wird (Briefe VI, XXXII, LXXVIII). Auf der anderen Seite ironisiert er die überaus große Bereitwilligkeit, in Sprache, Mode und Lebensstil die als fortschrittlich erachteten Franzosen zu imitieren. Nuños Schwester, offensichtlich eine typische *petimetra*, wird in einem Brief zitiert, wie sie sich eines bis fast zur Unverständlichkeit ›französierten‹ Spanisch bedient, um ihren müßigen Tagesablauf zwischen Frisier- und Ankleidezeremonie, Kartenspiel, Schokoladetrinken und Theaterbesuch zu schildern (Brief XXXV). Überhaupt ist die Frivolität der *petimetres*, in deren Augen die Misere Spaniens darin gipfelt, daß in ganz Madrid kein Seidenband einer bestimmten Farbe aufzutreiben ist (Brief LVI), das zentrale Thema einer Reihe von Briefen. Auch die Lockerung der amourösen Gepflogenheiten, die Sitte des öffentlich geduldeten *cortejo* und die Koketterie der Damen werden in diesem Zusammenhang als Zeichen des moralischen Verfalls gebrandmarkt. Aber vor allem Nuño betont auch, daß diese hedonistische, verschwendungssüchtige und oberflächliche Gesellschaft nicht den wahren spanischen Charakter repräsentiere. Den lokalisiert er vielmehr in der Provinz, wo sich das nationale Erbe fern aller ausländischen Einflüsse bewahrt habe (Brief XXI).

Neben der konkreten Zeit- und Gesellschaftskritik und der Erforschung des spanischen Nationalcharakters beschäftigen auch eher philosophische Fragestellungen die drei Korrespondenten. Das Verhältnis von Schein und Wirklichkeit und die Schwierigkeit, die Welt des Scheins zu überwinden, um zur Wahrheit zu gelangen, werden ebenso diskutiert wie die Frage der ethischen Maßstäbe, denen ein *hombre de bien* gerecht werden muß. Während Ben-Beley die Vervollkommnung des Menschen in einem kontemplativen, weltabgeschiedenen Leben empfiehlt, ist für Nuño, ganz im Sinne

Geschichtsbild

»Bis zu seinem Urahn« (aus Goyas Caprichos)

Oberflächlichkeit und Frivolität

Konkurrierende Wertesysteme

Die Schokolade gilt als das beliebteste Getränk des 18.Jh., auf dessen sorgfältige Zubereitung sowohl am Königshof als auch bei den müßigen *petimetres* Wert gelegt wird.

der Aufklärung, das Engagement für das Gemeinwohl per definitionem Bestandteil der *hombría de bien*. Gerade in seiner Person, die klare biographische Parallelen zu Cadalso aufweist, werden aber auch die Zweifel offenkundig, die der Autor in bezug auf die Möglichkeit wirklichen Fortschritts hegt. Und dieses Spannungsverhältnis charakterisiert den ganzen Text: Die optimistische Überzeugung, Spanien könne durch die gemeinsame Anstrengung seiner *hombres de bien* aus dem geistigen und materiellen Notstand geführt werden, wird immer wieder konterkariert durch grundsätzliche Zweifel an der Lernfähigkeit des Menschen.

Um einen Text an der Schwelle zwischen Prosa und Poesie handelt es sich bei den Noches lúgubres (1772 geschrieben, 1789/90 publiziert), die in Dialogform die innere Befindlichkeit des Protagonisten Tediato (*tedio*: Überdruß, Widerwille) wiedergeben. Tediato, den der Tod seiner Geliebten an der Welt und den Menschen verzweifeln läßt, schickt sich in drei aufeinanderfolgenden Nächten an, mit Hilfe des Totengräbers Lorenzo das Grab der toten Gefährtin zu öffnen, um sich gemeinsam mit ihr in seinem Haus zu verbrennen. Das Unternehmen wird zweimal vereitelt, aber Tediato lernt in diesen Nächten, über den eigenen Schmerz hinaus auch das Unglück des Mitmenschen wahrzunehmen. Der Kontakt zu Lorenzos Familie, die von mehreren Schicksalsschlägen heimgesucht wurde, läßt ihn den Totengräber über alle Standesgrenzen hinweg als Bruder im Leid betrachten. Diese Erfahrung führt ihn letztlich zu der Erkenntnis, daß die Möglichkeit, einen Mitmenschen glücklich zu machen, der einzige Weg aus dem eigenen Kummer ist: »Nadie es infeliz si puede hacer a otro dichoso«.

Der an den Night Thoughts von Edward Young inspirierte Text ist ein Beispiel spanischer Friedhofsdichtung. In der abgrundtiefen Verzweiflung Tediatos, der Verquickung von Liebe und Tod und der Feier von Nacht und Dunkelheit klingen deutlich romantische Züge an. Dem stehen allerdings desillusionierend realistische Feststellungen gegenüber, die die *Noches* als

Friedhofsdichtung

einen Text des ›Zeitalters der Vernunft‹ ausweisen: So wird eine vermeintliche Geistererscheinung im nachhinein als Lorenzos Hund identifiziert; und als es Lorenzo und Tediato gelingt, die Grabplatte anzuheben, wird nicht etwa der Blick auf eine unversehrte Schöne freigegeben, wie z. B. in den romantischen Erzählungen Edgar Allen Poes, sondern Verwesungsgestank und Würmergewimmel stellen die Selbstbeherrschung der Männer auf eine harte Probe.

Gedanken eines überzeugten Reformers: die Denkschriften von Jovellanos

Politische Karriere

Wie Cadalso gehört der Asturier Gaspar Melchor de Jovellanos zu der Generation von Autoren, die bereits in dem kritischen Geist der Aufklärung heranwächst. Als er Ende der fünfziger Jahre seine Ausbildung an der Universität von Oviedo beginnt, ist der dort lehrende Feijoo bereits ein alter Mann, der freilich den zunächst für die Priesterlaufbahn bestimmten Jungen nachhaltig beeinflußt. Vom Studium des kanonischen Rechts verlagert sich Jovellanos' Interessenschwerpunkt schließlich auf den allgemein juristischen Bereich, und er macht darin eine glänzende Karriere. Sein Aufstieg scheint unaufhaltsam, er wird in verschiedene Akademien berufen, mit Ehrungen und Ernennungen geradezu überhäuft und spielt als Berater des Königs und später als Minister eine wichtige Rolle im politischen Geschehen. Mit dem Tod von Carlos III, vor allem aber mit der Französischen Revolution wendet sich das Blatt für Jovellanos und viele seiner Gesinnungsgenossen, die sich besonders für eine aufgeklärte Reformpolitik eingesetzt hatten. Jovellanos wird zunächst nach Gijón verbannt und 1800 gar auf Anordnung des Ministers Floridablanca verhaftet und auf Mallorca interniert. 1808 kommt er wieder frei, ist freilich nicht bereit, unter José I ein Ministeramt zu bekleiden, sondern engagiert sich in der *Junta Central* (der wichtigsten der im Widerstand gegen die Besatzer gebildeten Volksvertretungen).

Gaspar Melchor de Jovellanos, Goya-Porträt 1798

Vermittlerposition

Jovellanos' schriftstellerische Produktion ist symptomatisch für den erweiterten Literaturbegriff, der sich im 18. Jh. herausbildet: Er verfaßt nicht nur ›schöngeistige‹ – poetische und dramatische – Texte, sondern vor allem eine Unzahl von *memorias* (Denkschriften) und *informes* (Berichten) über ein weites Panorama von Themen, die die spanische Realität betreffen. Diese neuen Textsorten tragen dazu bei, die Basis einer modernen Literatur zu schaffen, die nicht länger Möglichkeiten der Weltflucht bieten will, sondern das reale Alltagsleben zu ihrem Gegenstand macht. Sowohl in seiner politischen Arbeit als auch in seinen Texten erweist sich Jovellanos als ein Mann des Ausgleichs, der statt Extremlösungen die Vermittlung zwischen Tradition und Fortschritt, Eigenem und Fremdem anstrebt. Sein Hauptinteresse gilt dem Bereich des Bildungswesens, der Rolle des Adels, der Landverteilung und der Kulturpolitik. Dem pragmatischen Ansatz seiner Reformschriften, die nicht nur beschreiben, sondern vor allem auch Wege zur Veränderung aufzeigen wollen, entspricht eine klare Argumentationsstruktur: Über die Darstellung des historischen Hintergrundes des jeweiligen Problems geht Jovellanos zur aktuellen Situation über, um schließlich eine Zukunftsvision zu entwickeln und die Mittel aufzuzeigen, mit deren Hilfe sie verwirklicht werden kann.

Die Informes sind übersichtlich gegliedert und in einer präzisen, schnörkellosen Sprache verfaßt. Der kritische Blick des Autors spiegelt sich in seiner Vorliebe für (rhetorische) Fragen, mit deren Hilfe er nicht nur die bestehenden Verhältnisse analysiert, sondern den Leser auch an der Entwicklung seiner Reformvorschläge teilhaben läßt.

Eine seiner bekanntesten Reformschriften geht auf einen Auftrag des Consejo de Castilla an die Academia de la Historia zurück: Im Hinblick auf eine Reform der kulturpolitischen Gesetzgebung wird ein Bericht über die vorhandenen Möglichkeiten der Zerstreuung erbeten. Eine erste Version der »Memoria para el arreglo de la policía de los espectáculos« erstellt Jovellanos 1790, die definitive Fassung wird 1796 beendet. Im ersten Teil des Textes skizziert er den Ursprung und die Entwicklung der verschiedenen *diversiones públicas*, der öffentlichen Lustbarkeiten in Spanien, wobei die Beurteilung der einzelnen Vergnügungen stets von ihrem Nutzen für den einzelnen und die Gesellschaft abhängt. Große Aufmerksamkeit widmet er dem Theater, wobei er die Regierungspolitik unterstützt, indem er das Verbot der *autos sacramentales* befürwortet. Den zweiten Teil widmet er den notwendigen kulturpolitischen Reformen. Den arbeitenden Menschen spricht er die Fähigkeit zu, sich selbst zu vergnügen, wenn man ihnen nur die nötige Freiheit dazu läßt. In der zu strikten staatlichen Kontrolle sieht er ein Problem, das schnellstens gelöst werden müsse, denn: Zufriedenheit steigere die Produktivität, von der *felicidad* des einzelnen hängt sein Nutzen für die Gesellschaft ab. Für die nicht-arbeitende Bevölkerung hält er es für notwendig, von Seiten des Staates für Zerstreuung zu sorgen, auch in den Provinzen, um dem *absentismo*, der Abwesenheit von den Landgütern, entgegenzuwirken. Er empfiehlt die Einrichtung und Förderung von Reitclubs, Theaterakademien, Tanzveranstaltungen, Maskenbällen, Kaffee- und ›Konversationshäusern‹, Ballspielen und vor allem Theatern, denen er als Foren der Zerstreuung und Erziehung die größte Bedeutung zuspricht. Eine Reform des Theaterwesens müßte sich seiner Meinung nach sowohl auf die gezeigten Stücke als auch auf die Aufführungspraxis und die Verwaltung erstrecken. In bezug auf die Stücke erhebt er ihre ›politische Korrektheit‹ zum obersten Gebot und möchte sogar künstlerisch wertvolle Barockdramen vom Spielplan verbannen, wenn ihre moralische Aussage bedenklich erscheint. Das Theater solle in exemplarischer Weise die Tugenden vorführen, die im aufgeklärten Absolutismus von den Menschen erwartet werden: Liebe zu König, Verfassung und Vaterland, Gottesfurcht und Religiosität, Respekt vor Hierarchien, Gesetzen und Autoritäten, eheliche Treue, Liebe zwischen Eltern und Kindern. Die Qualität der Aufführung wäre durch eine professionellere Ausbildung der Schauspieler, größere Sorgfalt in der Gestaltung des Bühnenbildes und anspruchsvollere Musik- und Tanzeinlagen zu verbessern. Die vorgeschlagenen Reformen wären dadurch zu finanzieren, daß die Eintrittsgelder nicht mehr, wie bisher, für Hospitäler und ähnliche Einrichtungen verwendet würden, sondern dem Theater selbst zugute kämen. Deren Volumen könnte vergrößert werden, indem die Preise generell erhöht und insbesondere die billigen Stehplätze abgeschafft und durch teurere Sitzplätze ersetzt würden. Damit wäre auch eine Quelle von Unruhe und Aufruhr eliminiert und eine gewisse Selektion des Publikums garantiert. Denn nach Jovellanos' Ansicht gehört das Theater nicht zu den Vergnügungen, die sich für das einfache Volk eignen – ein durch und durch aristokratischer Standpunkt, zumal er der Bühne andererseits eine so wichtige erzieherische Funktion zuspricht.

1794 stellt Jovellanos in der Sociedad Económica de Madrid eine weitere Reformschrift vor, mit der er sich heftigen Angriffen seitens des Adels und vor allem des Klerus aussetzt, deren historische Bedeutung aber bis heute unbestritten ist: den *Informe sobre la Ley Agraria*. Jovellanos' Schrift

Reform der Kulturpolitik

Konzept einer Theaterreform

Reformplan für die Landwirtschaft

Titelblatt von Jovellanos' *Informe* (1795)

Für eine Bodenreform

Bauer mit Ochsengespann in einer zeitgenössischen Darstellung

entsteht zu einem schwierigen Zeitpunkt: Er selbst lebt, vom Hof verbannt, in Gijón, und der Ausbruch der Französischen Revolution hat den spanischen Aufklärern heftige Widerstände im eigenen Land beschert. Wenn sich Jovellanos auch, wie stets, in diesem Text um Ausgleich und Vermittlung bemüht – »Nada es tan peligroso, así en moral como en política, como tocar en los extremos« –, so stellen seine Thesen doch einen deutlichen Angriff auf die Privilegien der herrschenden Klassen dar. Seine Grundidee ist eine Liberalisierung der Landverteilung, in dem Sinne, daß der Besitz von Ländereien den Gesetzen eines »freien Marktes« zu unterwerfen sei. Die Landwirtschaft habe noch immer unter historischen Fehlern zu leiden, und zwar vor allem unter der Privilegierung der Viehzucht und der Akkumulierung von Land in *manos muertas*, d.h. im Besitz von Adel und Klerus, die ihre Güter bei weitem nicht ausreichend bewirtschafteten. Zudem habe sich die Dezimierung der spanischen Bevölkerung durch die europäischen Religionskriege sowie die Eroberung und Kolonisierung Amerikas in der Vergangenheit schädlich ausgewirkt. In Anknüpfung an englische und französische liberale Wirtschaftstheorien hält er zudem eine freie Entfaltung der Landwirtschaft nur dann für erreichbar, wenn sie von möglichst wenigen Gesetzen reglementiert wird.

Die einseitige Bevorzugung der Viehzucht manifestiert sich vor allem in der Vorrangstellung der Mesta, der seit dem Mittelalter bestehenden kastilischen Schafzüchtervereinigung, die unter den Habsburgern einen besonderen Machtzuwachs zu verzeichnen hatte. Im 18. Jh. wird sie von aufgeklärten Politikern als Relikt vergangener Feudalherrschaft leidenschaftlich bekämpft. Jovellanos bemüht sich auch hier um Mäßigung und findet vernünftige Argumente dafür, ihre Privilegien abzuschaffen, vor allem das Recht, das ganze Land mit den Viehherden zu durchwandern. In der Konsequenz führt ihn freilich seine Argumentation dazu, für die Auflösung der Mesta zu plädieren – eine Äußerung, die ihm Anfeindungen und Verfolgung einträgt. Unbeliebt bei den herrschenden Klassen macht sich Jovellanos auch mit seiner Forderung nach einer *desamortización*, der Auflösung des in Händen von Adel und Klerus konzentrierten, unproduktiven Großgrundbesitzes. Es verwundert nicht, daß dieser Vorschlag die Inquisition gegen ihn aufbringt, die sich immer wieder um ein Verbot des *Informe* bemüht und es 1825 auch erreicht.

Als ›moralische‹ Hindernisse kritisiert Jovellanos die mangelnden Kenntnisse bei Landbesitzern und -arbeitern, die zu einem unbeirrbaren Festhalten an althergebrachten Anbaumethoden führe. Die Anwendung neuer wissenschaftlicher Erkenntnisse könne die Erträge optimieren. Zuletzt beschäftigt er sich mit den Schwierigkeiten, die aus den geographischen Gegebenheiten und der mangelnden Infrastruktur erwachsen und fordert die Errichtung künstlicher Bewässerungssysteme und den forcierten Ausbau der Handelswege zu Lande und zu Wasser, nicht ohne die Finanzierungsmöglichkeiten für solche Maßnahmen zu erwähnen. Die Bedeutung dieser Schrift liegt vor allem darin, daß hier zum ersten Mal ein systematischer Reformplan für die Landwirtschaft entworfen wird, der sowohl ökonomische wie auch soziologische und naturwissenschaftliche Aspekte miteinbezieht.

Aus der Vielzahl der Schriften, in denen Jovellanos seine Gedanken zu den unterschiedlichsten, die spanische Aktualität betreffenden Themen entwickelt, seien nur noch wenige Beispiele herausgegriffen: die Lobrede auf die Reformpolitik Carlos' III, *Elogio de Carlos III* (1789); die *Memoria sobre educación pública o Tratado teórico-práctico de enseñanza* (1804), in der er sich zum einen mit den Grundlagen menschlichen Lernens schlechthin auseinandersetzt und zum anderen eine konkrete Bildungsreform einfordert, insbesondere die flächendeckende Einrichtung öffentlicher staatlicher Schulen und verstärkten Unterricht in Naturwissenschaften und modernen Fremdsprachen; die *Memoria en defensa de la Junta central* (1811), in der er seine politischen Positionen darlegt, u.a. seine Überzeugung, der aufgeklärte Absolutismus sei die einzige Regierungsform, die die Durchführung der unerläßlichen Reformen im Lande ermögliche.

Neue Tendenzen im Roman: Montengón

Während die Prosagenres wie Essay oder Denkschrift, die sich für die Erörterung und Verbreitung aufklärerischer Reformgedanken bestens eignen, im 18. Jh. einen kräftigen Aufschwung erleben, sieht es mit der Erzählliteratur im engeren Sinne anders aus. Zwar haben jüngere Recherchen ergeben, daß die Anzahl der publizierten Romane wesentlich höher ist als lange vermutet, aber es steht nach wie vor außer Zweifel, daß auch in der 2. Jahrhunderthälfte nur sehr wenige Texte auf anhaltendes Interesse beim zeitgenössischen Publikum stießen und bis heute eine gewisse Beachtung finden. Die Gründe für diese defizitäre Romanproduktion könnten in dem niedrigen Ansehen liegen, das dieses Genre bei den überzeugten Neoklassizisten genoß und vor allem in dem zähen Widerstand, den ihm die Zensoren, insbesondere die Inquisition, entgegensetzten. Ihnen galt der Roman als sinnloser, überflüssiger und sogar gefährlicher Zeitvertreib, denn sie warfen ihm generell Unmoral, mangelnde religiöse Orthodoxie und nicht zuletzt eine zu ausschweifende Phantasie vor.

»Jahrhundert ohne Roman«?

So verwundert es nicht, daß sich Pedro de Montengón, der Romanautor, der im letzten Drittel des Jahrhunderts neue Akzente in diesem Genre setzt, im Dauerkonflikt mit der Inquisition befindet. Montengón steht kurz vor dem endgültigen Eintritt in den Jesuitenorden, als dieser 1767 aus Spanien vertrieben wird. Obwohl er als Novize von der Vertreibung ausgenommen war, verläßt auch Montengón – offenbar gezwungenermaßen – das Land und läßt sich in Italien nieder. Zwei Jahre später gibt er die religiöse Laufbahn auf, heiratet und lebt bis zu seinem Tod in verschiedenen italienischen Städten.

Sein größter Erfolg, der auch am nachhaltigsten von der Inquisition bekämpft wird, ist sein erster Roman *Eusebio*, zwischen 1786 und 1788 in vier Teilen erschienen. Nach dem Verbot durch die Inquisition (1798) überarbeitet Montengón den Roman gründlich, so daß er 1807/08 wieder zugelassen wird. Erzählt wird die Lebensgeschichte des Titelhelden, der als Kind bei einem Schiffbruch seine Eltern verliert und an die Küste von Maryland gespült wird. Dort nimmt ihn ein Quäkerehepaar auf und läßt ihn von dem Korbflechter Hardyl erziehen. Hardyl lehrt ihn, Leidenschaften und Gemütsbewegungen zu beherrschen und dem Leben in ruhiger Gleichmut zu begegnen und unterweist ihn außerdem in Geistes- und Naturwissenschaften. Die Erziehung wird durch eine Reise nach England, Frankreich und Spanien vervollständigt. In Spanien stirbt Hardyl infolge eines Unfalls, nachdem er sich im letzten Moment als Eusebios Onkel zu erkennen gegeben hat. Eusebio kehrt nach Amerika zurück und heiratet Leocadia, an die er die Tugendlehre weitergibt, die Hardyl ihm vermittelte. Auch ihr Sohn wird von Anfang an nach dessen Prinzipien erzogen. Ein Erbschaftsprozeß macht eine erneute Reise nach Spanien notwendig, aber nachdem sie dort eine Reihe von Mißlichkeiten zu ertragen hatte, kehrt die

Familie erleichtert nach Philadelphia zurück und führt dort ein ruhiges, beschauliches Leben.

Das Thema des Romans, der den wichtigsten spanischen Beitrag zur europäischen Mode des ›Bildungsromans‹ darstellt und dessen Nähe zu Rousseaus *Emile* immer wieder hervorgehoben wird, sind die verschiedenen Phasen in Eusebios Erziehung. Sein Lehrer Hardyl geht von der Voraussetzung aus, daß das Gute dem Menschen angeboren und durch entsprechende pädagogische Maßnahmen zu fördern sei. Im Vordergrund steht dabei die Entwicklung der *virtud*, der Tugend, womit er eine stoische, von den Lehren Epiktets geprägte Lebenshaltung meint. Der tugendhafte Mensch zeichnet sich dadurch aus, daß er für alle Schicksalsschläge gewappnet ist und weder durch Leid noch durch Freude die Kontrolle über sich selbst verliert. Die Religion spielt in der Erziehung keine wesentliche Rolle, sondern es wird im Gegenteil an den Protagonisten vorgeführt, daß man auch ohne Religion ein *hombre de bien* sein kann. Diese Tendenz zu einer säkularisierten Morallehre war natürlich besonders dazu angetan, das Mißtrauen und die Empörung der Inquisition zu erregen. Wenn auch Hardyl kurz vor seinem Ableben nach den Gnadenmitteln der katholischen Kirche verlangt und Eusebio auf deren große Bedeutung hinweist, so steht dem doch die Tatsache entgegen, daß im größten Teil des Romans die religiöse Toleranz und Offenheit der Quäker positiv hervorgehoben wird. Montengón folgt darin dem Beispiel französischer Aufklärer, insbesondere Voltaires, die in der Gemeinschaft der Quäker die Prinzipien des einfachen, ehrenhaften und friedlichen Lebens, der Gleichheit und des undogmatischen, nicht von Ritualen verstellten Umgangs des Menschen mit Gott in idealer Weise verwirklicht sahen.

Als eine Art weiblicher Eusebio wurde die Titelheldin des 1793 in sechs Büchern erschienenen Romans *Eudoxia, hija de Belisario* vielfach bezeichnet. Der Roman ist im Byzanz des 6. nachchristlichen Jh. angesiedelt, wobei das historische Ambiente nur den Rahmen für die didaktisch konzipierte Handlung liefert und keineswegs selbst im Mittelpunkt des Interesses steht. Montengón bezieht sich auf die Legende um Belisario, einen General des Kaisers Justinian, der nach überragenden militärischen Erfolgen fälschlich der Verschwörung angeklagt wird und Ansehen und Besitz verliert, bevor er schließlich aus Mangel an Beweisen rehabilitiert wird. Die Legende hatte sich zum beliebten literarischen Stoff entwickelt, der u.a. von Goldoni (1738) und Marmontel (1767) bearbeitet wurde. Bei Montengón tritt, wie der Titel des Romans andeutet, die Gestalt Belisarios zugunsten seiner Tochter Eudoxia in den Hintergrund.

Neben dem Lob einer stoischen Lebenshaltung sind die Rechte und Bildungsansprüche der Frau ein wichtiges Anliegen dieses Romans. Domitila, Lehrerin Eudoxias und Sprachrohr des Autors, verweist nachdrücklich darauf, daß die Natur zwar die Körper von Mann und Frau verschieden geformt habe, aber im Hinblick auf Geist und Verstand keinerlei Unterschied mache – im Gegenteil, sie ist sogar überzeugt, daß die Frauen bei gleicher Ausbildung den Männern in ihren ›producciones del genio‹, ihren geistigen Leistungen, überlegen seien. Der Führungsanspruch des männlichen Geschlechts beruhe schließlich einzig und allein auf seiner größeren Körperkraft – mit physischer Gewalt hätten die Männer die Frauen unterjocht und ihren Wirkungskreis auf das häusliche Umfeld beschränkt, wo ihre geistigen Fähigkeiten notgedrungen brachlägen. Sie selbst stürzten sich unterdessen, »llevados de la loca pasión de dominar la tierra« (von der verrückten Leidenschaft getrieben, die Erde zu beherrschen), in kriegerische

Lob des Stoizismus

Religiöse Toleranz

Rechte der Frau

Abenteuer, die ihnen doch im Grunde nur zur Befriedigung niederer Instinkte dienten. In einer Gesellschaft freilich, in der der Geist und die Künste mehr gälten als militärische Heldentaten, wäre das Ansehen der Frauen dem der Männer ebenbürtig. Schließlich mißbilligt sie die Einschränkungen weiblicher Lektüre: Frauen seien genau wie Männer dazu in der Lage, wissenschaftliche Werke zu studieren, und falls sie darin tatsächlich einmal mit ›gefährlichen Lehren‹ konfrontiert würden, könnten sie damit ebenso gut umgehen wie das ›starke Geschlecht‹. Letztendlich bedeute eine solide Bildung keine moralische Gefahr für Frauen, im Gegenteil, denn gerade aus Langeweile entstünden ja erst solche Sitten wie der *cortejo* oder die ungezügelte Luxussucht (hier wird besonders deutlich, daß weniger von Byzanz als vielmehr vom Madrid des 18. Jh. die Rede ist). Auch könne ein umfassendes Wissen viele diffuse Ängste abbauen und dem Menschen, insbesondere der als furchtsam bis hysterisch angesehenen Frau, einen großen Zuwachs an Selbstvertrauen bringen. Der Handlungsverlauf bestätigt Domitilas hohe Meinung von den Fähigkeiten der Frau, denn ihre Schülerin Eudoxia meistert souverän die Katastrophe, die über die Familie hereinbricht.

»Saturn frißt seine Kinder« – Goyas Darstellung des Kriegs ca. 30 Jahre später

Montengón propagiert in diesem Roman die deistische Vorstellung eines Gottes, der die Welt zwar erschaffen hat, danach aber nicht mehr in seine Schöpfung eingreift. Folglich warnt er davor, sich in Notlagen demütig und fromm zu verhalten, statt seinen eigenen Geistesgaben zu vertrauen. Er kritisiert das laute, oberflächliche Leben in der Stadt und entwirft als Gegenbild eine ländliche Idylle. Schließlich läßt er den ehemaligen General Belisario zum Antimilitaristen konvertieren und brandmarkt kriegerische Auseinandersetzungen als eine Folge mangelnder moralischer Erziehung. Die Bandbreite brisanter Themen und die teilweise radikalen Positionen, die der Autor hier vertritt, stellen die vielfach vorgenommene Einordnung des Textes als eine Art ›Frauenroman‹ doch sehr in Frage.

Deismus

Neben Gedichten und kürzeren Prosatexten hat Montengón drei weitere Romane verfaßt, *El Antenor* (1788), ein in der griechischen Mythologie angesiedeltes Manifest gegen den Krieg, den historischen Roman *El Rodrigo* (1793) und *El Mirtilo o Los pastores trashumantes* (1795), der in der Tradition des Schäferromans noch einmal ein idealisiertes Bild vom Leben auf dem Lande entwirft.

Beachtlichen Erfolg beim zeitgenössischen Publikum erzielte ferner *El Valdemaro* (1792), ein Roman des Franziskanermönchs Vicente Martínez Colomer, der außer belletristischer Prosa auch historische und religiöse Werke sowie Lyrik verfaßt hat. *El Valdemaro* stellt in neun Büchern das an Schicksalsschlägen und Abenteuern überreiche Leben des Titelhelden, eines dänischen Prinzen, dar. *Placer y utilidad*, Vergnügen und Nutzen der Leserschaft sind Martínez Colomers Ziele, der, wie ein Großteil der Literaten des 18. Jh., seine Intentionen mit Hilfe der Formel des Horaz definiert. Der lustvollen Seite versucht er durch eine wildbewegte *story* voller schier unglaublicher Koinzidenzen, mächtiger Leidenschaften und Gefühle, übernatürlicher Ereignisse und exaltierter Personen gerecht zu werden. Die Belehrung erfolgt dadurch, daß die Figuren, die sich schrankenlos ihren Emotionen und Affekten hingeben, ein schlimmes Ende nehmen. Vor allem der Protagonist bewährt sich hingegen gerade dadurch, daß bei ihm, trotz immenser Anfechtungen, schließlich doch das Pflichtgefühl triumphiert. Die Wonnen leidenschaftlicher Liebe werden freilich, gerade auch bei den weiblichen Figuren, mit solcher Emphase geschildert, daß der erzieherische Erfolg zumindest in Frage gestellt scheint und die moralische Position des

Colomers Valdemaro

*Glauben an
die Vorsehung*

Autors ebenfalls einen Zwiespalt von Müssen und Wollen erkennen läßt. Mit Montengón verbindet Martínez Colomer das Lob einer stoischen Lebenshaltung. Während aber in Montengóns Romanen der Mensch ausschließlich darauf angewiesen ist, sich aus eigener Kraft für das Leben zu wappnen, betont Martínez Colomer schon im Prolog des *Valdemaro* die entscheidende Rolle der göttlichen Vorsehung. Die unzähligen Schiffbrüche, Trennungen und Wiederbegegnungen, die seine Helden erleben, sind für ihn keineswegs Zufälle, sondern Fügungen Gottes, die der Mensch willig und vertrauensvoll annehmen soll. Der Gefühlsüberschwang seiner Figuren und ihre schnelle Neigung zu Tränen, Ohnmacht und Suizid lassen bereits romantische Züge erkennen, wobei der Autor aber den Primat der Vernunft und der Mäßigung noch ausdrücklich postuliert.

Ebenfalls mit dem Ziel, die Leserschaft zu zerstreuen und zu belehren, tritt der Roman *Aventuras de Juan Luis* (1781) von Diego Ventura Rejón y Lucas auf, der heute allenfalls als costumbristisch gefärbtes Zeitdokument rezipiert wird. Der übrigen Romanproduktion der zweiten Jahrhunderthälfte, von Autoren wie Gaspar Zabala y Zamora, Antonio Valladares y Sotomayor, José Mor de Fuentes, Francisco Tójar u. a., wird heute kaum noch Interesse entgegengebracht, wenn auch einzelne Texte zu ihrer Zeit offenbar eine durchaus beachtliche Popularität genossen. All diesen Texten ist eine aufklärerische Absicht gemeinsam, die sie im Grunde eher als Spielarten des *conte philosophique* im Sinne Voltaires und Diderots erscheinen lassen denn als Romane im eigentlichen Sinn. Auch die feministischen Ansätze Montengóns und die ›byzantinischen‹ Handlungsmuster lassen sich auf die französischen Vorbilder zurückführen.

Rokokolyrik

*Diskussion um den
buen gusto*

Während die Lyrik der ersten Jahrhunderthälfte noch deutlich unter dem Einfluß der barocken Vorbilder Góngoras und Quevedos steht, werden diese etwa ab der Jahrhundertmitte zunehmend diskutiert, kritisiert und schließlich verworfen. Die neoklassizistische Poetik gewinnt auch im Bereich der Lyrik an Einfluß. Zu einem wichtigen Forum der Diskussion entwickelt sich die von 1749 bis 1751 existierende Academia del Buen Gusto, in der sich spätbarocke Poeten wie Torrepalma und Porcel mit den neoklassizistischen Reformern Luzán, Montiano und Nasarre auseinandersetzen. Die Neoklassizisten treten für eine Reinigung der Poesie von überladenen barocken Stilmitteln und für eine einfache, klare und harmonische Sprache ein, die sich nicht klangschöner Selbstzweck ist, sondern als Medium für didaktische Zwecke dient. Freilich kann die lyrische Produktion der zweiten Jahrhunderthälfte keineswegs als eine stilistische und thematische Einheit betrachtet werden. Der aufklärerischen Lyrik im engeren Sinne, die moralische und philosophische Fragen in den Vordergrund stellt, steht zunächst die sinnenfrohe Rokokodichtung und gegen Ende des Jahrhunderts die schwermütige Präromantik gegenüber.

Nicolás de Moratín gilt als der Dichter, der in Spanien der Rokokolyrik in der Spielart der Anakreontik zum Durchbruch verhilft. Die Teilnehmer der von ihm begründeten *Tertulia de la Fonda de San Sebastián* sind sich in ihrer Abkehr von barocken Formen einig. Als Vorbilder haben sie sich vor allem den griechischen Dichter Anakreon sowie Manuel Esteban Villegas erwählt, bei dessen *Eróticas* (1618) es sich um eine Übersetzung vermeintlich von Anakreon geschriebener Gedichte handelt. Die neue Stilrichtung grenzt sich deutlich von der oft dunklen, metaphorischen Barockdichtung

»Picknick am Ufer des Manzanares« (1776). Der Lebensgenuß und die Sinnenfreude, die dieser Teppichkarton Goyas widerspiegelt, sprechen auch aus den anakreontischen Gedichten.

Anakreontik

ab und behandelt vor dem philosophischen Hintergrund des Lockeschen Sensualismus in einfachen, kurzen Versen Themen wie Liebe, Freundschaft, Wein und Tafelfreuden. Unverkennbar ist die hedonistische Lebenseinstellung, die hier zum Ausdruck kommt und die als Reaktion auf die dunkle Drohung aus dem Jenseits zu verstehen ist, die im Zeitalter des Barock mit jeglicher Sinnenlust einherging.

Moratíns anakreontische Gedichte lassen schon in den Titeln erkennen, daß er hier, ganz anders als in seinen Dramen, unbeschwerten, sinnenfrohen Lebensgenuß propagiert: »El vino dulce«, »Amante feliz«, »Todas merecen«, »A los ojos de Dorisa«, »Mi golosina« etc. Während er sich in seinen Dramen, die durch die Aufführung zu öffentlichen Ereignissen werden, quasi ›offiziell‹ mit streng moralischen Erziehungsabsichten zu Wort meldet, zeigt er sich in diesem Teil seiner Lyrik eher von seiner ›privaten‹ Seite. Er zeichnet idyllische Landschaften, die zum einen bukolischen Topoi entsprechen, zum anderen aber auch geographisch genau bestimmt sind. So ist »La Barquerilla«, wohl sein bekanntestes anakreontisches Gedicht, durch präzise Angaben in den Anfangsversen in der Alcarria lokalisiert. In spielerischer Weise skizziert er Liebesszenen, in denen der den Dichter inspirierende Kuß der Muse und die zärtliche Begegnung mit der Geliebten miteinander verschmelzen. »Gocemos hoy«, Titel eines weiteren Gedichtes, ist der Wahlspruch, der dieser heiteren, anmutigen Lyrik zugrundeliegt, ein diesseitsbezogenes *Carpe diem* ohne das barocke Gegengewicht des *vanitas*-Gedankens.

Aus der verspielten Erotik der anakreontischen Gedichte wird in *El arte de las putas* (von der Inquisition verboten und erst 1898 anonym publiziert) eine Apologie der Sexualität, die sich nicht mehr auf Anspielungen und

Doppeldeutigkeiten beschränkt. Moratín stellt die Sexualität als lebens- und arterhaltende Kraft dar, deren Unterdrückung widernatürlich und verderblich sei. Sehr derbe Passagen, wie der Exkurs über die Erfindung des Kondoms durch einen lüsternen Mönch, wechseln mit ernsthaften Betrachtungen ab, die eine rigide Sexualmoral in Frage stellen. Moratíns Aufruf zu ›Liebe statt Krieg‹ hat sein provokatives Potential auch über zwei Jahrhunderte hinweg nicht eingebüßt:

Für eine freiheitliche Sexualmoral

> Una sola manera se ha encontrado
> de hacer los hombres; mas de deshacerlos
> ¡cuántas industrias inventó la muerte!
> y el instrumento que los mata fuerte
> va por gala y blasón pendiente al lado
> y el que los hace, oculto y deshonrado;
> y los hombres inicuos dan laureles
> al que mata a un millón de sus hermanos
> y deshonran al que ama las mujeres.

(Es ist nur eine Art und Weise bekannt,/Menschen zu machen; aber wie viele Praktiken,/sie zu vernichten, erfand der Tod!/und das Instrument, das sie grausam tötet,/wird als ruhmvolle Zierde an der Seite getragen/und dasjenige, das sie macht, wie ein Schandmal versteckt;/und die ungerechten Menschen schmücken den mit Lorbeeren,/der eine Million seiner Brüder tötet/und schmähen den, der die Frauen liebt.)

Die Dichterschule von Salamanca

Zur bedeutendsten Dichtergruppe der Epoche entwickelt sich die *Schule von Salamanca*, die trotz der regionalen Bindung die wichtigsten Impulse von nicht-salmantinischen Autoren erhält: Cadalso (›Künstlername‹ Dalmiro) und Jovellanos (Jovino). Die Gruppe fühlt sich nicht nur durch die Beschäftigung mit der Poesie verbunden, sondern es entstehen darüber hinaus sehr enge Freundschaften, die bewußt gepflegt und immer wieder in Gedichten besungen werden. Cadalsos Ankunft in Salamanca stellt für die Dichterschule eine Art Initialzündung dar, und sein Einfluß prägt ihre erste, dem Rokoko verpflichtete Schaffensperiode. Obwohl sein poetisches Spektrum auch Oden, Satiren und andere Spielarten philosophischer Lyrik umfaßt, schätzt das zeitgenössische Publikum vor allem seine anakreontischen Gedichte. Aus seiner eigenen Lebenserfahrung heraus sind ihm die entsprechenden Topoi – die Freuden der Tafel, des Spiels und der Liebe – durchaus vertraut, und er variiert sie vielfach in seinen *Ocios de mi juventud* (1773). Außer auf Anakreon und Villegas beruft sich Cadalso auf den Renaissancedichter Garcilaso; dessen Sonette und Schäferdichtungen, die in anmutigen Versen die Liebe und die weibliche Schönheit besingen, bieten sich dem Rokokolyriker sowohl thematisch als auch formal als Vorbild an. Cadalso versucht insbesondere, die *blandura* (nur unzureichend mit ›Milde‹, ›Sanftheit‹ zu übersetzen), die Garcilasos Dichtung charakterisiert, in seinen eigenen Versen wieder aufleben zu lassen. Die Qualität der ›blandura‹ wird schließlich von der ganzen Dichterschule als verbindliches Merkmal gelungener Dichtkunst übernommen. Die romantische Schwermut, die Cadalsos *Noches lúgubres* kennzeichnen wird, scheint bereits jetzt durch, wenn er dichterisch den frühen Tod seiner Filis, der geliebten Schauspielerin María Ignacia Ibáñez, verarbeitet.

Rückgriff auf Garcilasos blandura

Cadalsos Einfluß zeigt sich am deutlichsten in der Poesie von Batilo, Juan Meléndez Valdés, der sich in seiner Frühphase mit Hingabe der Anakreontik widmet. Vor allem in Oden und Romanzen besingt er die unbeschwerte, flatterhafte Liebe, die sich in sinnlichem Genuß erschöpft – »El amor mariposa« (»Die Liebe – ein Schmetterling«, 1784) lautet der programmatische Titel eines seiner bekanntesten Gedichte. Diese Liebe sucht nicht die Seelengemeinschaft mit der angebeteten Filis, Dorila oder Rosana, sondern berauscht sich an ihren »ojos hermosos« (»A unos ojos«, 1781), einem »lindo lunar« (»El lunarcito«, 1815) und ihren »pechos nevados« (*Los besos de amor*, Oda XIII, 1776–1781). Aber es bleibt keineswegs bei leidenschaftlich bewundernden Blicken auf ihre Schönheit, sondern das Begehren findet seine Erfüllung im erotischen Spiel, bei dem die Geliebte eine aktive Rolle übernimmt. Neben den Freuden der Liebe feiert Meléndez Valdés ein an bukolischen Topoi reiches Landleben (»De mi vida en la aldea«, 1814), den Wein und die Freundschaft (»El vino y la amistad suavizan los más graves trabajos«, 1814). Obwohl er sich, vor allem unter dem Einfluß von Jovellanos, auch gewichtigeren Themen zuwendet, bleiben doch die anakreontischen Spuren in seinem Werk stets sichtbar.

Sinnenfreude

Der Schule von Salamanca gehören ferner an: Fray Diego Tadeo González, den seine Zugehörigkeit zum Augustinerorden nicht hindert, als Delio seine Liebe zu Melisa, Mirta und anderen Frauengestalten dichterisch auszumalen; José Iglesias de la Casa, der, seinem Dichternamen Arcadio entsprechend, vor allem die ländliche Idylle besingt; Juan Pablo Forner, Fray Andrés del Corral und Fray Juan Fernández Rojas.

Juan Meléndez Valdés, Porträt von Goya

›Aufklärungslyrik‹ und Neoklassizismus

In den 70er Jahren zeichnet sich in der poetischen Produktion ein Wandel ab. Der Schwerpunkt verlagert sich auf Gedichte, die sich mit ›ernsthafteren‹ Themen beschäftigen und Tugenden der Aufklärung vermitteln sollen. Cándido María Trigueros entwirft in seinem programmatischen »El poeta filósofo« (in *El poeta filósofo, o poesías filosóficas*, 1774–1778) das Idealbild des ›Dichterphilosophen‹, der sich in Dichtung und Leben stets am *justo medio*, der goldenen Mitte, orientiert und Extreme jeder Art vermeidet. Er stellt sich und seine Kunst in den Dienst der Allgemeinheit (»Al bien del universo da sus solicitudes«) und insbesondere des Vaterlandes (»En él no es nombre vano el del patriotismo«).

Der Dichter als Philosoph

Explizit reflektiert wird die Hinwendung zur ›Aufklärungsdichtung‹ im engeren Sinn bei Jovellanos. Nachdem er selbst in früheren Jahren leichtfüßige Liebeslyrik verfaßt hat, distanziert er sich nun in einer Epistel an seine Dichterfreunde in Salamanca (»Jovino a sus amigos de Salamanca«, 1776) von den ›äolischen Gesängen‹ (*eolio canto*), um sich der *didascálica poesía*, der didaktischen Dichtung, zu widmen. Den gleichen Rat gibt er auch den Salmantinern: Nicht mehr die Liebe sollen sie besingen, sondern die glorreiche Geschichte Spaniens, von der Reconquista bis zum Erbfolgekrieg, und die *costumbres domésticas*, das alltägliche Leben ohne idyllische Verklärung. Neben den Episteln an seine Freunde schreibt Jovellanos ebenfalls in Briefform gefaßte Satiren, in denen er die Frivolität und Dekadenz der zeitgenössischen Sitten scharf kritisiert. Wird in den anakreontischen Gedichten gerade auch die weibliche Erotik freimütig gefeiert, so beklagt Jovellanos hingegen in seiner »Sátira primera« den allgemeinen Sittenverfall, der es den Damen ermöglicht, sich ungestraft nächtelang mit ihren Liebhabern zu amüsieren, während der ›gehörnte‹ Ehemann im Alkoven schnarcht und naiverweise in seinen Träumen glücklich ist. »Sobre la mala educación de la nobleza«, über die schlechte Erziehung des Adels, läßt er sich in seiner zweiten Satire aus, in der er den eingebildeten, vergnü-

Satirische Gesellschaftskritik

gungssüchtigen Sproß einer altehrwürdigen Aristokratenfamilie porträtiert. Vom äußeren Erscheinungsbild her eher den *majos*, also den unteren Volksschichten zuzuordnen, erfüllt der skizzierte Adlige auch in seinen Interessen und Gewohnheiten keineswegs die Vorbildfunktion, die seinem Stand zukäme: Die Bereiche in denen er sich auskennt, sind Stierkampf, Theater und Bordelle. Auffällig in dieser Satire ist die pejorative Darstellung der Verwischung von Standesgrenzen, die Jovellanos offensichtlich nicht als fortschrittlich erachtet – er sieht es vielmehr als Zeichen der Dekadenz, daß der Adlige sich in Kleidung und Auftreten nicht mehr vom ›Volk‹ abhebt.

Didaktische Intentionen

Unter dem Einfluß ihres Mentors Jovellanos wenden sich auch die Dichter der Schule von Salamanca nun verstärkt ›philosophischen‹ Themen zu, ohne jedoch die spielerische Lyrik der ersten Phase völlig aufzugeben. Formal drückt sich die neue Orientierung in der Bevorzugung von Stilmitteln aus, die das Gedicht in die Nähe der Prosa rücken: Der Rhythmus soll den Leser nicht einlullen, also nicht zu musikalisch sein; stattdessen werden lange, oft reimlose Verse verwendet, komplexe Satzgefüge und flexible Strophenformen wie die *silva*. Diese formalen Mittel entsprechen dem Anliegen, nicht in erster Linie die Sinne des Lesers durch ein klangschönes, die Freuden des Lebens besingendes Kunstgebilde zu verwöhnen, sondern seine Ratio anzusprechen und erzieherisch auf ihn einzuwirken. Die Themen werden den Bereichen entnommen, denen das Hauptaugenmerk der Aufklärer gilt: Wissenschaft und Technik, Kultur und Bildung, Tugend und soziale Verantwortung, *hombría de bien* und Ausrichtung allen Handelns auf das Allgemeinwohl.

Im Werk von Meléndez Valdés sind es vor allem die *epístolas* und *discursos*, in denen aufklärerisches Gedankengut verarbeitet wird. In der Epistel »Al Excmo. Sr. D. Eugenio de Llaguno y Amírola, en su elevación al Ministerio de Gracia y Justicia« (1794) betont er u.a. die fundamentale Bedeutung eines soliden Bildungswesens für die Zukunft Spaniens. In »El filósofo en el campo« (1794) stellt er dem müßigen und lasterhaften Leben in Madrid das rauhe, aber moralisch integre Leben auf dem Land gegenüber. Obwohl diese Darstellung keineswegs frei ist von idealisierender Verklärung, hebt sie sich dennoch von den bukolischen Rokokogedichten dadurch deutlich ab, daß die bäuerlichen Arbeiten und vor allem die physischen Härten des Landlebens thematisiert werden. Wie zahlreiche aufklärerische Autoren seit Feijoo fordert er die soziale Aufwertung des Bauernstandes, den er als den nützlichsten und ehrenhaftesten von allen bezeichnet. »La mendiguez« (1802) behandelt das Thema des Bettelns und der Armut, wobei Meléndez Valdés die einzige langfristige Lösung darin sieht, den Armen Arbeit zu geben, damit sie sich aus ihrer Situation befreien können. In »La despedida del anciano« (Discurso I, 1787) schließlich läßt er einen ›anciano venerable‹, einen verehrungswürdigen Greis, all die Unsitten Revue passieren, die die von ihm konstatierte Dekadenz Spaniens bedingen: Luxussucht, Effeminierung der Männer, laxe Sexualmoral der Frauen etc. Energisch ruft er zur Umkehr auf den Pfad der Tugend auf.

Soziale Thematik

Auch die übrigen Mitglieder des Salmantiner Kreises stellen ihre Dichtung zumindest zeitweise in den Dienst aufklärerischen Denkens, wobei aber die ›gewichtigeren‹ Gedichte weniger Anklang bei zeitgenössischem Publikum und Nachwelt finden als die leichte Rokokolyrik. Breiten Raum nimmt die ›Aufklärungsdichtung‹ im Werk von Juan Pablo Forner ein. Er verfaßt zahlreiche Satiren, oft über Fragen des literarischen *buen gusto* (»Sátira contra los vicios introducidos en la poesía castellana«), und Oden auf Persönlichkeiten des politischen Lebens. Als prototypisch für die zu-

Die Figur des Handwerkers dient den Dichtern der Aufklärung dazu, in einem Spanien, in dem der vornehme Müßiggang noch immer zum guten Ton gehört, das neue Ideal der Arbeit zu propagieren.

weilen recht schwerfällige, didaktisch orientierte ›philosophische‹ Lyrik gelten seine umfangreichen »Discursos filosóficos sobre el hombre«, in denen er sich vor allem mit der menschlichen Ratio beschäftigt.

Nachdem die Dichterfreunde aus verschiedenen Gründen die Stadt Salamanca verlassen haben, bildet sich um den einzig verbliebenen Meléndez Valdés ein neuer Kreis, dessen dichterische Aktivitäten zum Teil weit ins folgende Jahrhundert hineinreichen. Gemeinsam ist dieser *zweiten Schule von Salamanca*, der u.a. Francisco Sánchez Barbero, Nicasio Álvarez de Cienfuegos, Manuel José Quintana und Juan Nicasio Gallego angehören, ein starkes politisches Engagement auf Seiten der Liberalen, das den Dichtern nicht selten Gefängnis und Verbannung einträgt. Auch in ihren Gedichten behandeln sie häufig konkrete politische Themen; so klagt Sánchez Barbero in »La invasión francesa en 1808« Napoleon mit pathetischen Worten des Verrats an und preist in »El patriotismo. A la nueva Constitución« die Verfassung von Cádiz (1812) als ›suspirada aurora‹, herbeigesehnte Morgenröte, die dem spanischen Volk endlich Souveränität garantiere. Álvarez de Cienfuegos entwickelt das Thema der sozialen Umwertung der Stände weiter: Galten bisher dergleichen Bemühungen einer Rehabilitation des Bauernstandes, so wendet er sich in »En alabanza de un carpintero llamado Alfonso« nun der Person eines Handwerkers zu. In provokativer Weise stellt er einer gänzlich degenerierten, korrupten und blutrünstigen Aristokratie den notleidenden, aber in seiner Tugend und Güte wahrhaft heiligen Zimmermann Alfonso gegenüber. Nachdrücklich betont er, daß

Die zweite Schule von Salamanca

Kritik des Erbadels

Politische Lyrik

Manuel José Quintana

Neoklassizismus

wahrer, menschlicher Adel nur durch ein arbeitsames und anständiges Leben erworben werden könne, während die soziale Vorrangstellung der zeitgenössischen Aristokratie weder durch eigene Verdienste noch durch den göttlichen Willen in irgendeiner Weise zu rechtfertigen sei.

Der bedeutendste Vertreter der zweiten salmantinischen Schule ist freilich Quintana. Der gelernte Jurist und überzeugte Liberale nimmt aktiv am politischen Leben seiner Zeit teil, was ihm, je nach Regierung, Ehrungen oder Repressalien einträgt. Auch seine Gedichte stellt er größtenteils in den Dienst seines weltanschaulichen Credos und behandelt Themen wie Meinungsfreiheit und Toleranz, Fanatismus und Tyrannei, aber auch den wissenschaftlichen und technischen Fortschritt im Dienst der Menschheit. In »El panteón del Escorial« läßt er in einer Art ›Kürzestdrama‹ die Monarchen der Casa de Austria auftreten, um ihre Unfähigkeit, ihren Despotismus und ihre Volksferne zu demonstrieren. Mit der aktuellen Situation Spaniens beschäftigt er sich in »A España, después de la revolución de marzo«: Der Aufstand von Aranjuez, in dessen Folge Carlos IV gezwungen wurde, zugunsten seines Sohnes Fernando abzudanken, läßt in ihm die Hoffnung wachsen, Spanien würde sich endlich von jeglicher Tyrannei befreien. Er ruft seine Landsleute auf, sich ihrer heroischen Vorfahren zu erinnern und mit Waffengewalt die französischen Besatzer zu vertreiben – eine klare Ankündigung des kurz bevorstehenden Unabhängigkeitskrieges.

In der Ode »A la invención de la imprenta« feiert Quintana die Erfindung der Buchdruckerkunst durch Gutenberg als entscheidenden Schritt zur Befreiung der Menschheit. Denn erst das gedruckte Wort ermögliche es, den *valiente grito*, den mutigen Schrei, »Libre es el hombre« in alle Welt zu tragen. Als letztes Beispiel seiner engagierten Dichtung sei die Ode »A la expedición española para propagar la vacuna en América bajo la dirección de Don Francisco Balmis« erwähnt, die sich großer Popularität erfreute. Zunächst werden die Grausamkeiten der Eroberung Amerikas geschildert, für die er aber eher die allgemeinen Zeitumstände als speziell Spanien verantwortlich macht (»crimen fueron del tiempo y no de España«). Doch endete damit die Misere nicht, es folgten Krankheit und Epidemien. Und hier habe nun das fortschrittliche Europa die Chance ergriffen, die gepeinigte Neue Welt an seinen Errungenschaften teilhaben zu lassen: Unter der Leitung des spanischen Arztes Balmis brach eine Expedition nach Südamerika auf, um die dortige Bevölkerung gegen Pocken zu impfen. Die Wahl dieses prosaischen Themas und der explizite Bezug auf zeitgenössische Wissenschaftler illustrieren deutlich Quintanas Konzept von Lyrik: Sie soll in erster Linie nützlich sein, informieren, belehren und ideologische Inhalte transportieren; der ästhetische Reiz spielt dagegen nur eine untergeordnete Rolle.

In engem thematischem Zusammenhang mit der ›Aufklärungsdichtung‹ steht die sogenannte neoklassizistische Lyrik. Ist die literarhistorische Einteilung der Lyrik des 18. Jh. generell ein vieldiskutiertes Problem, so gehen die Meinungen bezüglich des Begriffs ›neoklassizistische Dichtung‹ besonders weit auseinander. Traditionell meist als Epochenbezeichnung für das gesamte Jahrhundert verwendet, geht heute die Tendenz eher dahin, den Begriff im engeren Sinne nur noch auf die poetische Schule anzuwenden, die durch Anlehnung an die antiken Klassiker sowie Garcilaso und Fray Luis de León sprachliche Kunstwerke von vollkommener Schönheit hervorzubringen trachtet. In dieser stärkeren Gewichtung der metrischen und stilistischen Gestaltung, dem Streben nach Harmonie nicht nur *in* der Form, sondern auch *zwischen* Form und Inhalt, liegt der Unterschied zur bisher betrachteten Aufklärungslyrik. Obwohl sich Beispiele neoklassizistischer

Lyrik auch schon Mitte des Jahrhunderts finden und die *Poética* Luzáns ihr bereits 1737 eine theoretische Grundlage liefert, erreicht die Mode ihren Höhepunkt doch erst um die Jahrhundertwende und dauert bis weit ins 19. Jh. hinein fort.

Als einer ihrer wichtigsten Repräsentanten gilt Leandro de Moratín, der neben seinen berühmten Dramen auch zahlreiche Oden, Elegien und Satiren verfaßt hat. In der Ode »A don Gaspar de Jovellanos« bemüht er sich ausdrücklich darum, griechische und lateinische Versformen ins Spanische zu übertragen. Sein bekanntestes Gedicht dürfte freilich die »Elegía a las musas« sein, eine Art Lebensbilanz, die er nach dem Unabhängigkeitskrieg im französischen Exil verfaßt hat.

Leandro de Moratín als Lyriker

Weitere Vertreter der neoklassizistischen Dichtung sind Juan Bautista Arriaza y Superviela, Quintana, José María Blanco-White, Alberto Lista und Juan Nicasio Gallego, wobei alle sich auch in anderen Stilrichtungen, wie der Anakreontik oder der Präromantik, versuchten. Es ist meist nicht möglich, die Beschäftigung mit den verschiedenen Strömungen chronologisch aufeinanderfolgenden Schaffensphasen zuzuordnen; im Gegenteil, häufig lassen sich sogar innerhalb einzelner Gedichte anakreontische, neoklassizistische und präromantische Züge zugleich nachweisen.

Rokoko-Portal des Palacio del Marqués de Dos Aguas (1740)

Fabeldichtung: Samaniego und Iriarte

Dem didaktischen Anliegen der aufgeklärten Dichter kommt das Genre der Fabel in besonderer Weise entgegen, da sie per definitionem der Vermittlung von nützlichen Wahrheiten dient. So verwundert es nicht, daß die Aufklärung in einigen europäischen Literaturen eine Renaissance der Fabel in Gang setzt. In Spanien widmen sich insbesondere Félix María de Samaniego und Tomás de Iriarte dieser Gattung.

Der Baske Samaniego engagiert sich in der von seinem Onkel, dem Grafen von Peñaflorida, gegründeten Sociedad Vascongada de Amigos del País, der ersten im Lande. Diese Gesellschaft ruft ihrerseits eine Bildungseinrichtung für junge Adlige ins Leben, das Real Seminario Vascongado, dem Samaniego zeitweilig als Direktor vorsteht. Für die Schüler dieser Institution verfaßt er auf Anraten Peñafloridas seine berühmten *Fábulas en verso castellano* (1.Teil 1781, 2. Teil 1784). Die didaktische Intention gibt also den Anstoß für die Komposition der Texte und nicht etwa poetische Inspiration. Die Schüler sollen in möglichst jungen Jahren und mit Hilfe ansprechender *cuentecillos*, kurzer Geschichtchen, mit grundlegenden moralischen Normen vertraut gemacht werden. Samaniego erdichtet keine genuin neuen Fabeln, sondern übersetzt und bearbeitet die anerkannten Meister des Genres: Aesop, Phaedrus und La Fontaine, aber auch den Engländer John Gay, dessen Fabeln heute weitgehend in Vergessenheit geraten sind. An den Anfang der Sammlung, die in 9 Büchern 157 Fabeln umfaßt, stellt Samaniego ein Gedicht an seine Schüler: »A los caballeros alumnos del Real Seminario Patriótico Vascongado«, das ihnen sein Anliegen nahebringen und sie zum freudigen Lernen ermuntern soll. Die sprachliche Gestaltung der Fabeln zeichnet sich, der erzieherischen Absicht entsprechend, durch unprätentiöse Klarheit und Einfachheit aus; keine subtilen Stilmittel verschlüsseln die Botschaft, die jeweils am Ende der Fabel noch einmal ganz explizit auf den Punkt gebracht wird. Die vermittelten Lehren beziehen sich zum einen auf eine tugendhafte Lebensführung im Sinne der *hombría de bien*, zum andern werden die Privilegien und die

Moralerziehung

Die Verantwortung der Macht

Verantwortlichkeiten der Mächtigen immer wieder kritisch beleuchtet. So wird in »Los animales con peste« die Ungerechtigkeit angeprangert, die bei den Mächtigen die schlimmsten Vergehen ungestraft läßt, während die Machtlosen ohne eigenes Verschulden brutalen Repressionen ausgesetzt sind. »El águila y el escarabajo« geht einen Schritt weiter und zeigt, daß der verhöhnte Käfer durchaus zur Rache am mächtigen Adler fähig ist, wenn der den Bogen überspannt; ein gütiger und barmherziger Machthaber kann jedoch auf die Loyalität seiner Untertanen bauen (»El león y el ratón«). So werden die soziale Hierarchie und die Vorrechte der herrschenden Klassen nicht grundsätzlich in Frage gestellt, aber es wird betont, daß die privilegierte Stellung erst durch verantwortungsbewußtes Verhalten und Pflichterfüllung legitimiert ist.

Auch der zweite große Fabeldichter des Jahrhunderts, Tomás de Iriarte, wird von einem berühmten Verwandten geprägt und beeinflußt: Noch als Kind siedelt er von seiner Heimatinsel Teneriffa nach Madrid über und wird dort von seinem Onkel, dem Dichter und Gelehrten Juan de Iriarte erzogen. So erhält er schon früh Zugang zu den intellektuellen und literarischen Zirkeln der Hauptstadt, nimmt an der *Tertulia de la Fonda de San Sebastián* teil und befreundet sich mit angesehenen Autoren, wie etwa Cadalso. Seine *Fábulas literarias* (1782) unterscheiden sich in Anspruch und Konzeption deutlich von den ›Schülerfabeln‹ Samaniegos. Iriarte legt Wert auf die Tatsache, daß es sich nicht um Nachdichtungen antiker Autoren handelt, sondern um Originaltexte aus seiner Feder, deren Gegenstand die Poetik des Neoklassizismus ist. Er hat seine didaktischen Intentionen auch auf die metrische Gestaltung ausgedehnt und seine 66 Fabeln als eine Art Katalog der verschiedenen Vers- und Strophenformen konzipiert, die er in einem Anhang minutiös auflistet. Die Fabeln behandeln vielfältige Aspekte der literarischen Produktion, die im Sinne der Neoklassizisten einer Reform bedurften: »El burro flautista« betont die Notwendigkeit eines Regelwerks im künstlerischen Schaffensprozeß, denn die sich völlig frei entfaltende Inspiration führe nur per Zufall zu überzeugenden Ergebnissen. Die notwendige Orientierung könne durch Imitation der antiken Klassiker gefunden werden (»La abeja y los zánganos«). Ihrem Beispiel folgend, solle der Dichter nach Klarheit streben, und überflüssigen Pomp vermeiden (»El mono y el titeretero«, »La rana y el renacuajo«). Das perfekte Kunstwerk sei dann verwirklicht, wenn sich im Horazschen Sinne Nutzen und Genuß harmonisch verbinden (»El jardinero y su amo«). Der Verweis auf den angeblich schlechten Geschmack des Publikums dürfe nicht als Entschuldigung für minderwertige Literatur dienen, denn das Publikum könne man dadurch erziehen, daß man ihm Qualität biete (»El asno y su amo«). Hart ins Gericht geht Iriarte mit schlechten Übersetzern, Plagiatoren und Blendern, die eine falsche Gelehrsamkeit vorspiegeln. Aber nicht nur die Literaten selbst, auch die Literaturkritiker unterzieht er einer satirischen Inspektion: Allzu oft richteten sie ihr Augenmerk stärker auf die Person des Autors als auf seine Texte und seien daher außerstande, ein unvoreingenommenes Urteil zu fällen. Und das Publikum beschränke sich bedauerlicherweise häufig darauf, Bücher nur zu Dekorationszwecken zu erwerben und nicht mehr als die Titel zu lesen.

Metafiktionale Themen

Kritik des Literaturbetriebs

Iriarte greift die üblichen Themen der literarischen Debatten seiner Zeit auf, ohne grundlegend neue Gesichtspunkte hinzuzufügen. Die Originalität seiner Fabeln liegt eher in der lebendigen Präsentation, die hier tatsächlich das Lesevergnügen gegenüber der belehrenden Absicht nicht in den Hintergrund treten läßt.

Präromantische Lyrik

Neben der ›Aufklärungslyrik‹ im engeren Sinn beginnt sich etwa im letzten Jahrhundertviertel eine komplementäre poetische Strömung abzuzeichnen, die die emotionale Seite des Menschen hervorhebt, Visionen eines brüderlichen und naturverbundenen Zusammenlebens entwirft und immer wieder menschliche Einsamkeit, Verzweiflung und Melancholie thematisiert. Als gebräuchliche, wenn auch nicht unumstrittene Bezeichnung für diese lyrische Spielart des Aufklärungszeitalters hat sich der Begriff ›Präromantik‹ durchgesetzt.

Wie Cadalso in seinen *Noches lúgubres* läßt sich auch María Gertrudis de Hore von den *Night Thoughts* Edward Youngs inspirieren. In einer titellosen Romanze bezieht sie sich ausdrücklich auf den *filósofo del Támesis*, den Philosophen von der Themse, dem sie in die dunkle Welt der Friedhöfe und der Toten folgen möchte. In einem Zustand von *feliz melancolía* hat der Tod seinen Schrecken für sie verloren und sich in einen Pol mysteriöser Anziehungskraft verwandelt.

Todessehnsucht

Auch bei Jovellanos finden sich Gedichte, besonders unter den Episteln, die von einer präromantischen Sensibilität geprägt sind und, anders als die anakreontische und die didaktische Aufklärungslyrik, das Ich in den Mittelpunkt stellen. So beschreibt er etwa in »Epístola de Jovino a Anfriso, escrita desde El Paular« das im Titel benannte Kloster in der Sierra de Guadarrama als ein düsteres Szenarium, das den Schmerz und die Melancholie des Dichter-Ichs widerspiegelt. Jovino leidet unter einer *inquietud funesta*, einer verhängnisvollen Ruhelosigkeit, die ihn auch in der Einsamkeit des Klosters und auf seiner Wanderung durch die umgebende Berglandschaft nicht verlassen will. Die Vergänglichkeit irdischen Glücks wird ihm schmerzlich bewußt, dennoch kann er sich nicht dazu entschließen, sich endgültig von der Welt in die klösterliche Abgeschiedenheit zurückzuziehen. Während er, von solchen Gedanken getrieben, durch die Wälder streift, bricht schließlich die Nacht herein und bringt ihm ein wahrhaft ›gotisches‹ Horrorerlebnis: Eine fürchterliche Stimme, die ihm die Haare zu Berge stehen läßt, warnt ihn davor, mit seinen weltlichen Sorgen und Gedanken den heiligen Ort zu entweihen. Aufgewühlt und geängstigt verbringt er eine schlaflose Nacht, bis das verhaßte Tageslicht (*la luz aborrecida*) seinen Schmerz nicht etwa erleichtert, sondern ihm im Gegenteil neue Nahrung gibt. Die romantische Vorliebe für die Nacht, in der sich zwar die schrecklichsten Dinge ereignen, die aber dem düsteren Lebensgefühl viel eher entspricht als der helle Tag, klingt hier schon ebenso deutlich an wie das Motiv des ruhelosen, getriebenen Individuums, das keinen Trost mehr im Glauben an die göttliche Providenz findet.

Schmerzvolle Selbstbespiegelung

Die gleiche Befindlichkeit hat Meléndez Valdés in einer an Jovellanos gerichteten Elegie zum Ausdruck gebracht: »A Jovino: el melancólico« beschreibt einen Zustand existentieller Angst und verzweifelter Unrast, die Sehnsucht nach der ›schwarzen‹, der ›melancholischen Nacht‹, die aber auch keinen erlösenden Schlaf bringt, und schließlich nach der ewigen Ruhe, dem Tod. Auch formal weist dieses Gedicht typische Merkmale der Romantik auf: der Versrhythmus wird häufig durch Gedankenpunkte und Ausrufe (»¡Ay Jovino! ¡ay amigo! ¡ay de mí!«) unterbrochen, Sätze bleiben unvollendet, Worte werden obsessiv wiederholt. So trägt die metrische Gestaltung dazu bei, den Eindruck von Zerrissenheit, Gehetztsein und Haltlosigkeit zu intensivieren. Aber Meléndez Valdés hat sich auch den lichteren Seiten der Romantik zugewandt und die Schönheit und Harmonie der Natur besungen. So schildert er etwa in der Romanze »La tarde« die Farbenpracht eines Sonnenuntergangs und die friedliche Stimmung einer Abenddämmerung auf dem Land.

Aus dem Kreis seiner salmantinischen Dichterfreunde hat sich, außer ihm selbst, vor allem Cienfuegos von der Strömung der Präromantik erfassen lassen. In »Mi paseo solitario de primavera« warnt er den Menschen davor, sich ausschließlich von seinem Verstand leiten zu lassen, denn so gerate er in Gefahr, den ›Monstern‹ der Ehre, des Goldes, des Ehrgeizes und der gefühllosen Lust zu verfallen. Aber das wahre Gesetz des Lebens sei die Liebe, die allein zu Glückseligkeit und Zufriedenheit führe. Einer Hymne ähnlich, preist das Gedicht die Liebe zwischen Mann und Frau, Eltern und Kindern, aber auch, und hier klingt der revolutionäre *fraternité*-Gedanke an, zwischen allen Menschen, die endlich durch ein brüderliches Band (›lazo fraternal‹) geeint sind. Der Schmerz, den die Liebe zuweilen mit sich bringt, vor allem die zwischen Mann und Frau, ist Gegenstand von »Un amante al partir su amada«. Und auch in Gedichten, die sich in erster Linie mit anderen Dingen, etwa dem Tod, beschäftigen (»A un amigo en la muerte de un hermano«), greift Cienfuegos sein großes Thema immer wieder auf: Die tiefste Trauer könne durch die Kraft der Liebe überwunden werden.

Ideal der Brüderlichkeit

Die Dichtergruppe von Sevilla

Gegen Ende des Jahrhunderts bildet sich in Sevilla um Jovellanos und Forner ein Kreis von Dichtern, *el grupo sevillano*, dem u. a. José de Marchena, Manuel María de Arjona, Félix José Reinoso, José María Blanco-White und Alberto Lista angehören. Besonders von Marchena und Blanco-White sind Gedichte bekannt, die präromantische Züge aufweisen. So hat Marchena etwa in der »Epístola de Abaelardo a Heloísa« die Themen Liebe, Schmerz und Tod variiert, und Blanco-White schildert in »Una tormenta nocturna en alta mar« die entfesselten Naturgewalten, die den Menschen bei einer stürmischen nächtlichen Seefahrt zu einem Spielball der Meereswogen werden lassen. Diese Vision von der Natur als wilder und bedrohlicher, aber gerade deswegen auch faszinierender Urkraft, der der Mensch in seiner Hinfälligkeit immer unterlegen ist, wird im 19. Jh. nicht nur in der Dichtung, sondern vor allem auch in der Malerei zum Thema romantischer Künstler.

Einen besonderen Beitrag zur spanischen Vorromantik leistet schließlich der Conde de Noroña, der vor allem durch seine, auf englischen und lateinischen Versionen beruhenden, Übersetzungen orientalischer Gedichte bekannt wurde: Seine *Poesías asiáticas puestas en verso castellano* (1833) sollen, wie er im Vorwort bemerkt, der ›Kälte‹ der philosophischen Dichtung französischen Ursprungs ›Wärme und Enthusiasmus‹ entgegensetzen. In jedem Fall bereichert diese Sammlung die zeitgenössische poetische Bilderwelt und befördert die Mode des Exotismus, die, in der Aufklärungsepoche entstanden, in der Romantik zur Blüte gelangen wird.

José María Blanco-White

DAS 19. JAHRHUNDERT

Geschichtlicher Überblick

Unabhängigkeitskrieg und Rückkehr Fernandos VII (1808–1833)

Das 19. Jh. beginnt in Spanien mit der erzwungenen Abdankung Fernandos VII zugunsten von Napoleons Bruder Joseph Bonaparte (von den Spaniern wegen seiner Trinkfreudigkeit ›Pepe Botella‹ genannt) und mit der Besetzung des Landes durch die Franzosen. Das löste am 2. Mai 1808 einen Volksaufstand in Madrid aus, der von dem kommandierenden General Murat nur mit Mühe niedergeschlagen werden konnte. Zu den Repressionsmaßnahmen gehörten u.a. die Geiselerschießungen am 3. Mai, die von Goya so gemalt wurden, wie sie sich der *mémoire collective* der Spanier eingegraben haben. Die Geiselerschießungen wiederum waren das Signal für den spanischen Unabhängigkeitskrieg (den ersten nationalen Befreiungskrieg gegen den napoleonischen Imperialismus), der nach fünf Jahren (1813) mit der Vertreibung der Invasoren und (1814) der Reinthronisierung Fernandos VII endete.

Goyas Bild stellt den Alptraum der aufgeklärten spanischen Liberalen dar (zu denen der Maler zählte): Angehörige der französischen Armee füsilieren im Namen der Revolutionsideale (mit denen sie das Land zu ›befreien‹ versprachen) spanische Patrioten, die sich gegen die Beglückung zur Wehr gesetzt hatten. Das Bild stilisiert den Vorgang als Massenexekution: Links liegen die bereits Erschossenen am Boden; diejenigen, die in blanker Angst dem Tod ›jetzt‹ entgegensehen, stehen in der Mitte; und rechts kommen die den Hügel herauf, die unmittelbar danach ›dran‹ sein werden. Das Gemälde ist so komponiert, daß die Franzosen (die für die aufgeklärten Spanier einst wirklich eine Hoffnung repräsentierten) von hinten, ohne Gesichter, als

»Die Erschießung der Aufständischen am 3. Mai 1808«, Gemälde von Francisco Goya (1814)

anonymes, gewehrläufestarrendes Exekutionskommando dargestellt werden. Sie stehen außerdem im Schatten einer riesigen Blendlaterne, die ihr volles Licht allein auf die Opfer, vor allem auf den Weißbehemdeten wirft, dessen pathetische Geste zugleich Entsetzen und fassungsloses Staunen ausdrückt. Ganz offensichtlich spielt Goya hier auch mit der Lichtmetaphorik der Aufklärung: Illuminiert *(iluminado* heißt auf Spanisch sowohl *beleuchtet* als auch *aufgeklärt*) werden auf grausam-ironische Weise die ›zurückgebliebenen‹ Spanier, während die ›aufgeklärten‹ Franzosen als Dunkelmänner erscheinen.

Das Bild wirft aber auch ein helles Licht auf die kommende, fast dreißig Jahre währende Epoche der spanischen Geschichte. Mit einem Schlag macht es klar, warum der zahlenmäßig ohnehin schwache spanische Liberalismus von der Reaktion des Absolutismus, vom *roll back* in den Traditionalismus (das nach dem Ende des Kriegs nicht auf sich warten ließ) hart getroffen werden *mußte*: einfach deshalb, weil seine Ideale just von denen desavouiert worden waren, denen er sie zu verdanken hatte.

Der Gegensatz der Zwei Spanien

In der Tat ist die spanische Geschichte zwischen 1808 und 1833 (dem Todesjahr Fernandos) und weit darüber hinaus nichts anderes als ein dauernder Kampf zwischen *absolutistas* und *liberales*, Traditionalisten und Modernisten, kurz: zwischen den *Zwei Spanien*. Nur während des Unabhängigkeitskrieges selbst ruhten die Gegensätze, blieben aber gleichwohl sichtbar: Die eigentlichen Kriegshandlungen – meist in Form der (damals neuen) Guerrillataktik – wurden hauptsächlich von den Traditionalisten ausgeführt, vor allem von den Bauern, den Geistlichen und den zahlreichen Banditen, die Spanien noch lange als Unruhefaktor erhalten bleiben sollten, aber auch von denjenigen Armeeangehörigen, die sich nicht in den Dienst Napoleons zwingen ließen. Auch die Einwohner der Städte – vor allem das ›Volk‹ – leisteten bei den vielen Belagerungen hinhaltenden Widerstand, wobei oft mit unglaublicher Grausamkeit gekämpft wurde – *wie* grausam, zeigen Goyas *Desastres de la guerra*. – Die Organisation des Widerstands hingegen, die Bildung der zunächst regionalen Juntas, später der Junta Central, schließlich auch die Arbeit der verfassungsgebenden Versammlung von Cádiz, die Spanien 1812 die erste freiheitliche Verfassung bescherte, wurde von Intellektuellen aus Bürgertum und Adel geleitet. Letztere bildeten eine kleine Minderheit; die überwiegende Mehrheit der Spanier (von denen die meisten noch Analphabeten waren und mit einer geschriebenen Verfassung gar nichts anfangen konnten) war konservativ und vor allem priestergläubig.

Als Fernando VII in das weithin verwüstete Land zurückkehrt, widerruft er als erstes die Verfassung von 1812, führt die Inquisition wieder ein, holt die Jesuiten zurück und regiert absolutistisch. Erst 1820 gelingt den Liberalen nach einem *pronunciamiento* (Staatsstreich) des Obersten De Riego, mit Unterstützung des Heeres also, eine vorübergehende Machtübernahme. Im sogenannten Trienio liberal (1820–1823) muß sich Fernando sogar die Anerkennung der Verfassung von 1812 abzwingen lassen. Mit Hilfe eines von Frankreich (wo inzwischen ebenfalls die Reaktion regiert) entsandten Interventionsheeres werden die Liberalen 1823 niedergeworfen. Bis 1833 regiert Fernando abermals absolutistisch. Das Jahrzehnt zwischen 1823 und 1833 wird u. a. durch die unnachsichtige und oft grausame Verfolgung und Vertreibung der liberalen Intelligenz gekennzeichnet. Wer es sich leisten konnte, floh nach England oder Frankreich. Auch Goya gehörte zu den Flüchtlingen, sogar zu jenen, die im Exil starben.

Fernando VII (Goya-Porträt)

Trotz seiner Härte im Mutterland konnte es Fernando nicht verhindern, daß zwischen 1814 und 1826 alle spanischen Überseebesitzungen mit Ausnahme von Cuba, Puerto Rico und den Philippinen ihre Unabhängigkeit errangen, zum Teil mit der gleichen Taktik, die die Spanier selbst im Mutterland gegen die Franzosen angewandt hatten. Schon unter Fernando verliert Spanien also seinen Rang als Weltmacht. Außerdem wird die innenpolitische Instabilität, die bereits unter seiner Regierung zu beobachten war, besonders die Neigung zu Staatsstreichen, zu einem Hauptkennzeichen des Jahrhunderts werden.

Die Unabhängigkeitsbewegungen in Lateinamerika

Die Era Isabelina (1833–1868)

Nach dem Tod Fernandos beginnt die Era Isabelina, so genannt nach Fernandos Tochter Isabel (1830–1904), die bis 1868 als Isabel II Königin von Spanien war. Da sie 1833 erst drei Jahre alt war, wurde sie bis 1843 offiziell von ihrer Mutter María Cristina vertreten. In der Era Isabelina kommen die Liberalen, genauer: die wirtschaftlichen Interessen der Reichen an die Macht. Die *politischen* Freiheiten sind allerdings kaum größer als in der vorhergehenden Epoche. In dieser Zeit bildet sich jedenfalls auch in Spanien eine kleine Schicht von Besitzbürgern heraus. Die Oligarchie ist nun nicht mehr aristokratisch, sondern plutokratisch, schließt aber selbstverständlich die reichen Adligen ein. Vorherrschend werden jetzt die Kapitalinteressen, womit in den spanischen Status Quo erhebliche Bewegung kommt. Der Ausgangspunkt dieser Bewegung – zugleich das wichtigste Ereignis der Era Isabelina – war die Mitte der 30er Jahre beginnende Desamortisation, d.h. der Verkauf der bis dato unveräußerlichen Kirchengüter und Gemeindeflächen. Eigentlich sollten vom Erlös die Kosten des ersten Carlistenkrieges, des Kriegs um die Thronfolge 1833–1840 (s.u.), bestritten werden. Gleichzeitig wollte man breiten Schichten die Möglichkeit des Grunderwerbs eröffnen und damit eine Umverteilung, ja eine gewisse Demokratisierung des Landbesitzes in Gang bringen. Tatsächlich ist das Land aber in den Besitz weniger finanzstarker Adliger und Bürger gelangt; die ›Kleinen‹ gingen leer aus; die Landarbeiter wurden sogar noch ärmer, weil die neuen Besitzer den Boden, den sie hauptsächlich als Spekulationsobjekt erworben hatten, nicht bearbeiten ließen und weil sie gar nicht daran dachten, ihren Wohnsitz von der Stadt aufs Land zu verlegen.

Liberalismus und Desamortisation

Isabel II

Gleichzeitig entstand eine immer zentralistischer ausgerichtete Administration und ein System von Banken, die das in Bewegung gekommene Kapital dynamisierten. Vor allem im Eisenbahnbau wurde sehr viel verdient; zugleich wurde durch die sternförmige, von Madrid ausgehende Anlage des Liniennetzes die Zentrale noch weiter gestärkt. Zu dieser Stärkung trug auch die 1844 geschaffene Guardia Civil bei, die dem Willen Madrids nach Fertigstellung der wichtigsten Bahnlinien bis in die abgelegensten Provinzen Geltung verschaffen konnte.

Bürgerliche Herrschaft mit Hilfe des Militärs

In der Era Isabelina übernimmt also – neben dem Hochadel – das Finanzbürgertum die Macht im Staat. Es tut dies freilich nicht aus eigener Kraft, denn dazu war es zu schwach. Vielmehr benötigte es, wie schon zu Beginn des Trienio liberal, die Unterstützung des Heeres. Tatsächlich ist die Machtausübung des Bürgertums in Spanien bis ans Ende des Jahrhunderts unlöslich mit den Namen ›seiner‹ Generale verbunden, von denen viele noch heute auf den Straßenschildern wichtiger Madrider Innenstadtstraßen und Boulevards prangen: Espartero (die Straße heißt »Príncipe de Vergara«), Narváez, O'Donnell, Serrano, Prim und Martínez Campos. Einige von ihnen spielten auch in den spanischen Kolonialkriegen (Cuba und Marokko) führende Rollen.

Der eigentliche Verlierer der Era Isabelina – zumindest ökonomisch gesehen – war die Kirche, und innerhalb der Kirche waren es vor allem die religiösen Orden, die einen Großteil ihres Grundbesitzes an die ›neuen‹ Latifundisten verloren. Daraus erklärt sich der Eifer, mit dem der niedere Klerus die konterrevolutionären Kräfte im Norden – besonders im Baskenland und Navarra- unterstützte, die es nicht tatenlos zulassen wollten, daß *Dios, patria, rey y fueros* – vor allem die letzteren: die regionalen Sonderrechte – zugunsten der Kapitalinteressen abgeschafft oder mißachtet wurden. Sie organisierten sich im bewaffneten Widerstand, der Spanien schon

Die Carlistenkriege

im 19. Jh. in eine Serie von verheerenden Bürgerkriegen stürzte. Diese Bürgerkriege – drei an der Zahl – werden auch Carlistenkriege genannt, weil der erste von ihnen sich noch an der Frage der Thronfolge entzündete: Die einen, die Liberalen, unterstützten nach Fernandos Tod Isabel, beziehungsweise ihre Mutter María Cristina; die anderen, die Traditionalisten, Fernandos Bruder Don Carlos (1818–1861). Der erste Carlistenkrieg (1833–1840) brach denn auch unmittelbar nach Fernandos Tod aus. Der zweite (1846–49) war die Antwort auf die Desamortisation; der dritte auf die zusehends größer werdende Gefahr, Spanien könne am Ende eine laizistische Republik, also ein Staat ohne Königs- und Priesterherrschaft werden.

Progresistas *und* Moderados

Schon in den 40er Jahren teilten sich die Liberalen in einen eher konservativen und einen eher radikalen Flügel: in *moderados* und *progresistas*. Die *moderados* vertraten das Großbürgertum und verteidigten das Zensuswahlrecht, das nur den Reichen politische Mitsprache einräumte; die *progresistas* hingegen, die Vertreter des Mittel- und Kleinbürgertums, waren für das allgemeine Wahlrecht (sufragio universal) und für eine stärkere Demokratisierung des Landes. Bald gesellten sich ihnen Gruppierungen hinzu, die noch weiter gingen, eine Dezentralisierung und vor allem eine stärkere Sozialisierung verlangten, denn gegen Ende der Era Isabelina beginnen sich auch in Spanien die ersten Arbeiterassoziationen und ein linksbürgerlicher Republikanismus zu regen.

La Gloriosa. Bürgerliche Revolution und Erste Republik (1868–1874)

Im sogenannten *sexenio revolucionario* kommt es, nicht zuletzt aufgrund einer schweren Wirtschaftskrise, zu einer Annäherung zwischen den Progressisten und den neuen Republikanern, d.h. zu einem Linksrutsch im bürgerlichen Lager. Die Unzufriedenheit mit der Königin, die mehr den *moderados* zuneigte, ist aber auch bei den Rechten, denen sie viel zu lasch war, groß. In der Septemberrevolution von 1868, der sogenannten *Gloriosa*, in der Spanien (erfolglos) ›seine‹ 48er-Revolution nachzuholen versuchte, wird zunächst Isabel aus Spanien ins französische Exil vertrieben. Es folgt eine provisorische Regierung unter dem General Serrano, die in ihrer Mehrheit noch monarchisch gesinnt ist, sich freilich einen aufgeschlosseneren König wünscht als die Tochter Fernandos VII. Dieser wird schließlich in der Person Amadeos von Savoyen, Sohn des italienischen Königs Victor Emanuel, gefunden, der von 1871 bis 1873 als Amadeo I. eine zwar gutwillige, aber letztlich doch als fremd empfundene Königsrolle spielt. Er ist vor allem nicht in der Lage, den Ausbruch und die gefährliche Zuspitzung des dritten Carlistenkrieges zu verhindern. Schließlich kommt es am 11.2.1873 zur

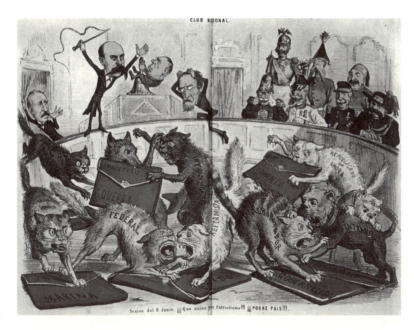

Karikatur auf die Uneinigkeit zwischen den führenden Köpfen der Ersten Republik. Links (mit Peitsche) Präsident Castelar; rechts, amüsiert auf der Zuschauertribüne, die Beobachter des Auslands

Ausrufung der Ersten Spanischen Republik, der aber – vor allem aufgrund der internen Meinungsverschiedenheiten zwischen Liberalen und Republikanern – nur ein kurzes Leben beschieden war. In den nur zehn Monaten ihrer Existenz wurde sie von nicht weniger als vier Präsidenten geführt: Figueras, Pi y Margall, Salmerón und Castelar, deren politischer Idealismus weit von der sozioökonomischen Realität des Landes entfernt war. Sie strebten unter anderem eine bundesrepublikanische Staatsform, die Trennung von Kirche und Staat und eine Annäherung an die Arbeiterschaft an; besonders Pi y Margall hatte starke Sympathien für den utopischen Sozialismus Proudhons. Die Realität hingegen war einerseits durch die Interessen der Reichen, andererseits durch die politische Bewußtlosigkeit der leseunfähigen Massen bestimmt. Schon am 29.12.1874 riß dem General Martínez Campos der Geduldsfaden. Er griff zum bewährten Rezept des *pronunciamiento* und holte nach einer Zwischenregierung unter Serrano den Sohn Isabels, Alfonso (später Alfonso XII), nach Spanien zurück. Am 1. Januar 1875 beginnt die lange Epoche der *restauración*, die Wiederherstellung der bourbonischen Königsherrschaft.

Die Restauration der Bourbonenmonarchie (ab 1875)

Alfonso XII regierte bis zu seinem frühen Tod (1888) nur dreizehn Jahre. Seine Witwe María Cristina vertrat den gemeinsamen Sohn Alfonso bis zu dessen Volljährigkeit 1902. Dieser war dann als Alfonso XIII spanischer König bis zu seiner Abdankung im Jahre 1931, dem Beginn der Zweiten Spanischen Republik.

Die rechtliche Grundlage der Época de la Restauración, die politisch konservativ und wirtschaftlich liberal war, bildete die Verfassung von 1876, die Spanien zu einer konstitutionellen Erbmonarchie machte, in der Volksvertretung das Zweikammernsystem einführte und dem König ein Vetorecht zubilligte. Die tatsächliche Macht lag aber bei den Führern der beiden

Das sistema canovista

Alfonso XII, 1878

Die soziale Frage

staatstragenden Parteien: bei Antonio Cánovas del Castillo (1828–1897, von einem anarchistischen Attentäter ermordet), dem Führer der Konservativen, und bei Práxedes M. Sagasta (1825–1903), dem Chef der Liberalen, die sich gegenseitig in schöner Regelmäßigkeit auf dem Posten des Ministerpräsidenten abwechselten. Die Gefolgsleute von Cánovas, des eigentlichen Kopfes der Epoche und Erfinders des sie bestimmenden *sistema canovista*, vertraten die Interessen der Großbourgeoisie und der adligen und bürgerlichen Großgrundbesitzer; die von Sagasta die der Kaufleute und des Mittelstandes.

Das *sistema canovista* war im Grunde das System der fingierten Wahlen, genauer: des Wahlbetrugs im großen Stil. Es funktionierte so gut, daß es 1890 sogar die Zulassung des allgemeinen Wahlrechts vertrug: Die Fälschung der Stimmzettel und der Druck auf die Wählerschaft, der in den ländlichen Gebieten auch durch die brutale Gewaltanwendung der Kaziken (der örtlichen Grundbesitzer, manchmal auch der Bürgermeister) erfolgte, gewährleistete trotzdem, daß alle vier Jahre die ›Richtigen‹ siegten. Auf diese Weise wurde die Opposition – die alten Absolutisten, die Republikaner, die aufkommenden Regionalisten, vor allem aber die Arbeiterschaft – nachhaltig behindert und durch einen gut funktionierenden, zentral gelenkten Polizeiapparat noch zusätzlich unter Kontrolle gehalten. Cánovas, der über einen beträchtlichen Zynismus verfügte, konnte öffentlich verkünden, daß nur durch die Manipulation des Wahlrechts das geheiligte Prinzip des Privateigentums zu garantieren sei. In der Sozialpolitik empfahl er, Gnade vor Recht ergehen zu lassen, als er in einer berühmten Rede vor dem Madrider Ateneo gegen die Gleichheitsforderung des Sozialismus und für eine verstärkte Almosentätigkeit der herrschenden Klassen eintrat.

Dennoch: Das *sistema canovista*, überhaupt die Época de la Restauración, war weit von der regierungsamtlich angestrebten Ruhe und Harmonie entfernt. Das zeigt nicht zuletzt der gewaltsame Tod von Cánovas selbst. Zwar hatte die Regierung zu Beginn der Restaurationsepoche mit der Beendigung des letzten Carlistenkrieges einen wichtigen Erfolg zu verzeichnen; dann aber wurden die Probleme immer drängender: das Regionalismusproblem; das Cuba-Problem (schon lange vor 1898) und – vor allem – das soziale Problem. Seit Anfang der siebziger Jahre werden die Arbeiterassoziationen und ihre Gewerkschaften zur stärksten Oppositionskraft in Spanien. Dabei haben die Anarchisten (die sich zuerst Bakunisten nannten) in der ganzen hier zur Debatte stehenden Zeit einen weit stärkeren Zulauf als die (marxistischen) Sozialisten, von denen sie sich 1872 abspalteten: Der spontane Aktionismus der Anarchisten, ihre fast religiöse Gläubigkeit und ihr Antiautoritarismus kamen der spanischen Mentalität besser entgegen als die zentral gesteuerte Parteidisziplin der Sozialisten und deren langfristiges, die Mitarbeit im verhaßten Bürgerstaat nicht ausschließendes Kalkül einer allmählichen Machtübernahme. Die Anarchisten und ihre Gewerkschaft CNT (Confederación nacional del trabajo) haben die meisten Anhänger in Katalonien (besonders in Barcelonas Tuchindustrie) und im latifundistischen Andalusien; die Sozialisten, die 1878 den PSOE (Partido socialista obrero español) und 1882 die Gewerkschaft UGT (Unión general de trabajadores) gründen, waren in Madrid, Asturias (Kohlengruben) und in Bilbao (Eisenindustrie) vorherrschend. Von allen Arbeiterführern genoß Pablo Iglesias (1850–1925), der Gründer des PSOE (der wie die meisten seiner frühen Genossen aus dem Druckergewerbe, dem ›gebildetsten‹ unter den Arbeitermetiers, kam) das höchste Prestige, nicht zuletzt wegen seiner – auch von den politischen Gegnern nicht bestrittenen – moralischen Integrität. Neben den Anarchisten und Sozialisten gab es mit den katholischen Arbeiterassoziationen, die ihre Anhänger vor allem in Galicien, im Baskenland und in Altkastilien hatten, noch eine dritte, zahlenmäßig aber weniger ins Gewicht fallende gewerkschaftliche Kraft.

Während PSOE und UGT das Los der Arbeiter vor allem auf dem Verhandlungsweg und mit punktuellen Streiks, auch mit dem bewußten Streben nach Beteiligung an der staatlichen Macht zu verbessern suchten, setzten die Anarchisten den Generalstreik, den Aufruf zur Wahlenthaltung und – besonders spektakulär – den Terror als Waffe ein. Ob die Anarchisten so gewalttätig geworden wären, wenn sie durch die grausamen polizeilichen Repressalien (etwa in der Semana trágica, Barcelona 1907) nicht dazu gezwungen worden wären (sie selbst sprachen immer von Gegenterror) ist umstritten. Im Prinzip ist das – gerade in Spanien reiche – anarchistische Schrifttum alles andere als gewaltfreundlich. Nichtsdestoweniger gehen zahlreiche blutige und rücksichtslose Gewalttaten, sowie eine ganze Reihe politischer Attentate eindeutig auf das Konto der Anarchisten.

Anarchistischer Bombenanschlag im Liceo von Barcelona am 25.11.1893

Das Desaster von 1898

Bis in die Grundfesten erschüttert wurde das Restaurationsregime erstmals durch den *desastre* (die Katastrophe) von 1898, als man eines der (häufig gewordenen) Aufstände in Cuba nicht mehr Herr wurde und als man es außerdem mit den USA zu tun bekam, die Spanien mit fadenscheiniger Begründung den Krieg erklärten (in Wahrheit nutzten sie die willkommene Gelegenheit, die Karibik dem eigenen Einfluß zu unterstellen). Spanien hatte gegen den sträflich unterschätzten Gegner keine Chance und verlor im Friedensvertrag von Paris seine letzten Überseebesitzungen (Cuba, Puerto Rico und die Philippinen).

Dieses Ereignis war der Anlaß für eine ganze Generation von Schriftstellern (*la generación del 98*), das alte gesellschaftliche System zu brandmarken und nach einem neuen und illusionslosen nationalen Selbstverständnis zu suchen. Sie hatten darin allerdings bedeutende Vorläufer, die schon seit den 70er Jahren eine moralische und gesellschaftliche Regenerierung des – von ihnen als rückständig denunzierten – Landes forderten.

Das Problem der literarhistorischen Periodisierung

Literarhistorisch läßt sich das 19. Jh. in drei Abschnitte einteilen, von denen die beiden ersten allerdings nicht durch eine scharfe Grenze getrennt sind: die Romantik (von der Regierungszeit Fernandos VII bis weit in die Era Isabelina); der bürgerliche Realismus/Naturalismus in der Restaurationsepoche; schließlich die Neubesinnung der Generation von 1898, die ihren literarischen Höhepunkt allerdings erst im 20. Jh. erreicht.

Spanische Literatur im 19. Jahrhundert

Der nachfolgende Überblick beginnt mit dem romantischen Drama. Dieses knüpft formal zwar wieder an die spanische Klassik des Siglo de Oro an, vertritt aber inhaltlich den Geist des bürgerlichen Liberalismus. Es ist überhaupt bezeichnend für die spanische Romantik, daß in ihr traditionalistische Tendenzen (die etwa in Deutschland stark ausgeprägt waren) weniger zur Geltung kommen. Auch die romantische Lyrik steht im Zeichen des Liberalismus. Espronceda vertritt ihn sogar besonders radikal. Erst bei Gustavo Adolfo Bécquer werden, nach der Jahrhundertmitte, gemäßigtere Töne angeschlagen.

Ebenfalls in die Epoche der Romantik gehört die auffällige Erscheinung des Costumbrismus, jener Mischung aus Spanienkritik, entstehendem Hauptstadtbewußtsein und (besonders bei Larra) politischem Journalismus, der vom Carlistenkrieg bis zur Desamortisation alle wichtigen Er-

Literatur für ein Massenpublikum

eignisse und Erscheinungen der Zeit satirisch aufs Korn nimmt. Gleichzeitig entstehen neue Formen des Vertriebs von Literatur, die nicht mehr auf die wenigen Käufer teurer Bücher, sondern erstmals auf die bescheidenen ökonomischen Möglichkeiten eines Massenpublikums eingestellt sind. Feuilletonroman und Kolportageliteratur erschließen vor allem dem Roman neue Interessentenkreise und bewirken auf Dauer überhaupt erst dessen ›soziale Wende‹ (Galdós, Clarín, Blasco Ibáñez etc.).

Im Unterschied zu anderen europäischen Ländern, wo Revolutionen epochale Einschnitte bedeuten, haben die Revolution von 1868 und die kurzlebige Erste Republik in der spanischen Literatur kaum Spuren hinterlassen, es sei denn die schon erwähnte *soziale Wende*. Andererseits knüpft die Literatur der Restaurationsepoche nahtlos an die der Romantik an (so wie die Politik ihrerseits an die vorrevolutionäre Zeit anknüpft und die Bourbonenherrschaft wiederherstellt). Besonders der Roman setzt fort, was damals begonnen wurde: eine spanienkritische Bestandsaufnahme, die sowohl die hauptstädtischen Zustände als auch die in der Provinz detailliert beschreibt. Allerdings orientiert sich der Roman nun zusehends am Vorbild des europäischen Realismus und Naturalismus, dessen Techniken in Spanien *gleichzeitig* rezipiert werden. Auch wird nun, nachdem die Arbeiterorganisationen in Spanien Fuß gefaßt und die allgemeine Aufmerksamkeit auf die ›soziale Frage‹ gelenkt haben, das starke soziologische Interesse des Romans zusehends ›nach unten‹ gerichtet. – Im Theater der Restaurationszeit ist – neben der konservativen, an den Interessen der Oberschicht ausgerichteten *alta comedia* – ebenfalls eine Tendenz zur Demokratisierung sowohl der Themen als auch der Aufführungsbedingungen auszumachen. Das neu entstehende *género chico* ist ausgesprochen populistisch und läßt sowohl in der operettenähnlichen *zarzuela* als auch im zumeist einaktigen *sainete* eine ›Unterschichtenperspektive‹ erkennen.

Realistischer und naturalistischer Roman

Dennoch: Bis weit in die zweite Hälfte des 19. Jh. kann man in der spanischen Literatur keine markanten Mentalitätsveränderungen erkennen. Vielmehr wirkt der Gegensatz zwischen den *Zwei Spanien* über die ganze Zeit hinweg polarisierend und zugleich vereinheitlichend. Erst im Gefolge der nationalen Katastrophe von 1898 macht sich eine tiefgreifende Besinnung und das Bedürfnis nach einer Neuorientierung bemerkbar. Die Generation von 98 entwickelt ein scharfes Krisenbewußtsein, durch das alles in Frage gestellt wird, was bisher galt: die weltanschaulichen und die existentiellen Gewißheiten, auch Spaniens Stellung in der Welt, besonders im Kontext Europas.

Diese Phase der Neubesinnung ist so wichtig und übergreift außerdem die Jahrhundertwende so weit, daß wir sie auf zwei Kapitel (und auf zwei Jahrhunderte) verteilen werden: Die Ideologie der 98er wird (zusammen mit der der Regenerationisten, der Institutionisten und der Neokatholiken) zum Abschluß des 19. Jh. behandelt. Die *literarischen* Neuerungen der 98er aber (Baroja, Unamuno, Valle-Inclán, Machado) gehören ins 20. Jh. und werden dort gebührende Berücksichtigung finden. Im übrigen bricht die Darstellung des 19. Jh. nicht mit dem Jahr 1899 ab, sondern bezieht auch Autoren und Texte bis zum Beginn des Ersten Weltkriegs in die Betrachtung ein, wenn diese in einem klar erkennbaren Zusammenhang mit Ereignissen oder Entwicklungen stehen, die im 19. Jh. stattfanden oder begannen.

Die Erschießung des Liberalenführers Torrijos und seiner Kameraden. Die Gestaltung von Antonio Gisbert lehnt sich an Goya an.

Zwischen Absolutismus und Liberalismus: die Literatur der spanischen Romantik

Die spanische Romantik – jedenfalls diejenige, die zählt – begann spät, anfangs der 30er Jahre. Sie *konnte* nicht früher – etwa 1808 am Beginn des Unabhängigkeitskrieges – beginnen, weil unter Fernando VII, besonders nach der Beendigung des Trienio Liberal, rigoros alles unterdrückt wurde, was die Geltung der ›ewigen Werte‹ in Frage stellte. Die ins Exil gezwungenen Liberalen, die eigentlichen Träger der romantischen Bewegung, konnten jedenfalls erst nach der Amnestie von 1832, oder gar erst zu Beginn der Era Isabelina, wieder zurück, nachdem sie in ihren Gastländern – meist England und Frankreich – die europäischen Freiheitsbewegungen kennengelernt hatten. Während es dort aber (und in Deutschland) auch eine rückwärtsgewandte Romantik gegeben hat, war die spanische im wesentlichen tatsächlich das, was Victor Hugo von der Romantik ganz allgemein behauptet hat: »Le libéralisme en poésie.« Freilich war der poetische Liberalismus in Spanien zumeist ebenso moderat wie der politische (nur Espronceda und Larra wurden radikaler), vermied einerseits den Bruch mit dem Katholizismus und knüpfte andererseits doch an den aufklärerischen Neoklassizismus an, dessen Geist unter Fernando VII zwar mit allen Mitteln bekämpft wurde, aber nicht mehr auf Dauer zu unterdrücken war. Gleichzeitig hat die Romantik die Regelpoetik des Neoklassizismus zugunsten einer Wiederannäherung an die poetologisch weniger reglementierte Praxis des Siglo de Oro verworfen. Großen Einfluß auf die Generation der jüngeren Romantiker übte der Padre Alberto Lista (1775–1848) aus, der, selbst ins Exil gezwungen, zwar noch an einem – allerdings flexiblen – Klassizismus festhielt, zugleich aber, auch als Lehrer, großes Verständnis für die neue Generation aufbrachte und eine ganze Reihe der später führenden Romantiker (z.B. Espronceda und Bécquer) als Schüler unterrichtete. Unter Liberalismus ist im übrigen jene Einstellung zu verstehen, die für die

»Verspätung« der spanischen Romantik

Freiheit des Einzelnen, für die ungehinderte Entwicklung seiner Persönlichkeit, auch für die ungestörte Entfaltung seiner ökonomischen Interessen eintritt. Es ist jener Liberalismus, der, auch in Spanien (dort freilich später als im übrigen Europa), die Herausbildung einer bürgerlichen Gesellschaft und eines kapitalorientierten Wirtschaftssystems überhaupt erst ermöglichte. Insofern ist die Romantik *auch* als Ausdruck neuer gesellschaftlicher Interessen zu verstehen.

Janusköpfigkeit der spanischen Romantik

Zwischen Tradition und Freiheitsideen

Die spanische Romantik steht im Zeichen einer tiefgreifenden Ambiguität: Einerseits zollt sie der Vergangenheit und der spanischen Tradition Respekt, nicht umsonst knüpft sie u. a. an Formen und Themen des Siglo de Oro an. Andererseits aber lehnt sie sich gegen den Fundamentalismus traditioneller Normen auf, den sie im Namen neuer Freiheitsideen ebenso bekämpft wie in dem eines weltzugewandten Pragmatismus.

Dem neuerwachten Bedürfnis nach individueller Freiheit und Selbstentfaltung entspricht ein neuer Heldentyp: der Protagonist, der sich unbekümmert über traditionelle Bedenken hinwegsetzt, der sich auch bewußt außerhalb der (alten) Gesetze und Normen stellt und der für sich einen Sonderstatus beansprucht. Manche dieser Protagonisten haben durchaus titanische oder prometheische Züge und stellen das Recht ihrer Individualität über das Recht der traditionellen Gemeinschaft. Auch wenn sie an den Verhältnissen scheitern, erscheinen sie bis zum Ende als Sympathieträger.

Neben dem ›großen‹ Individuum begegnet man in der Romantik auch dem ›fühlenden‹. Dabei geht es nicht nur um die Ausbildung einer Sprache, die den Gefühlen nachspürt und ihnen psychologisch glaubwürdig auf den Grund geht, sondern auch um das grundsätzliche Problem, ob und wie man die je eigenen Gefühle überhaupt in Sprache übersetzen, gleichsam publik und für andere verständlich machen kann.

Die Emanzipation des Individuellen geht sichtbar mit einem Verlust der Glaubensgewißheit einher. In vielen romantischen Texten tritt an die Stelle der fürsorgenden Vorsehung ein undurchschaubares Geschick. Andererseits gibt es eine Zunahme von existentieller Verunsicherung, von Ängsten, Zwangsvorstellungen und Schreckensvisionen zu verzeichnen. Der Erfolg der sogenannten Schauerromantik dürfte in unmittelbarem Zusammenhang mit dieser metaphysischen Unbehaustheit stehen. Selbst dort, wo der traditionelle Glaube, der selbstverständlich nie geleugnet wird, noch als entlastend erscheint, werden Gott und das Jenseits in einer ganz eigenartigen Weise in die weltlichen und persönlichen Angelegenheiten verstrickt. Gleichzeitig beginnt eine neue Suche nach dem Absoluten und Idealen, das nun aber nicht mehr im Himmel des orthodoxen Katholizismus seinen festen Platz findet, sondern in einem unbestimmten Jenseits erst noch zu suchen ist und das in der unstillbaren Liebessehnsucht allenfalls einen irdischen Widerschein hat.

Intellektuelle diskutieren im romantischen Café »El Parnasillo«

Gerade weil die Romantik den Blick auf das Eigenartige und Partikulare zu lenken beginnt, mußte ihr Interesse für die Historie und deren Besonderheiten, auch für die eigene nationale Geschichte erwachen, einschließlich der nichtkastilischen. Nicht von ungefähr beginnt die Wiederbelebung der katalanischen und galicischen Kultur in der Romantik. In Spanien hat das historische Interesse allerdings meist auch einen Gegenwartsbezug, insofern am Beispiel der Vergangenheit zugleich der Sinn für die Gegenwart geschärft wird. Mehr als in anderen europäischen Romantiken spielt in der spanischen auch das Interesse an der *couleur locale*, den *costumbres* und den alltäglichen Lebensumständen der kleinen Leute eine Rolle. Dabei kommt die liberale Grundeinstellung der Romantik der Entdeckung des ›Volkstümlichen‹ erheblich entgegen.

Dem neuerwachten historischen Interesse, aber auch dem antiklassizistischen Affekt der Romantiker, die der Regelästhetik der vorhergehenden Epoche nicht mehr folgen wollen, ist schließlich noch eine gewisse, in Spanien allerdings nicht weit verbreitete Neigung für das Ungewöhnliche zu danken: das Häßliche sowohl wie das Exotische, was die Bewunderung für das Mittelalterlich-Gotische ebenso einschließt wie für den Orient.

Das Ende der spanischen Romantik ist wesentlich schwerer (und jedenfalls nicht ohne Willkür) festzulegen als ihr Anfang. Eigentlich war ihr erster Schwung schon am Ende der 40er Jahre vorbei; andererseits gab es – besonders auf dem Gebiet der Lyrik – noch eine zweite Blütezeit. Der vielleicht bedeutendste Kopf der ganzen romantischen Bewegung, der Lyriker und Erzähler Gustavo Adolfo Bécquer, erreichte den Höhepunkt seines Schaffens erst in den 60er Jahren. Und ob Rosalía de Castro *noch* zur Romantik oder *schon* zum Realismus gehört, ist umstritten.

Das Theater

Als einen ersten Anstoß zur Neuorientierung des Theaters betrachtet man im allgemeinen den (theoretischen) Disput, der 1814 zwischen Juan Nicolás Boehl de Faber und José Joaquín de Mora geführt wurde. Mora gehörte zu den liberalen Aufklärern und verteidigte deshalb das regelbestimmte Theater der Neoklassik, während der ultrakonservative Boehl de Faber für die Freiheit der Kunst und die Rückkehr zu Calderón und dem Theater des Siglo de Oro eintrat. Wenn man bedenkt, daß die ersten Aufführungen des romantischen Dramas erst zwanzig Jahre später zu verzeichnen sind, sollte man die Bedeutung dieser Auseinandersetzung nicht überschätzen. Sie weist aber immerhin auf ein bezeichnendes historisches Kuriosum hin: die Ermutigung zum Bruch mit den Normen des Neoklassizismus ging zuerst von konservativer Seite aus, während die Aufrechterhaltung der Regelpoetik gerade von den vergleichsweise fortschrittlichen Geistern empfohlen wurde.

Boehl de Faber versus Mora

Daraus erklärt sich vielleicht auch der zögerliche, zunächst noch mit klassizistischen Rücksichten erkaufte Beginn des romantischen Dramas. Zu den sogenannten Übergangsautoren auf dem Gebiet des Theaters werden vor allem Francisco Martínez de la Rosa, Mariano José de Larra und Manuel Bretón de los Herreros gezählt. Von ihnen stammen die drei ersten, alle im Jahr 1834 uraufgeführten romantischen Theaterstücke: *La conjuración de Venecia* (Martínez de la Rosa); *Macías* (Larra) und *Elena* (Bretón de los Herreros). Auch der 1835 erstaufgeführte *Don Alvaro* des Duque de Rivas wird noch zur Übergangsepoche gerechnet, wenngleich *Don Alvaro* andererseits als das erste Stück gilt, das definitiv mit den neoklassischen Normen gebrochen hat. Zur ersten Gruppe der Theaterromantiker zählen auch noch Manuel Eduardo Gorostiza und Antonio Gil y Zárate.

Autoren des romantischen Theaters

Eine zweite Gruppe von (zumeist schon der nächsten Generation angehörenden) Autoren wird der ›eigentlichen‹ Romantik zugerechnet, so fragwürdig solche Einteilungen auch sein mögen. Zu ihnen gehören neben José Zorrilla – den Lebensdaten nach eigentlich auch der frühreife Larra – zwei weitere Autoren mit sehr bekannt gewordenen Theaterstücken: Juan Eugenio Hartzenbusch mit *Los amantes de Teruel* (1837) und Antonio García

Gutiérrez mit *El trovador* (1836), der wie Rivas' *Don Alvaro o la fuerza del sino* (1835) in der Opernversion von Giuseppe Verdi Weltruhm erlangte. Ventura de la Vega und Tomás Rodríguez Rubí schließen den Reigen der meistgenannten romantischen Theaterautoren ab. Ihre Stücke bilden – zusammen mit Übersetzungen und Adaptationen ausländischer Autoren – den Kontext, aus dem Rivas' *Don Alvaro* und Zorrillas *Don Juan Tenorio* (1844) herausragen. Die meisten Texte sind, wie die beiden näher zu betrachtenden Stücke, Dramen, die in einer mehr oder weniger weit zurückliegenden historischen Vergangenheit spielen; viele auch stellen ein Szenarium vor, in dem ein rebellischer oder doch wenigstens unkonventioneller Held (der oft zweifelhafter, jedenfalls nicht genehmer Herkunft ist) an einer Macht- und Interessenkonstellation scheitert, die seiner Lebensauffassung diametral entgegengesetzt ist. Die Mehrzahl der hier genannten Stücke ist in den zwei schon aus dem 18. Jh. bekannten großen Madrider Theatern uraufgeführt worden: dem Teatro de la Cruz und dem Teatro del Príncipe.

Duque de Rivas

Biografie

Angel de Saavedra, Duque de Rivas, wurde 1791 in Córdoba geboren und starb 1865 in Madrid. Als Zweitgeborener einer Aristokratenfamilie war er für die Militärlaufbahn bestimmt. Das stürzte ihn im Mai 1808 in ein schweres Dilemma zwischen seinem Eid auf José Bonaparte und seinem spanischen Patriotismus. Er entschied sich für letzteren, nahm am Unabhängigkeitskrieg teil und gehörte zu den Befürwortern der konstitutionellen Monarchie. Im Trienio liberal war er Abgeordneter und Sekretär der Cortes. Nach der Wiedereinführung des Absolutismus im Jahre 1823 mußte er, zumal ihm ein Todesurteil drohte, wie viele spanische Liberale ins Exil. Er war zuerst fünf Jahre in England, Gibraltar und auf Malta, dann noch drei Jahre in Frankreich. In dieser Zeit lernte er die europäische Romantik kennen. Erst nach dem Tod Fernandos VII konnte der Herzog nach Spanien zurückkehren. Seit 1834 und bis an sein Lebensende hatte er immer wieder bedeutende politische (Senator, Minister, Vorsitzender des Staatsrats), diplomatische (Botschafter in Neapel und Paris) und kulturelle Ämter inne: Er war Mitglied der königlichen Akademie (Real Academia) und einer der ersten Direktoren des Madrider Ateneo, jener von liberalen Bürgern 1835 gegründeten Gesellschaft zur Förderung der Kultur, die durch die Veranstaltung von Vorträgen und Diskussionen, zu denen sie die erlauchtesten Geister ihrer Zeit einlud, das spanische Geistesleben im 19. und beginnenden 20. Jh. entscheidend beeinflußt hat (heute befinden sich Ateneos mit teilweise guten Bibliotheken auch in anderen spanischen Städten).

Das Ateneo von Madrid

Wie viele freiheitlich Gesinnte der ersten Stunde wurde der Herzog nach seiner Rückkehr aus dem Exil zusehends konservativer und gehörte den moderados, dem rechten Flügel der Liberalen an (die damals noch keine Partei im heutigen Sinn waren). Zu seinen bedeutendsten Freunden und Förderern gehörte Antonio Alcalá Galiano, einer der Köpfe des liberalen Aufstands von 1820 und bedeutender Führer der Moderados, nebenbei auch einflußreicher Theoretiker der spanischen Romantik; und Francisco Martínez de La Rosa, der erste Regierungschef unter Isabel II, der, wie der Duque de Rivas selbst, die öffentlichen Ämter mit einer eher nebenberuflichen Karriere als romantischer Dichter verband. Am Ende seines Lebens war der Herzog Nachfolger von Martínez de la Rosa als Präsident der Real Academia Española.

Juan Valera, der nachmalige Verfasser von *Pepita Jiménez*, damals junger Gesandtschaftssekretär in Neapel, hat seinen Chef als ungewöhnlich leutselig, vital und optimistisch geschildert – eine Charakterdiagnose, die auch von anderen Zeitgenossen bestätigt wird. Offenbar war der Autor von *Don Alvaro o la fuerza del sino* das genaue Gegenteil seiner eher düsteren literarischen Hauptfigur. Von den 14 Theaterstücken, die der Herzog geschrieben hat (die ersten noch nach den strengen Regeln des Neoklassizismus) ist allein *Don Alvaro* (1835) lebendig geblieben. Auch die lyrische und epische Produktion des Duque de Rivas (die Romanzen- und Legendendichtung) ist heute weitgehend in Vergessenheit geraten.

Eine erste Prosaversion des *Don Alvaro* wurde 1832 noch in Frankreich verfaßt. 1835 bekam das Stück seine endgültige Gestalt und wurde am 22. März im Madrider Teatro del Príncipe uraufgeführt. Der Erfolg war zuerst bescheiden, aber das Stück galt von vornherein als bahnbrechend für die romantische Auffassung vom Drama. Seine spätere Popularität führte u. a. zur Vertonung in Verdis Oper *Die Macht des Schicksals*. Anders als im neoklassischen Theater des 18. Jh. und in Nachahmung Shakespeares und Hugos, aber auch in Wiederannäherung an die eigene Theatertradition des Siglo de Oro, gelten die drei Einheiten nicht mehr: Spielorte sind Sevilla, Veletri südlich Rom und ein Kloster in der Nähe von Córdoba. Die Zeit erstreckt sich über fünf Jahre und ist – typisch für die historisierende Tendenz des romantischen Theaters – in der Mitte des 18. Jh., während des österreichischen Erbfolgekriegs angesiedelt. Die Einheit der Handlung wird durch mehrere volkstümliche Einlagen jeweils zu Beginn der fünf Akte zumindest stark aufgelockert. In diesen Rahmenhandlungen, von deren Funktion noch die Rede sein muß, herrscht die Prosa vor, dazu eine recht deftige Sprechweise, die auch für das romantiktypische Lokalkolorit sorgt. In der Haupthandlung hingegen ist der Vers vor-, aber nicht alleinherrschend. Charakteristisch ist die Polymetrie – der Wechsel verschiedener Versmaße. Diese ebenfalls unklassizistische Stilmischung, die Mischung der Stände (die soziale Spannweite der wenigen Protagonisten und der zahlreichen Statisterie reicht von der Aristokratie über das Bürgertum bis zu den *majos*, den ›Stentzen‹, und Zigeunern von Sevilla) und der ständige Wechsel von Tragik und Komik verleihen dem Drama eine kontrastreiche Dynamik.

Wer nur die Haupthandlung in Betracht zieht, kommt auf eine falsche, scheinbar aufs Ehrendrama zurückführende Fährte: Don Alvaro, ein Mann unbestimmter, jedenfalls teilweise indianischer Herkunft und edler Gesinnung, mit Geldmitteln reichlich gesegnet und nicht ohne sportlichen Ehrgeiz (er betätigt sich gelegentlich als kühner, von den Massen gefeierter Torero), will heiraten. Die Auserwählte, Doña Leonor, erwidert seine Gefühle, so daß der Verbindung nichts im Wege stünde, wäre nicht der adelsstolze, aber wirtschaftlich ruinierte Marqués de Calatrava, Leonors Vater, der den ›hergelaufenen Abenteurer‹ rundweg ablehnt. Die Liebenden planen die Flucht, werden aber von dem vorgewarnten Vater aufgehalten. Don Alvaro beantwortet dessen ebenso arrogantes wie aggressives Auftreten mit Friedfertigkeit: er wirft seine Pistole weg, aber so unglücklich (das erste Walten des Schicksals!), daß sich ein für Calatrava tödlicher Schuß löst (Akt I). Dadurch wird eine von der Ehre diktierte Rache- und Verfolgungsjagd ausgelöst, die alle Beteiligten am Ende ins Unglück stürzt. Im zweiten Akt ist (die in den Augen der Familie entehrte) Leonor auf der Flucht in ein Kloster, nachdem sie der Vater noch mit dem letzten Atemzug verflucht hat. Alvaro, vom Tod Leonors überzeugt, geht (Akt III) nach

Don Alvaro o la Fuerza del Sino

Duque de Rivas

Haupthandlung

Italien, um im Waffendienst durch Tollkühnheit einen ehrenvollen Tod zu provozieren. Er wird aber von Don Carlos, dem ältesten Sohn Calatravas, aufgespürt, der sich seit dem Tod seines Vaters zu einer ruhelosen Suchaktion verpflichtet fühlt. Die beiden kommen, solange sie sich noch nicht erkannt haben, glänzend miteinander aus und erweisen sich gegenseitig lebensrettende Freundschaftsdienste. Als aber Don Carlos die wahre Identität des Kameraden entdeckt, führt kein Weg mehr am tödlichen Duell vorbei, dessen Opfer – so will es das ›Schicksal‹ – abermals der Calatrava ist. Alvaro droht nun die Todesstrafe (und damit die Erfüllung seines Wunsches!), denn das Duell ist streng verboten. Aber erneut kommt ihm das Schicksal in die Quere – diesmal in Form eines feindlichen Angriffs, zu dessen Abwehr die Tapferkeit des lebenden Alvaro dringend benötigt wird (Akt IV). Hier (Szene 3) findet sich auch der berühmte, von Todessehnsucht geprägte Monolog, der deutlich von Calderóns La vida es sueño (Monolog Segismundos) inspiriert ist. Im letzten Akt überstürzen sich die tragischen Ereignisse – für unseren Geschmack in fast schon komisch wirkender Penetranz. Wir finden Don Alvaro, der Welt entsagend, als Franziskanermönch im gleichen Kloster, in das sich schon früher Leonor (unerkannt) zurückgezogen hatte. Aber auch dort wird er von einem rachewütigen Calatrava ausfindig gemacht, dem jüngeren Bruder Don Alfonso. Es kommt erneut zum Duell, wieder gegen den Willen Alvaros, der vergebens Vernunftgründe ins Feld führt. Da er daraufhin der Feigheit geziehen wird, bleibt ihm keine Wahl – und abermals fällt der Calatrava. Damit nicht genug: ein geheimnisumwitterter Eremit, der zum sterbenden Alfonso gerufen wird, um ihm die Beichte abzunehmen, entpuppt sich – auch für Alvaro überraschend – als Leonor. Mit letzter Kraft ersticht Alfonso die Schwester, die er (zu Unrecht) im ehrlosen Konkubinat mit Alvaro wähnt. Damit ist für diesen das Maß endgültig voll: in heller Verzweiflung stürzt er sich von einem wildromantischen Felsen, der zu diesem Zweck wie geschaffen erscheint, während seine Mitbrüder die Barmherzigkeit Gottes für den unchristlichen Selbstmord erflehen.

La fuerza del sino, Titelblatt der Erstausgabe

Liberalisierung des Ehrbegriffs

Man lasse sich von diesem hochtheatralischen Ende nicht täuschen. Der Gesamteindruck des Dramas ist wesentlich gemäßigter, und nichts steht der Ideologie des calderonianischen Ehrendramas ferner als das Werk des Duque de Rivas. Gewiß: die Tradition des alten Spanien wird hier einerseits – in der Ehrbesessenheit der Calatravas – noch einmal aufgerufen. Andererseits wird sie aber in einen ganz neuen Rahmen gestellt, der den Anschluß an den Liberalismus vermittelt. Dieser Rahmen wird von den schon erwähnten Prosaabschnitten gebildet. Schon in den ersten, das Drama eröffnenden Szenen wird klar, daß der traditionelle Ehrenstandpunkt abgelebt ist: In einem Gartenlokal am Ufer des Guadalquivir wird der ›Fall Don Alvaro‹ von den zahlreichen Gästen lebhaft erörtert, wobei die Anwesenden die Funktion des Chores beziehungsweise der öffentlichen Meinung (*opinión*) übernehmen. Während nun aber die opinión bei Calderón den Ehrenstandpunkt vertrat, sind hier die Meinungen zumindest geteilt. Wortführer sind ein Kanonikus und ein Offizier; der Kirchenmann vertritt die traditionalistische, der Militär (wie auch in der historischen Wirklichkeit) die liberale Position, der es nicht mehr auf Herkunft und Stand, sondern allein auf Persönlichkeit und Tüchtigkeit ankommt. Auch das ganz praktische Argument, daß sich die Calatravas mit dem Geld des Indiano doch nur sanieren könnten, spielt eine Rolle. Der Kanonikus hingegen tritt für die Wahrung der väterlichen Autorität und die Geltung der ›ewigen Werte‹ ein. Er ist es auch – und so greift die Rahmen- in die Haupthandlung über –, der den Marqués über die geplante Entführung Leonors unterrichtet. Man sieht jedenfalls auch, wie die Rahmenhandlung den Dissens zwischen den *Zwei Spanien* von der Realität in die Fiktion überträgt.

Was die Haupthandlung anbetrifft, so ist zwar zu konstatieren, daß Alvaro selbst sich im Hinblick auf die Ehrenfrage neutral verhält und daß er es nicht an Rücksicht auf die Calatrava-Familie fehlen läßt. Insgesamt aber wird der liberale Standpunkt eindeutig favorisiert. Dies zeigt sich unter anderem an der ironischen Distanz, die gerade die populären Figuren – die Dienerin Curra etwa oder der Bruder Melitón, der *gracioso* (Spaßmacher) des Dramas – gegenüber der Exaltiertheit der Calatravas an den Tag legen. Vor allem aber ist es diese Exaltiertheit selbst, die Unvernunft und der Irrationalismus, der den Ehrenstandpunkt desavouiert. Dieser wird durch die Calatravas also schlecht repräsentiert, während die noble Gelassenheit Alvaros, der zum Ehrenhandel regelrecht gezwungen werden muß und gleichsam in Notwehr handelt, wie von selbst als beispielgebende Alternative erscheint. Ehre reduziert sich bei den Calatravas im wesentlichen auf Standesdünkel und Rassismus. Letzterer tritt sogar in zweifacher Form auf: zum einen als Mißachtung dessen, der nicht den Ansprüchen der *Limpieza de Sangre* (der Reinrassigkeit) entspricht: tatsächlich stellt sich heraus, daß Alvaro ein Mestize ist, wenn auch von Rang. Zum anderen als männlicher Chauvinismus, indem Leonor sowohl vom Vater als auch von den Brüdern die Entscheidungsfreiheit abgesprochen wird. Man sieht hier, daß sich das Ehrendrama des Duque de Rivas die Errungenschaften der Aufklärung durchaus zueigen macht, wie sie, die Frau betreffend, schon in Moratíns *El sí de las niñas* zur Geltung gekommen waren. (Dort war ja bereits das Selbstbestimmungsrecht der Frau – wenigstens in Herzensdingen – gegen die Bevormundung durch ältere »Autoritäten« propagiert worden). Aber auch darüber hinaus bestätigt sich, indem die überkommenen Ehrbegriffe der Kritik der Vernunft unterworfen werden (der sie nicht standhalten), daß *Don Alvaro* keineswegs hinter die Position der Aufklärung zurückgeht.

Karikatur des romantischen Selbstmords, von Alenza

Die Rolle des Schicksals

Das sollte auch bedacht werden, wenn die Rolle des ›Schicksals‹ zur Sprache kommt, dessen Walten der Verfasser immerhin schon im Titel betont. Die Frage ist allerdings, ob *dieses* Schicksal wirklich so fatal und überpersönlich ist, wie es der Titel (den man nicht allzu ernst, sondern auch als romantische Pose nehmen muß) zu suggerieren scheint, oder ob es nicht vielmehr erst die – Vernunftgründen unzugängliche – Sturheit und Verblendung der Calatravas ist, die sich schließlich *wie* ein Fatum (aber wie ein mutwillig provoziertes und produziertes) über alle Beteiligten legt. Die Macht des Schicksals, »la fuerza del sino«, ist also eigentlich der Irrationalismus der Calatravas. Und insofern die Calatravas unbeirrt an Normen festhalten, deren Zeit schon vergangen ist, kann man sagen, daß die Macht des Schicksals auch die Last der noch nicht ganz überwundenen Vergangenheit ist.

Die Funktion des Rahmens

Zum Schluß muß noch einmal auf den volkstümlichen Rahmen zurückgekommen werden, der dem Stück überhaupt erst seinen Charme verleiht. Wir haben ja schon gesehen, daß der Rahmen eine Kommentarfunktion hat. Er hat aber auch die Aufgabe der Information: durch das, was im Rahmen unter den Leuten geredet wird, erfährt man, was man als Hintergrundwissen braucht, um die Haupthandlung zu verstehen. Darüber hinaus kommt dem Rahmen auch eine wichtige wirkungspoetische Funktion zu: er schafft das heitere Gegengewicht zur schicksalsschweren Tragödienhandlung und bringt damit das Ganze ins ästhetische Gleichgewicht. Auf der

Versammlung romantischer Dichter; es liest Zorrilla (Gemälde von Antonio Esquivel, 1846)

einen Seite spürt man die Lust des Verfassers, alle Register der romantischen Theatralik zu ziehen, und auf der anderen Seite wird eben diese Theatralik durch die Rahmenteile auch wieder ironisch in die Schwebe gebracht. Das lebhafte Gespräch der Sevillaner Bürger in Akt I; die ebenso deftige wie von Sprachwitz sprühende Kneipenszene im zweiten Akt; die Zockermentalität der spanischen Offiziere in Akt III, die den naiven Carlos Calatrava nach allen Regeln der Kunst ausnehmen, und der komische Streit zwischen den mitleiderheischenden Bettlern und dem schlechtgelaunten Bruder Melitón, der die Tricks seiner Schäfchen wie ein abgebrühter Profi durchschaut, im fünften Akt, lassen aber auch noch eine weitere, sozusagen weltanschauliche Funktion der Rahmenszenen erkennen. Die ganze Spannweite des prallen Alltagslebens macht nämlich vor allem eines deutlich: es gibt noch etwas anderes auf der Welt als den hochgestochenen Ehrenhandel zwischen Alvaro und den Calatravas; sie relativiert also dessen Bedeutung. Im übrigen ist die Sympathieverteilung zwischen den Fundamentalisten, zu denen die Calatravas gehören, und den Liberalen, zu denen Don Alvaro zu rechnen ist, eindeutig. Dazu dürften auch die persönlichen Erfahrungen, die der Duque de Rivas mit dem (politischen) Fundamentalismus Fernandos VII machen mußte, beigetragen haben.

José Zorrilla

Zorrillas Leben

José Zorrilla y Moral wurde 1817 in Valladolid geboren. Sein Vater war Beamter in der Administration Fernandos VII, ein Liberalenfresser, wie er im Buche steht, zeitweise sogar ein Anhänger des ultrarechten Carlismus. Daß dieser Vater den aus der Art geschlagenen Sohn, der sein Jurastudium abbrach, früh literarische Neigungen zeigte und zu keiner dauerhaften Arbeitsdisziplin fähig war, aus tiefstem Herzen verachtete, läßt sich denken. Ebenso, daß der Sohn zeitlebens unter einem Vaterkomplex litt und alles (vergebens) tat, um der väterlichen Gnade teilhaftig zu werden. Im Don Gonzalo, dem unbeugsamen Tugendwächter des *Don Juan Tenorio*, der dem Protagonisten gleichwohl die göttliche Verzeihung mitwirkt, hat er ihm ein Denkmal gesetzt. Zorrilla wurde mit einem Schlag berühmt, als er bei Larras Begräbnis (voller Angst vor der väterlichen Reaktion, denn Larra war für die damaligen Verhältnisse ein Extremist) ein elegisches Gedicht vortrug, das ihm die Freundschaft und Protektion bedeutender Literaten und liberaler Politiker eintrug. Mit 22 heiratete der mittellose José eine 38jährige Witwe. Seine Frau verfolgte ihn fortan mit ihrer durchaus begründeten Eifersucht und mit der Sorge wegen seines bohemienhaften Lebenswandels. Nicht zuletzt um *ihr* zu entkommen, flüchtete er zweimal nach Frankreich, später nach Mexiko, wo er von 1854–66 fast 12 Jahre verbrachte. Dort war er ohne regelmäßige Einkünfte und abhängig von der diskreten Hilfe seiner Bewunderer, zu denen auch der unglückselige Kaiser Maximilian gehörte, der ihn zum Theaterdirektor machte und ihn sogar mit dem Verfassen seiner Biographie beauftragen wollte. Es scheint, daß der schmächtige Zorrilla in Mexiko mehr durch seine Fähigkeiten als Reiter und Pistolenschütze denn durch literarische Produktivität aufgefallen ist. Nach seiner Rückkehr ging er 1868 eine zweite Ehe ein, lebte aber weiter mit ständigen Geldsorgen. Durch eine von der Regierung besorgte Sinekure konnte er sich fünf Jahre in Rom über Wasser halten (1871–76). Später lebte er von einer kleinen Pension. 1885 nahm er den schon 1848 auf dem Höhepunkt seines Ruhms zugesprochenen Sessel in der Real Academia Española ein und errang so noch einmal offizielle Anerkennung. Tatsächlich war ihm das breite Publikum schon seit den 50er Jahren untreu geworden, nachdem er in den 40ern mit einer ganzen Serie populärer Stücke geglänzt hatte. Diese waren ihm von den Madrider Theatern mit entsprechenden Knebelverträgen, die ihm nur kurze Produktionszeiten einräumten, förmlich abgepreßt worden. 1893 starb er an einem Gehirntumor in Madrid. Die Beisetzungsfeierlichkeiten zeigten, daß Zorrilla schon zu seinen Lebzeiten ein Klassiker geworden war. Im Gegensatz zu vielen anderen Autoren der romantischen Epoche hat er sich für Politik nie sonderlich interessiert. Der *Don Juan Tenorio* zeigt indes, daß auch er im Grunde seines Herzens und dem Vater zum Trotz ein auf Ausgleich bedachter moderater Liberaler war.

José Zorrilla

Im übrigen ist seine literarische Produktion trotz seiner notorischen Unstetigkeit auch quantitativ durchaus beeindruckend. Er schrieb 32 Theaterstücke, darunter die historischen Dramen *El zapatero y el rey* (1840) und *Traidor, inconfeso y mártir* (1849). Auch als Lyriker, vor allem als Legendendichter, war Zorrilla populär. Einige seiner effektsicheren narrativen Dichtungen (etwa »Orientales« oder »El Cristo de la Vega«) werden noch heute gelesen, und seine historischen Romanzen führen, wie manche seiner dramatischen Stoffe, auch thematisch wieder ins Siglo de Oro zurück.

Don Juan Tenorio wurde am 28. März 1844 im Madrider Teatro de la Cruz uraufgeführt. Zorrilla behauptet, das Stück in der Rekordzeit von zwanzig Tagen zu Papier gebracht zu haben, was angesichts unübersehbarer Nachlässigkeiten, angesichts der erwähnten Produktionsbedingungen und angesichts der Bedeutung, die ›Tempo‹ und ›Zeitgewinn‹ auch in der Handlung selbst spielen, durchaus glaubhaft ist. Als wichtigste Quelle, zugleich als Gegenstück hat ihm die Urfassung des Don-Juan-Mythos, Tirso de Molinas *El burlador de Sevilla*, vorgelegen. Zorrillas Stück spielt denn auch

Don Juan Tenorio

– als historisches Drama – in der gleichen Zeit wie die Urfassung: Mitte des 16. Jh. Der Vorwurf, Zorrilla habe ein Don Juan-Drama von Alexandre Dumas plagiiert, darf heute als entkräftet gelten. Zorrillas Drama ist schon wegen seiner sprachlichen Eleganz, seiner meisterhaften Beherrschung der Polymetrie (das Stück ist ein reines Versdrama) und wegen seiner auch heute noch mitreißenden Dramatik von unzweifelhafter Originalität. Auch der Umgang mit Regeln und Freiheiten ist souverän. Das Stück ist einerseits völlig unklassisch: es besteht aus zwei Teilen mit vier und drei, insgesamt also sieben Akten; zwischen dem ersten und zweiten Teil klafft in der Handlungszeit eine Lücke von fünf Jahren. Andererseits spielt jeder der beiden Teile für sich aber an einem einzigen Tag, beziehungsweise in einer einzigen Nacht, wahrt also die Einheit der Zeit. Bis in die unmittelbare Gegenwart ist das Stück vorzugsweise an Allerseelen, jedenfalls in der ersten Novemberhälfte aufgeführt worden, zu Nutz und Frommen aller spanischen Tenorios (Schürzenjäger) und zur Ermutigung weiblicher Tugend und Langmut.

Grundelemente der Don Juan-Legende

Die schon von Tirso verwendeten Grundelemente der Don Juan-Legende werden von Zorrilla respektiert: die Unwiderstehlichkeit und Rücksichtslosigkeit des Frauenverführers und -entehrers, sein Draufgängertum und seine Unerschrockenheit, seine Unbekümmertheit um Normen und Tabus, seine Gottvergessenheit, schließlich seine Bestrafung durch die Geistererscheinung des von ihm selbst geladenen »Steinernen Gastes«. Aber die Handlung wird bei Zorrilla von vornherein stark gerafft, zu einem ›Endspiel‹ zugespitzt und unter starken Zeitdruck gesetzt. Zunächst treffen sich Don Juan und sein erst bei Zorrilla hinzukommender Freund und Rivale Don Luis. Die beiden hatten vor Jahresfrist gewettet, wer von ihnen in zwölf Monaten mehr Missetaten erfolgreich begehen kann. Jetzt finden sie sich ein, um abzurechnen. Dabei geht es nicht mehr nur darum, zynisch zu behaupten, man habe vor nichts und niemandem, nicht einmal vor dem Heiligen Respekt gehabt, jeden Gegner getötet, der vor den Degen kam und jede Frau entehrt, derer man habhaft werden konnte (womit zugleich die reihende Handlung Tirsos in einem Kurzbericht zusammengefaßt wird). Jetzt wird vielmehr penibel nachgezählt und bilanzierend festgestellt, daß Don Juan einen deutlichen Sieg über Don Luis davongetragen hat (1003 ›Fälle‹). Und zwar vor allem wegen der Schnelligkeit und Skrupellosigkeit, mit der er Frauen erobert, gleich wieder vergißt und durch andere ersetzt: »uno [día] para enamorarlas,/ otro para conseguirlas/ otro para abandonarlas,/ dos para sustituirlas/ y una hora para olvidarlas«. Diese Passage, die, wie viele andere Passagen des *Tenorio*, zum spanischen Zitatenschatz gehört, zeigt, daß Don Juan die Frauen genauso zynisch ›erledigt‹ wie die Duellgegner und daß sie für ihn wie jene nur ein Mittel zum Zweck des Prestigegewinns sind, keineswegs aber Wesen, die um ihrer selbst willen geliebt, ja nicht einmal begehrt werden. Auch spielen sie individuell gar keine Rolle; es kommt vielmehr darauf an, sie massenhaft ›zur Strecke‹ zu bringen: je massenhafter, desto auszeichnender für die ›Einzigartigkeit‹ Don Juans. Nur eines fehle in der Liste der Übeltaten noch, meint der geschlagene Luis: es sei Juan nicht gelungen, eine Novizin zu verführen. Dieser nimmt den Einwand sogleich als neue Herausforderung an und wettet, er werde die Aufgabe in einer einzigen Nacht lösen und Inés aus dem Kloster entführen. Gleichsam als Zugabe werde er auch noch die Verlobte des Luis, Doña Ana, ›mitnehmen‹. Diese zweite Wette ist es, die man als Endspiel bezeichnen kann (denn diesmal geht es ums Leben) und die Juan auch dazu zwingt, ein enormes Tempo vorzulegen. Die Abrechnung der alten und die

Abmachung der neuen Wette findet im übrigen in aller Öffentlichkeit, vor zahlreichen gespannten Zuhörern (und Zeugen), fast wie auf einer Bühne statt, auf der Don Juan der ›Star‹ ist. Auch die Väter Juans (Don Diego) und Inés' (der Comendador Don Gonzalo) sind zugegen und bringen die Empörung und den Abscheu der älteren, noch fraglos normentreuen Generation zum Ausdruck, während die Anwesenden aus der jüngeren Generation nicht verhehlen können, daß sie von dem arroganten Siegertyp beeindruckt sind.

Im zweiten und dritten Akt wird Juans Ankündigung *presto* in die Tat umgesetzt, wobei er beide Angelegenheiten fast gleichzeitig betreibt: schon während er noch mit Ana beschäftigt ist (Akt II), bereitet er den nächsten Coup, das Eindringen ins Kloster (Akt III) und die Entführung von Inés (Akt IV) vor. Dies alles trotz der rigorosen Vorsichtsmaßnahmen der jeweiligen Bewacher: Luis' im Fall der Ana, Don Gonzalos im Fall der Inés. Es ist aber nicht nur das reichlich spendierte Bestechungsgeld und der Einsatz der Kupplerin Brígida, was Juan die Wege ebnet. Es ist – und darin liegt die charakteristische Ambivalenz des Dramas – vielmehr auch die unterdrückte Sexualität (»el deseo mal dormido«) der Frauen selbst, die der Kühnheit Don Juans überhaupt erst jene erotische Faszination verschafft, denen die unerfahrenen, von ihren Vätern absichtlich ›dem Leben‹ vorenthaltenen weiblichen Opfer erliegen. Doña Inés vor allem, die im Kloster förmlich eingesperrt war, wartet, von Brígida entsprechend vorbereitet, auf Don Juan wie auf einen Erlöser, oder wie Dornröschen auf den Prinzen, der sie wachküßt: »no sé qué fascinación/ en mis sentidos ejerce/ ... tentaciones me van dando/ de creer que eso amor es.« Kein Zweifel: Don Juan wird in diesem Handlungsteil nicht nur verteufelt; er tritt zugleich auch als Befreier auf, der Inés von einem Frauenschicksal erlöst, das im Text mehrfach als unzumutbar hingestellt wird. Entsprechend schwankt auch der Zuschauer zwischen Empörung und Bewunderung.

Der letzte Akt des ersten Teils spielt in Don Juans Landhaus, inmitten einer idyllischen und freien Natur, in der Inés sich von der erstickenden Enge des Klosters erholen kann: »olvida de tu convento/ la triste cárcel sombría./ ¡Ah! ¿No es cierto, ángel de amor,/ que en esta apartada orilla/ más pura la luna brilla/ y se respira mejor?« So beginnt die berühmteste, aber auch die meist parodierte Liebesszene der spanischen Dramengeschichte. Nicht nur erliegt hier Inés endgültig dem Charme des Verführers (»tus ojos me fascinan,/ y tu aliento me envenena«); dieser selbst verliebt sich vielmehr – anders als bei Tirso – zum ersten Mal wirklich, ja es wandelt sich sein ganzes Wesen (»cambia de modo mi ser«) unter dem Einfluß *ihrer* – wie man sieht auch körperlichen – Zuneigung, die dem Verruchten nun als Gottesgeschenk erscheint. Der einst so Hochfahrende ist sogar bereit, ›vernünftig‹ zu werden und sich vor ihrem Vater zu demütigen. Diese Absicht ist jedoch zum Scheitern verurteilt, weil sie – ähnlich wie im *Don Alvaro* – von dem ganz dem Ehrenstandpunkt verhafteten Don Gonzalo zurückgewiesen und als Feigheit ausgelegt wird. Damit kommt es zum unvermeidlichen Duell, dem der Comendador – en passant auch der rachelüsterne Luis – zum Opfer fallen. Sofort kehrt dem Tenorio der alte Hochmut zurück: er habe alles getan, um ein anderer zu werden. Wenn der Himmel ihm nicht beistehen wolle, dann umso schlimmer – für den Himmel.

Der Duque de Rivas hätte mit dieser romantischen Empörergeste das Drama beendet. Der Held wäre gescheitert; aber die Schuld hätte bei der Weltordnung, bei Gott und bei der Gesellschaft mit ihren starren Ehrengesetzen gelegen. Zorrilla indes fügt diesem brüskierenden ersten Schluß

Zeitdruck und Tempo

Frau hinter Gittern, bei Zorrilla und noch lange danach

noch einen recht umfangreichen zweiten Dramenteil hinzu, dessen Funktion einzig und allein darin besteht, einen Kompromiß mit den Mächten der Tradition, vor allem der Religion, und im Gefolge davon ein versöhnliches Ende herbeizuführen.

Umdeutung im zweiten Teil

Von Anfang an steht der zweite Teil unter dem Zeichen des memento mori: der nach Jahren der Verbannung heimkehrende Don Juan gerät unversehens in eine imposante, gleichsam idealromantische Friedhofslandschaft, in der allen früheren Widersachern, aber auch der geliebten Inés prächtige Grabmonumente gesetzt sind. Noch einmal meldet sich der alte Zynismus zu Wort: »si buena vida os quité,/ buena sepultura os di«. Aber bald vergeht Juan die Lust zum Spotten. Er, der Empiriker par excellence, wird von nun an laufend mit Jenseitserscheinungen konfrontiert, deren Existenz er bisher nicht wahrhaben wollte. Zuerst materialisiert sich die Seele der vor Entehrungsgram verschiedenen Inés und verkündet, sie habe die eigene Seele in der Gewißheit verpfändet, die seine, Don Juans, für Gott retten zu können. (Hier sieht man, wie gewinnbringend sich Don Juans kurzer Gütebeweis am Ende des ersten Teiles auf der Habenseite seines Jenseitskontos niedergeschlagen hat). Dann erscheint das Standbild Don Gonzalos, das, wie es der Mythos will, furchtlos zum Essen geladen wird. Als dann der Steinerne Gast sich tatsächlich einstellt und zum wiederholten Mal die Eitelkeit des Lebens und die Gewißheit des baldigen Tods verkündet, wird in Juan endlich – wieder anders als bei Tirso, wo er bis zum Schluß verstockt blieb – das Licht des Glaubens entzündet. Das geschieht gerade noch so rechtzeitig, daß er zum *perfecto acto de contrición*, d.h. zur Reue im Angesicht des Todes, fähig wird – jener Reue, die ihn der Gnade Gottes noch im allerletzten Moment teilhaftig macht. So kann das Stück – im Gegensatz zur Version Tirsos – doch noch ins religiöse Happy-End münden: Don Juan und die Gottesgnadenvermittlerin Inés sind endlich vereint – im Jenseits versteht sich, und umgeben von Engeln.

Unterschiede zum Burlador de Sevilla

Auch wenn das Stück im zweiten Teil viel von seinem mitreißenden Schwung, auch von seiner glorreichen Zweideutigkeit verliert und man es heute am liebsten auf den ersten Teil reduziert sehen möchte, muß man sich doch darüber im klaren sein, daß seine historische Wirkung gerade aus dem Zusammenhang der beiden Teile resultierte. Dieser Zusammenhang konstituiert auch einen weiteren wichtigen Unterschied zum *Burlador de Sevilla*. Dessen Version endet mit der Höllenfahrt Don Juans, verwies also auf einen unerbittlichen Gott. Im Vergleich dazu ist die Version Zorrillas ausgesprochen permissiv, denn hier drückt der barmherzige Gott beide Augen zu, ja er läßt sogar mit sich handeln: gegen die Bürgschaft der tugendfesten Inés gewährt er dem zweifelhaften Don Juan gleichsam den himmelstüröffnenden Kredit. In Zorrillas Version wird die Jenseitsfurcht also stark reduziert, weil die Gottesvorstellung dem Maß des bürgerlichen Liberalismus angepaßt wird.

Andererseits wird im *Tenorio* aber auch vom Verhältnis der Geschlechter gehandelt. Wenn jemals die Ansicht illustriert wurde, der Mann müsse sich die Hörner abgestoßen haben, bevor er von der ›Richtigen‹ gezähmt wird, dann im Drama Zorrillas. In der Tat wandelt sich Don Juan hier vom alten und selbstbezogenen zum neuen, der Liebe fähigen Menschen, vom Macho zum Softy wie man heute sagen würde. Auch das ist ein Unterschied zum *Burlador*, in dem Don Juan stets der gleiche blieb.

Wenn so ein neues Männerbild vor unseren Augen entsteht, so bleibt das Frauenbild auf den ersten Blick ganz traditionell: die Frau ist entweder das Opfer der Prestigesucht des alten Don Juan oder der Garant für die Rettung

Carlistische Aushebung in den Pyrenäen

des neuen. Letzteres kann sie nur deshalb sein, weil sie *ihm* zuliebe die eigene Seligkeit aufs Spiel setzt. Im übrigen wird sie im Kloster aufbewahrt, wie man einen Schatz im Tresor deponiert, damit kein Unbefugter an ihn herankann. Als die großen weiblichen Tugenden erscheinen Geduld, Verzeihen und Verzicht – dies alles im Interesse des zu rettenden Mannes, wobei als Belohnung eine gewisse Vergöttlichung der Frau winkt (»das Ewig Weibliche zieht uns hinan«). Das immerhin ist eine Aufwertung ihrer Rolle und ihres Wesens im Vergleich zum klassischen Standpunkt Tirsos, bei dem die Frau noch als grundsätzlich minderwertig erschien. Deshalb wurde Don Juan bei ihm auch nicht wegen seiner Vergehen an *ihr* bestraft, jedenfalls nicht in erster Linie, sondern vor allem wegen seiner Gottvergessenheit. – Eine wirkliche Neuerung ist aber, daß die sexuellen Bedürfnisse der Frau jetzt nicht mehr von vornherein verteufelt werden, sondern als etwas Natürliches erscheinen, das auch nicht ungestraft unterdrückt werden darf. Die Sexualität erscheint sogar als etwas prinzipiell Positives, wenn man bedenkt, daß sie von Don Juan zuerst ›geweckt‹ wurde, bevor sie ihrerseits wieder zur affektiven Basis für die himmlische Befreiungsaktion von Inés wurde. – Alles in allem kann man also sagen, daß Zorrillas *Tenorio* seinen Erfolg nicht nur seinem Kompromißcharakter, also seiner für die unterschiedlichsten Publikumsbedürfnisse interessanten Zweideutigkeit verdankte, sondern auch der Tatsache, daß er gewissen ›modernen‹, bisher tabuisierten Tendenzen im Lebensgefühl der bürgerlichen Epoche die Möglichkeit der Integration in ein noch immer religiös überwölbtes Weltbild verschaffte.

Lyrik

Die zeitliche Eingrenzung ist hier besonders problematisch. Unumstritten ist der Beginn und die erste ›Generation‹ um den alles überragenden José de Espronceda, von dem noch ausführlich die Rede sein wird. Zu ihr gehören auch Nicomedes Pastor Díaz, Juan Arolas, Enrique Gil y Carrasco, Carolina Coronado und José Zorrilla. Die eigentliche Blütezeit dieser Generation

Haupttendenzen romantischer Lyrik

waren die 40er Jahre (bei Espronceda auch schon das Ende der 30er). Viele Autoren – so auch die älteren Martínez de la Rosa und Duque de Rivas – beginnen – wie beim Drama – noch im Stil des Neoklassizismus und finden erst später – stark beeinflußt durch die Exillektüre von Ossian, Byron, Musset, Vigny und Hugo – zum Romantizismus. Vorherrschend ist eine narrative und/oder theatralisch exaltierte Freiheitsdichtung, in der die Figur des Rebellen gegen die etablierte Sozialordnung eine besondere Rolle spielt. Auch die lyrische Überhöhung heroischer Gesten aus dem christlichen und maurischen Mittelalter trifft man oft an. Man findet aber auch schon in dieser ersten Epoche – besonders bei Gil y Carrasco – Ansätze jener melancholischen Gefühlsdichtung, die erst bei Bécquer und den sogenannten Prebecquerianos zum endgültigen Durchbruch kommt.

Die zweite Generation romantischer Dichter

Die zuletzt genannten bilden, zusammen mit Rosalía de Castro, eine zweite romantische Generation, die von manchen Literaturgeschichten – chronologisch verständlich, aber sachlich zu Unrecht – dem Realismus zugerechnet werden. Zu den Prebecquerianos ist vor allem Augusto Ferrán zu zählen; aber auch die Heine-Übersetzer und -Nachdichter Agustín Bonnat und Eulogio Florentino Sanz gehören dazu. Rosalía de Castro trägt die melancholische, bei ihr noch zugespitzt weltschmerzhafte Note Bécquers, stellenweise sogar die Protesthaltung Esproncedas, bis nah an das Ende des Jahrhunderts weiter (»En las orillas del Sar«, 1884). Von ihr stammen auch die ersten, vom romantischen ›Volksgeist‹ inspirierten lyrischen Produktionen in einer nicht-kastilischen, nämlich der galicischen Sprache (*Cantares gallegos*, 1863, und *Follas novas*, 1880).

Ein Zeitgenosse schon der ersten romantischen Generation, der die zweite weit überlebt hat, war der zu seiner Zeit – vor allem in bürgerlichen Kreisen – überaus populäre Ramón de Campoamor. Er hat der romantischen Poesie gleichsam die bürgerliche Vernunft beigebracht. Darin liegt auch der Grund seines Erfolges unter den Zeitgenossen und seiner weitgehenden Vernachlässigung jetzt. Er vor allem wäre allenfalls auch thematisch einem lyrischen ›Realismus‹ zuzuschreiben.

Espronceda

Vita

Selten war die Persönlichkeit eines Dichters umstrittener als die Esproncedas. Selten auch sind Leben und Werk schwerer voneinander zu trennen gewesen als bei ihm. Der provokative Grundcharakter seiner Dichtung hat zur Legendenbildung bezüglich des Lebens ebenso beigetragen, wie der umtriebige Aktionismus des Lebenden zur Politisierung der Dichtung. Kein Wunder, daß er für die konservativen Kritiker zur *bête noire*, zum romantisch nur posierenden *niño mimado*; für die progressiven zum Vorkämpfer der spanischen Demokratie und zum Wegbereiter der *littérature engagée* wurde. – Wenn man liest, was uns in seinem schmalen Œuvre direkt zugänglich geblieben ist, hat man genügend Beweise für beide Tendenzen: Für die hochfahrende Arroganz der literarischen Existenz ebenso wie für die Ernsthaftigkeit des politischen Engagements. An letzterem kann seit den bahnbrechenden Forschungen von Marrast, welche die journalistische und politische Arbeit gleichberechtigt neben die lyrische stellen, nicht mehr gezweifelt werden.

Espronceda wurde im Schlüsseljahr 1808 geboren, und zwar – was zum Signum seines ganzen Lebens werden sollte – ›unterwegs‹, auf der Reise von Madrid nach Badajoz, wohin die Familie dem nach Extremadura abkommandierten Vater folgen sollte. Dieser gehörte zu jenen Militärs, die

Dank ihrer Verdienste im Unabhängigkeitskrieg eine beachtliche bürgerliche Karriere machen konnten. Erzogen wurde José im Colegio San Mateo zu Madrid, einer jener privaten (und jedenfalls religiösen) Erziehungsinstitutionen, denen es Spanien zu verdanken hat, daß sich trotz der notorischen Rückständigkeit seines staatlichen und kirchlichen Erziehungswesens eine erstaunlich unabhängige geistige Elite herausbilden konnte. Das »San Mateo« wurde von Hermosilla und Lista geleitet, die zum – freilich recht konservativen – spanischen Spätaufklärertum zu zählen sind. Espronceda war im übrigen nicht der einzige Absolvent dieser Anstalt, der später berühmt wurde.

Schon in jungen Jahren, mit 17, machte Espronceda als angeblicher Geheimbündler und Freimaurer erste Bekanntschaft mit der Polizei. Ab 1827 – aus Abenteuerlust, aus Protest oder gezwungenermaßen? – geht er ins Ausland und läßt keine der typisch ›spanischen‹ Fluchtstationen aus: Gibraltar, Lissabon, London, Brüssel und Paris, wo er 1830 aktiv an der Julirevolution teilnimmt. In jenen Jahren, in denen er hauptsächlich von Zuwendungen der Eltern lebte, lernte er auch seine große Liebe, Teresa Mancha, kennen, der er ergeben blieb, bis *sie* (die verheiratet und Mutter zweier Kinder war) den Unsteten verließ. Im berühmten »Canto a Teresa«, dem zweiten Teil des Fragment gebliebenen Poems »El diablo mundo«, hat er ihr aus Anlaß ihres Todes ein elegisches Gedenken gewidmet.

Am Ende des Regimes von Fernando VII kehrte er, wie viele spanische Exilliberale (von denen er einer der jüngsten war), in die Heimat zurück, als ein schon einschlägig in den Polizeiarchiven vermerkter ›Revolutionär‹. Als solcher galt man schon dann, wenn man für eine echte Demokratisierung eintrat, das heißt nicht nur für Freiheit (die von der Bourgeoisie vor allem als Handels- und Bereicherungsfreiheit verstanden wurde), sondern auch für Gleichheit und Brüderlichkeit, wie Espronceda es in seinem berühmten Artikel »Libertad, Igualdad, Fraternidad« (1835 in der Zeitung *Español* erschienen) tat. Den Rest seines kurzen Lebens widmete er – als Literat, Journalist und Parlamentarier – mit erstaunlicher Konsequenz dieser Überzeugung, ständig bedroht von den mißtrauischen Polizeiorganen, denen er als unliebsame Person galt. Dabei scheute er auch vor tagespolitischer Routinearbeit nicht zurück. Als Parlamentarier beschäftigte er sich unter anderem mit der höchst unromantischen Steuergesetzgebung. Als Journalist gehörte er zu den Gründern der kurzlebigen Zeitung *El Siglo*, die nach nur vierzehn Ausgaben der spanischen Zensur zum Opfer fiel. Berühmt wurde – auch dank eines solidarischen Artikels von Larra (»El siglo en blanco«) – die letzte Nummer, weil sie nur aus den Überschriften der verbotenen Artikel und – das war Esproncedas Einfall – aus weißen Flächen bestand. Auch das literarische Œuvre Esproncedas ist eng mit dem Journalismus verbunden. Seine wichtigsten Texte erschienen zuerst in Zeitungen und Zeitschriften und wurden erst später, meist erst nach Jahren, in Buchform veröffentlicht, wo in synchroner Gleichzeitigkeit und als ›Werk‹ versammelt ist, was in Wahrheit nacheinander und stets nur gelegentlich geschrieben wurde. Espronceda starb 1842 in Madrid.

Neben den epischen Gedichten, das heißt dem schon erwähnten »Diablo mundo« und dem »Estudiante de Salamanca«, einer gewagten Variante der Don-Juan-Legende, ist Espronceda vor allem mit seiner Lyrik berühmt geworden. Das meiste davon, einschließlich der Liebespoesie und der politischen Dichtung, ist inzwischen allerdings weitgehend in Vergessenheit geraten: unser Geschmack schätzt nicht mehr den rhetorischen Gestus, mit denen sie auftreten. Dennoch fällt einiges aus dem Rahmen der Konventio-

Journalistische und politische Arbeit

José de Espronceda

Das Œuvre

nalität: »Al dos de mayo« (1840) z. B. ist keineswegs nur die patriotische Pflichtübung, als die es sich anfangs darzustellen scheint. Das große Datum wird vielmehr nur deshalb erinnert, um zu beklagen, was aus dem unter so viel Opfern verteidigten Vaterland inzwischen geworden ist: gerade nicht ein Ort der Freiheit und Gleichheit, sondern abermals ein Ort der Unterdrückung, in dem die Rechte des Volkes, das 1808 die Kastanien aus dem Feuer geholt hatte, den Interessen der neuen Oligarchie geopfert wurden.

Die politisch-moralische Empörung, die entschiedene Aggressivität, mit der sie vorgetragen wird, das Freiheits- und Gleichheitspathos und die grenzenlose Verachtung für den bourgeoisen Krämergeist, die hier noch unter der Kontrolle der traditionellen Rhetorik stehen, sind immer ein Kennzeichen von Espronces Lyrik. Eruptionsartig, ohne Rücksicht auf Regularien, auch metrischer Art, in einer ebenso direkten wie konkreten, nicht mehr gewählten, sondern bewußt volkstümlichen Sprache kommen alle diese Affekte aber nur in den *Canciones* zum Ausdruck, einem Corpus von fünf Gedichten, die erstmals 1840 gemeinsam veröffentlicht wurden. Sie allein sind, als Esproncedas eigentlicher, völlig aus dem Rahmen fallender Geniestreich bis heute lebendig geblieben. Das erste von ihnen, »Canción del pirata« (1835) gehört zu den wenigen Gedichten der spanischen Literatur, die auch heute noch auswendig gekonnt werden. Die langanhaltende Wirkung gerade dieses Textes läßt sich allerdings nicht allein auf die leidenschaftliche »intención cívico-moral« (Guillermo Carnero) zurückführen. Sie verdankt sich vielmehr auch dem Einfall, das lyrische Ich mit dem des Piraten, also des Outsiders, Normenbrechers und Unbürgerlichen par excellence, gleichzusetzen und damit dem Freiheitspathos überhaupt erst eine greifbare Identität zu geben: »Que es mi barco mi tesoro,/ que es mi Dios la libertad;/ mi ley, la fuerza y el viento;/ mi única patria, la mar.« (»Mein Schiff ist mein Schatz;/ mein Gott ist die Freiheit;/ mein Gesetz die Kraft und der Wind; mein ewig Vaterland: das Meer.«) Hinzu kommt noch die geradezu unverschämte, an den Don Juan des Ersten Teils erinnernde Selbstsicherheit und Unbekümmertheit, mit der sich der Pirat über alle Normen und die Strafandrohungen hinwegsetzt, die an deren Übertretung geknüpft sind:

Canciones

Sentenciado estoy a muerte!	Zum Tode verurteilt?
Yo me río:	Ich lache darüber!
No me abandone la suerte,	Wenn mich das Glück nicht verläßt,
y al mismo que me condena	werde ich den, der mir das Urteil sprach,
colgaré de alguna antena,	an einer Rahe aufknüpfen,
quizá en su propio navío.	vielleicht auf seinem eigenen Schiff.
Y si caigo,	Und *wenn* ich falle ...
¿qué es la vida?	Was ist schon das Leben?
Por perdida	Verloren gab
ya la di,	ich es schon,
cuando el yugo	als ich das Joch
del esclavo,	des Sklaven,
como un bravo,	stolz und ungebrochen,
sacudí.	abschüttelte.

Freiheits- und Gleichheitsidee

Der Pirat ist die lebendige Verkörperung der Freiheitsidee, nicht nur der politischen Freiheit, sondern auch der persönlichen und existentiellen: er ist frei von Todesangst (sein »¿qué es la vida?« hat nichts mit calderonianischer Resignation, aber viel mit unerschütterlichem Lebensmut zu tun); frei von Gewinnsucht (*er teilt die Beute und sorgt für Gleichheit:* »yo divido/ lo cogido/ por igual«); frei von Beschränkungen jeder Art: er ist Herrscher auf dem grenzenlosen Meer, mit dessen Urgewalten er in vollständiger Übereinstimmung lebt, geborgen wie im Schoß der Mutter Natur. »Y del trueno/ al son violento,/ y del viento/ al rebramar,/ yo me duermo/ sosegado,/ arrullado/ por el mar.«

Esproncedas nobler, vitaler und unerschrockener *Capitán Pirata* ist eine einzige Herausforderung des bürgerlichen Kleingeists, aber auch der Borniertheit der Potentaten (»allá muevan feroz guerra/ ciegos reyes/ por un palmo más de tierra:/ que yo tengo aquí por mío/ cuánto abarca el mar bravío,/ a quien nadie impuso leyes.« – »Mögen borniert Könige/ grausamen Krieg führen/ um eine Handbreit Erde./ *Mir* steht alles zur Verfügung,/ was das tosende Meer umfaßt,/ dem niemand Gesetze aufzwang.«). Gleichzeitig ist dieses Gedicht eine geradezu klassische Wunscherfüllung im Freudschen Sinne, eine traumartige Entschädigung für zugefügte Erniedrigung. Und gerade weil es den Wunschphantasien in juveniler Rückhaltlosigkeit freien Lauf läßt, hat es seinen Charme bewahrt. Ganz abgesehen davon, daß sein anarchisches, uneingeschränkt individualistisches Freiheitsgefühl der spanischen Mentalität weit entgegenkommt. In der scheinbar ungebrochenen Selbstsicherheit dieses ›spanischen‹ Piraten liegt übrigens auch der entscheidende Unterschied zu anderen Seeräubergedichten der europäischen Romantik: Byrons »El Corsario« (»The Corsair«), Vignys »La frégate «La Sérieuse» ou La plainte du capitaine« und Hugos »Le chant du pirate«.

Auch die anderen Gedichte des *Canciones*-Zyklus (»El canto del cosaco«; »El mendigo«; »El reo de muerte« und »El verdugo«) stehen unter vergleichbaren Vorzeichen (wenngleich keines von ihnen die Intensität von »Canción del pirata« erreicht): Identifikation mit einer Outsiderfigur; Provokation der etablierten Ordnung; kompensatorische Selbstbestätigung. Wie stark im übrigen Esproncedas Haß auf eine durch Geldakkumulation verdorbene Gesellschaft gewesen ist, geht am besten aus dem »Canto del cosaco« hervor, in dem deren Vernichtung nicht nur in Spanien, sondern in ganz Europa, in dem also der ›Untergang des Abendlandes‹ durch einen Barbareneinfall aus dem Osten geradezu fieberhaft herbeiphantasiert wird. »¡Hurra, cosacos del desierto! ¡Hurra!/ La Europa os brinda espléndido botín:/ sangrienta charca sus campiñas sean/ de los grajos su ejército festín.« – »Hurra, Kosaken aus der Steppe, hurra!/ Europa bietet Euch reiche Beute!/ Seine Felder mögen sich in blutige Sümpfe verwandeln,/ wo die Krähen sich an den Leichen seiner Heere weiden!« – Auch das gehörte zu Esproncedas Wunschvorstellungen: Gleichheit auf Kosten einer Tabula rasa notfalls zu erzwingen.

Provokation des Bürgers

»Ein Romantiker« – Illustration der Zeitung *El Artista*, 1836

Gustavo Adolfo Bécquer

Mit Gustavo Adolfo Bécquer erreicht die romantische Poesie in einer Zeit, in der sie im übrigen Europa schon passé war, ihren späten Höhepunkt. Im Vergleich zur extrovertierten, wortreichen, effektsicheren und selbstgewissen Dichtung Esproncedas stellt die Bécquers eine entschiedene Wendung zur Introversion, zur Knappheit des Ausdrucks, zur reflektierten Gefühlssprache, aber auch zu ihrer Problematisierung dar. Nach Dámaso Alonso liegt die historische Bedeutung Bécquers darin, daß er die Trennungslinie zwischen Traditionalismus und Modernismus markiert und die Entwick-

Isabel II leistet als neue Königin den Eid auf die Verfassung, nachdem sie 1843 im Alter von 13 Jahren für mündig erklärt worden war. Zehn Jahre lang hatten nun die Liberalen, unterstützt von General Narváez, die Oberhand.

Legendenbildungen um Bécquers Leben

lung zur Lyrik eines Juan Ramón Jiménez oder Antonio Machado überhaupt erst möglich gemacht hat.

Über das nur vierunddreißig Jahre währende Leben Gustavo Adolfos, der früh zu kränkeln begann, gibt es erstaunlich viele Ungewißheiten. Dazu gehören auch die über die Natur seiner Krankheit und die Ursache seines Todes. Von Tuberkulose bis Syphilis reichen die Spekulationen, wobei das dichterische Werk einmal mehr als Steinbruch für biographische Konjekturen mißbraucht wird. Fest steht, daß Bécquer 1836 in Sevilla geboren wurde, eigentlich Domínguez Bastida hieß, aber den Künstlernamen seines Maler-Vaters weiter trug, der ihn sich zu Reklamezwecken von angeblich flämischen Vorfahren ausgeliehen hatte. Erzogen wurde Bécquer, der schon in früher Kindheit beide Eltern verlor, von einem Onkel, später von einer Patentante, mit der er sich nicht verstand. In deren Haus gab es eine umfangreiche, vom jungen Bécquer eifrig benutzte Bibliothek, in der er die englische und französische Romantik kennenlernte. Später kam noch der Einfluß der deutschen, vor allem Heines hinzu, der Ende der fünfziger Jahre eine starke spanische Konjunktur hatte. 1854 verließ Bécquer Sevilla, um, wie Balzacs Lucien de Rubempré aus den *Illusions perdues*, in der Hauptstadt ein berühmter Dichter zu werden. Wie jener in Paris, so hat Bécquer in Madrid seine Hoffnungen begraben müssen: es langte nur zu journalistischer Fronarbeit (hauptsächlich im konservativen, den moderados nahestehenden *El Contemporáneo*), die ihm wenig Muße zur echten Poesie ließ und die seine Gesundheit weiter unterminierte. Immerhin gab ihm der Journalismus Gelegenheit, die Mehrzahl seiner Produktionen zu veröffentlichen; allerdings nur wenig von dem, was ihn später berühmt machen sollte: die *Rimas*. In dem Bestreben, für diese Liebesgedichte ›lebendige‹ Anlässe zu finden, hat man eine ganze Reihe von zum Teil hochstehenden Damen namhaft gemacht und ihnen einen teils inspirierenden, teils desillusionierenden Einfluß auf den sensiblen Dichter zugeschrieben. Was davon wahr ist, wissen wir nicht. Tatsache ist nur, daß Bécquer 1861 eine ganz unromantische und überaus unglückliche Ehe mit Casta Esteban eingegangen ist, die nur wenige Jahre hielt und aus der zwei Kinder hervorgegangen sind. Immerhin erlangte der unglückselige, geschäftlich ungeschickte und stets mit nur knappen Mitteln versehene Bécquer die Sympathie mächtiger Freunde. Zu ihnen gehörte der als Politiker keineswegs zimperliche Minister Luis González Bravo, der Bécquer 1864 den Posten eines Romanzensors und ein ansehnliches Gehalt verschaffte. Bécquer scheint sein Amt aber sehr nachlässig ausgeübt zu haben; jedenfalls wurden er und sein Gönner von den konservativen Neokatholiken scharf kritisiert. Die Revolution von 1868 brachte die Absetzung von González Bravo und das Ende der Sinekure mit sich, so daß Bécquer noch einmal zum Journalismus zurückkehren mußte. Er starb Ende 1870 in Madrid. Eine Werkausgabe war ihm zu Lebzeiten nicht vergönnt. Sie wurde erst aus Anlaß seines Todes von Freunden veranstaltet.

Das Bild Bécquers war lange Zeit das eines weltfremden Träumers und politisch Desinteressierten, der am liebsten in der Vergangenheit gelebt hätte. Auch dieses Bild ist hauptsächlich aus den *Rimas*, zum Teil auch aus seinem geschichtsbegeisterten Frühwerk *Los templos de España* (1857/58 fragmentarisch erschienen) extrahiert, unter sträflicher Vernachlässigung seines nicht weniger bedeutenden journalistischen und erzählerischen Prosawerks. In ihm kann man einen zwar konservativen, aber weltoffenen, den Problemen der Gegenwart, einschließlich der sozialen, durchaus aufgeschlossenen Charakter kennenlernen, dazu einen glänzenden, zum Humor, auch zur Selbstironie fähigen Stilisten. *Las cartas desde mi celda*, die er 1864 aus einem mehrmonatigen, im Kloster Veruela (bei Tarazona) verbrachten Krankenurlaub an den *Contemporáneo* schickte, beweisen das (neben den an Larra geschulten costumbristischen Artikeln) am besten; sie sind alles andere als weltabgewandt. Besonders der vierte Brief, in dem er sich mit der Problematik einer beschleunigt moderner und abstrakter werdenden Zivilisation auseinandersetzt und vor dem Verlust des historischen Erbes warnt, schlägt eine Thematik an, die von den Reformern des Jahrhundertendes, auch von den 98ern wieder aufgegriffen werden sollte.

Frühwerk

Das eigentliche Meisterwerk des Prosautors sind aber die *Leyendas* – je nach Zählung 18 bis 22 phantastische Geschichten, die 1858–64 in verschiedenen Madrider Tageszeitungen erschienen. Mit der Bezeichnung ›Prosagedichte‹, die wiederholt vorgeschlagen wurde (wohl in der Absicht, Bécquer nur ›Lyrik‹ zuzugestehen), wird man ihnen nicht gerecht, vor allem nicht der genuin erzählerischen Technik der Spannungserzeugung mittels ausgeklügelter Rahmenkonstruktionen. Bécquer ist in der Tat ein vorzüglicher Novellist, der die ›unerhörte Begebenheit‹ wie kein anderer aus einer ›Normalität‹ herauszuentwickeln versteht, in der niemand mit ihr gerechnet hat. Seine Stoffe entstammen einerseits dem Repertoire der Schauerromantik und der orientalischen Exotik, entspringen andererseits aber auch einem neuen psychologischen Interesse für Phänomene des Wahnsinns, der Angst und der neurotischen Zwangsvorstellung. Geschickt versteht es Bécquer, die Horroreffekte so zu dosieren, daß sie den ›aufgeklärten‹ zeitungslesenden Bourgeois der 60er Jahre zunächst in seiner Skepsis bestätigen. »A las doce de la mañana« – heißt es am Beginn der für den *Contemporáneo* geschriebenen Erzählung *El monte de las ánimas*, vielleicht der effektvollsten Leyenda überhaupt – »A las doce de la mañana, después de almorzar bien, y con un cigarro en la boca, no le hará mucho efecto a los lectores de *El Contemporáneo*«. Am Ende fällt aber selbst Beatriz, femme fatale und Skeptikerin *innerhalb* der Erzählung, dem Schrecklichen zum Opfer, an das

Leyendas

sie nicht glauben wollte. Wie man sieht, bereiten die Leyendas das Schauerliche mediengerecht auf, spielen damit nur noch in ironischer Distanz, lassen sich aber doch auch wieder davon faszinieren. – Auch als Erzähler beendet Bécquer eine Epoche: die der naiven Romantik, wie sie etwa noch in den *Leyendas* Zorrillas zu finden ist, und eröffnet eine neue, kunstbewußte, in der das Unerhörte zum raffiniert aufbereiteten Konsum- und Luxusartikel wird. Kein Zweifel: Bécquer ist auch ein bedeutender *Erzähler* im spanischen 19. Jh., dessen Kunst ihre Schatten weit vorauswirft: bis zu Barbey d'Aurévilly, zu Maupassant, zu Valle-Inclán und zu Luis Buñuel, der seinen phantastischen Film *Le fantôme de la liberté* mit einer ›Nacherzählung‹ von Bécquers Leyenda *El beso* beginnt.

Die Rimas

Lange bevor die *Leyendas* bekannt wurden, war Bécquer als Autor der *Rimas* – und nur der *Rimas* – berühmt, deren genauer Titel *Rimas del libro de los gorriones* lautet. Es fällt heute schwer, ihnen mit Unbefangenheit zu begegnen, nachdem sie für Generationen spanischer Backfische zum klassischen Ausdruck unstillbarer Liebessehnsucht geworden sind und nachdem Bécquer-Zitate die Seiten unzähliger Poesiealben geschmückt haben. Um ihnen ohne Vorurteil wiederbegegnen zu können, muß man mehrere Mißverständnisse in Rechnung stellen, denen sie im Laufe der Zeit ausgesetzt waren. Das erste Mißverständnis entstand dadurch, daß die *Rimas* als reine Gefühlslyrik populär wurden. Dazu trug die Liebesthematik, die melancholische Grundhaltung des lyrischen Ich, die weichzeichnende, semantisch, syntaktisch und rhythmisch fließende, im Vergleich zu Espronceda auch angenehm leise und ganz unrhetorische Sprache nicht wenig bei. Die bekannteste aller *Rimas* (Nr. 53) – »Volverán las oscuras golondrinas/ en tu balcón sus nidos a colgar...« – ist ein gutes Beispiel dafür. Schaut man aber genauer hin, zieht man vor allem die *Cartas literarias a una mujer* (1860/61) hinzu, die nichts anderes als Bécquers Poetik sind, muß man schnell einsehen, wie kunstbewußt und alles andere als spontan dieser Autor auch in der Lyrik zu Werke gegangen ist. Es handelt sich also allenfalls um ›überarbeitete‹ Gefühle. Dann sieht man auch, daß ein hoher Prozentsatz seiner Gedichte gar nicht so sehr Gefühle als vielmehr Ideen über Gefühle ausdrücken, wobei der Grundgedanke – die Zurückweisung des Möglichen, die Suche nach dem Absoluten und Unmöglichen – im oft zitierten »Yo soy ardiente, yo soy morena« (Nr. 11) am schönsten formuliert ist. – Wenn etwas an Bécquer modern ist, so ist es gerade die Reflektiertheit seiner Verse. Zu dieser Reflektiertheit gehört auch die in den Rimas mehrfach, programmatisch schon in der ersten thematisierte Sprachnot: »Yo sé un himno gigante y extraño...: yo quisiera escribirlo, del hombre/ domando el rebelde, mezquino idioma/ con palabras que fuesen a un tiempo/ suspiros y risas, colores y notas« – »Ich weiß einen gigantischen, noch nie gehörten Hymnus...: Könnte ich ihn doch niederschreiben, des Menschen/ widerspenstige und armselige Sprache überwindend/ mit Worten, die zugleich/ Seufzer und Lachen, Farben und Töne wären!« Thematisiert wird hier also gerade das Bewußtsein von der sprachlichen *Nichtmitteilbarkeit* der Gefühle, die nur unvollkommen, auf Umwegen und im Nachhinein, unmittelbar aber nur körperlich ausgedrückt werden können.

Gustavo Adolfo Bécquer

Die Anordnung der Texte

Einen weiteren Anlaß zu Mißverständnis und Legendenbildung gab die Tatsache, daß man über die ursprüngliche Anordnung der Rimas nichts weiß. Und zwar deshalb, weil das Manuskript eine abenteuerliche Geschichte hat: Nur 15 der *Rimas* sind zu Lebzeiten Bécquers zwischen 1859 und 1868 in Zeitungen erschienen. Alle übrigen (unveröffentlichten) befanden sich mit den genannten zusammen in einem Manuskript, das der

Autor seinem Freund González Bravo zur ersten globalen Veröffentlichung übergeben hatte. Bei diesem ging es aber in den Unruhen der Septemberrevolution 1868, als sein Anwesen geplündert wurde, verloren. Bécquer hat daraufhin aus dem Gedächtnis wieder zu Papier gebracht, was ihm erinnerlich war. Das war möglicherweise nicht alles und wurde sicher nicht in der ursprünglichen Reihenfolge niedergeschrieben. Auch dieses Manuskript galt lange Zeit als verschollen, bis es 1914 von Franz Schneider im (auch heute noch nicht ausgeschöpften) Fundus der Biblioteca Nacional gefunden wurde. Hier erst wurde ersichtlich, daß die Herausgeber von Anfang an nicht die – gewiß zweifelhafte – ›zweite‹ Anordnung Bécquers, sondern ihre eigene befolgt und das Konvolut von 76 übriggebliebenen Gedichten überhaupt erst in jene Reihenfolge gebracht hatten, die daraus ein Manifest romantischer Desillusion machte, das mit hoffnungsvollen Versen beginnt und mit dem Ausdruck völliger Vereinsamung endet. Man kann mit Sicherheit annehmen, daß Bécquer selbst die über einen großen Entstehungszeitraum verstreuten Gedichte nicht mit dieser präzisen Zielsetzung geschrieben hat.

Literatur und Presse: *Costumbrismus* und Ursprung des Romans

Seit Beginn des 19. Jh. werden auch in Spanien die unterschiedlichsten Presseprodukte – Tageszeitungen, Wochen- und Halbmonatsperiodika vermischten Inhalts, sowie literarische Zeitschriften – zu einem bestimmenden Faktor im öffentlichen Leben und zu einem neuen Medium für die Verbreitung von Literatur, der Journalismus zu einer Möglichkeit, literarische *und* politische Ambitionen miteinander zu verknüpfen.

Costumbrismus

Von Anfang an war es das Ziel dieser neuen Medien, sowohl das Informations- als auch das Unterhaltungsbedürfnis eines breiter werdenden, jetzt vor allem das Bürgertum einschließenden Publikums regelmäßig zu bedienen und den Bezug der Druckwerke ökonomisch erschwinglich zu machen: durch Abonnements, durch Straßenverkauf, aber auch durch Lektürekabinette und die Auslage in Cafés, in denen die Presseprodukte gegen eine geringe Gebühr oder einen bescheidenen Verzehr tagtäglich und gleichsam in Serie verfolgt werden konnten.

Letzten Endes verdanken diese auf ›Neuigkeit‹ und ›Aktualität‹ spezialisierten Periodika ihre Entstehung der permanenten, für die Moderne so charakteristischen politischen Unruhe, der besorgniserregenden und eben deshalb der ›Besprechung‹ bedürftigen sozialen Instabilität und dem daraus resultierenden Bedürfnis nach Zerstreuung und Ablenkung. Deshalb wird die Presse zum Ort sowohl der veröffentlichten Meinung und der politischen Auseinandersetzung als auch der kompensatorischen Unterhaltung.

Zeitungsverkäuferin

Ihre Existenz war in Spanien allerdings lange Zeit prekär. Die Meinungsfreiheit, die eine lebendige Presse braucht, war gerade in jener Epoche, die uns hier beschäftigt, nur ausnahmsweise garantiert; meistens war sie entweder ganz aufgehoben oder von der allgegenwärtigen Zensur stark beschnitten. Fernando VII versuchte, kaum daß er wieder im Besitz der Macht war, das während des Unabhängigkeitskrieges ins Kraut geschossene Pressewesen auf zwei Regierungsorgane – *La Gaceta* und *Diario de Madrid* – zu

»*El Siglo* en blanco«, so der Titel eines Larra-Artikels zur Zensur der Nr. 14 (1834) der Zeitung *El Siglo*.

reduzieren. Im Trienio liberal gab es dafür ein erneutes und um so heftigeres Gründungsfieber: Allein 65 Periodika entstanden in Madrid. Danach kamen abermals die Restriktionen, wenn auch nicht mehr mit der gleichen Konsequenz: Mit Geld ließ sich manches richten. Aber selbst nach dem Dekret über die Liberalisierung der Presse von 1834 blieb das Zeitungswesen bedroht, so daß der ständige Kampf um ein Stück Meinungsfreiheit auch für die 40er und 50er Jahre ebenso charakteristisch blieb wie die Kurzlebigkeit der Veröffentlichungen, in denen er ausgetragen wurde.

Dies ist der Kontext, aus dem der Costumbrismus entstand und in dem er lebte – mit ersten Ansätzen schon vor 1820, mit der Blütezeit in den 30er und 40er Jahren und mit einer lang andauernden Routine, die bis in die 60er Jahre reichte. In anderer Form und unter neuen Bedingungen ist der costumbristische Artikel auch heute noch ein unverzichtbarer Bestandteil der spanischen Presse.

Der Costumbrismus ist kein rein spanisches Phänomen. In England (Addison im *Spectator*) wurde ähnliches schon im 18. Jh., in Frankreich (Jouy) im frühen 19. Jh. geschrieben; die spanischen Autoren weisen selbst auf diese Vorbilder hin. Nirgends aber hat sich das Phänomen so verdichtet wie in Spanien, genauer gesagt in Madrid, wo viele Autoren gleichzeitig dazu beitrugen, daß der Costumbrismus zum Massenphänomen wurde. Die Popularität dieser Gattung wurde sicher noch dadurch gesteigert, daß ihre eigentlichen Wurzeln in Spanien selbst zu suchen sind: besonders in der pikaresken Literatur, wo es die Institution des ›aufdeckenden‹ Beobachters – eines der Hauptmerkmale der *Artículos de costumbres* – zuerst gab und wo Engländer und Franzosen ihrerseits (man denke an Lesages »Le diable boiteux«) entscheidende Anregungen fanden. Auch Ramón de la Cruz gehört in die ›spanische‹ Vorläuferschaft des Costumbrismus.

Zu den wichtigsten Charakteristika des *costumbrismo* gehört außer der Institution des kritischen Beobachters noch ein ganzes Bündel weiterer Merkmale, vor allem die Kurzform (deshalb die Bezeichnung »artículo de costumbres«; drei bis zehn Manuskriptseiten im Schnitt), die Unabhängigkeit der einzelnen Artikel und dennoch auch Fortsetzbarkeit zur Artikelserie, die unterhaltsame, witzige und fesselnde Darbietung – alles Erfordernisse, die das neue Medium der Zeitung stellt. Ob die Artikel ausschließlich unterhaltender Natur sind, oder – was oft der Fall ist – auch eine politische, moralische oder sonstwie einflußnehmende Absicht verfolgen, ob sie einer konservativen oder progressiven Ideologie verpflichtet sind, ist zweitrangig und eine Frage des persönlichen Temperaments der Autoren. Vorrangig ist allein die Befolgung des ersten Gebotes jeden modernen Journalismus: der Leser darf nicht überfordert werden und es darf keine Langeweile entstehen. Dennoch und eben deshalb muß hier einer falschen Erwartung entgegengetreten werden: Die Kurzweiligkeit des Costumbrismus ist heute in den meisten Fällen nicht mehr nachzuvollziehen. Andererseits gibt es einige wenige Autoren, die die Möglichkeiten der Gattung so gut ausgeschöpft haben, daß sie die Zeiten überdauern konnten. Dazu gehört neben Ramón de Mesonero Romanos vor allem der überragende (und deshalb hier auch besonders herausgestellte) Mariano José de Larra, mit Einschränkungen auch Serafín Estébanez Calderón, der den an sich großstädtischen *artículo de costumbres* auf andalusische Verhältnisse zu übertragen versuchte.

Grundelemente des Costumbrismus

Mesonero Romanos legte Wert darauf, als der erste spanische Costumbrist zu gelten, obgleich ihm der frühreife, egozentrische, in diesem Punkt aber gelassene Larra den Vortritt hätte streitig machen können. Mesonero wurde 1803 in Madrid geboren. Sein Vater war Kaufmann und so reich, daß der Sohn schon in jungen Jahren bequem von den Zinsen des väterlichen Vermögens leben konnte. Kein Wunder, daß er sein ganzes Leben lang ein an der großen Politik, vor allem der Sozialpolitik desinteressierter Bourgeois blieb, der zu gegebener Zeit das Vermögen noch beträchtlich zu mehren wußte. Mit 28 Jahren legte er sein erstes Buch über Madrid vor – eine Art Führer durch jene Stadt, der er sein ganzes Schriftsteller-, Chronisten- und Stadtverordnetenleben widmen sollte. Daraus entwickelte sich der Plan für das als *Panorama matritense* angelegte costumbristische Kompendium hauptstädtischer Zustände, Mißstände, Typen und Charaktere, in dem sich, wie in einem Brennspiegel, Madrider Eigentümlichkeiten gleichsam gebündelt reflektieren sollten. Die erste Serie der in verschiedenen Zeitungen einzeln erschienenen Artikel wurde 1835 als *Panorama Matritense* veröffentlicht. Der zweite Teil erschien 1842 unter dem Titel *Escenas*

Mesonero Romanos

matritenses. Die entsprechenden Artikel waren zuvor in Mesoneros eigener, 1836 gegründeter Wochenzeitung *Semanario pintoresco español* erschienen, die zum wichtigsten Sammelbecken des gesamten – jetzt auch illustrierten – *costumbrismo* werden sollte. Der dritte Teil des *Panorama* erschien erst 1862 unter der Bezeichnung *Tipos y caracteres*. Inzwischen hatte Mesonero zwei ausgedehnte Europareisen (nach England, Frankreich und Belgien) unternommen, und zwar ausschließlich in einem damals noch neuen Interesse, dem urbanistischen nämlich. Als Frucht schon der ersten, vor allem den Hauptstädten gewidmeten Reise erschien 1835 seine Denkschrift über eine durchgreifende Reformierung Madrids (»Proyecto de mejoras generales de Madrid«). Seit 1846 konnte er als Stadtverordneter (1864 wurde er noch Stadtschreiber) seine Projekte auch der Verwirklichung näher bringen. In der Tat geht die erste, vor allem die Altstadt betreffende Sanierung und Modernisierung Madrids auf Mesoneros Initiative zurück. 1880 erschienen seine Memoiren (*Memorias de un setentón*), die allerdings nur bis 1850 reichen. Mesonero starb 1882 in ›seinem‹ Madrid.

Mesoneros Artikel visierten zwar ein Panorama des *ganzen* Madrid an, beschränkten sich aber in Wirklichkeit, wie die der meisten anderen Costumbristas auch, auf die Mittelklasse, das Bürgertum (einschließlich des Kleinbürgertums), diejenige Klasse also, die in der Epoche Isabels II. hauptsächlich favorisiert wurde (auch die Masse der Zeitungsleser stellte), wenngleich sie sich an Bedeutung noch lange nicht mit der Oberklasse messen konnte. Im übrigen liegt die Eigenart von Mesoneros Stadtbildern darin, daß sie zum ersten Mal in Spanien von einem ausgesprochenen Großstadt- und Kapitalenbewußtsein getragen werden, das sich unter anderem auch in einem gewissen Überlegenheitsgefühl gegenüber den zurückgebliebenen und staunenden Provinzlern niederschlägt. Sehr hübsch kommt das in dem berühmten Artikel »La Calle de Toledo« zum Ausdruck. Die Calle de Toledo war damals die Haupteinfallstraße, wenn man aus dem Süden kam. An ihr konnte man das Großstadtgetriebe und den Zusammenstoß zwischen Metropole und Provinz besonders gut exemplifizieren. Dabei war Mesonero selbst keineswegs vom Segen des Fortschritts überzeugt. Er war, bei allem Stolz aufs aufblühende Madrid, eher ein Nostalgiker, der ein feines Gespür dafür hatte, daß er in einer Umbruchsepoche lebte, in der manches Vertraute unwiederbringlich zu verschwinden begann. Dieses Umbruchsbewußtsein, aus dem sich scharfe Kontraste ableiten ließen, ist im übrigen für den *ganzen* Costumbrismus, auch für Larra und die Poetae minores kennzeichnend, mit jeweils ganz unterschiedlicher Betonung natürlich. Auch das gleichsam soziologische, auf die Herausarbeitung typischer gesellschaftlicher Erscheinungen und nationaler Charaktere ausgerichtete Interesse ist gattungsspezifisch; ebenso die strikte Beschränkung auf die Gegenwart, gleichsam die aktuelle Momentaufnahme. Auch die Institution des kritischen und skeptischen, manchmal auch maliziösen Betrachters und Erzählers, der sich oft hinter einschlägigen Pseudonymen versteckt (im Fall von Mesonero hinter dem des »Curioso Parlante«), gehört zur Grundausstattung des Costumbrismus. Im übrigen beschränkt sich die Kritik bei Mesonero weitgehend auf einen freundlichen, im Vergleich zu Larra etwas fad wirkenden Paternalismus, der nur in der Zurückweisung von ordnungsgefährdenden Mißständen schärfer wird. Diese Kritik richtet sich meistens gegen auch heute noch ›typisch spanische‹ Laster wie die Auswüchse der Bürokratie, die Geltungssucht und die blindwütige Nachahmung ausländischer Vorbilder, damals der französischen (s. den Artikel »El extranjero en su patria«), im heutigen Costumbrismus der US-amerikanischen. Auch die

Mesonero Romanos

Umbruchbewußtsein der Costumbristen

»El cesante«: der bei einem Regierungswechsel entlassene Staatsdiener hungert sich durch. Karikatur in der costumbristischen Sammlung *Españoles pintados por sí mismos*

Kritik an den städtischen Behörden (Bausünden, Wohnungsproblematik, Polizeiwesen) gehört zum Repertoire von Mesoneros (und des heutigen) *costumbrismo*.

Die Sammlung der *Españoles pintados por sí mismos* (1843/44), ein zweibändiges Kollektivwerk von 66 Autoren, das der Verleger Ignacio Boix in Madrid herausgab, hat gegenüber den Arbeiten Mesoneros, von denen Larras ganz zu schweigen, gewiß eine geringere Bedeutung. Sie kann uns aber auf einige Zusammenhänge hinweisen, die für die historische Einschätzung des Costumbrismus wichtig sind. Zum einen ist festzuhalten, daß diese Sammlung direkt von der vor allem in Frankreich blühenden Mode der *Physiologien* beeinflußt wurde. Die *Physiologien* waren eigentlich soziale ›Physiognomien‹, d.h. kurze, auch schon psychologisch interessierte Porträts von typischen Verhaltensweisen, Berufsgruppen und sozialen Einstellungen. Es ist bekannt, daß die Physiologien in Frankreich eine wichtige Vorstufe für die Ausformung des großen realistischen Romans waren und daß sie besonders für das Werk Balzacs, der selbst *Physiologien* geschrieben hat (z.B. *La physiologie du mariage*) grundlegend wurden. Dies zu erinnern ist deshalb wichtig, weil auch der spanische Costumbrismus zu den Wegbereitern des Romans auf der iberischen Halbinsel gehörte. Man braucht sich nur einige Titel der Sammlung anzusehen, um sich sofort in die Welt Galdós' versetzt zu fühlen (von dem wiederum bekannt ist, daß er sich von Mesonero gerne beraten ließ): »El ministro«, »El senador«, »El empleado«, »El escribano«, »El canónigo«, »El cesante« (der bei einem Regierungswechsel stellungslos gewordene Staatsdiener) etc.

Außerdem läßt sich aus der Perspektive der *Españoles pintados por sí mismos* auch der ausgesprochen unabhängigkeitsbewußte ›nationale‹ Charakter des Costumbrismus erkennen, obwohl der direkt vom französischen Vorbild (*Les français peints par eux-mêmes*, 1839) kopierte Titel dem zu widersprechen scheint: Das spanische Pendant, aber auch der qualitativ ungleich bessere Costumbrismus Mesoneros und Larras, ist ganz bewußt auf der Suche nach einer eigenen spanischen Identität. Auch diese Identi-

Los Españoles pintados por sí mismos

tätssuche läßt sich als Vorstufe zu Einstellungen von Galdós begreifen, sowohl zum Geist der *Episodios nacionales*, als auch zu dem der *Novelas contemporáneas*. Jedenfalls bemüht sich schon die Sammlung der *Españoles pintados por sí mismos*, wenn auch mit noch unvollkommenen Mitteln, ganz explizit um eine Korrektur des romantisch verklärten Spanienbildes der Ausländer, in dem die Stierkämpfer, Zigeunerinnen, Zigarrendreherinnen und Schmuggler hauptsächlich andalusischen Ursprungs mit dem ›Spanischen‹ schlechthin gleichgesetzt wurden – am folgenreichsten bekanntlich in Mérimées *Carmen*.

Larra

Wenn es die Lebens- und Veröffentlichungsdaten nicht bestätigten, daß Larra und Mesonero fast gleichaltrig waren und daß sie gleichzeitig publizierten: man würde es nicht glauben. So viel moderner, lebendiger, offener, widersprüchlicher, anregender, aggressiver, rebellischer, witziger und brillanter erscheint uns Larra, daß wir uns hüten müssen, ihn nicht vorschnell zu unserem Zeitgenossen zu erklären. Dabei sollte uns schon die Tatsache, daß wir ihm so viel persönliche und schriftstellerische Tugenden zuerkennen, stutzig machen: Larra ist mit der Zeit zu einem Mythos geworden, in den besonders das ›andere‹, das demokratische und europäische Spanien seine Wünsche hineinprojiziert hat, indem es ihn gleichsam zu seinem Vorsprecher erhob.

Larras Leben

Larra wurde am 24.3.1809 in Madrid geboren. Sein Vater war ein kompetenter, im französischen Heeresdienst stehender Arzt, der als *afrancesado* 1813 mit dem napoleonischen Heer über die Grenze fliehen mußte. Bordeaux, Paris und Straßburg waren die ersten Stationen des Exils. Nach der Abdankung Napoleons ließ sich der Vater in Paris nieder, wo ihn unter anderem der Bruder Fernandos VII, der Infant Don Francisco de Paula, konsultierte. Der Behandlungserfolg scheint so nachhaltig gewesen zu sein, daß der illustre Patient ihn als Leibarzt mit auf Reisen nahm und ihm 1818 sogar die Genehmigung zur Rückkehr nach Spanien erwirkte. Das bedeutet aber auch, daß der Sohn seine frühen Jahre außerhalb Spaniens verbracht und als erste Sprache Französisch gelernt hat. Obwohl er selbst nie zum *afrancesamiento* neigte, auch stets zu Spanien hielt (an dem er litt), hat ihn dieser biographische Umstand doch auch dazu befähigt, Spanien zugleich mit den Augen des Außenstehenden zu betrachten. Nach der Beendigung seiner Schulzeit, die er – wie auch heute noch viele Kinder wohlhabender Eltern – zuletzt bei den Jesuiten verbrachte, begann er 1825 ein (nie abgeschlossenes) Jurastudium in Valladolid. 1827, vielleicht schon früher, zieht er endgültig nach Madrid. 1828, mit 19 Jahren, beginnt seine kurze, aber überaus intensive Journalistenkarriere mit der Gründung der von ihm allein redigierten Zeitschrift *El duende satírico del día*, die schon nach fünf Nummern verboten wurde – die erste von vielen Beeinträchtigungen durch die Zensur, die Larra über sich ergehen lassen mußte. Dort erschien auch sein erster Artikel, »El café«. 1829 – mit 20 – heiratet er – »pronto y mal«, wie er es in einem Artikel von 1832 am Beispiel eines angeblichen Neffen selbst beschrieben hat. Aus der Ehe gingen drei Kinder hervor. 1832 begann die vielkommentierte, offenbar stürmische Liebschaft mit (der ebenfalls verheirateten) Dolores Armijo. 1835 unternahm Larra seine einzige Auslandsreise als Erwachsener. Sie führte ihn nach Lissabon, London, Paris und Brüssel. Von nun an und im ganzen Jahr 1836 hatte Larra eine, durch politische Anfeindungen zumindest mitbedingte, Pechsträhne: Nachdem er die progressistische Regierung Mendizábal mehrfach scharf angegriffen hatte (obwohl er eigentlich zu ihren Parteigängern gehörte), wurde er des Verrats bezichtigt. Seine Mitarbeit an der Zeitung *El Español* wurde von deren Direktion stark eingeschränkt; einen endgültigen Bruch konnte sich der beleidigte Larra nicht leisten, weil er überschuldet war. Auch eine Kandidatur für die Cortes ging schief. Wenn man seine letzten, sehr sarkastischen Artikel auch als einen Ausdruck seines seelischen Zustandes verstehen darf, scheint er zum Schluß immer verbitterter und deprimierter gewesen zu sein. Am 13.2.1837 kam es zum Bruch mit Dolores Armijo. Dies scheint bei dem äußerst empfindlichen und sehr von sich eingenommenen Autor das Faß zum Überlaufen gebracht zu haben. Noch am gleichen Tag erschießt er sich mit einem Pistolenschuß in die Stirn. Das Begräbnis, an dem der noch unbekannte Zorrilla die Grabrede hielt, wurde zu einem gesellschaftlichen Ereignis, an dem *tout Madrid* teilnahm.

Von einem – inzwischen vergessenen – historischen Roman (*El doncel de don Enrique el doliente*) und dem schon erwähnten Theaterstück *Macías* abgesehen, hat Larra sein ganzes Leben für die Zeitung gearbeitet, obwohl er diese Fronarbeit eigentlich als unter seiner Würde empfand. Denn einerseits stand sie unter Termin- und Erfolgsdruck und andererseits unter der Kontrolle der Zensur, die Larra mehrfach zum Verstummen brachte. Es begann mit dem kurzlebigen *Duende satírico*, zugleich Larras erstem Pseudonym. Auch der zweite, 1832 gestartete Versuch, mit *El pobrecito hablador* (abermals zugleich ein Larra-Pseudonym) eine eigene Zeitschrift zu etablieren, scheiterte 1833. In dieser Zeit erschienen so bekannte costumbristische Artikel wie »El casarse pronto y mal«, »El castellano viejo« und »Vuelva usted mañana« (allein die Kunst der Titelfindung weist Larra schon als einen Meister seines Fachs aus!). Es erschien aber auch eine (wie immer satirische) Reflexion über ein Thema, das Larra bis an sein Ende beschäftigte: das Problem der Rezeption, die Frage: von wem werde ich *wirklich* gelesen und von wem *wünschte* ich gelesen zu werden? (»¿Qué es el público y dónde se le encuentra?«). – Von nun an muß Larra seine Feder und sein geniales Talent verdingen – an immer wieder wechselnde Zeitungen, Redaktionsansprüche und Publikumswünsche: In den nicht einmal vier Jahren, die ihm noch blieben, hat er seine schärfsten politischen Artikel unter dem Pseudonym »Fígaro« veröffentlicht, in Anlehnung an die Figur Beaumarchais' und deren berühmte Diatribe gegen die Zensur.

Die erste Sammlung seiner Artikel, eine dreibändige, später erweiterte, chronologisch geordnete Auswahl des Verlegers Delgado, erschien noch zu seinen Lebzeiten. Ihr Titel, *Colección de artículos dramáticos, literarios, políticos y de costumbres*, läßt ein erstes wichtiges Charakteristikum von Larras Costumbrismus und einen kapitalen Unterschied zu Mesonero Romanos erkennen: Bei Larra gibt es keine Trennung von ›Politik‹ und ›Literatur‹, von ›Theaterkritik‹ und ›Costumbrismus‹: Leben und Literatur, Ästhetik und Interesse, Beobachtung und Kritik, Darstellung und Eingreifen gehen ineinander über, bedingen einander, sind, je für sich allein: nichts.

Wie Mesonero hat Larra die *costumbres*, die Sitten und Bräuche vor allem der Hauptstadt Madrid, die schlecht funktionierenden Institutionen und den Epochenumbruch im Blick, aber er nähert sich diesen Phänomenen mit einem ganz anderen Temperament. Nichts liegt Larra ferner als der freundlich-moralische Paternalismus Mesoneros. *Er* ist immer polemisch-erregt und nicht moralisch, sondern politisch motiviert, und da er die Wirklichkeit, die er beobachtet, insgeheim immer am Ideal der aufgeklärten Vernunft und der demokratischen Gleichheitsidee mißt, ist die Kritik radikal und die Enttäuschung, zumindest die Indignation, schnell bei der Hand. Eben deshalb kommt er auch nicht bloß auf Oberflächenphänomene zu sprechen wie Mesonero, sondern auf Fragen, die an die Wurzeln gehen:

Fronarbeit für die Zeitungen

Mariano José de Larra

Larras schriftstellerisches Temperament

Bürgerkrieg, Meinungsfreiheit, sozialer Ausgleich, Todesstrafe, politische Korruption usf. Während Mesonero den beginnenden Wandel von der España Eterna zu einer España Moderna mit skeptischer Resignation und nostalgischem Bedauern zur Kenntnis nimmt, ist Larra voller Ungeduld, weil es ihm zu langsam geht. Er wäre lieber schon heute als morgen auf dem anderen, dem ›europäischen‹ Ufer. Eben diese Unruhe gibt seinen Artikeln überhaupt erst jenen *drive*, der ihre Modernität ausmacht, und jene Scharfsicht, die sofort die Bremsmanöver der schönsprechenden Politiker durchschaut. Im Artikel »Dios nos asista. Tercera carta de Fígaro a su corresponsal en París«, der lange Zeit nicht unterzubringen war, geht er mit beißender Ironie mit all jenen ins Gericht, die in ihren Sonntagsreden für Pressefreiheit eintreten. Wenn alle dafür seien: »¿quién diantres impide que la establezcan?« (»Was zum Teufel hindert die daran, sie auch wirklich einzuführen?«). Die Realität sähe leider anders aus. Verbote, wo man hinschaue, wenngleich sich mit Geld manchmal auch Meinungsfreiheit erkaufen lasse: »Por dos mil reales te puedes dar un hartazgo.« (»Für zweitausend Reales kannst du dich mal so richtig ausquatschen.«) Überhaupt ist Larra immer dann besonders sarkastisch, wenn er den idealistischen Schein auf sein wahres, vom materiellen Interesse diktiertes Sein zurückführen kann. Am meisten hat sich Larra über die Folgen der groß angekündigten (auch von ihm selbst geforderten) *Desamortización*, der Landverteilung, geärgert, die bekanntlich nicht ›dem Volke‹, sondern nur den ohnehin schon Reichen genutzt und diesen nur noch mehr Reichtum verschafft hat. Diese Enttäuschung war ein wichtiger Grund für seinen Bruch mit den Progressisten und hatte sicher auch einen gewissen Anteil an der in den Suizid führenden existentiellen Krise. Trotzdem darf man in Larra keinen Frühsozialisten, nicht einmal einen altruistisch denkenden Philanthropen vermuten: sein Gerechtigkeitsgefühl blieb, wie das der Aufklärer, relativ abstrakt und wird erst dann richtig expressiv, wenn es um seine eigenen journalistischen Interessen geht. Deshalb konkretisiert sich ›Freiheit‹ bei Larra fast immer als Pressefreiheit, ›Gleichheit‹ als Chancengleichheit, während er für die wenigen wirklichen Unterschichtler, die bei ihm auftreten, eher Verachtung zeigt. Allerdings läßt er sich in seinem letzten Artikel (»La nochebuena ...«) von einem von ihnen selbstkritisch die Leviten lesen – in einem jener Anfälle masochistischer Selbstanzweiflung, ja -zerstörung, die für seine letzten Jahre charakteristisch sind. Andererseits ist man aber auch immer wieder erstaunt, wie klarsichtig ein so junger Mann wie Larra die Lage beurteilen konnte, wenn er – was selten genug vorkam – in einem Zustand seelischer Ausgeglichenheit schrieb. Dann ›wußte‹ er auch, daß der Wandel seine Zeit braucht, gerade in einem Land, das so wenig an Freiheit gewöhnt war wie Spanien: »¡Que después de tantos años de gobierno inquisitorial! Después de tan larga esclavitud es difícil saber ser libre«, heißt es in dem Artikel »Jardines públicos«, der, wie so vieles, das Larra geschrieben hat, immer wieder von neuem aktuell wird.

Mendizábal, Architekt der *Desamortización*

Aufklärer oder Romantiker?

Es ist viel darüber diskutiert worden – und oft in der Form eines müßigen Entweder-Oder –, ob Larra ein Aufklärer oder ob er ein Romantiker war. Wenn schon, dann war er beides. ›Aufklärerisch‹ war vor allem seine ganz offensichtlich an Voltaire geschulte Kunst der Polemik, einschließlich der vielen antiklerikalen Ausfälle, auf die hier nicht näher eingegangen werden kann. ›Romantisch‹ hingegen war nicht nur der wachsende Pessimismus Larras, sondern vor allem die Tatsache, daß er seiner selbst immer weniger gewiß sein konnte und sich auch selbst zum Gegenstand seiner radikalen Kritik und seiner ungeduldigen Verzweiflung machte.

Mit dieser Selbstkritik vor allem unterscheidet Larra sich diametral von Mesonero, dem Zweifel am eigenen Ich unbekannt waren, wenngleich sofort hinzugefügt werden muß, daß Larras Zweifel nie weit von einer narzißtischen Selbstbezogenheit entfernt sind. Aber jedenfalls ist das Ich eines der großen Themen und der hauptsächlichen Gegenstände in Larras Artikeln, die man deshalb nur noch mit Einschränkung ›costumbristisch‹ nennen kann, zumal sie, im Gegensatz zu Mesonero, nie Unbeteiligtheit oder Objektivität vorspiegeln. Anfänglich ist die Selbstkritik noch spielerisch (etwa in der Einleitung zu »El casarse pronto y mal«), am Ende wird sie radikal. Bezeichnend dabei ist allerdings, daß Larras nagende Selbstzweifel nicht so sehr moralischer Natur sind. Sie werden vielmehr vor allem von der Sorge um die Wirkung seines Werks bestimmt, um *seinen* Einfluß auf und *seine* Macht über andere. Es ist überdeutlich, daß Larra sich nicht mit der Rolle des Unterhalters zufrieden geben, daß er mehr sein wollte und daß er daran verzweifelte, wenn von ihm gerade nur dies – Zerstreuung nämlich – erwartet wurde. Einflußlosigkeit war das letzte, das er ertragen konnte.

Dramatisch wird die Selbstkritik, aber auch die Äußerung des erniedrigten Stolzes in Larras letztem Artikel, »La nochebuena de 1836«. Untertitel: »Yo y mi criado. Delirio filosófico«. Der Artikel beginnt moderat, in scheinbar noch gespielter Verzweiflung über die Unglückszahl 24: »El número 24 me es fatal: si tuviera que probarlo diría que en día 24 nací.«. Schon am Vortag und in der Nacht deuten alle Anzeichen auf Unglück: Figaro kann nicht schlafen. Am 23. war schönes Wetter, also *muß* es am 24. regnen. Tatsächlich schneit es am Morgen sogar. Der Blick schweift über die zahlreichen, seit Monaten herumliegenden unvollendeten Artikel. Die Laune ist miserabel. Als der Diener um vier zum Essen ruft: kein Appetit. Mag Sancho essen, denn dazu ist er geboren. Plötzlich eine Erleuchtung: Haben die Römer zu dieser Jahreszeit nicht ihre Saturnalien gefeiert, die Rollen zwischen Herren und Sklaven vertauscht und diesen die Lizenz erteilt, jenen die Wahrheit zu sagen? Warum sollte er in *seinem* Haushalt nicht einmal das gleiche probieren? Also: »Miré a mi criado y dije para mí: ›Esta noche me dirás la verdad‹«. Bis dann ist aber noch viel Zeit. Figaro verbringt sie, wie immer, flanierend auf den Straßen von Madrid. Dort sieht er, was wir auch heute noch sehen: Der Geburtstag des Erlösers ist der Anlaß für eine kollektive Freßorgie. »El vientre es el encargado de cumplir con las grandes solemnidades.« Stundenlang ist er unterwegs, in melancholische Gedanken vertieft und versäumt fast die Mitternacht. Sollte der 24. ohne größeres Ungemach enden, außer mit seiner schlechten Laune? Aber nein! Da ist ja noch – als er nach Hause kommt – der Diener, der Sklave, der asturianische Untermensch, sternhagelvoll von dem Wein, den er sich von dem Geld kaufte, das der Herr artikelschreibend verdient hat. Vergebens versucht Figaro, ihn beiseite zu schieben; der Kerl läßt sich nicht abweisen. Und jetzt fängt er auch noch an zu reden! *Jetzt* kommt er mit seinen Wahrheiten und hört, obwohl ihn der Herr immer wieder zum Schweigen zu bringen versucht, nicht auf, bevor er nicht alles losgeworden ist, was er zu sagen hat. Die Rollen sind tatsächlich vertauscht: Der Herr hat den Diener zu ertragen, und was er von ihm zu hören bekommt, ist deshalb so schmerzhaft, weil er Ähnliches in seinem tiefsten Inneren selbst schon geahnt hat. Der Dialog zwischen Herr und Diener kann also auch als eine Art Selbstgespräch mit dem eigenen Gewissen aufgefaßt werden, ein Gespräch, in dem das vom Tagesich nur schlecht Verdrängte in aller Klarheit zur Sprache kommt. Anderseits ist die Auseinandersetzung aber auch wieder ganz unallegorisch, die Situation nur zu realistisch: Der Diener ist

Die Selbstdarstellung in den späten Artikeln

»La Nochebuena de 1836«

Objekte Larras, unter anderem die Pistole, mit der er sich erschoß

vom Alkohol enthemmt und verbindet seine Invektiven gegen den vom Ehrgeiz besessenen Herrn mit den Äußerungen des unbefangensten Behagens, wie es nur derjenige zeigen kann, der sich nicht beim täglichen Positionskampf im Rennen um die Publikumsgunst aufreiben und sich auch nicht fragen muß, wen er dabei unblutig um die Ecke oder mit bloßen Worten um seine Ehre gebracht hat. Das sei ja gerade das heimtückische an den Journalisten, meint der Diener. Sie unterschieden sich von den gewöhnlichen Kriminellen, den kleinen Straßenräubern und Messerstechern, dadurch, daß sie keine offenen Blutspuren hinterließen und deshalb auch nicht von der Polizei dingfest gemacht werden könnten. – Den schlimmsten, den treffendsten, den nachhaltigsten und vernichtendsten Angriff aber macht der criado zuletzt, kurz bevor er schnarchend in den Schlaf sinkt und den Herrn in heller Verzweiflung und in der Gewißheit zurückläßt, daß dies denn *doch* noch ein ›richtiger‹ 24. war. »Ten lástima ahora del pobre asturiano«, beginnt der Diener vor dem entscheidenden Tiefschlag, in Anspielung auf die gewöhnliche Herablassung des Herrn, und fährt fort: »Tú me mandas, pero no te mandas a ti mismo. Tenme lástima, literato. Yo estoy ebrio de vino, es verdad; pero tú lo estás de deseos y de impotencia...« (»Du hast mich in der Hand; aber du hast dich nicht selbst in der Hand. Hab ruhig Mitleid mir mir, Literat. Ich bin berauscht vom Wein, zugegeben. Aber du bist es von Ehrgeiz und Ohnmacht.«) – Hier haben wir sie: Figaros tiefste Befürchtung und Bedrohung, so tief, daß er sie sich nicht offen einzugestehen wagt und von einem Betrunkenen, normalerweise Verachteten und Übersehenen, diesmal aber ausnahmsweise Eloquenten formulieren lassen muß: die Furcht vor der Impotenz des Intellektuellen, die aber den gleichzeitigen Größenwahn nicht ausschließt. Ein Thema mit Zukunft!

Daß die Sorge im Fall von Larra unbegründet war, wissen nur wir Nachkommenden. Er selbst konnte nicht warten und starb – *ebrio de deseos* – an der unerfüllten Sehnsucht, von einem großen Kreis interessierter Leser als bedeutender Autor anerkannt zu werden und an dem für ihn unerträglichen Verdacht, in Wahrheit nur ein Entertainer für den zeitungslesenden Bourgeois gewesen zu sein.

Was den Roman anbelangt, so war er schon vor der Jahrhundertmitte populär. Er war allerdings nicht besonders originell und lehnte sich eng an ausländische Vorbilder an, vorzugsweise aus der englischen und französischen Romantik: Walter Scott für den historischen Roman und Victor Hugo, George Sand, A. Dumas und Eugène Sue – Sue vor allem – für den melodramatischen Sozialroman. Etwa um 1840 kommen neue Produktions- und Vertriebsformen für den Roman auf, die ihn erstmals auch für weitere Kreise verfügbar machen, wenn auch kaum für das ›Proletariat‹, wie gern behauptet wird. Die Erweiterung seiner Publikumsbasis vollzieht sich vielmehr noch hauptsächlich im Bürgertum selbst und schließt nun auch dessen weniger begüterte Schichten, allenfalls noch den für die oberen Klassen tätigen Dienstleistungssektor ein: die Hausangestellten und die Conciergen, von denen freilich die wenigsten lesen konnten (von Lesekundigen aber vorgelesen bekamen). Die entscheidende Voraussetzung für die erste, noch bescheidene Demokratisierung der Leseliteratur war die Einführung des Serienromansystems, sei es in Form der *novela por entregas,* der Kolportage also, die den Lesern die Vorteile eines literarischen Teilzahlungsgeschäftes bot, sei es in Form des *foletín,* des (sammelbaren) Fortsetzungsromans in Zeitungen und Zeitschriften. Beide Formen brachten – ähnlich wie gleichzeitig in Frankreich – auch eine gewisse Industrialisierung der Literaturproduktion mit sich, einschließlich erster Formen der Arbeitsteilung. Die Zahl der Autoren, die für dieses neue Produktions- und Vertriebssystem schrieben, war in Spanien zwischen 1840 und dem Jahrhundertende sehr hoch. Ohne Übertreibung kann man sagen, daß die *novela por entregas* und das *foletín* neben dem Costumbrismus der eigentliche Nährboden für den realistisch-naturalistischen Roman der zweiten Jahrhunderthälfte gewesen sind.

Die wichtigsten Gattungen der hier in Frage stehenden Zeit waren der historische Roman, der costumbristische Roman und der Sozialroman, wobei in Wirklichkeit die Gattungsgrenzen fließender waren, als es eine solche Aufzählung vermuten läßt. Die meisten – nicht alle – der im folgenden erwähnten Autoren und Titel gelangten über die ›neuen Medien‹ ans Publikum.

Der historische Roman entstand parallel zum historischen Drama und hat das Mittelalter, auch das Siglo de Oro und dessen – oft idealisierte – Wertvorstellungen zum bevorzugten Gegenstand. Am bekanntesten wurde neben Larras bereits erwähntem *El doncel de Don Enrique el doliente,* Rafael Húmarras *Ramiro, Conde de Lucena* (1823 oder 1828) und Enrique Gil y Carrascos *El señor de Bembibre* (1840). Eine interessante, ganz offensichtlich von Dumas beeinflußte Spielart ist der historische Abenteuerroman, dessen fruchtbarste Vertreter Alfonso García Tejero (z.B. *El Conde de Olivares,* 1848; *El guardia del rey,* 1854) und Manuel Fernández y González waren (z.B. *El cocinero de su majestad,* 1857; *El pastelero de Madrigal,* 1862). Spürbar wird gerade in diesen späten Produkten die gewiß noch unvollkommene Bemühung um eine Aktualisierung, auch um eine Popularisierung der Geschichte, wie sie später Galdós in den *Episodios Nacionales* zur Vollendung bringen sollte.

Die zweite Untergattung ist der costumbristische Roman. Genannt werden können hier unter anderem Braulio Foz (z.B. *Vida de Pedro Saputo,* 1844), Gertrudis Gómez de Avellaneda (z.B. *Sab,* 1841) und Nicomedes Pastor Díaz (z.B. *De Villahermosa a la China,* 1848). Sie alle werden aber

Die Anfänge des Romans

Der historische Roman

Fernán Caballero

Cecilia Böhl de Faber, alias Fernán Caballero

von einer Autorin in den Schatten gestellt, die in Spanien hochgeschätzt und als Beweis dafür angeführt wird, daß der Costumbrismus nahtlos in den realistischen Roman übergegangen ist. Es handelt sich um Cecilia Böhl de Faber, alias Fernán Caballero (unter diesem – männlichen! – Künstlernamen ist sie berühmt geworden), die Tochter des schon erwähnten deutschstämmigen Nicolas Böhl de Faber und der aus Cádiz stammenden Francisca de Larea. Obwohl die Meriten Fernán Caballeros nicht bestritten werden sollen, wäre doch ein vorsichtiges »tampoco es para tanto« anzubringen. Weder ist sie *die* Repräsentantin des spanischen Romans vor 1868; noch ist ihr zum Klassiker erhobener Hauptroman *La Gaviota* (1849 zuerst als *foletín* im *Heraldo* erschienen) allen anderen turmhoch überlegen. Er weist vielmehr die epochentypischen Merkmale (moralischer Fundamentalismus, etwa in der penetranten Gutartigkeit des deutschen Musterknaben Fritz Stein, Exaltiertheit der Gefühle, folkloristisches Interesse an den andalusischen Bräuchen) in charakteristischer Reichlichkeit auf und ist heute kaum noch umstandslos zu genießen. Dennoch ist er von historischem, gewiß auch von ästhetischem Interesse. Letzteres deshalb, weil Fernán Caballero tatsächlich ein schriftstellerisches Talent war und die Technik der Beschreibung ebenso wie die der Dialogführung und der sprachlichen Ausdifferenzierung der Personen (Städter versus Dörfler/Provinzler), auch der Charakterzeichnung (Marisalada, genannt Gaviota, ist keine Klischeefigur) zu handhaben verstand und insofern mit Recht unter die Vorläufer des realistischen Romans gezählt wird. Auch macht der Untertitel von *La Gaviota* – *Novela original de costumbres españolas* – deutlich, daß die Autorin ganz bewußt die Transformation des Costumbrismus in die romanhafte Erzählform anstrebte. – Historisch ist *La Gaviota* deshalb von Interesse, weil dieser Text eines der wenigen bedeutenden Zeugnisse eines konservativen und prononciert antiliberalen spanischen Romantizismus war. Fernán Caballeros Auffassungen wurden übrigens weder von der französischen noch von der englischen Romantik beeinflußt (wie die der meisten spanischen Autoren dieser Epoche), sondern ausschließlich und geradenwegs von der deutschen: Man darf nicht vergessen, daß Cecilia Böhl de Faber die entscheidenden Entwicklungsjahre (von 9 bis 17) in Deutschland verbracht hat. Andererseits muß man sich aber vor Augen halten, daß auch unter den Vertretern des (späteren) realistischen Romans Konservative waren – allen voran Pereda, mit dessen (40 Jahre später geschriebenen) Romanen *La Gaviota* viele ideologische Gemeinsamkeiten hat. Zur Grundausstattung dieser Ideologie gehören bei Fernán Caballero (wie bei Pereda) vor allem zwei Voraussetzungen, auf denen am Ende die gesamte Konstruktion beruht: zum einen die Vorstellung einer gesellschaftlichen Statik, an der ungestraft nichts geändert werden darf. Deshalb muß Marisalada, die Fischerstochter, die in der Stadt als Sängerin zunächst triumphierte und Zutritt zu den besseren Kreisen bekam, am Ende wieder auf ihre dörfliche Ausgangsposition zurück. Zum anderen die Vorstellung von dem verderblichen Einfluß der Stadt (dem Marisalada sich nie hätte aussetzen dürfen) und von der im Grunde ›glücklichen‹ Anspruchslosigkeit des ›Volkes‹: eine nostalgische, bei Fernán Caballero schon fast militant fortschrittsfeindliche Abwandlung des barocken Grundsatzes vom »menosprecio de la corte y alabanza de aldea« (»Geringschätzung des – städtischen – Hofs und Lob des Landlebens«).

Prostituierte in Madrid

Der Sozialroman: Ayguals de Izco

Am zukunftsträchtigsten war der Sozialroman. Hier finden wir Autoren wie Juan Martínez Villergas (z.B. *Los misterios de Madrid*, 1844/45), Antonio García del Canto (z.B. *Los bandidos de Madrid*, 1862), die dem liberalen Lager zuzurechnen sind, und den äußerst fruchtbaren Vertreter eines katholisch inspirierten Sozialromans, der sich heftig gegen den in diesem Genus üblichen Antiklerikalismus zur Wehr setzte: Enrique Pérez Escrich (z.B. *Las obras de misericordia*, 1864/65, die in der Vorläuferschaft der ›christlichen‹ Romane Galdós' stehen). Der bekannteste Vertreter der Gattung ist der rührige Wenceslao Ayguals de Izco, der ungekrönte König des *foletín* und der *novela por entregas*. Wer aber der eigentliche *spiritus rector* des spanischen Sozialromans war, konnten wir schon den vorhergehenden Titeln entnehmen: Eugène Sue und seine *Mystères de Paris* (1843 ins Spanische übersetzt), aber auch sein *Juif errant*. Ayguals war mit Sue so gut befreundet, daß dieser Ayguals Hauptroman *María o la hija de un jornalero* (1845) unter dem Titel *Marie l'espagnole, la victime d'un moine* ins Französische übersetzte (1846). Der *María*-Roman, von Ayguals später zur Trilogie ausgebaut, weist alle Charakteristika auf, die der Gattung schon in Frankreich zu eigen waren: Die Handlung spielt in der Gegenwart; auch die behandelten Probleme sind aktuell. Es sind meist soziale Probleme, die aus der Perspektive eines vage demokratisch gesinnten, noch ziemlich abstrakten Gerechtigkeits- und Gleichheitsideals heraus dargestellt werden, das gewisse Parallelen zum Utopismus der Frühsozialisten aufweist. Die moralische Grundeinstellung hat einen ausgesprochen manichäischen Charakter: der himmlisch guten und unsäglich leidenden María (die nach dem Vorbild von Sues Fleure de Marie konzipiert ist und ihren Namen nicht umsonst trägt), stehen die an Zahl weit überlegenen abgrundtief Bösen gegenüber, allen voran der perverse Geistliche, der zudem carlistisch gesinnte Franziskaner Patricio, Mitglied der Geheimgesellschaft »El angel exterminador«. Auch Arm und Reich sind moralische Gegenpole: Marías arbeitsloser Vater, alias »El arrojado« ist gut (die Armen sind *immer* gut – so wie heute die Schwarzen im US-amerikanischen Film); die Aristokraten hingegen sind aufgeteilt in Gute und Böse. Böse ist der Baron del Lago; gut hingegen ist Marías Zukünftiger, Luis de Mendoza, denn am Schluß wird das arme Mädchen, wie im Märchen, vom Prinzen erlöst. Die Nebenpersonen, die Helfer und Unterteufel, sind entsprechend eindeutig zugeordnet. Eine derart klare Moral macht es leicht, sich in der turbulenten melodramatischen Handlung zurechtzufinden; notfalls genügt es, sich auf sein Gefühl zu verlassen, denn der frühe Sozialroman spricht die Affekte des Lesers ganz unmittelbar an.

Ayguals de Izco

Alles in allem sind diese und andere Produkte der Gattung gewiß keine Geniestreiche. Nicht weil sie zur ›Trivialliteratur‹ gehörten, denn auch in dieser gibt es Meisterwerke – Sues *Mystères* und Dumas' *Comte de Monte Cristo* gehören dazu –, sondern weil sie im Grunde nur das Rezept übernehmen, das jene vorgekocht haben. Dennoch kann ihre Bedeutung für die Späteren, von Galdós' *Fortunata y Jacinta* bis Blasco Ibáñez' *La bodega*, Felipe Trigos *El médico rural* und Barojas *La lucha por la vida* gar nicht hoch genug eingeschätzt werden, weil sie überhaupt erst die Voraussetzungen für einen ›neuen‹ Sozialroman geschaffen haben. Auch muß man bedenken, daß die turbulente, von Gewalttaten durchsetzte Handlung des *foletín* und das geheimnisumwitterte Ambiente seiner zahlreichen Intrigen keineswegs bloße Phantastik war. Violencia und Geheimbündelei hatten vielmehr gerade in Spanien bis über die Jahrhundertmitte hinaus durchaus reale Entsprechungen. Erst seitdem die Straßen der einst verwinkelten Städte begradigt wurden, das Land durch die Eisenbahnlinien erschlossen und die Kontrolle der ganzen Nation durch die Guardia Civil möglich war, verloren die *Misterios de ...*-Romane ihren ›Sitz im Leben‹.

Die spanische Republik, begleitet von den Engeln Gesetz und Frieden, schafft Ordnung im von der Monarchie hinterlassenen Chaos (Karikatur in *La Flaca*).

Realismus und Naturalismus: die Literatur der Restaurationszeit

Der bürgerliche Roman und der Dissens der Zwei Spanien

Spanischer Roman im europäischen Kontext

Was man gemeinhin den bürgerlichen Roman nennt, beginnt in Spanien erst in der zweiten Hälfte der siebziger Jahre und hat seine Blütezeit in der Época de la Restauración, besonders zwischen den Achtzigern und dem Beginn des neuen Jahrhunderts. Mehr als auf anderen Gebieten scheint es berechtigt, auf dem des Romans von spanischer Verspätung zu reden: Clarín war noch nicht geboren, als Balzac starb. Stendhals *Le rouge et le noir* (1830) entstand 45 Jahre vor dem ersten bedeutenden Roman der spanischen Restaurationsepoche, Valeras *Pepita Jiménez*.

Das Verspätungsargument wird oft dazu benutzt, den spanischen Roman als epigonal zu disqualifizieren: als Nachhall des großen französischen und englischen Romans. Vergessen wird dabei, daß eben diese ›europäischen‹ Romane ihrerseits ›später‹ waren als etwa der *Don Quijote* oder die *Novela Picaresca* (von denen sie stark inspiriert wurden). Die Argumentation mit dem ›zu spät‹ oder ›zu früh‹ führt also zu nichts. Der bürgerliche Roman Spaniens hat, wie wir sehen werden, eigene Qualitäten; er hat vor allem andere historische Vorbedingungen als der französische und englische Roman. Daß er gleichwohl einige Gemeinsamkeiten mit dem ›europäischen‹ Roman aufweist, versteht sich von selbst: schließlich gehört die Existenz dieses Romans *auch* zu den vorgefundenen historischen Bedingungen.

Übereinstimmung besteht insofern, als im spanischen Roman von den Alltagsproblemen der Gegenwartsgesellschaft, vor allem der bürgerlichen, erzählt wird. Galdós hat mit dem Titel seiner Antrittsrede vor der Spanischen Akademie (1897) dieses Charakteristikum bündig benannt: »La sociedad presente como materia novelable«. Keine Ausnahmegestalten also treten mehr auf, keine Heroen aus einer anderen Welt und einer anderen Zeit, sondern Durchschnittsfiguren, die für die Verhältnisse hier und heute repräsentativ sind.

Eine weitere Gemeinsamkeit mit dem europäischen Roman besteht darin, daß von tiefgreifenden sozialen, weltanschaulichen und mentalen Veränderungen die Rede ist, die teils abweisend, teils mit ungeduldiger Zustimmung kommentiert werden. Es handelt sich vor allem um den Wandel von einer starren, von paternalistischen Grundsätzen bestimmten Ständegesellschaft, zu einer liberalen, vom ökonomischen Interesse und/oder vom wissenschaftlichen Fortschritt geprägten Erwerbsgesellschaft. Dabei kommen im Roman Spaniens, dramatischer als in anderen europäischen Ländern, auch die alten Wertvorstellungen, religiösen Glaubensgrundsätze und moralischen Überzeugungen ins Wanken.

Anders als in Frankreich oder England sind vor allem die Voraussetzungen, auf denen der spanische Roman beruht. Während in England und Frankreich zu jener Zeit der Hochkapitalismus begonnen hatte, die Industrialisierung weit fortgeschritten, die soziale Problematik der Großstädte virulent geworden war, ist in Spanien die Stellung des liberalen Bürgertums weiterhin prekär. Adel und Kirche verfügen noch immer über ein hohes Prestige und einen gewaltigen Einfluß; Spanien ist im wesentlichen auch jetzt noch ein Agrarstaat, und die Landflucht, die Verstädterung und Proletarisierung der Zugewanderten, auch die Industrialisierung beginnen gerade erst. Die soziale Frage, die sich in England schon früh, in Frankreich etwas später gestellt hat, spielt im spanischen Roman des 19. Jh. noch keine herausragende Rolle; erst nach der Jahrhundertwende erscheint sie auch in der Literatur. Es ist deshalb müßig, einen spanischen ›Realismus‹ von einem spanischen ›Naturalismus‹ unterscheiden zu wollen. Für einen spanischen Naturalismus im 19. Jh. fehlen ganz einfach die realen gesellschaftlichen Voraussetzungen. Auch darf man nicht vergessen, daß für die spanischen Autoren Balzac und Flaubert, Dickens und Zola *gleichzeitige* Einflüsse darstellten. Und so sehr auch einzelne Autoren (Pardo Bazán, Clarín) sich für Zola einsetzten, so sehr markierten sie doch gleichzeitig Distanzen zu ihm. Andererseits finden sich auch bei älteren und konservativen Autoren durchaus naturalistische Tendenzen.

Lange bevor die Generation von 98 zu schreiben begann, stellte sich in Spanien die Frage nach der nationalen Identität. Woher kommen die spanischen Probleme? Wie wird es weitergehen? Wovor sollte man Spanien bewahren? Ist ihm die Weitergeltung der ›Ewigen Werte‹ oder die Emanzipation von ihnen zu wünschen? Je nach politischem Temperament der Autoren wird die nationale Frage im Sinne des Liberalismus oder des Traditionalismus, oft auch in regenerationistischer Absicht beantwortet (*regeneracionismo* = Überzeugung von der Notwendigkeit, das Land an Haupt und Gliedern zu reformieren). Entsprechend spürbar ist der ›weltanschauliche‹ Charakter der spanischen Romane. Das heißt nicht, daß sie nicht auch soziologische oder psychologische Ansätze verfolgten; diese werden aber stets durch die Klammer der nationalen Grundsatzfrage überwölbt. Gerade die weltanschauliche Grundsätzlichkeit unterscheidet den spanischen Roman der bürgerlichen Epoche von dem in Frankreich oder England.

Da Grundsatzfragen stets Streitfragen sind, haben viele spanische Romane einen ausgesprochen antagonistischen Charakter. Formal äußert sich das darin, daß neben den im europäischen Roman entwickelten klassischen Erzählstrategien auch dramatische Elemente wie Dialoge, Dispute, Diskussionen und Auseinandersetzungen jeder Art eine große Rolle spielen. Im Grunde wird der Kampf zwischen den Zwei Spanien auch und gerade im Roman ausgetragen, wobei die Varianten von schroffer Gegensätzlichkeit

Die Frage der nationalen Identität

bis zu vermittelnder Konzilianz reichen. Auch werden dabei zunehmend Fragen in die Diskussion einbezogen – die Frauenfrage etwa –, die in anderen Ländern keineswegs grundsätzlicher behandelt wurden. Wenn man bedenkt, daß das tatsächliche politische Leben der Restaurationszeit sich auf fiktive Scheinauseinandersetzungen beschränkte, wird der Roman so zu einer Art von Ersatzparlament, in dem wichtige Streitfragen überhaupt erst in allem Ernst ausgetragen wurden.

Vermittlungsversuche: Valera und Alarcón

Pepita Jiménez

Daß man die spanischen Romanautoren nicht über einen Kamm scheren kann, zeigt sich gleich am ältesten von ihnen, an Juan Valera (1824–1905), dem wir den ersten bemerkenswerten Roman der bürgerlichen Epoche verdanken: *Pepita Jiménez*, 1874 zuerst in Fortsetzungen in der *Revista de España*, noch im gleichen Jahr auch in gebundener Form erschienen. Dieser Roman ist ein Musterbeispiel für die moderate Konzilianz, mit der aufgeklärte Geister immer wieder versucht haben, die krassen Gegensätze zwischen den Zwei Spanien taktvoll miteinander zu vermitteln. Valera, der im Hauptberuf Diplomat und weit öfter im Ausland als in Spanien war – unter anderem in Italien, Deutschland, Österreich, Rußland und den Vereinigten Staaten – besaß in der Tat genügend weltmännische Erfahrung, um von den ›inneren Angelegenheiten‹ seines Landes mit gehörigem Abstand erzählen zu können, wozu ihn auch seine ironische Skepsis, seine Beobachtungsgabe und seine unerschütterliche Menschenfreundlichkeit befähigten. Diese Eigenschaften kommen in den lebhaften und spontanen Briefen zum Ausdruck, die er Zeit seines Lebens an seine engsten Freunde und Verwandten, vor allem an die Schwester Dolores geschrieben hat. Sie sind eine gelungene Mischung aus Médisance und Verständnisbereitschaft, auch Bewunderungsfähigkeit (etwa für die freieren, vor allem die Frauen entlastenden Sitten der USA) und ergeben auch heute noch eine genußreiche Lektüre. Es kommt deshalb nicht von ungefähr, daß *Pepita Jiménez*, sein erfolgreichster Text, der einzige Valera-Text auch, der ›klassisch‹ geworden ist, zum Genre des Briefromans gehört.

Juan Valera

Was in diesem Briefroman thematisiert wird, ist rasch zusammengefaßt: Es geht um den psychisch-moralischen Wandel (der Text spricht ausdrücklich von *cambio*) des Seminaristen Luis de Vargas, Sohn Don Pedros, eines reichen andalusischen Grundbesitzers. Luis, der sich aufgrund seiner religiösen Überzeugungen und seines geradezu mystischen Glaubenseifers für die Priesterlaufbahn berufen und vor weltlichen Anfechtungen gefeit wähnte, lernt während eines Ferienaufenthaltes auf dem heimatlichen Gut die junge Witwe Pepita Jiménez kennen, verliebt sich, trotz peinigender Gewissensbisse, wird von ihr wiedergeliebt und heiratet sie schließlich, obwohl Pepita bei seiner Ankunft noch von seinem eigenen verwitweten Vater umworben worden war.

Enttabuisierung der Sexualität

Wie man sieht, beruht die Botschaft des Romans auf einer doppelten Provokation: Die Natur, genauer: die Macht des Sexualtriebes (dessen Unwiderstehlichkeit hier dezent, aber unmißverständlich zur Sprache kommt und vor allem freudig begrüßt wird) erweist sich als stärker als die Rücksicht auf religiöse Verpflichtung und väterliche Autorität. Mehr noch: die Abstinenz, die Unterdrückung, Verdrängung und Verleugnung der Triebe (die im alten Spanien stets idealisiert wurde) erscheint hier als zweifelhaft und illusionär. Anders ausgedrückt: im Fall des Luis de Vargas erweist sich die Hingabe an die religiösen Ideale letztlich als ein Ersatz für die nichteingestandenen Bedürfnisse nach menschlich-erotischer Zuneigung. Man sieht, daß Valeras Ansatz schon eine psychoanalytische Komponente hat.

Eine derart weitgehende, wenn auch überaus vorsichtig inszenierte Vermenschlichung ›höherer‹ Berufung, die Rückführung des Priesteranwärters in den Laienstand, ja seine Freigabe für erotischen Hedonismus, hatte in Spanien etwas durchaus Unerhörtes, dies umso mehr, als bei der ›Umkehrung‹ des Seminaristen Pepita Jiménez, das ›Weib‹ also, eine recht unverschämte Initiative entwickelt. Dennoch erscheint die Verführerin – was bei Valera übrigens öfter der Fall ist – gerade nicht als die Verderberin, sondern als die Befreierin des gefesselten – heute würden wir sagen: des verkrampften – Mannes, ja als seine Erlöserin. Ihre Rolle ist also – wieder gegen die Tradition – eindeutig positiv.

Daß *diese* Geschichte nicht in der dritten Person und nicht von einem auktorialen Erzähler vorgebracht werden konnte, liegt auf der Hand. Sie wird vielmehr – und damit kommen wir auf die formale Seite des Romans und auf die Funktion der Kompromißbildung zu sprechen – gleich dreifach vermittelt und von der Verantwortung des Verfassers entfernt. Erstens dadurch, daß der Betroffene selbst, Luis de Vargas, seine Wandlung in einer Serie von Briefen mitteilt, die schon dadurch, daß sie als Gewissenserleichterung stilisiert sind, gehörige Rücksicht auf den traditionalistischen Standpunkt nehmen. Die zweite Abmilderung besteht darin, daß die Adressatin der Briefe nicht etwa, wie es natürlich wäre, Pepita ist; der Adressat ist vielmehr ein Onkel des Don Luis, seines Zeichens Dechant, also ebenfalls ein Geistlicher. Er hat die Briefe wie ein Beichtgeheimnis aufbewahrt, bis sie per Zufall dem Romanautor in die Hände fielen, dessen einziger Anteil an ihnen angeblich darin besteht, daß er sie der Öffentlichkeit übergibt. Das dritte Entgegenkommen an die Traditionalisten oder, wenn man will, die dritte Vorsichtsnahme besteht darin, daß der Dechant den Briefen, die nur die Konfliktphase bei Don Luis umfassen, noch einen ebenso langen, »Paralipomenos« benannten Kommentar hinzufügt, aus dem wir überhaupt erst erfahren, wie das Problem gelöst wurde, und aus dem wir vor allem eine gewisse Zustimmung, zumindest ein mitfühlendes Verständnis, also sozusagen eine priesterliche Absegnung des Falles entnehmen können. Schließlich werden konservative Gemüter noch zusätzlich dadurch beschwichtigt, daß in einem Epilog einige Briefe Don Pedros an seinen Bruder, den Dechanten (bei dem alle Fäden zusammenlaufen) abgedruckt sind. In diesen Briefen erweist sich der Vater als fairer Verlierer und sieht sich für die Niederlage im Kampf um Pepita durch die alsbald erfolgende Geburt eines Enkelkindes entschädigt: Liebhabers Leid wird zu Großvaters Freud.

Wie man sieht, ist die Rahmenkonstruktion, der Vermittlungsteil also, insgesamt umfangreicher als der Anteil der Briefe des Don Luis. Eben diese umständlichen Vorsichtsmaßnahmen – man könnte sie respektlos auch einen spanischen Eiertanz nennen – machen den Roman für die heutigen Leser nicht unbedingt zu einem Lesevergnügen. Trotzdem können wir auch jetzt noch nachvollziehen, daß *Pepita Jiménez*, wenn schon nicht eine erzählerische, so doch eine diplomatisch-taktische Meisterleistung war, dank derer eine Geschichte veröffentlicht werden konnte, die im spanischen Kontext der 70er Jahre eine wegweisende Lehre enthielt: die Emanzipation von der Bevormundung durch religiöse Vorschriften, die Anerkennung der Naturgegebenheiten, die Befriedigung der natürlichen Triebe, die Gründung einer Familie und die Übernahme einer geschäftlich einträglichen Tätigkeit (von der ganz zum Schluß die Rede ist; es handelt sich um die Bewirtschaftung der Güter) – dies alles entbehrt keineswegs der Gottgefälligkeit. Gott könne in der Natur genauso verehrt werden wie in der Kirche und er sei dort genauso präsent: eine Moral, die dem laizistischen Credo des Krausismo (s. u.) sehr verwandt ist.

Valeras starke Frauenfiguren, die unbeirrt durch gesellschaftliche Konventionen ihrem Naturinstinkt folgen, wären eine genauere Untersuchung wert: Rafaela la Generosa z. B. – schon der Name ist sprechend – aus dem späten Roman *Genio y Figura* (1897) erscheint fast wie die utopische Verkörperung der befreiten Natur, freilich auch wie eine männliche Wunschvorstellung. Am Schluß wird sie dennoch von den herrschenden Verhältnissen eingeholt. Wir werden bei Galdós (*Tristana*) einer ähnlichen Konstruktion begegnen. *Genio y Figura* war übrigens heftig umstritten, und auch *Pepita Jiménez* brachte dem Autor – trotz seiner Vorsicht – nicht nur Lob ein.

Alarcón

Im Vergleich zu Valera ist Pedro Antonio de Alarcón sicher ein Autor geringerer Bedeutung. Mehrere seiner weitgehend in Vergessenheit geratenen Romane haben einen ausgesprochen kolportagehaften Charakter. Seine Erzählungen hingegen haben teilweise ihren Reiz behalten. Eine vor allem – *El sombrero de tres picos* (1874) – ist auch heute noch populär. Den Musikfreunden ist sie zudem durch die Vertonung Manuel de Fallas bekannt. Im Grunde handelt es sich auch bei dieser ebenso lebendigen wie harmlosen Geschichte um eine Kompromißbildung: der tío Lucas, ein einfacher Müller, und seine energische Frau, die señá Frasquita, führen eine glückliche Ehe, bis der lüsterne *corregidor* (eine Mischung aus Bürgermeister und Richter), Don Eugenio de Zúñiga, ein Adliger also, ein Auge auf Frasquita wirft. Scheinbar kommt er mit seiner Werbung ans Ziel, was ihm vom Müller bei der Frau Richterin mit gleicher Münze heimgezahlt wird. Der Kompromißcharakter liegt darin, daß es sich einerseits um einen Ehebruchsschwank handelt, eine Geschichte aus dem Geist des (in Spanien lange verbotenen) Decameron. Andererseits stellt sich dann aber heraus, daß – dank der Klugheit und Energie der Frauen – nichts ›passiert‹, die Ehre also ›sauber‹ geblieben ist. Immerhin hat die Erzählung insofern eine durchaus liberale Pointe, als sie das Prinzip des »wie du mir, so ich dir« auf die Basis einer Gleichberechtigung der sozialen Stände und der Geschlechter stellt.

Pedro de Alarcón

Spanien aus hauptstädtischer Sicht: Galdós

Das Werk von Benito Pérez Galdós stellt schon für sich allein eine Art Quintessenz des spanischen Romans im 19. Jh. dar. Quantitativ wie qualitativ überragt es die Produktion anderer Autoren, von einem Text abgesehen: Claríns *Regenta*. In Spanien und der spanischsprachigen Welt genoß Galdós schon zu seinen Lebzeiten hohes Ansehen. Die weitere internationale Anerkennung blieb ihm dagegen lange versagt, ja außerhalb des spanischen Sprachgebiets beschränkt sich die Galdós-Rezeption auch heute noch auf den Kreis der Hispanophilen. Schuld daran waren einerseits die politischen Verhältnisse, die ihn 1904 um den Nobelpreis gebracht haben (statt seiner erhielt ihn der zweitrangige Dramatiker José Echegaray); andererseits ist aber auch die formal wenig aufregende, ganz der ›Geschichte‹ untergeordnete Erzähltechnik ein Hindernis auf dem Weg zu größerem Ruhm gewesen. Manche Literaturgeschichten begnügen sich deshalb mit einem etwas herablassenden Wohlwollen. Auch hat Galdós noch weitere Eigenschaften, die ihm zum Nachteil gereichten: Er paßt nicht in die Genieästhetik und er hat seine eigene Person nie in den Vordergrund gerückt, obwohl er doch schon in einer Zeit lebte, in der ohne Selbstinszenierung kein internationaler Ruhm mehr zu gewinnen war. In dieser Hinsicht waren die 98er – allen voran der nur zwanzig Jahre jüngere Unamuno – wesentlich ›fortschrittlicher‹.

Galdós wurde 1843 in Las Palmas de Gran Canaria geboren und blieb seiner Heimat zeitlebens verbunden, obwohl er fast ausschließlich in Madrid wohnte. Er entstammte einer konservativen Mittelstandsfamilie (der Vater war ranghoher Offizier) und sollte ihr zuliebe Jura studieren. Nach einiger Zeit bohemienhaften Herumbummelns, in der er früh journalistische Gelegenheitsarbeiten übernahm (dem Journalismus blieb er auch später treu), hatte Galdós 1867 seinen Weg gefunden. Damals erschien sein erster Roman. Von nun an wurde er – in Spanien noch eine Ausnahme zu jener Zeit – zum Berufsschriftsteller, der ausschließlich von seiner Schreibarbeit und innerhalb der Schreibarbeit hauptsächlich vom Erfinden fiktionaler Erzähl- und Theaterhandlungen lebte. Um es damit zu etwas zu bringen – und Galdós brachte es zeitweilig zu etwas – bedurfte es einer nie erlahmenden Arbeitsdisziplin. In seinen besten Jahren wurde er allerdings durch die betrügerischen Machenschaften seines Verlegers um beträchtliche Summen gebracht; nur ein Teil davon konnte in einem 1896 geführten Prozeß zurückgewonnen werden. Zweimal wurde Galdós ins spanische Parlament gewählt: 1886 auf einer progressiv-liberalen, also auf einer Sagasta-Liste; 1907 auf einer republikanischen. Dies zeigt, daß Galdós im Verlauf seines Lebens politisch immer weiter nach links gerückt ist; am Schluß stand er Pablo Iglesias, dem Mentor des PSOE, sehr nahe, der sich, wie er selbst, durch eine unbeugsame Arbeitsmoral und absolute Unbestechlichkeit auszeichnete. Galdós war kein Revolutionär, wohl aber ein Mann, der die politische Versteinerung der Restaurationsmonarchie, vor allem aber die wieder mächtig gewordene Kirche für ein nationales Unglück hielt und nach Kräften gegen sie anging. Das haben ihm die Konservativen nie vergessen und ihn später in perfider Weise entgelten lassen. Sie verhinderten z. B., daß der seit 1910 allmählich erblindende Autor durch eine öffentliche Kollekte von den inzwischen peinigend gewordenen Geldsorgen befreit wurde. Die letzten Jahre verbrachte Galdós zurückgezogen und leidend, nie aber öffentlich klagend. Anfang 1920 starb er an einer Nierenkrankheit.

Galdós, der, fast mönchisch, *seinem* Glaubenswerk lebte, der spanischen Emanzipation nämlich, war nie verheiratet. Trotzdem hatte er – auch dies ein heterodoxes Verhalten – mehrere intensive Verhältnisse mit bedeutenden Frauen, aus denen auch eine Tochter hervorgegangen ist. Eine jener Frauen, Concha-Ruth Morell, war Jüdin; eine andere war die robuste Schriftstellerin Emilia Pardo Bazán, die ideologisch eher auf der ›anderen Seite‹ stand und dem schmächtigen Galdós körperlich einiges voraus hatte. Carmen Bravo Villasante hat den Briefwechsel der beiden, der zu den schönsten und rührendsten Zeugnissen der spanischen Literatur- (und Lebens-)geschichte gehört, veröffentlicht. Auch an Freundschaften mit berühmten Autoren mangelte es nicht. Zu ihnen gehörten Clarín, Mesonero Romanos und Pereda ebenso wie Menéndez Pelayo, der intellektuelle Champion des ›anderen‹, nämlich konservativen Spanien, der Galdós gelegentlich scharf attackiert hat. Mit Sympathie stand Galdós, der persönlich sehr tolerant war, auch dem Krausismo und der Institución Libre de Enseñanza gegenüber, vor allem Giner de los Ríos, wenngleich er den etwas zerebralen Idealismus dieser Schule auch wieder mit Skepsis betrachtete. Selbst der Religion hatte Galdós, so scharf er auch antiklerikale Attacken ritt, (wie die

Lebenslauf von Galdós

Benito Pérez Galdós

Krausistas) nie abgeschworen. In seinem Spätwerk findet sich unter dem Einfluß von Tolstoi und Dostojewski sogar eine deutliche Rückwendung zu einem weder konfessionell noch politisch gebundenen, dafür aber sozial engagierten Christentum. Eben dieses Festhalten an den moralischen Grundlagen des Christentums hat bei Kritikern, die ›Modernität‹ über alles stellen, nicht wenig zu einem distanzierten Verhältnis gegenüber Galdós und anderen spanischen Autoren beigetragen.

Das Werk

Es ist nicht möglich, in einer Literaturgeschichte alle Romantexte Galdós' auch nur zu erwähnen. Es mag, um einen Begriff vom Umfang allein des Romanwerks zu geben, bei nackten Zahlen bleiben: Galdós schrieb 31 Einzelromane, außerdem 46 Romane für den ursprünglich auf 50 Texte angelegten Zyklus *Episodios nacionales* (von dem nur die letzte Serie unvollständig geblieben ist). Von den Kurzgeschichten, den journalistischen Arbeiten und den 24 Theaterstücken (auf deren eines – *Electra* – an anderer Stelle zurückzukommen ist) ganz zu schweigen.

Die Einzelromane, von denen manche durch wiederkehrendes Personal ebenfalls untereinander zusammenhängen, werden gewöhnlich in mehrere zeitliche Etappen und thematische Klassen eingeteilt. Eine erste Gruppe bilden die in den 70er Jahren erschienenen weltanschaulichen Propagandaromane wie *Doña Perfecta* (1876) oder *La familia de León Roch* (1878), in denen einseitig für ›den Fortschritt‹ (repräsentiert durch die Figur des naturwissenschaftlich gebildeten Ingenieurs) und gegen das bigott-reaktionäre, das ›ewige Spanien‹ also, agitiert wird. Entsprechend, fast wie in Trivialromanen, fällt die Sympathieverteilung aus: die einen sind porentief rein; die anderen abgrundtief bös und zu jeder Schandtat bereit. Diese Romane spielen in der España profunda, in der tiefen Provinz.

In den 80er Jahren, in den sogenannten *Novelas contemporáneas*, wird der Schauplatz nach Madrid verlegt. Hier tritt an die Stelle der pamphletären Überzeichnung die objektivere, zum Teil weit ausholende Beschreibung großstädtischer Lebensverhältnisse und exemplarischer Einzelschicksale. Man könnte diese Texte auch als ›mittelständische‹ Sozialromane bezeichnen, weil das Eigenschaftswort *contemporáneo* eigentlich auf *alle* Einzelromane zutrifft. Zu dieser zweiten Gruppe gehören unter anderem *La desheredada* (1880), *Tormento* (1884), *La de Bringas* (1884), *Fortunata y Jacinta* (1886/7) und *Miau* (1888).

Eine dritte Gruppe wird gern unter dem Verlegenheitsetikett *espiritualista* geführt. Zu ihr gehören unter anderem die religiösen Romane *Nazarín* (1895) und *Misericordia* (1897), die man mit einigem Recht *espiritualistas* nennen kann. Der gleichen Gruppe wird aber auch *Tristana* (1892) zugerechnet, ein Frauenroman, in dem es um eine Auseinandersetzung mit der Geschlechterproblematik geht.

Episodios nacionales

Zeitlich umrahmt werden die Einzelromane durch die *Episodios nacionales*, deren erster Text, *Trafalgar*, 1873 und deren letzter, *Cánovas*, 1912 erschien. Die Arbeit an diesem Magnum Opus, die nur zwischen der zweiten und dritten – je zehn Romane umfassenden – Serie (insgesamt waren es fünf) für längere Zeit unterbrochen wurde, begleitet die aktualistischen Einzelromane nicht nur; die *Episodios* verschaffen diesen vielmehr überhaupt erst eine historische Basis. Im Gegensatz zu den Einzelromanen sind die *Episodios* nämlich historische Romane, in denen gleichsam die Vorgeschichte der Gegenwart, vom Unabhängigkeitskrieg bis zur Restauration, erzählerisch aufbereitet und ideologisch gedeutet wird. Dabei beschreibt die letzte Episode, die bis zum Tod von Cánovas (1897) reicht, Ereignisse, die zu Beginn der Niederschrift (1872) noch gar nicht stattge-

Barcelona 1868:
Das Rathaus wird
gestürmt, die Frauen
verbrennen die Bürger-
register.

funden hatten, die also auch noch nicht vorauszusehen waren. Man sieht daran, wie die Vergangenheit sich in den *Episodios* auf die Gegenwart öffnet, so wie die Gegenwart in den *Novelas contemporáneas* ihrerseits historisch begründet wird. Insofern gehören *Episodios* und *Novelas* auch strukturell zusammen: ihr Gegenstand ist das aus zwei Perspektiven gleichzeitig betrachtete Spanien. In der Gegenwartsöffnung der *Episodios*, auch in ihrem weiter zurückgreifenden historischen Ansatz (erzählt wird von knapp hundert Jahren spanischer Geschichte) liegt zugleich der Unterschied zur Konstruktion von Zolas *Rougon Macquart*-Serie, die fast gleichzeitig mit den *Episodios* entstand. Zolas kritische Perspektive auf die zwanzigjährige Epoche des Zweiten Kaiserreichs und die Untergangsvisionen der *Rougon Macquart* waren historisch schon bestätigt (1870: Ende des Zweiten Kaiserreichs; 1871 Beginn der *Rougon Macquart*-Serie), *bevor* Zola zu schreiben begann. Zola erzählt also von einer Epoche, die abgeschlossen und an der nichts mehr zu ändern war; Galdós hingegen von einer Entwicklung, die noch im Gange ist, in der er selbst lebt und deren Fortgang noch beeinflußt werden kann. Insofern gleichen die *Rougon Macquart* einer abgeschlossenen Tragödie mit Exposition, Krise und Katastrophe; die *Episodios* dagegen einem Fortsetzungsroman, der beliebig viele Kapitel und der prinzipiell kein Ende hat.

Wie im Fortsetzungsroman ist jede Episode auf einen in diesem Fall nicht fiktiven, sondern historisch verbürgten Höhepunkt hinkonstruiert. Es sind dies die großen Ereignisse der spanischen Geschichte des 19. Jh.: von der Seeschlacht bei Trafalgar (1805) und dem Beginn des Befreiungskriegs am 2. Mai 1808 über die das ganze Jahrhundert durchziehenden Kämpfe der Zwei Spanien (mit den Knotenpunkten des *trienio liberal*, der Carlistenkriege und der Revolutionsepoche) bis zur Rückkehr der Bourbonen und zur Ermordung von Cánovas. Die Titel der Romane beziehen sich bald auf die Ereignisse selbst (*El 19 de marzo y el 2 de mayo*; *El terror de 1825*), bald auf die Orte, an denen sie stattfanden (*Trafalgar*; *Luchana*), bald auf die Figuren, die sie prägten (*O'Donnell*; *Prim*; *Cánovas*).

Geschichten der kleinen Leute

Die *Episodios* erzählen aber nicht nur von den ›großen Männern‹, die Geschichte machten, sondern auch von den kleinen, die sie erlitten. Ihr Reiz liegt – wie Hinterhäuser gezeigt hat – gerade darin, daß sie die Interferenzen zwischen der offiziellen und der privaten, der großen und der kleinen Historie aufzeigen und zu diesem Zweck reale und erfundene Geschichten geschickt miteinander verbinden. Die Perspektive, aus der erzählt wird, ist – wie schon in den historischen Romanen Walter Scotts – die des Durchschnittsmenschen, der öfter auch selbst als Vermittler und Erzähler auftritt: Araceli in der ersten Serie, Monsalud, Calpena und Tito Liviano in den späteren. Bezeichnend ist die Umrahmung der Trafalgar-Geschichte: Hier wird die Erzählung der berühmten Seeschlacht in die eheliche Auseinandersetzung zwischen dem kriegerischen Kapitän Alonso Gutiérrez de Cisniega und seiner pazifistischen Frau, Doña Francisca (die auf der häuslichen Brücke sichtbar das Kommando führt) hineinmontiert und außerdem noch dadurch in die Distanz gerückt, daß von Gabriel Araceli lediglich aus der Erinnerung – wenn auch mit großer Lebhaftigkeit – und das heißt mittelbar über sie berichtet wird.

Dennoch ist der Autor Galdós insofern immer präsent, als er die Episodios insgesamt so konstruiert, daß sie auch zum Ausdruck seiner weltanschaulichen Präferenzen und zum Instrument der entsprechenden politischen Beeinflussung werden. Die ersten Serien sind, trotz der dort referierten Kämpfe, noch recht fortschrittsoptimistisch und basieren auf einem alles in allem selbstgewissen bürgerlichen Liberalismus. In dem Maße aber, wie die Restauration sich verfestigt, wird die Haltung skeptischer, auch agressiver gegen die herrschenden Mächte, vor allem Kirche und Adel, nimmt aber auch das Bürgertum nicht mehr von den Anzweiflungen aus. Insgesamt ist die Position am Ende eher die einer radikalen Spanienkritik als die einer gemäßigt optimistischen Zukunftsgewißheit. Hier trifft sich der Geist der *Episodios* mit dem des *regeneracionismo*, teilweise auch mit dem von 98.

Fortunata y Jacinta

Auch die Einzelromane stehen in einem größeren Zusammenhang. Sie stellen, im Gegensatz zu den *Episodios*, die gegenwärtige Gesellschaft unter einer jeweils anderen Hinsicht als Erzählgegenstand dar: »La sociedad presente como materia novelable«. Der 1887 erschienene Roman *Fortunata y Jacinta* gehört zu den wichtigen Werken der europäischen Erzählliteratur. Seine weitverzweigte Episodik, die bisweilen feuilletonromanartige Züge annimmt, bisweilen auch in umfangreiche *cuadros de costumbres* mündet, gebietet es, die Textbeschreibung auf die gleichwohl klar erkennbaren Grundlinien zu reduzieren. Dabei soll vor allem auf die Vielfalt der Lesemöglichkeiten eingegangen werden, die *Fortunata y Jacinta* bietet.

Zum ersten handelt es sich um einen Sozialroman, in dem die Welt der

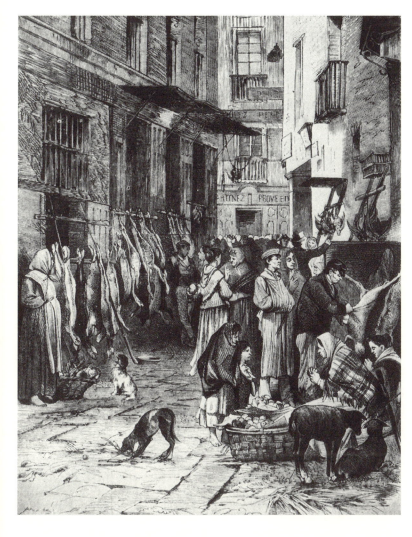

Ein Stück vom ›alten‹ Madrid, wie Galdós es beschreibt.

Madrider Handelsbourgeoisie mit jener der Kleinbürger, aber auch der Randexistenzen im Umkreis des Bürgertums konfrontiert wird: Dienstboten, Straßenhändler, Pensionswirte, Wucherer, Halbprostituierte. Darüber hinaus gibt es auch Einblicke in die Verhältnisse des Vierten Standes, der hier noch als ein vorindustrielles Proletariat vorgestellt wird. *Fortunata y Jacinta* ist jedenfalls der erste spanische Roman, dessen Personenkonstellation bewußt auf Klassengegensätze aufgebaut ist. Allerdings handelt es sich noch nicht um eine gleichberechtigte Gegenüberstellung. Vielmehr ist das Handelsbürgertum schon dadurch bevorzugt, daß ihm allein eine eigene Vorgeschichte zugebilligt wird: Die lange Exposition des Romans erzählt ausschließlich von der Entstehung des prosperierenden Tuchhandels der Familie Santa Cruz und den rückgängigen Geschäften der mit ihr verwandten Familie Arnaiz. Auch wird der Blick nach ganz unten, in den Vierten Stand, hauptsächlich durch eine Angehörige der Oberschicht vermittelt: Guillermina Pacheco, deren soziale Mildtätigkeit für flüchtige Berührungen mit der Unterschicht sorgt. Dies besonders in dem Kapitel »Una

Vielfalt der Lesemöglichkeiten

Auflösung des Parlaments der Ersten Republik 1874 durch die Guardia Civil. Am 23.2.1981 mißlang der gleiche Handstreich.

visita al cuarto estado«, dessen Überschrift durchaus ironisch und bourgeoisiekritisch gemeint ist. Denn Guillermina lebt in der Überzeugung, daß die Klassenunterschiede dem Willen Gottes entsprechen und allenfalls auf dem Wege der Gnadenreichung gemildert werden dürfen. Mit dieser Haltung liegt sie ganz auf der Linie der offiziellen Sozialpolitik der Restaurationsregierung, wie sie Cánovas schon 1872 bei seiner berühmten Rede vor dem Madrider Ateneo verkündet hatte. Die soziale Welt von *Fortunata y Jacinta* unfaßt also das gehobene Bürgertum, das Kleinbürgertum und das Volk. Zu letzterem gehört auch Fortunata, eine der beiden Hauptpersonen des Romans. Die andere, Jacinta, gehört zur begüterten Klasse, so daß schon mit der Nennung der beiden Titelfiguren die soziale Gegensätzlichkeit der Romanwelt vorgegeben wird.

Geschlechterbeziehungen

Zweitens ist *Fortunata y Jacinta* ein Roman über Frauen und über die Geschlechterbeziehungen. Über eben diese Beziehungen wird überhaupt erst der rote Faden der Handlung geknüpft: Juanito Santa Cruz, der attraktive aber nichtsnutzige Sproß der Tuchhändlerdynastie, ein echter Señorito, hat ein Verhältnis mit Fortunata. Um eine mögliche Mésalliance zu verhindern, verheiratet ihn die Familie mit der braven Cousine Jacinta aus der Arnaiz-Sippe. Von nun an flattert der willensschwache Santa Cruz zwischen der Angetrauten und der Konkubine, von der er nicht loskommt, hin und her, je nach Laune und Umständen einmal die eine, einmal die andere verratend. Er trägt seinen Namen nicht von ungefähr, ist aber ein zum Juanito geschrumpfter Don Juan, der beiden Frauen das Wasser nicht reichen kann. (Die Herabsetzung des Don Juan zu einer spanischen Negativfigur ist in der Zeit des nationalkritischen *regeneracionismo* und der 98er-Bewegung übrigens noch öfter zu beobachten.) Viel interessanter sind die Frauenfiguren, die von Juanito ausgebeutete Fortunata zumal, der die eigentlichen Sympathien des Erzählers gehören. Der Konflikt zwischen den Frauen entzündet sich am ›Pitusín‹, dem Kind, das Juanito mit Fortunata gezeugt hat, während Jacinta zu ihrem großen Leidwesen unfruchtbar blieb. Sie versucht nun mit allen Mitteln, das ›Kind der Liebe‹ an sich zu bringen, während Fortunata aus ihrer Mutterschaft das Recht ableitet, die ›natürliche‹ Gattin Juanitos zu sein. Jacinta leidet darunter, nur die ›legale‹ Ehefrau zu sein; Fortunata ist unglücklich, weil sie sich sozial deklassiert fühlt – ein Los, das sie auf allen möglichen Umwegen zu mildern, ja zu überwinden sucht (pro forma-Heirat mit einem ›anständigen‹ Mann; Erziehungsmaßnahmen in einem Kloster etc.). Tatsächlich gibt sich Fortunata nicht mehr mit dem traditionellen Ausweg aus der sozialen Misere zufrieden, der darin bestand, die Geliebte eines Señorito zu werden. Sie will mehr: Sie will als gleichberechtigt anerkannt werden. Diese oppositionelle Dickköpfigkeit wird im Roman selbst durch einen Vergleich mit Dumas' *Kameliendame* illustriert. (Galdós liebt solche intertextuellen Querverweise auf die Populärliteratur). Bekanntlich handelte es sich bei Dumas um einen ähnlichen Fall: Eine Frau aus der Halbwelt wird die Geliebte des Bürgersohnes, steht kurz vor der Ehe mit ihm, verzichtet aber in dem Moment, als ihr bewußt wird, daß eine Heirat ihm schaden würde. Und eben dies, die perfekte Unterordnung unter die bürgerlichen Interessen, erwartet man auch von Fortunata. Fortunata aber weigert sich und beharrt auf *ihrem* Willen. – Die Lösung ist bei Galdós freilich noch ähnlich bürgerfreundlich wie bei Dumas: Fortunata wird vom Tod im richtigen Moment hinweggerafft. Sie hat gerade noch Zeit, Jacinta die Sorge um den Sohn anzuvertrauen und wenigstens mit ihr zu einem versöhnlichen Ausgleich zu kommen.

Eine dritte Lesemöglichkeit ist die historisch-politische. An *Fortunata y Jacinta* kann man sogar besonders gut zeigen, wie eng *Episodios* und *Novelas contemporáneas* miteinander verwandt sind. Zunächst ist festzuhalten, daß auch *Fortunata y Jacinta* fast schon ein historischer Roman ist: Die Zeit, auf die er Bezug nimmt, ist die Revolutionsepoche zwischen 1868 und 1874; die Romanhandlung endet, als die Restauration beginnt. Im Vergleich zur Entstehungszeit ist das eine Differenz von mehr als 12 Jahren. Andererseits wird genau wie in den Episodios die private Geschichte mit der offiziellen in Beziehung gesetzt, allerdings insofern umgekehrt proportional, als in den Episodios die Ereignisgeschichte, in *Fortunata y Jacinta* die fiktive Privatgeschichte die Oberhand hat. Darüber hinaus ist das Verhältnis zwischen offizieller und privater Geschichte in *Fortunata y Jacinta* durchgängig ein ironisches. So wird z.B. im dritten Kapitel des zweiten Teils der Bruch Juanitos mit Fortunata und die Rückkehr zu seiner Ehefrau mit der Heimkehr des späteren Alfonso XII nach Madrid gekoppelt und der private Vorgang mit der Kapitelüberschrift »La Restauración Vencedora« eingeführt. Das nächste Kapitel, das noch einmal auf den Bruch mit Fortunata bezugnimmt, heißt: »La Revolución Vencida«. Mehr als in der Erzählerrolle meldet sich in diesen Überschriften der Autor zu Wort und läßt durch sie hindurch erkennen, daß er – auch dies im Gegensatz zu Dumas – keineswegs einseitig auf der Position des Bürgertums steht, dessen zynischen Opportunismus er im Gegenteil gerade bloßstellt.

Im Gegensatz zu *Fortunata y Jacinta* ist *Tristana* (1892) nur ein schmaler Roman. Er behandelt ein Thema, das im Spanien des 19. Jh. nur mit Vorsicht zur Sprache gebracht werden konnte: die Frauenfrage, beziehungsweise die Emanzipationsproblematik. Ort der Handlung ist Madrid. Don Lope, ein alternder Don Juan und Freidenker, nimmt Tristana, die verwaiste Tochter eines verstorbenen Freundes zu sich. Doch aus dem Beschützer wird bald ein Verführer. Tristana lehnt sich nach einiger Zeit gegen den männlichen Tutor auf und entscheidet sich für ein freigewähltes Verhältnis mit Horacio, der ihrem Alter eher entspricht. Weil aber Tristana auf Gleichberechtigung pocht, zieht Horacio sich bald zurück. Sie korrespondiert noch eine Zeitlang mit ihm und gibt ihren Ideen in den Briefen eine schriftliche Form. Ein Wundbrand mit anschließender Beinamputation zwingt Tristana dazu, wieder in Lopes Schutz zurückzukehren. Der Rest ist

Historisch-politische Lesart

Tristana

Resignation und Arrangement. Am Schluß heiraten die beiden, einerseits weil Lope, durch die Pflegekosten verarmt, nur unter dieser Bedingung an ein beträchtliches Erbe herankommt; andererseits aber auch, weil beide des Aneckens gegen die Konventionen müde geworden sind. Tristana findet einen gewissen Trost in mystischen Spekulationen und erlernt das vorher von ihr verachtete Hausfrauenmetier, besonders die Kunst der Nachtischzubereitung. Äußerlich herrscht am Ende der häusliche Frieden. Aber »ob sie glücklich miteinander waren«, läßt der Erzähler im Schlußsatz ausdrücklich dahingestellt.

Ein Emanzipationsroman?

Wie man sieht, bewegt sich die realistisch erzählte, zugleich aber auch symbolhaltige Geschichte im Kreis: Eine junge Frau will sich von der Bevormundung durch den ungeliebten älteren Mann befreien und muß zum Schluß doch wieder in die Abhängigkeit zurück. Dabei kommt dem Schicksalsschlag der körperlichen Verstümmelung eine besondere Bedeutung zu. Dieses Unglück fungiert jedenfalls fast wie eine exemplarische, von der Natur selbst diktierte Strafe, die Tristana zur Resignation bereit macht. Es ist, als ob sich das grausame spanische Sprichwort von der Frau bewahrheitet hätte, der man lieber das Bein brechen sollte, als sie aus dem Hause zu lassen: »Mujer honrada, pierna quebrada y en casa«.

Dennoch ist *Tristana* kein antifeministisches Manifest (wie etwa *Doña Perfecta* ein antiklerikales). Eher das Gegenteil ist der Fall. Es scheint aber, daß der Emanzipationsstandpunkt, der hier so grundsätzlich wie nie in der spanischen Literatur des 19. Jh. zur Sprache kommt, nur unter der Bedingung geäußert werden darf, daß gleichzeitig dem traditionellen Denken genüge getan wird (wir kennen diese Kompromißtaktik schon aus *Pepita Jiménez*). In der Tat hat *Tristana* neben dem konzessiven noch einen adversativen, *gegen* die herrschende Moral gerichteten Sinn. Tristana ist nicht nur die Titel- sondern tatsächlich die Hauptfigur des Romans, der auch die besondere Sympathie des Erzählers zuteil wird. Das sieht man vor allem an der relativ langen Sequenz, in der fast ausschließlich *ihre* Briefe wiedergegeben werden. Es sieht so aus, als habe Galdós dafür sorgen wollen, daß Tristana, wenn sie schon ver- und behindert ist, sich selbst zu realisieren, doch wenigstens Gelegenheit erhält, sich ungehindert zu definieren. So entwickelt sie Schritt für Schritt ihre Theorie einer »libertad honrada«, die vieles beinhaltet, was für das damalige Frauenverständnis unerhört war: völlige, auch berufliche Gleichberechtigung der Frau, ökonomische Unabhängigkeit vom Mann, neue Formen des Zusammenlebens, Beseitigung patriarchalischer Vorrechte, eine neue Aufgabenverteilung bei der Kindererziehung. Außerdem liefert Tristana immer wieder Beweise einer schockierenden ›Andersartigkeit‹ in Fragen, die als ein für alle Mal entschieden galten: Sie äußert – wenn auch sehr zurückhaltend – eigene sexuelle Wünsche (bisher ein Vorrecht des Mannes); sie erklärt sich als unbegabt für die Hausarbeit (was als unweiblich galt). Vor allem stellt sie immer wieder überzeugend unter Beweis, daß sie, obwohl ungebildet, intellektuell begabt und sehr lernbegierig ist. Damit demonstriert der Roman programmatisch, daß die von der Aufklärung behauptete Perfektibilität des Menschen nicht auf *ein* Geschlecht beschränkt ist – eine Einsicht, die in Spanien unwilliger noch als anderswo akzeptiert wurde. – Das also ist die andere, die adversative Seite des Romans, die nicht weniger bedeutsam ist als die konzessive, obwohl im gleichen Atemzug auch wieder zu bedenken ist, daß Tristana nur deshalb *theoretisch* so weit gehen durfte, weil sie *praktisch* daran gehindert war, ihre Theorie in die Tat umzusetzen. – Wie man sieht, bleibt sich Galdós auch in seinem späteren Werk noch insofern treu, als er nicht nur beschreibend, sondern immer zugleich ›agitierend‹ erzählt und in der Auseinandersetzung zwischen den Zwei Spanien zugunsten einer aufgeklärt-fortschrittlichen Erneuerung des Landes Partei ergreift.

Die erzählte Provinz: Pereda, Palacio Valdés, Pardo Bazán, Clarín

Auch am Ende des 19. Jh. war Spanien noch keine Industrienation, von den zwei oder drei Zentren abgesehen, die im Entstehen begriffen waren. Es gab nur wenige Großstädte; selbst Madrid war weit davon entfernt, eine Weltstadt zu sein. Es ist deshalb selbstverständlich, daß es auch eine reiche Provinzliteratur gab, die aber dennoch nicht provinziell, sondern ausgesprochen vielschichtig war. Allen hier behandelten Autoren ist es bewußt, daß die ›gute alte Zeit‹ sich ihrem Ende zuneigt und daß tiefgreifende Veränderungen zivilisatorischer, sozialer und politischer Natur zu erwarten sind. Während aber die einen die alten Verhältnisse noch einmal im späten Glanz (einer untergehenden Sonne) erstrahlen lassen, stellen die anderen nur noch ihre Widersprüche fest oder kritisieren sie sarkastisch als unerträglich rückständig. Zu den herausragenden Autoren gehören Pereda (für Kantabrien), Palacio Valdés (für Asturien und Andalusien) und Emilia Pardo Bazán (für Galicien). Später gesellt sich ihnen noch Blasco Ibáñez (für die valencianische Levante) hinzu. Zu dieser Gruppe gehört auch Clarín, dem in *La Regenta* die luzideste Darstellung des spanischen Provinzmilieus, auch der einzige große Provinz-Stadtroman, das Porträt Vetustas (= Oviedo) gelungen ist. Wie immer in der spanischen Literatur der Restaurationszeit, sind auch bei den jetzt zu behandelnden Texten die Differenzen der Zwei Spanien insofern grundlegend, als sie den Autoren ein je nach *ihren* ideologischen Präferenzen gefärbtes Arrangement der Befunde nahelegen.

Pereda

José María de Pereda steht sozusagen am äußersten rechten Rand des hier zu betrachtenden Spektrums. 1833 wurde er in Polanco (Santander) geboren, als letztes von 22 (!) Kindern einer wohlhabenden, geradezu idealtypisch patriarchalischen Familie. Seine eigene Frau mußte zwar ›nur‹ neun Kinder gebären, aber auch er durfte sich noch als pater familias fühlen, bis der 1893 erfolgte Suizid seines ältesten Sohnes einen nicht mehr zu kittenden Riß in seinem Bewußtsein hinterließ. Nach 1896 schrieb er keine Romane mehr und zog sich zumeist in sein großes Haus bei Santander zurück. Dort fühlte er sich schon vorher am wohlsten, wenngleich er beileibe kein abgekapseltes Leben führte: Er war immer wieder für längere Zeit in Madrid, wo er vorübergehend sogar den Cortes angehörte, hatte hauptstädtische Freunde (allen voran Galdós, der ihn bewunderte, und Menéndez Pelayo) und sah sich in jüngeren Jahren auch in Frankreich um, damals der Inbegriff der ›großen weiten Welt‹. Politisch stand er dem Carlismus nahe, nicht weil er dessen rückwärtsgewandte Hoffnungen teilte (deren Irrationalismus ihm klar war), sondern weil er in ihm die einzige ernsthafte Opposition gegen den bürgerlichen (Finanz-)Liberalismus und gegen den drohenden Ausverkauf der ›Werte‹ sah. Sein umfangreiches Romanwerk könnte man, wenn man ihm übel wollte (und das wollte man oft genug), als das reaktionäre Gegenstück zu den frühen galdosianischen Thesenromanen charakterisieren. Besonders der satirische Roman *Don Gonzalo González de la Gonzalera* (1879) liest sich wie eine Replik auf *Doña Perfecta*, wobei die fraglos Guten in diesem Fall durch die Konservativen, die abgrundtief Bösen (oder Lächerlichen) durch die Umgebung des liberalen Kaziken Don Gonzalo gestellt werden. Auch die meisten anderen, weniger polemischen Romane lassen einen konservativ gefärbten

José María de Pereda

Antagonismus erkennen, der sich bei Pereda besonders als Stadt-Land-Gegensatz und/oder in einer nostalgischen Verklärung der patriarchalischen Lebensverhältnisse konkretisiert. Aber man täte Pereda unrecht, wenn man die Bedeutung seines Werks allein auf die politisch-ideologische Botschaft beschränkte. Gewiß hat sein bekanntester Roman – *Peñas arriba* (1895) – eine ausgesprochen bodenständige Moral: Marcelo, ein Madrilene wie er im Buche steht, ein Großstadtmensch also, läßt sich nur widerwillig herbei, dem Ruf seines Onkels in die abgelegene Gebirgslandschaft Kantabriens zu folgen, von deren Lebensbedingungen er keine Ahnung hat. Einmal dort, lernt er aber die ›Hinterwäldler‹ mit anderen Augen zu sehen. Schließlich ist er so von ihnen angetan, daß er bleibt, eine Einheimische zur Frau nimmt und das Erbe des mittlerweile verstorbenen Onkels antritt. Eine Konversionsgeschichte, gewiß, mit einer deutlich propagandistischen Note. Aber wenn man sie liest, kann man sich eines eigenartigen Reizes kaum entziehen (auch wenn der heutige Leser vor manchen Längen des Romans nachdrücklich gewarnt werden muß). Der Reiz liegt darin, daß *Peñas arriba* von einem Ich-Erzähler vorgetragen wird, daß dieser Ich-Erzähler niemand anderer als der Großstadtmensch Marcelo ist und daß man die kantabrische Gebirgswelt mit seinen Augen – den Augen des ›Fremden‹ – überhaupt erst entdeckt und erfährt. Das ist gerade nicht die Vorgehensweise des Idyllendichters, sondern entspricht schon eher der Rückbesinnungsattitüde der 98er.

Palacio Valdés

Arbeiterinnen in einer Tabakfabrik in Sevilla (Doré, 1874)

Pardo Bazán

Wesentlich idyllennäher, freundlicher, unproblematischer und populärer nimmt sich das Werk von Armando Palacio Valdés aus (jedenfalls das vor 1890 entstandene), der lange Zeit zu den meist gelesen Erzählern Spaniens gehörte und von dem auch heute noch einige Titel bekannt sind. Palacio Valdés wurde 1853 in Entralgo (Asturias) geboren. Seine engere und weitere Heimat ist der eine Schauplatz seiner lebhaft erzählten Geschichten. Der andere ist Andalusien, das er durch die Heirat mit seiner aus Cádiz stammenden zweiten Frau kennenlernte. Er starb 1938, mitten im bürgerkriegsumkämpften und republikanisch gebliebenen Madrid, wo er, der ehemals republikanisch gesinnte, zum Sympathisanten Francos geworden war – eine für seine Generation nicht untypische Entwicklung. Seine bekanntesten Texte sind *La hermana San Sulpicio* (1889), in dem ein Galicier (wieder die Fremdperspektive!) Andalusien entdeckt – und den Liebreiz der überaus lebensfreudigen Hermana San Sulpicio, mit bürgerlichem Namen Gloria Bermúdez: eine Geschichte, die an Valeras *Pepita Jiménez* erinnert. Wesentlich pessimistischer ist der spätere, in Asturias spielende Roman *La aldea perdida* (1903), dessen Titel programmatisch ist, weil er das Ende der Idyllik auch bei Palacio Valdés signalisiert. Erzählt wird hier, aus einer deutlich zivilisationsfeindlichen Perspektive, wie der ländliche Frieden von Pola de Laviana durch die entstehende Bergwerksindustrie gestört, ja zerstört wird, und wie aus dem einst beschaulichen Dorf eine unruhige und konfliktgeladene Arbeiterstadt zu werden beginnt.

Eine komplexe, weder persönlich noch literarisch leicht einzuordnende Figur ist die erstaunliche Emilia Pardo Bazán. Sie wurde 1851 in La Coruña geboren und entstammte einer begüterten Adelsfamilie. Mit 17 heiratete sie und besuchte gleichzeitig die literarischen Zirkel von Madrid, von Jugend an darauf aus, ihren eigenen Kopf durchzusetzen und die der Frau auferlegten gesellschaftlichen Beschränkungen zu ignorieren. Nach einem vorübergehenden Exil der Familie in Frankreich (dessen moderne Romanliteratur sie schätzte) und England nahm sie Kontakt mit den Krausistas und den Begründern der Institución libre de Enseñanza auf. Schon seit Mitte der

70er Jahre gilt sie als ein Phänomen, manchen auch als Enfant terrible. Als solche wird sie vollends ab 1883 eingestuft, als sie – die Trägerin eines Adelstitels, verheiratete Katholikin und Mutter mehrerer Kinder – es wagte, die als ketzerisch und unmoralisch verschrieenen Theorien Zolas in einem eigens zu diesem Zweck geschriebenen Buch (*La cuestión palpitante*) vorsichtig, aber ausdrücklich zu verteidigen (übrigens unter strikter Ablehnung von Zolas Determinismus). Seitdem gilt sie als *die* spanische Naturalistin, obwohl ihre Anlehnung an Zola nicht sehr weitreichend ist. Die unmittelbare gesellschaftliche Folge des Eintretens für Zola war die Trennung von ihrem Mann. Von nun an nimmt Doña Emilia, deren Charakter oft als *fuerte* beschrieben wurde, ihr Schicksal endgültig allein in die Hand, sucht sich ihre Freunde selbst aus (Unamuno, Castelar, Cánovas, Clarín – der sich später von ihr distanzierte –, Giner de los Ríos und Galdós – der auch ihr Liebhaber war) und widmet sich ausschließlich ihrer literarischen und journalistischen Arbeit. Mitten im Schreiben stirbt sie 1921 an einem Herzanfall. Welche – für die damalige Zeit unvereinbaren – Gegensätze sie in sich vereinte, kann man schon daran ablesen, daß sie einen durchaus kämpferischen Feminismus mit dem praktizierenden Katholizismus ebenso zu verbinden wußte wie eine alles in allem konservative Weltanschauung mit einem eigentlich nur auf der Linken zu vermutenden sozialen Engagement. Wer sich ein genaueres Bild von ihr machen will, lese die schöne Biographie von Carmen Bravo Villasante und die von der gleichen Autorin herausgegebene Korrespondenz mit Galdós.

Emilia Pardo Bazán

Die herausragende Fähigkeit von Emilia Pardo Bazán liegt darin, daß sie die gesellschaftlichen Verhältnisse und Konflikte ihrer Heimat (die städtischen, ganz besonders aber die ländlichen) in einer Art von galicischem Sozialroman lebensnah und spannend zu schildern weiß. Zwei dieser Romane seien hier kurz charakterisiert: *La Tribuna* (1882) ist derjenige Text, der dem französischen Naturalismus am nächsten steht. Seine Hauptperson ist die Tabakarbeiterin Amparo. Der Ort der Handlung ist Marineda (= La Coruña); die Zeit die Revolutionsepoche. Amparo, von einem bürgerlichen Liebhaber verraten, widmet sich – von der Erzählerin nur leicht ironisiert – mit sozusagen geschärftem Klassenbewußtsein der Verteidigung der Arbeiter- und der Frauenrechte. Der Ausgang ist ungewiß. Allerdings läßt der Geburtstag von Amparos Kind – der Tag, an dem die Republik ausgerufen wurde – keine großen Hoffnungen aufkommen, ist die Republik doch zu dem Zeitpunkt, da Doña Emilia den Roman schrieb, schon längst liquidiert. Es fällt auf, daß der Roman sowohl mit Zolas Symboltechnik als auch mit der galdosianischen Verknüpfung privater und öffentlicher Geschichte arbeitet und daß – trotz der zum Teil trefflichen Milieuschilderungen – auch hier ein überwiegend ideologischer Konflikt zugrunde liegt.

Galicischer Sozialroman

Selbständiger und überzeugender, auch durch eigene Erfahrung besser abgesichert, ist der Roman *Los pazos de Ulloa* (1886), zu deutsch etwa »Die Landgüter der Familie Ulloa«. Der Roman lebt, ähnlich wie die entsprechenden Texte bei Pereda und Palacio Valdés, vom Stadt-Land-Gegensatz und von dem Konflikt zwischen ›Zivilisation‹ (verkörpert vom Priester Julián Alvarez, von dem Compostelaner Honoratioren Manuel Pardo de la Lage und dessen Tochter Marcela, genannt Nucha) und ›Natur‹ (verkörpert u. a. in dem Marqués de Ulloa, alias Pedro Moscoso, in seinem Faktotum Primitivo (!) und dessen Tochter Sabel). Was die Darstellung Pardo Bazáns von der Peredas unterscheidet, ist der hier sehr weitgehende Verzicht auf ideologische Vorentschiedenheit und der alles in allem gelungene Versuch, die Verhältnisse auf dem flachen Land ungeschminkt und

Einzug Alfonsos XII
(im Alter von 17 Jahren)
in Madrid am
15. Januar 1875

Clarín

unnostalgisch zu dokumentieren: die Lebensbedingungen unter den verschiedenen Besitzverhältnissen, die Unterschiede zwischen Lati- und Minifundio, das Phänomen des *Absentismo* (die ›Abwesenheit‹ der Herrschaften, die in der Stadt leben und sich um ihre Güter nicht kümmern) und die brutale Auseinandersetzung zwischen dem konservativen Kaziken Barbacana und dem liberalen Trampeta. Man beachte die sprechenden Namen, die an kriegerische Auseinandersetzungen bzw. an Betrug denken lassen. Gegenüber dieser breiten Zustandsschilderung verblaßt die recht dünne und etwas kolportagehafte Handlung weitgehend, deren Hauptproblem darin besteht, daß Ulloa zwischen seiner aus dem städtischen Milieu stammenden Frau Nucha (die auf dem Land regelrecht zugrunde geht) und seiner ›animalischen‹ Geliebten Sabel, also zwischen Zivilisation und Natur hin und her schwankt. Die beiden von Ulloa gezeugten Kinder Marcelina (Tochter Nuchas) und Perucho (Sohn Sabels) spielen in der (schwächeren) Fortsetzung *La madre naturaleza* (1887) ihrerseits Protagonistenrollen.

Leopoldo Alas, der unter dem Künstlernamen Clarín (»Trompete«) bekannt wurde (nach dem gleichnamigen Gracioso aus Calderóns *La vida es sueño*, der sich das ›Lautgeben‹ nicht verbieten ließ), gilt als der Autor *eines* Meisterwerks: des Romans *La Regenta* (1885). Die Anerkennung seines Ranges blieb ihm aber lange versagt. Er war zwar schon zu Lebzeiten berühmt, aber dieser Ruhm beruhte mehr auf dem Skandalerfolg des Buchs als auf der Würdigung der künstlerischen Leistung, die nur von wenigen Zeitgenossen konstatiert wurde, allen voran von Galdós. Später wurde der Roman regelrecht verdrängt; die Empörung, die er bei den Vertretern der España eterna, insbesondere beim konservativen Klerus hervorgerufen hatte, wurde aber sorgfältig aufbewahrt. Das bekam noch der Sohn als Rektor der Universität Oviedo beim Einmarsch der siegreichen Franco-Truppen zu spüren, als er – für die ›Sünden‹ des Vaters – sein Leben lassen mußte. Erst seit der Franquismus zu Ende ging, kam es zu einer Clarín-Renaissance und zu einer fragwürdigen Kanonisierung des Romans, die vor allem auf einem Vergleich mit Flaubert (*La Regenta* sei die spanische *Madame Bovary*) beruht und die eigene Bedeutung des Textes, auch dessen zeitgebundenes und zeitkritisches Aussagepotential, weitgehend außer acht läßt.

Leopoldo Alas wurde 1852 in Zamora geboren, wo sein Vater Gobernador Civil, also der höchste Verwaltungsbeamte der ganzen Provinz war. Aber schon 1863 kehrte die Familie in die asturianische Heimat zurück, die Alas, vom Madrider Rechtsstudium, seinen ersten Dozentenstellen und gelegentlichen Reisen abgesehen, nie mehr für längere Zeit verließ. Schon in jungen Jahren entwickelte er, neben seiner wissenschaftlichen Karriere, literarische Aktivitäten. Anläßlich seiner Mitarbeit in der Zeitschrift *Solfeo* legte er sich schon als 23jähriger das Pseudonym »Clarín« zu. 1878 promovierte er mit dem Thema »El derecho y la moralidad«. Sein Doktorvater war kein geringerer als Giner de los Ríos, der Begründer der Institución libre de enseñanza. Nach dem politisch motivierten Scheitern einer Berufung nach Salamanca wurde er 1883 Professor für Römisches Recht in Oviedo und verband auch weiterhin den – gern ausgeübten – Brotberuf mit der Literatur. 1885 erschien in Barcelona der *Regenta*-Roman, der in Oviedo sofort als Gesellschafts-, ja als Schlüsselroman verstanden wurde und Clarín viel Ärger eintrug. Sein früher Tod – 1901 mit 49 Jahren – mag eine Folge der Anfeindungen gewesen sein, die der sensible, zu Depressionen neigende Autor nur schlecht verkraftete. Neben der *Regenta* hat Clarín noch einen weiteren, kaum beachteten Roman (*Su único hijo*, 1891) geschrieben und zwei Romanfragmente hinterlassen. Außerdem schrieb er sechzig in mehreren Sammlungen zusammengefaßte Kurzgeschichten, von denen die bekannteste *Adiós, Cordera* (1893) ist. Diese Geschichte hat mit Rosa und Pinín zwei gesellschaftlich Ohnmächtige zu Protagonisten und ist insofern epochentypisch, als sie zivilisationskritisch den Eisenbahnbau mit dem Ende der ländlichen Idylle in Verbindung bringt. – Clarín verstand sich sein ganzes Leben lang als Anhänger der Republik, war aber, wie viele spanische Intellektuelle, die vom Krausismo beeinflußt wurden, trotz seines prononcierten Antiklerikalismus keineswegs areligiös und litt nicht wenig unter dem Konflikt zwischen seiner aufgeklärten Vernunft und seinem tief eingewurzelten Bedürfnis nach religiöser Bindung.

Clarín

Der über 700 Seiten starke Roman *La Regenta* besteht aus zwei sich ständig durchmischenden Erzählebenen: Dem Soziogramm von Vetusta und der persönlichen Geschichte der Regenta, die ihrerseits wieder eine synchrone und eine diachrone Dimension hat. Außerdem ist *La Regenta* ein Literaturroman, in dem zahlreiche Verweise auf die Ehrendramen Calderóns und auf den Don Juan-Mythos für das ideologische Relief sorgen, an dem abgelesen werden kann, welcher Geist in Vetusta herrscht.

La Regenta

Das Soziogramm wird gleich zu Anfang des Romans durch einen Panoramablick aus dem Turm der Kathedrale eröffnet. Im Mittelpunkt der Stadt steht der Klerus, im Mittelpunkt des Mittelpunkts die Figur des ehrgeizigen und machtbesessenen Magistral Don Fermín de Pas. Der Klerus hat seine Hauptstütze im örtlichen Adel, dessen Paläste sich im Stadtteil Encimada befinden. Dort finden auch die wichtigen gesellschaftlichen Ereignisse statt, z.B. das erste Zusammentreffen Fermíns, Alvaros und der Regenta auf einem Empfang der Marqueses de Vegallana. Die Stadtbourgeoisie, in der es einen starken Anteil von Indianos gibt (Leuten, die sich in Lateinamerika von bettelarmen Auswanderern zu protzigen Neureichen emporgearbeitet haben), erstrebt die Einheirat in den Adel oder den Erwerb eines Titels. Daneben gibt es die Kleinbürger: Händler, Verkäufer, Büroangestellte und Dienstboten; sie alle sind ökonomisch und mental auf die Oberklasse fixiert. Auch die Arbeiter werden berücksichtigt, die im Campo

Soziogramm von Vetusta

del Sol wohnen und vom Magistral verachtungsvoll als verschwitzte, kohlenstaubbeschmutzte Kretins betrachtet werden, weil sie den Gleichheitsverheißungen der Sozialisten mehr Gehör schenken als den auf die Ewigkeit vertröstenden Predigten seiner Kirche. – Der wichtigste Unterschied zwischen Vetusta und dem realen Oviedo besteht darin, daß es in Vetusta keine Universität gibt. Mit dieser wollte Clarín sich offensichtlich nicht auch noch anlegen. Im übrigen herrscht in der Oberklasse und im Bürgertum nach außen eine strenge Observanz der überkommenen religiösen und moralischen Vorschriften, die durch eine stets zum Klatsch bereite Öffentlichkeit scharf kontrolliert wird. Diese ist umso mehr bereit, auf die Verfehlungen anderer zu zeigen (z. B. auf den ›Fall‹ der Regenta), als die Beobachter und Kontrolleure selbst voller Schwächen, nur scheinheilig und oft wirklich korrupt sind. Man hat gelegentlich behauptet, in *La Regenta* gäbe es nicht mehr die bei Galdós und bei Pereda zu findende Zweiteilung in ein ›gutes‹ und in ein ›böses‹ Spanien; in der *Regenta* sei nur noch das eine, das restaurative und verlogene Spanien übrig geblieben. Das stimmt nur auf den ersten Blick. Denn das andere, das ›wahrheitsliebende‹ und ›republikanisch‹ agitierende, ist keineswegs verschwunden; es hat sich lediglich in das gallige Temperament des kritischen Erzählers zurückgezogen, der dem Ewigen Spanien mit *La Regenta* einen gleichsam wutverzerrten Spiegel entgegenhält. Aber nicht nur der Erzähler ist ›anders‹; anders ist auch die Hauptperson, die Frauengestalt der Regenta, deren Leidensweg im bigotten Vetusta deutliche Züge eines Martyriums trägt.

Die Regenta *als Frauenroman*

In zweiter Hinsicht ist *La Regenta* ein Frauenroman, der avancierteste im spanischen 19. Jh., derjenige auch, der das Verständnis für die weibliche Hauptfigur, den Ehebruch eingeschlossen, weiter treibt und tiefer begründet als dies Flaubert in *Madame Bovary* dreißig Jahre zuvor getan hatte. Die Geschichte der Regenta, die eigentlich Ana Ozores heißt, ist in das zuvor skizzierte Soziogramm gleichsam eingelassen und macht das Vetustenser Personal überhaupt erst zu Protagonisten, Mitspielern und Zeugen in einer privaten Tragödie, deren Ausgang schon von weither angelegt ist. Der Roman ist so aufgebaut, daß in den ersten fünfzehn Kapiteln das Ambiente und die Hauptpersonen eingeführt und bis in den letzten Winkel durchleuchtet werden. Auf diesen ersten 350 Seiten vergehen ganze drei Tage. In den Kapiteln 16–30 wechselt der Rhythmus; eine Handlung kommt in Gang, entwickelt sich und gelangt ans fatale Ende, für die in der ersten Romanhälfte das Vorverständnis geschaffen worden ist. Ana Ozores, eine temperamentvolle und sinnlich veranlagte junge Frau, der jedoch, wie vielen spanischen Frauen, im Hinblick auf die Sexualität ein tiefsitzendes Sündenbewußtsein anerzogen wurde, ist mit dem wesentlich älteren Don Victor Quintanar, dem Regente (Gerichtspräsidenten) von Vetusta verheiratet. Don Víctor ist ein etwas vertrotteller aber grundgütiger Mensch, was für Ana, wie ausdrücklich betont wird, ›ein Glück‹ war. (Denn zuerst sollte ihr, die aus einer ›ins Gerede gekommenen‹ Familie stammte, ihre Eltern früh verloren hatte und deshalb nicht wählerisch sein durfte, ein ebenso reicher wie brutaler Indiano angedient werden). Don Víctor ist aber nicht nur gütig, sondern auch impotent und an seinen Steckenpferden (der Jagd und der Calderón-Lektüre) mehr interessiert als an den erotischen Sehnsüchten seiner Frau. Diese flüchtet sich zunächst – wir kennen das schon als eine typisch iberische Ersatzhandlung – in mystische Religiosität, wobei sie von ihrem neuen Beichtvater, dem Magistral Don Fermín, entsprechend angeleitet wird. Gleichzeitig wird sie von Don Alvaro Mesía, dem örtlichen Liberalen-Chef, Casino-Präsidenten und Don Juan, einem ziemlich unbedeutenden Provinzcharmeur, umschwärmt, der es sich zum Ziel gesetzt hat, sie als besonders schwer zu erringende Trophäe seiner Sammlung verführter Frauen einzuverleiben. Da der Beichtvater sich ebenfalls zu Ana hingezogen fühlt und seiner Leidenschaft nicht mehr Herr wird, wendet sich die Regenta entsetzt von ihm ab, fällt aber um so sicherer Alvaro anheim, als ihrer Sinnlichkeit jetzt der religiöse Schutzschild entzogen ist. Ganz Vetusta hatte sich schon über das auffällige Interesse des Magistral die Mäuler zerrissen. Nachdem die scheinbar so Tugendhafte nun wirklich gefallen ist, kennt die lustvolle Empörung keine Grenzen mehr. Sie zwingt auch den braven Ehemann, dem die Affäre durch eine von Fermín eingefädelte Intrige hinterbracht worden ist, zum Handeln, obwohl er von sich aus, trotz seiner calderonianischen ›Vorbildung‹, durchaus zur Großzügigkeit bereit gewesen wäre. Es kommt zum Duell zwischen dem betrogenen Ehemann und dem Liebhaber, wobei die traditionellen Rollen vertauscht sind: Der Hahnrei ist gefaßt und zielsicher; der Don Juan schlottert vor Angst. Aber auch der Ausgang ist unerwartet: durch einen unglücklichen Zufall bleibt der Liebhaber als Sieger, der Ehemann als tödlich Getroffener auf der Walstatt zurück. Alvaro verläßt Vetusta in Richtung Madrid, froh, die Verantwortung für die große Eroberung los zu sein, die ihm schon lästig zu werden begann. Ana sieht, nachdem auch der ehemalige Beichtvater ihr den Beistand versagte, allein gelassen einer trüben Zukunft entgegen.

Mindestens ebenso wichtig wie das äußere Geschehen ist die innere Geschichte Anas, der im ersten Teil des Romans fast 80 Seiten (drei ganze Kapitel) gewidmet werden. Nie ist in Spanien dem Vorleben einer jungen Frau, von der ›Ehebrecherin‹ ganz zu schweigen, eine so sorgfältige Aufmerksamkeit gewidmet worden wie in der ›Anamnese‹ des *Regenta*-Romans. Anlaß dazu ist – im dritten Kapitel – die Vorbereitung auf die Generalbeichte vor Anas neuem Seelsorger, Don Fermín de Pas. Und ›herauskommt‹ bei dieser schon deutlich psychoanalytisch motivierten Aufarbeitung der Vergangenheit, wie eine junge Frau schon als Kind durch körperfeindliche Erziehungsmethoden psychisch deformiert wurde, wie sie in der Lektüre der allein erlaubten religiösen Literatur, der Hingabe an den Glauben, aber auch in allerlei heimlichen Berührungspraktiken und in erotischen Träumen eine gewisse Ersatzbefriedigung fand und wie sie als Erwachsene unter hysterischen Symptomen leidet, die sie erst recht zur Zielscheibe aggressiver männlicher Begierden machen. In der Tat ist der Roman – für das spanische 19. Jh. erstaunlich genug – so konstruiert, daß Ana durch die Umstände ihrer ›Verbildung‹ als weitgehend entschuldigt erscheint und daß von den männlichen Hauptpersonen einzig der Ehemann Don Víctor über gewisse charakterliche Qualitäten verfügt.

Vor diesem Hintergrund ist auch die Funktion der zahlreichen literarischen An- und Einspielungen – vor allem aus dem Bereich des Ehrendramas – zu sehen, die *La Regenta* nebenbei noch zu einem bedeutenden Literaturroman machen. Sie dienen offensichtlich dem Zweck, die Zurückgebliebenheit Vetustas auch aus der Perspektive der ›geistigen Werte‹ zu verdeutlichen, die dort noch immer gelten: die *honra*, die *opinión*, der Triebverzicht (nur für Frauen); der Kampf um die Vorherrschaft (nur für Männer), zu dessen Siegeszeichen auch die Eroberung einer als unnahbar geltenden Frau gehört. Nicht umsonst wird ständig Calderón zitiert. Nicht umsonst wird der zweite, der Handlungsteil des Romans, im 16. Kapitel mit einer Aufführung von Zorrillas *Don Juan Tenorio* eröffnet, die Ana bereits klar vor Augen führt, was ›ihres Amtes‹ ist: *sacrificarse*, sich aufzuopfern, damit *er* seinen Triumph auskosten und am Ende ungeschoren davonkommen kann.

Anas Vorgeschichte

Die Regenta *als Literaturroman*

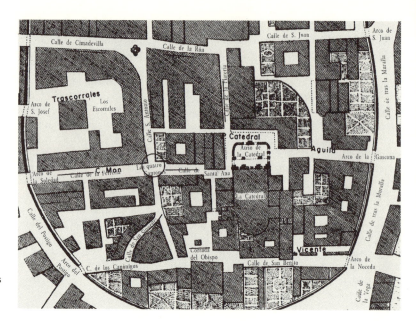

Das Zentrum von Claríns Vetusta (Oviedo): Schauplatz der *Regenta*

Nur: *La Regenta* ist insofern gerade die Umkehrung des Don Juan-Dramas, als Ana zur tragischen Heldin und Alvaro-Don Juan zur lächerlichen Figur wird. Auch wenn die Verhältnisse noch immer so sind, daß am Ende allein sie die Kosten des Verfahrens zu tragen hat, so ist doch jetzt klargestellt, daß just dies: die Unveränderlichkeit der España eterna und die Ähnlichkeit zwischen 1880 und 1630, über die persönliche Tragödie hinaus, die Tragödie des ganzen Landes ist.

Ansichten des Vierten Standes: Blasco Ibáñez und Baroja

Die Romanautoren, die wir bisher betrachtet haben, siedelten ihre Erzählungen fast ausschließlich im Bürgertum an. Ein Echo auf die Forderungen der Arbeiterschaft oder ein mehr als oberflächlicher Blick auf die Lebensbedingungen der Immigranten aus den eigenen Agrarprovinzen, die schon am Ende des 19. Jh. an den Rand der Großstädte zogen, um dort auf die Chance zu warten, ins Zentrum vordringen zu können, gab es so gut wie nicht – trotz der Ansätze in Emilia Pardo Bazáns *La tribuna*. Erst zu Beginn des neuen Jahrhunderts findet man auch in Spanien Autoren, die den Sozialroman ›nach unten‹ erweitern: Vicente Blasco Ibáñez noch gleichsam im Geiste des späten Galdós; Pío Baroja hingegen mit einer Erzähltechnik und mit einer Sicht auf die Welt, die bereits einer neuen Epoche angehören.

Blasco Ibáñez

Blasco Ibáñez, der, wenn überhaupt, viel eher als Clarín oder Pardo Bazán der ›spanische Zola‹ genannt werden könnte, wurde 1867 in Valencia in kleinbürgerlichen Verhältnissen geboren. In seiner Jugend schrieb er als ›Neger‹ für den Fortsetzungsromanautor Manuel Fernández y González; später wurde er selbst ein – auch finanziell – erfolgreicher Vielschreiber; als erster Spanier wurde er aufgrund einer Hollywood-Verfilmung seines Weltkriegsromans *Los cuatro jinetes del Apocalipsis* (1916) weit über das Lesepublikum hinaus den Kinobesuchern vieler Länder bekannt. Auch als

Politiker entwickelte Blasco eine bewundernswerte Aktivität und nahm dabei erhebliche Risiken in Kauf. Als militanter Republikaner (während mehrerer Legislaturperioden auch im Parlament) mußte er Spanien 1890 zum ersten Mal, 1895 abermals verlassen; trotzdem blieben ihm Kriegsgericht und Gefängnis nicht erspart, weil er sich heftig für die Unabhängigkeit Cubas eingesetzt hatte. Auch im Ersten Weltkrieg stieß er als Anhänger der Alliierten im traditionell deutschfreundlichen Spanien nicht nur auf Zustimmung. Er reiste, auch nach seinem Rückzug aus der aktiven Politik, viel und gern: nicht nur in Europa; auch in Afrika, im Orient und in Südamerika (wo er 1909, in Argentinien, mit der Gründung der Güter »Cervantes« und »Nueva Valencia« zwei – bald zum Scheitern verurteilte – agrarutopische Wunschträume zu verwirklichen suchte). Er starb 1928 als reicher Mann in Menton an der Côte d'Azur, als erster spanischer Erfolgsautor neuen Stils.

Blasco Ibáñez

Die beiden wichtigsten Romanserien Blascos sind die *Novelas valencianas* und die *Novelas sociales*. Die *Novelas valencianas* haben eine ausgesprochen costumbristische Komponente, besonders der erste Roman *Arroz y tartana* (1894), in den die Kindheitserinnerungen des Autors aus der kleinbürgerlichen Geschäftswelt Valencias eingegangen sind. Der Titel verweist auf das schon bei Galdós (*La de Bringas*) verwendete, sehr spanische Motiv des »Quiero y no puedo« (mehr scheinen zu wollen, als man tatsächlich ist): Nach außen hin protzt der Kleinbürger mit dem eleganten Tartana-Gespann, zu Haus aber muß er sich mit einem billigen Reisgericht begnügen. Die anderen Romane dieser Serie spielen auf dem Land. Der bekannteste ist: *Cañas y barro* (1902), der in naturalistischer Manier, aber auch mit stark feuilletonromanartigem Einschlag, von dem harten Leben der Fischer in der Albufera erzählt. Alle Landromane Blascos sind prononciert unidyllisch, nicht zuletzt deshalb, weil sie den Gegensatz von reich und arm als den von Ausbeutern und Betrogenen darstellen.

Unter den *Novelas sociales* ragt *La bodega* (1904/05) hervor, das sichtbar nach dem Vorbild von Zolas *Germinal* konstruiert ist. Im Mittelpunkt steht die soziale Frage, die hier am Beispiel des Weinbaugebiets von Jerez dargestellt wird. Mehr noch als in den *Novelas valencianas* wird sie auf das Anschauungsmuster des Klassenkampfes zugespitzt: Blasco macht, wie Zola in *Germinal*, aus dem Gegensatz von Kapital und Arbeit die strukturelle Basis des ganzen Werkes. Der Roman beginnt mit einer kontrastiven Beschreibung der Lebensbedingungen: Auf der einen Seite die Großgrundbesitzer- und Weinfabrikantenfamilie Dupont; auf der anderen Seite ihre Arbeiter und Angestellten. Er wird fortgesetzt mit einem doppelten Konflikt: Einerseits erheben sich die Tagelöhner und Landarbeiter in der spontanen Massenaktion des Generalstreiks gegen ihre Herren; dieser Aufstand endet im Desaster, wobei den Arbeitern nicht einmal ein Hoffnungsschimmer (wie in *Germinal*) bleibt. Andererseits rebelliert einer der Angestellten, Fermín Montenegro, auf eigene Rechnung und im Namen seiner persönlichen Ehre gegen die Duponts, und diesmal ist es einer der Chefs, der unterliegt.

Interessant an diesem Roman ist zum einen, daß Blasco die Lohnabhängigen (die noch bei Galdós einfach und abstrakt *pueblo*, also »Volk« hießen) in kleinbürgerliche Angestellte (mit elementarer Bildung) und proletarische Landarbeiter (Analphabeten) aufteilt und die für republikanische Intellektuelle typische Reduktion der sozialen Frage auf ein Erziehungs- und Ausbildungsproblem vornimmt. Zum anderen gibt der Roman einen mehr als oberflächlichen Einblick in die – in Andalusien besonders große – Wirkung des libertären Anarchismus, der im Roman durch die Patriarchenfigur des (auf ein historisches Vorbild zurückgehenden) Fernando Salvatierra verkörpert wird. Auch das Ende des Romans hat einen libertär-utopischen, freilich auch eskapistischen Charakter: die Familie Fermín Montenegros verläßt Spanien, um – wie der Autor – im fernen Argentinien den in Europa nicht realisierbaren Traum eines humanitären Kommunismus zu verwirklichen.

Barojas Romantrilogie

Ein ganz anderes Bild von der sozialen Frage gibt Pío Baroja in der Madrid-Trilogie *La lucha por la vida* (1904), deren erster Teil *La busca* 1903 in der Zeitung *El Globo* als Feuilletonroman erschienen ist. Dann wurde *La busca* überarbeitet und durch die Nachfolgeromane *Mala hierba* und *Aurora roja* zur Trilogie ergänzt. *La lucha por la vida* spielt, wie die Romane von Galdós, in der unmittelbaren Vorvergangenheit: seine Handlung umfaßt die letzten 15 Jahre des 19. Jh. und endet mit der Thronbesteigung Alfonsos XIII. im Jahre 1902. Was aber bei Galdós nur nebenbei erledigt wurde, die »Visita al Cuarto Estado«, wird nun zu einem breiten Panorama der Madrider *suburbios* mit zahllosen nebeneinander herlaufenden Einzelschicksalen. Diese ergeben zusammen eine erste, aus lauter Fragmenten zusammengesetzte Collage der Lebensbedingungen eines noch immer vorindustriellen Proletariats, das sich aus kleinen Handwerkern, Zuwanderern aus den Agrarprovinzen, Prostituierten und Unterweltlern zusammensetzt, dazu noch aus einem Lumpenproletariat von Deklassierten. Dieses ›Volk‹ wird nun – im Gegensatz zu Galdós – nicht mehr aus der Perspektive bürgerlicher Beobachter vorgestellt, sondern über den Lebensweg einer Person, die selbst dem Volk angehört und die durch die ganze Trilogie hindurch die Bezugsfigur des Lesers bleibt. Diese Person ist Manuel Alcázar, der wie die exemplarische Zusammenfassung der vielen nur in Ausschnitten erfaßten Einzelschicksale erscheint, die *seine* Geschichte kreuzen. Diese beginnt mit Manuels Ankunft in Madrid. Er ist also selbst ein Beispiel für das soziale Hauptproblem der Jahrhundertwende: die Landflucht, den stürmischen Bevölkerungszuwachs der Metropole und das damit verbundene Problem der Arbeitslosigkeit. Die Geschichte geht weiter mit der schwierigen Anpassung an die neue Umgebung, wobei Manuel mehr als einmal zu versacken droht. (»Kampf ums Dasein« – *La lucha por la vida* – bedeutet bei Baroja vor allem: Kampf gegen die Deklassierung). Und sie endet, unter der energischen Anleitung der Salvadora, Manuels Lebensgefährtin, im bescheidenen und keineswegs sicheren Wohlstand, nämlich im Besitz einer kleinen Druckerei, zu der es Manuel schließlich gebracht hat. Dies ist die persönliche Geschichte Manuels, die sich wie ein roter Faden durch die ganze Trilogie zieht: Es ist die erste zusammenhängende Unterschichtenvita der spanischen Literatur. Sie endet in einer kleinbürgerlichen Existenz.

Kinderarbeit am Webstuhl. Gemälde von Planella

La lucha por la vida ist also zwar ein Sozialroman, aber er ist ein Roman ohne jede politische Tendenz. Gewiß kommen auch hier – besonders im letzten Teil, wo der Anarchistenzirkel der *Aurora roja*-Kneipe und wo deren Kopf, Manuels Bruder Juan, im Mittelpunkt stehen – sozialistische Ideen ausführlich zur Sprache. Aber das geschieht – im Gegensatz zu Blasco – ohne jeden Sympathiebeweis durch den Autor. Auch Manuel bleibt auf Distanz: gegenüber dem libertären Anarchismus wegen dessen Weltfremdheit; gegenüber dem marxistischen Sozialismus wegen dessen Tendenz, inquisitorisch ins Privatleben einzugreifen. Daneben wird – besonders im zweiten Teil der Trilogie – noch eine dritte Option in Betracht gezogen, mit der Baroja und andere enttäuschte Achtundneunziger immer wieder geliebäugelt haben: die Idee einer aufgeklärten und progressiven Diktatur, die das

›unregierbare‹ Volk der Spanier, jener *medio africanos*, vielleicht bändigen könnte. Sie wird vor allem von einer eigenartigen Abenteurerfigur namens Roberto Hastings vertreten, die innerhalb der Trilogie noch einmal eine Art Binnen-Feuilletonroman erlebt (in einer äußerst verwickelten Erbschaftsangelegenheit). Hastings, der eine Zeitlang als Manuels Mentor fungiert, verkörpert zugleich den Nietzscheanischen Übermenschen, der in vielen Barojatexten vorkommt.

Alles in allem unterscheidet sich Barojas Sozialroman von dem der Galdósschule (zu der auch noch Blasco gehört) dadurch, daß er – trotz des roten Fadens, den die Vita Manuels darstellt – nur noch eine recht fragmentarische Weltsicht bietet. Anders formuliert: dadurch, daß weder der Protagonist noch der Erzähler mehr als ›Bescheidwissende‹ oder als Repräsentanten eines besseren Spanien auftreten. In *La lucha por la vida* kämpft jeder nur noch für sich selbst. Die ›großen Lösungen‹ (Paternalismus, Sozialismus, Anarchismus) spielen nur noch eine Rolle im Hintergrund und werden sichtbar ironisiert. Der Protagonist Manuel, der eigentlich gar keiner mehr ist, kann sich für keine von ihnen entscheiden: die Botschaft hört er wohl, allein es fehlt der Glaube. Genau dadurch erweist sich Barojas Roman als ein typischer Text der »Generation von 98«.

Das Theater

Vom spanischen Theater der Restaurationszeit haben die Literaturgeschichtsschreiber keine gute Meinung. Tatsache ist aber, daß die alten Schauspielhäuser der stürmisch gewachsenen Nachfrage nicht mehr genügen konnten. Es wurden deshalb neue, zum Teil noch größere gebaut: allen voran das Apolo, der Musentempel fürs Unterhaltungstheater. Von den Café-teatros, den Café-conciertos und den Revuetheatern ganz zu schweigen. Tatsache ist ferner, daß das Schreiben fürs Theater einträglicher, der Output an Theaterstücken größer denn je war. Das spanische Theaterleben begann schon seit den 60er Jahren sich in zwei Sparten aufzuspalten: in das ›hohe‹ Theater, in die *alta comedia*, die vorzugsweise vorm Establishment aufgeführt wurde, und in das Unterhaltungstheater, in dem das *género chico* vor gemischtem Publikum wahre Triumphe feierte.

Die Alta Comedia

Das gehobene Theater hinterließ in der Tat, wenn man von Benavente absieht, keine langanhaltenden Meisterwerke. Es genügt, hier einige Namen und Titel zu nennen: Manuel Tamayo y Baus (*Locura de amor*, 1855; *Un drama nuevo*, 1867); Adelardo López de Ayala (*El tanto por ciento*, 1861); Enrique Gaspar (*Las personas decentes*, 1890). Diese Autoren verstanden die Kunst, Probleme der bürgerlichen Gesellschaft so aufzubereiten, daß die betuchten Zuschauer zwar davon gerührt, aber nicht wirklich beunruhigt werden konnten. Es geht bald um die altbekannten Ehrenprobleme, bald um den schnöden Mammon, bald um bürgerliche Heuchelei. Der Einfluß von Ibsen ist unverkennbar. Einige dieser Dramen wagen sich sogar auf das Gebiet der sozialen Frage vor und stellen – mehr oder weniger stark von Zola beeinflußt – Arbeiterschicksale auf die Bühne. Beispiele sind *La taberna* (1883) von Mariano Pina Domínguez (nach Zolas *Assommoir*), *Juan José* (1895) von Joaquín Dicenta und *Teresa* (1895) von Clarín (sein einziges Theaterstück). Keines dieser Stücke erreicht die Grundsätzlichkeit von Zolas *Germinal*.

Der bekannteste, erfolgreichste und am meisten geachtete Autor dieser Spezies war José Echegaray, der selbst dem Establishment angehörte. Als Ingenieur und Hochschullehrer war er ein Teil der technischen Elite Spa-

José Echegaray

niens. Als Wirtschaftsminister stand er der Hochfinanz nahe. Als Theaterautor brachte er es bis zum Nobelpreis (1904), dem ersten, der an Spanien verliehen wurde, unter heftigen Protesten jüngerer Autoren übrigens, die nicht zu Unrecht vermuteten, daß die Preisvergabe auf politischen Druck (und wie wir wissen: auf Kosten von Galdós) zustande kam. Echegarays heute ungenießbar gewordenes Glanzstück war *El gran Galeoto* (1881), ein melodramatisches Rühr- und Problemdrama spätromantischer Inspiration, gleichsam die Umkehrung von Vignys *Chatterton*: Der arme, aber geniale Poet Ernesto wird vom ebenso noblen wie reichen Bankier Don Julián und seiner jungen Frau Teodora als Adoptivsohn aufgenommen. Böse Zungen (immer wieder: die *opinión*!) murmeln von einem *ménage à trois*. Der edle Ernesto ist bereit, die Ehre seiner Adoptiveltern per Duell zu verteidigen. Auch Don Julián greift zum Degen und wird tödlich verletzt. Er stirbt in dem tragischen Irrtum, das Gerücht sei begründet. Jetzt treibt die böse Öffentlichkeit die beiden Jungen erst recht einander in die Arme, was sie nicht ungern, aber selbstverständlich reinen Herzens geschehen lassen. – Das kitschige Sittengemälde vereint ein wenig Ehrendrama mit ein wenig Gesellschaftskritik, wobei die calderonianische *opinión* zur schmutzigen Bourgeoisphantasie wird, zur Kupplerin sozusagen (eben das meint »Galeoto«). Auch ein wenig Selbststilisierung spielt mit in der Figur des reinen, aber mißverstandenen Poeten. Im Gegensatz zur echten Romantik, wo der Dichter am Krämergeist des Bürgers zerbrach, wird hier aber gerade die Versöhnung von Geld und Dichtung gefeiert, der Poet heimgeholt in den Schoß des Kapitalismus. Nur die bösen Zungen stören die Harmonie, aber selbst diese nicht, weil sie es auf den *Poeten*, sondern nur, weil sie es, in ihrer Langeweile, auf einen *Skandal* abgesehen haben. Denen geschieht es ganz recht, daß dann zum Schluß genau das zustandekommt, was sie, fehldeutend, schon immer ›gewußt‹ hatten. Die beiden Liebenden werden mit der verleumderischen Unterstellung zurechtkommen müssen. Aber das dürfte ihnen dank ihres guten Gewissens nicht schwer fallen.

Das Género Chico

Ganz anders nimmt sich das *género chico* aus, das von vornherein nichts mit der Genieästhetik im Sinn hatte, ganz offen die neuen Produktionsbedingungen (mit möglichst rationellen Mitteln ein möglichst großes Publikum zu erreichen) akzeptierte und ganz gezielt auf die Herstellung eines kommerziellen Unterhaltungstheaters aus war. Wie man weiß, hat nicht das Kunsttheater der Alta Comedia, sondern die Konsumware des Género Chico die Zeiten überdauert, ja sie wird heute höher denn je gehandelt. Und seitdem vor kurzem Volker Klotz an einer seiner Untergattungen (der Zarzuela) gezeigt hat, was wirklich in ihm steckt, genügt es auch nicht mehr, ihm gleichsam mit Gönnermiene einen kleinen Notsitz am Rande jener Ehrenplätze zuzuweisen, die für die ›großen Meisterwerke‹ reserviert sind.

Zunächst: Was hat man unter *género chico* zu verstehen? Es ist die Gesamtbezeichnung für verschiedene theatralische Kurzformen, die eines gemeinsam haben: Sie haben nur einen Akt und dauern nicht länger als eine Stunde. Die Hauptgattungen des Género Chico sind die der Operette verwandte *zarzuela* und das dem Sprechtheater angehörende *sainete*. Neben diesen Hauptgattungen gibt es zahlreiche auch längere Mischformen. Die Zarzuela hat sich aus der und gegen die Langform der italienischen Belcanto-Oper entwickelt; das Sainete hatte die uns bekannten Vorläufer im Siglo de Oro (*entremeses* etc.) und im 18. Jh. (Ramón de la Cruz).

Die Autonomie der Kürze

Das neue am Género Chico ist nicht so sehr die Kürze (denn kurz war auch das Entremés), sondern die *Autonomie* der Kürze. Die Produkte des

Género Chico sind nicht mehr Füllsel in einem großen, mehrere Stunden dauernden Theaterabend, sondern selbständige, das eilige Publikum gerade wegen des Zeitlimits anziehende Unterhaltungsangebote, die man ausschließlich um ihrer selbst willen besuchte. Meist wurden vier Einakter hintereinander angeboten, die man einzeln oder als ganzes ›buchen‹ konnte. Produziert – im wahrsten Sinne des Wortes – wurde dieses überaus erfolgreiche Spezialangebot in aller Regel auch nicht mehr von einem Autor allein, sondern von Teams, in denen sich Textdichter, gegebenenfalls auch Komponisten die Arbeit teilten. Selbst Autoren, die – wie etwa Carlos Arniches – später auch als einzelne berühmt geworden sind, haben die Teamarbeit nicht verschmäht; nur durch sie konnten auch die hohen ›Stückzahlen‹ erreicht werden, die der Markt verlangte. Ein geradezu ideales Team stellten die beiden Brüder Joaquín und Serafín Alvarez Quintero dar, die ein Leben lang Hand in Hand schrieben und dabei in einen maschinenähnlichen Arbeitsrhythmus verfielen, dessen Sog sie sich nicht mehr entziehen konnten und wollten.

Francisco Asenjo Barbieri

Die Zarzuela

Die Gattungsbezeichnung *zarzuela* gab es schon seit dem 17. Jh. Die ›neue‹ Zarzuela hat mit der ›alten‹ aber nur noch wenig gemeinsam. Nach ersten Versuchen durch Rafael Hernando und Emilio Arrieta (dessen Zarzuela *Marina,* 1855, zwar schon ein spanisches Sujet, aber noch ›italienische‹ Musik hatte), gelingt Francisco Barbieri mit dem auch heute noch beliebten *Barberillo de Lavapiés* (1874) die endgültige Emanzipation des spanischen Musiktheaters: Nicht nur die Handlung, auch die Musik ist jetzt ›spanisch‹, vor allem dank der Verwendung volkstümlicher Rhythmen (Copla, Jota, Seguidilla etc.) und dem Einsatz der entsprechenden Instrumente (z. B. der Bandurria). Auch wenn *El Barberillo de Lavapiés* kein einaktiges (sondern – noch – dreiaktiges) Stück ist und nicht in der Gegenwart, sondern im ›vorigen Jahrhundert‹ spielt (zur Zeit Karls III., um 1765 also), insofern also noch an die historisierende italienische Oper anknüpft, hat es doch schon viele zarzuelatypische Eigenschaften.

El Barberillo de Lavapiés

El Barberillo beginnt, wie viele andere Zarzuelas auch, mit einer volkstümlichen Fiesta (hier im Garten des Pardo-Palastes, der Sommerresidenz des Königs), bei der vor allem ›die da unten‹ beisammen sind. Zu ihnen gehören unter anderem der umtriebige Barbier Lamparilla aus dem Barrio de Lavapiés (dem damals madriderischsten aller madrider Stadtviertel) und seine Freundin, die Näherin Paloma. Gestört wird das Fest durch eine Palastrevolution, an der zwar nur ›die da oben‹ direkt interessiert sind, die aber ›die da unten‹ sehr wohl in Mitleidenschaft zieht. Zu den Aufständischen (gegen den Minister Grimaldi) gehören Don Juan de Peralta und die Marquesita Estrella. Beide werden von Don Luis, einem Anhänger Grimaldis, verfolgt. Estrella findet dank der hilfreichen Paloma Zuflucht in einem Versteck beim Barbier; der Barbier aber wird von einer Patrouille mit einem Verschwörer verwechselt und kommt ins Gefängnis. – Der zweite Akt spielt in Lamparillas ›Frisörsalon‹ mitten in Lavapiés, und beginnt mit einer köstlich costumbristischen Szene: Die Kunden beschweren sich lautstark über die ungeschickte Behandlung durch die überforderten Lehrlinge. Natürlich lassen sie sich durch die Wortgewandtheit des rechtzeitig heimkehrenden, durch Schmiergelder freigekauften Lamparilla versöhnen. – Auch der dritte Akt spielt an einem ganz gewöhnlichen Arbeitsplatz: in Palomas Schneiderwerkstatt, wo – abermals ein costumbristisches Detail – die Näherinnen sich die Mäuler über ›die Männer‹ zerreißen. Auch in diesen beiden Akten ist die hohe Palastintrige nur als Echo, allerdings als störendes, zu vernehmen. Besonders wegen der ständig patrouillierenden, auch ein- und zugreifenden Soldaten, vor denen der Barbier sich klugerweise davonmacht. Zum Schluß löst sich selbstverständlich alles in Wohlgefallen auf: Estrella, die Marquesita, wird dem politisch inzwischen bekehrten Luis angehören, so wie Paloma dem Barberillo. Jeder bleibt dort, wo er hingehört. Dem Barbier, der sich bisweilen auch durch lockere politische Reden den Mund verbrennt, wird für die Zukunft kluges Schweigen angeraten. Daß er sich kaum an diese Empfehlung halten wird, daran läßt die für ihn sprechende Schlußmusik allerdings keinen Zweifel.

Die sprachlich wie musikalisch äußerst lebhafte und stets witzige Zarzuela rettet, wie man gerade am *Barberillo* gut ablesen kann, den Geist der Revolutionsepoche in die Restaurationszeit hinüber, zumal die Anspielungen auf den *motín de Esquilache*, die berühmte Palastrevolution der Mitte des 18. Jh., die auch einen Volksaufstand nach sich zog, unübersehbar sind. In dieser Aufmüpfigkeit liegt, auch wenn die Zarzuela es nie zu weit treibt und vor allem am Schluß harmonisierend einlenkt, ihr eigentlicher, durch die ›freche‹ Musik noch gesteigerter Reiz, der freilich mit den Jahren und in dem Maße, wie die Gattung Routine bekommt, zusehends abstumpft.

Poetik der Zarzuela

Das erste Charakteristikum der Zarzuela ist jedenfalls die Perspektive von unten: die Tatsache, daß das Volk eindeutig die Szene beherrscht. Nicht nur wörtlich und musikalisch durch die Stimmenanteile an der Handlung, sondern auch im Hinblick auf die Schauplätze, an denen die Handlung spielt: es sind die Arbeitsstellen, die Plätze und Straßen, an denen das Volk sich aufhält, nicht mehr die geschlossenen Palastinterieurs der traditionellen Oper. Im *Barberillo* verbünden sich die Volksvertreter auch nur mit jenen Oberschichtlern, die sie mögen, und zwar aus freien Stücken. Anders als bei Beaumarchais oder in den Opern Mozarts und Rossinis steht weder der Barbier noch die Soubrette in herrschaftlichen Diensten. Sie sind unabhängig, agieren auf eigene Rechnung und helfen in selbstgewollter Generosität. Nun enthält dieses Arrangement gewiß auch einen geschickt ideologisierenden Hinweis auf die Gutmütigkeit des Volks und macht damit die Zarzuela auch für die oberen Zehntausend genießbar. Das ändert aber nichts daran, daß die Zarzuela gleichzeitig einen gewissen Gleichheitsanspruch und einen Hauch von plebejischem Selbstbewußtsein vermittelt. Prinzipielle (fast möchte man sagen: im guten Sinne utopische) Gleichheit wird übrigens nicht nur zwischen den Klassen, sondern auch zwischen den Geschlechtern hergestellt, weil Frauen stets einen den Männern zumindest ebenbürtigen Part spielen, oft sogar die eigentlichen Initiatoren der Handlung sind.

Parodie

Charakteristisch für die Zarzuela ist ferner die parodistische Grundeinstellung. Diese wird im *Barberillo* schon durch die Diminutivform der Titelfigur angekündigt. In der Tat ist ein Kennzeichen der Parodie ja die Entheroisierung. In dieser Hinsicht unterscheidet sich der *Barberillo* sowohl von dem ›großen‹ Figaro bei Beaumarchais/Mozart/Rossini, als auch von dem hochtrabenden Pathos der Alta Comedia. Von letzterer sogar auf besonders angenehme Weise. In der Zarzuela wird ›natürlich‹ geredet und gesungen; es gibt weder große Monologe noch große Arien; und *wenn* jemand sich auszeichnet, so geschieht das nicht durch Heldentaten, sondern durch pikareske Untertreibung: durch Sprachwitz, durch geschicktes Sichklein-Machen, durch schlagfertiges Reagieren aus der Defensive. Nur in *einem* sind die kleinen Leute groß: im Feiern; da machen sie den vom Ehrgeiz getriebenen Oberen allemal was vor. – Lange bevor die Generation von 98 in unendlich komplizierten (und oft ungeheuer selbstgerechten) intellektuellen Diskursen mit der Verkleinerung Spaniens fertig zu werden versuchte, hat sich die Zarzuela wie selbstverständlich an bescheidene Dimensionen gewöhnt, sich darin auch von der Großspurigkeit der europäischen Operette unterscheidend: Statt in einem fernen Märchen- oder Fürstenmilieu spielt die Zarzuela hier und jetzt, in kleinen, aber gleichwohl städtischen Verhältnissen. Und selbst wenn sie in der Provinz spielt, ist sie keineswegs provinziell: dafür sorgt schon der durchgängig spöttische Ton.

Dramaturgisch wird das bisher Skizzierte durch das eigenartige Zusammenspiel von Chor und Solisten zur Geltung gebracht. Hierin, und in dem abrupten Nebeneinander von gesprochenen und gesungenen Passagen, unterscheidet sich die spanische Zarzuela ebenfalls von Oper *und* Operette. Man kann auch von einem bewußten Verzicht auf den Belcanto sprechen, der einem rhythmisch geprägten Gegen- und Miteinander von Chor und Einzelstimmen geopfert wird. Auch das Gegeneinandersingen verschiedener Chöre – im *Barberillo* etwa das zwischen soldatischer Patrouille und eingeseiften Frisörladenbesuchern – baut auf scharfen rhythmischen Kontrasten auf. Was aber am stärksten auffällt, ist das Zurücktreten des Solisten, die musikalische »Bindung des singulären Barbiers an den Plural der Leute von Madrid. Schon sein Stimmfach «Buffotenor» läßt nicht zu, daß er sich hochschwingt über den klingenden Durchschnittspegel der Menge, um [wie in der «großen Oper»] mit einzigartigen Selbstdarstellungen zu brillieren ... Merkwürdig genug: Just dort singt [Lamparilla] am nachdrücklichsten von sich und aus sich selbst, wo er im Einvernehmen und im Wechselspiel mit dem Chor singt.« (Klotz)

La verbena de la paloma: Titelblatt des Klavierauszugs, 1894

Zum Schluß seien noch einige andere Titel genannt, die bis heute unverwüstlich geblieben sind (jeweils zuerst die Komponisten, dann die Textdichter): *La gran vía* (1886) von Federico Chueca und Joaquín Valverde (Musik) und Felipe Pérez y González (Text); *La verbena de la paloma* (1894) von Tomás Bretón und Ricardo de la Vega; *La revoltosa* (1897) von Ruperto Chapí und dem Autorengespann José López Silva und Carlos Fernández Shaw; *Gigantes y cabezudos* (1898) von Manuel Fernández Caballero und Miguel Echegaray (dem Bruder des Nobelpreisträgers); *La tempranica* (1900) von Jerónimo Jiménez und Julián Romea; und *Los de Aragón* (1927) von José Serrano und Juan José Llorente.

Das *sainete* ist, wie teilweise auch die Zarzuela, nichts anderes als ein dramatisierter *artículo de costumbres*. In ihm wird spanischer Alltag – hauptstädtischer sowohl wie provinzieller – in ebenso deftiger wie witziger Sprache karikiert, wobei es in den oft nur ganz kurzen, sketchartigen Stücken besonders auf die Lebhaftigkeit der Dialoge ankommt. Dabei spielen dialektale und berufsspezifische Eigenheiten der Sprecher eine große Rolle. Auch das Wortspiel in vielen möglichen Variationen, das den Spaniern so liegt, kommt zu Ehren. Viele Sainetes sind, auch wenn sie sich äußerlich ganz bescheiden geben und damit – wie die Zarzuela – vom ›hohen Theater‹ abstechen, erstaunlich ingeniös – wobei »ingenioso« im Spanischen weniger »geistreich« als vielmehr »voller Sprachwitz« bedeutet. Im übrigen trifft auf das Sainete das gleiche zu, was auch für die Zarzuela gilt: Es gibt alles Großsprecherisch-Erhabene unbarmherzig der Lächerlichkeit preis. Viele Stücke begnügen sich mit einer lebhaften Zustandsschilderung, die milde Selbstkritik nicht ausschließt – nach dem Motto »so sind wir halt und eigentlich können wir so bleiben«. Andere Sainetistas wiederum benutzen das Genus auch zu weiterreichender Kritik, zur Satire, ja zur regenerationistischen Agitation, wobei allerdings stets der unterhaltsame Spaß wichtiger ist als der erzieherische Ernst. Die bekanntesten spanischen Sainetistas haben weit bis ins 20. Jh. hinein geschrieben; ihre

Das Sainete, kurz und lang

Die Quinteros

Serafín ...

und Joaquín Alvarez Quintero

Carlos Arniches

erfolgreichsten Stücke sind allerdings ausnahmslos zwischen den 1890er Jahren und dem Ersten Weltkrieg auf die Bühne gekommen. Es handelt sich einerseits um die schon erwähnten Brüder Serafín und Joaquín Alvarez Quintero, andererseits um Carlos Arniches. Die Quintero gehören zu den freundlichen Sainetistas, die niemandem zu nahe treten, während Carlos Arniches in seinen Stücken eine ausgesprochen regenerationistische Tendenz verfolgt.

Die Brüder Quintero, Sevillaner mit Wohnsitz Madrid, die sowohl das andalusische als auch das hauptstädtische Ambiente auf die Bühne zu bringen wußten, erfreuten sich einer ungeheuren Beliebtheit. Sie waren – neben einem kleinen Brotberuf im Handelsministerium, der sie nicht ausfüllte – unermüdlich mit dem Stückeschreiben beschäftigt: Ihre über 200 Titel füllen eine Gesamtausgabe von 46 Bänden. In ihnen ›lebt‹ das ganze mittelständische und populäre Spanien der Restaurationsepoche: vom Rentier bis zum Dienstboten, vom *novio* bis zur Haustocher, vom *sereno* (dem Nachtwächter) bis zum Nachtschwärmer, vom Ausrufer bis zum Scherenschleifer, vom *chulo* (dem Zuhälter) bis zum Wachtmeister, von der Näherin bis zur Pensionswirtin. Ihr bekanntestes Stück ist *El patio* (1899/1900). *El patio* ist eine *comedia andaluza*, in der vor allem zwei Bräuche, zwei typische *costumbres* des südlichen Alltagslebens in Szene gesetzt werden: die *siesta* und die *tertulia*. Beide finden im Patio statt, jener andalusischen ›Verkehrsfläche‹, die nicht mehr ganz Haus und noch nicht ganz Straße ist. Im ersten Bild versuchen der verwitwete Don Tomás, seine Schwester Rosa und seine Tochter Carmencita vergebens, zur Mittagsruhe zu kommen. Ständig werden sie von den Verwandten und Freunden des Dienstmädchens Petra, von den ambulanten Gewerbetreibenden, die marktschreierisch ihre Dienste anbieten und von den ›Prätendenten‹ Carmens, besonders dem affigen Verjeles und dem ungehobelten Currito, am Einschlafen gehindert. Im zweiten Bild treffen sich mehrere Pärchen, alles Freunde Carmens, im Patio, wobei es Rosa gelingt, ihre Nichte mit Pepe – dem von Carmen Favorisierten – zu versöhnen, mit dem die junge Frau einen Streit gehabt hat. – Wie man sieht, hat das Stück praktisch gar keine Handlung. Es lebt einzig und allein vom gut in Szene gesetzten Ambiente und von der Spontaneität des sprachlichen Austauschs. Ideologisch ist es konservativ: es basiert auf einer noch ungebrochenen patriarchalischen Tradition, in der sich die Kinder nach den Erwachsenen, die Mutter/Schwester nach dem Vater/Bruder und die Unterschichtsfiguren nach dem bürgerlichen Familienoberhaupt richten. Wenn man die Sainetes der Alvarez Quintero betrachtet, hat man immer den Eindruck, sie brächten ein Spanien auf die Bühne, vom dem man nur wünschen kann, es möchte so bleiben, wie es ist.

Ganz anders Arniches, dessen Popularität nicht geringer war als die der Brüder Alvarez Quintero. Sie ist unter anderem daran abzulesen, daß zahlreiche seiner ebenfalls fast 200 Stücke verfilmt wurden. 85 von ihnen sind in Zusammenarbeit mit anderen Autoren entstanden. Arniches wurde 1866 in Alicante geboren und stammt aus sehr einfachen Verhältnissen. Nach einer Banklehre faßte er nur langsam Fuß im literarischen Leben. Seinen ersten Erfolg (*El santo de la Isidra*, später auch als Zarzuela vertont) verzeichnete er 1898 als 32jähriger. Den Bürgerkrieg überlebte er in Argentinien; 1940 kam er zurück und starb drei Jahre später in seiner zweiten Heimat Madrid. Arniches war ein Selfmademan, der sich durch Fleiß nach oben schaffte und zum Erfolgsautor wurde, wie andere Aufsteiger zum erfolgreichen Geschäftsmann. Die Aufforderung zur Arbeitsdisziplin ist denn auch eine häufig wiederkehrende Moral in seinen regenerationistischen Sainetes, die im übrigen die typischen Eigenschaften der Gattung aufweisen, vor allem den Sprachwitz und die Dramaturgie der einheitlichen ›Verkehrsfläche‹, auf der sich die Klassen mischen. Arniches unterscheidet sich auch darin von den Quintero, daß er nicht nur die *gracia*, sondern auch die Plackerei des Volkes auf die Bühne bringt, und zwar ohne jede utopistische Vertröstung auf eine soziale Erlösung. Der einzige Rat, den Arniches auch für die unteren Klassen bereit hat, ist, sich keinen Illusionen hinzugeben und sich den Anforderungen der Realität zu stellen. Programmatisch kommt das in dem musikalischen, von Quinito Valverde vertonten Sainete *Las estrellas* (1904) zum Ausdruck, wo Casildo und Antoñita, Sohn und Tochter eines Frisörs, dem Traum vom Torero- beziehungsweise Sängerinnenruhm entsagen und in die Realität eines einfachen Berufslebens zurückfinden müssen. Das Stück antwortet, wie man sieht, auf seine sainetistische Weise auf das Ende vom Großmachtstraum der ganzen Nation. Eine ähnliche, an die Generation von 98 gemahnende Moral haben auch die nicht zur Aufführung, sondern zur Lektüre bestimmten sainetistischen Sketche, die Arniches 1917 unter dem Titel *Del Madrid castizo* zusammengefaßt hat, nachdem sie 1915 und 1916 zuerst stückweise in der illustrierten Zeitschrift *Blanco y Negro* erschienen waren.

Aber nicht nur die Ermutigung zum Hochkrempeln der Ärmel findet sich im Theater von Arniches, sondern auch die herbe Kritik an den großen Lastern der Nation: an der Trägheit (*abulia*), der Ungebildetheit, dem Zynismus vor allem der besseren Kreise, und – natürlich – am Kazikentum. Diesen Lastern sind eine Reihe von dreiaktigen *comedias* gewidmet, die gleichwohl wichtige Eigenschaften des Sainete, besonders die Personenkarikatur, den Sprachwitz und das komische Mißverständnis übernehmen. Vor allem die sogenannten *tragedias grotescas* weisen Arniches als einen ebenso originellen wie treffsicheren Gesellschaftskritiker aus, aber auch als einen Autor, dessen theaterästhetische Neuerungen nicht zu unterschätzen sind: Die groteske Verzerrung der spanischen Verhältnisse zur Fratze, die den Ekel des Autors erkennen läßt, weist eindeutig in die Richtung der *esperpentos* von Valle-Inclán; der Sprachwitz, der sich bisweilen zum linguistisch reflektierten Sprachspiel verselbständigt, in die Richtung des absurden Theaters.

Carlos Arniches

La señorita de Trevélez (1916) ist – neben *Los caciques* (1920) – das bekannteste Stück der *tragedias grotescas*. Die Tatsache, daß es in der Fassung von Arniches eine Komödie ist, während es in der berühmten Kinoversion von Juan Antonio Bardem (*Calle Mayor*, 1957), bei nur ganz wenigen Veränderungen, eine Tragödie wurde, deutet schon an, daß die *tragedia grotesca* auf der äußersten Grenzlinie des gerade noch Komischen verläuft. Das Stück spielt in irgendeiner typischen spanischen Provinzstadt, wo sich die müßiggängerischen *señoritos* im Guasa-Club (etwa: Spaß-Zirkel) die Zeit mit Dumme-Jungen-Streichen vertreiben, geradeso als ob sie noch nicht erwachsen wären. Es geht darum, Numeriano Galán, einen Möchtegern-Don Juan (und Nicht-Clubmitglied) in die Schranken zu verweisen. Er hatte es gewagt, Pablito Picavea, einen verdienten Angehörigen des Guasa-Clubs, in der Gunst des Dienstmädchens Soledad auszustechen. Nun ersinnt der Clubpräsident Tito Guiloya einen komplizierten Racheplan: Man fälscht einen an Soledad gerichteten Liebesbrief von Numeriano so, als ob er an deren Herrin Florita geschrieben sei. Florita ist eine in die Jahre gekommene *solterona* (so nannte man in Spanien die ›alte Jungfer‹), die dank der heißen Liebesbeteuerungen (die gar nicht ihr gelten) sofort Feuer fängt. Dadurch kommt der ahnungslose Numeriano in eine Reihe der

La Señorita de Trevélez

Eröffnung des Teatro de la Comedia in Madrid am 18. September 1875

komischsten Peinlichkeiten, die dank dem Interesse von Floritas sportlich gestähltem Bruder Gonzalo für ihn immer bedrohlicher werden. Nur unter allergrößten Schwierigkeiten und unter Offenbarung eines recht lumpigen Charakters kann Numeriano (der sich gleichwohl nicht entblödet, ständig von ›Ehre‹ zu reden) im letzten Moment den Kopf aus der Schlinge, will sagen: der schon öffentlich gewordenen Verlobung ziehen. Auch die Mitglieder des Guasa-Clubs, die Gonzalo (dem einzigen halbwegs positiven Männercharakter des Stücks) am Schluß die unangenehme Wahrheit sagen müssen, stehen schlecht da. Die eigentlich (und grausam) Betrogene aber ist Florita, die man mit viel Aufwand an eine geschönte Version glauben läßt.

Das Anti-Don Juan Stück

Das Stück ist eine ebenso witzige wie bösartige Attacke gegen den spanischen Machismus, zugleich gegen den *señoritismo*. Alle beteiligten ›Ehrenmänner‹, mit Ausnahme Gonzalos, sind am Schluß als feige Waschlappen entlarvt. In der Demontage ›des Mannes‹ gipfelt die Parodie des Don Juan-Mythos, als welche das Stück sich bei näherer Betrachtung erweist: Numeriano Galán (man beachte die sprechenden Namen!) als Miniverführer mit dem Hang zum Küchenpersonal; er und sein Konkurrent aus dem Guasa-Club als lächerliche Nachahmer der Don Juan/Don Luis-Rivalität; der Bruder Don Gonzalo (mit dem gleichen Namen wie der Steinerne Gast) in der sportlich-modernen Version des bodygestylten Muskelprotzes; schließlich die bedauernswerte Florita in der Rolle Doña Anas oder Doña Inés' – allerdings mit schon verblichenem Liebreiz und ausgestattet mit dem Vokabular der *cursilería*, der Betulichkeit, dessen literarische Gespreiztheit die Mitspieler zu allerhand sprachkritischen Anzüglichkeiten reizt.

Kein Zweifel: in *La señorita de Trevélez* wird das spanische Ehrenmännertum in einer Weise lächerlich gemacht, die bisher unbekannt war. Die Abfuhr, die hier dem alten Männermythos erteilt wird, findet ihre Bestätigung auch in den Kommentaren Don Marcelinos, der eine Molière abgeschaute Vermittler- und *Raisonneur*-Rolle spielt. Man hat gegen diese Rolle eingewendet, sie sei überflüssig und fasse unnötigerweise in eine explizite Moral, was ohnehin klar der Handlung entspringe. Das mag vom dramaturgischen Standpunkt aus richtig sein; nicht aber vom ›Reifegrad‹ des spanischen Publikums her, dem eine solche Abwertung noch nicht vorgekommen und dem sie deshalb ›schriftlich‹ zu geben war.

Das Stück, dessen Komik auch heute noch über weite Strecken nachzuvollziehen ist, hat für den modernen Betrachter allerdings *einen* Haken: Das eigentliche Opfer, die *solterona*, ist nicht weniger lächerlich als die Männer. Mehr noch: Über weite Strecken lacht man vor allem auf *ihre* Kosten, wobei Numerianos Sprachkritik jeweils der Auslöser ist. Das zeigt, daß das Schicksal der unverheirateten Frau, die den Männerspäßen ausgeliefert ist, noch immer nicht wirklich ernst genommen wird. Auch erspart man Florita – sozusagen fürsorglich – die vollständige Aufklärung des Schurkenstreiches. Erst durch die späten Kommentare Marcelinos wird ihr eine gewisse Portion Mitleid zuteil; ganz für voll genommen aber wird sie nicht. Eben das ändert sich in der Kinofassung von Bardem, wo die Frau – das ist praktisch die einzige Änderung – mit der vollen Wahrheit konfrontiert wird und wo sie mit dieser Wahrheit fertigwerden muß. Mit einem Strich wird dadurch aus der *tragedia grotesca* eine wirkliche Tragödie und, mitten im Franquismus, der Film zu einem Fanal weiblicher Selbstbesinnung.

Die einzigen Autoren, die aus dem Mittelmaß der Alta Comedia herausragen, sind Galdós und Benavente. Die Theaterstücke von Galdós sind teils nachträgliche Dramatisierungen seiner erfolgreichen Romane (z. B. *Doña Perfecta; Realidad*), teils aber auch Originaldramen (wie *Electra*). Sie vertreten in jedem Fall die gleiche bürgerlich-progressistische Weltanschauung wie seine Romane, waren seinerzeit z. T. sehr erfolgreich – *Electra* (1901) verursachte wegen seines frauenemanzipatorischen Charakters sogar einen großen Theaterskandal –, sind aber heute weitgehend von den Bühnen verschwunden.

Noch einmal Alta Comedia: *Galdós und Benavente*

Nicht so die Stücke von Jacinto Benavente, die derzeit eine erstaunliche Renaissance erleben. – Benavente wurde 1866 in Madrid geboren und entstammte einer wohlhabenden Arztfamilie. Früh konnte er sich auf seine eigentliche Neigung, die Literatur, konzentrieren. Er unternahm viele Reisen. 1912 wurde er in die Real Academia berufen. 1922 erhielt er den Literaturnobelpreis. Den Bürgerkrieg verbrachte er in Valencia. Danach kehrte er nach Madrid zurück, wo er 1954 hochbetagt starb, nach einem äußerlich relativ ruhigen, in bürgerlicher Wohlhabenheit verbrachten Leben. Seine reichhaltige Produktion umfaßt neben journalistischer Gelegenheitsarbeit vor allem Theaterstücke. Die meisten spielen im bürgerlichen Ambiente und behandeln Probleme der bürgerlichen Welt. Dazu gehören z. B. *La noche del sábado* (1903), das in einer dekadenten Zauberberg-Welt spielt, oder *Campo de armiño* (1916), das, wie oft bei Benavente, eine ›starke‹ Frau zur Protagonistin hat. Daneben gibt es eine Reihe von ländlichen Dramen, in denen die im bürgerlichen Milieu weitgehend unterdrückten Passionen und Triebe gleichsam freigesetzt werden. Zu den *dramas rurales* gehört unter anderem das in den letzten Jahren wieder aufgeführte *La malquerida* (1913), das gewisse Ähnlichkeiten mit den ländlichen Dramen Lorcas aufweist. Schließlich gibt es noch ein nicht realistisches, mit symbolischen Verschlüsselungen arbeitendes, meist auch sozialkritisch-satirisch eingestelltes Theater. Zu diesem zählt unter anderem Benaventes bekanntestes Stück *Los intereses creados* (1916). – Obwohl Benavente bis ins hohe Alter produktiv blieb, hat auf die Dauer nur das Beachtung gefunden, was vor dem Ende des Ersten Weltkrieges geschrieben worden ist. Stark beeinflußt wurde er von Wilde und Ibsen; aber auch die europäische Klassik von Shakespeare über Molière bis zur *commedia dell'arte* hat ihre Spuren hinterlassen.

Jacinto Benavente

Los intereses creados	Gerade *Los intereses creados*, dessen Handlung im 17. Jh. spielt, knüpft an die *commedia dell'arte* an. Die handelnden Personen tragen ausnahmslos die einschlägigen italienischen Namen – kurzum: man glaubt zunächst, man sei in die Vergangenheit versetzt und habe es mit einem jener Stoffe zu tun, die ›zeitlos‹ genannt zu werden pflegen. In Wahrheit ist aber gerade dieses scheinbar so harmlose Stück (der Prolog betont ständig seine ›Kindlichkeit‹ und seinen Farcencharakter) hochaktuell – mehr noch: es enthält die einzige ernsthafte ›Systemkritik‹ innerhalb jener Gattung Alta Comedia, an der so oft – und mit Recht – der letztlich affirmative Charakter hervorgehoben worden ist. Es ist aber eine immer wieder mit der spanischen Literatur zu machende Erfahrung, daß gerade dann, wenn mit Verschlüsselungen (hier mit der historischen Verfremdung) gearbeitet wird, Äußerungen der Heterodoxie, zumindest Zweifel an der Gültigkeit der herrschenden Normen zu erwarten sind. Tatsächlich enthält das Stück nichts anderes als eine modellhafte Darstellung vom Funktionieren der Restaurationsgesellschaft. Schon der Titel muß deshalb richtig verstanden werden. Die deutsche Übersetzung mit »Der tugendhafte Glücksritter« ist eine nicht zu akzeptierende Verharmlosung, welche die Doppelbedeutung von »intereses« (»Interessen« und »Zinsen«) völlig außer acht läßt. Korrekter wäre deshalb »Interessenmanipulationen«, wie sie bei unseriösen Kreditgeschäften und Aktienspekulationen vorkommen, bei denen es um betrügerische Zinsbeziehungsweise Kursgewinne geht.
	Der gutmütige Leandro und sein durchtriebener Diener Crispín kommen in eine neue Stadt. Crispín schafft es, durch Vorspiegelung falscher Tatsachen (sein Herr sei reich; er selbst tritt äußerst arrogant auf) überall Kredit zu erhalten. Als die Gläubiger unruhig zu werden beginnen, werden sie mit der Aussicht auf eine Verbindung zwischen Leandro und Silvia, der Tochter des superreichen Halsabschneiders Policinella, ruhiggestellt: die zu erwartende Mitgift werde die Schulden überreichlich decken. Als Policinella sich gegen die Heirat verwahrt, wird er von Crispín mit dem Hinweis auf seine kriminelle Vergangenheit zum Schweigen gebracht. Gleichzeitig macht Crispín den Gläubigern klar, daß sie nur durch eine konzertierte Aktion gegen Policinella (und für die Hochzeit) ihre Außenstände wieder hereinbekommen würden, von den fälligen Zinsen ganz zu schweigen. Mit vereinter Kraft gelingt es schließlich, das Paar zusammenzubringen, und somit gleichsam aus nichts neue (Vermögens-)Werte zu schaffen. Versöhnlich stimmt am Schluß dieser nur auf fingierten ›Tatsachen‹ beruhenden Intrige, bei der auch die Liebe ›funktional‹ eingesetzt wird, lediglich, daß Leandro und Silvia einander zufällig *wirklich* sympathisch finden.
Eine Satire auf den Zeitgeist	Erst jetzt wird klar, *warum* Benavente auf die *commedia dell'arte* zurückgriff und welchen Vorteil dieser Rückgriff ihm einbrachte: Nur in der modellhaften Verfremdung ließ sich darstellen, was in einem ›zeitgenössischen‹ Stück nicht darstellbar gewesen wäre: Der Zynismus als allumfassendes ›System‹, das menschliche Beziehungen völlig verdinglicht und den Profit über jedes moralische Bedenken stellt. Besonders beeindruckend ist dabei, wie sich der Wahrheitsbegriff sozusagen in nichts auflöst: ›Wahr‹ ist am Ende diejenige Lüge, die sich ›durchsetzen‹ konnte. – Interessant ist auch die pessimistische Psychologie, die dem Verhalten der Mitspieler zugrunde liegt: Es braucht nur die Profitgier geweckt zu werden – schon ist der Mensch manipulierbar und zu allen Schandtaten bereit. Psychologisch interessant ist auch die Aufgabenverteilung zwischen dem (idealdenkenden) Herren und dem (die Schmutzarbeit verrichtenden) Diener, wobei der Text keinen Zweifel daran läßt, daß Leandro und Crispín eigentlich nur zwei

Seiten ein und derselben Person sind: die Unverschämtheit des Dieners schaffe die Voraussetzung dafür, daß der Herr sich den Luxus der Skrupelhaftigkeit leisten könne; umgekehrt verleihe die Höflichkeit des Herrn den Tiefschlägen des Dieners einen schöneren Schein. Crispín empfiehlt den Zuschauern, nachdem er ihnen klargemacht hat, daß sie eigentlich alle zugleich Leandro *und* Crispín seien, sich, wenn sie wieder einmal etwas Niederträchtiges getan hätten, darauf hinauszureden, daß nicht *sie* die Täter waren, sondern ›der Diener‹: »No fui yo, fue mi criado«. Die Schizophrenie der bürgerlichen Moral, die auf der einen Seite zu den abgefeimtesten Schurkereien fähig ist und auf der anderen Seite streng darüber wacht, daß der Schein gewahrt bleibt, konnte kaum besser veranschaulicht werden als mit dieser Doppelfigur. So sei es übrigens auch mit den ›hohen‹ Äußerungen der menschlichen Kultur: Es sei nicht an dem, daß es auf der einen Seite die häßlichen Taten und auf der anderen die schöne Musik gäbe; vielmehr sei die schöne Musik nur dazu da, um die häßlichen Worte, und die schönen Worte um die noch häßlicheren Gedanken und Taten zu verschleiern. – So ähnlich hätten auch Freud oder Marx formulieren können, daß der rohe ›Trieb‹ (hier das Gewinnstreben) die letzte Wahrheit sei, die aber niemand zugeben will und die deshalb allerhand Überbauphänomene brauche, um ›ansehnlich‹ zu werden. In diesem Sinne ist Leandro nichts anderes als ein präsentabel zurechtgemachter Crispín. Crispín erinnert gleichzeitig aber auch an den *pícaro*: Tatsächlich gehört er ja nicht schon von Anfang an ›dazu‹, kommt vielmehr von außen in eine Gesellschaft, der er sich erst andienen muß. Aber er weiß, wie sie funktioniert, worauf sie anspricht und was man machen muß, um in ihr zu reüssieren. Daß er dieses Wissen zielbewußt in die Tat umsetzt, unterscheidet ihn allerdings vom ›echten‹ *pícaro*. Anders gesagt: Crispín ist der *pícaro*, der seine Naivität endgültig verloren hat und der dafür sorgt, daß er als Leandro in Zukunft ein geachtetes Mitglied der bürgerlichen Gesellschaft sein wird.

Die Jagdgesellschaft – Karikatur aus der anarchistischen Zeitschrift *Revista Blanca* (1902)

Vom Krausismus zur Generation von 98: die Auseinandersetzung über die Erneuerung Spaniens

Um es gleich vorweg zu sagen: Die Erfindung des Begriffs ›Generation von 98‹ (durch Azorín) war zwar folgen-, aber nicht unbedingt hilfreich. Er hat rasch zur Mythenbildung beigetragen. Vor allem hat er die Perspektive verengt und die Aufmerksamkeit zu Unrecht auf ein Konstrukt fixiert, das in der Wirklichkeit nicht zu ›fassen‹ ist. In Wirklichkeit waren die unter dem Etikett ›Generation von 98‹ zusammengefaßten Autoren (wobei es schon über die Zugehörigkeit bestimmter Namen Meinungsverschiedenheiten gibt) alles andere als ›einig‹. Des weiteren ist zu bedenken, daß die Spanienreflexion, die als das eigentliche Kennzeichen der Achtundneunziger gilt, schon lange vor ihnen begonnen hatte, sowohl bei den konservativen Neokatholiken (Menéndez Pelayo), als auch bei den Liberalen (Krausistas, Regeneracionistas). Im Grunde ist die ganze Auseinandersetzung zwischen den Zwei Spanien, die wir in der Literatur des 19. Jh. so reichhaltig dokumentiert fanden, schon eine solche selbstkritische Spanienreflexion.

Mythenbildung

Und anstatt diese weitzurückreichende Reflexion zum ›Vorläufer‹ der Achtundneunziger-Debatte zu stilisieren, wäre es durchaus möglich, die Überlegungen der Achtundneunziger ihrerseits als das Endstadium in einer Diskussion zu betrachten, die im wesentlichen schon *vorher* geführt worden ist. Außerdem ist zu bedenken, daß das ›ominöse Datum‹ (1898) nicht einmal für den engeren Kreis der Achtundneunziger selbst den alleinigen Anstoß gab. Der eigentliche Anlaß für alle waren vielmehr die politischen Verhältnisse der Restaurationszeit und die schon länger als schmerzlich empfundene Rückständigkeit gegenüber Europa.

Die 98er und ihre Vorläufer

Wichtig ist es, von vornherein eine grundlegende Unterscheidung zu treffen: Der Krausismus, der Regenerationismus, die *Institución libre de enseñanza*, selbstverständlich auch der konservative Neokatholizismus, sind noch von einem festen ›Glauben‹ getragen worden (an den Fortschritt, an Spanien, an die Menschheit, an Gott, an die Ewigen Werte). Wir haben im Kapitel über den Roman gesehen, wie tief dieser Glaube bis in die Erzählstrategien hineingewirkt hat. Die ›Felsenfestigkeit‹ des je anderen Glaubens war ja gerade die Voraussetzung für die Unversöhnlichkeit der Zwei Spanien. Eben diese Glaubensgewißheit geht aber bei den Achtundneunzigern verloren. Sie beginnen zwar noch im Geiste des Regenerationismus, des Katholizismus, des Sozialismus und anderer Ideologeme, doch sind die eigentlichen Kennzeichen ihrer ferneren Reflexion gerade nicht Glaubensgewißheit und Grundsatzfestigkeit, sondern Unsicherheit und Orientierungslosigkeit, auch wenn die weltanschauliche Unentschiedenheit (der wir zuerst in Barojas *La lucha por la vida* begegnet sind) durchaus mit persönlicher Arroganz, ja mit einer gewissen Selbstvergötterung und/oder mit der Sehnsucht nach der ›einfachen Lösung‹ gekoppelt sein kann.

Zwischen den ›Achtundneunzigern‹ und ihren ›Vorläufern‹ besteht also bei aller Verwandtschaft doch ein tiefgreifender Unterschied, der weniger im Ideologischen als vielmehr im Erkenntnistheoretischen begründet ist. Für die Krausistas und ihre Gegner war die Verwendung ›realistischer‹ Schreibweisen und ›überzeugender‹ bzw. ›agitierender‹ Argumentationsformen selbstverständlich. Die Achtundneunziger hingegen nutzen oder erproben ganz andere Diskurstypen – solche nämlich, die ihrer Verunsicherung entsprechen. Diese neuen Diskursformen finden sich sowohl in der Essayistik, als auch in den genuin literarischen Gattungen: Unamunos *Del sentimiento trágico de la vida* z. B. ›beweist‹ nichts mehr, sondern stellt Fragen (Fragen nach dem Sinn der Existenz in diesem Falle). Noch ausgeprägter wird der Ungewißheitsfaktor in den nun aufkommenden nicht-realistischen Literaturformen: Im esperpentischen Theater Valle-Incláns, in der antirhetorischen Lyrik Machados, in der mehrdimensionalen *Nivola* Unamunos, aber auch in der ›unschlüssigen‹ Erzählweise von Pío Baroja. Das Hauptaugenmerk bei den Achtundneunzigern wird deshalb – im nächsten Kapitel – auf die literarische Vorgehensweise zu richten sein. An dieser Stelle soll allein die Spannweite ihrer weltanschaulichen Optionen angedeutet werden. Zu beginnen aber ist nicht mit ihnen, sondern mit den letzten Ideologen der Selbstgewißheit.

Der Krausismus

Sanz del Rio

Der Name ›Krausismus‹ ist von Karl Christian Friedrich Krause abgeleitet, einem sächsischen Privatgelehrten und Spätkantianer, dessen Werk (er selbst war 1832 gestorben) 1843 von dem spanischen Philosophen Julián Sanz del Río anläßlich einer Studienreise nach Deutschland entdeckt wurde. Die

Studienreise erfolgte im Auftrag der spanischen Regierung, die Sanz del Río mit der Order ausgesandt hatte, in Deutschland nach einer Philosophie Ausschau zu halten, die geeignet wäre, den Bestrebungen des spanischen Liberalismus eine ›wissenschaftliche‹ Legitimierung und Grundlegung zu verschaffen. Sanz übersetzte, genauer: adaptierte Krauses Schriften unter dem Titel »Ideal de la Humanidad para la Vida« (1860) und hatte damit ungeahnten Erfolg.

Der Hauptgrund für die außerordentliche Wirkung dieser eigenartigen ›Translatio studii‹ war die Tatsache, daß der Krausismus den spanischen Progressisten endlich eine Möglichkeit bot, Religion und wissenschaftliche Vernunft zu versöhnen. Gleichzeitig beflügelte er den Fortschrittsoptimismus insofern, als er nicht nur von der Perfektibilität des Menschen ausging, sondern ›das Böse‹ in ihm schlechtweg leugnete und als das ›noch nicht‹ durch Bildung Entwickelte definierte. Von hierher erklärt sich der gewaltige pädagogische Impetus, der vom Krausismus ausging, und die große Rolle, welche die Frage der *Educación* auch bei den literarischen Autoren jener Zeit spielte. Ferner arbeitete der Krausismus auf eine Versöhnung von Mensch und Natur, von Körper und Geist hin, die in der spanischen Tradition oft in schärfstem Widerspruch zueinander standen. Die Entdeckung der kastilischen Landschaft durch Azorín, Machado und andere Achtundneunziger wäre ohne diese Umbesinnung kaum möglich gewesen. Schließlich ist die Ethik des Krausismus eine strikt weltliche, die vor allem auf dem Respekt gegenüber den Gesetzen und auf der Toleranz gegenüber dem Nächsten beruht.

Der Krausismus hat praktisch die ganze liberale Intelligenz des Landes beeinflußt – Autoren und Politiker –, und dies von der Ersten bis zur Zweiten Republik. Seine wichtigste Konsequenz war ganz praktischer Natur. Sie bestand in der Gründung der *Institución libre de Enseñanza* durch Francisco Giner de los Ríos, einen Schüler von Sanz del Río.

Die Institución libre de Enseñanza

Giner de los Ríos hat den Krausismus überhaupt erst pädagogisch fruchtbar gemacht. Er gehörte zu jenen Professoren der Madrider Universität, die schon früh durch ihre Unzufriedenheit mit dem offiziellen scholastischen Bildungssystem sowie durch ihre demokratischen und heterodoxen Neigungen aufgefallen sind. 1875, zu Beginn der Restaurationsepoche, wurde Giner deshalb (zusammen mit anderen krausistischen Professoren) vom Dienst suspendiert, eine Zeitlang sogar in die Verbannung geschickt. 1881 wurde er zwar rehabilitiert; unterdessen war in ihm aber der Plan einer Gegenuniversität gereift, der dann auch in die Tat umgesetzt wurde. Die Institución nahm es von vornherein ernst mit dem Begriff *libre*: Sie machte sich (auch finanziell) unabhängig vom staatlichen und kirchlichen Einfluß und führte zum ersten Mal das Prinzip der ›Freiheit der Wissenschaft‹ in Spanien ein. ›Frei‹ war die Institución auch in pädagogisch-didaktischer Hinsicht: Ihr Ideal war der sokratische Dialog, bei welchem den Studenten nichts eingetrichtert wurde, bei dem es vielmehr darauf ankam, die Lernenden ihre eigenen geistigen Möglichkeiten entdecken und entwickeln zu lassen. In moralischer Hinsicht wurden die Studenten zur Austerität (dem Gegenteil der herrschenden Korruption also) und zur Leistungsbereitschaft (dem Gegenteil der immer wieder beklagten *abulia*, Trägheit) angehalten. Auch die ›Leibesertüchtigung‹ (heute sagen wir: der Sport) spielte eine beträchtliche Rolle im Konzept der Institución. Außerdem legte sie großen

Giner de los Ríos

Giner de los Ríos

Lesesaal und Bibliothek der Residencia de Estudiantes um 1915

Wert darauf, daß die Studenten im Ausland ihren Horizont erweiterten, was unter anderem durch ein großzügiges, mit Stiftungsgeldern finanziertes Stipendienwesen ermöglicht wurde. Auch die Gründung der berühmten, vor wenigen Jahren wiedereröffneten *Residencia de Estudiantes*, in der Lehrende und Lernende, Wissenschaftler und Künstler unter einem Dach lebten und arbeiteten, geht auf den Einfluß der Institución zurück. Unter den Residentes waren viele der nachmals erlauchten Geister der Zweiten Republik (von Lorca bis Buñuel).

Ein gewisses Manko der bürgerlich-liberalen Institución war es, daß sie zunächst nur auf die Rekrutierung einer Elite, also eine Reform von oben aus war, und Kontakt nach unten (mit den Arbeiterparteien und Gewerkschaften) nicht suchte. Gleichwohl richtete die Institución ihre Aufmerksamkeit auch auf den Gymnasial- und schließlich sogar auf den Volksschulunterricht, wobei in Spanien erstmals auch auf die Gleichberechtigung zwischen den Geschlechtern geachtet wurde. Insgesamt kann man aber sagen, daß die Reform der Primarstufe weniger energisch betrieben wurde als die der höheren Bildung, zu der übrigens auch die Einrichtung einer *Junta por la Ampliación de Estudios e Investigaciones Científicas* gehörte, die (unter dem Vorsitz des Neurologen und Nobelpreisträgers Santiago Ramón y Cajal) ab 1902 die Grundlage für eine spanische Spitzenforschung legte. Eben diese Junta wurde dann von Franco, der die gesamte Institución verbot, in den (noch immer bestehenden) CSIC (Consejo Superior de Investigaciones Científicas) umgewandelt. Die Institución libre de Enseñanza war die einzige einflußreiche Alternative zum staatlichen, vor allem aber zum kirchlichen Bildungswesen und hat den geistigen Wandel und die intellektuelle Modernisierung Spaniens ganz entscheidend vorangetrieben. Über den Geist der Institución und ihres Begründers Giner de los Ríos, der auch von seinen Gegnern, Menéndez Pelayo eingeschlossen, geachtet wurde, kann man sich einen lebendigen Eindruck durch die Lektüre von Antonio Machados *Juan de Mairena* verschaffen.

Der Neokatholizismus

Es läßt sich – nach allem, was in den vorhergehenden Abschnitten gesagt wurde – denken, daß der Krausismus auf den erbitterten Widerstand der konservativen Universitätsprofessoren, der neokatholischen Elite also, stoßen mußte (*neocatolicismo* nannte man am Ende des 19. Jh. den katholischen Fundamentalismus). Einen Eindruck von dieser Gegnerschaft vermittelt am besten ihre herausragende Figur, fast möchte man sagen, ihr Sprecher, Marcelino Menéndez Pelayo. Menéndez Pelayo war *die* Gelehrtenfigur des 19. Jh., dazu ein Wunderkind, das schon mit 24 Jahren sein vielleicht bedeutendstes Werk beendet hatte: die *Historia de los heterodoxos españoles*. Mit 21 hatte Menéndez Pelayo den Wettbewerb (Oposiciones) um die vakante Professur für spanische Literatur an der Universität Madrid gewonnen (die er nur dank einer Sondergenehmigung der Cortes überhaupt antreten konnte). Rund zwanzig Jahre lang blieb er im Universitätsdienst und brachte in dieser Zeit eine bedeutende Schülerschaft hervor, zu der u. a. der keineswegs gleichgesinnte Ramón Menéndez Pidal gehörte. Von 1881 bis zu seinem Tod war Menéndez Pelayo Direktor der Madrider Nationalbibliothek. Seine *Obras completas* umfassen über siebzig Bände und enthalten neben der *Historia de los heterodoxos* weitere grundlegende historisch-philologische Studien, z. B. *La ciencia española*, *Historia de las ideas estéticas en España* und *Orígenes de la novela*. Daneben steht eine hochbedeutende editorische Leistung, u. a. die Veröffentlichung einer ersten Lope-Gesamtausgabe.

Menéndez Pelayo

Seine Glaubensüberzeugungen, die er nicht selten mit verletzender Schärfe, bisweilen auch in angetrunkenem Zustand vortrug, waren ultrakonservativ. Auch wenn er sich in fortgeschrittenem Alter zu mäßigen verstand, gibt doch der folgende, der Anthologie *Spanien und Europa* entnommene Text aus *La ciencia española* einen guten Eindruck von der geradezu unerschütterlichen Überzeugtheit Don Marcelinos:

Glaubensbekenntnis

> Ich bin katholisch, weder neu- noch altkatholisch, sondern ein Katholik von altem Schrot und Korn wie meine Väter und Großväter, und wie das ganze historische Spanien, das soviel mehr Heilige, Helden und Weise hervorgebracht hat als das moderne. Ich bin römisch-katholisch ohne Einschränkungen und Ausflüchte, ohne jedes Zugeständnis an die Gottlosigkeit und Andersgäubigkeit, in welcher Form sie auch auftrete, ohne Scheu vor den logischen Konsequenzen des Glaubens, zu dem ich mich bekenne, jedoch gleichzeitig weit davon entfernt, die philosophischen Ansichten des einen oder anderen Doktoren zu Dogmen machen zu wollen, so angesehen er in der Kirche auch sein mag. Ich halte es für äußerst ehrenvoll für unser Vaterland, daß im 16. Jh. hier die Ketzerei nicht Fuß fassen konnte, und ich verstehe und billige, ja ich preise die Inquisition als Ausdruck des Gedankens der Einheit, der das Leben unserer Nation seit Jahrhunderten beherrscht. Außer in wenigen Einzelfällen unterdrückte die Inquisition in meinen Augen keineswegs den unverfälschten Geist des spanischen Volkes, sondern hatte in eben jenem Geist ihren Ursprung. Ich bestreite die ihr zur Last gelegte Verfolgung der Wissenschaft, Zerstörung des Geistes und alle die Grausamkeiten, die man uns ständig und unbegründet vorhält.

Marcelino Menéndez Pelayo

Man muß sich dieses ›Glaubensbekenntnis‹ vor Augen halten, um wenigstens ahnungsweise ermessen zu können, mit welcher Gegnerschaft der Krausismus zu kämpfen hatte und *wie* unversöhnlich sich die ›Gewißheiten‹ der Zwei Spanien gegenüberstanden. Andererseits darf man sich davon aber nicht über die gleichwohl bedeutende Leistung Menéndez Pelayos hinwegtäuschen lassen. Er hatte zwar die *Historia de los heterodoxos* in der Absicht begonnen, gegen die 1876 eingeführte Religionsfreiheit anzuschreiben, auch und gerade den Krausistas zum Trotz, die in jener Geschichte ebenfalls vorkommen. Unter der Hand – und das spricht für die Statur des Verfassers – ist ihm das Werk dann aber derart ›ausgeartet‹, daß es – trotz seiner grundsätzlichen Anti-Haltung – zum ersten Mal dokumentierte, wie viele, auch wie bedeutende Alternativen zum orthodoxen Katholizismus es in der Geschichte Spaniens *tatsächlich* gegeben hat.

Der Regenerationismus

Den Achtundneunzigern sehr nahe stand der *regeneracionismo*, und zwar deshalb, weil sein ganzes Sinnen und Trachten auf die Spanienkritik und die Regenerierung des Landes gerichtet war. Die meisten Regeneracionistas waren zugleich Krausistas und gingen als solche noch von der Überzeugung aus, daß diese Regenerierung ›eigentlich‹ möglich sein müßte. Als Ausgangspunkt gilt *Los males de la Patria y la futura revolución española* (1890) von Lucas Mallada. Gemeinsam ist den Regenerationisten die Kritik an der Korruptheit des politischen Systems, vor allem an der Oligarchie und am Kazikentum. Die Reformierung wird aber nicht von einer Aufhebung oder Zerstörung des Systems erhofft, sondern von einer Verbesserung der Bildung (im krausistischen Sinn) und von einer ›Reform von oben‹. Den Arbeitermassen wird wegen ihres niedrigen Ausbildungsstandes und ihrer Trägheit (*abulia*) keine konstruktive Initiative zugetraut (wir kennen das schon aus Blascos *La bodega*). Verbreitet ist unter den Regenerationisten hingegen das Liebäugeln mit dem starken Mann, dem ›eisernen Chirurgen‹ (*cirujano de hierro*), der mit diktatorischen Vollmachten den Volkskörper von der Fäulnis heilt und – dann wieder zurücktritt. Diese naive Hoffnung hatte eine nicht geringe Fortune, sowohl unter den Achtundneunzigern (Unamuno, Azorín, Maeztu, Baroja), als auch in der politischen Praxis: Der General Miguel Primo de Rivera konnte sich auf sie berufen und eben deshalb auch auf einen gewissen Vertrauensvorschuß just unter den Gebildeten rechnen.

Die bekannteste Figur des Regenerationismus war Joaquín Costa. Er entstammte einer in ärmlichen Verhältnissen lebenden Minifundistenfamilie, also jener kleinbürgerlichen Schicht, die sich durch die Entwicklung des Kapitalismus besonders bedroht fühlen mußte und dennoch nicht zur Arbeitermasse zählen wollte. Nicht ganz zu Unrecht hat man den Regenerationismus deshalb auch eine Protestbewegung der kleinbürgerlichen Intellektuellen genannt. Costa, der sich seinen Weg autodidaktisch und unter schweren Opfern erkämpfen mußte, blieb sein ganzes Leben lang verbittert und konnte selbst bei den Republikanern politisch nicht heimisch werden: zu weit ging bei ihm schon der Abscheu vor dem Parlamentarismus. Seine Hauptwerke sind *Oligarquía y Caciquismo* (1901) und *Colectivismo agrario en España* (1898); ein dritter, den ›Lösungen‹ zu widmender Teil ist bezeichnenderweise nie erschienen. Schon bei Costa werden also die Kritik und das Gefühl der Frustration stärker als der Glaube an die mögliche

Lucas Mellada

Joaquín Costa

Bewältigung der Krise. Genau darin zeigt sich die Nähe zur Generation von 98.

Es ist übrigens bezeichnend, daß die Glaubensbereitschaft zur gleichen Zeit auch bei denjenigen Autoren nachläßt oder versiegt, bei denen sie anfänglich besonders unerschütterlich zu sein schien. Zu ihnen gehört auch Galdós, der einerseits noch 1901 mit dem skandalumwitterten Drama *Electra* die Überzeugungen aus seiner Frühzeit (Fortschrittsglaube und Antiklerikalismus) zu bestätigen schien, andererseits aber nur zehn Jahre später, am Schluß der *Episodios nacionales*, selbst ein Zeichen der Resignation setzte: Am Ende von *Cánovas* (1912), dem letzten Roman der Serie, entschläft – darauf hat Gumbrecht aufmerksam gemacht – Tía Clío (die leibgewordene Parodie der Historiographenmuse), weil es in der ebenso kleinkariert wie unübersichtlich gewordenen Geschichte (*historia*) keine Geschichten (*historias*) mehr zu erzählen gäbe.

Die Generation von 98

Die eigentliche Bedeutung jener (untereinander so verschiedenen Autoren), die den Kern der sogenannten Generation von 98 bilden, liegt, wie schon gesagt, nicht mehr auf ideologischem, sondern auf literarisch-ästhetischem Gebiet. Dennoch hat ihr Schaffen selbstverständlich *auch* eine ideologische Dimension, insofern es Anteil an der in ihrem Fall zumeist regenerationistisch gefärbten Spaniendebatte nimmt. Man kann sagen, daß die Achtundneunziger diese Debatte einerseits auf die Spitze treiben, daß sie auf der anderen Seite aber auch eine fundamentale Ratlosigkeit erkennen lassen. Diese schlägt sich vor allem in immer neuen Widersprüchen und Wendemanövern nieder, in denen Phasen der Depression und des Dekadenzbewußtseins mit solchen der manischen Selbstüberschätzung abwechseln. Nicht umsonst huldigten fast alle einem epochenspezifischen Nietzsche-Kult. Im Grunde legen die Achtundneunziger Zeugnis vom Ende und von der Ohnmacht einer Ideologie ab, welche die tiefgreifenden nationalen Widersprüche rein ›geistig‹, im Geiste des bürgerlichen Liberalismus nämlich, und ohne Rücksicht auf die konkreten Probleme der spanischen ›Massen‹ zu überwinden hoffte. In diesem Sinne ist Ortegas irritierter Essay über den Aufstand der Massen (*La rebelión de las masas*, 1930) ein letztes Dokument des alten Elitismus und zugleich ein erstes Innewerden dessen, was die Stunde geschlagen hat.

Der älteste Achtundneunziger ist Angel Ganivet (geb. 1865), der im ominösen Jahr 1898 durch Selbstmord in der Nähe von Riga (wo er in diplomatischen Diensten stand) freiwillig aus einem Leben schied, das in seiner schon früh beginnenden schizoiden Gespaltenheit manche Parallelen mit dem von Nietzsche aufweist. Das Hauptwerk Ganivets war das *Idearium español* (1896/97), das zur Konzentration der Kräfte *innerhalb* Spaniens aufrief, statt zu ihrer Zerstreuung (wie in der Phase der imperialen Eroberungen). Sein Wahlspruch: »Noli foras ire; in interiore Hispaniae habitat veritas« (»Geh nicht außer Land; die Wahrheit liegt im Inneren Spaniens«) hätte freilich in den Ohren der fast zwei Millionen Landsleute, die aus den erbärmlichen spanischen Lebensverhältnissen fliehen und im amerikanischen Exil ihr Glück suchen mußten, wie Hohn geklungen – wenn sie denn hätten lesen können. Im übrigen geißelt Ganivet, wie die meisten anderen Achtundneunziger auch, die gleichen Laster und kokettiert mit den gleichen (diktatorischen) Lösungen, die wir schon von den Regeneracionistas her kennen.

Ganivet

Der bei den Armen unpopuläre Cuba-Krieg 1898 führte zusammen mit dem Krieg gegen die USA zum Desaster des Verlusts der letzten Überseebesitzungen: Aushebung der Rekruten mit Hilfe der Guardia Civil (Gemälde von F. Legua Ibánez).

Maeztu, Baroja, Azorín

Die anderen Achtundneunziger haben sich zum Teil ganz erheblich von ihren Ausgangspositionen entfernt, wobei es – bei aller sonstigen charakterlichen oder künstlerischen Verschiedenheit – auffällige Übereinstimmungen gibt. Nehmem wir z. B. Ramiro de Maeztu. Maeztu begann mit einer anarchosozialistischen Phase der Rebellion. Unter anderem betätigte er sich als Vorleser auf der Zuckerrohrplantage seines kubanischen Vaters: dort las ausgerechnet der Bürger- und Grundbesitzersohn vor den Arbeitern aus den Romanen von Galdós, aber auch aus den Schriften von Marx und Kropotkin. Maeztu war es übrigens auch, der zusammen mit Baroja und Azorín, den (später wieder auseinanderfallenden) Dreierbund gründete, der als die Urzelle der Generation von 98 gilt. Später optierte Maeztu immer weiter nach rechts, bis er schließlich bei den Traditionalisten und den Faschisten landete, die Zweite Republik als ›unspanisch‹ bekämpfte und nach französischem Vorbild die Zeitschrift *Acción española* gründete. Den ›herausragenden Intellektuellen‹ sah er dazu prädestiniert, ein gesellschaftliches Führeramt zu übernehmen. 1936 wurde Maeztu in Aravaca, einem Vorort von Madrid, ermordet. Die so grundverschiedenen Phasen und Positionen seines Lebens werden sichtbar, wenn man das frühe *Hacia otra España* (1899) mit dem späten *Defensa de la hispanidad* (1934) vergleicht.

Die Lebensläufe von Pío Baroja und Azorín (eig. Juan Ruíz) weisen – wohlbemerkt nur in ideologischer Hinsicht – eine gewisse Übereinstimmung mit dem von Maeztu auf (Stichwort: Konversion von links nach rechts). Aus der Frühzeit der beiden Autoren ragen, was ihre Achtundneunziger Position betrifft, die Romane *La voluntad* (Azorín, 1902) und *La lucha por la vida* (Baroja, 1904) bzw. *El árbol de la ciencia* (Baroja, 1911) sowie verschiedene Artikelserien hervor (*El alma castellana, La ruta de Don Quijote, España, Castilla* – alle von Azorín, 1900–1911). Interessant und bezeichnend bei Azorín (aber nicht nur bei ihm) ist die Entdeckung der kargen kastilischen Landschaft und ihrer ärmlichen Bewohner. Diese Entdeckung ist eine Folge der Spanien-Sorge; diese Sorge treibt die Achtundneunziger dazu, sich aufs ›Wesentliche‹, gleichsam aufs Urspanische zu besinnen und infolgedessen auch und gerade jene abgelegenen Landstriche wahrzunehmen, die vorher bestenfalls durchs Hörensagen bekannt waren.

Aber aus dieser Entdeckung folgt kein sozialer Impuls. Ganz im Gegenteil: sie mündet in die ästhetische Verklärung der Kargheit und damit geradenwegs in die Verdrängung des realen Elends.

Gerade umgekehrt zu dieser Links-Rechts-Wende verlief die Entwicklung bei Ramón del Valle-Inclán, dessen Sympathien ursprünglich dem Carlismus gehörten, der sich aber 1934 mit den asturianischen Bergarbeitern solidarisierte. Valle-Inclán hat seinen carlistischen Neigungen freilich nie ganz abgeschworen. Wie bei fast allen Achtundneunzigern ist bei Valle-Inclán auch ein starker anarchistischer Widerspruchsgeist und ein ästhetischer Widerwille gegen den herrschenden Machtklüngel im Spiel. Dies alles mischt sich mit einer gehörigen Portion Arroganz, welche ihrerseits wieder als die Kompensation tiefgreifender Selbstzweifel verstanden werden kann.

Valle Inclán und Unamuno

Übertroffen wird Valle-Inclán in dieser Hinsicht nur noch von Miguel de Unamuno, dessen ganzes Leben aus einer ununterbrochenen Kette von (bisweilen gefährlichen) Protesten, Positionsänderungen und Stimmungsumschwüngen bestand. Unamuno war in jungen Jahren Kommunist, zugleich baskischer Nationalist und um den rechten Glauben ringender Katholik. Später wurde er zu einem der eifrigsten Verfechter des *castellanocentrismo*. Bald empfahl er den Spaniern sich zu europäisieren, bald den Europäern sich zu hispanisieren. Während der Diktatur Primo de Riveras war er *für* die Republik und nahm eine sofort zur Eigenpropaganda umfunktionierte Amtsenthebung – als Rektor der Universität Salamanca – und Verbannung auf die Kanarischen Inseln in Kauf. In der Republik wurde er antirepublikanisch und zeigte Verständnis für die putschenden Generäle. Kaum hatten diese in Salamanca die Macht übernommen, riskierte er Kopf und Kragen, um ihnen in aller Öffentlichkeit (bei den Feierlichkeiten zum *Día de la Raza*, dem Tag der hispanischen Rasse) die Meinung zu sagen. – Bei aller Verwirrung, die Unamunos chamäleonartige Häutungen zunächst unweigerlich hervorrufen: der extreme Individualismus, mit dem er sich und der Welt (vor allem den Herrschenden) immer wieder widersprach, entbehrt nicht der Größe, auch nicht einer besonderen Art von Konsequenz. Einschlägig für Achtundneunzig sind bei Unamuno vor allem die Essays von *En torno al casticismo* (1895) und *La crisis del patriotismo* (1896). In dieser Zeit rückt zum ersten Mal die (auch von anderen Achtundneunzigern reklamierte) Figur des Don Quijote in den Vordergrund – hier noch so, daß der ›vernünftige‹ Alonso Quijano gegen den ›verrückten‹ Don Quijote ausgespielt wird. Später, in Unamunos berühmtem Quijote-Kommentar, der fast schon eine Neufassung des cervantinischen Romans ist (*Vida de Don Quijote y Sancho*, 1905) wird es gerade umgekehrt sein.

Antonio Machado unterscheidet sich von den vorher Genannten nicht nur durch seine persönliche Zurückhaltung. Er war Schüler der Institución libre de Enseñanza und blieb sein ganzes Leben lang von ihrem Geist geprägt. Das wird nicht nur ersichtlich in seiner herben und mit Worten geizenden Poesie (auch und gerade in der Landschaftsbeschreibung), sondern auch in der stillen Art seiner Lebensführung und in der Selbstverständlichkeit, mit der er, ohne Wenn und Aber, die Bemühungen der Zweiten Republik unterstützte, in Spanien demokratische Verhältnisse herbeizuführen. Sein Demokratieverständnis ist nicht mehr massenfeindlich (darin unterscheidet er sich von Ortega), und es ist auch nicht mehr paternalistisch und von oben herab. Am schönsten wird das in *Juan de Mairena* (1936/37) verdeutlicht, wo der Dogmatismus (der die ideologische Auseinandersetzung zwischen den Zwei Spanien geprägt hatte) durch die Toleranz gegen-

Machado

über den Andersdenkenden ersetzt wird. Bei Machado wird die Unsicherheit (eines der Schlüsselwörter des *Juan de Mairena*) produktiv: Gerade *weil* wir nie sicher sein könnnten, seien wir aufeinander angewiesen und müßten einander respektieren. Formal schlägt sich dieser endgültige Abschied von der Glaubensgewißheit im Fragmentarismus und in der Ironie nieder, mit denen Juan de Mairena, von Beruf Lehrer, seine Aperçus zum besten gibt, nicht ohne seine Schüler bzw. seine Leser immer wieder darauf aufmerksam zu machen, daß er ihnen keine ›Wahrheiten‹ verkünde, sondern sie nur zum selbständigen Denken und zur sozialen Rücksichtnahme anleiten wolle. Wie man weiß, ist *diese* Botschaft nicht oder zu spät vernommen worden. Erst nach seinem Tod wurde Machado zum Dichter der spanischen Aussöhnung. Die Zweite Republik scheiterte, nicht zuletzt an der mangelnden Toleranzbereitschaft: Weil das dogmatische Entweder-Oder doch noch einmal das Gesetz des Handelns bestimmte und weil die selbsternannten ›geistigen Führer‹ die eigentlichen, nämlich die sozialen Realitäten des Landes schlicht übersehen hatten.

DAS 20. JAHRHUNDERT

Geschichtlicher Überblick

Das Ende des Ancien Régime

Die spanische Ereignisgeschichte des 20. Jahrhunderts läßt sich in vier Etappen einteilen, die mit ebenfalls vier Etappen unseres literaturgeschichtlichen Überblicks korrespondieren. Die erste reicht bis 1923, bis zum Beginn der Diktatur des Generalkapitäns von Katalonien, Miguel Primo de Rivera (des Vaters des nachmaligen Falangegründers José Antonio Primo de Rivera). Bis dahin hatte sich noch das alte politische System weitergeschleppt (nur unter einem neuen König: Alfonso XIII, der 1902 seinem Vater Alfonso XII nachgefolgt war). Dieses System war aber seit der Katastrophe von 1898 immer weniger in der Lage, die anstehenden Probleme zu meistern. Es waren dies erstens die Zuspitzung der sozialen Gegensätze, die 1909 während der *semana trágica* in Barcelona bereits bürgerkriegsähnliche Ausmaße annahmen. Inzwischen waren nämlich die sozialistischen und anarchistischen Gewerkschaften von der Staatsmacht nicht mehr zu unterdrücken. Zweitens die Bedrohung der nationalen Einheit durch die immer stärker werdenden Autonomie-, ja Separatismusbewegungen in Katalonien und im Baskenland und drittens das Marokko-Problem, das aus der spanischen Annexionspolitik in Nordafrika entstanden war und das mit der Zeit in einen schmutzigen Krieg ausartete, weil der Widerstand vor allem der Rif-Kabylen nicht zu brechen war.

Obwohl Spanien sich aus dem Ersten Weltkrieg heraushielt und dadurch eine vorübergehende Stärkung seiner Wirtschaft erfuhr (die mit den kriegführenden Parteien gute Geschäfte machte), blieben die genannten Pro-

Ungelöste Probleme

Attacke der Guardia Civil gegen Arbeiter.
Das Gemälde von Ramón Casas greift auf Goyas Darstellung des 3. Mai 1808 zurück.

Der Schwanengesang der 98er

Alfonso XIII (1915)

Ein ›aufgeklärter‹ Diktator?

Die drei Phasen der Republik

bleme virulent. Als der Marokko-Krieg eine für Spanien immer ungünstigere Wendung nahm, putschte Primo de Rivera am 13. September 1923 und errichtete die erste (im Vergleich zur zweiten, franquistischen, noch relativ harmlose) spanische Diktatur des 20. Jahrhunderts, und zwar mit Billigung des Königs und anfänglich sogar mit der Duldung der politischen und gewerkschaftlichen Opposition. Das war das Ende des *Ancien Régime*.

Literarisch begleitet wird der Untergang der alten Welt durch den Schwanengesang der 98er, auf deren Literatur wir im nächsten Kapitel zu sprechen kommen, nachdem wir die Darstellung des 19. Jahrhunderts mit der Würdigung ihrer weltanschaulichen Positionen beendet hatten. Wir tragen damit dem januskopfigen Charakter dieser Autoren Rechnung, die einerseits noch auf die alten Verhältnisse fixiert blieben, und sei es in deren radikaler Zurückweisung, die andererseits aber auch an die Schwelle der Modernität führten, indem sie eine Literatur kreierten, die dem Leser den Verlust der alten Gewißheiten bewußt machte.

Die Diktatur Primo de Riveras und die Zweite Republik

Es mag zunächst erstaunen, daß hier zwei so grundverschiedene Systeme zu *einer* Epoche zusammengefaßt werden. In Wahrheit aber sind die Unterschiede so groß nicht, denn beide Systeme versuchten ernsthaft und erstmals offiziell, Spanien zu ›modernisieren‹; beide scheiterten, weil sie die unausgeglichenen Gegensätze im Land unterschätzten.

In Primo de Rivera sah man zunächst jenen ›aufgeklärten Diktator‹, auf den die Regenerationisten gewartet und von dem sie eine energische Reformarbeit erwartet hatten. Tatsächlich gelang es Primo, obwohl er die politischen Parteien verbot, die Verfassung außer Kraft setzte, die katalanischen Sonderrechte widerrief und eine reaktionäre Zensurpolitik betrieb, anderseits doch auch, den umstrittenen Marokko-Krieg zu beenden, ein staatliches Beschäftigungsprogramm zu verwirklichen (Eisenbahn-, Straßen- und Staudammbau) und eine Heeres- und die seit langem überfällige Agrarreform immerhin auf die Tagesordnung zu setzen. Eben dadurch aber verscherzte er sich mit der Zeit *alle* Sympathien: die der Intellektuellen, der Katalanen, der Generalität, des Großkapitals und der Gewerkschaften. Als 1930 die Weltwirtschaftskrise ausbrach und auch in Spanien schlimme Folgen zeitigte, trat Primo de Rivera zurück.

Nur ein Jahr lang konnte sich eine schwache Nachfolgeregierung unter dem General Dámaso Berenguer halten, während derer die bürgerliche Linke und die Sozialisten den Pakt von San Sebastián schlossen, mit dem Ziel, eine Mitte-Links-Koalition zu bilden, die Monarchie zu stürzen und Spanien in eine demokratisch gewählte Republik zu verwandeln, das Land nun also auch politisch zu modernisieren. Am 14. April 1931 war es soweit: unter dem Eindruck der Ergebnisse aus den Gemeinderatswahlen wurde die Republik ausgerufen; der König erkannte die Zeichen der Zeit und ging, um Blutvergießen zu vermeiden, ins Exil, allerdings ohne auf seine Rechte zu verzichten (was Franco später die legale Grundlage zur Wiedereinführung der Monarchie verschaffte).

Diese ›Zweite Republik‹ durchlief drei Phasen. Die erste – der *Bienio de reformas* – dauerte bis 1934. Hier wurden durch die inzwischen gewählte Mitte-Links-Regierung die Grundlagen für einen radikalen, aber nicht einen revolutionären Wandel des Landes gelegt: Entmachtung des Militärs; Trennung von Kirche und Staat; Agrarreform; Autonomiestatut für Katalonien und das Baskenland (letzteres allerdings erst bei Ausbruch des Bürgerkriegs); Gleichberechtigung der Geschlechter, das Recht auf Scheidung eingeschlossen; Pressefreiheit und anderes mehr. Politisch sollte Spanien damit lediglich auf den gleichen Stand wie andere Demokratien gebracht werden; Eingriffe in die Eigentumsverhältnisse waren nicht vorgesehen; die Agrarreform sollte durch großzügige Entschädigungen praktikabel gemacht werden.

Trotzdem waren die Veränderungen, genauer: die projektierten Veränderungen in den ›bestehenden Verhältnissen‹ tiefgreifend genug, um die Rechte nun ihrerseits zur Sammlung ihrer Kräfte zu veranlassen, wobei neben den Militärs die Kirche zur treibenden Kraft wurde, weil sie durch den Entzug ihres Bildungsmonopols die Basis ihres Einflusses – den auf die Heranwachsenden – bedroht sah. So begann schon 1933 eine deutliche Polarisierung in der Politik, wobei der liberale Geist, der zunächst geherrscht hatte, bald auf der Strecke blieb. Von Links wurde die Republik vor allem durch die Anarchosyndikalisten in Frage gestellt. Von Rechts erwuchsen ihr – mit Hinweis auf die von der Regierung nicht mehr zu kontrollierenden antiklerikalen Ausschreitungen – mit den faschistischen *Juntas de Ofensiva Nacional-Sindicalista* (JONS) von Ramiro Ledesma und der Falange von José Antonio Primo de Rivera (beide 1933 gegründet und später zur Einheitsbewegung des *Movimiento Nacional* zusammengefaßt) mächtige Gegner. Bei den Wahlen von 1934 gab es, nicht zuletzt wegen des Boykotts der Anarchisten, einen Sieg der Rechten. Im folgenden *Bienio negro* (1934 bis Frühjahr 1936) bestand die Regierung aus einer Koalition von bürgerlichen Radikalen (= den rechtsstehenden Liberalen unter Lerroux) und der katholischen CEDA unter Gil Robles, wobei die Reformen der ersten Jahre alsbald wieder gestoppt oder rückgängig gemacht wurden. Das führte bei den Linken zu heftigen Reaktionen, die blutig niedergeschlagen wurden. Das herausragende Ereignis war der Bergarbeiteraufstand in Asturien (Oktober 1934), bei dessen Niederschlagung sich erstmals der noch junge Franco hervortat. Tatsächlich waren die Kämpfe um Oviedo schon die Vorboten des Bürgerkriegs.

Im Frühjahr 1936 beginnt die letzte Phase der Republik. Nun schließen sich die Linksparteien (unter Einschluß der Kommunisten) zu einer Volksfront zusammen und gewinnen die anstehenden Wahlen. Staatspräsident wird Manuel Azaña, der prominenteste bürgerliche Politiker jener Zeit (der zuvor auch schon zweimal Regierungschef gewesen war), und bleibt es offiziell bis 1939. Im Laufe des Jahres mehren sich aber die Unruhen im Land, und die politischen Attentate auf beiden Seiten sind von der Regierung nicht mehr zu verhindern. Schließlich führt die Ermordung des monarchistischen Abgeordneten José Calvo Sotelo (13. Juli) am 18. Juli 1936 zu einem schon lange vorbereiteten Militärputsch. Das ist der Beginn des fast drei Jahre währenden verheerenden Bruderkrieges, in dem das Land noch einmal in ›Zwei Spanien‹ gespalten wird, die Fronten quer durch die Familien verlaufen und die Kampfmotive – soziale, religiöse, weltanschauliche, politische – sich vielfach überlagern.

Zwar gelingt es den Aufständischen bis 1939 nicht, die Hauptstadt Madrid zu erobern (auch die Levante bleibt bis zum Kriegsende republikanisch; der Regierungssitz wird nach Valencia verlegt); dennoch zwingen sie, schon bald von dem zum ›Generalissimus‹ ausgerufenen Franco geführt, den republikanischen Widerstand Schritt für Schritt in die Knie, nicht zuletzt deshalb, weil nach der Internationalisierung des Konflikts die massive Hilfe der Achsenmächte Deutschland und Italien ausschlaggebend

Der Ausbruch des Bürgerkriegs

Manuel Azaña

wurde. Am 1. April 1939 (nach dem Fall von Barcelona) ist der Krieg beendet; die Zweite Republik wird liquidiert und mit ihr der erste großangelegte Modernisierungsversuch in Spanien (noch einmal) abgebrochen. De facto hatte die Republik schon Ende 1937 die Kontrolle über den Großteil des Staatsgebietes verloren, so daß man auch sagen kann, das Franco-Regime habe (zumindest in Teilen Andalusiens, der Extremadura, Kastiliens und Galiciens – dort also, wo die putschenden Garnisonen sofort Erfolg hatten) schon am Anfang des Kriegs begonnen.

Die »Edad de Plata« der spanischen Literatur

Was die Literatur anbelangt, bildet die Zeit der Primo de Rivera-Diktatur und die der Zweiten Republik tatsächlich eine Einheit: Die 20er und 30er Jahre, die nicht zu Unrecht auch *La edad de plata de la literatura española* genannt werden, sind durch ein ausgesprochenes Modernitätsbewußtsein gekennzeichnet, das sich von der vergangenheitsfixierten Mentalität der 98er deutlich unterscheidet. Trotzdem hat der weltoffen-liberale Geist jener Zeit zunächst dort seine Grenzen, wo die sozialen Besitzstände in Frage stehen. In dieser Hinsicht ist Ortegas *La rebelión de las masas* ein Schlüsseltext zum Verständnis nicht nur der Literatur jener Zeit, sondern auch des prekären bürgerlich-sozialistischen Bündnisses, das schnell wieder zerbrach, als die liberalen Ideen mit den (von den bürgerlichen Intellektuellen nur widerwillig wahrgenommenen) sozialen Tatsachen kollidierten. – Auch in der Literatur ist seit 1933 eine Polarisierung der Standpunkte festzustellen, nachdem die Kunst sich zuvor gerade auf ihre ›Reinheit‹ und auf die *deshumanización* ihrer Weltsicht (ein weiterer, noch zu erklärender Schlüsselbegriff Ortegas) viel zugute gehalten hatte. Die ›Rehumanisierung‹ der *poesía pura* zu einer (auch politisch und sozial engagierten) *poesía impura* ließ aber nicht lange auf sich warten und ist besonders in Drama und Lyrik der Generation von 27 zu beobachten, deren Produktion als Höhepunkt und Abschluß jener Epoche angesehen werden kann.

Das Regime des Generals Franco

Man muß sich darüber im klaren sein, daß die Franco-Diktatur die bisher längste geschichtliche Epoche in Spaniens 20. Jahrhundert war: sie dauerte fast 40 Jahre und versuchte, in einem beispiellosen *roll back* noch einmal an die ›großen Zeiten‹ der Vergangenheit anzuknüpfen. Unter Führung des *movimiento nacional* und seines *caudillo* wurde die ›Wiedervereinigung‹ von Staat und Kirche, die Rückkehr zu militärischem Glanz und die Wiederherstellung von ›Ruhe und Ordnung‹, auch des ›sozialen Friedens‹ im Schoß einer staatlich gelenkten Einheitsgewerkschaft, angestrebt. Die physische Liquidierung der im Land verbliebenen Gegner oder deren Verbringung in Gefängnisse und Arbeitslager war besonders unmittelbar nach dem Krieg an der Tagesordnung. Dennoch läßt sich das Franco-Regime nicht mit dem deutschen Nazismus vergleichen, denn ihm fehlte der Wille zur systematischen Ausrottung ganzer Bevölkerungsgruppen. Auch hatte das staatliche Überwachungssystem von vornherein Lücken; selbst die an sich strenge Zensur (von der noch ausführlich die Rede sein wird) war zu umgehen. Andererseits darf der Franquismus aber auch nicht verharmlost werden: Die Opfer des Krieges und der Hexenjagd kurz danach zählten nach Hunderttausenden, manche sprechen sogar von einer Million; die politische Opposition wurde bis nach Francos Tod unnachsichtig verfolgt, und die Emigration aus Furcht vor Repressalien brachte das Land 1939 um den Großteil seiner liberalen Eliten (Politiker, Schriftsteller, Wissenschaftler).

Reaktionärer Paternalismus

Republikanische versus nationalistische Propaganda im Bürgerkrieg

Obwohl Franco-Spanien ohne Hilfe der deutschen Wehrmacht gar nicht hätte entstehen können, und obwohl es von den Westmächten dem faschistischen Lager zugerechnet und entsprechend boykottiert wurde, hielt es sich aus dem Zweiten Weltkrieg heraus und stellte, gleichsam als Abgeltung, lediglich die *división azul* für die deutsche Ostfront und den »Kampf gegen den Bolschewismus« zur Verfügung. Dieses vorsichtige Taktieren zahlte sich später aus. Schon 1949 wird die Isolierung Spaniens gelockert, ab Anfang der 50er Jahre schließen die USA Stützpunkt-Abkommen mit Franco und gewähren dem Land, das vom Marshall-Plan noch ausgeschlossen war, wieder Kredite. Der Grund war freilich nicht ein altruistischer, sondern die Notwendigkeit, im Kalten Krieg die Südflanke der NATO zu sichern. Damit erhält das Land erstmals nach den Verwüstungen des Bürgerkriegs die Möglichkeit zu einer gewissen wirtschaftlichen Erholung. Bis dahin mußte es nolens volens von seinen eigenen bescheidenen Ressourcen leben, und es herrschte in weiten Kreisen der Bevölkerung Not.

Während die 50er Jahre mit dem Ende der schlimmsten Restriktionen und der Eingliederung Spaniens ins westliche Verteidigungsbündnis dem Regime die erhoffte äußere Anerkennung und die innere Stabilisierung verschafften, brachten die 60er Jahre erstmals wieder Bewegung in die erstarrten Verhältnisse. Auf der einen Seite vollzog sich nun, unter Führung von in westlichen Business-Schools geformten Opus Dei-Ministern ein erster wirtschaftlicher Aufschwung, der freilich auch mit der Abschiebung von Hunderttausenden von ›Gastarbeitern‹ (die in Spanien arbeitslos waren) in die Industrie-Metropolen Zentraleuropas erkauft wurde. Andererseits beginnt mit dem entstehenden Massentourismus die ›Unterwanderung‹ und ›Aushöhlung‹ der inzwischen wieder streng reglementierten spanischen ›Moral‹. Nun regen sich auch, im Untergrund natürlich, freie Gewerkschaften, besonders die auch heute noch mächtigen kommunistischen *Comisiones Obreras* (CCOO) und die sozialistische UGT. Die Kirche steht, unter dem Eindruck des Zweiten Vatikanischen Konzils und seiner sozialen und laizistischen Öffnung nicht mehr geschlossen hinter dem Regime. Die-

Eingliederung ins westliche Lager

ses wiederum propagiert eine eigene *apertura*, die freilich nur eine wirtschaftliche, nicht auch eine politische Liberalisierung mit sich brachte. Denn andererseits bekämpft es mit allen Mitteln die immer aktiver werdende baskische Untergrundorganisation ETA (die damals noch einen gewissen Respekt genoß) sowie die kommunistische Stadtguerrilla der GRAPO und die maoistische der FRAP. Die Todesurteile gegen sechzehn ETA-Mitglieder im berühmten Prozeß von Burgos (1970) empören nicht nur die Weltöffentlichkeit, sondern lösen auch in Spanien selbst Unruhen aus und führen zu einer nachhaltigen Entfremdung zwischen dem Regime und der Kirche, die so lange die Hauptstütze des Franquismus gewesen war.

Annäherung an Europa und transición

Die 70er Jahre schließlich stehen im Zeichen eines schrittweisen Rückzugs Francos aus der aktiven Politik, aber auch im Zeichen der noch einmal forcierten Aufrechterhaltung der ›alten Ordnung‹ trotz des de facto bereits in Gang gekommenen ›Übergangs‹. 1973 überläßt Franco das Amt des Regierungschefs dem Admiral und Hardliner Carrero Blanco, der bereits wenige Monate danach einem spektakulären (und von vielen heimlich bewunderten) ETA-Attentat zum Opfer fällt. Neuer Regierungschef wird Carlos Arias Navarro, der zwar an den Prinzipien des Regimes festhält, aber nicht mehr verhindern kann, daß sich jetzt überall der politische Pluralismus zu regen und die ersten ›demokratischen Plattformen‹ zu arbeiten beginnen. Andererseits werden aber noch im Herbst 1975 politisch motivierte Todesurteile verhängt und vollstreckt, woraufhin nicht weniger als 14 Botschafter aus Madrid zurückberufen werden. Erst als im November der Caudillo stirbt, Juan Carlos zum König proklamiert und 1976 eine Übergangsregierung unter dem reformwilligen Adolfo Suárez eingesetzt wird, beginnt ein umfangreiches Demokratisierungsprogramm, das 1977 zu den ersten freien Parlamentswahlen seit 40 Jahren und 1978 zur Annahme der freiheitlichen Verfassung führt, die in Spanien auch heute noch gilt.

König Juan Carlos I

Daß der Übergang (*la transición*) von der Diktatur zur Demokratie so reibungslos und so gewaltfrei verlief, hat seinerzeit in aller Welt viel Verwunderung ausgelöst. Man darf aber nicht vergessen, daß einerseits schon im Franco-Regime, und gleichsam hinter dem Rücken von dessen mittelalterlichem Ständeparlament, seit den 60er Jahren die Prinzipien der freien Marktwirtschaft zur Geltung gekommen waren, und daß andererseits der Übergang auch dadurch erleichtert wurde, daß man nach 1975 ganz bewußt auf eine neuerliche Abrechnung mit den ›Gegnern‹ verzichtete, um ein für alle Mal Frieden zwischen den Zwei Spanien zu ermöglichen.

Dreiteilung der Literatur

Literarisch ist die Epoche des Franquismus nicht weniger interessant als die der 20er und 30er Jahre. Zu unterscheiden sind drei ganz verschiedene Stränge, von denen zwei gleichsam logisch aus den politischen Verhältnissen folgen. Das ist zum einen die ›Literatur der Sieger‹ in Spanien selbst, und zum anderen die umfang- und facettenreiche Exilliteratur der zur Auswanderung gezwungenen *España peregrina*. Darüberhinaus gibt es aber schon seit dem Beginn der 40er Jahre (1942 bzw. 1944 erschienen Celas *La familia de Pascual Duarte* und Dámaso Alonsos *Hijos de la ira*) trotz der und gegen die allgegenwärtige Zensur eine nonkonforme, den liberalen Geist der Zweiten Republik weiterführende, aus Zensurrücksichten freilich oft verschlüsselte peninsulare Literatur, die lange Zeit sträflich unterschätzt wurde und doch zu den schönsten Beweisen für die Unausrottbarkeit des kritischen Geistes gehört. In den 50er Jahren (Cela, Sánchez Ferlosio, Delibes) entsteht wieder eine sozialkritische Literatur, die zeigt, wie es in Spanien *wirklich* aussieht; wenig später (Martín Santos, Benet) überwindet der spanische Roman die Folgen der internationalen Isolierung; dank Sastre und Buero Vallejo formiert sich ein oppositionelles Theater; die Lyrik knüpft an die Tradition der 27er an; und der spanische Film (Bardem, Berlanga, Buñuel, Saura) bringt Meisterwerke hervor, die den Vergleich mit hervorragenden Produktionen aus ›freien‹ Ländern nicht zu scheuen brauchen. Daß sich die Mehrheit der Spanier 1978, trotz 40 Jahren Autoritarismus, für eine freiheitliche Verfassung entschied, ist gewiß auch jenen Autoren zu danken, vor deren Erfindungsreichtum, vor deren Witz und vor deren Mut die allgegenwärtige Zensur ihre Ohnmacht eingestehen mußte.

Nach 1975

Nach Francos Tod und nach dem Ende seines Regimes entwickelt sich Spanien Schritt für Schritt in die europäische Normalität. Erster Testfall war der durch Wahlen ermöglichte Regierungswechsel, der 1982 die sozialistische spanische Arbeiterpartei (PSOE) unter ihrem Ministerpräsidenten Felipe González auf Kosten der unterlegenen UCD an die Macht brachte. González verfügte anfänglich über die absolute Mehrheit, die dann allerdings auf eine relative schrumpfte und auf die Unterstützung der baskischen (PNV) und katalanischen Nationalisten (CiU) angewiesen war. Inzwischen (1996) hat die stärkste Oppositionspartei, der Partido Popular (PP), seinerseits den PSOE abgelöst. Erst jetzt kann sich zeigen, ob auch die Rechte dauerhaft gewillt ist, sich an die demokratischen Spielregeln zu halten. Im Augenblick besteht kein Anlaß zum Zweifel.

Für die relative Stabilität der spanischen Demokratie, die jetzt schon dreimal so lang besteht wie die Zweite Republik, sind mehrere Faktoren ausschlaggebend: Erstens eine funktionierende freie Presse. Zweitens die – gegen alle anfänglichen Befürchtungen – loyale Haltung des Königs, an dessen Festigkeit der Putschversuch von 1981 so kläglich gescheitert ist, daß die dafür verantwortlichen Militärs der Lächerlichkeit anheimfielen. Drittens die Gewährung von Autonomiestatuten für die spanischen Regionen, die vielen zwar noch nicht weit genug gehen, die aber doch den traditionellen Konflikt zwischen Zentrum und Peripherie entschärft haben. Viertens der Konsens, daß trotz ausgeprägter ideologischer Gegensätze keine politische Gruppierung (von den Kommunisten – jetzt Izquierda Unida [IU] – bis zu den Rechtsradikalen) aus dem parlamentarischen Kräftespiel ausgeschaltet werden darf. Fünftens der spanische EG-Beitritt im Jahre 1986, der zwar unter vielen Opfern, vor allem auf dem Agrar- und dem Fischerei-Sektor, erkauft werden mußte, der Spanien aber auch eine gewisse ökonomische Absicherung einbrachte. Letztere war auch deshalb notwendig, weil das Land nach Jahren des Aufschwungs von einer lang anhaltenden Rezession heimgesucht wird, die den relativen sozialen Frieden, der trotz oder gerade dank der Streikfreudigkeit von UGT und CCOO herrscht, auf eine harte Probe stellt.

Der auffallendste Wandel der letzten Jahrzehnte ist aber weder politischer noch ökonomischer, sondern mentaler Natur, wenngleich er durch den politischen und wirtschaftlichen *cambio* sicher begünstigt wurde. Die Rede ist von der tiefgreifenden Umgestaltung der einst machistischen zu einer offenen Gesellschaft, in der die Frauen auch ›außer Haus‹ immer mehr Einfluß und immer mehr Macht gewinnen. Gleichzeitig ist auch der hauptsächlich von Männern gesetzte, in der hispanischen Welt einst zentrale Wert der *honra* und die von ihr gesteuerte körper- und frauenfeindliche Moral weitgehend außer Kraft gesetzt. Wohin diese soziale und psychomoralische Entwicklung noch führen und welche Konsequenzen sie haben wird, ist

Demokratisierung und Mentalitätswandel

Felipe González

noch nicht abzusehen. Zu bedenken ist freilich, daß der Mentalitätswandel nur in den Metropolen und dort bei den Begüterten mehr als bei den unteren Schichten weit fortgeschritten ist, während auf dem Land und in den Provinzstädten noch immer ein relativ traditionelles Verhalten vorherrscht.

Eben dieser Mentalitätswandel spielt auch in der spanischen Literatur seit 1975 eine große Rolle. Deren Bedeutung kann man wegen des mangelnden historischen Abstandes zwar noch nicht wirklich einschätzen; ihre schon jetzt sichtbar werdenden Trends sollen zum Abschluß des literaturgeschichtlichen Teils aber wenigstens skizziert werden.

Modernismo und 98. Die Abkehr vom Traditionalismus

Zu Beginn des zweiten Blicks auf die Generation von 98 bedarf es einer Begründung, warum deren literarische Produktion zusammen mit der Dichtung des Modernismo betrachtet wird und warum beide gleichsam als zwei Seiten der gleichen Medaille behandelt werden. Der Grund liegt darin, daß sie – bei aller sonstigen Verschiedenheit – in *einer* Hinsicht übereinstimmen: In der gemeinsamen Abkehr von, teilweise auch im offenen Abscheu vor allem, was mit den tradierten Wertvorstellungen zusammenhängt, die in der politischen Realität der Restaurationszeit korrumpiert und im Desaster von 98 dem *desengaño* ausgeliefert worden sind. In der Tat wird nicht nur in den *Esperpentos* von Valle-Inclán der hispanischen Tradition – bzw. dem, was von ihr übrigblieb – abgeschworen; vielmehr ist auch in den modernistischen Fluchtwelten einer ›rein‹ gebliebenen Kunst noch die korrupte Realität als das ›Unreine‹ mitzudenken, das es peinlich zu meiden gilt.

Bruch mit der Tradition und Fixiertheit auf sie

Der Bruch mit oder die Abweichung von den herrschenden Usancen wie von den offiziell noch immer vorgeschriebenen Glaubensinhalten vollzieht sich in den mannigfaltigsten Formen: Durch Spiritualisierung bei Unamuno (im Gegensatz zum de facto schon vorherrschenden Materialismus); durch die Infragestellung der Glaubensgewißheiten beim gleichen Autor; durch den zur nihilistischen Auflösung tendierenden Pessimismus bei Baroja; durch die Deformierung der überkommenen Spanienmythen bei Valle-Inclán; durch den Rückzug in die Unberührtheit einer sich selbt genügenden Welt der Poesie im Modernismo. Allein bei Machado begegnet man, nach Überwindung seiner modernistischen Anfänge, dem Bestreben, sich wieder der konkreten Wirklichkeit zuzuwenden, ja dem Bemühen, diese wenn möglich zum Besseren zu verändern. Dies alles freilich, wie auch bei den anderen 98ern, gerade nicht mehr in dogmatischer Voreingenommenheit, sondern mit skeptischer Zurückhaltung, ja mit tastender Zögerlichkeit und Ungewißheit. Wir hatten ja schon im vorigen Kapitel feststellen können, wie sich das feste Weltbild der vorausgehenden Ideologen bei den 98ern gleichsam fragmentarisiert und verflüchtigt.

Daß sich die 98er extrem individualistisch verhielten, ist ihnen bisweilen als Manko vorgeworfen worden. Eigentlich zu Unrecht, denn wer an den Gewißheiten *so* zweifelt wie sie, ist nicht zur Gefolgschaft prädestiniert. Ganz abgesehen davon, daß der Zweifel unecht wirkte, wenn er sich durch Übereinstimmungen gleichsam absichern ließe. Nein: Man muß jenen Au-

»Frauen aus Sepúlveda« von Ignacio Zuloaga (1909). Zuloagas Konstruktion, drei von Armut gezeichnete, zugleich aber auch eigenwillige alte Frauen vor den Hintergrund der kargen kastilischen Landschaft und einer von mittelalterlichen Mauern umschlossenen Stadt zu projezieren, korrespondiert mit den Vorstellungen der 98er.

toren den individualistischen, um nicht zu sagen eigenbrötlerischen Gestus als einen Teil ihrer Authentizität abnehmen, weshalb es auch wenig Sinn macht, ihre Produktion nach Gattungen, Motiven oder anderen überpersönlichen Konventionalismen zu ›ordnen‹. Vielmehr ist es in diesem Fall angemessener, jeden Autor für sich zu betrachten.

Pío Baroja

Pío Baroja, von dem weiter oben schon die Rede war, schrieb hauptsächlich Romane, so viele, daß er sie oft zu Trilogien bündelte, und so ausdauernd (bis in die 50er Jahre), daß sie kaum zu überblicken sind. Die bekanntesten entstanden vor 1920; zu ihnen zählen außer der schon erwähnten Trilogie *La lucha por la vida* (1904/05) die Romane *Camino de perfección* (1902), *El árbol de la ciencia* (1911), *Las inquietudes de Shanti Andía* (1911) und *El mundo es ansí* (1912), die alle ihrerseits wieder Teile von Trilogien sind. Baroja gehört nicht zu den Autoren, die international bekannt wurden; aber sein nationales Prestige ist beträchtlich; die spanischen Autoren der Nachbürgerkriegszeit respektierten ihn, und seine paradigmatische Bedeutung im Kontext von 98 ist unumstritten.

In *El mundo es ansí* steht ein Satz, der zwar nur eine Meinung wiedergibt (wie oft bei Baroja, der sich als Erzähler zurückhält und den Romanpersonen das Räsonieren überläßt), der aber trotzdem für die in den Romanen offenbarte Weltsicht charakteristisch ist: »Todo es dureza, todo crueldad, todo egoísmo. ¡En la vida de la persona menos cruel, cuánta injusticia, cuánta ingratitud! ... El mundo es ansí« – In der Tat ist die Welt Barojas ein Dschungel, in dem es außer dem Recht des Stärkeren keine Gerechtigkeit gibt. Insofern ist der Titel *La lucha por la vida* programmatisch. Einflüsse von Darwin, Nietzsche und Schopenhauer sind unverkennbar,

Baroja's Diagnose

Las inquietudes de Shanti Andía, Ausgabe von 1920

aber sie werden durch das überempfindliche, gleichermaßen zur Rebellion wie zur Depression neigende, am Niedergang des Vaterlandes leidende Naturell Barojas erst richtig gebündelt und zu einem Spanienbild verdichtet, das die schiere Verzweiflung erkennen läßt. Die ›Protagonisten‹ Barojas – wie Andrés Hurtado im *Arbol de la ciencia*, dessen Werdegang manche Parallelen zu dem des Autors aufweist – sind Antihelden, deren anfänglicher *élan vital* schnell verpufft, um einer resignativen *abulia* Platz zu machen, die als spanientypisch hingestellt wird und die alles bloß noch über sich ergehen läßt. Wenn die Figuren mehr Energie aufbringen, bleiben sie dennoch oder gerade deshalb unangepaßt und am Rande einer Gesellschaft, in der die Trümpfe längst unter anderen verteilt sind. Andere leiden unter plagenden existentiellen Zweifeln, die ihren Antrieb zusätzlich hemmen. Infolgedessen ›passiert‹ in den Romanen Barojas wenig, auch deshalb, weil die Hauptpersonen (man erinnere sich an Manuel Alcázar) sich oft auf die Rolle des Beobachters oder des Zeugen beschränken. Gleichzeitig wird – man denke an die Debatten in *Aurora roja* – unendlich viel diskutiert, wobei alle weltanschaulichen Optionen der Zeit Revue passieren und sich gegenseitig relativieren, ohne daß einer von ihnen sichtbar der Vorzug gegeben würde. Darin spiegelt sich der Skeptizismus Barojas, dem alles Ideologisch-Doktrinäre verdächtig war und dem deshalb die ›Anti‹-Rolle, vom Antiklerikalismus bis zum Antimilitarismus, freilich auch der Antisemitismus und die Misogynie, angemessener erschien.

Insgesamt hielt Baroja die spanische Gesellschaft – besonders deren tonangebenden Teil – für korrupt, inkompetent und träge, war aber andererseits voller Mitleid gegenüber denen, die mit ihr nicht zurechtkamen. Im übrigen war sein Pessimismus keineswegs lückenlos. Das zeigt schon sein Glaube an die ›rettenden‹ Möglichkeiten der Wissenschaft (die nur leider von der eigenen Nation nicht genützt würden), sowie seine nie ganz erlöschende, durchaus abenteuerliche Hoffnung auf den Aktionismus eines tatkräftigen ›Übermenschen‹, die besonders in den 22 Bänden des im 19. Jh. spielenden historischen Romans *Memorias de un hombre de acción* (1913-35) zum Ausdruck kommt. Auch die langen weltanschaulichen Diskurse, die viele seiner Texte weitgehend zu Ideenromanen machen, stehen nicht nur für Barojas Skepsis gegenüber Ideologien, sondern gewiß auch für eine – bisher enttäuschte – Sinnsuche, die dennoch unermüdlich weitergeht. Ihre formale Entsprechung hat die Ungewißheit und Unabgeschlossenheit dieser Suche in den charakteristischen Konstruktionsmerkmalen von Barojas Romanen, die er selbst in der Vorrede zu *La nave de los locos* (1925) benannt hat. Danach seien seine Romane offen, ohne wirkliches Ende, so wie der Fluß der Geschichte anfangs- und endlos sei. Dem entspricht als weiteres Kompositionsmerkmal die (nie zielgerichtete) Aneinanderreihung disperser Episoden, die nur durch die Anwesenheit der zentralen Bezugsperson zusammengehalten werden.

Pío Baroja

Miguel de Unamuno

»Excitator Hispaniae«

Unamuno ist sicher der repräsentative und international bekannteste Literat seiner Generation; seine Bedeutung reicht weit über die spezifische Problematik von 98 hinaus. Aber Aufmerksamkeit hat er nicht nur durch sein Werk, sondern zumindest genauso durch seinen provozierenden Widerspruchsgeist erregt, der zudem stets das Recht zum Selbstwiderspruch in Anspruch nahm. »Excitator hispaniae«, das vielbemühte Bonmot von Ernst Robert Curtius, ist nicht unzutreffend, und in der Tat hat Unamuno sich durch seine bisweilen auch theatralischen Selbstinszenierungen nicht wenige und zum Teil mächtige Feinde gemacht – von den Honoratioren Salamancas bis zu den Diktatoren Miguel Primo de Rivera und Francisco Franco (einige Machthaber der Zweiten Republik – Azaña höchstselbst – nicht zu vergessen).

In seiner Kindheit noch Zeuge der karlistischen Kanonade auf Bilbao, an seinem Lebensende des beginnenden *alzamiento nacional*, hat Unamuno, der als Essayist, als Lyriker und Romancier Bedeutendes geleistet hat (weniger als Dramatiker), trotz all seiner schnellen Stellungswechsel doch auch Konstanten aufzuweisen, die sein ganzes Werk durchziehen: In *En torno al casticismo* (1895), von dem schon die Rede war, trifft Unamuno eine wichtige, in der eigentlichen Historiographie erst viel später raumgreifende Unterscheidung zwischen *historia* und *intrahistoria*. Der *historia* gehören der erste Anschein und die äußerlich sichtbaren Ereignisse an; der *intrahistoria* die Phänomene der *longue durée*, der langanhaltenden Konstanten und damit dessen, was ›wesentlich‹ den Charakter eines Volkes, einer Kultur, einer Zivilisation ausmacht. So wie man in der Geschichte bei der Betrachtung der *historia* zum Übersehen der *intrahistoria* verführt wird, so läßt man sich auch bei der Betrachtung der Person Unamunos leicht durch die Turbulenzen seiner eigenen *historia* von den Konstanten seiner persönlichen *intrahistoria* ablenken. Von diesen Konstanten soll im folgenden in drei Zugriffen die Rede sein.

Historia und Intrahistoria

Erste Konstante bei Unamuno ist die Spanienproblematik, das eigentlich ›98er-hafte‹ also. Davon war – was die Essayistik betrifft – schon die Rede. Im Bereich der Fiktion ist der Roman *Abel Sánchez* (1917) besonders aufschlußreich. Es handelt sich hier um eine Bearbeitung des Kainsmythos, der für Unamuno (wie für Machado) ein Hauptschlüssel für das Verständnis der spanischen *intrahistoria* ist. Im Untertitel wird *Abel Sánchez* »Una historia de pasión« genannt. Gemeint ist die *envidia*, der Neid, nach Unamuno der ›Wundbrand der spanischen Seele‹. Damit wird schon die Richtung angedeutet, auf die der Kainsmythos und das Motiv des Brudermordes gelenkt wird: auf den Gegensatz zwischen den Zwei Spanien nämlich, überhaupt auf die innere Zerrissenheit einer Nation, die just zur Entstehungszeit des Romans, in der das *ancien régime* schon zu wanken begann, die ersten Anzeichen jener unüberbrückbaren Interessenkonflikte erkennen ließ, die zwanzig Jahre später zum Bürgerkrieg führen sollten. Insofern haben die Schlußworte der Hauptperson Joaquín Monegro fast prophetische Bedeutung: »¿Por qué nací en tierra de odios? En tierra en que el precepto parece ser: ›odia a tu prójimo como a ti mismo‹«. – Andererseits macht die Spanienproblematik aber nur einen Teil des Romans aus, der, wie alle Romane Unamunos, die realistische Erzählweise, besonders die realistischen ›Gewißheiten‹ hinter sich läßt und die narrative Fiktion zum Vehikel philosophischer Reflexionen über Leben und Tod macht. In *Niebla*, Unamunos bedeutendstem und anschaulichstem Roman, in dem die romaneske *story* vollends zum ironisierten Beiwerk wird, ist das am besten zu sehen.

Die Spanienproblematik

Die zweite Konstante ist die existentielle Ungewißheit, die ihrerseits wieder durch den Verlust des Glaubens bedingt ist, den Unamuno zwar noch sucht, dessen er aber, angesichts der Übermacht rationaler Gegengründe, nicht mehr habhaft werden kann. – Einschlägig dafür sind auf der Seite der Essayistik die Abhandlungen in *Del sentimiento trágico de la vida en los hombres y en los pueblos* (1913) und *La agonía del cristianismo* (frz. 1924, span. 1931; wo das Wort »Agonie« auch in der etymologischen Bedeutung von »Kampf um« zu verstehen ist). Auf der Seite der Fiktion ist,

Existentielle Ungewißheit

Unamuno auf dem Cover von *Sombras de Sueño*

wie gesagt, *Niebla* (1914), Unamunos bekanntestes Werk überhaupt (das er selbst aber als »aborto de novela« einschätzte und zu veröffentlichen zögerte), von besonderer Bedeutung.

Bei diesem Text, wie bei anderen Romanen Unamunos, ist schon durch die Gattungsbezeichnung *nivola* (statt *novela*) dafür gesorgt, daß er nicht mit realistischen Maßstäben gemessen werden kann, weil er im Reich des ›Nebulösen‹, der Ideen nämlich, angesiedelt ist, wo die Grenzen zwischen dem Realen und dem Phantastischen verschwimmen und wo der Autor seine ungelösten Probleme auf fast schon allegorische Weise und auf vielen Ebenen gleichzeitig ausagieren lassen kann.

Die unterste Ebene ist die des fast noch realistischen *fait divers*: Augusto Pérez, ein ebenso timider wie verwirrter, stets – wie im Nebel – die Orientierung verlierender Mann (sozusagen die Verkörperung des richtungslosen 98ers) wird durch eine sentimentale Enttäuschung derart aus der Bahn geworfen, daß er Selbstmord zu begehen gedenkt. Unentschlossen wie er ist – Eugenio de Nora hat ihn treffend einen Westentaschen-Hamlet genannt –, begibt er sich ratsuchend zum berühmten Autor Unamuno und ist perplex, als dieser ihm eröffnet, er sei nichts weiter als eine fiktionale Figur, die völlig vom Willen ihres Autors – d.h. Unamunos selbst – abhängt. In dem Augenblick also, in dem Augusto endlich eine eigene Entscheidung treffen wollte, wird ihm die Fähigkeit dazu, das heißt die Authentizität seiner Existenz, rundweg abgesprochen. Auf dieser Ebene haben wir es mit einer quasi calderonianischen Allegorie zu tun, ähnlich der im »Großen Welttheater« oder im »Leben ein Traum«, einer Allegorie, in der Unamuno sich zum Autor-Gott stilisiert und in der der ›gewöhnliche‹ Sterbliche Augusto Pérez erfährt, daß er in der Hand eines ›Höheren‹ steht. Das ist aber noch nicht alles. Vielmehr ist *dieser* Gott auch seinerseits nicht unanfechtbar und muß sich den Aufstand seiner Kreatur gefallen lassen, die dem Autor vorrechnet, daß eine fiktive Person von dem Moment an, da sie Gestalt angenommen hat, ein Eigenleben entwickelt, das auch vom Autor nicht mehr rückgängig gemacht werden kann. Zum Schluß dieses nur in Umrissen skizzierten, in Wahrheit noch viel komplizierteren Spiels mit der Wirklichkeit, der Fiktion und dem fiktionalen Charakter von Wirklichkeit (in dem der ›Autor‹ Unamuno keineswegs privilegiert ist, sondern auf der gleichen Fiktionsebene agiert wie seine ›Personen‹, den anderen im Roman vorkommenden Autor, Víctor Goti, eingeschlossen), ist der Status und der Sinn menschlicher Existenz ungewisser denn je. Die Frage, ob es eine letzte Instanz gibt, auf die Verlaß ist, bleibt ironisch in der Schwebe. Im Unterschied zu Calderón, bei dem die Kreatur nie gegen Gott protestiert hätte, bleibt unklar, wer wann träumt oder wach ist, wo die Eigentlichkeit, wo die Uneigentlichkeit liegt und ob am Ende nicht alles Uneigentlichkeit und Fiktion ist.

Viel Licht fällt von *Niebla* jedenfalls auch auf eine andere eigenartige Schöpfung Unamunos, auf seinen Kommentar-Roman, beziehungsweise auf seine Cervantesbearbeitung *Vida de Don Quijote y Sancho* (1905), in der er der fiktiven Gestalt Don Quijote mehr Realität zuspricht als dem realen, aber (nach seiner Auffassung) überforderten Autor Cervantes, wo er also die Kreatur über ihren Schöpfer und damit das calderonianische System vollends auf den Kopf stellt.

Todesangst

Die dritte Konstante bei Unamuno ist das Problem des Todes und die Angst vor ihm, eben weil der Tod ins Ungewisse, womöglich sogar ins Nichts führt, statt in die ersehnte Unsterblichkeit. Von dieser Angst ist das ganze Werk, vor allem aber die Lyrik durchzogen, die lange Zeit unterschätzt wurde, weil sie ›bloß‹, wie übrigens alle literarischen Hervorbringungen Unamunos, Gedankenpoesie sei. Das ist zwar nicht falsch: manche Gedichte gehen tatsächlich im Intellektuellen und Konzeptuellen auf, sind reine Kopfprodukte. In anderen wiederum ist der Tod nicht nur Anlaß zu grübelnder Reflexion oder paradoxaler Konstruktion, sondern existentiell und tief gespürte Bedrohung, die vom lyrischen Ich unmittelbar und echt auch *empfunden* wird. Daraus ergeben sich ebenso luzide wie glaubwürdige Äußerungen, die – das kann man ohne Übertreibung sagen – zu den schönsten Gebilden der spanischen Dichtung zählen.

Als Beispiel sei zum Schluß das Gedicht »Es de noche« erwähnt, das in der Silvesternacht 1906 entstanden ist und fast wie eine Vorahnung des tatsächlichen Todes, dreißig Jahre später, in der Silvesternacht 1936, anmutet. Hier die ersten acht Verszeilen (von 51).

»*Es de noche*«

>   Es de noche, en mi estudio.
>   Profunda soledad; oigo el latido
>   de mi pecho agitado
>   – es que se siente solo,
>   y es que se siente blanco de mi mente –
>   y oigo a la sangre
>   cuyo leve susurro
>   llena el silencio.
>   …

Die Situation ist typisch für Unamuno: das Ich sitzt, umringt von seinen Büchern, im Arbeitszimmer in tiefer Einsamkeit und horcht in sich hinein; sein Herzklopfen, das Rauschen des Blutes füllt die Stille. Von vornherein fühlt es sich bedroht, vorderhand von sich selbst, genauer von der fast schizophrenen Spaltung in ein leidendes und ein beobachtendes Ich. Später tritt der Tod in die Rolle des Bedrohenden ein: das Ich fühlt sich von ihm belauert – aus allen Winkeln des Zimmers, aus den Lücken der Bücherwand. Das Ich denkt an seine Angina pectoris (die den Puls beschleunigt) und an sein fortgeschrittenes Alter (42 *waren* damals fortgeschritten, wenn es sich denn um Unamuno handelt). Immer mehr läßt das Ich sich von der Todesangst umgreifen, schließlich wird sogar das Schreiben selbst – das Schreiben eben *des* Gedichtes, das der Leser vor Augen hat – zur Todesahnung: wie, wenn ich den Tod geradewegs herbei*schriebe* und man mich gleich auffände mit diesem Text, der dann als *extraño testamento* erschiene? Der Schreiber gerät in Panik und beeilt sich, die angefangenen Zeilen zu Ende zu bringen, bevor der Tod ihn ereilt, ihm damit ein Stück Unsterblichkeit ablistend. Wie man sieht, ist das Gedicht zugleich Ausdruck blanker Angst und Resultat klarster Selbstbeobachtung. Es endet mit der Erleichterung dessen, der gerade noch durch das Tor schlüpfte, bevor es zuschlug. »Los terminé [i. e. die Verse] y aún vivo« (v. 51). – Von diesem Gedicht aus wird vollends klar, daß die Faszination Unamunos nicht allein in seinem Beitrag zur nationalen Krise von 98, sondern mindestens ebensosehr in seinem existentialistischen Ansatz liegt.

Ramón del Valle-Inclán

Viel stärker auf die historische Situation bezogen ist dagegen wieder das Werk von Valle-Inclán, auch wenn das auf den ersten Blick für die modernistische Frühphase (die *Sonatas* scheinen weitab von der spanischen Misere

»La reunión de la botica« von José Gutiérrez Solana, der zu den Malern von 98 gehört. Seine Menschen im Wartezimmer des Arztes und Apothekers scheinen unter der Last drückender Gedanken zu leben.

Schillernde Persönlichkeit

zu liegen) kaum und eher auf die Zeit nach 1920, die *Esperpentos* zumal, zuzutreffen scheint. Aber es gibt vieles bei Valle-Inclán, das auf den ersten Blick *so* und auf den zweiten Blick *anders* erscheint. Dazu gehört schon der Widerspruch zwischen der Unterschätzung Valles beim breiten Publikum (nicht nur zu seinen Lebzeiten) und der enthusiastischen Überschätzung bei einem Teil der Kritik, die ihn zum größten spanischen Autor des 20. Jahrhunderts erhob, ein Urteil, das man ›von außen‹ kaum nachvollziehen und allenfalls ›von innen‹, aus der Perspektive der spanischen Opposition, vor allem der *España peregrina* (der ins Exil Gezwungenen) verstehen kann, die ihren Haß auf das traditionalistische Spanien, das sie vertrieb, mit dem Haß von Valle-Inclán kurzschloß, der aus ganz anderen Bedingungen erwachsen ist. Und in der Tat ist der Einfluß Valles vor allem auf die jüngeren Dramatiker, diejenigen, die unter Franco groß wurden, beträchtlich. – Auch die Beurteilung von Valles politischen Präferenzen muß mit Vorsicht erfolgen. Für viele steht er gleichsam quer zum *mainstream* von 98, der bekanntlich von eher links nach eher rechts floß. Bei Valle-Inclán scheint es umgekehrt zu sein: in seiner Jugend Verfechter des Carlismus und damit des Ultratraditionalismus, scheint er im Alter immer mehr nach links gerückt zu sein und sich schließlich anarchistischen Positionen angenähert oder gar mit dem sowjetischen Sozialismus sympathisiert zu haben. Wahr daran ist, daß Valle sich öfter in diesem Sinne geäußert hat, daß er schon den Diktator Primo de Rivera bekämpfte und deshalb kurz im Gefängnis saß und daß er 1934 den Aufstand der asturianischen Bergarbeiter rechtfertigte. Bekannt ist auch das Statement, das er schon im September 1920 der liberalen Zeitung *El Sol* gab und das allgemein als die Wendemarke zwischen der modernistischen Frühzeit und dem esperpentischen Spätwerk betrachtet wird: »El Arte [gemeint ist der Ästhetizismus des Modernismo] es un juego ... No debemos hacer arte ahora, porque jugar en los tiempos que corren es inmoral, es una canallada. Hay que lograr primero una justicia social«. – Die Aufrichtigkeit solcher Äußerungen darf gewiß nicht in Zweifel gezogen werden, aber ob dahinter mehr als eine spontane Erregung, etwa gar eine bewußte politische Parteinahme oder eine Option für einen sozialistischen Lebensentwurf stand, ist mehr als ungewiß. Denn was wir objektiv von Valle-Inclán besitzen, sein Werk nämlich, deutet eher darauf hin, daß seine Motive einen mindestens ebenso starken ästhetischen Charakter hatten. In dieser Hinsicht waren und blieben sie bestimmt von einem abgrundtiefen Ekel vor dem banausischen Bourgeoisgeist, vor dem unappetitlichen Kapitalismus und vor dem korrupt gewordenen ›System‹ von Staat, Kirche und Militär. Bei genauerem Hinsehen kann man auch feststellen, daß weder das Frühwerk so eskapistisch ist wie es zunächst den Anschein hat, noch das Spätwerk so sozial engagiert wie es die gelegentlichen Presseerklärungen Valles vermuten lassen. Beidemal reagiert er vielmehr – nur in je verschiedener Weise – auf den gleichen Stimulus: den als unerträglich empfundenen Zustand des gegenwärtigen Spanien.

Ramón del Valle-Inclán

Valle-Inclán, der adlige Galicier, verbummelte Student und Mexikoreisende, kam erst mit dreißig nach Madrid, wo er zu einer der schillerndsten Figuren der Bohème und der Kaffeehausliteratur wurde. Stets zur Provokation geneigt (wozu auch sein *outfit* beitrug), blieb er ein ewiges *enfant terrible*. Durchaus kindisch war z. B. der Streit mit Manuel Bueno über die Legitimität des Duells, der seinerseits in einen Zweikampf ausartete, aber in einen ungeregelten – in eine banale Schlägerei nämlich, in deren Verlauf Valle durch einen Stockschlag ein Manschettenknopf ins Fleisch getrieben wurde. Die Wunde infizierte sich so schwer, daß ihm am Ende der linke Arm amputiert werden mußte. Das ganze wirkt, als wär's ein *Esperpento* von Valle-Inclán, wie eine Karikatur eines anderen, von der nationalistischen Propaganda als heroisch mythisierten Armverlustes: des von Cervantes in der Seeschlacht von Lepanto.

Valle-Inclán erste wichtige Hervorbringung waren die *Sonatas* (1902–05), vier Prosastücke oder Erzählungen (*Sonata de Primavera, – de Estío, – de Otoño, – de Invierno*), die zu den seltenen Beispielen einer Anwendung modernistischer Stilprinzipien auf die Prosa gehören (exquisites Vokabular, musikalische, überhaupt die Sinne ansprechende Sprache). Dargestellt wird eine der spanischen Realität weit entrückte und eben deshalb gegen sie und die bürgerliche Scheinmoral opponierende aristokratische ›Gegenwelt‹, deren ebenso dekadente wie sündhafte Genüsse (das europäische Fin de siècle hinterließ hier seine Spuren) hauptsächlich durch den Marqués de Bradomín vermittelt werden. Auch die *Comedias bárbaras*

Die modernistische Phase

(1907–1922, drei Dramen über den galicischen Patriarchen Don Juan Manuel Montenegro) gehören einer Gegenwelt, hier einer archaischen an – jener Welt, deren Untergang in der Romantrilogie über den letzten Carlistenkrieg (*Los cruzados de la causa*, 1908; *El resplandor de la hoguera*, 1909; *Gerifaltes de antaño*, 1909) erstaunlich realistisch beschrieben und beschworen wird.

Mit den Carlistenromanen beginnt Valles Abwendung vom Ästhetizismus und seine ganz persönliche Hinwendung zur spanischen »Wirklichkeit«, der historischen sowohl wie der gegenwärtigen. Das trifft besonders auf die *Esperpentos* zu (Theaterstücke? Lesedramen?, jedenfalls – wie alle Dramen Valles – nur schwer aufführbare Gebilde), deren bekannteste *Los cuernos de Don Friolera* (1921), *Las galas del difunto* (1926) und – besonders – *Luces de Bohemia* (1921/24) sind. *Luces de Bohemia* ist bezeichnenderweise zuerst in der Zeitschrift *España*, d.h. fürs Lesepublikum veröffentlicht worden. Das Stück enthält eine stark verzerrte und in Fragmente (insgesamt vierzehn Szenen plus eine ›letzte‹) zersplitterte Sicht des populären – jetzt aber gegenwärtigen! – Madrid. Man kann noch deutlich die literarischen Muster des *sainete* und der *zarzuela* erkennen, der heiteren Madridliteratur also, aber auch des *romance de ciegos*, der melodramatischen Moritatendichtung, und nicht zuletzt der mythenzerstörerischen Tragödienparodie im Stil von Pedro Muñoz Secas *La venganza de Don Mendo* (1918).

Im Mittelpunkt von *Luces de Bohemia* steht die Figur von Máximo Estrella, eines ›genialen‹, zugleich aber völlig an den Rand gedrängten und bettelarmen Dichters, über den das neue Zeitalter rücksichtslos hinweggegangen ist. Máximo durchläuft verschiedene Madrider Stationen, eben jene vierzehn Szenen (die manche Interpreten mit den Leidensstationen Christi verglichen haben), bis er am Schluß, just vor der Haustür, elend zugrundegeht, Frau und Kinder unversorgt zurücklassend, während der schmarotzende Begleiter Don Latino einen Losgewinn einstreicht, der eigentlich Máximo zustand.

Daß wir es hier mit einer Parodie (sogar mit einer Selbstparodie, denn Máximo Estrella erscheint wie ein Zerrbild von Valle-Inclán) des romantischen Themas vom unverstandenen und von der Geldwelt ausgesonderten Dichters zu tun haben, liegt auf der Hand. *Diese* Parodie ist gleichwohl nicht spaßig, sondern fratzenhaft unheimlich. Das entspricht genau der Theorie des *Esperpento*, wie sie im Stück selbst, genauer: in dessen elfter Szene, als immanente Poetik von Máximo dargelegt wird. Das Esperpento sei – so Máximo – eine tragische Farce, habe seine Ursprünge in den grotesken Karikaturen Goyas (und, wie man hinzufügen kann: bei Quevedo) und stelle die Welt so dar, als wenn man sie in den konkaven Zerrspiegeln eines damals bekannten Madrider Vergnügungsetablissements sähe. Das Ganze hat aber einen durchaus 98er-haften, auf die Spanienkritik bezogenen tieferen Sinn: die spanische Tragödie könne man nur mit einer deformierenden Ästhetik adäquat widerspiegeln (was hier im Wortsinn zu verstehen ist). Warum? Spanien sei wie eine groteske Deformation der europäischen Zivilisation und könne deshalb auch nur als Groteske dargestellt werden. Außerdem – fügt Máximo etwas sprunghaft hinzu – diene das Esperpento der Deformation klassischer Normen, was in *Los cuernos de Don Friolera* bekanntlich zur Desavouierung der Ehre führt.

In diesem esperpentischen Ambiente also bewegt sich ›das Genie‹, das selber eine Karikatur ist. Wir sehen nun schärfer, daß sich Valles Auseinandersetzung mit der spanischen Wirklichkeit nicht auf einer politischen, sondern fast ausschließlich auf einer ästhetischen Ebene abspielt. Nur *eine*

Die Esperpentos

Karikatur Valle-Incláns von Bagaría

Luces de Bohemia

Szene scheint sich der allgemeinen Deformation zu entziehen. Es ist die sechste, in der Máximo im Gefängnis landet, wo er mit dem *preso*, einem katalanischen Anarchisten, ins Gespräch kommt. In der Übereinstimmung zwischen Dichter und Revolutionär blitzt für einen Moment die Möglichkeit politischer Ernsthaftigkeit auf, was aber sofort wieder durch allerlei Zynismen überspielt wird.

Nach den *Esperpentos* ist Valle-Inclán im wesentlichen bei seiner deformierenden Darstellungsweise geblieben. Dies schließt auch seine romanhaften Produktionen mit ein, wie den chronologisch ersten einer später vor allem in Lateinamerika fortgesetzten Reihe von Diktatorenromanen (*Tirano Banderas*, 1926), der zwar in Mexiko spielt, aber nicht von ungefähr unter der realen Diktatur Primo de Riveras geschrieben und veröffentlicht wurde; oder die auf größeren Umfang angelegte Romanserie *El ruedo ibérico*, die sich kritisch mit der Vorgeschichte der jetzigen spanischen Dekadenz beschäftigen sollte (als eine Art Anti-*Episodios nacionales*), von der aber 1927/28 nur zwei Teile zur Vollendung kamen (*La corte de los milagros* und *Viva mi dueño*).

Wie man sieht, bleibt Valle-Inclán – und damit liegt er durchaus im *mainstream* von 98 – vergangenheitsfixiert: nur die Vergangenheitsbilder der modernistischen Phase haben ihren eigenen Reiz; die Gegenwart erscheint dagegen als fratzenhaftes Zerrbild; die Zukunft bleibt unvorstellbar. – Von allen 98ern ist Valle-Inclán bei weitem der spanienkritischste: in der modernistischen Frühzeit straft er das gegenwärtige Spanien mit Verachtung, indem er sich anderen Welten zuwendet; in der esperpentischen Spätphase betrachtet er es aus der Höhe eines angeekelten Demiurgen, dem das Treiben in den Niederungen des *ruedo ibérico* wie das lächerliche Gezappel eines Kaspertheaters vorkommt.

Modernismo und 98: Rubén Darío, Juan Ramón Jiménez und Antonio Machado

Der Modernismo ist die verspätete *l'art pour l'art*-Bewegung auf der iberischen Halbinsel. Er übernimmt vor allem Anregungen aus dem französischen Symbolismus, besonders von Verlaine, bei Juan Ramón Jiménez auch von Mallarmé; er richtet sich gegen den bürgerlichen Realitäts- und Geschäftssinn ebenso wie gegen dessen ›Moral‹. In Spanien war Ramón de Campoamor der populärste Vertreter jener bürgerlichen ›Gebrauchs‹-Kunst, gegen die sich bei den Modernisten der Kult zweckfreier Schönheit und aristokratischer oder sonstwie ›abgehobener‹, auch märchenhafter, exotischer, phantastischer und antiker (Sagen-)Welten richtet. Darüber hinaus erkennt der Modernismo – hierin durchaus postromantisch – dem Dichter wieder Fähigkeiten zu, die ihn über den normalen Sterblichen hinausheben, vor allem die Fähigkeit, durch Symbole oder Metaphern das Unaussprechliche und Mysteriöse, das hinter der Alltagswirklichkeit verborgen ist, besonders die Geheimnisse komplexer Emotionen, Gefühle und Stimmungen (vorzugsweise melancholischer Natur) zu enthüllen. Unterstützt wird der Versuch, die Rezeptionshaltung des Lesers mit den seelischen Schwingungen des Dichters in Übereinstimmung zu bringen, durch den musikalischen Rhythmus der Verse und durch die Herstellung exquisiter Synästhesien (Licht, Farbe, Töne, Stimmung, Ambiente wirken zusammen). Im Bereich der Architektur ist der *modernismo* dem Jugendstil verwandt und hat vor allem in Barcelona prächtige Beispiele einer mit phantastischen und exotischen Elementen spielenden, nicht mehr bloß zweckgebundenen Bau-

Gaudís
»Sagrada Familia«

Ausstellungsplakat von Alexandre de Riquer, 1896

Daríos Caracol

kunst hervorgebracht (Stadtpaläste im Eixample, die Kirche *La Sagrada Familia* von Antonio Gaudí daselbst und der Park Güell, in dem eine künstliche, aus Steinen und Mineralien gefügte Natur wuchert).

In Spanien ist der Beginn des Modernismo vor allem mit *einem* Namen verbunden: mit dem des Nicaraguaners Rubén Darío (eig. Félix Rubén García Sarmiento, 1867–1916). Darío lebte abwechselnd in Amerika und in Spanien (zwischendurch auch in Paris) und gehört deshalb der Literatur diesseits und jenseits des Atlantik mit gleichem Recht an. Berühmt wurde er vor allem durch die Gedichtsammlung *Azul* (1888/89), dem eigentlichen Ursprung des poetischen Modernismo. Später, besonders in den Vorworten zu *Prosas profanas* (1896 und 1909), *Cantos de vida y esperanza* (1905) und *El canto errante* (1907) hat er den Modernismo auch theoretisch untermauert. – Als Beispiel mögen hier die beiden Quartette des Sonetts »Caracol« (aus *Azul*) stehen, die fast alle Charakteristika des modernistischen Stils enthalten:

> En la playa he encontrado un caracol de oro
> macizo y recamado de las perlas más finas;
> Europa le ha tocado con sus manos divinas
> cuando cruzó las ondas sobre el celeste toro.
>
> He llevado a mis labios el caracol sonoro
> y he suscitado el eco de las dianas marinas;
> le acerqué a mis oídos, y las azules minas
> me han contado en voz baja su secreto tesoro.

Hier finden wir die Vorliebe für die strenge klassische Form; für die Synästhesie (taktile – »labios«, auditive – »sonoro«, »eco«, Farb – »azul« und Lichteindrücke – »Diana marina«); für die versteinerte Natur (»caracol«, »perlas«) mit besonderer Berücksichtigung des Edelmetalls (»oro macizo«); fürs mythologisch Entfernte (Europa und der Stier); und wir finden die Revelation des Geheimnisvollen und des Göttlichen (»divino«, »secreto«), die besondere Empfänglichkeit des Dichters dafür (»me han contado«), aber auch die preziöse Künstlichkeit seiner Sprache.

In Spanien selbst hat der Modernismo sowohl die Prosa Valle-Incláns, besonders der *Sonatas*, und die Romane Gabriel Mirós (besonders *Nuestro padre San Daniel* und *El obispo leproso*, 1926), als auch die Dichtung von Juan Ramón Jiménez und der Brüder Manuel und Antonio Machado beeinflußt. Jiménez und Antonio Machado haben sich aber – nach einer rein modernistischen Frühphase – immer mehr vom Modernismo entfernt, und besonders Antonio Machado ist schließlich ganz vom Ideal der *poesía pura* abgerückt, das für Juan Ramón Jiménez bis an sein Lebensende verpflichtend blieb. Beide Autoren initiieren damit früh Tendenzen, die seit den 20er Jahren von den Avantgardisten und von den Lyrikern der Generation von 27 vertreten werden, mit denen sie – das darf man nicht übersehen – über eine lange Strecke gleichzeitig lebten und produzierten. In der Tat wurde Juan Ramón Jiménez von den 27ern ebenso als ›Lehrer‹ verehrt wie Machado. Besonders bei Jiménez nahm die Verehrung allerdings bald hagiographische Formen an, was andere Betrachter wiederum zu einer ebenso unangemessenen Geringschätzung seiner Person und seines Werks provozierte, so daß bis heute eine kritische Würdigung nur schwer möglich ist.

Rubén Darío

Jiménez und das Ideal der »Poesía desnuda«

Der Andalusier Juan Ramón Jiménez war von seiner wohlbehüteten Kindheit an ein übersensibler, zu Depressionen neigender, sich in Krankheitszustände flüchtender, früh mit Nervenkliniken und Sanatorien vertrauter Neurotiker, der allein auf sich selbst und auf sein schwieriges Werk bezogen blieb und im persönlichen Umgang als äußerst schwierig galt. Pedraza nennt ihn »eterno niño consentido«, das zeitlebens ängstlich vor Verantwortung zurückschreckte und sich – Marcel Proust nicht unähnlich – ganz in die Welt seiner Kreation zurückzog. Sein Ideal war – und damit geht er auf Distanz zu den Modernisten – die *poesía desnuda*, die poetische Perfektion, die für ihn darin bestand, mit möglichst wenigen, vor allem auch mit möglichst einfachen Worten Essentielles zu sagen. Die volltönenden Reime des Modernismo werden deshalb auch meist zugunsten einer schmuckloseren Dichtung in freien Rhythmen aufgegeben. »La depuración constante de lo mismo«, die ständige Überarbeitung, Reinigung (von Entbehrlichem und bloß Rhetorischem) und Konzentrierung seines Werks, die im Hinblick auf eine große, alles vereinigende *Obra* unternommen wurde, rückt ihn in die Nähe von Mallarmé. Die Hingabe und die Selbstdisziplin, mit der Jiménez an der Realisierung dieses Werkes arbeitete (wobei er – auch quantitativ – viel geleistet hat) und das quasi religiöse Sendungsbewußtsein, das ihn dabei trug (was alles ihn eben doch auch wieder vom ›verwöhnten Kind‹ unterscheidet), hat gewiß auch Wurzeln im Krausismus, dem Jiménez (ebenso wie Machado) anhing. Dazu paßt die Emphatisierung der auf Perfektion bedachten ›Arbeit‹ (Arbeit auch im handwerklichen Sinn, an der Jiménez viel lag), wobei die Arbeit – durchaus mystisch – anstelle des Gebets zur Vereinigung mit Gott führt. Im kunstaristokratischen Bewußtsein, daß sich sein Werk »a la minoría siempre« richtet, nahm Jiménez in Kauf, daß seine Gedichte im gleichen Maße dunkler und hermetischer wurden, wie sie sich von ›unnötigem‹ Beiwerk und kommunikativen ›Floskeln‹ reinigten.

Neben *Estío* (1915), mit dem Jiménez vom Modernismo abrückte, ist *Diario de un poeta recién casado* (1917) seine bekannteste Gedichtsammlung. *Diario* ist unter dem Einfluß seiner ersten Amerikareise entstanden,

Diario de un poeta recién casado

Juan Ramón Jiménez, Porträt von Vázquez Díaz

die er wegen seiner in New York stattfindenden Eheschließung unternahm. Das *Diario* ist ein Echo dieser Reise, vor allem des Eindrucks, den die Atlantiküberquerung auf ihn machte. Nach Ricardo Gullón ist es das Werk einer dreifachen Liebe: zum Meer, zur Frau und zu den Vereinigten Staaten. – Die Heirat mit Zenobia Camprubí, einer gebürtigen Spanierin, die in New York aufgewachsen ist, war für Jiménez ein Glücksfall: in seiner Frau fand er Schutz vor den Ansprüchen des Lebens; da sie selbst schrieb, konnte sie auch *seine* Arbeit würdigen; außerdem eröffnete sie ihm den Zugang zur englischsprachigen Dichtung, woraus gemeinsame Übersetzungen von Tagore und Synge hervorgingen. Sie war es auch, die den Gedanken des ›Werks‹ aufrechterhielt und die 1957 erschienene *Tercera Antología poética* seiner Arbeiten noch mitinitiierte – eine Fortsetzung der berühmten *Segunda Antolojía* (sic!), die er selbst 1922 zusammengestellt hatte.

Zu den klassischen Anthologien allerdings hatte Jiménez, der von seiner Unvergleichbarkeit fest überzeugt war, ein zwiespältiges Verhältnis. Für die berühmte Anthologie von Gerardo Diego, der 1932 die erste Sammlung von Gedichten der Generation von 1927 veröffentlichte (zu der er, gleichsam als Mentor, auch Juan Ramón Jiménez zählte), steuerte Jiménez, wie die anderen Autoren, eine Selbstcharakterisierung bei, die in dem schönen, sein erotisches, zugleich aber auch possessives Verhältnis zur Poesie gut charakterisierenden Satz gipfelt: »Yo tengo escondida en mi casa, por su gusto y el mío, a la Poesía. Y nuestra relación es la de los apasionados«. Zur zweiten Auflage jedoch weigerte er sich, überhaupt etwas beizutragen.

Einen breiten Erfolg hatte Jiménez allein mit der poetischen Erzählung *Platero y yo* (1914/17), der Geschichte vom kleinen Esel und der innigen Zwiesprache zwischen Dichter und Kreatur, die von den einen hochgelobt, von den anderen aber auch wieder am Rand des Kitsches angesiedelt wird. Luis Buñuel, der für seine Ruppigkeit bekannt war, schickte Jiménez zusammen mit Dalí noch ein bösartiges Telegramm, als der Text schon zum Bestseller geworden war. Und Alvaro de Laiglesia hat ihn Ende der 40er Jahre so glänzend parodiert, daß man Mühe hat, das Original *danach* noch ernst zu nehmen.

Von seinen späteren Arbeiten ist vor allem *Dios deseante y deseado* (1941) zu erwähnen. – 1956 wurde Juan Ramón Jiménez, der seit 1936 im Exil, zuletzt in San Juan de Puerto Rico lebte, mit dem Nobelpreis ausgezeichnet, und zwar nicht nur für sein eigenes Werk, sondern ausdrücklich auch als Stellvertreter der nicht mehr lebenden Federico García Lorca und Antonio Machado. Zenobia starb wenige Tage nach der Bekanntgabe. Juan Ramón überlebte sie noch zwei Jahre.

Machados Abkehr vom Modernismo

Weniger ausgeprägt, aber nichtsdestoweniger unübersehbar, ist die hagiographische Tendenz auch bei den Verehrern Machados. Sie kommt in seinem Fall nicht aus einer ästhetischen, sondern aus einer politischen Voreingenommenheit, die dazu neigt, das unbeirrte Eintreten Machados für die demokratischen Gehversuche der Zweiten Republik sowie sein Engagement im Bürgerkrieg mit einem sozialistischen Heiligenschein zu versehen, den Machado selbst sich gewiß verbeten hätte. Da aber Machado persönlich immer bescheiden blieb und kaum von sich reden machte, hat die Partei seiner Kritiker bei ihm weniger Angriffsflächen als bei Jiménez und begnügt sich mit der Herabstufung gerade seiner beliebtesten Gedichte. *Daß* aber Machado *der* Dichter der Generation von 98 und darüber hinaus der populärste spanische Dichter des 20. Jahrhunderts ist, wird von niemandem bestritten.

Äußerlich verlief das Leben Machados ruhig, fast idyllisch. Die wichtigsten Jahre verbrachte er als Französischlehrer in den Provinzen der *España profunda*: in Soria, in Baeza, in Segovia. Erst spät – Machado war schon 57 und hatte, von delikater Gesundheit auch er, nur noch knapp sieben Jahre zu leben – erhielt er eine Stelle im gerade republikanisch gewordenen Madrid. Im Grunde gab es nur zwei Ereignisse in seinem Leben, die ihn erschütterten: 1912 der frühe Tod seiner jungen Frau Leonor, die er kurz zuvor als Sechzehnjährige geheiratet hatte (er war 34) und die er doch so liebte, wie man nur eine als ebenbürtig Anerkannte lieben kann. Und im eisigen Frühjahr 1939 die Flucht vor den anrückenden Francotruppen über die katalanische Grenze ins nahe und damals doch so ferne Collioure. Das erste Ereignis gab den Anstoß zu einer Richtungsänderung in seiner Dichtung, auch den Anlaß für einige der schönsten Liebesgedichte in spanischer Sprache. Das zweite führte unmittelbar zum Tod aus Erschöpfung.

Wenn man es genau nimmt, hat Machado nur drei – allerdings umso gewichtigere – Textbücher veröffentlicht. Zwei Gedichtsammlungen: 1903 *Soledades* (1907 erweitert zu *Soledades. Galerías. Otros poemas*). 1912 *Campos de Castilla* (später ebenfalls erweitert); und 1936 die im Verlauf des Bürgerkriegs noch um ein zweites Buch erweiterte Prosa des apokryphen *Juan de Mairena. Sentencias, donaires, apuntes y recuerdos de un profesor apócrifo*. Alles andere, einschließlich der an Guiomar gerichteten Gedichte und der propagandistischen Bürgerkriegslyrik, können wir, den Hagiographen zum Trotz, hier übergehen. – In der Zeitspanne, die von den genannten Produktionen markiert wird, hat sich Machado vom Modernisten und Melancholiker (*Soledades*) zum Kritiker der spanischen Geschichte und zum Beobachter der spanischen Gegenwart (*Campos de Castilla*) und schließlich zum Verfechter einer demokratischen Kultur in seinem Land (*Juan de Mairena*) gewandelt. Bei ihm geht die für die 98er so charakteristische Fixiertheit auf die Vergangenheit und auf die existentielle Einsamkeit des eigenen Ich also über in eine – im Kontext von 98 ganz ungewöhnliche – Öffnung ›nach draußen‹ und in eine die Zukunft zumindest in Betracht ziehende Reflexion ›nach vorne‹.

Antonio Machado, Porträt von José Caballero

Von Soledades *zu* Campos de Castilla

Von den *Soledades* kann hier nur gesagt werden, daß sie zwar die vorbildgebende Autorität Daríos anerkennen (etwa in der Inszenierung fingierter Melancholie), daß sie aber in der Einfachheit und Direktheit des Ausdrucks bereits einen eigenen Stilwillen erkennen lassen. – Die Schlichtheit und Natürlichkeit, das Gegenteil aller Künstelei, und die völlige Abwesenheit eines bildungspriesterlichen Imponiergehabes zeichnet aber vor allem viele Gedichte in *Campos de Castilla* aus. Das wichtigste Stilmerkmal Machados ist dort die klare Verständlichkeit seiner mit Worten geizenden, aber stets das angemessene Wort findenden Sprache. Dies letztere allerdings hat bei manchen Interpreten, die das Schwerverständliche lieben, zur Abwertung bekannter Gedichte geführt, während ein Text wie »A orillas del Duero« (Nr. XCVIII der *Obras Completas*), *das* Schlüsselgedicht für seine Zugehörigkeit zu 98, das eine gewisse Angestrengtheit nicht verbergen kann, auch von ihnen respektiert wird.

Dabei steht schon »A orillas del Duero« nicht mehr *ganz* im Zeichen von 98. Zwar enthält es in seiner Mitte eine lange Meditation über das Schicksal des einst mächtigen und jetzt miserablen Kastilien, dessen stolze Kriegerkaste zu armen, auch seelisch verkrüppelten Tagelöhnern in unfruchtbaren Landstrichen geworden ist. Aber eingefaßt ist diese typische Rückschau im Zeichen der Dekadenzmelancholie schon hier in einen anderen Rahmen: in die ›Wendung nach draußen‹, in die Wahrnehmung und Beschreibung der sorianer Landschaft, die das lyrische Ich sich hier und heute, in der heißen

Julisonne und im Schweiß seines Angesichts, steil aufsteigend erwandert und als Erlebnisraum erschließt.

Anders als bei Azorín ist die karge kastilische Landschaft nicht mehr menschenleer, sondern bevölkert von Wesen aus Fleisch und Blut. Schon das Eröffnungsgedicht mit dem Selbstportrait des Dichters (»Retrato«; Nr. XCVII: »Mi infancia son recuerdos de un patio de Sevilla [...]«) zeigt einen solchen Menschen, nicht mehr einen mit übersinnlichen Gaben ausgestatteten *vates* (Seher), der das Göttliche kündet. Und Menschen, mit Sympathie und/oder verhaltenem Amüsement beobachtete Alltagsfiguren im Alltagsambiente, sind auch die Personen anderer Gedichte, z.B. die »monjita« in »El tren« (CX), wo auch der Dichter seine Normalität erneut unter Beweis stellt: »Yo, para todo viaje/ – siempre sobre la madera/ de mi vagón de tercera -/ voy ligero de equipaje«. Auch Don Guido in der stupenden, alle Register der Sprach- und Reimkunst ziehenden Satire »Llanto de las virtudes y coplas por la muerte de Don Guido« (Nr. CXXXIII), das jeder belesene Spanier zugleich als Parodie auf die berühmte Elegie von Jorge Manrique versteht, ist eine solche Durchschnittsfigur, ein andalusischer Señorito, der hier nicht mit dem Ernst des Soziologen (wie bei Ortega oder bei den Regenerationisten) als Schmarotzer am Körper Spaniens entlarvt, sondern mit der feinen Ironie des Sprachkünstlers porträtiert und zu Grabe geleitet wird. Menschen aus der Normalität des Alltags, keine exaltierten Leidenschaftsspezialisten, sind auch die Liebenden in den ergreifenden Leonor-Gedichten, die aus Anlaß ihres Todes (nicht mehr in fingierter Betroffenheit wie in den *Soledades*) geschrieben wurden. Besonders hervorzuheben ist die titellose Nummer CXXII (»Soñé que tú me llevabas/ por una blanca vereda«), wo gleichsam mit einem Federstrich (»sentí tu mano en la mía/ tu mano de compañera«) der gockelhafte Machismus romantischer und postromantischer spanischer Liebesgedichte getilgt und durch die Gleichberechtigung der Geschlechter und durch ein neues Ideal der Kameradschaft ersetzt wird, das in der Liebeslyrik der Generation von 27 vollends zur Geltung kommt. – Zu den Versuchen, ›Normalität‹ zum Gegenstand der Poesie zu machen, gehören auch Naturgedichte wie »En abril, las aguas mil« (Nr. CV), das ganz bewußt an die Volksweisheit des Sprichworts anknüpft und es zu einer glänzenden Impression eines regenverhangenen und halbgewittrigen Apriltages umarbeitet.

Dennoch darf hier kein falscher oder einseitiger Eindruck von *Campos de Castilla* entstehen. Neben »A orillas del Duero« gibt es noch eine ganze Reihe anderer ›gehobener‹ Gedichte, zu denen etwa auch die lange, das Kainsmotiv ähnlich wie bei Unamuno abwandelnde Romanze »La tierra de Alvargonzález« (Nr. CXIV) oder die Elegie auf den Tod von Francisco Giner de los Ríos (Nr. CXXXIX) gehört, in der Machados Verehrung für den Begründer der *Institución libre de enseñanza* zum Ausdruck kommt.

Die Sentenzen des Juan de Mairena

Völlig frei von hymnisch-getragenen Tönen sind erst die durchweg ironischen Sentenzen in *Juan de Mairena*, in denen sich Machado als Prosaschriftsteller von zumindest gleichhohem Rang wie als Lyriker erweist. Die Sentenzen Juan de Mairenas – das Apokryph, hinter dem sich Machado versteckt (während Mairena sich seinerseits oft hinter seinem Lehrer Abel Martín verbirgt) – sind zuerst häppchenweise in der Tageszeitung erschienen, bevor sie geordnet und zum Buch zusammengefaßt wurden. Dabei handelt es sich aber nicht um Merksätze, die man sich nur noch hinter die Ohren zu schreiben braucht, sondern meist um leicht oder stark verrätselte Aufgaben oder Fragen, die der Lehrer Mairena seinen Schülern (und der Autor Machado seinen Lesern) stellt und nach deren Lösung diese selbst erst noch suchen müssen. Auch formen die Sentenzen als Ganzes alles andere als ein geschlossenes Lehrgebäude, sondern sind bloß fragmentarische Ansätze zu einem freiheitlichen, nicht mehr an Dogmen gebundenen, also emanzipierten Denken. Zwei Beispiele müssen genügen. Gleich die erste Sentenz erweist sich als ›harte Nuß‹: »La verdad es la verdad, dígala Agamemnon o su porquero./ Agamemnon: ›Conforme.‹/ El porquero: ›No me convence‹«. Hier mag als Lösung (aber eben nicht mehr zwingend) herauskommen, daß der Mächtige *seine* Wahrheit immer durchsetzen kann, während dem Schweinehirten dazu die Macht fehlt, weshalb er mit dem Satz »La verdad es la verdad« im Gegensatz zu Agamemnon nicht einverstanden sein kann. Woraus sich ergibt, daß *Wahrheit* relativ und meist die Wahrheit der Mächtigen ist. – Oder eine der vielen poetologischen Aufgaben, die Mairena seinen Schülern stellt, damit sie merken, daß nur die Schlichtheit, nicht aber die bombastische Rhetorik poetisch sein kann: »– Señor Pérez, salga usted a la pizarra y escriba: ›Los eventos consuetudinarios que acontecen en la rúa.‹ / (...)/ – Vaya usted poniendo eso en lenguaje poético. – / El alumno, después de meditar, escribe: ›Lo que pasa en la calle.‹/ Mairena: – No está mal.« – Selbstverständlich (nicht alles bei Mairena ist rätselhaft) spiegelt sich in dieser Sentenz Machados eigene poetologische Konzeption.

Die 20er und 30er Jahre

Geistiger Aufbruch. Die Überschreitung der Modernitätsschwelle

Wenn wir uns nun den 20er und 30er Jahren zuwenden, müssen wir uns darüber im klaren sein, daß wir uns noch immer in Reichweite der Generation von 98 befinden und daß einige der hier zu behandelnden Autoren (Ortega z. B.) nicht viel jünger sind als Machado oder Valle-Inclán. Tatsächlich haben wir ja schon bei den 98ern einige Texte besprochen, die zeitlich eigentlich in dieses Kapitel gehören. Trotzdem ist es notwendig, die Gleichzeitigkeit des Ungleichzeitigen, die in den Jahrzehnten zwischen 1880 und 1936 für Spanien so charakteristisch war, aufzuzeigen und nicht alles zu einer »Edad de plata« (J.C. Mainer) zusammenzufassen, die eine angebliche zweite Blüte der spanischen Literatur (nach der ersten des Siglo de Oro) die historischen Differenzen gleichsam zudeckt. Ortega und Marañón, Fernández Flórez und Gómez de la Serna, Lorca und Alberti, Jardiel Poncela und Mihura (die in Spanien oft wieder in neue ›Generationen‹ eingeteilt werden – Generation von 14, Generation von 27) unterscheiden sich vor allem deshalb von den ›noch‹ gleichzeitigen 98ern, weil sie, im Unterschied zu diesen, ein ausgeprägtes Modernitätsbewußtsein haben und sich darüber im klaren sind, daß ein Zeitensprung bereits begonnen hat und daß bald nichts mehr so sein wird, wie es einmal war.

Beschleunigung und Verzögerung

Das bedeutet nicht, daß sich jetzt alle begeistert dem Neuen zuwenden. Vielmehr ist angesichts der noch unklaren Aussichten, von denen die Kunde bisher hauptsächlich von Nordeuropa und aus den USA nach Spanien gelangt war, auch viel Beunruhigung, Zögerlichkeit und Angst im Spiel. Deshalb ist zu bedenken, daß trotz der nun unübersehbaren Modernisierung und Dynamisierung des öffentlichen Lebens – vom Lärm der *tertulias* bis zur Hektik der Zeitungsredaktionen, von den politischen Debatten bis zur Belebung des Straßenverkehrs, von den bewegten Bildern des Kinos bis

Verkehrschaos gab es bereits in den 20er Jahren, wie hier in Madrid anläßlich eines Stierkampfes.

zum Wechselspiel der Mode – und bei aller Meinungsvielfalt, Aufbruchsstimmung und Lust an Experiment und Provokation doch auch stets die Abwehrgeste, das mahnende *ma non troppo*, ja der Ruf nach dem starken Mann, der wieder Ordnung in das ›Chaos‹ bringt, zu gewärtigen war. Dies umso mehr, seitdem zu Beginn der Republik auch der so lange unter Verschluß gehaltene Druck der sozialen Gegensätze zum Ausbruch kam und schließlich außer Kontrolle geriet.

Im folgenden soll deshalb gerade die Dialektik von Beschleunigung und Verzögerung zum Schlüssel für das Verständnis einer Zeit gemacht werden, in der das Land seine erste wirkliche, weil alle Spanier betreffende und von den Autoren bewußt gemachte Modernisierungskrise durchlebt hat. Wir werden deshalb im vorliegenden ersten Abschnitt zunächst sehen, wie stark sich das literarische Leben in Spanien bereits auf die modernen Verhältnisse eingestellt hat, wie es andererseits aber auch zu erkennen gibt, welche Hemmnisse den anstehenden Veränderungen noch entgegenstehen. Im zweiten Abschnitt wird dann am Beispiel der heiklen Geschlechterfrage zu fragen sein, wie weit der Mentalitätswandel schon geht. Im dritten und letzten Abschnitt schließlich wird der Modernisierung der Ausdrucksmöglichkeiten und der Stellung der Avantgarden im spanischen Literatursystem der 20er und 30er Jahre nachgegangen.

La turbina von César M. Arconada

Die Dialektik von Beschleunigung und Verzögerung läßt sich am besten an zwei Beispieltexten zeigen, die, was die geistige Herkunft ihrer Verfasser anbelangt und die Mittel, mit denen sie sich ausdrücken, sehr weit auseinanderliegen. Beide Texte wurden 1930 veröffentlicht. Der erste ist der Roman *La turbina* von César M. (eigentlich Muñoz) Arconada. Arconada stand zunächst der Avantgarde nahe und war Chefredakteur der angesehenen, von Ernesto Giménez Caballero gegründeten Kulturzeitschrift *La Gaceta literaria*. Später – und das ist typisch für viele Autorenlebensläufe der damaligen Zeit – vollzog er eine scharfe Linkswendung, im Gegensatz zum ebenso typisch, aber gerade entgegengesetzt optierenden Giménez

Caballero. Arconada trat der KP bei und wurde zu einem der führenden Verfechter des Sozialen Realismus. Der (Tatsachen-)Roman *La turbina* ist insofern interessant, als er gleichsam auf der Schwelle zwischen poetischer Avantgarde und sozialem Dokumentarismus steht, dabei die Balance einer relativen Objektivität wahrend. *La turbina* erzählt vom Einbruch der modernen Technik (hier der Elektrizität) in den naturgegebenen Arbeitsrhythmus des ländlichen Spanien; von der Umwandlung einer alten Mühle in eine turbinengetriebene Anlage der Stromerzeugung und von den schier unüberbrückbaren Mentalitätsunterschieden zwischen den aus der Stadt angereisten Monteuren und den alteingesessenen Dorfbewohnern, von denen Cachán, gewissermaßen das Sprachrohr der alten Gemeinschaft, bis zum gewalttätigen Widerstand aufgebracht wird. Der auch heute noch beeindruckende Text schildert, sicher unbeabsichtigt, aber ahnungsvoll, eine der tiefliegenden Voraussetzungen für den kommenden Bürgerkrieg, in dem es keineswegs nur um die bei uns so beliebte links-rechts-und arm-reich-Alternative ging, sondern auch um den Gegensatz zwischen der ›modernen‹ Zivilisation (bzw. dem ›Fortschritt‹) und dem ›ewigen‹ Kreislauf der Natur. Der mitteleuropäische Leser kann bei Arconada lernen, wie die völlig ungebildeten, nur an die Schrift der Gestirne gewöhnten ›Ureinwohner‹ das künstliche Licht, die willkürlich zum Tag gemachte Nacht, aber auch den ›städtischen‹ Arbeitsrhythmus als Frevel geradezu erleben *mußten*. – Wie man sieht, hat der Roman *La turbina* die Dialektik von Beschleunigung und Verzögerung geradewegs zu seinem Thema gemacht.

Das zweite Beispiel ist Ortegas berühmter, seinerzeit auch außerhalb Spaniens vielgelesener Essay *La rebelión de las masas*, der 1930 in Buchform, aber schon vorher – wie bei Ortega üblich – stückweise in der Zeitung erschienen ist (1927 in *El Sol*) und/oder als Vortragstext erprobt wurde. Nun hatte Ortega mit der *España profunda*, den abgelegenen Agrarprovinzen, gewiß nichts im Sinn. Auch die kastilische Landschaft, die den 98ern so sehr am Herzen lag, ließ ihn kalt. Im Gegenteil: Ortega war und blieb ein Zivilisationsmensch, ein Asphalttreter sozusagen; was ihn umtrieb, waren Großstadterfahrungen, und sein Publikum, der gebildete Mittelstand – erst in dieser Epoche kristallisierte sich in Spanien so etwas wie eine bürgerliche Öffentlichkeit heraus –, war seinerseits wieder großstädtisch, im wesentlichen madrilenisch geprägt.

Ortega also war gewiß kein Zurückblickender, kein Stehengebliebener; er war vielmehr stets auf der Höhe der Zeit, und mit ihm beginnt recht eigentlich erst eine spanische Philosophie des 20. Jh., ganz abgesehen davon, daß er die Segnungen des technischen Zeitalters – man denke ans offene Automobil, an dessen Steuer er sich gern fotografieren ließ – mit vollen Zügen zu genießen wußte. Dennoch wird er in *La rebelión de las masas* der neuen Zeiten, die er so klarsichtig wie kein anderer heraufziehen sah und die er eigentlich auch begrüßte, nicht so recht froh. Was ihn stört, ist ein Wandlungserlebnis besonderer Art – »un cambio, una inovación«: Wo früher viel Platz war, ist es jetzt eng und voll: »El lleno« nennt er das. Die Städte sind voller Menschen, die schönen Wohnhäuser voller Mieter, die Hotels voller Gäste, die Züge voller Mitreisender, die Cafés voller Konsumenten, die Boulevards voller Spaziergänger, die Wartezimmer berühmter Ärzte voller Patienten und die Modestrände voller Touristen. Schuld daran sei, daß die Masse Zugang zu jenen Privilegien gefunden habe, die früher nur den Eliten vorbehalten waren. Ortega wehrt sich allerdings gegen den Verdacht des Klassendenkens, indem er zu Bedenken gibt, Masse und Elite kämen in allen sozialen Schichten vor, seien sozusagen klassenunabhängig.

Ortegas Rebelión de las masas

Titelblatt der Ausgabe Santiago de Chile, 1934

Der tüchtige Vorarbeiter gehöre ebenso zur Elite, wie das verzogene Muttersöhnchen, der *señorito satisfecho* (den er nicht weniger haßt als die Regenerationisten es taten) ein Teil der Masse sei. Ortega versteht unter Elite eine Leistungselite, unter Masse die Passiven, die Schmarotzer, die auf Kosten der Leistungswilligen leben und deren Lebensniveau wie selbstverständlich für sich in Anspruch nehmen. Ihm schwebt also ein etwas unbestimmtes Leistungsideal vor, das jedoch nicht darüber hinwegtäuschen kann, daß er mit dem demokratischen Gedanken der Gleichberechtigung große Probleme und letztlich noch ein Staatswesen im Auge hat, das allein von den geistigen Eliten gelenkt wird. Daß Ortega die Zweite Republik zunächst begrüßte, sich ihr mit der Zeit aber immer stärker entfremdete – auch wenn er mit den Faschisten nicht kollaborierte – ist von daher nur konsequent. Für Ortega blieb der Aufstand der Massen und deren Drängen nach Teilhabe an den Errungenschaften der Zivilisation etwas, durch das er sich persönlich bedroht und eingeengt fühlte. Anders ausgedrückt: in seinem Modernitätskonzept erschien der (gleichwohl unaufhaltsame) *soziale* Wandel noch als Störfaktor. Ihm gegenüber war *er* zögerlich.

Man sieht, daß nicht nur die Dorfbewohner in Arconadas weitentfernter Agrarprovinz, sondern auch der gebildete Großstädter Ortega Probleme mit den *Folgen* der Modernisierung hatte. Dabei hat Ortega selbst eigentlich viel zu einer in Spanien noch nie dagewesenen *Verbreitung* von Bildung und Kultur beigetragen, indem er, der gelernte Philosoph, ohne Zögern alles scholastisch-Fachspezifische (und ›Fachidiotische‹) beiseitelegte und einen ganz neuen Stil gemeinsprachlich verfaßter populärwissenschaftlicher Aufklärung kreierte, der sich mit Vorliebe der modernen Massenmedien (Zeitung und Radio) und des großen Vortragssaals bediente, um dem stark gewachsenen Publikumsinteresse (das nicht mehr allein das Interesse der Spezialisten und der Hochgebildeten war) entsprechen zu können. *Hier* war ihm die ›Masse‹ recht.

Ortegas Werdegang

Es lohnt sich, auf die Biographie Ortegas etwas näher einzugehen, weil sie paradigmatisch ist für die Zeit, die uns hier beschäftigt: Jesuitenzögling, studierte er in Madrid, wo er mit 21 Jahren doktorierte. Dann ging er ab 1905 für vier Jahre nach Deutschland (Leipzig, Berlin, Marburg). Die dadurch erworbene Außenperspektive prädestinierte ihn dazu, in Zukunft anders als die 98er (die Spanien nur von innen sahen) darauf hinzuarbeiten, sein Land für die europäische Wissenschaft und Kultur zu öffnen. 1910, mit 27 Jahren, übernahm der Hochbegabte den Lehrstuhl für Metaphysik an der Madrider Universität, den er bis zum Ausbruch des Bürgerkriegs behielt, wobei er bedeutende Schüler heranzog. – Sein eigentliches Medium aber wurde der Journalismus: er drängte hinaus aus dem Elfenbeinturm. Fast alles, was er schrieb, wurde zuerst in Zeitungen und Zeitschriften veröffentlicht oder dort wenigstens vorbereitet und ausprobiert. Das erklärt auch den leserfreundlichen, freilich auch zur Redundanz und zu Abschweifungen neigenden Stil seiner Abhandlungen, die ihrerseits wieder oft auf Vorträge oder *charlas* zurückgingen. So war der Ursprung des Philosophierens bei Ortega – überhaupt des Denkens in jener Epoche – die Plauderei in engstem Kontakt mit dem Publikum. Daraus ergab sich der eminent kommunikative Charakter seiner Veröffentlichungen. – Ortega und viele seiner Schriftstellerkollegen schrieben für mehrere Zeitungen und taten dies auch mit großer Regelmäßigkeit: Ortega für die Montagsbeilage des *Imparcial* ebenso wie für *Diario de Madrid*, *El Sol* (die von ihm mitinitiierte bedeutende liberale Tageszeitung), *Crisol*, aber auch die großen argentinischen Zeitungen wie *La Prensa* und *La Nación*, die besser bezahlten als die

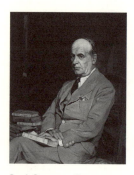

José Ortega y Gasset. Porträt von Ignacio Zuloaga

spanischen. Tatsächlich war für viele Autoren die Zeitungsveröffentlichung die eigentliche ökonomische Basis, und wer im *Imparcial*, im *ABC* und im *Sol* veröffentlichte, durfte sich schon deshalb zu den Arrivierten zählen. Das bedeutet aber auch, daß zwischen Journalismus und Literatentum eine enge Symbiose bestand und daß die Zeitungen ihrerseits neben der Politik, der Mode und dem Sport die Literatur förderten und damit zur Herausbildung einer literarischen Öffentlichkeit wesentlich beitrugen. Darüber hinaus gab es noch eine große Zahl von literarisch-philosophisch, zum Teil auch literarisch-politisch geprägten Kulturzeitschriften, von denen *La Revista de Occidente*, die Ortega selbst gegründet und lange Zeit geleitet hat, eine der langlebigsten (1923–36; in den 70er Jahren wieder aufgenommen), profiliertesten und weltoffensten war: Von den 308 Mitarbeitern, die in den Jahren ihres Erscheinens in der Revista publizierten, waren nur 133 Spanier; der Rest kam aus dem Ausland (unter ihnen Russell, Cocteau, Kafka, Joyce und Valéry), die meisten aus Deutschland (unter anderem Rilke, C. G. Jung, Georg Simmel). Schon wenn man sich nur die Arbeit der *Revista de Occidente* vor Augen hält, hat man einen Begriff davon, daß Ortega, ja daß die spanische Intelligenz insgesamt sich damals tatsächlich öffnete und daß sie den Anschluß an die europäische Moderne, die literarische sowohl wie die wissenschaftliche und die politische, mit Nachdruck suchte.

Neben der *Revista de Occidente* gab es noch eine Reihe anderer, oft nicht weniger bedeutender Zeitschriften, die zunächst ebenfalls ein breites Meinungsspektrum nicht nur zuließen, sondern expressis verbis einforderten und erst kurz vor oder nach 1936 sich in ideologisch konträre Positionen auseinanderbewegten. Einige wenige dieser Zeitschriften seien hier noch genannt. Sie bezeugen, wie reich und vielfältig das geistige Leben Spaniens war, bevor ihm bei der Machtübernahme des Franquismus gleichsam der Garaus gemacht wurde: *España* (1915–1924, geleitet von Ortega und Azaña, zuletzt von Azaña allein nach dessen Zerwürfnis mit Ortega); *La Gaceta literaria* (1927–1932, unter der Ägide von Ernesto Giménez Caballero, aber auch mit starker Beteiligung von Arconada und Marañón); *Cruz y Raya* (1933–1936, geleitet von José Bergamín, mit liberal-katholischer Ausrichtung) und *Octubre* (1933–34), die erste dezidiert revolutionäre und antifaschistische, von Rafael Alberti und María Teresa León geleitete Kulturzeitschrift, die das Vorbild für weitere, nun ideologisch einseitiger festgelegte Publikationen abgab, die selbst noch während des Bürgerkriegs gegründet wurden: z.B. *El Mono Azul* (1936–1938, initiiert von Alberti) und *Hora de España* (1937/38, unter Mitarbeit von Vicente Aleixandre, Rosa Chacel und Antonio Machado) auf der Seite der Republikaner; auf der der Faschisten *Jerarquía* (1936–1938) und vor allem *Vértice* (1937–1946).

Möglich gemacht wurde diese veritable Kulturrenaissance natürlich erst durch den bewundernswerten Reichtum an ›Köpfen‹, über die Spanien zu jener Zeit verfügte und von denen einige an dieser Stelle wenigstens noch genannt werden müssen, auch wenn sie keine reinen Literaten waren. Es ist aber gerade ein Kennzeichen der Epoche, daß die Grenzen zwischen Literatentum, Journalismus, Universität und Politik offen und daß nicht wenige in mehreren dieser Bereiche tätig waren. Dazu gehören u.a. Manuel Azaña (1890–1940), der nachmalige Regierungschef und Präsident der Zweiten Republik, der auch ein origineller Kritiker war (u.a. Arbeiten über Valera und Cervantes), selbst Romane schrieb (z.B. *El jardín de los frailes*, 1921), Präsident des Ateneo wurde und – wie schon erwähnt – Herausgeber der Zeitschrift *España*, ferner Salvador de Madariaga, Student der Ingenieur-

Literarische Öffentlichkeit

Die Rolle der Kulturzeitschriften

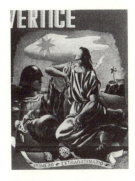

Titelblatt von *Vértice*

Geistige Vielfalt

wissenschaften, Journalist, Minister, Völkerbundsabgeordneter, Literaturdozent in Oxford, Emigrant, Verfasser brillanter historischer und philologischer Essays (u. a. über Kolumbus und Hernán Cortés); sein *Guía del lector del Quijote* (1926) ist eine noch immer unübertroffene, völlig unpedantische und doch das Wesentliche erfassende Einführung in das große Werk des Cervantes. – Der Katalane Eugenio d'Ors war ein auch international anerkannter Philosoph und Kritiker, dessen Ruf – wie der einer ganzen Reihe anderer hochbegabter Autoren – durch seine führende Rolle als Ideologe der frühen Falange nicht unwesentlich beeinträchtigt wurde. Ramón Pérez de Ayala war nicht nur ein bedeutender Lyriker und Romancier, sondern auch ein vielbeschäftigter, die Kulturzeitschriften mit zahlreichen Beiträgen bereichernder Essayist. Nicht zu vergessen: Ramón Menéndez Pidal und Américo Castro, die großen Philologen und (zusammen mit Claudio Sánchez Albornoz) Spanienhistoriker jener Zeit, die dem Universitätsleben mächtige Impulse gaben.

Kennzeichnend für das literarische Leben der 20er und 30er Jahre ist also seine große geistige Vielfältigkeit, seine Öffnung auf die Probleme der Moderne, aber auch die Entstehung des Medienmarktes und des ›großen Publikums‹. Aus der Notwendigkeit, sich auf einen größeren Interessentenkreis (und auf dessen Zögerlichkeiten) einstellen zu müssen, erklärt sich gewiß *auch* die schon zu Anfang konstatierte Tatsache, daß viele Autoren jener Zeit (natürlich auch aus eigenem Zaudern) einen vorsichtigen, gleichsam dezenten Modernitätsstandpunkt vertraten, der es sich angelegen sein ließ, den Bogen nicht zu überspannen.

Marañón und die Ensayos sobre la vida sexual

Zum Abschluß soll deshalb noch ein weiterer herausragender Vertreter jener vorsichtig modernisierenden Richtung zu Wort kommen, zu der sich die bürgerlich-liberale Elite damals verstand. Es ist Gregorio Marañón, ein Freund und Vertrauter Ortegas. Marañón war ein bedeutender Endokrinologe, zugleich aber, wie nicht wenige spanische Naturwissenschaftler, ein begabter Schriftsteller, der eine Reihe lesenswerter Biographien vorlegte, z. B. über den Conde Duque de Olivares (1932), über El Greco (1956), nicht zu vergessen seine berühmt gewordene sexualpathologische Studie über die Figur Don Juans (1940). Darüber hinaus trat er durch eine Reihe populärwissenschaftlicher, die Probleme ärztlicher Ethik stets mitbedenkender Essays hervor, von denen aus heutiger Sicht die »Tres ensayos sobre la vida sexual« (1926) besondere Beachtung verdienen. Auf den ersten Blick wirken sie eher kurios und hausbacken, und erst wenn man die heutige Sichtweise ausblendet und sich auf den Standpunkt des damals in Spanien Denkbaren begibt, wird man gewahr, daß hier, mit großer Vorsicht zwar, und gleichsam im Stile der Echternacher Springprozession, unter ständiger Rückversicherung bei den Mächten der Tradition nämlich, eine der heikelsten Fragen der spanischen Morallehre, ein Tabuthema zur Sprache gebracht wird, das Geschlechterverhältnis und die Macht der Sexualität, ja – horribile dictu – *sogar* die weibliche und die Homosexualität. Da eben dieses Tabu und seine Überwindung auch sonst zu den großen Themen der 20er und 30er Jahre gehörte, soll die Abhandlung über die Sexualität etwas ausführlicher behandelt werden.

Marañón wird nicht müde, immer wieder zu versichern, daß sich seine Überlegungen auf dem Boden der Orthodoxie bewegen. In der Tat hat man bei oberflächlicher Lektüre zunächst den Eindruck, hier würden altbekannte Spanienmythen sexualwissenschaftlich untermauert: Die Männer sind ›von Natur aus‹ das stärkere Geschlecht, ihre Vorrechte daher scheinbar unumstößlich; *er* hat die aktive, *sie* die passive Rolle zu spielen; er hat sich im Leben, sie bei der Kinderaufzucht zu bewähren. Aber das ist nur die Vorderseite der Darstellung. ›Hintenherum‹ wird durchaus Neues und Ungewöhnliches ins Spiel gebracht: daß der Mann sein Vorrecht zur Unterdrückung der Frau mißbraucht habe; daß die Frauen Opfer des Machismo geworden, entwürdigt und um das Recht auf Bildung gebracht worden seien. Besonders nachdrücklich wirbt der Autor für Geburtenkontrolle, ja für Empfängnisverhütung und zeichnet zur Unterstützung seiner Forderung ein ebenso düsteres wie realistisches Bild vom Elend ›kinderreicher‹ Frauen. Da das Eintreten für Empfängnisverhütung im katholischen Kontext eigentlich ›unmöglich‹ war (und ist), wird es im Sinne der Orthodoxie legitimiert: Die durch viele Geburten verunstaltete Frau treibe den Mann geradezu in den Ehebruch, und das zu verhindern müsse ja wohl im Interesse der christlichen Moral sein! Vor allem aber erstaunt, welch lebensbestimmende Bedeutung der Sexualität überhaupt zugesprochen wird, wobei auch die sexuellen Funktionen, Zyklen, die Geschlechtsteile, die verschiedenen Arten der Sexualität – bis hin zur Homosexualität – mit wenig Prüderie offen beim Namen genannt werden. Marañón wurde hier ganz offensichtlich von Freud beeinflußt, den er auch öfter, freilich aus – gespielter oder echter – Distanz zitiert. Die Freudrezeption in Spanien – darauf hat unlängst Brunhilde Wehinger aufmerksam gemacht – war in der Tat in der Mitte der 20er Jahre sehr intensiv: 1922 wurde die *Traumdeutung* (mit einem Vorwort von Ortega) übersetzt; 1923 folgte die Übersetzung von *Das Ich und das Es*. Vor allem auf die Gruppe der Residencia de Estudiantes hat Freud großen Eindruck gemacht: Lorca, Dalí, Buñuel, Alberti bezeugen das. In der Residencia fand 1923/24 eine Ringvorlesung zur Freudschen Psychoanalyse statt. Der surrealistischen Schule, die 1924 mit einem programmatischen Artikel von Fernando Vela in der *Revista de Occidente* vorgestellt wurde, galten Freuds Entdeckungen als der eigentliche Ausgangspunkt ihrer Kunstaktionen. Marañón befindet sich also in einem weitgespannten Kontext. Zu seiner Ehre muß noch hinzugefügt werden (weil allzu leicht in Mißkredit gerät, wer nicht radikal alle Brücken hinter sich abbricht), daß er in Spanien nicht nur zu einer Enttabuisierung, sondern auch zu einer Entsündigung der Sexualität beigetragen hat, gerade *weil* er sie als lebensbestimmend hinstellte. Und er hat mit seinem Eintreten für sexuelle Aufklärung zum ersten Mal ernsthaft den Dialog mit der damals gewiß noch schwachen spanischen Frauenbewegung gesucht, deren Argumente er recht ausführlich und – bei aller Skepsis – durchaus nicht unfair zu Wort kommen läßt. Mit dem Eingeständnis, daß mit den Frauen nicht mehr so ›wie bisher‹ verfahren werden könne, bezeugt er jedenfalls, daß in der Geschlechterfrage ein Mentalitätswandel eingesetzt hatte.

Gregorio Marañón, porträtiert von Zuloaga

Freud-Rezeption in Spanien

Neue Einstellungen zur Sexualität, zum Verhältnis der Geschlechter, zur Ehre und zu den Werten der Tradition

Wir wollen uns in diesem Abschnitt auf zwei Autoren konzentrieren, die auf den ersten Blick ebensowenig miteinander zu tun haben wie Arconada und Ortega, die aber wiederum – epochengeschichtlich gesehen – nur verschiedene Seiten der gleichen Medaille darstellen. Der eine ist Wenceslao Fernández Flórez, der andere Federico García Lorca. – Fernández Flórez gehört zu jenen spanischen Autoren, denen die eigentliche Entdeckung noch bevorsteht oder die zu lange unverdient geringgeschätzt wurden. In seinem Falle war daran vermutlich der Umstand beteiligt, daß er in seinen berühmten Parlamentschroniken (*Acotaciones de un oyente*), die im *ABC*

Fernández Florez

erschienen (wieder ein Autor mit journalistischem Brotberuf!), immer schärfer mit den politischen Zuständen der Zweiten Republik ins Gericht ging und daß er unter dem Eindruck der gewiß nicht zu beschönigenden Zustände im republikanisch gebliebenen Madrid einen recht gehässigen antirepublikanischen Bürgerkriegsbericht schrieb (*Una isla en el mar rojo*, 1939). Bisher haben nur Eugenio de Nora und José Carlos Mainer, die gewiß nicht im Verdacht stehen, Sympathisanten des Faschismus zu sein, dem Autor Gerechtigkeit widerfahren lassen. Das meiste bleibt aber noch zu tun – von der adäquaten Beurteilung seiner frühen naturalistischen Frauenerzählung *Volvoreta* (1917) über die Romane der mittleren Epoche (z. B. *El secreto de Barba Azul*, 1923) bis zu den eher philosophischen Erzähltexten der Spätzeit (*El bosque animado*, 1943).

Relato Inmoral

Im gegenwärtigen Zusammenhang verdient *ein* Text besondere Beachtung, der satirische Roman *Relato inmoral* (1928), einer der sarkastischsten und zugleich wütendsten Texte, die je gegen die *España Eterna* und ihren Hauptfetisch, die *Honestidad*, geschrieben wurden.

Noch bevor Marañón allen Ernstes Sexualität zum Thema gemacht und, freilich vorsichtig, eine Liberalisierung der öffentlichen Moral angemahnt hatte, verlangt Fernández Flórez Ähnliches (nur witziger), indem er scheinbar objektiv feststellt, daß die große Mehrheit der ›anständigen‹ Spanier ›Gott sei Dank‹ die Ehre noch immer hochhält. Die Rede ist dann von einem gewissen Anselmo Varona, der, durch langen Aufenthalt in mitteleuropäischen und amerikanischen Gefilden verdorben und seinem nationalen Ursprung entfremdet, in seine Heimat zurückkehrt und, eingedenk der lockeren Sitten *abroad*, auch zuhaus seinen sexuellen Appetit zu stillen versucht. Er muß jedoch bald feststellen, mit welch grotesken Schwierigkeiten die Realisierung eines so natürlichen Begehrens verbunden ist, auch wenn die Auserwählte, Emilia, eine junge und lebenslustige Witwe, durchaus den gleichen Wunsch hat wie er.

Von den zahlreichen, zum Teil höchst amüsanten Episoden, die das Gerüst der Erzählung bilden, seien zwei herausgegriffen: zum einen der Bericht von den Trauervorschriften, die Emilias Tante Damiana dazu verdammten, ihr Leben lang immer wieder die geplante Heirat mit einem schneidigen Offizier aufzuschieben, weil der Tod naher Verwandter stets von Neuem zum teils mehrjährigen häuslichen Einschluß zwang: so will es nun einmal die geheiligte Sitte. Im Laufe der Zeit steigt der treue Leutnant zum Major, vom Major zum Oberst und schließlich sogar zum General auf – und als der Hochzeit endlich nichts mehr im Wege zu stehen scheint (beide sind über dem Warten alt geworden), stirbt Damiana selbst, weil sie, wegen der Trauerpflichten gezwungen, das Sonnenlicht zu meiden, am Ende nur noch fünfzehn rote Blutkörperchen besaß. Dies ist nun gewiß satirische Übertreibung; aber bekanntlich hat García Lorca aus den hier grotesk dargestellten Trauerpflichten seine beeindruckendste Tragödie gemacht: *La casa de Bernarda Alba*, wobei er mit Nachdruck darauf insistierte, die Tragödie sei eigentlich ein *documental fotográfico* – so viel ›Wahrheit‹ liege der scheinbar unglaublichen Erfindung zugrunde.

Fernández Flórez: *El malvado Carabel* (1931), ebenfalls eine Satire auf die Sexualmoral der Spanier

Nicht weniger grotesk ist in der Erzählung von Fernández Flórez der Versuch Anselmos, Emilia in ein Hotelzimmer zu lotsen. Obwohl die junge Frau tief vermummt an der Wand entlang schleicht, ja sich geradezu in sie verkriecht, dem Ort des ›Verbrechens‹ also mit schlechtem Gewissen zustrebt, weckt sie eben dadurch die Aufmerksamkeit erst der Passanten, dann des Hotelpersonals, das – aus lauter Neid – die beiden im Namen der Moral aus dem Etablissement verweist. Nicht einmal im Madrider Westpark können sie sich ungestört (wenigstens) küssen; sofort fährt ein hinter dem Busch auf der Lauer liegender Sittenpolizist dazwischen und nimmt die Personalien auf (auch dies ist nicht nur grotesk, sondern zugleich ›wahr‹: dem Verfasser dieser Zeilen ist eben dies noch im Jahre 1956 widerfahren).

Erzähltechnisch wird *Relato inmoral* so vermittelt, daß der Erzähler (Varona) vom vorgeblich sittenstrengen Autor ständig desavouiert wird. In Wahrheit wird allerdings auf höchst ironische Weise, nämlich gleichsam ex negativo, gerade der verklemmte Standpunkt der Rechtdenkenden entlarvt, die noch in der Form ihrer zotigen Männerwitze und ihrer agressiven *piropos* erkennen lassen, daß im Grunde das ganze männliche Spanien unter einer kollektiven Sexualneurose leidet. Besonders hervorzuheben ist noch das letzte Kapitel, in dem zuerst einige der später von Marañón wiederaufgenommenen Thesen vorkommen, besonders die Forderung nach Reformen im Eherecht und nach der Befreiung der Frau vom Zwang des Kindergebärens – auch dies ein Lorcathema, wie wir gleich sehen werden. Das ganze gipfelt dann in der komisch formulierten, aber durchaus ernst gemeinten Empfehlung, die Spanier sollten sich von ›Dr. Freud‹ erklären lassen, wieviel in ihrem Handeln und Denken nichts anderes als der Ausdruck verdrängter Sexualität sei. Auf den empörten Einwand, ob er denn glaube, selbst eine so männliche und erzspanische Darbietung wie den Stierkampf freudianisch entschlüsseln zu können, antwortet Varona, nichts sei leichter als das, verhalte sich doch der engbestrumpfte und -behoste, reich geschmückte, anmutig sich bewegende, den Stier nur reizende und immer wieder sich entziehende Torero wie eine kokette Frau gegenüber dem sie begehrenden Mann. Kein Wunder, daß der Autor angesichts solch sakrileger Behauptungen empfiehlt, *Relato inmoral* möglichst nur geistlichen Würdenträgern, vom Bischof aufwärts, zugänglich zu machen, damit das einfache Volk, vor allem die spanische Jungfrau, durch die perversen Auffassungen des Erzählers nicht Schaden nähme. Ausgelacht wird aber letztendlich der traditionalistische Standpunkt, während eine aufgeklärte Liberalität – nach der schönen Wendung Joachim Ritters – gleichsam ›hereingelacht‹ wird.

Ganz anders angegangen, aber durchaus in vergleichbarem Sinn, wird die Frauen- und Geschlechterfrage von Federico García Lorca, von dem im gegenwärtigen Zusammenhang nur als Dramatiker die Rede sein wird. Man kann also sehen, daß die Übereinstimmungen – über die Gattungsgrenzen hinweg – vom wissenschaftlichen Essay über den satirischen Roman bis zum Theater reichen. Denn vor allem die großen Frauentragödien Lorcas – *Bodas de sangre* (1933), *Yerma* (1934) und *La casa de Bernarda Alba* (1936) –, die in Deutschland so oft als Ausdruck des Ewig Spanischen, noch einseitiger: der spanischen Leidenschaftlichkeit, mißverstanden worden sind, stellen in Wahrheit ein besonders schweres Vergehen gegen die althergebrachten Spanienmythen der Ehre und der Frauentugend dar. In diesem Sinne ist jedenfalls Lorcas Dramenwelt von seinen faschistischen Gegnern beurteilt worden, was ihn selbst das Leben kostete und seinen Stücken eine jahrzehntelange Verbannung von den spanischen Bühnen einbrachte, mit der immer gleichen Zensurbegründung, »das Spanische Volk« müsse vor derart »vergifteten Machwerken«, in denen die weibliche Sexualität sich »schamlos austobe«, bewahrt werden. (Man beachte, daß die franquistische Zensur ganz ähnliche Einwände vorbringt, wie der tugendeifrige ›Autor‹ im *Relato inmoral*). In der Tat kann man sagen, daß die meisten Theaterstücke Lorcas Dramen der weiblichen Sexualität sind und daß sie insofern Tragödien darstellen, als eben diese Sexualität stets unterdrückt

Lorcas Frauendramen

Federico García Lorca

wird. Bei Lorca werden die ehernen Gesetze des Calderonianischen Dramas – die öffentliche Meinung, die *opinión*, achtet streng auf die Wahrung der Ehre – noch einmal aufgerufen und in Szene gesetzt, aber nun nicht mehr, damit sich der Zuschauer mit ihnen identifiziere, sondern damit er sich gleichsam mit Grausen von ihnen abwende.

Der Druck der opinión

Der Druck der *opinión* ist das fatale Grundprinzip von Lorcas Theaterwelt. Erst die Angst vor der *opinión* macht aus Bernarda Albas Haus eine Mischung aus Gefängnis und Irrenanstalt; aus seinen Bewohnern Schizophrene, die sich gezwungen sehen, die eigene Natur im Namen einer zum Fetisch entarteten Moral zu verleugnen. Erst die *opinión* macht aus *Doña Rosita la Soltera* (1935), die von sich aus sehr wohl in der Lage wäre, das Leben allein zu meistern, die verachtete »Solterona«, *die* Symbolfigur des »Deuxième Sexe« à la española. Erst die *opinión* bringt Yerma dazu, die Kinderlosigkeit als Makel und als Fluch der Unfruchtbarkeit auf sich zu nehmen. Und nur die ›Ehre‹, die in *Bodas de sangre* als euphemistische Umschreibung für ›ökonomische Interessen‹ entlarvt wird, hält die Braut davon ab, der Stimme des Blutes zu folgen und den Mann zu heiraten, den sie selbst sich erwählt hat. Das einzig wirklich heitere Stück aus Lorcas Dramenproduktion, die kleine Farce *Amor de Don Perlimplín con Elisa en su jardín* (1931) hat bezeichnenderweise *die* Besonderheit, daß der (alte) Mann am Ende die Weisheit aufbringt, auf die Forderungen der Ehre im wahrsten Sinne des Wortes zu pfeifen.

Ausbruchssehnsucht und unterdrückte Sexualität

Am schlimmsten zeigt sich die Unterdrückung der weiblichen Sexualität in *La casa de Bernarda Alba*, wobei die Titelfigur, einem Dompteur, ja einem Kerkermeister ähnlicher als einer Mutter, streng darüber wacht, daß die Regeln der Ehrbarkeit, von der Nachbarschaft argwöhnisch kontrolliert, strengstens eingehalten werden. Hier geht es im wesentlichen um die Beobachtung der strengen Trauervorschriften (nach dem Tod von Bernardas Ehemann), die den fünf Töchtern eine achtjährige Zurückgezogenheit auferlegen, fast möchte man sagen: die ihnen eine achtjährige Freiheitsstrafe einbringen. Türen und Fenster werden hermetisch abgeschlossen, so daß ein *huis clos* mit Überdruck – auch und gerade mit Triebstau – entsteht. Nur für die älteste, aus erster Ehe stammende Tochter Angustias, die schon *vor* dem Tod des Vaters verlobt war, scheint es einen Ausweg zu geben: die Vermählung mit ihrem Bräutigam Pepe Romano (von dem immer nur indirekt die Rede ist; direkt zu sehen sind im Stück nur die Frauen). In Wahrheit aber wird Pepe von allen begehrt, besonders von der Jüngsten, Adela, deren Neigung offensichtlich auch erwidert wird. So kommt es zu einem ständigen, von heftigem Sexualneid und gehässigen Andeutungen bestimmten Verdrängungskampf zwischen Bernardas Töchtern, deren die Mutter kaum noch Herr wird. Tatsächlich herrscht im kleinen Haus der Bernarda Alba eine ähnlich explosive, von Aufmüpfigkeit und Haß geprägte Atmosphäre wie im großen Haus der spanischen Nation kurz vor dem Ausbruch des Bürgerkriegs. Die Dienerin La Poncia beschwört diese latente Kriegsstimmung wiederholt mit deutlichen Worten und hofft, noch vor Ausbruch der unvermeidlichen Feindseligkeiten das Haus, das sie mit einem Pulverfaß vergleicht, verlassen zu können. Neben Adela ist vor allem die schon achtzigjährige Großmutter Josepha eine Gestalt, welche die Quasi-Diktatur ihrer Tochter Bernarda durch ihren ungezähmten Freiheitswillen immer wieder in Frage stellt und deshalb, wie eine Dissidentin, noch einmal in einem Extraverließ innerhalb des sowieso schon verschlossenen Hauses verwahrt wird.

»Die Frau mit dem Fächer«, Zeichnung von Lorca

Sexuelle Wünsche und Freiheitssehnsüchte auf der einen Seite und deren

Unterdrückung im Namen einer fetischisierten traditionellen Moral auf der anderen, sind die großen Gegensätze dieses äußerst bezugsreichen und prophetisch wirkenden Dramas, in dem auch das Vertuschen und Verschweigen alles Unschicklichen zu den Grundregeln des gesellschaftlichen Zusammenlebens gehört. »Callar« (»Verschweigen«) ist das erste Wort Bernardas zu Beginn und das letzte am Ende des Dramas, als der ›Fehltritt‹ Adelas mit Pepe und ihr anschließender Selbstmord vor der Nachbarschaft zum bedauerlichen Unfall einer Jungfrau aufgeschönt wird, die sich bis zuletzt ihre Reinheit bewahrt habe.

Sicher hing Lorcas Vorliebe für derartige Frauendramen auch mit seiner persönlichen, durch die Homosexualität zumindest mitgeprägten Situation zusammen. Denn da es für ihn – im damaligen spanischen Kontext – ganz undenkbar war, seine eigenen Probleme zur Sprache zu bringen (sie waren erst recht tabu), lag es nahe, sich gleichsam ersatzweise mit den Problemen der Frauen zu identifizieren, die einem ähnlichen Schicksal unterlagen wie er: Opfer einer Moral und eines Ehrbegriffs zu sein, die alles dem Vorrecht des ›männlichen‹ Mannes unterordneten.

Man darf im übrigen nicht vergessen, daß es in Spanien schon seit dem Anfang des 20. Jahrhunderts eine reichhaltige und populäre Tradition erotischer Literatur gab, die gleichsam im Schatten des offiziellen Literaturkanons und teilweise auf dem weiten Feld des Feuilletonismus und der Kolportage blühte. Auch hier bleibt noch vieles zu recherchieren und einzuordnen. Die meisten Autoren hingen einer teils galanten, teils sentimentalen bürgerlichen Unterhaltungs- und Animationsliteratur an und schufen gleichsam ein spanisches Gegenstück zur Literatur der französischen Belle Epoque. Dazu gehören unter anderem der langlebige Vielschreiber Eduardo Zamacois, von dem so einschlägige Titel wie *Incesto* (1900), *Loca de amor* (1903) und *Memorias de un vagón de ferrocarril* (1922) stammen; Pedro Mata mit *Corazones sin rumbo* (1916) und *Una mujer a la medida* (1934); sowie Alberto Insúa, dessen zahlreiche Erzählungen oft schon im Titel einschlägige Versprechen enthalten: *La mujer fácil* (1910); *Las neuróticas* (1910); *Los hombres: Mary los descubre* (1913); *La batalla sentimental* (1921). Wie weit in dieser schillernden Produktion die alten Geschlechterrollen bestätigt oder Wandlungen bereits vorstellbar geworden sind, bedarf noch der Klärung. Daß sie zur Enttabuisierung der Sexualität beitrugen, kann man immerhin voraussetzen.

Bei *einem* Autor aber steht außer Frage, daß er schon früh und mit allem Ernst auf eine wirkliche Dignifizierung der Sexualität, auch und gerade der weiblichen, sowie auf ein radikales Überdenken des Geschlechterverhältnisses hinarbeitete: bei Felipe Trigo. Als Landarzt war er über die Auswirkungen der sexuellen Repression vor allem bei Frauen aufs beste unterrichtet (den Männern stand ja das Heer der Prostituierten zur Verfügung, die ihnen jenen Genuß zu verschaffen hatten, der von einer ›anständigen‹ Frau nicht erwartet werden durfte). Als engagierter Beobachter der zum Teil skandalösen sozialen Zustände unter dem Caciquismo war er auch politisch motiviert, für eine Emanzipation der Frau einzutreten. Trigo schied schließlich freiwillig aus dem Leben, weil er sich mit den gesellschaftlichen Bedingungen seiner Zeit nicht abfinden konnte. Von seinen zahlreichen Titeln seien der Aufmerksamkeit des Lesers vor allem der stark autobiographisch geprägte Roman *El médico rural* (1912) sowie die Erzähltexte *Las Evas del paraíso* (1909) und *La sed de amar* (1903) empfohlen. Um seinen reformerischen Elan wirklich einschätzen zu können, ist es auch nötig, seine sehr persönlichen, dem Anarchismus nahestehenden sozialpädagogischen Ideen

Erotische Literatur

Der Revuestar Celia Gámez mit Gebetbuch und Schleier

Felipe Trigo

in *Socialismo individualista* (1904) zur Kenntnis zu nehmen. – Einschlägiger Beweis für das beginnende Umdenken im Bereich der Konzepte Ehre, Liebe, Sexualität und Geschlechterverhältnisse sind schließlich auch die Romane des von Clarín beeinflußten Ramón Pérez de Ayala, z.B. *Las novelas de Urbano y Simona* (1923) und *Tigre Juan* (1926).

Enthumanisierung oder sprachliche Erneuerung? Von der Avantgarde zur Generation von 27

Durch Hugo Friedrichs bahnbrechendes Buch über die *Struktur der modernen Lyrik* und durch Gustav Siebenmanns daran anknüpfende Arbeiten zur neueren spanischen Dichtung ist unsere Aufmerksamkeit zu Recht, wenn auch einseitig, auf die Lyrik der 27er Generation gelenkt, zugleich aber auch auf ein Vorverständnis eingestellt worden, das an der modernen Literatur eher auf Elemente der Verschlossenheit und der Kälte als auf solche der Offenheit und Vitalität zu achten geneigt ist. Anlaß zu solch eher kulturpessimistisch gestimmter Voreingenommenheit gab es gewiß auch in den Texten selbst. Nicht wenig trug zu ihr aber auch ein Mißverständnis bei, das bei der Rezeption einer der frühesten, in Spanien selbst geschriebenen theoretischen Schriften über die Poetik der Moderne entstanden ist. Es handelt sich um Ortegas epochemachenden Essay *La deshumanización del arte*, mit dem er schon 1925 – wieder einmal – früh die Segel in den Wind des Zeitgeistes gesetzt hatte. Wie immer bei Ortega handelt es sich in erster Linie um einen schnellgeschriebenen Kommentar zu einem aktuellen Problem und weniger um eine systematisch durchdachte Theorie, weshalb man auch das Reizwort *deshumanización* nicht auf die Goldwaage der Prinzipienhaftigkeit legen darf. *Deshumanización* hat im Kontext jenes Aufsatzes weder etwas mit »Entmenschlichung« noch gar mit »Entartung«, eher schon etwas mit unserem – auch nicht gerade präzisen – Begriff der »Verfremdung« zu tun.

Ortegas La deshumanización del arte

Ortega, der sich keineswegs speziell auf die Lyrik, sondern auf Kunst im weitesten Sinne – von der Literatur bis zur Malerei – bezieht, geht eigentlich nur auf ein paar ganz allgemeine Modernitätsmerkmale ein, von denen wir die folgenden notieren wollen: 1. Die Feststellung, die moderne Kunst ahme ihren Gegenstand nicht mehr nach, sondern deformiere ihn, damit zugleich auch die Möglichkeit unterbindend, daß der Rezipient sich gleichsam gefühlsmäßig und unmittelbar mit ihm identifiziere. Ein Bild wie Picassos *Weinende Frau* (1937) illustriert das Gesagte und zeigt zugleich, daß die Aufkündigung der gewohnten Wiedererkennungsverhältnisse nicht gleich einen Verlust an Ausdrucksmöglichkeiten mit sich bringt. Es handelt sich zwar nicht mehr um die Porträt-Ansicht der realistischen Kunst, die zugleich eine Oberflächenansicht war. Bei Picasso wird aber die Oberfläche gleichsam aufgebrochen und zur Projektionsfläche von *inneren* Dissonanzen umfunktioniert, die vorher unter der Oberfläche verborgen blieben und allenfalls geahnt werden konnten. – 2. In der Tat ist der *cambio de perspectivas*, die Durchbrechung der schon zum Automatismus gewordenen ›Einstellung‹ auf den Gegenstand ein weiteres Merkmal moderner Kunst, das von Ortega gleichzeitig mit anderen Theoretikern der Zeit (Brechts Verfremdungstheorie entsteht ebenfalls im Laufe der 20er Jahre) registriert wird. – 3. Nicht weniger stark wird das neue, in Ortegas Worten »ironisch« genannte Verhältnis der Kunst zu sich selbst hervorgehoben, das, was wir inzwischen als Autoreflexivität zu bezeichnen gewohnt sind. Gemeint ist der Umstand, daß vor allem die Literatur ihre eigenen Entstehungsbedingun-

Pablo Picasso, »Weinende Frau« (1937)

gen, auch ihre ›Gemachtheit‹ und Artifizialität, kurz: ihre Poetik mitreflektiert, damit zugleich aber auch den Anspruch aufgibt, über die unmittelbare sprachliche (oder ikonische) Wirklichkeit hinaus etwas ›bedeuten‹ zu wollen. Ortega nennt das den Verzicht auf die ›Transzendenz‹ der Kunst und spricht von ihrer Selbstzweckhaftigkeit oder Autonomie ebenso wie von ihrem Spielcharakter.

Von Ortega aus wird der Blick frei für einen ganzen Fächer von Möglichkeiten der spanischen Avantgardekunst, die bei ihm gleichsam zusammengefaßt sind – in einem Augenblick übrigens, in dem die ursprüngliche Militanz, Aufgeregtheit und Traditionsfeindlichkeit der Avantgarde, die besonders an Ramón Gómez de la Serna, aber auch noch am jungen Buñuel zu beobachten ist, einer größeren Gelassenheit, einem gefestigteren Selbstbewußtsein und einer Rückbesinnung auf die spanische Tradition Platz zu machen beginnt (letzteres besonders bei der Generation von 27). *Spanische Avantgardekunst*

Es war vor allem Gómez de la Serna, der die europäische Avantgardebewegung – gemeint ist besonders der italienische Futurismus, der zentraleuropäische Dadaismus und der französische Surrealismus – früh wahrgenommen und in seiner Zeitschrift *Prometeo* nach Spanien weitervermittelt hat. Schon 1909 – im Jahr seiner Entstehung also – erscheint dort Marinettis »Futuristisches Manifest« auf spanisch und wird 1910 durch eine »Proclama Futurista a los españoles« mit speziellem Blick auf Spanien weitergeschrieben. Andere avantgardistische Impulse kommen 1918 von dem (aus Paris zugewanderten) Chilenen Vicente Huidobro (*creacionismo*) und 1919 von dem Manifest »Ultra« einer aus Sevilla stammenden Gruppe (*ultraismo*). Viele weitere ›Ismen‹ folgen. Allen diesen Bewegungen ist dreierlei gemeinsam: Zum einen ihr dezidierter Antitraditionalismus, der sich vor allem gegen die etablierten Wert- und Moralvorstellungen des Bürgertums, des Staatsapparates und der Kirche wendet – die unheilige Dreieinigkeit, gegen die jede Avantgardebewegung opponiert. Zum zweiten gründen sich ihre Hoffnungen auf die Zukunft – außer auf radikale gesellschaftliche Umwälzungen oder auf eine Menschheitsbefreiung durch die Möglichkeiten der Technik – besonders auf die Erneuerung der Sprache als der Grundlage einer Erneuerung des Denkens. Die Hauptforderungen sind: die Befreiung der Sprache von den Zwängen der Logik, bis hin zur Aufkündigung syntaktisch gliedernder Ordnung; die Verwendung absoluter Metaphern zum Zwecke der Verbindung des scheinbar Unzusammenhängenden; die Exteriorisierung des bisher verdrängten Unbewußten und des Traumes; der Abschied von sprachlichen Konventionen und Automatismen (von den Gefühlen in der Lyrik bis zum anekdotischen Charakter des Erzählens). Schließlich der Mut zum sprachspielerischen Experiment. – Da aber auch das Ungewohnte schnell wieder zu Gewohnheit, die Konventionsdurchbrechung ihrerseits wieder zur Konvention wird, stehen die Avantgardebewegungen unter einem ständig sich beschleunigenden Modernitäts-, Erneuerungs- und *cambio*-Druck, der die ästhetischen ›Ismen‹ ähnlich rasch aufeinanderfolgen läßt wie die Moden oder die Erneuerungszyklen in der gleichzeitig entstehenden hochkapitalistischen Industrieproduktion (man denke etwa an die schon früh sich jagenden ›Modellwechsel‹ in der Automobilbranche). Ähnlich wie das ›neue Modell‹ wird auch der neue ›Ismus‹ mit einem immer hektischer werdenden Aufwand an Eigenwerbung, Selbstdarstellung und aufmerksamkeitsheischender Provokation lanciert.

Von alledem ist Ramón Gómez de la Serna, in Spanien oft kurz »Ramón« genannt, der in dem hier zur Debatte stehenden Zeitraum ungeheuer populär war, dessen Ruhm danach aber rasch verblaßte, das spanische Parade- *Gómez de la Serna*

Gómez de la Serna (stehend) als Prototyp des großstädtischen Caféhausliteraten in seinem Stammcafé in Madrid: »Die Tertulia des Café Pombo« von Solana (1920).

beispiel. Ramón war mit allen Wassern der modernen Selbstinszenierung gewaschen: von der ständigen Präsenz in den Medien (das waren damals die Kolumnen der großen Tageszeitungen) über die bald zur Touristenattraktion werdende Führerschaft in der *tertulia* des Café Pombo (keiner kam in Spanien dem neuen Typus des großstädtischen Caféhausliteraten so nahe wie Ramón!) bis hin zu den öffentlichen Vorträgen, die er mit allerlei ›unpassenden‹ Einlagen zum Happening umzufunktionieren wußte, prägt er sich dem auf Abwechslung erpichten Publikum als gleichsam unverzichtbarer Garant für die permanente Überraschung ein. Sein Output an immer neuen Ideen in den verschiedensten, von ihm zum Teil auch neu erfundenen Genres war so gewaltig, die Aufnahmebereitschaft der Leser und Hörer so entgegenkommend, daß er zeitweise auf großem Fuße leben konnte, wobei er seine Stellung als Mediengewaltiger auch nach außen durch die Wucht eines sechs Meter breiten Schreibtisches zu demonstrieren beliebte. Die Spannweite seiner Produktionen reicht von der theoretischen Abhandlung (zu nennen ist hier auch ein Essay über ›Ismos‹, in dem Ramón selbst über die schon erwähnte Beschleunigung reflektiert) bis zu den zahlreichen, noch halbcostumbristischen, aber auch schon halb zur Groteske verzerrten Glossen über Madrid (mit deren erster – *El rastro* – er 1915 den endgültigen Durchbruch zur Berühmtheit schaffte). Dazu kommen zahlreiche Romane, die wegen ihrer gewollten Unkonventionalität aber kaum als solche zu genießen sind – trotz ihrer zum Teil feuilletonistischen Liebesintrigen und trotz der (im Trend liegenden) Tendenz zur Erotik und zur Geschlechterproblematik; mehrere Theaterstücke und – vor allem in den letzten Lebensjahren – noch etliche, meist aus Geldnot schnell verfaßte Biographien (unter anderem über Quevedo und Valle-Inclán), wobei das stark selbstbiographisch gefärbte *Automoribundia* (1948) noch einen späten Eindruck von Ramóns skurril-pessimistischer, nicht zufällig mit Quevedo und Valle-Inclán sympathisierender Weltsicht gibt.

Greguerías

Am bekanntesten wurde (und blieb) Ramón aber mit der von ihm selbst geschaffenen, über Jahrzehnte hinweg kultivierten Gattung der *greguerías*, von denen er im Laufe seines Lebens viele tausend produziert hat. Die Greguerías wurden zunächst beiläufig in Zeitungen veröffentlicht und erst später zu Buchbänden vereinigt, wo sie den für sie wesentlichen Charakter (und Charme) der spontanen Gelegenheitsdarbietung allerdings sofort einbüßten. Formal handelt es sich bei den Greguerías um kurze, oft nur zwei bis dreizeilige, kaum je über eine Seite hinausreichende Aphorismen oder maximenähnliche Sentenzen. Der für den Avantgardismus wesentliche Unterschied zum klassischen Aphorismus besteht darin, daß es den Greguerías nicht auf die über den beschriebenen Einzelfall hinausreichende Allgemeingültigkeit, die ›Transzendenz‹ also, ankommt, sondern gerade auf das Flüchtige, Momentane und Inkonsistente, auf den überraschenden Perspektivenwechsel ebenso wie auf die Durchbrechung eingefahrener Denkmuster. Dabei ist alles, was wir über die Poetik der Avantgarde schon ausgeführt haben, an den Greguerías besonders gut zu verifizieren, von den logisch-semantischen Inkongruenzen und Paradoxien über das Spiel mit dem Material der Sprache (z. B. der Phonetik oder der Orthographie) bis zur Verwendung verblüffender Metaphern und poetisch konzentrierter, aus ›eigentlich‹ unvereinbaren Bereichen stammender Bilder. Ramón selbst hat das auf die berühmt gewordene Formel *greguería = metáfora + humor* gebracht.

Zwei Beispiele müssen hier genügen. Zum einen eine rein linguistische *Greguería*, die mit der Besonderheit der spanischen Phonetik/Orthographie spielt und die Aufmerksamkeit auf die Trema-Pünktchen voraussetzt: *Pingüino es una palabra atacada por las moscas.* Zum anderen eine vergleichende, die das (landeskundliche) Wissen voraussetzt, daß alle spanischen Hauptstraßenkilometer von der Madrider Puerta del Sol aus gemessen werden und die etwas Prosaisch-Verwaltungstechnisches spielerisch ins Poetische verwandelt: *Una pedrada en la Puerta del Sol mueve ondas concéntricas en toda la laguna de España.* – Es sei hinzugefügt, daß die Greguerías heute, da der spanische Humor just auf dem von Ramón eingeschlagenen Weg rekonventionalisiert wurde, viel von ihrem ursprünglichen Reiz verloren haben, daß sie aber auch schon zu ihrer Entstehungszeit stets vom Abgleiten in – gelegentlich auch peinliche – Albernheit bedroht waren.

Während Gómez de la Sernas Wirkung schon historisch geworden ist, hat die anderer Avantgardisten viel später, zum Teil erst in der Gegenwart wirklich begonnen; zu ›ihrer Zeit‹ aber waren sie – im Gegensatz zu Ramón – entweder nur Randfiguren oder sie wurden ganz ignoriert. Dazu gehören unter anderem jene Autoren, die den spanischen Humor modernisiert haben, und zwar auf längere Sicht so nachhaltig, daß ihre Art der Komizität inzwischen die eigentlich anerkannte und maßgebende geworden ist. Die Rede ist von Enrique Jardiel Poncela und Miguel Mihura, aber auch von Tono (eig. Antonio de Larra), José López Rubio und Edgar Neville. Auch wenn die drei Letztgenannten später ihren Frieden mit dem Franco-Regime machten, waren sie doch alle zusammen und *zuerst* als die Überwinder des alten costumbristisch-sentimentalen Humors aufgetreten, wie er über so viele Jahrzehnte hinweg vor allem vom Sainete, überhaupt vom Género Chico vertreten worden ist. Dem setzten sie, ganz im Sinne Ramóns (und Ortegas), einen intellektuellen, sprachspielerischen, selbstreflexiven, in Paradoxien und Nonsenskreationen schwelgenden, vor allem aber klischeezerstörenden Witz entgegen, wie er später – mitten im Franquismus! – trotz aller Schwierigkeiten und Zensurrücksichten in der satirischen Zeitschrift *La Codorniz* (Untertitel: *La revista más audaz para el lector más inteligente*) und vor bzw. während der *transición*, dem Übergang zwischen Francoregime und Demokratie, von einem so populären Cineasten wie Luis

Modernisierung des Humors

Enrique Jardiel Poncela

Miguel Mihura

García Berlanga fortgesetzt wurde (mit dem Mihura bezeichnenderweise als Drehbuchautor zusammenarbeitete).

Geradezu programmatisch wird diese neue Form des Humors in Jardiel Poncelas Liebesromanparodie *Amor se escribe sin H* (1928) vorgebracht, wo schon der Titel ein antisentimentalistisches Signal gibt (gegen die spanisch-iberoamerikanische Angewohnheit, in trivialen Liebesszenen, heute etwa in der *telenovela*, »Amor« aspirierend wie »Hamor« auszusprechen). – Im weiteren wird dann die selbst schon ›verrückte‹ Romanhandlung von metafiktionalen und intertextuellen Kommentaren und von Parodien konventioneller Sprach- und Kommunikationsmuster begleitet, so etwa wenn die Mutter der Protagonistin noch in fortgeschrittenem Alter ihrem Ehemann davonläuft und diesem ein wütendes Abschiedstelegramm schickt, das mit den Worten »Te deseo un buen reuma« endet. Oder wenn der Erzähler die Beschreibung einer Schönheitsoperation mit den Torturen der Inquisition vergleicht und in einer pseudogelehrten Fußnote allen Ernstes erklärt, im 17.Jh. seien die Ketzer nicht nur mit dieser oder jener (genau beschriebenen) Foltermethode, sondern gelegentlich auch mit dem Vorlesen von Originalpassagen aus den Romanen José Maria de Peredas gequält worden (einem Autor des späten 19. Jahrhunderts, der den spanischen Avantgardisten als der Inbegriff nervtötender Langatmigkeit galt).

In eine ähnliche Richtung weisen die Theaterstücke Jardiel Poncelas, etwa das köstliche *Un adulterio decente* (1935). Das Stück verbindet die anarchistische Hintergründigkeit, die schon im französichen Vaudeville (von Offenbach bis Feydeau) zu finden ist, mit dem Sprachwitz der Avantgarde zu einer tolldreisten Ehebruchskomödie, die den spanischen Ehrenkodex viel endgültiger der Lächerlichkeit preisgibt als es das angestrengteste *esperpento* Valle-Incláns jemals vermocht hätte. Vor allem bleibt es hier nicht bei dem ›Auslachen‹ des Alten; ›hereingelacht‹ wird vielmehr im Gegenzug die Gleichberechtigung der Frau, auch was das ›Recht‹ auf den Seitensprung betrifft. Ehemann und Liebhaber sprechen von »nuestro adulterio«. Der Diener Eladio kommentiert gravitätisch: »Este adulterio es una honra para todos los personajes que en él tomamos parte«. Und schließlich wird den Eheleuten die strikte Trennung, den Ehebrechern das permanente Zusammensein in idyllischer Zweisamkeit vom skurillen Freudianer Cumbérri, dem Erfinder des »adulterococo«, als das sicherste Mittel empfohlen, um ein für allemal von romantischen Fluchtgelüsten therapiert zu werden. Die Tatsache, daß hier – gewiß aus Rücksicht aufs bürgerliche Publikum – letztlich doch noch diskrete Propaganda *für* die Ehe betrieben wird, nimmt dem Verdienst Poncelas, auf die unterhaltsamste und sympathischste Weise den alten spanischen Ehrenkomplex exorzisiert zu haben, nicht das Geringste hinweg.

Während Poncela wenigstens noch teilweise akzeptiert war, blieb Mihura zunächst völlig unverstanden. Seine schon 1932 verfaßte, inzwischen zum Klassiker gewordene Komödie *Tres sombreros de copa* wurde erst 1952 zum ersten Mal aufgeführt, nachdem Eugène Ionesco – mit dem Prestige *der* europäischen Kultursprache im Rücken – durch den Welterfolg der *Cantatrice chauve* das absurde Theater hoffähig gemacht hatte. Jetzt erst erinnerte man sich in Spanien daran (Ionesco selbst hatte Mihuras Stück sehr wohl gekannt!), daß schon die eigene Avantgarde das metalinguistische Spiel mit den sprachlichen Konventionen nicht weniger witzig-absurd ausprobiert hatte. Ein Beispiel: Der verzweifelt nach einem Gesprächsthema suchende Protagonist Dionisio fragt den Neger Bobby nach langem Nachdenken: »¿Y hace mucho tiempo que es usted negro?« (damit eine ganze

Serie von absurden Reden und Gegenreden eröffnend). Wohlbemerkt: Hier handelt es sich nicht um Rassismus, sondern um die Charakterisierung eines Schüchternen, der sich nicht traut, seine (verborgene) dionysische Natur auszuleben und auf die bürgerlichen Konventionen zu pfeifen, die ihm von Don Sacramento (wieder ein sprechender Name) in einer weiteren Serie von witzig verballhornten Konversationsklischees vorgehalten werden, und der schließlich doch die ungeliebte, durch Erziehung frigid gemachte Braut heiratet, die ihn jedesmal durch einen Telefonanruf an seine Verpflichtungen erinnert, wenn Dionisio sich in einer Künstlerfête, in die er durch Zufall geraten ist, zu ›vergessen‹ droht. Die Möglichkeit eines anderen, freieren Verhältnisses zwischen den Geschlechtern – wie wir immer wieder sehen: eines der großen Themen der Zeit – wird zwar im letzten Akt im Einverständnis zwischen Dionisio und Paula ausführlich thematisiert –; aber letztlich bleibt sie doch nur ein Traum.

Der junge Buñuel

Ebenfalls zur spanischen Avantgarde, und zwar zu deren radikalem Flügel, gehörte der junge Luis Buñuel, der in der Residencia de Estudiantes nicht nur den Co-Autor seiner ersten Filme, Salvador Dalí, kennenlernte, sondern auch freundschaftliche Bande zu den Dichtern der 27er Generation knüpfte. Auch Buñuel wurde zunächst verkannt, ja geächtet, und errang schließlich Weltruhm, obwohl er bis ins hohe Alter den anarchistisch-ordnungswidrigen Grundsätzen seiner Jugend treu blieb. Mit *Un perro andaluz* (dem 1929 mit finanzieller Unterstützung der Mutter gedrehten Kurzfilm), mit *L'âge d'or* (1933 mit Hilfe eines französischen Mäzens entstanden und bald vom Pariser Polizeipräfekten verboten, an dem Buñuel in *Le fantôme de la liberté* noch späte satirische Rache nimmt) und sogar mit dem Dokumentarfilm *Tierra sin pan* (1932 in der ärmsten Gegend Spaniens, Las Hurdes in der Provinz Salamanca, gedreht und alsbald von der Zensur der Zweiten Republik als für Spaniens Image schädigend untersagt), ist Buñuel frontal gegen die bürgerliche Moral, die Macht des Staates und die Symbole der Religion angegangen. Keiner der spanischen Avantgardisten hat so konsequent wie er versucht, die Methode von Bretons *écriture automatique*, aber auch die Sprache des Unbewußten in Bildsequenzen zu übersetzen: Im *Perro andaluz* reihen sich die Passagen scheinbar assoziativ aneinander, wobei die Technik der Überblendung an die von Freud am Traum beschriebenen Techniken der ›Verschiebung‹ und ›Verdichtung‹ erinnert. Gewiß erzählt Buñuel ganz bewußt keine zusammenhängende Geschichte, hält sich auch nicht an die ›logische‹ Ordnung von Raum und Zeit, mißachtet die Hierarchie von hoher und niederer, bürgerlicher und populärer Kunst (in der Hintergrundsmusik alternieren aufreizend gleichberechtigt Wagner- mit Tango-Melodien) und überschreitet auch sonst Grenzen: man denke an die Weigerung, einen interpretierbaren Film zu machen und an die berühmte Szene mit der völlig unerwarteten und eben deshalb um so schockierenderen Durchschneidung des Auges (des Zuschauerauges?) mittels eines vorher sorgsam geschärften Rasiermessers. Trotzdem gibt es schon in diesen frühen Filmen eine Reihe von Hauptthemen, denen man in den 20er/30er Jahren auch sonst häufig begegnet und die sich zum Teil leitmotivisch durch das ganze filmische Œuvre Buñuels hindurchziehen. Dazu gehört in erster Linie die Geschlechterproblematik, der Machtkampf zwischen Mann und Frau, die Unmöglichkeit ihres dauerhaften Einklangs und die frühe Einsicht in die Schwäche des ›starken‹ Geschlechts.

Szenenfoto aus L'âge d'or

Die Lyrik der Generation von 27

Im Kontext der spanischen Avantgarde-Kunst steht auch die Lyrik der 27er Generation. Sie kann als deren Vollendung und Zusammenfassung ebenso angesehen werden wie als deren Überwindung. Denn so sehr man

Die Dichter der 27er Generation im Ateneo von Sevilla; v.l.n.r.: Rafael Alberti, García Lorca, Juan Chabás, Bacarisse, Romero Martínez, Blasco Garzón, Jorge Guillén, Bergamín, Dámaso Alonso und Gerardo Diego

diese Dichtung *einerseits* mit den Kategorien der *deshumanización* charakterisieren und ihr mit Hugo Friedrich eine Neigung zu Dunkelheit und Hermetismus zuschreiben kann, so sehr muß man *andererseits* anerkennen, daß ihre Größe gerade in der Überschreitung des Konzepts der ›autonomen‹, d.h. der ›reinen‹, nur sich selbst genügenden Kunst liegt. Man braucht nur einen Blick auf die berühmte, 1932 entstandene Anthologie von Gerardo Diego zu werfen, wo die Autoren zum ersten Mal als Gruppe vorgestellt werden, und zwar außer mit einer Auswahl ihrer bis dato geschriebenen Gedichte auch mit einer theoretischen Selbstpräsentation bzw. mit dem Entwurf einer persönlichen Poetik. Bei aller Unterschiedlichkeit im Einzelnen fällt an diesen, in der Anthologie kursiv gesetzten, Texten doch eine – allen gemeinsame – Tendenz zur Re-Romantisierung auf, zur Betonung der dichterischen Sensibilität, zur Emphatisierung des Poeten als eines Künders des Unsagbaren (und doch Geahnten). Hie und da (etwa bei Diego selbst) ist sogar das Wort »divino« im Spiel. Es ist ganz klar, daß hier eine Rückbesinnung auf Bécquer und auf das eigene kulturgeschichtliche Erbe vorliegt. Das heißt natürlich nicht, daß die europäische Moderne von Baudelaire über Mallarmé bis Breton und daß die spanischsprachige modernistische Vorgeschichte (von Darío bis Juan Ramón Jiménez) für die 27er keine Bedeutung gehabt hätte. Aber für sie ist eben nicht nur das Formal-Ästhetische, sondern auch das Gegenständliche, ja schlicht der ›Inhalt‹ von Bedeutung. Die 27er haben nie bestritten, daß Dichtung immer auch *von* etwas spricht, und so ist denn das eigentlich Charakteristische für sie die Unentschiedenheit, oder sagen wir besser: die Gleichberechtigung zwischen *poesía pura* und *poesía impura* gewesen – zwischen dem *l'art pour l'art* und der *littérature engagée* (gleichgültig ob politische, soziale oder persönlich-existentielle Engagiertheit im Spiel ist). Ohnehin ist mit *pureza* seit Machados und Jiménez' Abkehr vom sprachartistischen Modernismo Rubén Daríos mehr die äußerste Sparsamkeit an Ausdrucksmitteln gemeint und weniger der Begriff der Kunstautonomie. In diesem Sinne verstanden sich die 27er zu Recht als die legitimen Erben der Lyrik von 98.

poesía pura *und* poesía impura

Es gibt bei den 27ern aber nicht nur eine Wiederanknüpfung an die Romantik (vgl. auch den programmatischen – und damals viel umstrittenen

– Essay »El nuevo romanticismo« von José Díaz Fernández, 1930, ein frühes Manifest für die *Rehumanisierung* der Kunst im Sinne einer Repolitisierung), sondern noch andere gewichtige Anzeichen einer Rückbesinnung auf die spanische Tradition. Da ist zunächst die Rehabilitierung der lange Zeit verpönten Barocklyrik zu konstatieren. Tatsächlich ist die Bezeichnung »Generation von 1927« ja auf die von ihr initiierte Dreihundertjahrfeier des Todes von Góngora zurückzuführen, auch wenn der Gongorismus der 27er de facto nicht sehr weit reicht und sich im wesentlichen auf die auffällig häufige Verwendung kühner Metaphorik beschränkt. (Was nicht heißt, daß die Philologen unter den 27ern, allen voran Dámaso Alonso, sich nicht *wissenschaftlich* sehr intensiv mit Góngora beschäftigt hätten.) Vor allem aber ist die Wiederbelebung der eigenen Volksdichtung, besonders der Romanzen, bemerkenswert, die nicht nur bei Lorca (dort sogar explizit als Gattungsbezeichnung *Romancero*), sondern auch bei Alberti und anderen zu verzeichnen ist. Alberti hat in dem vielzitierten Aufsatz »La poesía popular en la lírica española contemporánea« (1933) der spanischen Populartradition sogar surrealistische Ansätze *avant la lettre* zugesprochen. Wichtiger als diese etwas weitgehende These ist jedenfalls die Tatsache, daß die Lyrik der 27er trotz ihrer Rückbesinnung auf die Tradition im wesentlichen modern geblieben ist und daß sie gleichwohl in Teilen populär werden konnte, und dies nicht nur in den (keineswegs leichten) *Zigeunerromanzen* Lorcas. In Deutschland, wo das Interesse an Lyrik seit langem verkümmert ist, kann man sich davon kaum einen Begriff machen.

Die 27er und die Tradition

Zum eigentlichen Kern der Generation von 27 gehören Pedro Salinas, Jorge Guillén, Federico García Lorca, Rafael Alberti, Gerardo Diego, Luis Cernuda, Vicente Aleixandre und Dámaso Alonso; mehr am Rande werden aber auch León Felipe und Miguel Hernández dazu gezählt. Für deutsche Verhältnisse vollends unvorstellbar ist die Tatsache, daß einerseits, im Kern, die *poetas doctos* überwiegen, die gelernten Philologen (Diego), ja die Universitätsprofessoren (Salinas, Guillén, Alonso), und daß andererseits ein wirklicher Proletarier wie der Landarbeitersohn Miguel Hernández, der sich mühsam selbst aus dem Analphabetismus befreien mußte, bei eben jenen Gelehrten volle Anerkennung fand. Im weiteren soll versucht werden, am Beispiel von vier Autoren – Alberti, Lorca, Salinas und Guillén – ein kleines Portrait der Generation von 27 zu skizzieren und dabei zu zeigen, daß sie selbst ihre Dichtung keineswegs als abgehoben oder dunkel konzipiert hat.

Der inzwischen 94jährige Rafael Alberti, dessen weiße Mähne und dessen immer noch imposante Erscheinung das ›Image‹ der 27er in die moderne Medienwelt hinübergetragen hat, ist der einzige noch lebende Vertreter jener Generation. An ihm zeigt sich – im Gegensatz etwa zu Lorca, dessen Lebensfaden schon in der Mitte der 30er Jahre abgeschnitten wurde –, daß die 27er zum Teil weit über die Zeit der Zweiten Republik hinaus produktiv blieben. Bis zum Bürgerkrieg, an dessen Ende er – wie so viele republikanisch gesinnte Schriftsteller – ins Exil gehen mußte, hat Alberti, der aus einer in wirtschaftliche Not geratenen Weinhändlerfamilie aus dem andalusischen Puerto de Santa María stammte, eine für seine Generation recht typische Entwicklung durchgemacht. Aus ihr kann man ersehen, wie vielseitig die Begabungen waren, wie tief sie in der spanischen Tradition wurzelten und wie sehr sie dem realen und aktuellen Leben zugewandt blieben. Alberti begann mit Gedichten, die spürbar von der spanischen Romanzendichtung und von den Cancioneros beeinflußt sind, und in denen das Volkstümlich-Folkloristische, das Traditionelle also, sich

Rafael Alberti

Surrealismus – Gongorismus – engagierte Lyrik

Titelblatt von Albertis *Marinero en tierra* (1925)

Spiel und Ernst

mit Elementen der europäischen Avantgarde, des Surrealismus zumal, zu einer sehr persönlichen, spontanen und poetischen Sprache verband. Die Sammlung *Marinero en tierra* (1925) mag stellvertretend dafür stehen. Dann hat Alberti sich – so in der Sammlung *Cal y Canto* (1926/27) – dem Gongorismus und damit einer sehr anspruchsvollen und kunstbewußten barockisierenden Spielart der Dichtung zugewandt, die unter den 27ern allerdings nur vorübergehend in Mode kam. Es war dies im übrigen eine Mode, der man keine allzu grundlegende Bedeutung beimessen darf, denn sie entstammte eher jugendlicher Aufmüpfigkeit gegen den Akademismus, dem Góngora seinerzeit als ›abartig‹ galt, als einer tief schürfenden poetologischen Reflexion: Die Lyrik Góngoras diente den Autoren jener Generation ebenso als Spielmaterial wie das Erbe anderer Dichterschulen, die allermodernsten eingeschlossen. Schon mit der Sammlung *Sobre los ángeles* (1929) entfernte sich Alberti ganz bewußt wieder vom barocken Vorbild, auch von dessen metrischen Formen, und wendete sich den freien Rhythmen des Surrealismus zu. Aber erst mit dem Heraufkommen der Zweiten Republik fand er seine ihm eigene poetische Bestimmung: Nach einer Phase anarchistischen Aufbegehrens näherte er sich immer stärker den Positionen des revolutionären Marxismus und orientierte seine lyrische Produktion ganz im Sinne einer ›Poésie engagée‹. Tatsächlich war Alberti noch vor Neruda *der* Dichter spanischer Zunge, der auch in Zeitschriften, die er zum Teil selbst gründete und leitete (*Octubre; El mono azul*) Dichtung und soziale Zielsetzungen miteinander verband. Die Gedichte jener Jahre sind zuerst in den Sammlungen *De un momento a otro*; *Trece bandas y cuarenta y ocho estrellas* und *Capital de la gloria* erschienen, die Alberti 1938 mit dem emblematischen Gesamttitel *El poeta en la calle* (»Der Dichter auf der Straße«) zusammengefaßt hat. Man täusche sich nicht: gewiß war Alberti unter den Dichtern der 27er Generation derjenige, der sich politisch am eindeutigsten festlegte. Aber auch Lorcas *Romancero Gitano* bietet alles andere als eine folkloreselige Romantisierung des Zigeunerlebens, sondern tritt auch und sogar in erster Linie für die Unterdrückten und Ausgegrenzten ein, denen die Politik der Zweiten Republik gerade nicht gerecht werden konnte. Und selbst so esoterische – aber eben nur scheinbar esoterische – Dichter wie Salinas oder Guillén haben nie einen Hehl daraus gemacht, daß für sie das Ideal der *Poesía pura* im Sinne weltabgewandter Abstraktheit, auf das man sie so gern festlegen wollte, keine Existenzberechtigung hat: »¿Poesía pura? – schreibt Guillén – Aquella idea platónica no admitía realización en cuerpo concreto. Entre nosotros nadie soñó con tal pureza, nadie la deseó (...). No hay literatura que no sea social, y el monólogo implica un diálogo en todo momento.« (»Reine Dichtung? Diese platonische Idee läßt keine Realisierung in konkreter Körperlichkeit zu. Unter uns [gemeint ist die ganze 27er Generation] hat niemand eine solche Reinheit erträumt, und niemand hat sie herbeigewünscht (...). Es gibt keine Literatur, die nicht sozial ist; und der Monolog impliziert stets einen Dialog.«).

Die eigentliche Stärke in der Lyrik der 27er liegt aber gerade darin, daß sie die Balance zu halten weiß zwischen dem Element des Spielerischen und Spontanen und dem Element des reflexiven Ernstes, zwischen der Rücksicht aufs Konkrete und Vorhandene und dem Aufstieg ins Abstrakte und Phantastische, zwischen Gefühl und Besinnung, zwischen der Fähigkeit zur Hingabe und der Fähigkeit zur Analyse. So ist selbst der »Poeta en la Calle« Alberti nie ein langweiliger Agitator im Sinne des sozialistischen Realismus gewesen; und andererseits hat bei ihm auch das kunstbewußte gongoristische Spiel noch eine Verbindung zur konkreten Wirklichkeit, in der es verankert ist. *Cal y canto* zeigt das aufs schönste. Auf der einen Seite finden wir dort das barockisierende Sprachspiel, vor allem im Gebrauch der Metaphorik, und das Personal der antiken und christlichen Mythologie, wie es Gongoras Vorstellungen entspricht: Venus, Apollo, Orpheus, Ganymed, die Sirenen, andererseits Gottvater, der Heilige Geist und die Engel. Gleichzeitig stößt man aber auch auf die Orte, die Kommunikations- und Transportmittel sowie die Mythen der Moderne: Hotel, Eisenbahn, Flugzeug, Auto, Telegramm, Aufzug, Bar, Radio, Wolkenkratzer, Kinostars und Sportgrößen. Zwischen beiden Welten finden ständige Metamorphosen statt, wobei die klassische Mythologie sich Schritt für Schritt in eine moderne verwandelt. In der Mitte des Gedichtzyklus – in dem Gedicht *Venus en ascensor* (»Venus im Aufzug«) z.B. – treten die antiken Götter noch in moderner Umgebung auf. Zum Schluß aber, in den drei letzten Gedichten des Zyklus, ist das antike Personal völlig verschwunden und hat den modernen Mythenträgern, dem Filmstar, dem Profifußballer und der Rekordschwimmerin das Feld überlassen; gleichzeitig wird die strenge Form barocker Dichtung vollständig zugunsten freier Rhythmen aufgegeben, und auch das Vokabular ist hochaktuell. Am deutlichsten wird das in dem Gedicht »A Miss X enterrada en el viento del oeste«, das von Gerardo Diego in die bereits erwähnte Anthologie typischer Gedichte der 27er Generation aufgenommen wurde. Das Gedicht ist, obwohl es ein ganz traditionelles Motiv variiert – das der Vergänglichkeit irdischer Schönheit – ein gutes Beispiel für den Avantgardismus der 27er und paßt genau in die Kategorien von Ortegas *Deshumanización*: Auf der einen Seite Entidividualisierung (Miss X) und Verschwinden der erkennbaren Person, die nur als Erinnerung evoziert wird. Auf der anderen Seite die Versatzstücke der (damals) avanciertesten Technik: Autos, Wasserflugzeuge (ist Miss X bei einem Flugzeugabsturz verschwunden?), Radiogramme, dazu englische Wortfetzen. Modernität liegt auch im stakkatoartigen, geradezu atemberaubenden Tempo, mit dem die Impressionen, wie in Filmschnipseln (oder – heute – wie im Videoclip) am Leser vorbeijagen; auch in der Schnelligkeit, mit der die zuerst so betrauerte Miss X, einmal aus den Augen, dann auch aus dem Sinn kommt und vergessen wird. Trotzdem erhält das Ambiente, in dem sie sich bewegt hat, Konturen: Schönheitssalons, Bars, Casinos, Schikkeria – alles international. War sie ein ›Model‹ oder ein ›Sternchen‹ (wie sie damals in den illustrierten Zeitschriften, sogar im konservativen *Blanco y Negro* in Mode kommen)? Jedenfalls war auch sie ›modern‹, Typ Garçonne, alleinstehend, frei, Haare im Wind. Das Ganze betont unsentimental, sachlich, mit einem Unterton ironischer Amüsiertheit vorgetragen.

Cal y Canto

Vier Jahre älter als Alberti war Federico García Lorca, der im ominösen Jahr 1898 in Fuente Vaqueros (Provinz Granada) geboren wurde. Seine Familie war wohlhabend, besaß ausgedehnte Ländereien und unterstützte den Sohn großzügig und verständnisvoll bis er, gegen Ende der 20er Jahre, bei wachsendem nationalen und internationalen Ruhm, finanziell unabhängig wurde. 1919 ging er zum (nie abgeschlossenen) Studium nach Madrid, wo er einige Jahre in der Residencia de Estudiantes lebte. Pepín Bello, Rafael Alberti und Luis Buñuel gehörten dort zu seinen Freunden. Eine schwierige, durchaus leidvolle Beziehung verband ihn mit Salvador Dalí, der ebenfalls in der Residencia wohnte. 1920 wurde sein erstes Theaterstück aufgeführt – ein Fehlschlag. Erst 1927 gelang ihm mit *Mariana Pineda* ein Bühnenerfolg. – Berühmt und populär wurde Lorca 1928 mit dem *Romancero Gitano*, dessen Verse bald in aller Munde waren. 1929 unternahm er mit dem Granadiner Professor Fernando de los Ríos eine Reise

García Lorca
Vom Romancero gitano *zu* Poeta en Nueva York

Titelblatt von Lorcas *Romancero gitano* mit Hinweis auf die Entstehungszeit (1924–27)

Lorcas Briefe

nach New York, die ihn – besonders durch das Erlebnis der sozialen und rassischen Gegensätze – tief beeindruckte. Zeugnis davon legt die Gedichtsammlung *Un poeta en Nueva York* ab. 1930 besuchte Lorca Cuba. Der große Erfolg dieses Aufenthaltes wiederholte sich 1933/34 in Montevideo und Buenos Aires, wo nach dem Bürgerkrieg seine in Spanien verbotenen Texte erschienen. – Die Zeit der Zweiten Republik (1931–36) wurde für Lorca zur eigentlichen Hochzeit seines Schaffens. Nachdem sein Förderer Fernando de los Ríos Kultusminister geworden war, konnte Lorca einen alten Traum verwirklichen: er bereiste mit einer von ihm zusammengestellten Theatertruppe (»La barraca«) die Provinz, um die spanischen Bühnenklassiker – von Cervantes über Lope zu Calderón – bis in die Dörfer zu tragen: ein deutliches Zeichen für das soziale Engagement Lorcas, das ihn im Laufe der Zeit immer weiter nach links trug, obwohl er, eifersüchtig auf seine persönliche Unabhängigkeit bedacht, nie einer Partei beitrat und Freunde in allen politischen Lagern hatte. Der falangistische Dichter Luis Rosales versuchte sogar – vergebens – ihn vor seinen Häschern zu verstecken. In den Jahren der Republik schrieb und veröffentlichte er seine bedeutendsten Texte. Auf dem Gebiet der Lyrik den *Poema del Cante Jondo* (1931; allerdings schon 1921 in erster Fassung niedergeschrieben) und den *Llanto por Ignacio Sánchez Mejías* (1934), einen der größten spanischen Stierkämpfer. Auf dem Gebiet des Dramas verfaßte er die großen Frauentragödien, von denen schon die Rede war. – Am 16. Juli 1936 fuhr Lorca von Madrid nach Granada, um die Sommerferien bei seiner Familie zu verbringen. Unter dem Eindruck mehrerer Morddrohungen flüchtete er in das Haus der Familie Rosales, wo er am 16. August verhaftet wurde. Drei Tage später wurde er erschossen. Zu groß war sein Schuldkonto bei der spanischen Rechten: wegen seines Republikanismus, wegen seiner Homosexualität, wegen seiner Sympathie für die Zigeuner und andere Ausgegrenzte und wegen seiner ›unverschämten‹ Dramen.

Der – nach übereinstimmender Aussage fast aller Zeitzeugen – ausgesprochen kommunikative Federico war reich begabt. Viele seiner Texte hat er selbst illustriert. Auch war er ein überdurchschnittlich guter Gitarrist und Pianist (der von ihm bespielte Flügel steht noch heute in der Residencia de Estudiantes und wird dort auch benutzt). In die Welt der Musik führte ihn kein geringerer als Manuel de Falla ein, mit dem ihn eine lebenslange Freundschaft verband. Ähnlich wie bei Alberti ist auch bei Lorca das poetische Universum zwischen die Pole der populären Lyrik und des Surrealismus gespannt, wobei im *Cante Jondo* das populäre, im *Poeta en Nueva York* das avantgardistische Element überwiegt. Die existentiellen Spannungen, die sein Werk durchziehen und die ihm überhaupt erst seinen unverwechselbaren Charakter verleihen, sind aber stärker und gewaltsamer als bei Alberti und reichen auf der einen Seite bis in die Traumtiefen der Psyche und auf der anderen bis in die Symbole einer vor allem von der Todesvorstellung geprägten Mythologie. Ähnlich wie in den Dramen ist auch in der Lyrik die Spannung zwischen Liebe und Sexualität, sowie das Thema der gesellschaftlichen Begrenzung aller Sehnsucht, vor allem der Sehnsucht nach sexueller und sozialer Freiheit und Gleichheit, omnipräsent. – Kaum weniger bedeutsam als das poetische und dramatische Werk ist das reichhaltige Epistolarium Lorcas. Wer seine bestrickende Persönlichkeit kennenlernen will, muß unbedingt auch seine zahlreichen, ebenso detailfreudigen wie spontanen Briefe an seine Familie und an die vielen, zum Teil selbst hochbedeutenden Freunde lesen. Inzwischen sind auch seine Vorträge in Buchform erschienen. Sie geben Aufschluß über Lorcas eigene poetologische

Joan Miró: »Die Farm«.
Surrealistische Kunst im
Geist der 27er Generation

Vorstellungen. Unter ihnen befindet sich auch *La imagen poética de don Luis de Góngora*, mit dem Lorca 1926 im Ateneo zu Granada gleichsam den Startschuß für die ebenso heftige wie kurzlebige Góngora-Renaissance gab.

Frappierende Übereinstimmungen weisen die Lebensläufe der beiden ältesten 27er auf: Pedro Salinas (geboren 1891 in Madrid) und Jorge Guillén (geboren 1893 in Valladolid). Beide verkörpern den Typ des *Poeta docto*, der seine lyrische Produktion mit den Verpflichtungen der Universitätsprofessur zu verbinden hat. Salinas war von 1914 bis 1917 zunächst Lektor an der Sorbonne, bevor er 1918 den Lehrstuhl für spanische Literatur an der Universität Sevilla erhielt (wo u. a. Luis Cernuda sein Schüler war). 1928 ging Salinas nach Madrid, wo er zu einem der Initiatoren der Sommeruniversität von Santander wurde, die noch heute eine der angesehensten internationalen Begegnungsstätten im spanischen Geistesleben ist. Im Oktober 1936 kehrt er von einer Gastprofessur in den USA nicht mehr ins vom Faschismus bedrohte Spanien zurück und bleibt bis zu seinem Tod 1951 in den Vereinigten Staaten.

Pedro Salinas und Jorge Guillén

Jorge Guillén, der ihm zeitlebens in enger Freundschaft verbunden blieb, folgte ihm auf fast allen Stationen gleichsam auf dem Fuße. 1917–23 war Guillén als Nachfolger von Salinas Lektor an der Sorbonne. 1924 doktorierte er in Madrid über Góngora – eines der frühesten Zeichen für den beginnenden Gongorismus. Nach einer Zwischenstation an der Universität Murcia wird er 1931 Salinas' Nachfolger auf dem Lehrstuhl in Sevilla. 1938, nach kurzer Haft in Pamplona und nach der Amtsenthebung durch das Francoregime, tritt er am Wellesley-College (USA) abermals in die Fußstapfen des nur wenig Älteren, den er allerdings um viele Jahre überlebte. 1957, kurz vor seiner Pensionierung, bekam Guillén noch eine Professur an der Harvard-Universität. Nach Francos Tod kehrte er nach Spanien zurück und nahm Wohnsitz in Málaga, wo er, nachdem er 1976 mit dem Premio Cervantes ausgezeichnet worden war, 1984 starb.

Auch was die Konzeption ihres lyrischen Werkes anbelangt, gibt es zwischen Salinas und Guillén unübersehbare Parallelen: beiden ist eine Tendenz zur gedanklichen Abstraktion gemein, die ihrer Lyrik ein stärker intellektualistisches Gepräge gibt, als dies bei Alberti oder Lorca der Fall ist. Man muß sich aber hüten, diese Tendenz, wie es Friedrich und vor ihm schon Spitzer getan haben, so zu vereinseitigen, als ob die von ihnen erdachte Welt völlig autonom und ohne jede Verbindung mit der Realität sei. Besonders spanische Kritiker und nicht zuletzt Guillén selbst (der auch stellvertretend für Salinas sprach) haben sich gegen eine derartige Festlegung zu Recht gewehrt. Denn sowohl die Dichtung von Salinas als auch die von Guillén hat einen durchaus welthaltigen und greifbaren Erfahrungshintergrund. Salinas' Lyrik geht sogar von der persönlichsten und intensivsten Erfahrung aus, die überhaupt denkbar ist, dem Verhältnis zu einem geliebten Du: seine beiden wichtigsten Sammlungen, *La voz a ti debida* (1933) und *Razón de amor* (1936) gehören zur besten spanischen Liebeslyrik. Freilich ist das eine Liebeslyrik, die von romantischer Gefühlsseligkeit ebensoweit entfernt ist wie von einem vorgegebenen oder als selbstverständlich vorausgesetzten Frauenbild. Gegenstand ist vielmehr gerade die Spannung zwischen dem Ich und dem Du, zwischen ›mir‹ und ›ihr‹, die Unüberbrückbarkeit wesenhafter Verschiedenheit, aber auch die Anerkennung und Respektierung dieser Andersartigkeit, die in immer wieder neuen Ansätzen und Vertiefungen ausgelotet wird. Es ist, als ob das Du, das andere Geschlecht, der Gegenpol, überhaupt erst als das Andere entdeckt und ernstgenommen würde. – Und auch bei Jorge Guillén, der über die Ich-Du-Beziehung weit hinausgriff, geht es im Grunde um nichts anderes als um die lebenslange Suche nach dem Platz des Ich in der realen Welt, wobei er sein *ganzes* Werk – ähnlich wie Juan Ramón Jiménez – stets als Einheit betrachtet hat, von *Cántico* (1918–28) bis *Clamor* (1949–63).

Entreferentialisierung der Lyrik?

Daß ausgerechnet in Deutschland der Blick für die Welthaftigkeit der Lyrik von 27 so stark verstellt wurde, hängt sicher auch mit einer Voreingenommenheit im Konzept der deutschen Romanistik zusammen, auf die wir erst jetzt aufmerksam zu werden beginnen und für die das epochemachende Buch von Friedrich ein hervorragendes Beispiel ist. Bei Friedrich wird die moderne Lyrik verschiedener Länder (Frankreich, Italien, Spanien, aber auch England und Deutschland) nicht in ihrem jeweiligen historischen Kontext, sondern als europäisches Phänomen, als eine länderübergreifende ›Struktur‹ begriffen, die aus dem gemeinsamen Ursprung im französischen Symbolismus erwachsen sei. Der Vorteil von Friedrichs Methode liegt auf der Hand: Es wird gezeigt, welch weitgehende Ähnlichkeiten zwischen unterschiedlichen europäischen Literaturen bestehen, und es wird in dieser komparatistischen Perspektive der Beitrag der spanischen Literatur (der Modernität zuvor meist abgesprochen worden war) als besonders wichtig herausgestellt. Der Nachteil von Friedrichs Darstellung aber ist ihre eigene Abgehobenheit von Zeit und Raum: Es sieht so aus, als gälten die gleichen Strukturen über einen Zeitraum von fast hundert Jahren und als stünden die behandelten Autoren und Texte jenseits aller Referentialität. Nicht von ungefähr ist der gemeinsame Nenner der modernen Lyrik nach Friedrich der Hermetismus, die Dunkelheit, also das Nichtvorhandensein von konkreten Referenten.

Nun ist Friedrichs Diagnose gewiß nicht aus der Luft gegriffen. Vielmehr gibt es in dem von ihm beschriebenen Zeitraum tatsächlich eine starke

Tendenz zur Entreferentialisierung der Lyrik, ja der Kunst überhaupt. Kein geringerer als Ortega hat in *La deshumanización del arte* schon 1925 darauf aufmerksam gemacht. Aber indem Friedrich die Entreferentialisierung zu *dem* Charakeristkum der modernen Lyrik verabsolutiert, macht der Romanist in ihm den Hispanisten zumindest teilblind für die Wahrnehmung der spanischen Realität. Daß es neben der *poesía pura* auch eine *poesía impura* in der Generation von 27 gab, daß diese Generation sich nicht nur in der Nachfolge der Symbolisten, sondern auch in der von Machado stehend begriff, der in Friedrichs Bild von der Moderne ebensowenig Platz hat wie etwa Neruda; daß die Lyrik der 27er nur dann ›dunkel‹ und ›hermetisch‹ ist, wenn man sie dem lebendigen Kontext entzieht, aus dem sie entstanden ist – der Modernitätskrise während der Diktatur Primo de Riveras und der Zweiten Republik –, das alles bleibt dem ›romanistischen‹ Blick, der nur auf abstrakte Gemeinsamkeiten achtet, schlicht verborgen. Die Sicht auf die europäischen *Differenzen* wird Friedrich auch dadurch erschwert, daß für ihn Frankreich letztlich das Maß aller Dinge bleibt. Gewiß wird niemand die Bedeutung (auch nicht die europäische Bedeutung) von Baudelaire, Rimbaud und Mallarmé unterschätzen (letzterer ist für Friedrich das eigentliche Maß der Dinge). Daß aber diesen französischen ›Vorläufern‹ insgesamt hundert Seiten und der gesamten europäischen Moderne nicht einmal vierzig eingeräumt werden, zeigt doch, wie stark die deutsche Romanistik, trotz ihrer so gern behaupteten Weltoffenheit, lange Zeit noch in der Falle nationalen und kulturellen Hegemonialdenkens befangen blieb.

Ortegas epochaler Essay (Titelblatt 1932)

Tatsächlich hat sich die Lyrik der 27er insgesamt von der *poesía pura* mehr zur *poesía impura* hin entwickelt. Das hat vor allem A.L. Geist klargestellt, wobei erneut die eminent wichtige Rolle der Kulturzeitschriften zutage tritt, auf die zu Beginn dieses Kapitels schon hingewiesen wurde.

Die meisten Autoren der 27er Generation standen im übrigen auf der Seite der Republik. Nicht alle: Gerardo Diego z.B. hielt es mit den Faschisten und widmete der ›Bewegung‹ peinliche Lobeshymnen. Zwei fielen der España Eterna physisch zum Opfer: Lorca wurde 1936 ermordet; Hernández starb als politischer Häftling. Dámaso Alonso und Vicente Aleixandre blieben in Franco-Spanien, ohne dessen Parteigänger zu werden. Aleixandre, der später (1977) – gleichsam stellvertretend für die ganze Generation – mit dem Nobelpreis ausgezeichnet wurde (für ein Werk, das auf den ersten Blick das dunkelste und unpolitischste von allen ist) blieb auch nur deshalb, weil seine prekäre Gesundheit einen Ortswechsel nicht zuließ. Alle anderen aus der oben angeführten Namensliste mußten für lange Jahre ins Exil.

Den endgültigen Umschlag in die *Poesía impura* kündigte Pablo Nerudas 1935 erschienenes Manifest *Sobre una poesía sin pureza* an. Der Ausbruch des Bürgerkrieges beraubte die Poesie dann endgültig ihrer ›Reinheit‹ und machte sie, nolens volens, zum Teil der politischen Auseinandersetzung. Die gewaltige Masse der Bürgerkriegsgedichte und Kampflieder, die bald auf beiden Seiten der Front, vor allem aber im republikanischen Lager entstanden (zum Teil auch gezielt von der Propagandamaschinerie in Auftrag gegeben und eingesetzt), macht dies augenfällig. Der *Romancero de la guerra civil*, von dem ca. zehntausend Gedichte überliefert sind (die Zahl der verlorengegangenen ist vermutlich wesentlich größer) und an dem mehr als dreitausend ›Autoren‹ beteiligt waren (neben vielen Gelegenheitsdichtern auch so bekannte wie Alberti und Hernández) stellt das einzigartige Dokument einer modernen *poesía épica* dar, eines aus vielen Stimmen zusammen-

Der Bürgerkrieg und die Wende zur poesía impura

gesetzten, gleichsam kollektiv verfaßten *cantar de gesta*, der aus dem unmittelbaren Engagement hervorging und diesem (zu seiner Befeuerung) auch wieder zur Verfügung stand.

Exil und Zensur: die Literatur vor und in der Francodiktatur

Literatur und Faschismus

Die Literatur zwischen 1936 und 1975 kann nicht als eine Einheit dargestellt werden. Sie hat vielmehr drei ganz verschiedene Aspekte: Erstens muß gezeigt werden, daß sich die Diktatur des Generals Franco, die der Zweiten Republik nach einem langen Bürgerkrieg den Garaus machte, nicht ohne literarische Untermalung und Vorbereitung ereignete. Zweitens müssen die Schriftsteller gewürdigt werden, die durch eben diese Diktatur ins Exil gezwungen wurden (oder ihr sogar physisch zum Opfer fielen), und drittens muß eindringlich daran erinnert werden, daß trotz der scharfen Zensur und gegen deren allgegenwärtige Kontrolle in Spanien selbst bald wieder eine unabhängige Literatur entstand, die dafür sorgte, daß der in der Zweiten Republik begonnene Mentalitätswandel *doch* nicht abgebrochen wurde (wie es das Regime wollte), sondern sich insgeheim weiterentwickeln konnte.

Fließende Übergänge

Noch immer ist es schwierig, das Verhältnis zwischen Literatur und Faschismus in Spanien adäquat zu erfassen, zumal ein Vergleich mit Deutschland nicht sehr weit führt, denn die Unterschiede sind größer als die – zweifellos auch bestehenden – Übereinstimmungen. Es gab gewiß auch in Spanien Scharfmacher, vor allem im und unmittelbar nach dem Bürgerkrieg. Aber den nicht wenigen Autoren, die vom antibürgerlichen Avantgardismus zum spanischen Faschismus übergelaufen sind, stehen eine ganze Reihe anderer gegenüber, die sich von ihrem ursprünglich eindeutigen Engagement für den Faschismus später, jedenfalls noch in der Francozeit und teilweise sehr früh, distanziert haben. Dies vor allem unter dem Eindruck der ausgesprochenen Geistes- und Intellektuellen-Feindlichkeit des – letztlich auch gegenüber dem Falangismus siegreich gebliebenen – Franquismus, die sich vor allem in einem rigorosen Zensursystem niederschlug. Es wäre zu wünschen, daß das – nicht ganz farblose – rechte literarische Spektrum systematischer unter die Lupe und *sine ira et studio* neu vermessen würde, wozu der nötige historische Abstand jetzt eigentlich vorhanden ist. Außer in der verdienstvollen Materialsammlung von Julio Rodríguez Puértolas ist er aber noch nicht wirklich genutzt worden. In einer Literaturgeschichte kann das nicht nebenbei geleistet werden, zumal wir Deutschen gewiß nicht dazu prädestiniert sind, den Faschismus anderer Länder mit Objektivität aufzuarbeiten. Deshalb müssen wir uns hier auf skizzenhafte Andeutungen beschränken.

Zunächst muß man sich darüber im Klaren sein, daß es selbstverständlich auch *während* der Zweiten Republik eine starke traditionalistische Strömung gab, die sich von deren Modernisierungstendenzen alles andere als angeregt, sondern im Gegenteil zur Rückbesinnung auf die ›ewigen Werte‹ provoziert sah, vollends und endgültig von dem Zeitpunkt an, als die Regierung die Kontrolle über die öffentliche Ordnung zu verlieren und als die Volksfront die alten Besitzstände, die in den ersten Jahren der Republik nicht ernsthaft bedroht waren, radikaler in Frage zu stellen begann. Man muß sich deshalb auch vor Augen halten, daß der Franquismus nicht einfach ein Betriebsunfall in einem an sich schon unaufhaltsam gewordenen Prozeß der Demokratisierung war, sondern daß er tatsächlich, zumindest vorübergehend und anfänglich, den Modernisierungsängsten breiter Schichten (und nicht nur der Reichen) entgegenkam. Deshalb braucht man sich nicht zu wundern, daß auch Teile der Intelligenz für ihn anfällig waren, ja daß es von vornherein eine starke Tendenz gab, die Grundfrage der 98er – was wird aus der spanischen ›Eigentlichkeit‹? – militant gegen den ›zersetzenden‹ Liberalismus der Regierungspolitik zu kehren.

Paradigmatisch für die Tendenz zur Rückbesinnung ist Ernesto Giménez Caballero. Er war – oft unter den bekannter gewordenen Pseudonymen »Gecé« und »El Robinsón literario de España« – lange Zeit ein allseits geachteter Publizist (von Beruf Studienrat), dem die Seiten der renommierten Tageszeitung *El Sol* ebenso offenstanden wie Ortegas *Revista de Occidente*. Außerdem gründete und leitete Gecé *La gaceta literaria*, die an Bedeutung der *Revista de Occidente* kaum nachstand und die sich besonders um die Rezeption und Verbreitung der europäischen Avantgarde in Spanien verdient gemacht hat. Gecé schrieb auch selbst avantgardistische Texte (z. B. *Hércules jugando a los dados*, 1928, oder *Julepe de menta*, 1929), nachdem er schon 1923 mit einem Erlebnisbericht aus dem Marokkokrieg bekannt geworden war (*Notas marruecas de un soldado*). Dazu muß man wissen, daß der Marokkokrieg auf die spanische Intelligenz eine ähnlich traumatisierende Wirkung hatte wie der spätere Vietnamkrieg auf die amerikanische.

Giménez Caballero als Beispielsfall

Anfang der 30er Jahre vollzieht Gecé eine scharfe Rechtswendung und wird zum exaltierten Verteidiger traditioneller Werte, zum scharfen Gegner der Demokratie und zum wichtigsten intellektuellen Wegbereiter der Falange. Seit 1929 benutzt er auch die *Gaceta literaria* als Sprachrohr für seine Ideen, was dazu führte, daß mehrere antifaschistische Autoren der Zeitschrift den Rücken kehrten. Dennoch fällt – etwa in »Carta a un compañero de la joven España«, 1929, oder in »El fascismo en España«, 1932, beide in der *Gaceta* erschienen – etwas auf, was in vergleichbaren Nazischriften deutscher Zunge undenkbar war: ein gewisser Sinn für Humor und ein Anflug von Selbstironie. Offensichtlich hat Antonio Machado, den Gecé sehr verehrte, im Jüngeren Spuren hinterlassen. Im weiteren Verlauf seines Lebens wird er aber immer großmäuliger und unduldsamer und legt seine nationalistischen, bisweilen auch offen rassistischen Ideen in zahlreichen Veröffentlichungen nieder. Einige seien im folgenden genannt, weil sie schon im Titel ihr Programm erkennen lassen: *Manuel Azaña* (Azaña wurde rasch zur *bête noire* der Rechten); *Genio de España. Exaltaciones a una resurrección nacional y del mundo* (1932) (also so etwas wie ein Aufruf zu einer faschistischen Weltrevolution); *La nueva catolicidad* (1933); *Arte y Estado* (1935); *Exaltación del matrimonio* (1936); *Genio hispánico y mestizaje* (1965).

Giménez Caballero, Carteles (Titelblatt 1927)

Nur auf den ersten Blick scheint es ein Widerspruch, daß ein ehemaliger Avantgardist zum rechtsradikalen Vordenker wurde; in Wahrheit hatte die Avantgarde – was schon ihre aus der Militärsprache entlehnte Selbstbezeichnung erkennen läßt – immer eine Tendenz zur Militanz und die Neigung, Literatur und Politik einander anzugleichen, Literatur in politischen Aktionismus umschlagen zu lassen. Dabei ist zu bedenken, daß das antibürgerliche Ressentiment, das ihr immer zueigen war, ebenso gut in Rechts-

Von der Avantgarde in den Rechtsradikalismus?

Szene aus *Raza*, 1941. Regie: José Luis Sáenz de Heredia, Drehbuch: Franco (mit Pseudonym)

wie in Linksradikalismus umschlagen konnte – letzteres z. B. bei Rafael Alberti, der die repressiven Tendenzen des Kommunismus vorübergehend ebenso ›engagiert‹ übersehen hat wie Gecé die des Faschismus (der in Spanien, das darf nicht vergessen werden, nie zur systematischen Menschenausrottung pervertierte).

Mechthild Albert hat kürzlich am Beispiel von vier poetae minores der Avantgarde (Borrás, Jiménez de Sandoval, Ros und Obregón) minutiös nachgewiesen, wie sich deren Diskurs gleichsam Schritt für Schritt faschisierte. Auch wenn dies selbstverständlich nicht bedeuten kann, daß *alle* Avantgardisten zu politischen Extremisten wurden, ist doch nicht zu übersehen, daß auch José Antonio Primo de Rivera, der eigentliche Gründer der Falange, sich gern zum avantgardistischen Poeten stilisierte und daß er nicht müde wurde, von der ›Poesie‹ des Falangismus zu reden. (Wie es mit seiner Kunst wirklich bestellt war, enthüllen aufs heiterste die Memoiren von Dionisio Ridruejo, der damals noch sein Glaubensgenosse und jedenfalls wirklich ein *homme de lettres* war).

»Die Literatur der Sieger«

Besonders militant waren die Bürgerkriegsromane, die unmittelbar nach der Machtübernahme aus der nationalen Perspektive geschrieben wurden (eine Bürgerkriegsliteratur aus republikanischer Sicht konnte nur im Exil entstehen). Regine Schmolling hat dieser ›Literatur der Sieger‹ eine eigene Studie gewidmet. Von primär historischem Interesse sind zwei dieser Texte: *Javier Mariño* (1942/43), der literarisch schwache, wegen seines politischen Opportunismus aber auch wieder bemerkenswerte Erstling des inzwischen vielgelobten Gonzalo Torrente Ballester, der sich allerdings früh von der Falange getrennt hat; und *Raza* (1942), der für ein Filmdrehbuch geschriebene Roman von Jaime de Andrade, der längst dem verdienten Vergessen anheim gefallen wäre, wenn sich hinter dem Pseudonym nicht der Caudillo Franco höchstselbst versteckte. – Ernster zu nehmen, weil nicht ohne sprachliche Originalität und sichtbar unter dem noch nachwirkenden, subjektiv echten Erfahrungs- und Leidensdruck stehend, sind *Madrid de corte a checa* (1938) von Agustín de Foxá und *La fiel infantería* (1943) von Rafael García Serrano. Bei Foxá wird der Bürgerkrieg im bis zum Schluß republikanisch gebliebenen Madrid aus der Märtyrerperspektive der dort unterdrückten ›nationalen‹ Gesinnung beschrieben; dazu seine hauptstädtische Vorgeschichte seit der Abdankung des Königs, mitsamt der typischen Links-Rechts-Konversion der aus ›gutem Hause‹ stammenden jugendlichen Helden. – *La fiel infantería* ist nicht nur deshalb interessant, weil der Roman eines der ersten Zensuropfer war (wegen der Echtheit des – bekanntlich besonders zotenhaften – Soldatenjargons, die im wieder züchtig und bigott gewordenen Ambiente der Nachkriegszeit als schockierend empfunden wurde), sondern auch weil er die ganz erheblichen ideologischen Differenzen bezeugt, die zwischen dem noch revolutionär gesinnten frühen Falangismus und der Politik der Kirche bestanden.

Wirklich kritisch wurde es mit der Literatur des Nationalismus erst dann, als, nach Beendigung des Krieges, der Franquismus, das heißt die zur Diktatur gebündelte Macht des Militärs *und* der Kirche, alle Abweichungen, auch die im eigenen Lager, brutal und spanienweit unterdrücken konnte. Nun spaltete sich das Lager der rechten Literatur seinerseits in angepaßte Systemunterstützer und in enttäuschte Abtrünnige. Wir können diese Entwicklung hier nur mit wenigen beispielhaft herausgegriffenen Namen andeuten.

Die Spaltung der nationalistischen Literatur

Für die eine Seite mag José María Pemán stehen, der von seinen spottlustigen Landsleuten »Pelmán« (nach *pelmazo*, Langweiler) genannt wurde. Er war von Haus aus Monarchist und gab sich liberal, ließ sich aber – wie viele Monarchisten – restlos vom Franquismus vereinnahmen, pries den Caudillo mit speichelleckerischer Rhetorik quer durch alle Literaturgattungen, wußte auch der Kirche mit viel religiöser Symbolik zu gefallen, wurde dafür mit dem Titel des »Poeta alférez« belohnt, d.h. zu einer Art von offiziellem Regimebarden ernannt, war in allen Schlüsselpositionen zu finden (von der Leitung der Säuberungsbehörde gegen politisch Unzuverlässige bis zur Präsidentschaft der Real Academia Española) und schrieb sich nach dem Krieg rastlos, vor allem mit leicht poetisch angehauchten, Gedankentiefe vortäuschenden (und in Wahrheit recht trivialen) Theaterstücken in die Herzen des Establishments ein.

Für die andere Seite mögen zwei so grundverschiedene Autoren wie Dionisio Ridruejo und Alvaro de Laiglesia genannt werden. Beide unterstützten zunächst den Aufstand gegen die Republik, kämpften auf Seiten der Nationalen, Ridruejo war 1938 sogar deren Propagandachef; beide meldeten sich freiwillig zur División Azul und beide kündigten ihre Gefolgschaft auf, als das Regime instauriert war und die totalitäre Diktatur ihren wahren Charakter enthüllte. Ridruejo, dessen sehr erfahrungsnahe Poesie den Einfluß von Antonio Machado verrät und dessen Erinnerungen – *Escrito en España* (1962) und *Casi unas memorias* (1976) – ebenso authentische wie ehrliche Zeitdokumente sind, mußte nach Hausarrest in Ronda schließlich selbst im französischen Exil Zuflucht suchen, in dem schon so viele ehemalige Gegner *tant bien que mal* Unterschlupf gefunden hatten. Laiglesia vermied den offenen Bruch, konnte in Spanien bleiben, wurde aber als langjähriger Herausgeber der Zeitschrift *La Codorniz* (1944–77), dem einzigen offiziell geduldeten satirischen Periodikum während der Hochzeit des Franquismus, zu einem stets beargwöhnten und mit Schikanen und Verboten belegten Störenfried, zumal der von ihm kreierte Stil eines hintergründigen politischen Witzes von der Zensur nur schwer zu entlarven war, beim vorwiegend studentischen Publikum aber großen Anklang fand. Auch seine stark von Mihura beeinflußten frühen, den spanischen Alltag grotesk verfremdenden Romane sind bemerkenswert, allen voran *Un náufrago en la sopa* (1943), das in der Friedhofsruhe des frisch etablierten Franquismus ebenso fremdkörperhaft wirkte wie Celas fast gleichzeitig entstandener Roman *La familia de Pascual Duarte*.

Soldatinnen (*milicianas*) auf Seiten der Republikaner

Auch wenn zu bedenken ist, daß die 40er Jahre kulturgeschichtlich noch wenig erforscht sind, gibt es doch zwei gewichtige Gründe für die immer wieder behauptete weitgehende literarische Funkstille in dieser Zeit. Zum einen die Abwanderung eines Großteils der spanischen Intelligenz (und nicht nur der literarischen), die entweder freiwillig, aus Furcht vor Repressalien oder gezwungenermaßen ins Exil ging, Spanien gleichsam über Nacht der kulturellen Provinzialisierung überlassend. Zum anderen die Auswirkungen der strengen Zensur, die zunächst wirklich durchgreifend war, bis zu Beginn der 50er Jahre – im Rahmen der Bemühungen um internationale Anerkennung des Regimes – eine erste Liberalisierung erfolgte und zudem eine neue Schriftstellergeneration herangewachsen war, so daß von da an auch *innerhalb* Spaniens der Faden der Literaturgeschichte wieder aufzunehmen ist.

Literatur im Exil

La España Peregrina

Was den für die *falacia liberal* (den »liberalen Irr- und Lügenweg«) Verantwortlichen – in den Augen der Sieger waren das vor allem die demokratisch gesinnten Politiker und Intellektuellen – blühen würde, war klar: »Abajo la inteligencia« brüllte der Führer der spanischen Fremdenlegion, General Milán Astray in der Universität Salamanca, als sich Unamuno, in einer seiner letzten Amtshandlungen als Rektor, am *Día de la raza* 1936 mutig gegen die faschistische Opfertodverklärung verwahrte, indem er Miláns Ausruf »Viva la muerte« (das Motto der Legion), mit dem dieser seine Rede beendet hatte, als unsinniges und nekrophiles Paradox kennzeichnete, dem er, Unamuno, der doch sein ganzes Leben ein Fachmann im Erfinden von Paradoxien gewesen sei, nur mit Abscheu entgegentreten könne. Kein Wunder, daß ein Großteil der spanischen Intellektuellen jenes Land verließ, in dem kritisches Denken fortan unter Strafe stand, ja lebensgefährlich wurde. Die Liste der Exilierten liest sich wie ein *Who is Who* der republikanischen Intelligenz. Die folgenden Namen sind nur herausgegriffene Beispiele von

Personen, die uns schon begegnet sind, noch begegnen werden oder die – Politiker, Maler, Musiker und Naturwissenschaftler – in anderen Bereichen bekannt sind: Antonio Machado, Juan Ramón Jiménez, Pedro Salinas, Jorge Guillén, Rafael Alberti, Luis Cernuda, León Felipe, Max Aub, Arturo Barea, Ramón J. Sender, Francisco Ayala, Alejandro Casona, Manuel Azaña, José Bergamín, Américo Castro, Claudio Sánchez Albornoz, Severo Ochoa, Manuel de Falla, Pablo Casals, Rodolfo Halffter, Pablo Picasso, Joan Miró, Luis Buñuel... Dazu kommen noch die Umgebrachten wie Federico García Lorca und die Eingekerkerten wie Miguel Hernández, Germán Bleiberg, José Hierro, Antonio Buero Vallejo, Angel María de Lera... Man darf aber – bei allem Respekt vor den genannten und nichtgenannten Intellektuellen – nicht vergessen, daß insgesamt etwa eine halbe Million Spanier, die Mehrzahl von ihnen Nicht-Prominente, das Land allein im Jahr 1939 verließ. Tausende von ihnen fanden Zuflucht in Frankreich, freilich oft unter entwürdigenden Umständen. Manche gingen in französischen Lagern zugrunde; viele von den dort Überlebenden starben, unter noch unmenschlicheren Bedingungen, in deutschen Konzentrationslagern, nicht wenige wegen ihrer Zugehörigkeit zur Résistance. In Übersee nahm vor allem Mexiko, in einer beispiellosen Solidaritätsaktion, sehr viele spanische Flüchtlinge auf. In welchem Umfang diese Flüchtlinge wirklich akzeptiert und integriert wurden, wie weit sie ausgegrenzt blieben, ist kaum zu überblicken. Nur für Mexiko sieht man, was die Arbeit der Intellektuellen anbelangt, dank der Forschungen von Francisco Caudet etwas klarer.

Kind auf der Flucht – Foto von Robert Capa

Überhaupt ist es fast unmöglich, der Exilliteratur im Rahmen einer Literaturgeschichte auch nur im entferntesten gerecht zu werden. Zu unterschiedlich sind die Einzelschicksale, zu zufällig die Orte, an die Personen verschlagen wurden, zu unwägbar die jeweils angetroffenen sozialen, kulturellen und ökonomischen Möglichkeiten, als daß man überhaupt von *der* Exilliteratur sprechen könnte. Darüber hinaus ist zu bedenken, daß die Exilproblematik sich nicht auf die 1939 Ausgewanderten beschränkt, daß sie schon vorher begann (etwa für die vielen in die Sowjetunion verschickten Kinder, die oft erst nach Jahrzehnten, wenn überhaupt – denn die meisten waren im bald beginnenden Zweiten Weltkrieg Sowjetbürger geworden – zurückkehrten) und daß sie noch lange bestehen blieb: Jorge Semprún und Fernando Arrabal, Juan Goytisolo und Michel del Castillo sind ein Teil des Exilproblems, auch wenn die betreffenden Personen, die 1939 noch Kinder oder Jugendliche waren, ihren Entschluß erst viel später und aus anderen Gründen gefaßt haben. Auch gibt es nicht nur politische, sondern auch wirtschaftliche Motive, die ins Exil trieben: das trifft auf die sogenannten Gastarbeiter ebenso zu, die seit Beginn der 60er Jahre Spanien in Scharen verließen, wie auf die Lehrkräfte aller Kategorien, die in Spanien keine Berufschancen sahen und in großer Zahl in die USA gingen, als dort, aufgrund der massenhaften Einwanderung von Latinos, hispanistisch geschultes Personal gebraucht wurde. Nicht zu vernachlässigen ist schließlich auch die Frage, was aus den Exilanten wurde, nachdem 1975, für manche schon früher, die Notwendigkeit des ›Außenseins‹ (wie Thomas Mann es nannte) entfallen war. Die einen waren im Exil gestorben (wie Salinas), die anderen blieben freiwillig dort, wie Sender, andere kamen zurück, sobald es nur eben anging (wie Américo Castro), andere wurden spät heimgeholt und reichlich alimentiert (wie die völlig verarmte Rosa Chacel), wieder andere blieben mehr oder weniger verfemt (wie Agustín Gómez Arcos). Auch gibt es Zweifelsfälle, die gar nicht mehr eindeutig zuzuordnen sind: Semprún gehört eher zur französischen Kultur, deren Sprache er sich für alles Wich-

Komplexität des Exilproblems

tige bediente, und wurde doch (1988–1991) spanischer Kultusminister; Juan Goytisolo, der oft in Spanien ist und immer spanisch schrieb, fühlt sich mehr zur Welt des Islam gehörig und ist ›national‹ gar nicht mehr einzuordnen.

Dennoch wollen wir im folgenden einige nach Gattungen geordnete bio-bibliographische Hinweise geben, obwohl es auf den ersten Blick sachgemäßer erscheint, nach Aufnahmeländern zu ordnen – wenn nur die betreffenden Personen stets am gleichen Ort geblieben wären. Da aber viele von ihnen ihr erstes Asyl wieder verlassen mußten, um ein zweites oder drittes zu suchen, muß diese Anordnung als wenig praktikabel beiseite gelassen werden. (Typisch sind vor allem Wanderungen von Frankreich über Portugal nach Nord- und Südamerika beim Einfall der Deutschen, oder Wanderungen von Südamerika und Mexiko in die USA im Zusammenhang mit der erwähnten Nachfrage nach Lehrpersonal). Mit Bezug auf diese Wanderbewegungen nennt man in Spanien die Exilautoren auch oft *la España Peregrina*.

Wanderbewegungen am Beispiel der 27er

Wie weit die Wanderungen gingen und wie sie sich kreuzten und querten, kann man am Beispiel der fast vollständig exilierten Generation von 27 sehen: Salinas und Guillén bekamen als *poetas doctos* Dozenturen in den Vereinigten Staaten. Luis Cernuda gelangte von England über die USA nach Mexiko, León Felipe durchwanderte ganz Südamerika, bis er in Mexiko blieb. Alberti zog von Buenos Aires nach Rom. Man sieht also, wie die Generation von 27 in alle Winde verstreut wurde und wie jeder, nur noch auf sich allein gestellt, seinen eigenen Weg suchen und gehen mußte: León Felipe, der in Spanien im Stile des Modernismo begonnen hatte, vertritt später eine dezidiert antiästhetizistische Position und schreibt eine postromantische Bekenntnislyrik, die ihn – etwa mit der Sammlung *Español del éxodo y del llanto* (1939) – zum Exilpoeten par exellence machte. – Luis Cernuda setzt die Arbeit an seinem ebenfalls in der Tradition der Romantik stehenden, noch 1936 in Spanien begonnenen poetischen Hauptwerk *La realidad y el deseo* mit erweiterten Ausgaben bis 1964 fort. Die Sammlung *Las nubes* (1940 und 1943) verarbeitet fast ausschließlich die Bürgerkriegsproblematik; *Ocnos* (1924 und 1963) die Sevillaner Jugenderinnerungen. Überhaupt ist zu beobachten, daß die oft auch nostalgische Erinnerung an die verlorenen Ursprünge, daß die Bürgerkriegsthematik und die Erfahrung der Entfremdung (wenn man im Ursprungsland nicht mehr gelesen werden darf und im Gastland noch unbekannt ist) bei allen Autoren ein große Rolle spielt, daß also die veränderten Lebensbedingungen tiefe Spuren in ihrer Produktion hinterlassen haben. Von Rafael Alberti sind in diesem Zusammenhang vor allem die Gedichtzyklen *Entre el clavel y la espada* (1939/41) und *Retorno de lo vivo lejano* (1948–52) zu nennen. – Guillén schließt sein erstes Hauptwerk, den alles in allem lebensbejahenden *Cántico* (mit dem bezeichnenden Untertitel *Fé de vida*), den er 1928 mit 75 Gedichten zum ersten Mal in Spanien veröffentlicht hatte, 1950 mit der vierten Erweiterung und 324 Gedichten ab. Im gleichen Jahr beginnt er mit dem antithetisch dagegengestellten neuen Zyklus *Clamor* (Untertitel *Tiempo de Historia*), der – wie schon der Haupttitel, besonders aber der Titel des dritten Teils (*A la altura de las circunstancias*) zu erkennen gibt – wesentlich skeptischer, klagender und näher an den neuen Lebensumständen, aber auch voller schmerzhafter Erinnerungen an das zurückgelassene Spanien ist.

Während die Lyriker meist schon bekannt waren, *bevor* sie ins Exil gingen, machten sich die wichtigsten Erzähler ihren Namen erst *aufgrund* des im Exil Geschriebenen, obwohl auch sie schon vorher veröffentlicht hatten.

Max Aub, Sohn eines deutschen Vaters und einer französischen Mutter, Kindheit in Paris, erst 1914 nach Valencia gekommen, verließ, nach aktiver Unterstützung der Republik, das Land zunächst wieder in Richtung Frankreich, saß dort im Konzentrationslager, wurde nach Algerien deportiert und entkam 1942 nach Mexiko. Bemerkenswert ist vor allem der aus sechs Romanen bestehende Zyklus *Laberinto mágico* (1943–1968), in dem, als seien es republikanische *Episodios nacionales*, die Vorbürgerkriegszeit, der Bürgerkrieg selbst und der Lageraufenthalt in Frankreich und Algerien in der Form einer realistischen Fiktion geschildert werden. *Campo cerrado* (1943), *Campo de sangre* (1945) und *Campo de almendros* (1968) sind die interessantesten Teilstücke.

Max Aub
R. J. Sender

Ramón J. Sender hatte schon in *El Sol* und *Solidaridad Obrera*, dazu Erzählungen und Romane veröffentlicht, bevor er 1938 emigrierte und über Frankreich und Mexiko in die USA kam, wo er auf Dauer blieb (San Diego). In Spanien stand er zunächst den Anarchisten, dann den Kommunisten nahe. Später distanzierte er sich, blieb aber zeitlebens an sozialpolitischen Fragen interessiert. Von seiner sehr umfangreichen Produktion kann hier nur weniges erwähnt werden. Aus der sozialistischen Frühzeit *Imán* (1930), ein sehr kritischer Roman über den Marokko-Krieg, und *Siete domingos rojos* (1932), worin aus anarchistischer Perspektive von einem Generalstreik erzählt wird. Von den späteren Erzählungen ist besonders populär geworden: *Mosén Millán* (1953; seit 1960 mit dem bekanntgebliebenen Titel *Requiem por un campesino español*). Der Text vermittelt mit einer ausgeklügelten Erzähltechnik zum einen den Gewissenskonflikt eines Priesters, der bei Ausbruch des Bürgerkriegs nicht den Mut aufbringt, eines seiner Beichtkinder, einen Landarbeiter, vor den faschistischen Häschern zu schützen; zum anderen einen konkreten Eindruck von den sozialen Gegensätzen und Interessenkonflikten am Beispiel des in der Erzählung geschilderten Dorfes. – Sehr bedeutsam ist schließlich der autobiographische Zyklus *La Crónica del Alba* (1942–66), vor allem die ersten Teile, in denen, bar jeder Tendenz, eine spanische Kindheit und Jugend zu Beginn des Jahrhunderts intensiv und authentisch aus dem Blickwinkel eines Heranwachsenden rekonstruiert wird.

Ramón J. Sender

An dieser Stelle muß auch Arturo Barea erwähnt werden, der 1939 nach London ging, dort auch blieb, zunächst auf englisch veröffentlichte und erst später ins Spanische übersetzt wurde. In erster Linie zu nennen ist die autobiographische Trilogie (man sieht, wie tief bei allen das Erlebte sitzt) *La forja de un rebelde* (1941–1944; span. 1951), deren erster Teil die Kindheit in einem Madrider Arbeiterviertel erzählt; der zweite befaßt sich mit Erlebnissen im Marokko-Krieg; der dritte bietet eine sehr persönliche Schilderung des bürgerkriegsumkämpften Madrid, gleichsam die Gegenperspektive zu Foxás *Madrid de Corte a Checa*. Interessant ist auch der Roman *La raíz rota* (1952, span. 1955) über die Entwurzelung des Exilierten.

Arturo Barea
Francisco Ayala

Ein weiterer bedeutender Erzähler ist Francisco Ayala, der vor dem Bürgerkrieg Professor für politisches Recht an der Universität Madrid war und über Argentinien und Puerto Rico auf eine Dozentenstelle in den USA kam. Er lebt jetzt wieder in Madrid, ist Mitglied der Real Academia Española und erhielt 1991 den Premio Cervantes, den wichtigsten Literaturpreis der spanischsprachigen Welt. Ayala ist – obgleich er auch Romane schrieb (*Muertes de perro*, 1958) – ein Meister der Kurzgeschichte, sichtbar beeinflußt vom Existenzialismus und von der Erzählweise Kafkas. Im Gegensatz zu den bisher erwähnten Erzählern aus dem Exil geht es Ayala nicht in erster Linie um historisch-sozialen Dokumentarismus und Zeitzeugenschaft, sondern um die Analyse menschlichen Verhaltens in bestimmten Extremsituationen, wobei er eine recht pessimistische Ansicht von den moralischen Fähigkeiten erkennen läßt. Am bekanntesten sind die Erzählbände *Los usurpadores* (1949), in deren Mittelpunkt das Machtstreben steht; *La cabeza del cordero* (1949), mit Erzählungen über den Bürgerkrieg, und *Historia de macacos* (1955), in denen Ayalas sarkastisch-grotesker Humor zur Geltung kommt.

Alejandro Casona

Was das Theater anbelangt, ist vom Exil naturgemäß weniger zu erwarten als in den anderen Gattungen, ist doch die Abwesenheit des Publikums für den Theaterautor ein noch viel größeres Hemmnis als für die Autoren der geschriebenen Literatur. Zu nennen sind hier z.B. Jacinto Grau und Alejandro Casona. An Casona wird besonders gut sichtbar, wie das Exil auch nach seiner Beendigung nachwirkte: Obwohl er schon 1962 zurückkehren konnte, faßte er als Autor nie mehr richtig Fuß. Er knüpfte da wieder an, wo er 1936 mit *Nuestra Natacha* aufgehört hatte – beim poetischen Theater, das zwar beim Publikum vorübergehend großen Anklang fand (besonders das schon 1944 geschriebene Stück *La dama del alba*), von der progressistischen Kritik aber, die sich seinerzeit ein politisches Theater erhoffte, als rückschrittlich gebrandmarkt wurde. So galt der Zurückgekehrte bald als überholt. Erst José Rodríguez Richart hat Leben und Werk Casonas die verdiente Würdigung zuteil werden lassen.

Zum Schluß muß noch – am Beispiel von Jorge Semprún, Fernando Arrabal und Juan Goytisolo – von der zweiten Exilgeneration die Rede sein, bei deren Vertretern die Spaniennostalgie, die der ersten Generation so tief eingeprägt war, kaum noch eine Rolle spielt. Viel wichtiger wird bei ihnen die – allerdings ebenfalls schmerzhafte – Abnabelung vom alten Spanien, dem sie, wenn überhaupt, nur noch in einer Art Haßliebe verbunden sind.

Semprún, Arrabal und Goytisolo

Jorge Semprún, einer Diplomatenfamilie entstammend, übersiedelte schon als 15jähriger nach Paris, wo er den entscheidenden Teil seiner Schulbildung erhielt. Die meisten Texte erschienen zunächst auf französisch, erst nach dem Tod des Diktators auch auf spanisch. Vieles ist autobiographisch. *Le grand voyage* (1963) schildert den Gefangenentransport ins KZ Buchenwald, dem der Autor selbst angehörte. Das Buch erhielt den Prix Formentor. 1968 erschien mit *Quel beau dimanche* eine in Buchenwald selbst angesiedelte Fortsetzung. *La deuxième mort de Ramón Mercader* hat den Tod Trotzkis zum Thema und führte letztlich dazu, daß Semprún wegen ›Revisionismus‹ aus der KP ausgeschlossen wurde. In deren Auftrag hatte er unter dem Decknamen Federico Sánchez gefährliche Untergrundaktionen auch in Spanien selbst unternommen (vgl. dazu die 1977 auf spanisch ersterschienene, mit dem Premio Planeta ausgezeichnete *Autobiografía de Federico Sánchez*). Breiten Kreisen bekannt wurde Semprún, der sich als Schriftsteller vom *nouveau roman* beeinflußt zeigt, als Drehbuchautor berühmter politischer Filme im Umkreis von 68: *La guerre est finie* (A. Resnais, 1966); *Z* (Costa-Gavras, 1968); *L'attentat* (Y. Boisset, 1972). In seinem bisher letzten Text *L' écriture ou la vie* (*La escritura o la vida*, französisch und spanisch 1995) wird die traumatische Erinnerung an das KZ noch einmal zum Auslöser einer dicht gewebten und packenden Reflexion über die Bewältigung des Lebens durch das Schreiben, aber auch die Überwältigung des Schreibens durch Lebensumstände, die sich der Stilisierung entziehen.

Jorge Semprún

Fernando Arrabal ging, nach religiös bestimmter Schulzeit, dem Abschluß des Studiums und dem Scheitern (nach Eingriff der Zensur) von *Los hombres del triciclo* freiwillig ins Exil und lebt seit 1955 in Paris. Erst dort und aufgrund seiner französisch geschriebenen Dramen und Romane hat er sich einen internationalen Namen gemacht, vor allem im Umkreis des absurden Theaters. Dennoch zeigt sein Werk tiefe Spuren seiner spanischen Herkunft. Wilhelm Kreis hat Arrabals ›Ästhetik des Obszönen‹ überzeugend als Antwort auf die sexualrepressive Erziehung in der bigotten Atmosphäre des Klerikalfrankismus während der 40er Jahre gedeutet. In Spanien selbst ist Arrabal nie wirklich akzeptiert worden. Auch nach dem Ende des Franco-Regimes ist das Interesse gering geblieben. Selbst die Auszeichnung mit dem Nadal-Preis für den Roman *La torre herida por el rayo* (1983) hat daran nicht viel ändern können.

Juan Goytisolos Jugend weist Parallelen zu der von Arrabal auf. Zunächst Besuch eines Jesuitengymnasiums, dann Jurastudium, das er 1953 abbricht. Ebenso bricht er mit dem katholischen Glauben und distanziert sich vom großbürgerlichen Milieu der Familie: die klassische Vita des Intellektuellen aus ›gutem Hause‹, der zum Dissidenten wird und ins selbstgewählte Exil geht (nicht mehr, wie die Generation zuvor, ins aufgezwungene). Goytisolo findet in Paris eine Anstellung beim Verlagshaus Gallimard. Gelegenheit, mit den Autoren des *nouveau roman*, später auch mit der Gruppe *tel-quel* ins Gespräch zu kommen und eine Vermittlerrolle zwischen französischer und lateinamerikanischer Literatur zu spielen. Gelegenheit auch zu Reisen nach Kuba, in die USA und den Maghreb. Heute lebt Goytisolo abwechselnd in Frankreich, Spanien und Marokko. – Die erste Phase seiner literarischen Produktion umfaßt realistische Romane in der Tradition der *littérature engagée*, unter anderem *Juegos de mano* (1954) und *Fin de fiesta* (1962). Mit *Señas de identidad* (1966) nimmt seine literarische Konzeption eine entscheidende Wende: weg von der Darstellung und Bloßstellung äußerer Realität hin zur vielfach gebrochenen Selbstreflexion und zur Kritik am abendländischen Zivilisationsbewußtsein. Diese Tendenz verstärkt sich noch in der Trilogie *Reivindicación del Conde Don Julián* (1970) (der Conde Julián war der ›Verräter‹, der – so die Legende – den Arabern 711 die Überfahrt nach Spanien ermöglicht haben soll); *Juan sin tierra* (1975; eine Anspielung auf Goytisolos eigenes Schicksal) und *Makbara* (das arabische Wort für Friedhof; 1980). Als Essayist und Polemiker wurde Goytisolo stark von Américo Castros epochemachendem Werk *La realidad histórica de España* (1948 in Argentinien, in Spanien erst 1962 erschienen) geprägt, jener Rehabilitierung des mittelalterlichen ›spanischen‹ Islam und anderer von der Gegenreformation unterdrückter Heterodoxien, die – im Anschluß an die kastilische Version – zu einer Wende in der spanischen Geschichtsschreibung geführt hat und heute als frühes Anzeichen des geistigen *cambio* gilt. Aufschlußreich sind auch die autobiographischen Schriften *Coto vedado* und *En los reinos de Taifa* (1986). Zuletzt hat Goytisolo den Überlebenskampf der bosnischen Moslems von Sarajewo aus schreibend unterstützt.

Juan Goytisolo

Señas de identidad ist zwar in erster Hinsicht ein Roman über die Identitätskrise von Alvaro Mendiola, eines 32jährigen, im Pariser Exil lebenden Pressefotografen, der nach einem Herzinfarkt zu einem Erholungsurlaub nach Katalonien kommt und dort in drei Tagen sein Leben zu rekonstruieren und zu ordnen versucht; es ist in zweiter Hinsicht aber auch ein Exilroman, ja *der* Exilroman, nicht nur weil ihn sein Autor, dessen Leben viele Parallelen zu dem Alvaros aufweist, im Exil geschrieben hat, sondern auch, weil er das Exil zum Thema macht und einen lebendigen

Goytisolos Señas de identidad

Eindruck davon vermittelt, was ›Exil‹ eigentlich heißt, nämlich in erster Linie Identitäts-*Verlust*. Indem man dem inneren Monolog Alvaros folgt, der, gleichsam zweisträngig, den spanischen und den französischen Faden seiner Existenz aufrollt, wird man unmittelbarer Zeuge einer fortschreitenden Entfremdung, in deren Verlauf das zunächst noch nahe Spaniengeschehen, an dem Alvaro über seine drinnen gebliebenen Freunde aus der antifrankistischen Opposition weiter mittelbar beteiligt bleibt, immer ferner rückt und immer diffuser wird, besonders von dem Zeitpunkt an, als die ökonomische Öffnung des Regimes (die Liberalisierung im Sinne des Kapitalismus) das Interesse an der politischen Öffnung zu ersticken droht. Da gleichzeitig auch in Frankreich selbst die Anteilnahme der Intellektuellen am Schicksal des Exilspaniers erlahmt und dieser immer mehr mit den verachteten ›Gastarbeitern‹ gleichgesetzt wird, kommt es zur erwähnten Krise. Den Höhepunkt der politischen Enttäuschung stellt für Alvaro die Begegnung mit zwei französischen Bürgerkriegsveteranen dar, die zwar noch wissen, daß sie *du bon côté* gekämpft haben, aber nicht mehr für wen und für was. Für Alvaro ist das gleichbedeutend mit dem Scheitern seiner Exillusion: innen, in Spanien, sind die politischen Freunde kaltgestellt, und außen interessiert sich niemand mehr für ein ›Spanienproblem‹. – Zugleich ist der Roman aber auch ein Beispiel für die Zensurpraxis, die auf institutioneller Ebene Goytisolos/Alvaros Isolierungsängste bestätigt: Die Zensur verbot den Roman und enthielt ihn dem intendierten Publikum vor; nur auf dem Umweg über Mexiko, wo er originalverlegt wurde, kam er vereinzelt an die spanischen Leser heran. Erst 1976 – und auch dann noch unter erheblichen Bedenken – gab die Zensur eine spanische Ausgabe frei. Auch andere Texte der spanischen Exilliteratur sind – wenn überhaupt – auf so umständliche Weise nach Spanien gelangt: über Mexiko, über südamerikanische Länder (meist Argentinien) oder über den Pariser Exilverlag »El Ruedo Ibérico«.

Der Diskurs der Zensur. Literatur im Francoregime

Nach dem Sieg des Generals Franco unterdrückte das neue Regime mit aller Macht die Freiheits- und Ausbruchssehnsüchte, die in der Zweiten Republik allenthalben lebendig geworden waren und versuchte, das *roll back* in das imperiale Denken und in den moralischen Rigorismus des 17. Jahrhunderts durchzusetzen. Spanien sollte der Irrtum des Liberalismus – von der Parteien- und Meinungsvielfalt über die Pluralität der Regionen und Sprachen, die gewerkschaftliche Mitbestimmung bis hin zur Gleichberechtigung der Geschlechter und zur Auflöslichkeit der Ehe – mit diktatorischer Strenge ein für allemal ausgetrieben werden. An die Stelle der ›Freiheit‹ tritt nun abermals die ›Wahrheit‹. Und die nicht weiter hinterfragbare Wahrheit des Regimes heißt: Gott, Vaterland und Familie. Den Bestand dieser Trinität im Kopf seiner Untertanen vor den teuflischen Versuchungen des Freidenkertums und vor den Zweifeln der kritischen Vernunft zu schützen, ist jetzt die vornehmste Aufgabe des Staates und seines Caudillo. Er allein bestimmt darüber, was seinen Schutzbefohlenen zuträglich ist; er versteht sich als Vater einer Familie, die aus lauter Unmündigen besteht.

Der Zensurapparat

Dies ist die Legitimation für die Einrichtung eines gewaltigen Zensurapparates, der zunächst dafür zu sorgen hat, daß die vierte Gewalt im Staat – die Gewalt der publizistischen Kritik – gebrochen und die Presse zum staatlich gelenkten Propagandainstrument umfunktioniert wird. Nicht

Szene aus Carlos Sauras Film *Ana y los lobos* (1972): Paß- und Bücherkontrolle

mehr das Räsonieren, sondern das Stillhalten wird ihr und allen anderen Kommunikationsmedien – auch der Literatur – befohlen. »Der Gehorsam, das Unterdrücken zersetzender Kritik, das enthusiastische Schweigen«, heißt es in einem Leitartikel aus dem Jahr 1939. Das sind Schweigegebote, die aus einem Lorcastück stammen könnten. (Nur bei Sportereignissen, etwa beim Fußball, und hier besonders bei den großen Erfolgen von Real Madrid, war der Aufschrei als kollektive Triebabfuhr zugelassen, ja erwünscht). Was die Literatur und den Film anbelangt, so wird das Medium um so strenger kontrolliert, je öffentlicher es ist: Lyrik und erzählende Belletristik haben es mit einem, höchstens zwei Zensoren zu tun; das Theater mit bis zu zehn, der Film mit bis zu zwanzig.

Wie in den Zeiten der Inquisition gehen in der Zensurbehörde Staat und Kirche eine enge Verbindung ein. Und wie die Inquisition im 16. Jahrhundert einen Schutzwall vor den Einflüssen der Reformation errichtete und am Ende des 18. und zu Beginn des 19. Jahrhunderts den Ansturm der europäischen Aufklärungs- und Revolutionsideen abwehrte, so ist jetzt die franquistische Zensur vor allem darauf bedacht, einen Deich gegen die Überflutung mit ausländischen Irrlehren zu errichten: gegen die ›Zügellosigkeit‹ der westlichen Demokratien, vor allem aber gegen den ›Ungeist‹ der marxistischen Sowjetunion. – Dagegen sind die Anregungen aus Goebbels' Propagandaministerium willkommen, wenngleich der Aufbau eines funktionierenden Zensurapparats gerade in Spanien auf genügend Eigenerfahrung (man denke an die jahrhundertealte ›Übung‹ durch die Inquisition) zurückgreifen konnte. Dieser eigenen Zensurtradition entspricht es auch, daß der zunächst angestrebte ›deutsche‹ Perfektionismus bald nach 1945, spätestens zu Beginn der 50er Jahre, in eine immer flexibler, freilich auch willkürlicher und komplizierter werdende Kasuistik überging, die sich einerseits zwar jeder Berechnung entzog, die andererseits aber auch Chancen bot, die Zensur (bei der viele unterbezahlte Lehrer, Professoren und Schriftsteller ihr karges Gehalt aufbesserten) listig zu umgehen oder zu unterlaufen. Man darf sich den Kampf zwischen Kontrolleuren und Schmugglern allerdings nicht *zu* sportlich vorstellen. Er wurde mit Erbitterung geführt und forderte zahllose Opfer in Form von verstümmelten,

Franco, in Zivil

Erste Seite des Bescheids der Zensur zu Sauras Film *Ana y los lobos*. Der Film wird trotz stärkster Bedenken zur Freigabe empfohlen, um der Opposition nicht in die Hände zu arbeiten.

zurückgewiesenen, wieder vorgelegten und endgültig verbotenen Texten und Filmen. Auch gab es ein ständiges Auf und Ab zwischen Frost- und Tauwetterperioden, und obgleich Manuel Fraga Iribarne 1966 ein etwas liberaleres Pressegesetz vorlegte, zog die politische Zensur gegen Ende des Regimes noch einmal an. Erst mit der Annahme der demokratischen Verfassung von 1978 wurde sie offiziell abgeschafft, nachdem die Zeitung *El País* schon 1976 das Vakuum, das nach dem Tode Francos entstanden war, dazu genutzt hatte, Meinungsfreiheit de facto wiederherzustellen.

Andererseits gab es aber nicht nur politische Zensur, sondern auch eine moralische und religiöse. Bis 1966 stand die moralische Zensur – die Forderung nach *honestidad*, nach Züchtigkeit und Triebunterdrückung also – sogar an erster Stelle. In ihrem Namen wurden die Dramen Lorcas noch nachträglich verboten. Erst nach dem neuen Pressegesetz trat die politische Zensur in den Vordergrund, während die *honestidad* auf den dritten Platz abrutschte, wie man unschwer an den plötzlich geduldeten Nackt-und Erotikszenen in Kino und Theater sehen konnte. Diese wurden freilich auch gewährt, um die spanische Filmindustrie im internationalen Konkurrenzkampf zu stärken, was einmal mehr bestätigt, daß Liberalisierung im Franquismus immer nur ökonomisch begründet war.

Es ist jedenfalls klar, daß die ständige Zensurrücksicht die Autoren dazu zwang, sich entweder zu beugen oder Taktiken der Verschleierung und der Verstellung zu erfinden, d.h. Formen des indirekten oder verschlüsselten Sprechens, die der Zensur weniger Handhabe zum Eingreifen boten als es bei der umstandslosen Äußerung der Fall gewesen wäre. Man kann das als ›Diskurs der Zensur‹ bezeichnen. Die Tatsache, daß es die Zensur fertigbrachte, Literatur und Film eine Verrätselungsstrategie aufzuzwingen, ist ein Beweis für ihre *Macht*. Gleichzeitig gab es aber auch Autoren, die diesen Diskurs, d.h. die Kunst der Zensurumgehung, mit so viel Geschick und Einfallsreichtum handhabten, daß sie den Apparat zu täuschen, manchmal sogar der Lächerlichkeit preiszugeben vermochten. In solchen Fällen wurde die *Ohnmacht* der Zensur offenbar.

Der Diskurs der Zensur

Ein gutes Beispiel für die Dialektik der Zensur ist der 1966 erschienene Roman *Cinco horas con Mario* von Miguel Delibes. Als Delibes mit den Vorarbeiten begann, dachte er an eine direkte Konfrontation zwischen den Eheleuten Carmen und Mario, die zugleich die Repräsentanten der Zwei Spanien sein sollten: Carmen die des rechtskonservativen und katholischen, Mario des linksliberalen und laizistischen. Aber als Delibes klar wurde, daß die Zensur das Projekt verbieten würde, dachte er sich einen Umweg aus. Er ließ Mario, die Titelfigur, sterben (die erste Seite des Romans ist eine schwarzumrandete Todesanzeige) und Carmen an Marios Bett die Totenwache halten. Während der fünf Stunden dieser Wache sagt sie ihm in einem durch nichts zu unterbrechenden Monolog (er *kann* ja nicht mehr antworten), wie *sie* die Dinge sieht und wie *er* sie hätte sehen müssen. Diese Fassung wurde freigegeben. Der Trick, mit dem Delibes sein Projekt rettete, bestand also darin, daß er von Anfang an den Standpunkt des kritischen Oppositionellen zum Verstummen brachte und daß er allein die Repräsentantin des Traditionalismus – und zwar wahrhaft unbeschränkt – reden ließ. Das ist der Beweis für die Macht der Zensur. Aber indem er nur Carmen reden und indem er sie ungehemmt alle konservativ-traditionalistischen Gemeinplätze aussprechen läßt, die ihr in den Sinn kommen, stellt er gleichzeitig indirekt doch auch das ideologische Programm in Frage, dessen Sprecherin die gewiß sympathische und temperamentvolle, aber eben auch beschränkte Carmen ist. Mehr noch: die Antworten, mit denen sie über Mario zu triumphieren glaubt, rufen, im Gegenteil, überhaupt erst das Interesse an den Fragen hervor, die dieser nicht mehr stellen kann. So wird die Kritik am Traditionalismus im Text zwar nicht offen zur Sprache gebracht, aber sie formt sich im Kopf des Lesers. Das ist ein Beweis für die Ohnmacht der Zensur, die letztendlich selbst das in Gang gebracht hat, was sie eigentlich verhindern wollte, nämlich das kritische Denken des Lesers, das durch die erzwungene ›Hinterfotzigkeit‹ in der Erzähltechnik des Autors überhaupt erst provoziert wurde.

Beispiel: Delibes'
Cinco horas con Mario

Das Symbol des abgeschlossenen Hauses

Erst wenn man gesehen hat, in welchem Ausmaß die innerspanische Literatur der Francozeit durch den Zensurzwang bedingt und bis in die Diskursstrategien konditioniert war, kann man ihr wirklich gerecht werden und dann auch würdigen, daß sie unter den gegebenen Umständen Beachtliches hervorgebracht hat – an der Zensur vorbei, ja der Zensur zum Trotz. Dennoch muß eingeräumt werden, daß Spanien nach dem Ende des Krieges zunächst in Provinzialität versank. Der Exodus eines Großteils der Intelligenz, die Zensur, die internationale Ächtung des Regimes, und der regierungsamtlich verfügte wirtschaftliche Autarkismus trugen gemeinsam zu jener Isolierung bei, die Lorca in *La casa de Bernarda Alba* mit dem Symbol des hermetisch abgeschlossenen Hauses schon vorausgeahnt hatte. Eben dieses Motiv erscheint von jetzt an immer wieder und in vielfältiger Abwandlung – bald unbewußt, bald in kritischer Absicht – in sämtlichen Literaturgattungen als die Verkörperung spanischer Befindlichkeit. Erst allmählich lockert sich die Umklammerung wieder; in den 50er Jahren mit der Annäherung an die USA; in den 60ern mit der wirtschaftlichen Liberalisierung; in den 70ern mit dem allmählichen Herantasten an die Europäische Gemeinschaft. Fast im gleichen Rhythmus öffnet sich auch die geistige Enge, soweit die Zensur das zuließ, sodaß beim Tod des Diktators kein abrupter Umschwung, sondern eher eine sanfte *transición* auch in den schönen Künsten zu konstatieren war.

Der Roman

Mindestens vier Romanautoren aus jener Zeit können inzwischen als kanonisiert gelten: Camilo José Cela, der 1989 mit dem Nobelpreis ausgezeichnet wurde; der frühvollendete Luis Martín Santos, der das Erzählen aus den Zwängen des realistischen Objektivismus und der Nachahmungsästhetik befreite; der schon erwähnte Juan Goytisolo, dessen internationales Ansehen größer ist als das spanische; und Miguel Delibes, der den Provinzialismus im wahrsten Sinne beim Wort nahm und der ihm eben dadurch Authentizität verlieh. Doch gibt es noch eine ganze Reihe anderer bemerkenswerter Autoren und Autorinnen (denn jetzt treten auch Frauen ins Rampenlicht), weshalb es angezeigt ist, sich die erstaunlich vielgestaltige und historisch differenzierte Entwicklung des spanischen Romans etwas näher anzusehen.

Tremendismo: Cela und Laforet

Der erste Roman, überhaupt der erste literarische Text, der wie ein Querschläger in die vom Staat verordnete Stille schlug, war Celas *La familia de Pascual Duarte* (1942). – Auf den ersten Blick sieht es so aus, als habe man einen frühen sozialen Zeugnisroman, eine *novela testimonial* vor sich: Der Landarbeiter Pascual erzählt rückblickend sein durch viele Benachteiligungen (fehlende Schulbildung, zerrüttete Familie, extreme Armut) verpfuschtes Leben in der zurückgebliebenen Extremadura. Er erzählt aus der Todeszelle eines Gefängnisses, wo er auf seine Hinrichtung wegen mehrfachen Mordes wartet: Mord an dem Verführer und Zuhälter der Schwester, Mord an der Mutter, die fremdgegangen ist, Quasi-Mord am Vater, der die Mutter nicht ›reinzuhalten‹ wußte, dazu noch Vergewaltigung der zukünftigen Ehefrau und ein weiterer, in der vorangestellten Widmung nur angedeuteter Mord an einer hochgestellten Persönlichkeit, der eben diese Widmung gilt. Das alles steht scheinbar in krassem Gegensatz zum Mythos der *honestidad* und ist doch nur Ausfluß jenes ebenso archaischen wie verschrobenen Ehrenkodex, dem wir schon bei Lorca begegnet sind. Nur daß hier die andere Seite dieses Kodex, die *violencia*, beleuchtet wird, deren ein Mann fähig sein muß, wenn ›die Ehre‹ auf dem Spiel steht und wenn er nicht der Unmännlichkeit geziehen sein will. – Andererseits erzählt Pascual sein Leben aber auch mit der gleichen Unbekümmertheit, ja Wohlgemut-

Camilo José Cela,
Nobelpreisträger 1989

heit, wie der Pícaro seine Gaunereien zu erzählen pflegte, wobei Pascual wie der Pícaro seine Geschichte zugleich als Lebensbeichte in der Ich-Form stilisiert. Während aber beim Pícaro die Heiterkeit angesichts seiner oft kunstvoll eingefädelten Gaunereien noch halbwegs angemessen schien, wirkt sie bei Pascual angesichts der detailliert erinnerten Untaten schockierend. *Tremendismo* hat man diese eigenartige Form des schwarzen Humors sogleich genannt, und Cela selbst hat eifrig an der Durchsetzung dieses Begriffs mitgewirkt.

Daß der Roman trotz heftiger Einsprüche von kirchlicher Seite die Zensur passieren konnte und nur für sehr kurze Zeit vorübergehend verboten war, ist einerseits gewiß den vorzüglichen Beziehungen zu danken, die Cela damals mit Parteigrößen unterhielt, ist zum anderen aber auch auf die raffinierte Rahmentechnik zurückzuführen, mit der er sich, wie schon die vorwitzigen Autoren des Siglo de Oro, als simpler Kopist ausgibt, dem Pascuals Lebensbeichte vom Zufall in die Hände gespielt wurde, worauf er sie nur unter größten Bedenken und einschneidenden Eingriffen (Cela als sein eigener Zensor!) der Öffentlichkeit übergab – als abschreckendes Beispiel und als heilsamer Schock.

Oft wird auch der zweite bemerkenswerte Roman der Epoche, Carmen Laforets *Nada* (1945), mit dem die damals 24jährige den ersten Premio Nadal errang, dem *tremendismo* zugerechnet. Das geschieht aber eigentlich zu Unrecht, denn obgleich auch dieser Roman in der ersten Person eine allerdings kürzere Zeitspanne vermittelt (den einjährigen Aufenthalt einer kanarischen Studentin bei Verwandten in Barcelona) und obwohl auch hier manches krude Detail – diesmal aus dem Milieu des Kleinbürgertums – zur Sprache kommt, ist doch die Erzählerin die Schockierte und Desillusionierte und damit das Erzählte von vornherein rationalisiert.

In den 50er Jahren kommt dann eine Vielzahl von Romanen auf, die sich, scheinbar völlig objektivistisch, darauf beschränken, die Realität fast ausschließlich in ihrer Außenansicht aufzunehmen und zu protokollieren. Das ist oft herablassend als Rückfall in den Realismus/Naturalismus denunziert worden. Zu Unrecht, denn zu deren Kennzeichen gehörte ja gerade, daß der Erzähler allwissend war, daß er seiner Erzählung eine politische Tendenz unterlegte, daß er noch mit handelnden Protagonisten arbeitete und daß er – darin noch ganz Epiker – auch größere Zeiträume umfaßte. Das ist aber im spanischen Roman der 50er Jahre nicht mehr der Fall. Meist beschränkt sich die erzählte Zeit auf einen oder ganz wenige Tage, oft spielt sich das Geschehen auch räumlich in engen Grenzen ab. Es gibt keine Protagonisten, nurmehr eine Vielzahl von wenig ausdifferenzierten Personen, die auch nicht als handelndes Kollektiv (wie bisweilen im Naturalismus), sondern bloß als lebensfristende Vielzahl auftreten. Der Erzähler hütet sich, eine politische Tendenz erkennen zu lassen. Dennoch hatten viele Autoren erhebliche Schwierigkeiten mit der Zensur, ganz einfach deshalb, weil von dieser schon das bloße Wirklichkeitsprotokoll, das Geltenlassen von Realität als Zumutung empfunden wurde, denn sie wünschte im Grunde keine Literatur, die zeigt, was *ist*, sondern eine die vorgibt, wie es sein *soll*. In diesem Sinne hat vor allem das staatlich geförderte Kino mit seinen militaristischen Heldenfilmen, seinen costumbristischen Humoresken und seinen das Imperium feiernden Historiengemälden die offiziellen Direktiven verwirklicht. Gegen sie nimmt sich der scheinbar objektive Sozialroman tatsächlich wie eine Verweigerung oder Obstruktion aus.

Der Sozialroman der 50er Jahre

Madrider Kontraste Anfang der 60er Jahre

Auch hier hatte Cela wieder eine Wegbereiterfunktion. *La colmena* (1951), der zunächst verbotene Roman über das Madrid der Hungerjahre, in dem die krude Wirklichkeit freilich noch durch den grotesken, nicht selten (etwa in der Beschreibung des Homosexuellenpaares) auch maliziösen Humor des Erzählers deformiert wird, zieht zahlreiche parallele oder vergleichbare Texte nach sich, in denen eine kritische Bestandsaufnahme des gegenwärtigen Spanien geleistet wird: *La noria* (1952) von Luis Romero, das in Barcelona spielt; *El Jarama* (1956) von Rafael Sánchez Ferlosio, das einen Tag im Leben Madrider Jugendlicher protokolliert; *Entre visillos* (1958) von Carmen Martín Gaite, in dem der Wartestand heiratsfähiger Mädchen im *Huis clos* einer kleinen Provinzstadt geschildert wird, und vieles andere mehr (u. a. Texte von Aldecoa, García Hortelano, López Pacheco, Fernández Santos, Zunzunegui, Grosso, Lera).

Neue Erzählformen in den 60ern: Martín Santos

Die Bedeutung von Luis Martín Santos' *Tiempo de silencio* (1962) liegt weniger im Inhaltlichen. Auch ist der Roman im internationalen Vergleich keineswegs überragend; er weist sogar eine Reihe von technischen Unvollkommenheiten auf, wie sie Erstlingen (und dies *ist* der literarische Erstling eines Autors, der im Hauptberuf Arzt war) anzuhängen pflegen. Seine Bedeutung liegt dennoch vor allem in der Form, in der neuen Erzählweise, mit der Spaniens Roman wieder Anschluß an die internationale Entwicklung fand. Denn dort war die – für *Tiempo de silencio* charakteristische – Subjektivierung, Diversifizierung und Problematisierung des Erzählvorgangs (also gerade die Entfernung vom naiven Objektivismus) längst in Gang gekommen.

Ende der 50er: Dritte Welt in Spanien

Inhaltlich unterscheidet sich der Roman nicht wesentlich vom Sozialroman (etwa *La colmena*). Schauplatz ist Madrid im Oktober 1949, speziell eine Kleinbürgerpension, in der die Hauptperson des Romans, der Arzt Pedro, wohnt (man sieht Balzacs Pension Vauquer aus dem *Père Goriot* durchschimmern); eine Notunterkunft mitten im Lumpenproletariat der *suburbios*, woher Pedro Ratten für seine Experimente bezieht und wo er – aus Mitleid – Beihilfe zu einer Abtreibung leistet (was ihn mit dem Gesetz in

Konflikt bringt und seinen Arbeitsplatz an der Universität kostet); und die innenstädtischen Treffpunkte der Intelligenz, an denen Pedro mit seinen akademischen Freunden zusammenkommt. Am Schluß verläßt er frustriert die Hauptstadt – in seinem Verhalten den Protagonisten von 98, besonders denen Barojas nicht unähnlich, die an den deprimierenden spanischen Verhältnissen ebenso gescheitert sind wie an ihrer eigenen *abulia*.

Neu ist, wie gesagt, die mit intertextuellen Anspielungen gespickte Erzählweise und die meist subjektive, mit der Wahrnehmung und dem Erfahrungshorizont Pedros übereinstimmende Perspektive, aus der heraus das Erzählte vermittelt wird, wobei allerdings auch der Denk- und Redestil anderer Personen, bald sprachlich echt, bald in grotesker oder parodistischer Verzerrung (am bekanntesten geworden ist die Parodie einer Ortega-Rede) gleichsam dazwischengeschnitten wird. Dementsprechend wechseln Passagen in der dritten, der zweiten und der ersten Person (letzteres vor allem im häufig verwendeten Inneren Monolog) mit einmontierten Elementen fremder Diskurse.

Alles in allem hat der experimentierfreudige Martín Santos den spanischen Roman aus dem Systemzwang des Wirklichkeitsprotokolls befreit und ihm ein ganzes Arsenal von flexibel zu gebrauchenden Verfahrensweisen an die Hand gegeben, was, zusammen mit den Anregungen aus dem *nouveau roman* und der lateinamerikanischen Boomliteratur, alsbald zu einer tiefgreifenden Umorientierung der spanischen Erzählkunst geführt hat.

Es ist jedenfalls auffallend, daß sich seit Mitte der 60er Jahre eine ganze Reihe von formal anspruchsvollen Romanen anschließen. Dazu gehört auch das schon besprochene *Señas de identidad* (1966) von Juan Goytisolo, in dem die bei Martín Santos noch etwas unbeholfen wirkenden formalen Neuerungen wesentlich verfeinert sind. – Auch Juan Benet, der mit Martín Santos eng befreundet war und – als Ingenieur – wie dieser einen nichtliterarischen Beruf ausübte, wurde durch das Beispiel von *Tiempo de silencio* beeinflußt. In *Volverás a Región* (1967), das in einer unbestimmten, vom Bürgerkrieg heimgesuchten und zum *silencio* verdammten ›Gegend‹ spielt, wird der Einfluß des *nouveau roman* besonders spürbar, vor allem in der Zurückdrängung einer zeitlich und örtlich zu verifizierenden und zusammenhängenden Handlung zugunsten eines lyrisch-getragenen und mit Symbolismen beladenen ›Diskurses‹. Bei Benet kann man aber auch sehen, daß die – für den normalen Leser verwirrende – Technik des Nouveau Roman in Spanien kein Selbstzweck war, sondern oft auch der politischen Tarnung diente. Offen und unverstellt konnte nämlich das Thema Bürgerkrieg in Spanien selbst nicht zur Sprache gebracht werden, es sei denn, man stand, wie José María Gironella in *Un millón de muertos* (1961), auf der ›richtigen‹ Seite. Wenn das nicht der Fall war, mußte man ihm sich mit großer Vorsicht (wie Benet) oder aus möglichst weitem Abstand nähern, wie es Ana María Matute in *Primera Memoria* (1960) aus der Sicht des ›unschuldigen‹ Kindes tat. Noch Carlos Saura mußte in seinem berühmten Bürgerkriegsfilm *La prima Angélica* (1973) sein Interesse am Tabuthema tarnen, indem er seinen Protagonisten Luis in die Kindheitsperspektive zurückversetzte und, ähnlich wie Benet, den zeitlichen und örtlichen Nachvollzug des Geschehens erschwerte.

Verschlüsselung der Bürgerkriegsthematik

Neue formale Möglichkeiten – in diesem Fall allerdings ohne politischen, vielmehr eher mit mythologischem Hintersinn – erschloß sich auch Gonzalo Torrente Ballester, indem er mit der raffiniert konstruierten *Saga-Fuga de J. B.* (1972) den am intellektuellen Spiel interessierten und literarisch gründlich gebildeten Leser herausforderte. Dabei parodiert bzw. pastichiert er – der Literaturprofessor – die Schreibweise vieler Autoren, u. a. auch die von Martín Santos und ganz besonders die von García Márquez. Ihm folgt er bis an den Rand des Plagiats (das als ›intertextuelle Anspielung‹ salonfähig geworden ist), wenn er den galicischen Ort Castroforte dem ebenso verlassenen Macondo aus García Marquez' *Cien años de soledad* nachempfindet und allen männlichen Protagonisten die gleichen Initialen (J. B.) zuweist.

Miguel Delibes

Selbst ein zunächst als provinziell und als zu populär unterschätzter Autor wie Miguel Delibes ist seit *Cinco horas con Mario* (1966) auch formal neue Wege gegangen, wenngleich ihm schon mit *El camino* (1950), *La hoja roja* (1959) und *Las ratas* (1960) Romane gelungen waren, die zwar nicht mit erzähltechnischen Kunststücken glänzten, die aber durch die verblüffende sprachliche Annäherung an die jeweils im Mittelpunkt stehende Gruppe der Kinder, der Alten und der kastilischen Bauern authentisch und originell wirkten. – Mit *Los santos inocentes* setzte Delibes im Schlüsseljahr 1981, als mit dem gescheiterten Tejero-Putsch noch einmal der Schatten der Vergangenheit heraufbeschworen, durch das Dazwischentreten des Königs aber zugleich die demokratische *transición* gesichert wurde, den Schlußpunkt hinter eine literarhistorische Epoche: *Los santos inocentes* nimmt eine (im Franquismus der ungeschminkten Darstellung entzogene) Thematik des Sozialromans – die Ausbeutung der extremenischen Tagelöhner durch den Egoismus der Großgrundbesitzer – noch einmal auf, aber nur um sie mit der unerwarteten Revanche des debilen Azarías gleichsam abzugelten; und es nimmt Techniken der sprachlichen Subjektivierung aus dem formalistisch experimentierenden Roman der 60er und 70er Jahre auf, aber nur, um damit denen, die nie gefragt wurden, ihre eigene Stimme zu geben. In der überaus erfolgreichen Verfilmung durch Mario Camus (1984) ist *Los santos inocentes* endgültig zum – auch politisch so verstandenen – ›Schlußstrich‹ unter die Vergangenheit geworden.

Das Theater

Auch unter dem Franquismus und trotz der Zensur, die für die Bühnenkunst bekanntlich schärfer war als für den Roman, hatte Spanien ein reges Theaterleben, das allerdings weitgehend auf Madrid und Barcelona beschränkt blieb. Die Bühnen wurden in aller Regel nicht subventioniert und mußten die nötigen Mittel durch erhöhten Arbeitsaufwand selbst einspielen, was nicht ohne Abstriche an der Probenzeit und damit an der Qualität der Aufführungen zu leisten war (zwei Vorstellungen am Tag waren die Regel; Theaterferien gab es für die Schauspieler nicht; sie mußten nach dem Ende der Hauptstadtsaison noch auf Tournee durch die Provinz). Den Löwenanteil an der Befriedigung des Publikumsinteresses hatte das leichte

Boulevardtheater

Boulevardtheater in der Fortführung der einheimischen Sainete- und der französischen Vaudeville-Tradition, welch letztere eine Prise erotischer Pikanterie beimischte, die seit dem Beginn der 70er Jahre immer kräftiger wurde. Der ungekrönte König, fast der Monopolist dieses Unterhaltungstheaters war der Vielschreiber Alfonso Paso, von dem einige Titel auch Eingang ins deutsche Repertoire fanden (*Cosas de papá y mamá*, 1965). – Neben diesem leichten gab es, im Prinzip für den gleichen bürgerlichen Massengeschmack, ein ernsteres ›National-Theater‹, das die Zuschauer mit konstruierten Problemen und Gewissenskonflikten konfrontierte, die stets im Sinne der herrschenden Moral und der offiziellen Politik aufgelöst wurden. Beherrschende Figuren dieses *teatro nacional* waren der schon erwähnte José María Pemán und Joaquín Calvo Sotelo, dessen zwiespältiges Problemstück *La muralla* (1954) der größte Theatererfolg der Nachkriegszeit war. Im Mittelpunkt steht ein Kriegsgewinnler, den das Gewissen peinigt, der aber so rechtzeitig vom Tod ereilt wird, daß das Opfer (ein ›Roter‹) nichts erfährt und die Familie das Vermögen behalten kann.

Auf der anderen Seite gab es mitten im Franquismus aber auch den Versuch, das Theater zu einem moralisch-politischen Forum zu machen, auf dem oppositionelle Ideen mit ungewöhnlichen Mitteln zur Diskussion gestellt wurden. Dazu gehörten – neben Dramatikern wie Lauro Olmo (u. a. *La camisa*, 1962), José Martín Recuerda (u. a. *Las salvajes en Puente Gil*, 1963) und Carlos Muñiz (u. a. *El tintero*, 1962) – vor allem die zwei herausragenden Theaterautoren jener Zeit: Antonio Buero Vallejo und Alfonso Sastre, die beide mit der Zensur in Konflikt kamen und zum Teil jahrelange Verbote hinnehmen mußten.

Theater als moralisch-politisches Forum

Buero Vallejo, der inzwischen fast 40 Stücke geschrieben hat, wurde am Ende des Bürgerkrieges zum Tode verurteilt und saß eine Zeitlang im gleichen Gefängnis wie Miguel Hernández. Nach seiner Begnadigung (1946) gelang ihm 1949 mit *Historia de una escalera*, das mit dem damals hochangesehenen Premio Lope de Vega ausgezeichnet wurde, der Durchbruch. Heute gilt das Stück als Symbol für die Wiederbelebung des spanischen Theaters. Schon hier wurde sichtbar, was Buero stets kennzeichnen sollte: eine originelle Weiterentwicklung von Verfahrensweisen des epischen Theaters und eine existentialistische, d. h. die Schwächen des Menschen nicht leugnende, aber letztlich doch auf seine Fähigkeit zur Verantwortung vertrauende Grundeinstellung. *Historia de una escalera* beginnt wie ein harmloses Sainete, um die Zensur, die auch prompt darauf hereinfiel, auf eine falsche Spur zu bringen. Aber was wie die Momentaufnahme kleiner Nachbarschaftskonflikte auf dem Treppenabsatz eines kleinbürgerlichen Mietshauses beginnt, weitet sich in den drei Akten des Dramas zum Paradigma einer 30 Jahre währenden Spanienfrustration aus, die vorderhand nur die Hoffnung auf eine bessere Zukunft zuläßt. – Die schon hier zu spürende Tendenz, Probleme der Gegenwart durch historische Vergleiche bewußt zu machen, wird in einer Reihe von höchst bemerkenswerten historischen Dramen vollends manifest. So in *El sueño de la razón* (1970), das sich auf den ersten Blick wie eine dramatisierte Biographie des späten Goya ausnimmt, dann aber unversehens aktuell wird, weil die Verfolgung des liberalen Goya durch den klerikalen Absolutismus Fernandos VII zur Parabel für die Zustände im frankistischen Absolutismus der Gegenwart wird. Das Stück konnte die Zensur erst nach langen Diskussionen und nur deshalb passieren, weil es mit ungewöhnlichen Mitteln arbeitet, sich u. a. die Taubheit Goyas dramaturgisch zunutze macht und deshalb als minder gefährlich, weil nicht für den Massenkonsum tauglich, eingeschätzt wurde – in einer Zeit außerdem, wo die Zensur schon abzuwägen begann, ob ein Verbot dem Regime nicht *mehr* schaden könne als die Freigabe. Indes: nicht immer konnte ein solcher historisch-kritischer Verweis auf die real existierenden Verhältnisse auf Entgegenkommen hoffen. Im Fall des raffiniert konstruierten *La doble historia del Dr. Valmy* (1964) kam es zu einem Langzeitverbot, das erst 1976 aufgehoben wurde. Das Stück war deshalb so brisant, weil es mit dem – hier psychoanalytisch angepackten – Problem der Folterung ein für das Regime äußerst peinliches Thema auf die Bühne brachte, das auch durch die Verlegung ins Ausland und durch die wiederholte Versicherung, derartiges könne ›bei uns natürlich nicht passieren‹, kaum zu entschärfen war.

Antonio Buero Vallejo

Während Buero versuchte, seinen Stücken durch geschickte Tarnung und durch das Ausnutzen von Lücken im Zensursystem eine Aufführungschance zu sichern, nahm Sastre bewußt in Kauf, daß seine Texte verboten wurden und zunächst nur als Lesedramen rezipiert werden konnten. Da er vor allem auf politische Provokation aus war, ist sein Theater auch inhaltlich ein Theater der Rebellion. *La mordaza* (1954) z.B., eines seiner frühesten Stücke, behandelt den Aufstand einer Familie gegen den tyrannischen Vater; ein Szenario, das sich zwar das Symbol des isolierten und abgeschlossenen Hauses zunutze machte, die Handlung ins Ausland verlegte und insofern seine Absicht tarnte, das aber dennoch so durchsichtig blieb, daß Sastre selbst sich darüber wunderte, wie es bei der Zensurbehörde hatte durchgehen können. Nicht entgehen ließ diese sich – durch einen Rüffel ›von oben‹ wachgerüttelt – die vorzügliche Neufassung des Wilhelm-Tell-Stoffes (*Guillermo Tell tiene los ojos tristes*, 1955), in der die Aufforderung zum Tyrannenmord allzu deutlich und durch moderne Uniformierung und Bewaffnung des Gessler-Clans unmißverständlich gemacht war, als daß die Aufrechterhaltung des schweizer Originalschauplatzes und die auf Armbrüste beschränkte Wehrschaffenheit der Rebellen am fulminanten Verbot noch etwas hätten ändern können. – So wechselten bei Sastre stets Verbote mit eingeschränkten, für nur wenige oder sogar nur eine einzige Aufführung gültigen Zulassungen, die außerdem noch so abgefaßt waren, daß die Stücke nicht an die großen Theater, sondern allenfalls an Studentenbühnen vergeben werden konnten (wo sie, nach Meinung der Behörde, gleichwohl noch genügend Unheil anrichteten). Sastre, der wegen seiner Sympathie für die – damals noch populären – Untergrundbewegungen GRAPO und ETA wiederholt im Gefängnis saß, ist bis heute ein skeptischer Außenseiter geblieben, der dem kapitalistischen Frieden nicht traut und seinen Wohnsitz nicht ohne demonstrative Absicht von Madrid ins Baskenland verlegt hat.

Das teatro independiente

Schließlich ist Anfang der 70er Jahre zu beobachten, daß sich ein neues ›teatro independiente‹ mit einer Fülle von Theatergruppen herausbildet (»Els juglars«, »Los goliardos«, »Teatro experimental independiente« u.a.), die abseits der gleichsam offiziellen Theaterdistrikte und manchmal auch im Untergrund avantgardistische Formen des europäischen und amerikanischen Theaters (living theater, Artaud, happening) zu assimilieren versuchten. Dazu gehört auch eine Reihe von Autoren (Francisco Nieva, Eduardo Quiles u.a.), die außerhalb Spaniens kaum bekannt geworden sind. Es zeigt sich eben immer wieder, daß die eigentliche Kulturkatastrophe des Franco-Regimes nicht darin bestand, daß es auf Dauer die Produktion bemerkenswerter Stücke verhinderte – was ihm nicht gelang –, sondern darin, daß es den Auguren des Auslands den Vorwand lieferte, sich für einige Jahrzehnte von der iberischen Halbinsel abzuwenden und all das zu ignorieren oder von vornherein als formal unzulänglich abzustempeln, was dort in jener Zeit entstanden ist.

Der Film

Obwohl der spanische Film unter den Zensurbedingungen wie kein anderes Medium zu leiden hatte, ist er in der hier in Frage stehenden Zeit zu besonderem Ansehen gelangt. Zwar überwogen bis in die 50er Jahre Filme patriotischen, martialischen, sainetistischen und mantel- und degenhaften Zuschnitts; solche Filme wurden vom Regime auch offiziell gefördert. Seit Beginn der 50er machten aber in zunehmendem Maße auch nonkonforme Filmemacher auf sich aufmerksam, die in Deutschland zum Teil noch zu entdecken sind. Sie spielten mit den eingefahrenen Erwartungen und setzten sich zugleich energisch von ihnen ab, wobei sie aus der Not eine Tugend machten und einen eigenständigen, wenig kostenaufwendigen Inszenierungsstil entwickelten, der das finanzielle Risiko, nach erheblichen Investitionen noch mit einem Verbot belegt zu werden, etwas verminderte.

Szene aus *Muerte de un ciclista* von Juan Antonio Bardem (1955). Zum erstenmal wird ein Studentenprotest im Film gezeigt.

Aus dem gleichen Grund wurden auch die manchmal sinnentstellenden Einschnitte (*cortes*) in Kauf genommen, die von der Zensur noch nachträglich verlangt zu werden pflegten, wodurch die Originallänge der Filme nicht selten um mehrere Minuten verkürzt wurde. Neben Juan Antonio Bardem sind vor allem Luis García Berlanga und der in Deutschland bekanntere Carlos Saura zu nennen. Auch der damals schon zu internationaler Anerkennung gelangte Luis Buñuel gehört dazu. Er lebte zwar im mexikanischen Exil, wurde aber in den 60er Jahren gleich zweimal eingeladen, in seiner alten Heimat *spanische* Filme zu drehen. Dies geschah mit stillschweigender Duldung des Regimes, das den Weltruf des Regisseurs benutzen wollte, um die Ernsthaftigkeit seiner *apertura* unter Beweis zu stellen. Bei beiden Gelegenheiten aber wurde es durch die Realisationen Buñuels in die peinlichste Verlegenheit gebracht.

Berlanga ist von den hier zu behandelnden Filmemachern in Spanien selbst der populärste. Seine ebenso spritzigen wie hintergründigen, politisch anzüglichen und die Mächtigen verlachenden Komödien – viele von ihnen auch mit einer gehörigen Prise schwarzen Humors gewürzt – kommen dem ausgeprägten Sinn für die groteske Satire entgegen, über den die Spanier seit jeher verfügen. Berlanga bedient sich gern der Formen eines kritischen Costumbrismus, wobei er den *artículo de costumbres* zum filmischen Sketch umgestaltet. Viele seiner Filme bestehen aus einer Reihe von solchen Sketchen über ›typisch‹ spanische Schwächen und Laster, die durch den roten Faden einer übergreifenden Handlung zu einem größeren Thema zusammengebündelt werden. – In *Bienvenido Mr. Marshall* (1952) – dem ersten Film, der aus dem Rahmen der staatlich gelenkten Filmkunst fiel und zunächst von mehreren Produktionsfirmen abgelehnt wurde – werden die Weihnachtsmannillusionen karikiert, die im Zusammenhang mit der Marshallplanhilfe aufkamen, von der Spanien dann doch nicht profitierte. Gleichzeitig wird der ›amerikanische Traum‹ mit der ärmlichen Wirklichkeit eines – wieder einmal – abgelegenen Dorfes und seiner ebenso sympathischen wie zurückgebliebenen Einwohnerschaft samt deren Führungsschicht konfrontiert. – In *El verdugo* (1963) – seinerzeit vom nachmaligen Informationsminister Sánchez Bella als Machwerk verfemt, heute als einer der

Berlanga und Bardem

Luis G. Berlanga

besten Filme in der spanischen Kinogeschichte anerkannt – wird das Problem der Todesstrafe und des Mitläufertums in einer Weise tragikomisch verfremdet, daß der Zuschauer am Ende nicht sicher ist, ob er – bei gegebenen Umständen – nicht auch zum Henker hätte werden können. Hauptpersonen sind nämlich ein staatlich bestallter Henker (dargestellt von dem beliebten Volksschauspieler Pepe Isbert) und ein ›anständiger‹ junger Mann (Nino Manfredi), der überhaupt nichts mit ihm zu tun haben will, durch die Umstände aber erst zum Schwiegersohn und schließlich zum Nachfolger des Verdugo wird, ehe er sich dessen versieht.

Juan Antonio Bardem hat zunächst eng mit Berlanga zusammengearbeitet, bis ihm 1955 der eigene Durchbruch mit *Muerte de un ciclista* gelang, dem ersten spanischen Film, in dem allen Ernstes, nicht mehr nur humoristisch, scharfe politische und gesellschaftliche Kritik ins Bild gesetzt wurde. Mit diesem Film fand Bardem auch seine persönliche, dem Stil des Melodram nahestehende Möglichkeit, spanische Realität so zu inszenieren, daß sie gerade noch toleriert wurde. In *Calle Mayor* (1957), wo der Kleinstadtmief zum Spaniensymbol wird, gelang ihm dies am überzeugendsten.

Luis Buñuel

Luis Buñuel hat mit *Viridiana* (1961) und *Tristana* (1970) das traditionalistische Spanien zutiefst beleidigt. Man braucht nur einen Blick in die umfangreichen Zensurdokumente zu werfen, um zu begreifen, wie sehr das Regime sich geirrt hatte, als es glaubte, den rebellisch gebliebenen Aragonesen für seine Zwecke einspannen zu können. *Viridiana* blieb, obwohl der Film in Cannes als offizieller spanischer Beitrag die Goldene Palme errungen hatte, auf einen empörten Verriß im *Osservatore Romano* hin in seinem Ursprungsland 15 Jahre lang verboten. Und *Tristana* durfte nach langem Hin und Her nur deshalb gedreht werden, weil französische und italienische Produzenten viel Geld in die internationale Koproduktion (mit dem Star Cathérine Deneuve) gesteckt hatten. In *Viridiana* sah man eine blasphemische Beleidigung der Religion (Parallelen zum heutigen Fall Rushdie drängen sich geradezu auf!); auch die Caritas, die Grundlage der katholischen Sozialethik, schien in unerträglicher Weise zugunsten einer rein innerweltlichen Arbeits- und Sozialmoral herabgewürdigt. Und daß sich eine Novizin, eine Frau, die sich schon angeschickt hatte, ihr Leben Gott zu widmen, so weit von ihrer ursprünglichen ›Bestimmung‹ entfernen konnte, wie dies Viridiana tut (die sich am Ende dem ebenso zynischen wie aufrichtigen Schürzenjäger Jorge zuwendet), erschien, im Hinblick auf die *honestidad*-Forderung, ebenfalls als schockierend. – Mit *Tristana* sah sich das Regime insofern erneut um seine Erwartungen betrogen, als Buñuel aus der scheinbar ungefährlichen Verfilmung eines literarischen Klassikers (eines Romans von Galdós) unversehens eine radikale Infragestellung der patriarchalischen Vorrechte und eine für die Männer äußerst schmerzliche Vision weiblicher Emanzipation machte. Dabei war Buñuel nichts weniger als ein Feminist. Aber er hatte klarer als die meisten Autoren seiner Zeit gesehen, daß die unbestrittene Vorherrschaft ›des Mannes‹ sich auch in den lateinischen Ländern dem Ende zuneigt. Eine Ahnung davon durchzog schon *Viridiana*, wo die männliche Vorherrschaft aber noch bestätigt wird, und die köstliche, 1955 in Mexiko gedrehte Melodramenparodie *Ensayo de un crimen*.

Bunuel trägt das Kreuz bei den Dreharbeiten zu *La vía láctea*

Carlos Saura

Auch Carlos Saura genießt großes internationales Prestige. Ihm ist u.a. die erste wirklich intensive und *beide* Seiten berücksichtigende filmische Auseinandersetzung mit dem Bürgerkriegstrauma zu verdanken, die ihm 1973 mit *La prima Angélica* gelungen ist. Die Zensur ließ den Film erst nach langem Zögern passieren, und nur deshalb, weil sie ihn für ›zu intellektuell‹ befand, um die Massen zu bewegen, und weil ein Verbot bloß Wasser auf die Mühlen der Opposition leiten würde (ein im Spätfranquismus häufiger Freigabegrund). Tatsächlich ist die Freigabe durch die komplizierte Erzählstrategie und durch ungewöhnliche filmische Mittel der Zensur auch *abgelistet* worden. Die filmische Handlung spielt gleichzeitig auf zwei Zeitebenen: der des Bürgerkriegs und der des Spätfranquismus, wobei verschiedene Personen eine Doppelrolle haben: Die Cousine Angélica z. B., die während des Bürgerkriegs noch ein Kind war, wird von der gleichen Kinderdarstellerin verkörpert wie ihre Tochter in den Gegenwartssequenzen. Während in diesem Fall die Doppelbesetzung noch plausibel ist, erscheint sie im Fall des Luis, des männlichen Protagonisten, auf den ersten Blick als absurd. Denn dieser erscheint 1973 als Mittvierziger, tritt aber in den Bürgerkriegspassagen in der gleichen Gestalt, d. h. als Erwachsener auf, obwohl er sich unter Zehnjährigen bewegt. Auch diese – oft grotesk wirkende – Doppelung hat ihren Sinn: Sie zeigt, wie die Hemmungen des Erwachsenen, denen man im Gegenwartsteil vor allem im Umgang mit der gleichaltrigen Cousine begegnet, diesem schon durch die schlimmen Erlebnisse von 1936/39 aufgeprägt worden sind.

Carlos Saura

Darüberhinaus ist bei Saura der gleichsam finale Einsatz des ›Isolationsmotivs‹ zu konstatieren. Schon in *Ana y los lobos* (1972) wurde es nur noch ironisch verwendet: Der Film beginnt mit der Ankunft des englischen Kindermädchens Ana, die sich erst mühsam einen Weg durch ein schier undurchdringliches Gestrüpp bahnen muß, um sich schließlich einer riesigen, völlig allein dastehenden Villa zu nähern, in deren Mauern sich die ganze weitere Handlung abspielt. In diesem Haus lebt eine Familie, die die wichtigsten Eigenschaften des *Ewigen Spanien* in sich vereint: Die alte Mutter, die in regelmäßigen Abständen von epileptischen Anfällen heimgesucht wird und stets kurz vor dem Exitus steht, um dann doch noch am Leben zu bleiben, ist wie *La Madre España*. Ihre drei Söhne repräsentieren, jeder für sich, den spanischen Militarismus, den Donjuanismus und den Mystizismus. Ana beobachtet sie mit angelsächsischer Ironie und bezahlt dafür am Schluß mit dem Leben. – 1976, in dem überaus reizvollen Kinderfilm *Cría cuervos*, wird das Motiv dann, nach dem Ende des Franco-Regimes nur konsequent, demonstrativ verabschiedet, indem die Türen des verschlossenen Hauses geöffnet werden. Zunächst spielt sich auch hier die Handlung noch innerhalb der Mauern eines wie zugeschlossenen Hauses ab, inmitten einer traditionell denkenden Offiziersfamilie, in der zunächst die Mutter, dann auch der Vater stirbt, die drei Kinder also verwaist bleiben und von einer als Vormund eingesetzten Tante schlecht und recht betreut werden. Von deren Bevormundung emanzipieren sich die Kinder allmählich. Am Schluß baut sich die Kamera gegenüber dem Haus auf und zeigt, wie sich dessen Tür öffnet und wie die Kinder auf die Straße treten und sich unter die Leute in das Madrider Verkehrsgewühl und unter andere Kinder mischen. Danach geht die Kamera in die Vogelperspektive, und es öffnet sich ein großstädtisches Panorama, das nicht mehr begrenzt ist und in der Ferne in den freien Horizont der kastilischen Hochebene übergeht.

Die Lyrik ist während des Franquismus ähnlichen Brüchen, Schüben und Wechseln unterworfen wie die anderen Gattungen, wobei sie den Vorteil, etwas weniger scharf kontrolliert zu werden, natürlich auch jener Indirektheit des Ausdrucks verdankt, der bei ihr schon zum Wesen der Gattung gehört. Das heißt selbstverständlich nicht, daß die Lyrik ›frei‹ war – wie zahlreiche Eingriffe der Zensurbehörde beweisen. Lyrik blieb aber auch während der Francozeit relativ populär (jedenfalls populärer als bei uns) und sie stand weiter in hohem Ansehen.

Die Lyrik

Alonsos spektakulärer Lyrikband 1944

poesía social: Blas de Otero

poesía de conocimiento: José Hierro

Unmittelbar nach dem Ende des Bürgerkriegs wurde eine neoklassizistische, in der Sprache präziöse, in der Ideologie imperiale oder religiöse Dichtkunst offiziell gefördert. Auch Liebeslyrik war geduldet, wenn sie mit idealistischem Schwung auftrat. Garcilaso de la Vega wurde dieser Lyrik anläßlich seines 400. Todestages (1936) als neuer Schutzpatron auserkoren, um der Góngora-Verehrung der 27er paroli bieten zu können. Wieder spielten Zeitschriften eine große Rolle: *Garcilaso* (1943–46) ebenso wie *Escorial* (1940–50). Auch die einflußreiche *Antología de la poesía sacra* (1940) von Angel Valbuena Prat zeigt, woher der Wind wehte.

In diesem eher betulichen, allenfalls rhetorisch aufgeregten Ambiente schlug Dámaso Alonsos Lyrikband *Hijos de la ira. Diario íntimo* (1944) mit expressionistischer Wucht und der nur knapp gezähmten Wut einer nicht mehr gebundenen Sprache (»Madrid es una ciudad de más de un millón de cadáveres / según las últimas estadísticas«) ähnlich querschlägerhaft ein wie im Kontext des Romans der *tremendismo* von Cela. Mit Dámaso Alonso, mit Vicente Aleixandre, dessen *Sombra del paraiso* (ebenfalls 1944) zwar weniger spektakulär, aber nicht weniger widerborstig ist, mit den neoavantgardistischen Bewegungen des *Postismo* (1945), des *Dau al Set* (1948) und des *Cántico* (1947), und mit Autoren wie Carlos Edmundo de Ory (geb. 1923), Pablo García Baena (geb. 1923) und Juan E. Cirlot knüpfte die spanische Lyrik früh wieder an die große Tradition der 20er und 30er Jahre an.

Ähnlich wie in Roman und Drama ist dann aber auch in der Lyrik der 50er Jahre eine deutliche Hinwendung zu einer engagierten *poesía social* festzustellen, zu einer neuen Form der *poesía impura* also, die ja schon gegen Ende der Zweiten Republik und in der Generation von 27 vorübergehend die Oberhand gewonnen hatte. Schon Mitte der 40er war in León (das auch heute noch ein Zentrum der spanischen Gegen-Poesie ist) mit der Zeitschrift *Espadaña* ein Forum des ›Anti-Garcilasismo‹ entstanden, in dem u. a. Gabriel Celaya, Eugenio de Nora, Blas de Otero, Victoriano Crémer, Miguel Labordeta und José Hierro veröffentlichten, die später zu den führenden Köpfen der *poesía social* zählen sollten. – Gabriel Celaya (eig. Rafael Múgica) war der kämpferischste unter ihnen und betrachtete die Poesie gerade nicht als Selbstzweck, sondern als ›Instrument zur Veränderung der Welt‹. Blas de Otero, wie Celaya aus dem Baskenland stammend, war der populärste und, bei aller Engagiertheit, auch der poetisch überzeugendste Dichter der *poesía social*. In polemischer Abkehrung von Juan Ramón Jímenez, der seine Lyrik für die *Inmensa Minoría Siempre* geschrieben hatte, widmete er seine Dichtung der *Inmensa Mayoría* und deren Ängsten und Sorgen unter der Diktatur. José Hierro begann mit engagierter *poesía de testimonio*. Gedichte, in denen er seine eigenen Erlebnisse in franquistischen Kerkern verarbeitete (»Canción de cuna para dormir a un preso«, 1947, und »Reportaje«, 1953) sind die ergreifendsten dieser Zeit. Später wandte er sich immer mehr, vor allem seit dem *Libro de las alucinaciones* (1964) einer *poesía de conocimiento* zu (der Begriff stammt von José Angel Valente), die für die 60er Jahre bestimmend werden sollte.

In der Tat verlor die *poesía social* im Laufe der 60er in dem Maße an Schwung, zugleich aber auch an Überzeugungskraft, wie sich das Regime infolge seiner ökonomischen Öffnung stabilisierte. Gemeinsam ist den Autoren jener *poesía de conocimiento*, auch wenn sie meist im Modus der *poesía social* begonnen hatten, daß sie sich von der sozialen Wirklichkeit ab und dem Material der Sprache beziehungsweise den Möglichkeiten des sprachlichen Ausdrucks wieder zuwenden, also in gewisser Weise auf die avantgardistischen Anfänge der 20er Jahre zurückkommen, mitsamt einer neuerlichen Stärkung der Traumwelt, des Halluzinatorischen, überhaupt der Alogizität. Von der ursprünglichen Avantgarde unterscheidet sie aber die existentielle Involviertheit und der gerade nicht spielerische Ernst, mit dem sie sich mitteilen. Neben José Angel Valente und José Hierro, sind hier besonders Claudio Rodríguez, Angel González, Jaime Gil de Biedma, José Agustín Goytisolo, auch Carlos Bousoño zu nennen. Alle Autoren dieser Richtung stimmen im übrigen darin überein, daß sie auf die Kommunikation mit einem möglichst zahlreichen Publikum, wie sie von der *poesía social* angestrebt wurde, verzichten, allerdings nicht aus elitärem Hochmut, sondern in der klaren Erkenntnis, daß sich die Poesie im Zeitalter der Massenkommunikation an den Rand gedrängt und nur noch von wenigen verstanden sieht.

Dieser Eindruck verstärkt sich noch in den 70er Jahren, besonders in der viel kommentierten, viel geschmähten, jedenfalls sehr einflußreichen Anthologie *Nueve novísimos poetas españoles*, 1970 herausgegeben von Josep María Castellet. Schon die Überbietung von »nuevos« durch »novísimos« zeigt an, daß sich die Lyrik jetzt – wenn auch bewußt ironisch – dem Akzelerationsprozeß der modernen Konsumwelt ergeben hat. Formal und inhaltlich läßt die Anthologie eine gewisse Beliebigkeit erkennen: in der Verwendung verschiedenster Stile, in der Collage unterschiedlichster Versatzstücke, im spielerischen Umgang mit der Tradition, im intertextuellen Austausch mit (auch beim Namen genannten) Vorbildern. Kurz: ein deutlich postmoderner Charakter kommt hier schon zum Vorschein. Manuel Vázquez Montalbán (der später, als Romancier, wieder zur sozialen Kunst zurückkehren sollte), Pere Gimferrer, Felix de Azúa, Leopoldo María Panero und Guillermo Carnero sind von den Novísimos am bekanntesten geworden.

Eine besondere Erwähnung verdienen schließlich noch die sogenannten *Cantautores* – Textdichter und Sänger in einem –, die, vor allem gegen Ende des Regimes und zu Beginn der transición, beim jugendlichen Publikum mit politischen (oder sonst ›engagierten‹) Liedern großen Erfolg hatten und so die Tradition der *poesía impura* zeitgleich mit den Novísimos vertraten. Während jene nur von einer intellektuellen Minderheit wahrgenommen wurden, verstanden sich die Cantautores als Teil der Popszene, auch wenn ihre Lieder deren Durchschnittsniveau textlich wie musikalisch oft weit überragten. Die bekanntesten Cantautores, die man bisweilen auch unter dem Begriff *nueva canción* bzw. *nova cançó* zusammenfaßt, sind: María del Mar Bonet, Paco Ibáñez, José Antonio Labordeta, Lluis Llach, Raimón und Joan Manuel Serrat.

Cantautores

Wie bei der Betrachtung der Poesie der Generation von 1927 ist aber auch in bezug auf die Franco-Ära die Einschränkung zu machen, daß mit der Einteilung in ›Tendenzen‹ und ›Entwicklungslinien‹ noch wenig über das eigentliche Leben der Gattung ausgesagt ist. Deshalb soll hier abermals wenigstens *ein* konkreter Text behandelt werden, der zudem ein guter Beweis dafür ist, daß der ›Diskurs der Zensur‹ auch in der Lyrik anzutreffen war. Es handelt sich um den kurzen Fünfzeiler *Paseo* (1944) von Jesús Delgado Valhondo (nicht zu verwechseln mit dem jüngeren Agustín Delgado), einem der begabtesten spanischen Dichter der Nach-27er-Generation, der durch die Verbannung in ein abgelegenes Dorf der Hurdes lange Zeit weitgehend mundtot gemacht wurde. Ich verdanke das Beispiel und die Anregung zur Interpretation Angel Sánchez Pascual, der selbst einer der herausragenden Poeten der jüngsten spanischen Dichtergeneration ist.

Diskurs der Zensur in der Lyrik

Paseo	Spaziergang
Por la carretera abajo,	Die Dorfstraße hinunter,
empujados por la tarde,	vom hereinbrechenden Abend vor sich
el alcalde y su señora,	hergetrieben,
gorda y fría,	der Bürgermeister und seine Gattin,
con cuatro niños delante.	die Dicke und Kalte,
	mit vier Kindern vorneweg.

Im ersten Vers ist zunächst das Wort *carretera* hervorzuheben, weil es das Substantiv ist, das den Ort des Geschehens kennzeichnet. Im zweiten Vers ist *la tarde* zu markieren, weil so das Geschehen zeitlich fixiert wird. Im dritten Vers ist *señora* zu unterstreichen, von der im vierten Vers zwei Eigenschaften genannt werden: *gorda* und *fría*. Im fünften Vers sind die *niños* zu notieren, das einzige Substantiv dieser Zeile. – Die fünf markierten Wörter bilden zusammen mit der Überschrift *Paseo* scheinbar die Schlüsselbegriffe des kurzen Textes, an dem weiterhin auffällt, daß ihm das abschließende Verbum fehlt, daß er also ein unvollständiger Satz ist.

Wenn man bei den genannten Schlüsselwörtern, die sozusagen die Oberfläche des Textes bilden, stehenbleibt, hat man den Eindruck, als handele es sich um eine jener typisch costumbristischen Momentaufnahmen aus dem Leben der spanischen Provinz, wie sie am Anfang des Jahrhunderts vor allem in der (stark von den 98ern beeinflussten) Malerei in Mode waren: der Sonntags-Familienspaziergang am Rande einer Kleinstadt oder eines Dorfes. Genau das war auch *die* Lektüre, die lange Zeit als die richtige galt. Erst bei genauerem Hinsehen merkt man, daß der Text unter seiner scheinbar glatten Oberfläche noch einen rebellischen ›Abgrund‹ verbirgt, zu dessen Verständnis es allerdings nicht ausreicht, das Gedicht bloß als ›ästhetisches Gebilde‹ zu betrachten, an dem wiederholt die äußerste Sparsamkeit des Ausdrucks gelobt wurde. Wer sich in der spanischen Nachkriegszeit auskennt, wird schon bei dem Wort *alcalde* stutzig. Hier muß man wissen, daß eine Zeitlang nur ›verdiente‹ Falangisten mit Bürgermeisterposten betraut wurden, aber auch, daß Delgado selbst die Atmosphäre des kleinen Dorfes, in das er als Lehrer strafversetzt war, nur allzu gut kannte. Auch muß man – einmal aufmerksam geworden – bedenken, daß nicht *nur* die Hauptwörter für den Sinn eines Gedichtes in Frage kommen. Vielmehr sind in den ersten beiden Versen auch die Wörter *abajo* und *empujados* auffällig, die dem doch so friedlichen Vorgang des Spazierengehens eine gewaltsame, hinunterstoßende Dynamik verleihen. Wer wird hinuntergestoßen vom hereinbrechenden Abend? Der Alcalde oder jemand anders? Das Fehlen des abschließenden Verbes verhindert eine Festlegung. Und im letzten Vers ist das scheinbar unbedeutende Zahlwort *cuatro* im Endeffekt nicht weniger wichtig als das Substantiv *niños*. Es weist uns darauf hin, daß *dieser* Bürgermeister die ausdrückliche Anweisung Francos treu erfüllt hat, der von jedem, der auch nur einen gering herausragenden Posten anstrebte, verlangte, er habe eine ›familia numerosa‹ mit mindestens vier Kindern zu gründen, damit der durch den Bürgerkrieg verursachte Verlust an ›Menschenmaterial‹ vor allem auf der Seite der ›Guten‹ möglichst rasch ausgeglichen würde. Auch das scheinbar harmlose Titelwort *Paseo* läßt aufhorchen. Es hatte in der unmittelbaren Nachkriegszeit eine fatale Doppelbedeutung, wurden doch die ›Roten‹ und die ›Liberalen‹ zu abertausenden auf ›Spaziergängen‹ liquidiert, zu denen sie vor den Augen ihrer Familien ›eingeladen‹ wurden. Das gibt auch den Vokabeln *abajo* und *empujados* eine zusätzliche Konnotation, denn vor sich hergetrieben, die Dorfstraße

Der »Seiscientos« (Seat 600) – Symbol der beginnenden ökonomischen Öffnung

hinunter, wurden zur Zeit der Repression just die Verlierer des Bürgerkriegs. Nicht wenige, die später Alcalde wurden, hatten sich dabei ihre Sporen verdient.

Aber nicht nur auf der semantischen, auch auf der formalen Ebene ist *Paseo* doppelbödig. Vor allem in seiner strophischen Struktur: Mit Ausnahme der vierten Zeile sind nämlich alle anderen ›regelmäßig‹ und bilden eine klassische Romanzenstruktur: Vier Achtsilber, von denen der zweite und der vierte auf a/e assonieren. Auch auf der formalen Ebene gibt es also eine ›Störung‹ der scheinbar glatten Oberfläche: es ist der aus dem Rahmen fallende Viersilber der vierten Zeile, der eben deshalb, *weil* er hinkt, die Aufmerksamkeit auf sich (und auf eine Nebensache) zieht (auf die dicke und kalte Frau Bürgermeister) und damit – das ist Diskurs der Zensur – vom Eigentlichen, nämlich dem Subversiven (den bösartigen Zweideutigkeiten über paseo, alcalde und cuatro niños) ablenkt.

Nach 1975. Tendenzen der spanischen Gegenwartsliteratur

Von der spanischen Literatur, auch vom Film nach 1975, kann man nicht distanziert reden. Dazu ist der historische Abstand noch zu gering. Das Folgende ist deshalb nur eine persönliche Einschätzung und ein erster Versuch, in das Dickicht von Namen und Titeln ein paar Schneisen zu schlagen, wenn möglich auch einige Trends namhaft zu machen, die über den Einzelfall hinausreichen.

Hört man auf den vielstimmigen Chor der spanischen Kritiker, so sind zwar im einzelnen enthusiastische Lobpreisungen zu hören; im ganzen aber herrschen die Molltöne des *desengaño* vor: man vermißt die Meisterwerke, die, vor der Zensur versteckt, in den Schubladen vermutet wurden. – Nun ist in der Tat nicht alles Gold was glänzt, und im überdrehten spanischen Kulturbetrieb der Gegenwart wird oft viel Lärm um nichts gemacht. Dennoch spielt bei den Enttäuschten wohl auch, sicher unbewußt, die Trauer um den Verlust ›klarer Verhältnisse‹ mit, wie sie im Franquismus herrschten. Dort war die Literatur, die etwas galt, oppositionell und zudem noch formal anspruchsvoll. Nach 1978 aber verlor sie mit einem Schlag diese politische Relevanz, die Relevanz einer zwar geheimen, aber eben doch anerkannten öffentlichen Institution. Den Part der politischen Aufklärung und Kritik übernahm fortan die nicht mehr geknebelte Presse; und den Part der Unterhaltung muß sich die Literatur jetzt mit einer weitverzweigten Freizeitindustrie teilen, mit deren Angeboten sie in Konkurrenz steht. Nimmt man dann noch hinzu, daß Spanien sich in den letzten zwanzig Jahren schneller und radikaler verändert hat als jedes andere Land in der EG, so kann man leicht begreifen, daß die Literaturkritik unsicher geworden ist und daß sie diese Unsicherheit bisweilen hinter lautem Getöse zu verbergen sucht.

In der Tat ist der Umstand, daß die Literatur jetzt nicht mehr den Gesetzen der Zensur, sondern denen des Marktes unterliegt, alles andere als unproblematisch für ihre kritische Bewertung. Denn die klassische Schwierigkeit, Gegenwärtiges zu beurteilen, eben die mangelnde historische Distanz, ist jetzt um eine neue Schwierigkeit erweitert, nämlich die, sich nur

Marktgesetze und literatura light

Erstausgabe von *El País* am 4. Mai 1976

Literaturpreise und Rankings

schwer den Marketingstrategien entziehen zu können, die uns die überragende Qualität eines bestimmten Buchs oder Autors schon einhämmern, bevor wir auch nur eine Zeile von ihm gelesen haben. Das geht weit über das hinaus, was die Literaturkritik früherer Jahrzehnte zustande bringen konnte. Bei ihr hielten sich Lob und Tadel einigermaßen die Waage. Wenn ein Kritiker das Buch in den Himmel hob, wurde es vom nächsten verrissen. So blieb dem Leser nichts anderes übrig, als sich selbst eine Meinung zu bilden – und die Summe dieser Meinungen entschied darüber, ob sich ein Autor mit der Zeit durchsetzen konnte oder nicht. Heute geht das auch in Spanien viel schneller. Mit modernen Werbemethoden und mit dem Multiplikationseffekt der Massenmedien können Autoren über Nacht berühmt gemacht und zu Genies erklärt werden, auch wenn einem solchen künstlich geschaffenen Spitzenprodukt nur eine kurze Lebenszeit beschieden ist, innerhalb derer es Kasse machen muß, worauf es ebenso schnell wieder aus den Regalen verschwindet, um dem nächsten Bestseller Platz zu machen. Das hat dazu geführt, daß Bücher heute oft ein kürzeres Verfallsdatum aufweisen als die meisten Medikamente, die der Apotheker bereithält. Dabei spielt das System der spanischen Literaturpreise eine höchst fragwürdige Rolle. Es ist nicht nur so, daß eine unübersehbare Tendenz besteht, immer wieder die gleichen Autoren auszuzeichnen. Manche Preise, etwa der Planeta-Preis, sind sogar oft schon vergeben, bevor sie überhaupt ausgeschrieben sind. Der Besitzer des Verlages, Lara, animiert, wie man weiß, gewinnträchtige Autoren gelegentlich mit dem Scheckheft dazu, sich auszeichnen zu lassen. Da das Preisgeld umgerechnet ca. eine halbe Million DM beträgt, ist die Neigung, den Premio Planeta auszuschlagen, naturgemäß gering. *Eine* Kategorie von Autoren aber ist beim Planeta (und zunehmend auch bei den anderen gutdotierten Preisen, die in Spanien zahlreich sind) von vornherein chancenlos: die jungen, noch unbekannten.

Es soll hier aber nicht einmal mehr in das Klagelied vom schnöden Mammon eingestimmt werden. Man muß dennoch auf solche Praktiken zu sprechen kommen, um sich die notwendige Skepsis gegenüber den Bestsellerlisten und sonstigen Rankings zu bewahren, denn natürlich ist auch der Literaturwissenschaftler und der Kritiker, besonders im Ausland, der Versuchung ausgesetzt, sich an solche scheinbar objektiven Vorgaben zu halten. Wir werden jedenfalls damit rechnen müssen, daß einige Berühmtheiten wieder in Vergessenheit geraten, aber auch, daß wirkliche Talente gar nicht erst in den Markt hineinkommen, kurz: daß die Gesetze des Marktes, wenn auch auf andere Weise, nicht weniger ungerecht sind als die der Zensur. Und wie die Zensur in der Zeit der Diktatur die Literaturproduktion bis in ihre Machart beeinträchtigt hat, so hinterlassen auch die Marktbedingungen ihre Spuren. Es kommt jedenfalls nicht von ungefähr, daß der Begriff der *literatura light* (Konsumliteratur) just dann dominant wurde, als der Markt und damit auch die Marktgängigkeit zum bestimmenden Faktor im literarischen Leben geworden war.

Wie man sieht, ist nun auch in Spanien die Literatur von den Bedingungen des kapitalistischen Wirtschaftssystems eingeholt worden. Das bedeutet allerdings nicht, daß sie keine ausgeprägten Eigenheiten mehr aufwiese. Von ihnen soll im folgenden die Rede sein.

Lyrik und Drama

Die Lyrik, die leiseste aller Gattungen, hat es in lärmender Zeit besonders schwer. Sie ist aber durchaus lebendig. Im letzten, der Gegenwartsliteratur gewidmeten Band der monumentalen *Historia y Crítica de la Literatura Española* werden rund 250 Namen von ›neuen‹ Lyriker/innen aufgeführt. Freilich, ihre Publikationen finden selten Eingang in die reklamemächtigen Verlage, erscheinen meist nur in Kleinstverlagen und in regional verbreiteten Literaturzeitschriften, die bisweilen nicht einmal das Jahr ihrer Gründung überstehen. Deshalb ist auch die Reflexion darüber, was die Sprache der Lyrik im Kontext der industriellen Massenmedien überhaupt noch leisten kann, ein beherrschendes Thema in den Gedichten selbst geworden. Bekannte Autoren sind Jenaro Talens und Jaime Siles. Siles vertritt heute am ausgeprägtesten die Linie der *poesía pura*. Aber auch die Rückkehr zu einer milderen und nicht mehr agitierenden Form der *poesía impura*, die sich wieder der unmittelbaren Wirklichkeit – und unter der Etikette der *poesía de la experiencia* auch der Machado-Tradition – zuwendet, ist zu beobachten. Dies schon seit Beginn der 70er Jahre bei der Leoneser Gruppe »Claraboya«, besonders bei Agustín Delgado, neuerdings besonders bei Luis García Montero.

Prekäre Situation der Lyrik

Bemerkenswert sind auch die Lyriker*innen*, die in den letzten Jahren von sich reden machen, wie überhaupt der Anteil weiblicher Autoren im spanischen Literaturgeschehen nicht nur quantitativ stark angestiegen ist (mehr als bei uns). Autorinnen wie Blanca Andreu, Clara Janés und Ana Rossetti haben der Sprache der Lyrik, die in den letzten Jahren für den nichtspezialisierten Leser ziemlich unverständlich geworden war, Vitalität und Sinnlichkeit zurückgegeben, nicht zuletzt durch ihre Erotisierung, vor allem aber durch den Perspektivenwechsel, der die Welt aus weiblicher Sicht zu sehen erlaubt.

Was die spanischen Bühnen anbelangt, so ist nach wie vor das Boulevard- oder Unterhaltungstheater beliebt, vor allem in der Mischung aus heimischem Sainete und französischem Vaudeville. Das ernste Theater aber steckt in der Krise. Es fehlen herausragende Persönlichkeiten wie Buero Vallejo und Sastre, die in der Francodiktatur Repräsentanten einer öffent-

Prestigeverlust des Theaters

lich wirksamen Bühnenkunst waren. Gewiß gibt es auch hier neue Namen – wie Fermín Cabal, José Luis Alonso de Santos, José Sanchís Sinisterra, Alfonso Vallejo; auch Frauen wie Ana Diosdado, Concha Romero, Paloma Pedrero und María Manuela Reina. In *Historia y Crítica* kann man weitere (und noch jüngere) Autoren finden. Jedoch: außer bei den Theaterspezialisten sind sie selbst in Spanien wenig bekannt, obwohl ihre Stücke gelegentlich erfolgreich sind, wie z.B. Sanchís Sinisterras *¡Ay Carmela!* (1989) oder Alonso de Santos' *Bajarse al moro* (1988). Aber selbst *¡Ay Carmela!* ist erst durch die Verfilmung Carlos Sauras (1991) wirklich populär geworden.

Subventionstheater

Seit einigen Jahren bemüht sich der Staat, mittels eines Subventionstheaters nach deutschem Vorbild, die spanische Theaterklassik vom Siglo de Oro bis zum 19. Jahrhundert zu fördern, wobei dem Schauspieler und Regisseur Adolfo Marsillach ein besonderes Verdienst zukommt. Auch sieht man allenthalben das Bemühen, das Publikum noch nachträglich mit dem europäischen Avantgardetheater vertraut zu machen, von dem es unter Franco völlig abgeschnitten war. Darüber hinaus gibt es intensive Bühnenaktivitäten in den nichtkastilischen Sprachen, besonders in Katalonien.

Dennoch ist es für die Situation des spanischen Gegenwartstheaters bezeichnend, daß die größten Bühnenerfolge der letzten zwanzig Jahre durch dramatisierte Romane erzielt wurden, allen voran *Cinco horas con Mario* von Miguel Delibes, das zehn Jahre lang ohne Unterbrechung auf den spanischen Bühnen lief. – Der einzig wirklich populäre aktuelle spanische Theaterautor mit einem gewissen Anspruch (der auch wegen seiner wöchentlichen Kolumne im *País* hochgeschätzt wird) ist im übrigen der Veteran Antonio Gala, der schon zu Francos Zeiten mit dem von der Zensur stark beschnittenen Stück *Anillos para una dama* (1973) großen Erfolg hatte und heute weiterhin erfolgreich ist (z.B. mit *El hotelito*, 1985, oder *Carmen, Carmen*, 1988). Eigenartigerweise machen sämtliche Literaturgeschichten einen großen Bogen um ihn oder erwähnen ihn nur in Fußnoten, gemäß dem unausrottbaren Vorurteil der ›Experten‹, daß nicht gut sein kann, was vielen gefällt. Dennoch: Gala versteht es, mit dem – vorwiegend bürgerlichen – Publikum zu kommunizieren und ihm Probleme nahezubringen, die sehr wohl mit der spanischen Realität zu tun haben. In Deutschland gibt es nichts Vergleichbares.

Erzählende Gattungen: Journalismus und Literatur

Boom der Erzählliteratur

Ganz anders ist die Situation bei der erzählenden Prosa. Trotz der Konkurrenz elektronischer Medien erlebt sie, anders als bei uns, einen veritablen Boom und sehr hohe Auflagenzahlen. Dazu trägt sicher bei, daß in Spanien die Grenzen zwischen Unterhaltungs- und anspruchsvoller Kunst, zwischen U und E, die bei uns noch immer scharf bewacht werden, durchlässig sind. Mehr noch: sie existieren nicht, es sei denn als Reiz. Grenzüberschreitungen werden ausgekostet, von den Produzenten ebenso wie von den Rezipienten. Sie gehören zum neuen Freiheitsgefühl und sie wirken auch oft befreiend. Befreiend ist z.B. die Aufhebung der Schwelle zwischen Journalismus und Literatur. Dies hat dazu geführt, daß Journalisten und Literaten (ähnlich wie schon in den 20er und 30er Jahren) sich gegenseitig befruchten, ja daß sie ständig die Rollen tauschen: Ein Journalist wie Arturo Pérez Reverte, der sich vor allem mit seinen Bosnien-Reportagen einen Namen gemacht hat, kann sich so in einen erfolgreichen Roman-Autor verwandeln (*El club Dumas*, 1992). Umgekehrt wechselt ein hochkarätiger Romanautor wie

Antonio Muñoz Molina oft zum Journalismus, sei es durch kritische Beiträge im Ressort der Politik- oder der Kultur-Redaktion; sei es durch Erzählungen wie *Los misterios de Madrid,* die *El País* (unter bewußter Anknüpfung an die Tradition von Sues *Mystères de Paris*) 1993 als Fortsetzungsroman veröffentlicht hat.

Andererseits wird der große Reportagejournalismus, der bei uns fast in Vergessenheit geraten und vom Sensationsjournalismus verdrängt worden ist, in Spanien u. a. von Rosa Montero und Maruja Torres praktiziert. Er ist literarisch anspruchsvoll, weil er in sprachlich reflektierter Form kritisch informiert *und* zugleich unterhaltsam erzählt. Rosa Monteros großartige DDR-Reportage in *El País*, die sie beim Fall der Mauer gemacht hat, und Maruja Torres' ›Entdeckungsreise‹ durch Südamerika, die 1992 gegen den Strich der offiziellen Begegnungsideologie unternommen und in der gleichen Zeitung beschrieben wurde (inzwischen unter dem Titel *Amor América* auch als Buch erschienen), gehören in die Lesebücher von Kindern, die in einem großen Europa leben sollen. Monteros jüngste und überaus erfolgreiche Reportage ist *Historias de mujeres* (1995) mit Biographien berühmter Autorinnen der Weltliteratur und solcher, die im Schatten ihrer Männer standen. Beide Autorinnen beherrschen im übrigen die Kunst des Interviews eben deshalb, weil sie ihre Gesprächspartner respektieren; mehr noch: weil sie Sympathie für sie empfinden und weil sie mit ihnen fühlen. Deshalb kommen die Interviewten ausführlich und sprachlich authentisch zu Wort, was die Reportage ausgesprochen kommunikativ macht. Außerdem scheuen sich die beiden Autorinnen nicht, deutlich ihre Meinung zu sagen und eine Moral zu vertreten, die stets auf der Seite der Schwächeren ist. Zugleich sind beide Journalistinnen aber auch literarisch tätig. Besonders Rosa Montero ist eine von vielen geschätzte Romanautorin. Texte wie *Te trataré como a una reina* (1983; 10. Auflage 1987) oder *Amado Amo* (1988) sind populär gewordener Feminismus, der den spanischen Patriarchalismus treffsicher, zugleich aber auch mit Humor und eben deshalb umso wirkungsvoller aufs Korn nimmt.

Ein besonders schönes Beispiel für die Zusammenarbeit von Journalismus und Literatur ist z. B. Montserrat Roigs *El cant de la joventud* (gleichzeitig auf spanisch erschienen), die Titelgeschichte ihres letzten, kurz vor ihrem frühen Tod erschienenen Erzählbandes (1990). Sie dokumentiert trefflich, wie die journalistische Alltagsarbeit literarisch fruchtbar zu machen ist. Montserrat Roig, deren (liebendes) Interesse an alten Menschen bekannt ist, hatte für das katalanische Fernsehen eine Reihe von Interviews geführt, auch mit Insassen von Pflegeheimen. Daraus ging *El cant de la joventud* hervor, in dem aus der Perspektive einer Moribunden erzählt wird, die, vom lähmenden Schlaganfall getroffen, ›als Körper‹ bereits in das Sterbezimmer abgeschoben, in ihrer Erinnerung aber jung und lebendig geblieben ist. So fließen die Empfindungen einer früher erlebten Leidenschaft, der gegenwärtigen Ohnmacht, aber auch des energischen, wenngleich bloß noch verbalen Widerstandes gegen die ›Fürsorge‹ des Pflegepersonals übergangslos ineinander und ergeben einen »Gesang der Jugend« jenseits aller Klischeevorstellungen: nicht einen Gesang auf die Emanzipationsmöglichkeiten der jugendlichen Frau, die inzwischen von allen Werbewänden propagiert und von allen Schlagertexten besungen werden – keinen *canto a la juventud* also; sondern einen Gesang auf die Widerstandskraft der alten Frau, ja auf die Unverwüstlichkeit der menschlichen Imagination überhaupt.

Symbiose von Literatur und Journalismus

Rosa Montero

Die Rolle der Autorinnen

Hoher Frauenanteil, aber kaum ›Frauenliteratur‹

Nicht von ungefähr begegnet man jetzt häufig Texten von Frauen. Denn tatsächlich ist – das wurde schon angedeutet – der hohe Anteil von Autorinnen einer der auffälligsten Befunde beim Betrachten der spanischen Gegenwartsliteratur. Die Autorinnen haben sich diesen Anteil nicht aufgrund einer ›Quote‹ erstritten, sondern allein dank ihrer Kompetenz (und eines bemerkenswerten Wandels in der *Rechts*stellung der Frau). Bei ihnen ist allerdings der gleiche ›Zeit‹-Vorbehalt zu machen wie bei den männlichen Kollegen: kaum ein Gegenwartsautor oder eine Autorin erreicht mehr die sprachlich-stilistische Meisterschaft großer Nachkriegsautoren wie Cela oder Delibes (die im übrigen noch immer präsent und kreativ sind), jedenfalls nicht durchgehend. Das liegt gewiß nicht an einem Mangel an Fähigkeiten, denn bei einer ganzen Reihe von Texten ist über längere Strecken das Vergnügen an der Lektüre ungestört, bevor es zu (manchmal auch ärgerlichen) Einbrüchen in der sprachlichen Disziplin kommt. Es dürfte dies eher einem chronischen Mangel an Zeit zuzuschreiben sein, denn die guten Autoren sind vielbeschäftigt und können (oder wollen) sich kaum einmal ohne Unterbrechung der gleichen Sache widmen. Auch sind viele der jüngeren Schriftsteller ganz bewußt nicht mehr auf das Ideal des vollendeten und gleichsam für die Kontemplation geschaffenen Kunstwerkes eingeschworen, sondern produzieren Texte, die möglichst vielseitig verwend- und konsumierbar sind.

Wie die männlichen Schriftsteller kommen auch die meisten Frauen aus dem Journalismus, aus Lehr- oder Dozentenberufen und aus dem Verlagswesen, aus literaturnahen Brotberufen also, die oft beibehalten werden. Viele haben sich bei passender Gelegenheit feministisch engagiert; keine huldigt einem abstrakten oder dogmatischen Credo. Was man überhaupt als ein herausragendes Charakteristikum der gesamten spanischen Gegenwartsliteratur bezeichnen kann – die Abwesenheit ideologischer Verranntheit, die Fähigkeit zum Humor und die Offenheit für das ›Andere‹ (bei den Frauen auch für den männlichen Standpunkt) – zeichnet vielmehr auch die Arbeit der Autorinnen aus, von denen kaum eine in die Schublade der »Frauenliteratur« paßt und dort auch gar nicht hinstrebt.

Montserrat Roig

Neben den bisher genannten Erzählerinnen verdienen u. a. folgende Autorinnen besondere Erwähnung: Esther Tusquets, von allen spanischen Gegenwartsautoren (die männlichen eingeschlossen) die einzige, die *immer* an ihrem unverwechselbaren Stil zu erkennen ist; Carme Riera; Adelaída García Morales; Soledad Puértolas, Cristina Fernández Cubas und Rosa Regás. Auch die lange im Exil lebenden, in Spanien erst später bekannt oder wieder bekannt gewordenen Mercé Rodoreda und Rosa Chacel sind hier zu erwähnen.

Einer Besonderheit des weiblichen Diskurses muß an dieser Stelle noch gedacht werden. Genaugenommen handelt es sich nicht nur um eine weibliche Besonderheit. Da aber die Keuschheit in Gedanken und Worten, von Taten ganz zu schweigen, vor allem von den iberischen Frauen gefordert war, ist die Unverblümtheit, mit der jetzt von Sexualität geredet wird, bei den Frauen besonders ungewöhnlich. Das kann, wie etwa in Almudena Grandes' Bestsellerroman *Las edades de Lulú* (1989) mit pornographischer Detailgenauigkeit (und qualitativ schlecht) geschehen. Oder auch in traditions- und formbewußter Kunstfertigkeit, wie in den Gedichten von Ana Rossetti, die an den verborgenen Sensualismus der spanischen Mystiker anknüpfen, um ihn aus weiblicher Perspektive gleichsam vom Kopf auf die

Gruppenbild mit Damen: ein Teil der *nueva narrativa española*, v.l.n.r.: Luis Mateo Díez, Soledad Puértolas, Lourdes Ortiz, Juan José Millás, Javier Marías, Juan Pedro Aparicio und Juan Cruz

Füße zu stellen. Oder auch in vielen anderen Ausdrucksformen: bei der eben erwähnten Erzählung Montserrat Roigs etwa in den erotischen Phantasien einer vom Tode Gezeichneten, was nach traditionellem spanischen Verständnis eine besondere ›Unverschämtheit‹ darstellt. Dies alles muß auch als eine geradezu explosionsartige, weil überfällige Reaktion auf die jahrhundertelange, im Francoregime noch einmal verstärkte Unterdrückung des Körperbewußtseins, vor allem des weiblichen, verstanden werden; eine Reaktion, die sich jetzt in der bisweilen rabelaisischen Fülle Luft macht, mit der all das endlich zur Sprache gebracht wird, was so lange tabuisiert und zum Schweigen verurteilt war.

Der Kriminalroman

Ins Grenzgebiet zwischen Journalismus, U- und E-Literaur gehört auch der Kriminalroman, der sich in Spanien seit 1975 großer Beliebtheit erfreut, besonders in der Spielart der *novela negra*, die deutlich von Raymond Chandler und der amerikanischen *hardboiled school* der 30er Jahre beeinflußt ist. Maßstäbe setzte hier Manuel Vázquez Montalbán, der die Kriminalromanmode Mitte der 70er Jahre mit der inzwischen auf zwanzig Bände angewachsenen Carvalho-Serie begründete, so genannt nach dem gleichnamigen Detektiv, der immer wiederkehrt. Inzwischen hat Vázquez Montalbán zahlreiche Nachahmer gefunden, die, wie Juan Madrid oder Andreu Martín, das von ihm vorgegebene Schema mehr oder weniger originell

Die novela negra

Manuel Vázquez Montalbán

Chronik der transición

abwandeln. Gewiß ist der Krimi auch in Deutschland eine beliebte Unterhaltungsgattung; in Spanien hat er aber einen anderen Stellenwert. Zum einen war der Kriminalroman in Spanien praktisch traditionslos. Nach dem Motto »Bei uns herrscht Ordnung, Kriminalität gibt es nur jenseits der Grenzen«, waren Kriminalgeschichten im Franquismus verpönt oder allenfalls im exotischen Ambiente denkbar. Erst in der *transición*, in der Spätphase des Regimes und in der Epoche der beginnenden demokratischen Umwandlung, wurde der Kriminalroman im wahrsten Sinn des Wortes heimisch gemacht. Seitdem repräsentiert die *novela negra* Großstadtbewußtsein, -milieu und -mentalität wie keine andere Gattung der spanischen Gegenwartsliteratur. Erst mit der *novela negra* wird die Megapolis – bei Vázquez Montalbán Barcelona, bei anderen Autoren Madrid – und deren soziale, demographische und wirtschaftliche Problematik zu einem der zentralen Themen der spanischen Literatur. In der Tat hat Vázquez Montalbán seine überaus erfolgreichen Carvalho-Romane nicht allein deshalb geschrieben, um das Publikum spannend zu unterhalten, sondern auch, um es mit einer Chronik der *transición* zu konfrontieren und ihm die gewaltigen Umwälzungen bewußt zu machen, die sich in den letzten zwanzig Jahren ereignet haben – bis hin in den Bereich der privaten Verhaltensnormen. Für eine künftige Sozialgeschichte des modernen Spanien wird die Berücksichtigung solcher Projekte unerläßlich sein, denen man nicht deshalb ihre Ernsthaftigkeit absprechen kann, weil die einzelnen Romane leicht zu lesen sind.

Für eine solche Chronistenrolle war Vázquez Montalbán aber auch wie kein anderer gewappnet, verfolgte er doch schon seit dem Ende der 60er Jahre mit spitzer Feder und in diversen oppositionellen Presseorganen, stets im Clinch mit der Zensur und im Bestreben, gegen das Vergessen anzuschreiben, die Entwicklung des Spätfranquismus und die tastenden Demokratisierungsversuche. Bis heute ist er ein skeptischer Beobachter der spanischen Politik geblieben. – Im übrigen wird man ihm kaum vorwerfen können, er sei nur ein Spezialist der *literatura light*. Er hat vielmehr gezeigt, daß er auch ein begabter Lyriker ist. Als solcher wurde er zuerst 1970 von Josep María Castellet in seine inzwischen berühmt gewordene Anthologie *Nueve novísimos poetas españoles* aufgenommen. Und in den letzten Jahren hat er eine Reihe von ebenso umfangreichen wie anspruchsvollen Texten veröffentlicht, in denen er unter Beweis stellt, daß er auch die große epische Form beherrscht und daß er ausgeklügelte und originelle Erzählverfahren anzuwenden versteht. Zu den gelungensten gehören: *Galíndez* von 1989 und die (fiktive) *Autobiografía del General Franco* von 1992, in denen Vázquez Montalbán versucht, die unmittelbar vor der Gegenwart liegende Vergangenheit Spaniens zu rekonstruieren, und vor dem Vergessen zu bewahren, was nicht vergessen werden darf.

Neue Formen des historischen Romans

Damit sind wir bei einem weiteren literarischen Trend angelangt, der in Spanien seit einiger Zeit zu beobachten ist, einer neuen Form des historischen Romans nämlich. Diese dient nicht mehr der Verherrlichung der Vergangenheit, der Beschwörung von Spaniens Weltmachtgröße im Siglo de Oro, wie es im Zeitalter Francos vor allem die Aufgabe des Historien*films* war. Auch ist es nicht die vorrangige Intention der Autoren, dem konservativen Geschichtsbild vergangener Jahrzehnte jetzt ein progressistisches, der rechten Ideologie eine linke, dem katholischen Fundamentalismus eine radikale Laizität gegenüberzustellen. Vielmehr ist der Umgang mit der Geschichte insgesamt entspannter, zum Teil auch spielerischer und jedenfalls persönlicher geworden, als er es vorher war, was nicht bedeutet, daß Historie nicht ernst genommen würde. Aber es fehlt der Glaubenseifer, das Entweder-Oder-Denken, das in Spanien und anderswo so viel Unheil angerichtet hat. Stattdessen gibt es Skepsis, Zweifel, Fragen (statt Antworten) und vor allem eine gesunde Neugier, die ihr Interesse auch auf das richtet, was so lange verdrängt, verschwiegen, unterdrückt oder verleugnet war. Diese neue Fragehaltung, die der des Kriminalromans ähnlich ist (der Spuren freilegt, wo Spuren verwischt worden sind), schlägt sich auch in der Erzählweise nieder, die nicht mehr selbstgewiß linear, sondern reflexiv verschlungen, vielschichtig und bisweilen ironisch ist. Der erste, der eine solche Freilegungs- und Entmystifizierungsgeschichte schrieb, war Eduardo Mendoza, dessen Erstling *La verdad sobre el caso Savolta* bezeichnenderweise 1975 erschienen ist und heute als eine wichtige Landmarke im Prozeß der spanischen Umbesinnung gilt. Auch sein zweites größeres Buch *La ciudad de los prodigios* (1986), wo die Stadt- und Sozialgeschichte Barcelonas mit der pikaresken Biographie eines fiktiven Protagonisten zu einem Dokumentarroman voller Phantastik verwoben wird, gehört zur Sparte dieses ›neuen‹ historischen Romans.

Gegenwärtig wird diese Vergangenheitsdurchdringung, die auch eine Vergangenheitsaneignung ist, vor allem von Antonio Muñoz Molina geleistet. Schon sein erster Roman, *Beatus Ille* (1986), hatte eine Vergangenheitsrekonstruktion zum Thema. Übertroffen wird *Beatus Ille* von *El jinete polaco*, mit dem Muñoz Molina 1991 den Premio Planeta errang. *El jinete polaco* ist die geduldige Rekonstruktion einer Kindheit in Francospanien, darüber hinaus eine Spurensuche bis in die Generation der Großeltern und Urgroßeltern. Erzähler und Rekonstrukteur ist ein Konferenzdolmetscher, der jetzt in New York lebt; rekonstruiert werden eben dessen Ursprünge in einer kleinen andalusischen Stadt, deren fiktiver Name Mágina ist, die aber unschwer als Muñoz Molinas eigene Geburtsstadt Úbeda zu identifizieren ist. So wie sein Erzähler im Roman, hat auch Antonio Muñoz Molina selbst seine Herkunft aus kleinen Verhältnissen hinter sich gelassen und doch als die Wurzel anerkannt, die Teil seiner Identität ist. *El jinete polaco* ist also ein Roman, in dem die Emanzipation aus den engen Verhältnissen, denen man entstammt, deren Anerkennung nicht ausschließt.

In seinem jüngsten Text, *Ardor guerrero* (1995), der noch weniger ein Roman im klassischen Sinn und noch deutlicher eine persönliche Erinnerungsarbeit ist, rekonstruiert der Erzähler die Zeit seines Militärdienstes zwischen 1979 und 1980, zuerst in Vitoria, dann in San Sebastián, als die Demokratisierung des Landes zögerlich begann und das Heer noch unbeirrt am Geist des imperialen Franquismus festhielt. Der Text besticht, wie schon *El jinete polaco,* durch die ausgeklügelte Komposition, durch die Übereinanderschichtung verschiedener Zeitebenen (nach vorn bis zur Gegenwart, nach hinten bis zur Schulzeit), aber auch durch die spannende Information über die prekäre Lage Spaniens während der *transición*, als ETA im Baskenland großen Zulauf hatte, die gemeinen Soldaten wie die Angehörigen einer fremden Besatzungsmacht angefeindet wurden und die Offiziere, angesichts der durch Attentate verursachten Verluste in den eigenen Reihen, offen für den Umsturz agitierten. Auch die Veränderung der spanischen Sprache – unter dem Einfluß der ›Drogenkultur‹ und des Aufstandes gegen die etablierten Werte – ist Gegenstand der Reflexion. – Kein Zweifel: Antonio Muñoz Molina, der sich bisher von Text zu Text gesteigert hat, ist heute mit

Vergangenheitsbewältigung

Antonio Muñoz Molina

kaum 40 Jahren der interessanteste und der seiner erzählerischen Mittel sicherste Autor der *nueva narrativa española*.

Die nichtkastilischen Literaturen

Nicht nur die verdrängte oder vergessene Geschichte wird anerkannt; anerkannt wird jetzt auch, und nicht nur offiziell durch die Verfassung, sondern auch de facto durch die Entwicklung, daß Spaniens Kultur mehr ist als eine kastilische. Daß die katalanische Literatur eine neue Blütezeit erlebt, ist bekannt. Aber auch die anderen Sprachen der iberischen Halbinsel, die galicische und die baskische, verfügen über eine eigene Kultur. Es gibt darüber hinaus auch beachtliche Ansätze zu einer neuen, gerade nicht mehr provinziellen regionalistischen Literatur, etwa bei Luis Mateo Díez oder bei Julio Llamazares. All das kann hier nicht weiter verfolgt werden. Man muß sich aber darüber im klaren sein, daß wir in Deutschland nur einen annähernden, sehr ungefähren Eindruck von dem haben, was gegenwärtig auf dem spanischen Staatsgebiet kulturell an Neuem und Vielfältigem hervortritt. Allerdings muß man hier neben bemerkenswert Positivem auch Fragwürdiges konstatieren. Dazu gehören vor allem die Auswüchse eines eifernden linguistischen Partikularismus: Wenn Rosa Montero im galicischen Regionalfernsehen simultan gedolmetscht wird, ist das ebenso lächerlich, wie wenn Peter Handke in einer Übersetzung ins asturianische *bable* erscheint, dessen Reiz doch gerade darin besteht, daß es *keine* Hochsprache ist. – Auf *einen* Text soll noch hingewiesen werden, weil in ihm das Problem innerspanischer Multikulturalität auf ebenso anschauliche wie vergnügliche Weise vermittelt wird: *El amante bilingüe* (1990) von Juan Marsé, einem der populärsten spanischen Schriftsteller der Nachkriegszeit. *El amante bilingüe* ist eine turbulente Ehebruchsgeschichte. Die Katalanin Norma Valentí, die in einer Sprachberatungsstelle arbeitet, hintergeht ihren kastilisch sprechenden Mann mit einem katalanisch sprechenden Soziolinguisten, wendet sich dann aber (wenn auch nur für kurze Zeit) noch einmal ihrem Angetrauten zu, nachdem dieser sich als andalusischer Xarnego verkleidet hat, das heißt als Fremdarbeiter im eigenen Land, der die sozialromantischen Instinkte seiner großbürgerlichen Frau weckt. Eine hübsche Satire auf den Sprachchauvinismus bestimmter Kreise der katalanischen Intelligenz.

Phantastische und autoreflexive Formen des Erzählens

Große Bedeutung wird von der spanischen Kritik jenen Erzähltexten zugemessen, die ihr romantechnisch besonders ›fortgeschritten‹ zu sein scheinen, die aber oft nur an andernorts schon durchgespielte Möglichkeiten anknüpfen, das Reale mit dem Phantastischen zu vermischen, die Einbildungskraft über die Schranken der Alltagswirklichkeit triumphieren zu lassen, die Kategorien von Realität und Fiktion aus einem metafiktionalen Standpunkt zu relativieren, verschiedene literarische Vorbilder intertextuell miteinander zu vermitteln, die Problematik des Schreibens zum Gegenstand des Schreibens selbst zu machen und schließlich auch die Ungewißheiten der menschlichen Existenz, vor allem die mit der Vereinsamung verbundenen, zu thematisieren und psychoanalytisch auszuloten.

Zu nennen sind hier Autoren wie Javier Marías, José María Merino, Félix de Azúa, José María Guelbenzu, Javier Tomeo, Soledad Puértolas und Luis Landero.

Paradigmatisch für die postmoderne Kombinatorik, die das hauptsächliche Erkennungszeichen jener Autoren ist und mit der ganz offensichtlich auch die Normalisierung und die Internationalisierung der spanischen Kultur unter Beweis gestellt werden sollte, ist Antonio Muñoz Molinas Roman *Beltenebros* (1989). Vordergründig handelt es sich um einen Agententhriller mit internationalen Schauplätzen, wobei Madrid, meist im Regen, kaum von London oder Warschau zu unterscheiden ist. Es geht um die Zeitspanne zwischen den 40er und 50er Jahren und den in den Untergrund verlegten Kampf zwischen den über ganz Europa verstreuten Franquisten und Antifranquisten. Hintergründig aber werden alle Gewißheiten, die über diesen Kampf im Umlauf waren (und an die die Generation Muñoz Molinas lange Zeit geglaubt hat) in Frage gestellt und in den Verdacht gebracht, reine Mythen oder Wunschprojektionen zu sein. Dabei spielt die Aufhebung der Grenzen zwischen Fiktion und Realität, zwischen Literatur, Kino und Politik, zwischen Verfolgern und Verfolgten, Gut und Böse, Links und Rechts, Liebe und Gewalt eine große Rolle, dergestalt, daß am Schluß alles in Beliebigkeit aufgelöst ist und man – wie der Protagonist selbst – orientierungslos und resigniert in einer Welt umherirrt, in der es nicht einmal mehr geographische, landschaftliche, städtebauliche oder wenigstens klimatologische Unterscheidungsmerkmale gibt. Im Vergleich zu diesem postmodernen Puzzle (das freilich einem authentischen Lebensgefühl entsprach) wirken die schon erwähnten neueren Arbeiten Muñoz Molinas wie eine Rückkehr in die vertraute Umgebung, aber auch wie der energische Ansatz zu einer neuen Orientierung.

Beispiel: Muñoz Molina

Im übrigen ist nicht zu übersehen, daß international anerkannte Autoren wie Borges, García Márquez, Calvino, Butor und Grass, auch Michael Ende, einen starken Einfluß auf die moderne spanische Erzählkunst ausgeübt haben und immer noch ausüben. Und obwohl ihre ›Modelle‹ nicht immer überzeugend auf die spanischen Verhältnisse übertragen wurden (manches machte den etwas peinlichen Eindruck eines demonstrativen Befähigungsnachweises), gibt es doch eine ganze Reihe von Texten, die originell sind und ein ausgesprochenes Lesevergnügen bereiten. *Historia de un idiota contada por el mismo* (1986) von Félix de Azúa oder *Juegos de la edad tardía* (1991) von Luis Landero sind Beispiele dafür.

Inzwischen ist aber die spanische Literatur auch in diesem Bereich nicht mehr nur die empfangende, sondern sie strahlt ihrerseits auf die anderen europäischen Literaturen zurück. Bester Beweis dafür ist Javier Marías, dessen Roman *Corazón tan blanco* (1992) von der deutschen Kritik (Übersetzung 1996) fast *zu* enthusiastisch gefeiert und als Sensation hingestellt wurde. – Marías ist ein Musterbeispiel für die Lebendigkeit der aktuellen spanischen Erzählkunst, aber auch für die Macht massenmedialer Jurys wie des »literarischen Quartetts«, das durch überschwengliches Lob spielend einen Bestseller ›machen‹ kann.

Beispiel: Javier Marías

Auch der auf *Corazón tan blanco* folgende Roman, *Mañana en la batalla piensa en mí* (1994), hat Format. Die Hauptperson Víctor Francés, zugleich der Erzähler, dessen Stärke vor allem in der Beschreibung zwiespältiger Situationen liegt, ist Ghostwriter für jene ›Vips‹, die der Öffentlichkeit berufsmäßig etwas vorzuspiegeln haben: Bankpräsidenten, Politiker, Minister. Genau genommen ist Víctor sogar nur Ghostwriter eines Ghostwriters, hat aber eben deshalb einen privilegierten Einblick in die Eitelkeit und Scheinhaftigkeit der privaten und gesellschaftlichen Verhältnisse und in den Maskenball mediatisierter Beziehungen. Unvermeidlich drängen sich Vergleiche mit der Vanitas-Stimmung des spanischen Barock auf. Aber der *desengaño* dient hier nicht mehr der religiösen Zerknirschung, sondern – wie alles im Zeitalter der *literatura light* – der gekonnten Zerstreuung, der anspruchsvollen Unterhaltung des Lesers, der vom Geschick des Erzählers derart verzaubert wird, daß er sich mit Vergnügen den Boden unter den Füßen wegziehen läßt. Ein Kabinettstück im Roman ist die Begegnung Víctors mit dem spanischen König, der darunter leidet, daß er gleichsam verfassungsmäßig zum Rollenspielen verdammt ist und der sich ausgerechnet vom Ghostwriter, der ihm dazu noch in der Maske seines Ober-Ghostwriters gegenübersitzt, mehr Verständnis für das erwartet, was er ›eigentlich‹ ist.

Der spanische Film und das Phänomen Almodóvar

Trotz des starken Drucks der amerikanischen Filmindustrie, die drauf und dran ist, die Leinwände (und die Fersehkanäle) weltweit monopolistisch zu besetzen und unser aller Wahrnehmungsvermögen gleichzuschalten, gibt es in Spanien noch eine eigene Filmwirtschaft, die allerdings in den letzten Jahrzehnten von jährlich rund 200 Produktionen auf etwa 50 geschrumpft ist.

Den Löwenanteil daran bestreiten – wie eh und je – die costumbristischen Komödien, die außerhalb Spaniens kaum Beachtung finden. Daneben gibt es aber noch immer eine beachtliche Reihe von Namen, die den spanischen Autorenfilm weitervertreten. Dazu gehören u.a. Mario Camus, Fernando Fernán Gómez, Victor Erice, Manuel Gutiérrez Aragón, Jaime Chávarri, José Luis Borau, Jaime de Armiñán, Pilar Miró, José Luis Garci, Juan José Bigas Luna, Fernando Trueba und Imanol Uribe, von den ›Altmeistern‹ wie Berlanga und Saura, die noch immer produzieren, ganz zu schweigen

Literaturverfilmungen

Eine Besonderheit des spanischen Kinos, aber auch ein Beweis für die Popularität der erzählenden Prosa, ist die hohe Zahl von Literaturverfilmungen, die in den letzten Jahren gedreht wurden und von denen hier nur wenige Beispiele genannt werden können: *Los Santos Inocentes* (nach Delibes), *Crónica del Rey pasmado* (Torrente Ballester), *La pasión turca* (Gala), *El amante bilingüe* (Marsé), *Días contados* (Madrid), *Beltenebros* (Muñoz Molina). Oft handelt es sich dabei um Koproduktionen zwischen Filmwirtschaft, Verlagen, staatlichem Fernsehen und/oder Kultusministerium – kurz, um den letzten Versuch, der wirtschaftlichen Übermacht aus den USA noch eine Weile die Stirn zu bieten.

Keiner der bisher genannten Autoren ist so bekannt wie Pedro Almodóvar. Er ist in den letzten Jahren, besonders im Ausland, zum Inbegriff des neuen spanischen Films, freilich auch das Opfer grotesker Mißverständnisse geworden. Obwohl Almodóvar beileibe nicht nur Qualität produziert, ist das ›Phänomen Almodóvar‹ doch so bemerkenswert, daß ihm zum Abschluß unsere besondere Aufmerksamkeit gelten soll.

Grenzüberschreitungen

Wenn wir zuvor sagten, die Grenzüberschreitung sei das eigentliche Kennzeichen der spanischen Gegenwartsliteratur geworden, so kann man mit Fug und Recht behaupten, daß eben dieses Prinzip von Almodóvar in Reinkultur verkörpert wird. Einerseits sind Almodóvars Filme Unterhaltung und bieten Spaß in vielfältigster Form. Das oberste Prinzip ist »Wehret der Langeweile«, weshalb viele Almodóvar-Filme ein atemberaubendes Tempo vorlegen. Das Wort *movida*, das in Spanien die grelle populäre Subkultur kurz nach der Wende vor allem in der Hauptstadt Madrid bezeichnete, ist für Almodóvars Filme in mehrfacher Hinsicht kennzeichnend. Zum einen ist das Phänomen der *movida* Thema einiger seiner Filme, wobei er auch

Werbefoto zu *Mujeres al borde de un ataque de nervios* (links Pedro Almodóvar und Carmen Maura)

seine eigene Rolle als Szene-Guru ausgiebig ins Bild setzt. Zum anderen ist auch der Drive, die fast Videoclip-artige Schnelligkeit in der Machart seiner Filme *movida* (Bewegung) in des Wortes ureigenster Bedeutung. Einerseits wird bei Almodóvar also bewegteste Unterhaltung geboten bis hin zur grotesken Situationskomik; andererseits gibt es aber auch kaum einen Film, in dem nicht der äußerste Ernst, in der Form des Todes nämlich, bis hin zum Todesritual, herrschte. Oft treffen sich beide Tendenzen auch im schwarzen Humor. Die traditionelle spanische Vorliebe für Stilmischung, die schon im Siglo de Oro verhinderte, daß es Tragödien ohne Komik und Komödien ohne tödliche Bedrohung gab, ist bei Almodóvar bis zum Exzeß gesteigert und auf alle nur denkbaren Bereiche ausgeweitet. Die ästhetische Spannweite – fast möchte man von ästhetischer Promiskuität sprechen – reicht in allen Almodóvar-Filmen von rührseliger Melodramatik bis zur Slapstick-Komik, vom wohlig inszenierten Kitsch bis zu raffinierten Formen kritischer Reflexion. Die Gattungsmischung reicht von Traumfabrikelementen bis zu Dokumentarfilmteilen: Einerseits wird in *Mujeres al borde de un ataque de nervios* (1987) selbst ein so prosaisches großstädtisches Fortbewegungsmittel wie das Taxi zur Filmkulisse; zum anderen wird ein Melodram wie *¿Qué he hecho yo para merecer esto?* (1984) urplötzlich zum sozialkritischen Dokumentarfilm, in dem mit äußerster Detailgenauigkeit die Entfremdung in den Wohnmaschinen der kleinen Leute am Rande des Madrider Autobahnrings festgehalten wird. Promiskuität herrscht auch bei den Inhalten der Almodóvarschen Filme. Vor allem bei der allgegenwärtigen Sexualität, die ein obsessiv wiederkehrendes Leitmotiv ist. Mann mit Frau, Frau mit Mann, Frau mit Frau, Mann mit Mann, dazu noch die Zwischenstufen der Transsexualität – alle tun ›es‹, bei jeder Gelegenheit, auch bei ausgefallenen, bis hin zum Turnreck in *Tacones lejanos* (1991). Aber auch der Sex – meist sind die Begegnungen kurz und oberflächlich – ist bei Almodóvar kein Selbstzweck und alles andere als heiteres Spiel oder Akt der Befreiung. Meist lassen die Personen eine tiefergehende Sehnsucht erkennen, die unbefriedigt bleibt oder nur schwachen Trost findet. Es ist die

Distanzierungs-
strategien

Sehnsucht des vom Großstadtleben gestreßten und im Großstadtleben vereinsamten Menschen nach Geborgenheit und Zärtlichkeit, nach fester Bindung, ja nach familiärer Harmonie und ländlicher Idylle. Man denke an den winzigen Hühnerhof auf der Hochhausterrasse von *Mujeres* ....

Immer wo diese Sehnsucht evoziert wird, droht der Almodóvarsche Film in nostalgischer Rührseligkeit zu versinken, wäre da nicht, stets wachsam, der Hang zur witzigen Groteske oder die Tücke des Objekts, welche die Gefühle wieder auf Distanz bringen. Zu den Distanz schaffenden Mitteln gehört z. B. die Art und Weise, wie sich Almodóvar die modernen Kommunikationsmittel filmisch zunutze macht. Zwei Beispiele: In *Mujeres* ist der Anrufbeantworter der dramaturgische Dreh- und Angelpunkt, jenes Gerät also, das den modernen Stadtmenschen einerseits ständig erreichbar macht, das andererseits aber jeden echten Austausch zwischen zwei Personen verhindert. Oder: In *Tacones lejanos* wird die dramatische Botschaft der Tagesschausprecherin durch die Gestensprache der daneben sitzenden Taubstummendolmetscherin sofort wieder auf komische Weise konterkariert.

Zu den medialen Distanzierungsstrategien gehört auch der ironisch-parodistische Einsatz von Werbespots, die im real existierenden Kapitalismus zur Alltagserfahrung der Fernsehkonsumenten gehören und in den Fiktionen Almodóvars zum oft raffiniert inszenierten Spiel im Spiel umfunktioniert werden. Ein Beispiel mag genügen. Es handelt sich um eine fiktive Waschmittelreklame in *Mujeres* .... Sie zeigt uns, daß »Ecce Omo« so porentief rein wäscht, daß sogar die Blutflecken aus der Arbeitskleidung des Massenmörders verschwinden. Als die Polizei die Wohnung stürmt, braucht die Mutter des Mörders nur die bekannte, von triumphierendem Hausfrauenstrahlen begleitete Vorzeigegeste zu machen – schon müssen die Polizisten die Segel streichen. Die Schauspielerin Carmen Maura, die im Werbespot die Mutter des Mörders spielt, ist im übrigen die gleiche Schauspielerin, welche die Hauptrolle im eigentlichen Film spielt, dessen Hauptthema die Beziehungskrise eben dieser Schauspielerin im Verhältnis zu einem Kollegen ist, der mit ihr ausschließlich über den Anrufbeantworter kommuniziert und zärtliche Worte nur noch bei der gemeinsamen Synchronarbeit an einem Liebesfilm austauscht, in dem diese Worte als zu synchronisierender Text vorgegeben sind ...

Kein anderer Text oder Film der spanischen Gegenwartsliteratur setzt so souverän und witzig alle Hauptkennzeichen moderner *fiction* auf einmal in Szene: die Elemente der Metafiktionalität, der Intertextualität beziehungsweise der Intermedialität, der Fiktionsironie, der Relativierung von Fiktionsebenen, der freien Phantasie und der Thematisierung von Identitäts- und Einsamkeitskrisen (meist von Frauen). Wenn es ein Kennzeichen der Postmoderne ist, daß alle stilistischen und thematischen Möglichkeiten gleichzeitig vorkommen können, dann ist Almodóvar gewiß ein Meister der Postmoderne. Aber einer, der die postmodernen Mätzchen zugleich durchschaut, beherrscht und der parodistisch über sie triumphiert. *Alle* Filme Almodóvars sind aber gleichzeitig auf der Suche nach etwas *nicht* mehr Beliebigem (am stärksten sein bisher letzter, *La flor de mi secreto*, 1995) – und eben das macht den Ernst aus, der bei ihm noch durch den letzten Klamauk hindurch zu spüren ist.

BIBLIOGRAPHIE

Die Bibliographie ist auf 280 Titel beschränkt. Sie enthält infolgedessen hauptsächlich Überblicksdarstellungen. Spezialstudien, auch solche zu einzelnen Autoren, oder Textausgaben/Anthologien werden im allgemeinen nur aufgenommen, wenn im Text auf sie verwiesen wird.

Geschichte, Kulturgeschichte, Literaturgeschichte, Nachschlagewerke

Abellán, José Luis, *Historia crítica del pensamiento español*, 5 Bde., Madrid 1979 ff
Alborg, Juan Luis, *Historia de la literatura española*, 5 Bde., Madrid ²1970 ff
Amador de los Rios, José, *Historia crítica de la literatura española*, 7 Bde., Madrid 1861–1865; ern. Madrid 1969/70
Artola, Miguel (Hg.), *Historia de España Alfaguara*, 7 Bde., Madrid 1973
Baehr, Rudolf, *Spanische Verslehre auf historischer Grundlage*, Tübingen 1962
Bernecker, Walther L. u. a. (Hg.), *Spanien-Lexikon. Wirtschaft, Politik, Kultur, Gesellschaft*, München 1990
Blanco Aguinaga, Carlos u. a., *Historia social de la literatura española*, 3 Bde., Madrid 1978
Bleiberg, Germán / Marías, Julián u. a. (Hg.), *Diccionario de la literatura española*, Madrid ⁴1972
Canavaggio, Jean (Hg.), *Histoire de la littérature espagnole*, 2 Bde., Paris 1993
Carrasco, Rafaël / Dérozier, Claudette / Molinié-Bertrand, Annie, *Histoire et civilisation de l'Espagne classique (1492–1808)*, Paris 1991
Díez Borque, José María u. a. (Hg.), *Historia de la literatura española*, 4 Bde., Madrid 1980
Elliott, J. H. (Hg.), *Die spanische Welt. Geschichte, Kultur, Gesellschaft*, Freiburg i. Br. u. a. 1991
Enciclopedia universal ilustrada europeo-americana, 109 Bde. mit Jahressuppl., Barcelona 1908–90
Felten, Hans / Valcárcel, Agustín (Hg.), *Spanische Lyrik von der Renaissance bis zum späten 19. Jahrhundert*, Stuttgart 1990 (span-dt.; Reclams Univ.-Bibl.)
Flasche, Hans, *Geschichte der spanischen Literatur*, 4 Bde., Bern 1977
Franzbach, Martin, *Geschichte der spanischen Literatur im Überblick*, Stuttgart 1993
Fuente, Ricardo de la (Hg.), *Historia de la literatura española*, Madrid 1990 ff
García de la Concha, Víctor (Hg.), *Historia de la literatura española*, Madrid 1996 ff (von den geplanten 12 Bänden sind die beiden Bände zum 18. Jh. erschienen: Carnero, Guillermo [Hg.], *Siglo XVIII*)
García Villoslada, Ricardo (Hg.), *Historia de la Iglesia en España*, 5 Bde., Madrid 1979–1982
Green, Otis H., *Spain and the Western Tradition. The Castilian Mind in Literature from »El Cid« to Calderón*, 4 Bde., Madison 1965 (span. *España y la tradición occidental*, Madrid 1969)
Grossmann, Rudolf, *Spanische Gedichte aus acht Jahrhunderten*, Bremen 1960
Gullón, Ricardo (Hg.), *Diccionario de Literatura española e hispanoamericana*, 2 Bde., Madrid 1993
Gumbrecht, Hans Ulrich, *›Eine‹ Geschichte der spanischen Literatur*, 2 Bde., Frankfurt/M. 1991
Haensch, Günter / Haberkamp de Antón, Gisela, *Kleines Spanienlexikon*, München 1989
Hauptwerke der spanischen und portugiesischen Literatur (= Auszug aus Kindlers Neuem Literaturlexikon), München 1995

Hinterhäuser, Hans (Hg.), *Spanien und Europa. Texte zu ihrem Verhältnis von der Aufklärung bis zur Gegenwart*, München 1979

Hoffmeister, Gerhart, *Spanien und Deutschland. Geschichte und Dokumentation der literarischen Beziehungen*, Berlin 1976

Jones, R.O. u.a. (Hg.), *A Literary History of Spain*, 6 Bde., London 1971/72 (span. *Historia de la literatura española*, Barcelona 1973–76)

Menéndez Peláez, Jesús / Arellano, Ignacio / Caso González, José M. / Martínez Cachero, J.M., *Historia de la literatura española*, 3 Bde., Madrid 1993 ff

Menéndez Pidal, Ramón / Jover, José M., *Historia de España*, 41 Bde., Madrid 1935 ff

Pedraza, Felipe B. / Rodríguez, Milagros, *Manual de la literatura española*, 12 Bde., Tafalla 1980 ff

Pörtl, Klaus (Hg.), *Das spanische Theater. Von den Anfängen bis zum Ausgang des 19. Jahrhunderts*, Darmstadt 1985

Rico, Francisco (Hg.), *Historia y crítica de la literatura española*, 9 Bde. (dazu laufend Supplementbände), Barcelona 1980 ff

Roloff, Volker / Wentzlaff-Eggebert, H. (Hg.), *Das spanische Theater vom Mittelalter bis zur Gegenwart*, Düsseldorf 1988

Roloff, Volker / Wentzlaff-Eggebert, H. (Hg.), *Der spanische Roman vom Mittelalter bis zur Gegenwart*, Stuttgart ²1995

Ruiz Ramón, Francisco, *Historia del teatro español*, Madrid ⁹1986

Ruhl, Klaus-Jörg (Hg.), *Spanien-Ploetz. Spanische und portugiesische Geschichte zum Nachschlagen*, Freiburg/Würzburg ³1993

Siebenmann, Gustav, *Essays zur spanischen Literatur*, Frankfurt/M. 1989

Simón Díaz, José, *Bibliografía de la literatura hispánica*, [bisher] 14 Bde., Madrid ³1980

Soldevila, F., *Historia de España*, 8 Bde., Barcelona ³1972–73

Strosetzki, Christoph (Hg.), *Bibliographie der Hispanistik in Deutschland, Österreich und der deutschsprachigen Schweiz*, 5 Bde., Frankfurt/M. 1978–1996

Strosetzki, Christoph (Hg.), *Geschichte der spanischen Literatur*, Tübingen 1991

Tuñón de Lara, Manuel (Hg.), *Historia de España*, 12 Bde., Barcelona ³1990

Valbuena Prat, Ángel, *Historia de la literatura española*, 6 Bde., Barcelona ⁹1981–1983

Vicens Vives, Jaume (Hg.), *Historia social y económica de España y America*, 5 Bde., Barcelona 1974

Ward, Philip (Hg.), *The Oxford Companion to Spanish Literature*, Oxford 1978

Wittschier, Heinz, *Die spanische Literatur. Einführung und Studienführer. Von den Anfängen bis zur Gegenwart*, Tübingen 1993

Mittelalter und Spätmittelalter

Allgemeines

Blüher, Karl Alfred, *Seneca in Spanien, Untersuchungen zur Geschichte der Seneca-Rezeption in Spanien vom 13. bis 17. Jahrhundert*, München 1969 (span.: *Séneca en España. Investigaciones sobre la recepción de Séneca en España desde el siglo XIII hasta el siglo XVII. Edición corregida y aumentada*, Madrid 1983)

Castro, Américo, *La realidad histórica de España*, Mexiko ⁶1975

Curtius, Ernst Robert, *Europäische Literatur und lateinisches Mittelalter*, Bern ⁴1963

Flasch, Kurt, *Das philosophische Denken im Mittelalter. Von Augustin zu Machiavelli*, Stuttgart 1987

Fontaine, Jaques, *Isidore de Séville et la culture classique dans l'Espagne wisigothique*, 3 Tle., Paris 1959–1983

Grundriß der romanischen Literaturen des Mittelalters. Bd. II, T. 1, 6, 8: Köhler, Erich (Hg.): *Les genres lyriques*, Heidelberg 1980–83; Bd. III, T. 1/2, 9: Lejeune, Rita [u. a.]: *Les épopées romanes*, Heidelberg 1985. Bd. V, T. 1/2, 2; IX, T. 2, 7: Lange, Wolf Dieter (Hg.): *Les formes narratives brèves*, Heidelberg 1983–85; Bd. XI, T. 1, 4; T. 2, 4: Mettmann, Walter (Hg.): *La littérature dans la Péninsule Ibérique aux XIVe et XVe siècles*

Hell, Vera und Helmut, *Die große Wallfahrt des Mittelalters*, Tübingen ^{3}1979

Huizinga, Johan, *Der Herbst des Mittelalters. Studien über Lebens- und Geistesformen des 14. und 15. Jahrhunderts in Frankreich und den Niederlanden*, Hg. von Kurt Köster. Stuttgart 1987

Menéndez Pidal, Ramón (Hg.), *Historia de España. VIII. Los Reinos de Taifas. Al-Andalus en el Siglo XI.* Madrid 1994; X. (1/2). *Los Reinos Cristianos en los Siglos XI y XII. Economías. Sociedades. Instituciones,* Madrid 1992

Sánchez-Albornoz, Claudio, *España, un enigma histórico*, Buenos Aires 1948; zuletzt Barcelona 1991

Teuber, Bernhard, *Sprache, Körper, Traum – Zur karnevalesken Tradition in der romanischen Literatur aus früher Neuzeit*, Tübingen 1989

Vernet, Juan, *Die spanisch-arabische Kultur in Orient und Okzident*, Zürich/ München 1984

Das Zusammenleben der Kulturen; Arabische und hebräische Literatur

Beinart, Haim, *Los judíos en España*, Madrid ^{2}1993

Díaz-Mas, Paloma, *Los Sefardíes. Historia, Lengua y Cultura*, Barcelona 1986

Dodds, Jerrilynn D. / Glick, Thomas F. / Mann Vivian B. (Hg.), *Convivencia. Jews, Muslims and Cristians in Medieval Spain*, New York 1992

Grundriß der Arabischen Philologie. Bd. 2. Helmut Gätje (Hg.), *Literaturwissenschaft*, Wiesbaden 1987

Handbuch der Orientalistik / Handbook of Oriental Studies. Bd. 12: Salma Khadra Jayyusi (Hg.), *The legacy of Muslim Spain*, New York, Köln 1992

Hottinger, Arnold, *Die Mauren. Arabische Kultur in Spanien*, München 1995

López-Baralt, Luce, *Huellas del Islam en la literatura española: de Juan Ruiz a Juan Goytisolo*, Madrid 1985

Menéndez Pidal, Ramón, *España, eslabón entre la cristiandad y el Islam*, Madrid 1957

Frühe Epik und Lyrik

Deyermond, Alan, *El Cantar de Mío Cid y la épica medieval española*, Barcelona 1985

Menéndez Pidal, Ramón, *Poesía juglaresca y orígenes de las literaturas románicas*, Madrid ^{6}1957

Saugnieux, Joël, *Berceo y las culturas del siglo XIII*, Logroño 1982

Smith, Colin, *The making of the »Poema de mío Cid«*, Cambridge 1983

Stern, Samuel S., *Les Chansons mozarabes: les vers finaux (kharjas) en espagnol dans les muwashashas*, Oxford ^{2}1964

Die Literatur des 13. und 14. Jahrhunderts

Ayerbe-Chaux, Reinaldo, *El Conde Lucanor. Material tradicional y originalidad creadora*, Madrid 1975

Bossong, Georg, *Probleme der Übersetzung wissenschaftlicher Werke aus dem Arabischen in das Altspanische zur Zeit Alfons' des Weisen*, Tübingen 1979

Gil, José S., *La escuela de traductores de Toledo y los colaboradores judíos*, Toledo 1985

Lope, Monique de, *Traditions populaires et textualité dans le »Libro de Buen Amor«*, Montpellier 1984

Menéndez Peláez, Jesús, *El »Libro de Buen Amor«: ficción literaria o reflejo de una realidad?*, Gijón ²1980

Shepard, Sanford, *Shem Tov, his World and his Words,* Miami 1978

Der Romancero

Alvar, Manuel, *El Romancero: tradicionalidad y pervivencia,* Barcelona ²1974

Bénichou, Paul, *Creación poética en el romancero tradicional,* Madrid 1968

Menéndez Pidal, Ramón, *Romancero hispánico (hispano-portugués, americano y sefardí). Teoría e historia,* 2 Bde., Madrid ²1968

Piñero, Pedro M. / Atero, Virtudes, *Romancero de la tradición moderna,* Sevilla 1987

Die Dichtung des 15. Jahrhunderts

Battesti-Pelegrin, Jeanne, *Lope de Stúñiga: recherches sur la poésie espagnole au XVe siècle,* 3 Bde., Aix en Provence 1982

Beltrán Pepió, Vicente, *La canción de amor en el otoño de la Edad Media,* Barcelona 1988

Boase, Roger, *The Troubadour Revival: A Study of Social Change and Traditionalism in Late Medieval Spain,* London 1978

Lapesa, Rafael, *La obra literaria del Marqués de Santillana,* Madrid 1957

Lida de Malkiel, María Rosa, *Juan de Mena, poeta del prerrenacimiento español,* Mexico ²1984

Rodríguez Puértolas, Julio (Hg.), *Poesía de protesta en la Edad Media castellana. Historia y antología,* Madrid 1988

Salinas, Pedro, *Jorge Manrique o tradición y originalidad,* Barcelona 1974

Saugnieux, Joël, *Les danses macabres de France et d'Espagne et leurs prolongements littéraires,* Lyon 1979

Whinnom, Keith, *La poesía amatoria de la época de los Reyes Católicos,* Durham 1981

Frühformen des Theaters und Celestina

Bataillon, Marcel, *La Celestina selon Fernando de Rojas,* Paris 1961

Castro, Américo, *La Celestina como contienda literaria (castas y casticismos),* Madrid 1965

Deyermond, Alan, *The Petrarchan Sources of »La Celestina«,* Connecticut ²1975

Gilman, Stephen, *La España de Fernando de Rojas, panorama intelectual y social de La Celestina,* Madrid ²1978

Gómez Moreno, Angel, *El teatro medieval castellano en su marco románico,* Madrid 1991

Lida de Malkiel, María Rosa, *La originalidad artística de La Celestina,* Buenos Aires ²1970

Maravall, José Antonio, *El mundo social de La Celestina,* Madrid 1964

Die Zeit des Übergangs zur Moderne

Bennassar, Bartolomé, *Inquisición española: Poder político y control social,* Barcelona 1981

García de la Concha, Víctor (Hg.), *Nebrija y la introducción del Renacimiento en España,* Salamanca 1983

Pérez, Joseph, *Historia de una tragedia. La expulsión de los judíos de España,* Barcelona 1993

Pérez, Joseph, *Ferdinand und Isabella. Spanien zur Zeit der Katholischen Könige,* München 1989

Siglo de Oro

Allgemeines

Andrés Martín, Melquíades, *Los Recogidos. Nueva Visión de la mística española (1500–1700)*, Madrid 1975
Bataillon, Marcel, *Erasmo y España*, Mexiko 1966 ([1]1937)
Bennassar, Bartolomé, *La España del Siglo de Oro*, Barcelona 1994 ([1]1983)
Bethencourt, Francisco, *L' inquisition à l' époque moderne. Espagne, Portugal, Italie XVe – XIXe siècle*, Paris 1995
Brown, Jonathan, *The Golden Age of Painting in Spain*, New Haven-London 1991
Caro Baroja, Julio, *Las formas complejas de la vida religiosa. Religión, sociedad y carácter en la España de los siglos XVI y XVII*, Madrid 1985 ([1]1978)
Defournaux, Marcelin, *Spanien im Goldenen Zeitalter. Kultur und Gesellschaft einer Weltmacht*, Stuttgart 1986 ([1]1964)
Esteve Barba, Francisco, *Historiografía Indiana*. Madrid [1]1964. Zweite, überarb. und erw. Auflage 1992
Gewecke, Frauke, *Wie die neue Welt in die alte kam*, München [2]1992
Heine, Hartmut, *Geschichte Spaniens in der frühen Neuzeit 1400–1800*, München 1984
Kamen, Henry, *Spain 1469–1714. A society of conflict*, London 1991
Maravall, José Antonio, *La cultura del barroco*, Madrid 1975
Pagden, Anthony, *Das erfundene Amerika. Der Aufbruch des europäischen Denkens in die Neue Welt*, München 1996
Pfandl, Ludwig, *Geschichte der spanischen Nationalliteratur in ihrer Blütezeit*, Hildesheim 1967
Puccini, Dario, *Una mujer en soledad. Sor Juana Inés de la Cruz, una excepción en la cultura y la literatura barroca*, Madrid 1996
Orozco Díaz, Emilio, *Introducción al Barroco*, Granada 1988
Strosetzki, Christoph, *Literatur als Beruf. Zum Selbstverständnis gelehrter und schriftstellerischer Existenz im spanischen Siglo de Oro*, Düsseldorf 1978
Todorov, Tzvetan, *Die Eroberung Amerikas. Die Frage nach dem anderen*, Frankfurt/M. 1983

Lyrik

Alonso, Dámaso, *Góngora y el »Polifemo«*, Madrid 1971
Alonso, Dámaso, *Poesía española. Ensayo de métodos y límites estilísticos. Garcilaso, Fray Luis de León, San Juan de la Cruz, Góngora, Lope de Vega, Quevedo*, Madrid [5]1962
Bénassy-Berling, Marie-Cécile, *Humanisme et religion chez Sor Juana Inés de la Cruz. La femme et la culture au XVIIe siècle*, Paris 1982
Egido, Aurora, *Fronteras de la Poesía en el Barroco*, Barcelona 1990
Hatzfeld, Helmut, *Estudios sobre el barroco*, Madrid [2]1966
Lázaro Carreter, Fernando, *Estilo barroco y personalidad creadora. Góngora, Quevedo, Lope de Vega*, Madrid [2]1974
Manero Sorolla, María Pilar, *Imágenes petrarquistas en la lírica española del Renacimiento. Repertorio*, Barcelona 1990
Manero Sorolla, María Pilar, *Introducción al estudio del petrarquismo en España*, Barcelona 1987
Martínez Arancón, Ana (Hg.), *La batalla en torno a Góngora (Selección de textos)*, Barcelona 1978
Molho, Mauricio, *Semántica y poética (Góngora, Quevedo)*, Barcelona 1978
Novo, Yolanda, *Las »Rimas sacras« de Lope de Vega. Disposición y sentido*, Santiago de Compostela 1990
Paz, Octavio, *Sor Juana Inés de la Cruz o Las trampas de la fe*, Barcelona 1982
Prieto, Antonio, *La poesía española del siglo XVI*, Madrid 1984–1987

Terry, Arthur, *Seventeenth-Century Spanish Poetry. The power of artifice*, Cambrigde 1993

Vossler, Karl, *Poesie der Einsamkeit in Spanien*, München ²1950

Prosa und Roman

Ayala, Jorge M. (Hg.), *Baltasar Gracián, Selección de estudios. Investigación actual y documentación*, in: Anthropos-Suplementos 37 (1993)

Canavaggio, Jean, *Cervantes. Biographie*. Zürich/München 1989

Castro, Américo, *El pensamiento de Cervantes*, Barcelona 1980 (¹1925)

Damiani, Bruno M., *Jorge de Montemayor*, Roma 1984

Felten, Hans, *María de Zayas y Sotomayor. Zum Zusammenhang zwischen moralistischen Texten und Novellenliteratur*, Frankfurt/M. 1978

Fernández, Jaime, *Bibliografía del Quijote. Por unidades narrativas y materiales de la novela*, Alcalá de Henares 1995

Fernández Montesinos, José F., *Ensayos y estudios de literatura española*, Madrid 1970

Franzbach, Martin, *Cervantes*, Stuttgart 1991

Güntert, Georges, *Cervantes. Novelar el mundo desintegrado*, Barcelona 1993

Krauss, Werner, *Miguel de Cervantes, Leben und Werk*, Neuwied/Berlin 1966

Maravall, José Antonio, *La literatura picaresca desde la historia social*, Madrid 1986

Neuschäfer, Hans-Jörg, *Der Sinn der Parodie im Don Quijote*, Heidelberg 1963

Rallo Gruss, Asunción, *La prosa didáctica en el siglo XVII*, Madrid 1988

Rico, Francisco, *La novela picaresca y el punto de vista*, Barcelona ³1986

Riley, Edward C., *Teoría de la novela en Cervantes*, Madrid 1966

Riley, Edward C., *Don Quixote*, London 1986 (span. *Introducción al Quijote*, Barcelona 1990)

San Miguel, Ángel, *Sentido y estructura del Guzmán de Alfarache de Mateo Alemán*, Madrid 1971

Schmauser, Caroline, *Die »Novelas ejemplares« von Cervantes: Wahrnehmung und Perspektive in der spanischen Novellistik der Frühen Neuzeit*, Tübingen 1996

Siebenmann, Gustav, *Über Sprache und Stil im »Lazarillo de Tormes«*, Bern 1953

Sobejano, Gonzalo (Hg.), *Francisco de Quevedo*, Madrid 1978

Strosetzki, Christoph, *Miguel de Cervantes. Epoche – Werk – Wirkung*, München 1991

Theater

Allen, John J., *The Reconstruction of a Spanish Golden Age Playhouse. El Corral del Príncipe. 1583–1744*, Gainsville 1983

Arias, Ricardo, *The Spanish Sacramental Plays*. Boston 1976

Arróniz, Othón, *Teatros y escenarios en el Siglo de Oro*, Madrid 1977

Aubrun, Charles V., *La comédie espagnole (1600–1680)*, Paris 1966

Canavaggio, Jean, *Cervantès dramaturge: un théâtre à naître*, Paris 1977

Díez Borque, José María (Hg.), *Historia del Teatro en España*. Bd.I, Madrid 1983

Díez Borque, José María (Hg.), *Teatro y Fiesta en el Barroco. España e Iberoamérica*, Madrid 1986

García Lorenzo, Luciano (Hg.), *Los géneros menores en el teatro español del Siglo de Oro*, Madrid 1988

Küpper, Joachim, *Diskurs-Renovatio bei Lope de Vega und Calderón: Untersuchungen zum spanischen Barockdrama*, Tübingen 1990

McKendrick, Melveena, *Theatre in Spain: 1490–1700*, Cambridge 1989

Neumeister, Sebastian, *Mythos und Repräsentation. Die mythologischen Festspiele Calderóns*, München 1988

Oehrlein, Josef, *Der Schauspieler im spanischen Theater des Siglo de Oro (1600–1681). Untersuchungen zu Berufsbild und Rolle in der Gesellschaft*, Frankfurt/M. 1986
Parker, Alexander A., *The allegorical drama of Calderón: an introduction to the Autos sacramentales*, Oxford 1943, zuletzt 1991 (span.: *Los autos sacramentales de Calderón de la Barca*, Barcelona 1983)
Reichenberger, Kurt und Roswitha, *Spanisches Drama im Goldenen Zeitalter. Ein bibliographisches Handbuch. El teatro español en los Siglos de Oro. Inventario de bibliografías*, Kassel 1989
San Miguel, Ángel (Hg.), *Calderón: Fremdheit und Nähe eines spanischen Barockdramatikers. Akten des internationalen Kongresses anläßlich der Bamberger Calderón-Tage 1987*, Frankfurt/M. 1988
Vitse, Marc, *Eléments pour une théorie du théâtre espagnol du XVIIe siècle*, Toulouse 1987
Weiger, John G., *Hacia la comedia: de los valencianos a Lope*, Barcelona 1976

18. Jahrhundert

Aguilar Piñal, Francisco (Hg.), *Historia literaria de España en el siglo XVIII*, Madrid 1996
Alvarez Barrientos, Joaquín, *La novela del siglo XVIII*, Madrid 1991
Andioc, René, *Teatro y sociedad en el Madrid del siglo XVIII*, Madrid ²1988
Arce, Joaquín, *La poesía del siglo ilustrado*, Madrid 1981
Caso González, José Miguel, *De Ilustración e ilustrados*, Oviedo 1988
Checa, Jorge / Ríos, J. A. / Vallejo, I., *La poesía del siglo XVIII*, Madrid 1992
Domínguez Ortiz, Antonio, *Sociedad y estado en el siglo XVIII español*, Barcelona ⁴1990
Ferreras, Juan Ignacio, *La novela en el siglo XVIII*, Madrid 1987
Herr, Richard, *España y la revolución del siglo XVIII* Madrid 1990
Jacobs, Helmut C., *Schönheit und Geschmack: Die Theorie der Künste in der spanischen Literatur des 18. Jahrhunderts*, Frankfurt/M. 1996
Krauss, Werner, *Die Aufklärung in Spanien, Portugal und Lateinamerika*, München 1973
Lacadena Calero, Esther, *La prosa en el siglo XVIII*, Madrid 1984
Lope, Hans-Joachim, *Die ›Cartas Marruecas‹ von José Cadalso. Eine Untersuchung zur spanischen Literatur des 18. Jahrhundert*, Frankfurt/M. 1973
Lucea García, Javier, *La poesía y el teatro en el siglo XVIII*, Madrid 1984
Mackowiecka, Gabriela, *Luzán y su Poética*, Barcelona 1973
Maravall, José Antonio, *Estudios de la historia del pensamiento español (Siglo XVIII)*, Madrid 1991
McClelland, Ivy Lillian, *Ideological Hesitancy en Spain, 1700–1750*, Liverpool 1991
McClelland, Ivy Lillian, *Ignacio de Luzán*, New York 1973
McClelland, Ivy Lillian, *Benito Jerónimo Feijoo*, New York 1969
Polt, John H. R., *Gaspar Melchor de Jovellanos*, New York 1971
Rien, Horst, *Leandro Fernández de Moratín: Versuch einer historisch-soziologischen Analyse des autobiographischen, literaturtheoretischen und dramatischen Werks*, Frankfurt/M. 1982
Rull, Enrique, *La poesía y el teatro en el siglo XVIII (Neoclasicismo)*, Madrid 1987
Sánchez-Blanco, Francisco, *La prosa del siglo XVIII*, Madrid 1992
Sarrailh, Jean, *La España ilustrada de la segunda mitad del siglo XVIII*, Madrid 1979
Tietz, Manfred (Hg.), *La secularización de la cultura española en el Siglo de las Luces*, Wiesbaden 1992

19. Jahrhundert

Álvarez Junco, José, *La ideología política del anarquismo español (1868–1910)*, Madrid 1976

Aranguren, José Luis, *Moral y sociedad. La moral social española en el siglo XIX*, Madrid 1966

Bernecker, W.L., *Sozialgeschichte Spaniens im 19. und 20. Jh. Vom Ancien Regime zur Parlamentarischen Monarchie*, Frankfurt/M. 1990

Bravo-Villasante, Carmen, *Vida y obra de Emilia Pardo Bazán*, Madrid 1973

Carr, Raymond, *Spain 1808–1875*, Oxford 1982

Díaz, J.P., *Gustavo Adolfo Bécquer. Vida y Poesía*, Madrid ³1971

Díaz-Plaja, Guillermo, *Introducción al estudio del romanticismo español*, Madrid 1953

Díaz-Plaja, Guillermo, *Antología del romanticismo español*, Madrid 1959

Fernández Montesinos, José, *Introducción a una historia de la novela en España en el siglo XIX*, Madrid ³1972

Fernández Montesinos, José, *Costumbrismo y novela. Ensayo sobre el redescubrimiento de la realidad española*, Madrid ³1972

Fernández Montesinos, José, *Galdós*, 4 Bde., Madrid 1968–73

Ferreras, José Ignacio, *La novela por entregas (1840–1900)*, Madrid 1972

García Nieto, M.C. / Donézar, J.M. / López Puerta, L. (Hg.), *Bases documentales de la España contemporánea*, Madrid 1971 ff

Gies, David T., *The theatre in Nineteenth-Century Spain*, Cambrigde 1994

Hinterhäuser, Hans, *Die Episodios Nacionales von Benito Pérez Galdós*, Hamburg 1961

Klotz, Volker, *Operette. Porträt und Handbuch einer unerhörten Kunst*, München 1991

Kreutzer, Winfried, *Grundzüge der spanischen Literatur des 19. und 20. Jahrhunderts*, Darmstadt ²1991

Krömer, Wolfram, *Zur Weltanschauung, Ästhetik und Poetik des Neoklassizismus und der Romantik in Spanien*, Münster 1968

Lentzen, Manfred, *Carlos Arniches. Vom ›género chico‹ zur ›tragedia grotesca‹*, Genf 1966

López Morillas, Juan, *El krausismo español. Perfil de una aventura intelectual*, México ²1980

Llorens Castillo, Vicente, *Liberales y románticos. Una emigración española en Inglaterra (1823–1834)*, Madrid ³1979

Marrast, Robert, *José de Espronceda et son temps. Littérature, politique et société au temps du romanticisme*, Paris 1974

Matzat, Wolfgang (Hg.), *Peripherie und Dialogizität. Untersuchungen zum realistisch-naturalistischen Roman in Spanien*, Tübingen 1995

Peers, E.Allison, *Historia del movimiento romántico español*, 2 Bde., Madrid ²1967

Sobejano, Gonzalo, *Clarín en su obra ejemplar*, Madrid 1985

Tietz, Manfred (Hg.), *Die spanische Lyrik der Moderne*, Frankfurt/M. 1990

Villacorta Baños, F., *El Ateneo científico, literario y artístico de Madrid (1885–1912)*, Madrid 1985

Zavala, Iris M., *Ideología y política en la novela española del siglo XIX*, Salamanca 1971

20. Jahrhundert

Abellán, José Luis (Hg.), *El exilio español de 1939*, 6 Bde., Madrid 1977/78

Abellán, Manuel Luis, *Censura y creación literaria en España (1939–1976)*, Barcelona 1980

Albert, Mechthild, *Avantgarde und Faschismus: Spanische Erzählprosa 1925–1940*, Tübingen 1996

Bernecker, Walter L., *Spaniens Geschichte seit dem Bürgerkrieg*, München ²1988

Bernecker, Walter L. / Oehrlein Josef (Hg.), *Spanien heute: Politik, Wirtschaft, Kultur*, Frankfurt 1991
Bertrand de Muñoz, Maryse, *La Guerra Civil Española en la novela. Bibliografía comentada*, 3 Bde., Madrid 1982–87
Brenan, G., *Die Geschichte Spaniens. Über die sozialen und politischen Hintergründe des Spanischen Bürgerkrieges*, Berlin 1978
Bierbach, Christine / Rössler, Andrea (Hg.), *Nicht Muse, nicht Heldin. Schriftstellerinnen in Spanien seit 1975*, Berlin 1992
Bonet, Juan Manuel, *Diccionario de las vanguardias en España (1907–1936)*, Madrid 1995
Broué, Pierre / Témime, E., *Revolution und Krieg in Spanien*, 2 Bde., Frankfurt/M. ³1982
Caudet, Francisco, *El Exilio Republicano en México. Las revistas literarias (1939–1979)*, Madrid 1992
Daus, Ronald, *Der Avantgardismus Ramón Gómez de la Sernas*, Wiesbaden 1958
Delgado, Teresa (Hg.), *ZAS. Schnitte durch die spanische Lyrik 1945–1990*, München 1994
Díaz-Plaja, Guillermo, *Modernismo frente a 98*, Madrid ²1966
Felten, Hans / Prill, Ulrich, *La dulce mentira de la ficción. Ensayos sobre narrativa española actual*, Bonn 1995
Floeck, Wilfried (Hg.), *Spanisches Theater im 20. Jahrhundert*, Tübingen 1990
Franzbach, Martin, *Die Hinwendung Spaniens zu Europa. Die generación del 98*. Darmstadt 1988
García de la Concha, Víctor, *La poesía española de 1935 a 1975*, 4 Bde., Madrid 1987
Geist, A. L., *La poética de la generación del 27 y las revistas literarias: de la vanguardia al compromiso (1918–1936)*, Barcelona 1980
Herzberger, David K., *Narrating the past. Fiction and Historiography in Postwar Spain*, Duke Univ. 1995
Hoffmann, Bert / Joan i Tous, Pere / Tietz, Manfred (Hg.), *Las tradiciones culturales del anarquismo español*, Frankfurt/M. 1995
Hopewell, John, *El cine español después de Franco (1973–1988)*, Madrid 1989
Ingenschay, Dieter / Neuschäfer, Hans-Jörg (Hg.), *Aufbrüche. Die Literatur Spaniens seit 1975*, Berlin ²1993 (span.: *Abriendo caminos. La literatura español desde 1975*, Barcelona 1994)
Kohut, Karl, *Die spanische und lateinamerikanische Literatur im französischen Exil*, München 1984
Krauss, Werner, *Spanien 1900–1965. Beitrag zu einer modernen Ideologiegeschichte*, München/ Salzburg 1972
Kreis, Karl-Wilhelm, *Zur Ästhetik des Obszönen. Arrabals Theater und die repressive Sexualpolitik des Franco-Regimes*, Hamburg 1990
Kultzen, Peter (Hg.), *Vanguardia y avanzada. Spanische Avantgarde, Texte der 20er und 30er Jahre*, München 1991
Lentzen, Manfred, *Der spanische Bürgerkrieg und die Dichter. Beispiele des politischen Engagements in der Literatur*, Heidelberg 1984
Link-Heer, Ursula/Roloff, Volker (Hg.), *Luis Buñuel. Film – Literatur – Intermedialität*. Darmstadt 1994
Mainer, José-Carlos, *La edad de plata (1902–1939). Ensayos de interpretación de un proceso cultural*, Madrid 1982
Neuschäfer, Hans-Jörg, *Macht und Ohnmacht der Zensur. Literatur, Theater und Film in Spanien (1933–1976)*, Stuttgart 1991 (span.: *Adiós a la España Eterna. La dialéctica de la censura. Novela, teatro y cine bajo el franquismo*, Barcelona 1994)
Nora, Eugenio de, *La novela española contemporanea (1898–1967)*, 4 Bde, Madrid 1973 ff
Rodríguez Puértolas, Julio, *Literatura fascista española*, 2 Bde., Madrid 1986–87
Rodríguez-Richart, José (Hg.), *A. Casona, Corona de amor y muerte*, Madrid 1986

Ruiz Ramón, Francisco, *Historia del teatro español Siglo XX*, Madrid ⁷1986
Sanz Villanueva, Santos, *Historia de la novela social española (1942–75)*, 2 Bde., Madrid 1980
Scheerer, Thomas M., *Studien zum sentimentalen Unterhaltungsroman in Spanien. Pedro Mata, Alfredo Insúa und José María Carretero*, Heidelberg 1983
Schmigalle, Gunther (Hg.), *Der spanische Bürgerkrieg. Literatur und Geschichte*. Frankfurt/M. 1986
Schmolling, Regine, *Literatur der Sieger. Der spanische Bürgerkriegsroman im gesellschaftlichen Kontext des frühen Franquismus (1939–43)*, Frankfurt/M. 1990
Siebenmann, Gustav / López de Abiada, M.J., *Spanische Lyrik des 20. Jahrhunderts*, Stuttgart 1985
Siebenmann, Gustav, *Die moderne Lyrik in Spanien*, Stuttgart 1965 (span.: *Los estilos poéticos en España desde 1900*, Madrid 1973)
Sobejano, Gonzalo, *Novela española de nuestro tiempo*, Madrid ²1975
Strausfeld, Michi (Hg.), *»Weißt du noch... wie wir lernten, frei zu sein?« Die spanische Literatur der Demokratie. Geschichte in Geschichten*, Bremerhaven 1995 (= Nr. 179 der Zeitschrift *Die Horen*)
Strausfeld, Michi (Hg.), *Spanische Literatur*, Frankfurt/M. 1991
Teweleit, Horst-Lothar (Hg.), *No pasarán! Romanzen aus dem Bürgerkrieg*, Berlin 1986
Thomas, Hugh, *Der spanische Bürgerkrieg*, Frankfurt/M. 1966
Torres, Augusto M., *Diccionario del cine español*, Madrid 1994
Umbral, Francisco, *Diccionario de literatura. España 1941–1995: de la posguerra a la posmodernidad*, Madrid 1995
Vilanova, Antonio, *Novela y sociedad en la España de la posguerra*, Barcelona 1995

PERSONEN- UND WERKREGISTER

ABC, S. 341, 343
Abencerraje, s. *Historia del Abencerraje y la hermosa Jarifa*
Abraham Ibn 'Ezra (1092?–1167), S. 14
– *Chai Ben Mekiz*, S. 14
Abril, Pedro Simón (1530–1595?), S. 159
Acción española, S. 312
Acuña, Hernando de (1518?–1580?), S. 70, 107, 109
– »Al Rey Nuestro Señor«, S. 107
Aesop (6. Jhd. v.Chr.), S. 227
Aguilar, Gaspar Honorat de (1561–1623), S. 160
Alarcón, Pedro Antonio (1833–1891), S. 276
– *El sombrero de tres picos*, S. 276
Alas, Leopoldo, s. Clarín
Alberti, Rafael (*1902), S. 48, 337, 341, 343, 355–358, 361, 364, 367f.
– *Cal y canto*, S. 356f.
– *El poeta en la calle*, S. 48, 356
– *Entre el clavel y la espada*, S. 368
– *La poesía popular en la lírica española contemporánea*, S. 355
– *Marinero en tierra*, S. 356
– *Sobre los ángeles*, S. 356
– »A Miss X enterrada en el viento del Oeste«, S. 357
– *Retorno de lo vivo lejano*, S. 368
Alcalá Yáñez de Ribera, Jerónimo de (1571–1632), S. 140
– *Alonso, mozo de muchos amos*, S. 140
Aldana, Francisco de (1537–1578), S. 109–111
– »Al Rey Don Felipe, nuestro Señor«, S. 109
– »Al templo del Rey Almanzor en Córdoba«, S. 110
– »Mil veces digo«, S. 110
– *Obra de amor y hermosura a lo sensual*, S. 111

– »Octavas dirigidas al Rey Don Felipe, Nuestro Señor«, S. 109
Aldecoa, Ignacio (1925–1969), S. 378
Aleixandre, Vicente (1898–1984), S. 341, 355, 361, 386
– *Sombra del paraíso*, S. 386
Alemán, Mateo (1547–1615), S. 123f., 131, 134f., 137f.
– *Guzmán de Alfarache*, S. 123f., 131, 134f., 137f.
– »Historia de los dos amantes Ozmín y Daraja«, S. 131
Alfons X., der Weise (1221–1284), S. 4, 21, 23, 30, 34–40, 52
– *Cantigas de Santa María*, S. 40
– *Estoria de España*, S. 30, 38
– *Grande e General Estoria*, S. 38, 41
– *Lapidario*, S. 37
– *Las siete partidas*, S. 37f., 52
– *Libro de ajedrez, dados et tablas*, S. 24
– *Libros del saber de astronomía*, S. 37
– *Tablas alfonsíes*, S. 23
Almodóvar, Pedro (*1949), S. 400–402
– *Qué he hecho yo para merecer ésto?*, S. 401
– *Mujeres al borde de un ataque de nervios*, S. 401f.
– *Tacones lejanos*, S. 401f.
– *La flor de mi secreto*, S. 402
Alonso, Dámaso (1898–1990), S. 255, 320, 355, 361, 367, 386
– *Hijos de la ira*, S. 320, 386
Alonso de Santos, José Luis (*1942), S. 392
Álvarez de Cienfuegos, Nicasio (1774–1809), S. 225
Álvarez de Villasandino, Alfonso (1350?–nach1425), S. 41

Álvarez Quintero, Joaquín (1873–1944), S. 297, 300f.
– *El patio*, S. 300
Álvarez Quintero, Serafín (1871–1938), S. 297, 300f.
– *El patio*, S. 300f.
Amadís de Gaula, s. Rodríguez de Montalvo, Garci
Ambrosius (aus Mailand) (339–397), S. 3
Anakreon (2.Hälfte 6.Jh.v.Chr.), S. 220, 222
Andrade, Jaime de, s. Franco, Francisco
Andreas Capellanus (12./13.Jh.), S. 14
– *De amore*, S. 14
Andreu, Blanca (*1959), S. 392
Andújar, Juan de (15.Jh.), S. 60
– *Visión de amor*, S. 60
Arcipreste de Hita, s. Ruiz, Juan
Arcipreste de Talavera, s. Martínez de Toledo, Alfonso
Arconada, César M. (eig. César Muñoz Arconada) (1898–1964), S. 338–341
– *La turbina*, S. 338
Argensola, Lupercio Leonardo de (1559–1613), S. 160
– *Alejandra*, S. 160
– *Filis*, S. 160
Aristoteles (384 v.Chr.– 322 v.Chr.), S. 15, 22, 36, 168, 195, 198
– *Peri psyche (Über die Seele)*, S. 15
Armiñán, Jaime de (*1927), S. 400
Arniches, Carlos (1866–1943), S. 297, 300, 301–303
– *Del Madrid castizo*, S. 301
– *El santo de la Isidra*, S. 300
– *La señorita de Trevélez*, S. 301–303
– *Las estrellas*, S. 301
– *Tragedias grotescas*, S. 301
Arolas, Juan (1805–1849), S. 251

Arrabal, Fernando (*1932), S. 367, 370f.
– *La torre herida por el rayo*, S. 371
– *Los hombres del triciclo*, S. 371
Arrieta, Pascual, genannt Emilio (1823–1894), S. 297
– *Marina*, S. 297
Aub, Max (1903–1972), S. 367, 369
– *Campo cerrado*, S. 369
– *Campo de almendros*, S. 369
– *Campo de sangre*, S. 369
– *El laberinto mágico*, S. 369
Auto de los Reyes Magos, El, S. 52, 153
Avellaneda s. Fernández de Avellaneda, Alonso
Averroës (eig. Abū 'l-Walīd Muhammad Ibn Rušd) (1126–1198), S. 15
Avicenna (eig. Abū Alī Al-Husain Ibn Abdallā Ibn) (980?–1037), S. 15
Ayala, Francisco (*1906), S. 369f.
– *Historia de macacos*, S. 370
– *La cabeza del cordero*, S. 370
– *Los usurpadores*, S. 370
– *Muertes de perro*, S. 369
Ayguals de Izco, Wenceslao (1801–1873), S. 270f.
– *María o la hija de un jornalero*, S. 271
Azaña, Manuel (1880–1940), S. 317, 325, 341, 363, 367
– *El jardín de los frailes*, S. 341
Azorín (eig. Juan Martínez Ruíz) (1873–1967), S. 211, 305, 307, 310, 312, 336
– *Castilla*, S. 312
– *La voluntad*, S. 312
Azúa, Félix de (*1944), S. 398f.
– *Historia de un idiota contada por el mismo*, S. 399

B

Baena, Juan Alfonso de (1406?–1454), S. 41, 59
– *Cancionero de Baena*, S. 41, 59
Bances Candamo, Francisco Antonio (1662–1704), S. 170, 184
– *La piedra filosofal*, S. 184
Bandello, Matteo (1485–1561), S. 171
Barbieri, Francisco Asenjo (1823–1894), S. 297
– *El Barberillo de Lavapiés*, S. 297–299
Bardem, Juan Antonio (*1922), S. 301, 303, 321, 383 f.
– *Calle Mayor*, S. 301, 303, 384
– *Muerte de un ciclista*, S. 384
Barea, Arturo (1897–1957), S. 367, 369
– *La forja de un rebelde*, S. 369
– *La raíz rota*, S. 369
Barlaam y Josafat, S. 36
Baroja y Nessi, Pío (1872–1956), S. 238, 271, 292, 294 f., 310, 312, 322–24, 379
– *Aurora roja*, S. 294, 324
– *Camino de perfección*, S. 323
– *El árbol de la ciencia*, S. 312, 323 f.
– *El mundo es ansí*, S. 323
– *La busca*, S. 294
– *La lucha por la vida*, S. 271, 294 f., 306, 312, 323
– *La nave de los locos*, S. 324
– *Las inquietudes de Shanty Andía*, S. 323
– *Mala Hierba*, S. 294
– *Memorias de un hombre de acción*, S. 324
Beato de Liébana (?–798), S. 4
– *Commentarium in apocalypsin*, S. 4
Bécquer, Gustavo Adolfo (1836–1870), S. 237, 239, 241, 252, 255–259, 354
– *Cartas literarias a una mujer*, S. 258
– »*El beso*«, S. 258
– »*El monte de las ánimas*«, S. 257
– *Las cartas desde mi celda*, S. 257

– *Leyendas*, S. 257 f.
– *Los templos de España*, S. 257
– *Rimas del libro de los gorriones*, S. 257–259
Benavente, Jacinto (1866–1954), S. 295, 303–305
– *Campo de armiño*, S. 303
– *La malquerida*, S. 303
– *La noche del sábado*, S. 303
– *Los intereses creados*, S. 303–305
Benet, Juan (1927–1993), S. 320, 379
– *Volverás a Región*, S. 379
Berceo, Gonzalo de (1195/96–1264), S. 2, 32 f.
– *Milagros de Nuestra Señora*, S. 32
– *Vida de San Millán*, S. 32
– *Vida de Santo Domingo de Silos*, S. 32
Bergamín, José (1895–1983), S. 341, 367
Berlanga, Luis, s. García Berlanga, Luis
Bermúdez, Fray Jerónimo (1530?–1605), S. 160
– *Nise lastimosa*, S. 160
Bigas Luna, José J. (*1946), S. 400
Blanco y Negro, S. 301, 357
Blanco-White, José María (1775–1841), S. 227, 230
Blasco Ibáñez, Vicente (1867–1928), S. 238, 271, 285, 292–294
– *Arroz y tartana*, S. 293
– *Cañas y barro*, S. 293
– *La bodega*, S. 271, 293, 310
– *Los cuatro jinetes del Apocalipsis*, S. 292
– *Novelas sociales*, S. 293
– *Novelas valencianas*, S. 293
Bleiberg, Germán (1915–1990), S. 367
Bocángel y Unzueta, Gabriel (1603?–1658), S. 119
– *Fábula de Hero y Leandro*, S. 119
Boccaccio, Giovanni (1313–1375), S. 36 f., 46, 63, 148 f.
– *Decamerone*, S. 36 f., 46, 63, 157 f.
– *Fiammetta*, S. 63

Böhl de Faber, Cecilia s. Caballero, Fernán
Boileau, Nicolas (1636–1711), S. 198
Boix, Ignacio (?–?), S. 263
Bonium o Bocados de oro, S. 35
Bonet, María del Mar, S. 387
Bonnat, Agustín (1831–1858), S. 252
Borau, José Luis (*1929), S. 400
Borrás, Tomás (1891–1976), S. 364
Boscán Almogáver, Juan (1487/1492?–1542), S. 103–106
– »*Garcilaso, que al bien*«, S. 105
– *Las obras de Boscán y algunas de Garcilaso de la Vega*, S. 104
Bousoño, Carlos (*1923), S. 387
Breton, André (1896–1966), S. 353 f.
Bretón, Tomás (1850–1923), S. 299
– *La verbena de la paloma*, S. 299
Bretón de los Herreros, Manuel (1796–1873), S. 241
Buero Vallejo, Antonio (*1916), S. 321, 367, 381 f., 391 f.
– *El sueño de la razón*, S. 381
– *Historia de una escalera*, S. 381
– *La doble historia del Dr. Valmy*, S. 381
– *La mordaza*, S. 382
Buñuel, Luis (1900–1983), S. 258, 308, 321, 334, 343, 349, 353, 367, 383 f.
– *Ensayo de un crimen*, S. 384
– *L'âge d'or*, S. 353
– *Le fântome de la liberté*, S. 258, 353
– *Tierra sin pan*, S. 353
– *Tristana*, S. 384
– *Un perro andaluz*, S. 353
– *Viridiana*, S. 384
Burgos, Jerónima de (?–1641), S. 168

C

Cabal, Fermín (*1948), S. 392
Caballero, Fernán (eig. Böhl de Faber, Cecilia) (1796–1877), S. 270

– *La Gaviota*, S. 270
Caballero Zifar, El (nach 1300), S. 39
Cadalso y Vázquez, José (1741–1782), S. 124, 189, 193, 197, 203, 210–214, 222, 229
– *Cartas Marruecas*, S. 124, 189, 193, 211–213
– *Defensa de la nación española contra la Carta Persiana LXXVIII*, S. 211
– *Los eruditos a la violeta*, S. 211
– *Noches lúgubres*, S. 213 f., 222, 229
– *Ocios de mi juventud*, S. 222
Calderón de la Barca, Pedro (1600–1681), S. 81, 87, 89, 101, 120, 136, 152, 158, 165, 166, 174–184, 199, 200, 210, 241, 244, 288–291, 326
– *A secreto agravio secreta venganza*, S. 179 f.
– *Amor, honor, poder*, S. 174
– *El alcalde de Zalamea*, S. 180
– *El divino Orfeo*, S. 182 f.
– *El dragoncillo*, S. 158
– *El gran teatro del mundo*, S. 136, 175 f.
– *El mágico prodigioso*, S. 177
– *El médico de su honra*, S. 179
– *El pintor de su deshonra*, S. 179
– *El príncipe constante*, S. 177
– *La Aurora de Copacabana*, S. 87
– *La dama duende*, S. 177
– *La devoción de la Cruz*, S. 177 f., 179
– *La hija del aire*, S. 179
– *La púrpura de la rosa*, S. 180
– *La vida es sueño*, S. 101, 175, 178 f., 244, 288
– *Los tres mayores prodigios*, S. 81
Calvo Sotelo, Joaquín (*1905), S. 380 f.
– *La muralla*, S. 380 f.
Campo, Alonso del (15. Jh.), S. 52
– *Auto de la Pasión*, S. 52
Campoamor, Ramón de (1817–1901), S. 252, 331
Camus, Mario (*1935), S. 380, 400

- *Los santos inocentes*, 380
Cáncer y Velasco, Jerónimo de (1599?–1655), S. 158
- *Los Putos*, S. 158
Cancioneiro da Ajuda, 40
Cancioneiro da Biblioteca Nacional, S. 40
Cancioneiro da Vaticana, S. 40
Cancionero de Baena, s. Baena, Juan Alfonso de
Cancionero de Stúñiga, S. 60
Cancionero General, S. 60
Cancionero musical de Palacio (1505), S. 60
Cantar de los siete Infantes de Lara, S. 30
Cantar de Rodrigo (Las mocedades del Cid), S. 29
Cantar de Roncesvalles, S. 29
Cantar de Sancho II, S. 30
Capua, Johannes von (13.Jh.), S. 34
- *Directorium vitae humanae*, S. 34
Carnero, Guillermo (*1947), S. 387
Cartagena, Alfonso de (1384–1456), S. 68
Carvajal, Bernardo López de (1456–1523), S. 154
Casals, Pedro (*1944), S. 367
Casona, Alejandro (1903–1965), S. 367, 370
- *La dama del alba*, S. 370
- *Nuestra Natacha*, S. 370
Castellet, José María (*1926), S. 387, 396
- *Nueve novísimos poetas españoles*, S. 387, 396
Castiglione, Baldassare (1478–1529), S. 64
- *Il Cortegiano*, S. 64
Castigos y Documentos, S. 35
Castillejo, Cristóbal de (1490?–1550), S. 103 f.
- »Garcilaso y Boscán«, S. 103
- »Represión contra los poetas españoles que escriben en verso italiano«, S. 103
Castillo, Michel del (*1933), S. 367
Castro, Américo (1885–1972), S. 5, 47, 135, 180, 342, 367, 371
- *La realidad histórica de España*, S. 371
Castro, Rosalia de (1837–1885), S. 241, 252

- *Cantares gallegos*, S. 252
- *En las orillas del Sar*, S. 252
- *Follas novas*, S. 252
Castro y Bellvis, Guillén de (1569–1631), S. 29, 173 f.
- *Las mocedades del Cid*, S. 29, 174
- *Los mal casados de Valencia*, S. 174
Cela, Camilo José (*1916), S. 320, 365, 376–378, 394
- *La colmena*, S. 378
- *La familia de Pascual Duarte*, S. 320, 365, 376
Celaya, Gabriel (eig. Rafael Múgica) (1911–1991), S. 386
Centeno, Pedro (?–1803), S. 193
Cernuda, Luis (1902–1963), S. 355, 359, 367 f.
- *La realidad y el deseo*, S. 368
- *Las nubes*, S. 368
- *Ocnos*, S. 368
Cervantes Saavedra, Miguel de (1547–1616), S. 16, 69, 74, 96, 123–127, 129–132, 138, 140–151, 154, 157 f., 160 f., 176, 198 f., 211, 326, 341 f.
- *Don Quijote* S. 16, 69 f., 74, 123–127, 129–132, 138, 140–148, 150, 160, 272
- »El amante liberal«, S. 148
- »El celoso extremeño«, S. 148, 151
- »El coloquio de los perros«, S. 138, 148, 150
- »El curioso impertinente«, S. 145–147, 151
- »La fuerza de la sangre«, S. 148, 151
- *La Galatea*, S. 130, 141, 148
- »La gitanilla«, S. 148 f.
- *Los trabajos de Persiles y Segismunda*, S. 132, 142
- *Novelas ejemplares*, S. 138, 142, 148–151
- »Rinconete y Cortadillo«, S. 138, 148, 150
- *Conquista de Jerusalén*, S. 160
- *El cerco de Numancia*, S. 160
- *El retablo de las maravillas*, S. 158
- *La cueva de Salamanca*, S. 158

- *Los tratos de Argel*, S. 160
- *Ocho comedias y ocho entremeses*, S. 161
Cetina, Gutierre de (1514?–1557), S. 107
- »Ojos claros, serenos«, S. 107
Chacel, Rosa (1898–1994), S. 341, 367, 394
Chapí, Ruperto (1851–1909), S. 299
- *La revoltosa*, S. 299
Chávarri, Jaime (*1943), S. 400
Chueca, Federico (1846–1908), S. 299
- *La gran vía*, S. 299
Cicero, Marcus Tullius (106 v.Chr.–43 v.Chr.), S. 154
Cid, Cantar de Mío, S. 2, 4, 11, 19, 24–30
Cirlot, Juan-Eduardo (1916–1973), S. 386
Claramonte y Corroy, Andrés de (1580?–1626), S. 173
Clarín (eig. Leopoldo Alas) (1852–1901), S. 238, 272 f., 277, 285, 287–289, 292, 348
- *Adiós, Cordera*, S. 289
- *La Regenta*, S. 276, 285, 288–292
- *Su único hijo*, S. 289
Clavijo y Fajardo, José (1730–1806), S. 193, 200, 209
Codorniz, La, S. 351, 365
Colón, s. Kolumbus, Christoph
Contemporáneo, El, S. 256 f.
Contreras, Jerónimo de (1505?–1582), S. 132
- *Selva de aventuras*, S. 132
Coplas de ¡ay Panadera! (1445), S. 48
Coplas del Provincial (1470?), S. 48
Córdoba, Sebastián de (1545?–1603?), S. 106
- *Las obras de Boscán y Garcilaso transladadas en materias Christianas y religiosas*, S. 106
Corneille, Pierre (1606–1684), S. 29
- *Le Cid*, S. 29
Coronado, Carolina (1823–1911), S. 251
Cortés, Hernán (1485–1542), S. 83
- *Cartas de relación*, S. 83 f.

Costa, Joaquín (1846–1911), S. 310 f.
- *Colectivismo agrario en España*, S. 310
- *Oligarquía y Caciquismo*, S. 310
Cota, Rodrigo de (1450?–1504?), S. 65
Crisol, S. 340
Crónica General, S. 4, 30 f., 38
Cruz y Raya, S. 341
Cruz, Rámon de la (1731–1794), S. 200, 207–210, 296
- *Cuál es tu enemigo*, S. 210
- *El viejo burlado*, S. 209
- *Manolo*, S. 209 f.
Cueva, Juan de la (1540?–1610?), S. 159
- *Exemplar poético*, S. 159
- *Los siete infantes de Lara*, S. 159
- *Tragedia de la muerte de Virginia*, S. 159

D

d'Aragona, Tullia (1510–1556), S. 111
- *Della infinità d'amore*, S. 111
Dalí, Salvador (1904–1989), S. 324, 343, 353, 357
Danza general de la muerte, S. 48, 62
Darío, Rubén (eig. Félix Rubén García Sarmiento) (1867–1916), S. 331, 333, 335, 354
- *Azul*, S. 332
- *Cantos de vida y esperanza*, S. 332
- *Caracol*, S. 332
- *El canto errante*, S. 332
- *Prosas profanas*, S. 332
Delgado, Agustín (*1941), S. 391
Delgado Valhondo, Jesús (1909–1993), S. 387 ff.
- *Paseo*, S. 387 ff.
Delibes, Miguel (*1920), S. 320, 375 f., 394
- *Cinco horas con Mario*, S. 375, 380, 392
- *El camino*, S. 380
- *La hoja roja*, S. 380
- *Las ratas*, S. 380
- *Los santos inocentes*, S. 380
Diario de Madrid, S. 259, 340
Díaz Corbeille, Nicomedes Pastor (1811–1863), S. 251, 269

- *De Villahermosa a la China*, S. 269
- Díaz de Ribas, Pedro (17.Jh), S. 120
- *Discursos apologéticos por el estilo del Polifemo y Soledades*, S. 120
- Díaz del Castillo, Bernal (1492–1581), S. 84
- *Historia verdadera de la conquista de la Nueva España*, S. 84
- Díaz Fernández, José (1898–1941), S. 355
- *El nuevo romanticismo*, S. 355
- Diderot, Denis (1713–1784), S. 202, 220
- Diego, Gerardo (1896–1987), S. 334, 354f., 361
- *Poesía española contemporánea (1915–1931)* (Anthologie), S. 354
- Díez, Luis Mateo (*1942), S. 398
- Diosdado, Ana (*1940), S. 392
- Domínguez Camargo, Hernándo (1606–1654), S. 120

E

Echegaray, José (1832–1916), S. 276, 296
- *El gran Galeoto*, S. 296
Echegaray, Miguel (1848–1927), S. 299
- *Gigantes y cabezudos*, S. 299
Eichendorff, Joseph Freiherr von (1788–1857), S. 36, 182
- *Der Graf Lucanor*, S. 36
Encina, Juan del (1468–1529), S. 53, 69, 153
- *Egloga de Fileno, Zambardo y Cardonio*, S. 153
Equicola, Mario (1470–1525), S. 111
- *Libro di natura d'amore*, S. 111
Erice, Víctor (*1940), S. 400
Escorial, S. 386
Espadaña, S. 386
España, S. 330, 341
Español, El, S. 253, 264
Españoles pintados por sí mismos, Los, S. 263 f.
Espinel, Vicente (1550–1624), S. 140

- *Relaciones de la vida del escudero Marcos de Obregón*, S. 140
Espinosa, Pedro (1578–1650), S. 117
- *Primera parte de las Flores de poetas ilustres de España*, S. 117
Espinosa Medrano, Juan de (1629–1682), S. 120
- *Apologético en favor de don Luis de Góngora, príncipe de los poetas líricos de España*, S. 120
Espronceda, José de (1808–1842), S. 237, 252–255, 258
- »Al dos de mayo«, S. 254
- *Canciones*, S. 254 f.
- »Canción del pirata«, S. 254 f.
- »El canto del cosaco«, S. 255
- *El diablo mundo*, S. 253
- *El estudiante de Salamanca*, S. 253
- »El mendigo«, S. 255
- »El reo de muerte«, S. 255
- »El verdugo«, S. 255
- »Libertad, Igualdad, Fraternidad«, S. 253
Estébanez Calderón, Serafín (1799–1867), S. 261

F

Falla, Manuel de (1876–1946), S. 367
Feijoo, Benito Jerónimo (1676–1764), S. 186, 192, 194–198, 214, 224
- *Aprobación apologética del escepticismo médico del Doctor Martín Martínez*, S. 195
- *Cartas eruditas y curiosas*, S. 194
- *Teatro Crítico Universal*, S. 194–198
Felipe, León (eig. Felipe Camino Galicea) (1884–1968), S. 355, 367 f.
- *Español del éxodo y del llanto*, S. 368
Fernán-Gómez, Fernando (*1921), S. 400
Fernández Caballero, Manuel (1835–1906), S. 299
- *Gigantes y cabezudos*, S. 299
Fernández de Avellaneda, Alonso, S. 138, 144
Fernández de Moratín,

Leandro (1760–1828), S. 203–207, 245
- *El Barón*, S. 206 f.
- *El sí de las niñas*, S. 205, 209, 245
- *El viejo y la niña*, S. 206
- *La comedia nueva*, S. 206 f.
- *La mojigata*, S. 206
Fernández de Moratín, Nicolás (1737–1780), S. 200
- *El arte de las putas*, S. 221
- *Guzmán el Bueno*, S. 201, 203
- *Hormesinda*, S. 201
- *La petimetra*, S. 200
- *Lucrecia*, S. 201
Fernández Flórez, Wenceslao (1885–1964), S. 337, 343 f.
- *Acotaciones de un oyente*, S. 343
- *El bosque animado*, S. 344
- *El secreto de Barba Azul*, S. 344
- *Relato inmoral*, S. 344 f.
- *Una isla en el mar rojo*, S. 344
- *Volvoreta*, S. 344
Fernández Santos, Jesús (1926–1988), S. 378
Fernández Shaw, Carlos (1865–1911), S. 299
- *La revoltosa*, S. 299
Fernández y González, Manuel (1821–1888), S. 292
Ferrán y Forniés, Augusto (1835–1880), S. 252
Ferrer, Vicent (1350–1419), S. 42
Flores, Juan de (1470–1525?), S. 60, 129
- *Grisel y Mirabella*, S. 60, 64, 129
Forner, Juan Pablo (1756–1797), S. 223 f., 230
Foxá, Agustín de (1903–1959), S. 364
- *Madrid de corte a checa*, S. 364, 369
Foz y Burges, Braulio (1791–1865), 269
- *Vida de Pedro Saputo*, 269
Franco, Francisco (Ps. Jaime de Andrade) (1892–1975), S. 364
- *Raza*, S. 364
Gaceta, La, S. 259
Gaceta literaria, La, S. 338, 341, 363

G

Gala, Antonio (*1930), S. 392
- *Anillos para una dama*, S. 392
- *Carmen, Carmen*, S. 392
- *El hotelito*, S. 392
Galdós, Benito Pérez, s. Pérez Galdós, Benito
Ganivet, Ángel (1865–1898), S. 311
- *Idearium español*, S. 311
Garci, José Luis (*1944), S. 400
García Baena, Pablo (*1923), S. 386
García Berlanga, Luis (*1921), S. 321, 352, 383
- *Bienvenido Mr. Marshall*, S. 383
- *El verdugo*, S. 383
García de la Huerta, Vicente (1697–1752), S. 200, 203 f.
- *Raquel*, S. 203 f.
García del Canto, Antonio (1824–1886), S. 270
García Gutiérrez, Antonio (1813–1884), S. 242
- *El trovador*, S. 242
García Hortelano, Juan (1928–1992), S. 378
García Lorca, Federico (1898–1936), S. 51, 308, 334, 337, 343–347, 355–361, 367, 375 f.
- *Amor de Don Perlimplín con Elisa en su jardín*, S. 346
- *Bodas de sangre*, S. 345 f.
- *Doña Rosita la Soltera*, S. 346
- *La casa de Bernarda Alba*, S. 344–347, 375
- *La imágen poética de don Luis de Góngora*, S. 359
- *Llanto por Ignacio Sánchez Mejías*, S. 358
- *Mariana Pineda*, S. 357
- *Poema del Cante Jondo*, S. 358
- *Poeta en Nueva York*, S. 357 f.
- *Romancero gitano*, S.51, 355–358
- *Yerma*, S. 345
García Márquez, Gabriel (*1928), S. 380
García Montero, Luis (*1958), S. 391
García Morales, Adelaída (*1945), S. 394
García Serrano, Rafael (1917–1988), S. 364

- *La fiel infantería*, S. 364 f.
García Tejero, Alfonso (1818–1890), S. 269
Garcilaso, S. 386
Garcilaso de la Vega (1501?–1536), S. 103–106, 109, 129, 222, 226, 386
- »En tanto que de rosa«, S. 105
- »Ode ad florem Gnidi«, S. 107
Garcilaso de la Vega el Inca (1539–1616), S. 82, 86 f.
- *Comentarios reales*, S. 87
- *Diálogos de Amor*, S. 86
- *Historia General del Perú*, S. 82, 87
Gaspar Rimbau, Enrique (1842–1902), S. 295
- *Las personas decentes*, S. 295
Gaudí, Antonio (1852–1926), S. 331 f.
Gay, John (1685–1732), S. 227
Gil de Biedma, Jaime (1929–1990), S. 387
Gil y Carrasco, Enrique (1815–1846), S. 251 f.
Gil y Zárate, Antonio (1793–1861), S. 241
Giménez Caballero, Ernesto (1899–1988), S. 338 f., 341, 363 f.
Gimferrer, Pere (*1945), S. 387
Giner de los Ríos, Francisco (1839–1915), S. 277, 287, 289, 307 f., 336
Gironella, José María (1917), S. 379
- *Un millón de muertos*, S. 379
Glosas emilianenses, S. 1
Glosas silenses, S. 1
Godínez, Felipe (1588?–1659), S. 173 f.
Gómez Arcos, Agustín (*1933), S. 367
Gómez de Avellaneda, Gertrudis (1814–1873), S. 269
Gómez de la Serna, Ramón (1888–1963), S. 337, 349–352
- *Automoribundia*, S. 350
- *El rastro*, S. 350
- *Greguerías*, S. 350 f.
- *Ismos*, S. 350
Góngora y Argote, Luis de (1561–1627), S. 51, 94, 113, 115–121, 355 f., 386

- *Fábula de Píramo y Tisbe*, S. 118
- »Canción a la toma de Larache«, S. 118
- »De la brevedad engañosa de la vida«, S. 117 f.
- *Fábula de Polifemo y Galatea*, S. 118
- »Mientras por competir«, S. 116
- *Panegírico al duque de Lerma*, S. 118
- *Polifemo*, S. 118 f.
- *Soledades*, S. 118 f.
González, Ángel (*1925), S. 387
González, Gregorio (1580?–1604), S. 140
- *El Guitón Honofre*, S. 140
Gorostiza, Manuel E. (1789–1851), S. 241
Goya y Lucientes, Francisco de (1746–1828), S. 140, 188, 231 f., 330, 381
- *Caprichos*, S. 140
- *Desastres de la guerra*, S. 232
- *El tres de mayo*, S. 231
Goytisolo, José Agustín (*1928), S. 387
Goytisolo, Juan (*1931), S. 367 f., 370–372, 376
- *Coto vedado*, S. 371
- *En los reinos de Taifa*, S. 371
- *Fin de fiesta*, S. 371
- *Juan sin tierra*, S. 371
- *Juegos de mano*, S. 371
- *Makbara*, S. 371
- *Reivindicación del Conde Don Julián*, S. 371
- *Señas de identidad*, S. 371 f., 379
Gracián y Morales, Baltasar (1601–1658), S. 14, 97–99, 124, 139
- *Agudeza y arte de ingenio*, S. 98 f.
- *El Criticón*, S. 14, 97–99
- *Oráculo manual y arte de prudencia*, S. 97 f.
Gran Conquista de Ultramar, S. 39
Grandes, Almudena (*1960), S. 394
- *Las edades de Lulú*, S. 394
Grau, Jacinto (1877–1958), S. 370
Gregor I. (der Große) (540?–604), S. 3, 47
- *Moralia in Job*, S. 47
Grosso, Alfonso (*1928), S. 378

Guelbenzu, José María (*1944), S. 398
Guevara , Fray Antonio de (1480–1545), S. 70, 107
- *Década de Césares*, S. 70
- *Menosprecio de corte y alabanza de aldea*, S. 108
Guillén, Jorge (1893–1984), S. 51, 355 f., 359 f., 367 f.
- *Cántico*, S. 360
- *Clamor*, S. 360
Gutiérrez Aragón, Manuel (*1942), S. 400

H

Halffter, Rodolfo (1900–1987), S. 367
Hartzenbusch, Juan Eugenio (1806–1880), S. 241
- *Los amantes de Teruel*, S. 241
Hebreo, León (Leone) (eig. Yehuda Abrabanel) (1465?–1521), S. 86, 111, 129
- *Dialoghi d'amore*, S., 86, 111, 129
Heliodor, S. 132
- *Aethiopica*, S. 132
Heraldo, S. 270
Herder, Johann Gottfried (1744–1803), S. 29
- *Der Cid. Nach spanischen Romanzen*, S. 29
Hernández, Miguel (1910–1942), S. 355, 361, 367
Hernando, Rafael (1822–1888), S. 297
- *Marina*, S. 297
Herrera, Fernando de (1534–1597), S. 106
- »Al Santo Rey Don Fernando«, S. 106
- »Canción en alabanza de la Divina Majestad, por la victoria del Señor Don Juan«, S. 106
- »Por la pérdida del Rey Don Sebastián«, S. 106
Hierro, José (*1922), S. 367, 386
- »Canción de cuna para dormir a un preso«, S. 386
- *Libro de las alucinaciones*, S. 386
- »Reportaje«, S. 386
Historia del Abencerraje y la hermosa Jarifa (1561), S. 131
Historia Roderici, S. 4
Hora de España, S. 341
Horaz (68–8 v.Chr.), S. 105, 108, 154, 198, 219, 228

Hore, María Gertrudis de (1742–1801), S. 229
Huerta, Francisco de la (1697–1752), S. 192
Huidobro, Vicente (1893–1948), S. 349
Húmarra Salamanca, Rafael, S. 269

I

Ibáñez, Paco, S. 387
Ibn Gabirol, Salomon (1020?–1057 od.1070), S. 14
Ibn Hazm (994–1064), S. 14, 16, 20
- *Ṭauq al-ḥamāma fī l-ulfa wa-l-ullāf (Das Halsband der Taube)*, S. 14, 16, 20
Ibn Quzmān (nach 1086–1160), S. 13, 19
Ibn Tufail (1115?–1185/86), S. 14
- *Der Traktat von Ḥayy Ibn Yaqẓān*, S. 14
Ignacio de Loyola, s. Loyola, Ignatius von
Ildefonsus von Toledo (607?–667), S. 4
- *De virginitate sanctae Mariae contra infideles*, S. 4
Imparcial, El, S. 341
Imperial, Francisco (2.Hälfte 14.Jh.–1409?), S. 59 f.
Inca Garcilaso de la Vega, s. Garcilaso de la Vega, el Inca
Inés de Castro (Anf. 14.Jh.–1409?), S. 160, 174
Innozenz III. (1160/61–1216), S. 12, 53
- *Corpus Iuris Canonici*, S. 53
Insúa, Alberto (1883–1963), S. 347
- *La batalla sentimental*, S. 347
- *La mujer fácil*, S. 347
- *Las neuróticas*, S. 347
- *Los hombres: Mary los descubre*, S. 347
Iriarte, Juan de (1702–1771), S. 192, 228
Iriarte, Tomás de (1750–1791), S. 203, 227 f.
- *El señorito mimado*, S. 203
- *Fábulas literarias*, S. 228
- *La señorita malcriada*, S. 203
Isidor von Sevilla (560?–636), S. 3, 23

- *De fide catholica contra Judaeos*, S. 3
- *De origine Gothorum*, S. 3
- *Etymologiae*, S. 23

J

Janés, Clara (*1940), S. 391
jarcha, S. 2, 13, 18–20
Jardiel Poncela, Enrique (1901–1952), S. 337, 352
- *Amor se escribe sin H*, S. 352
- *Un adulterio decente*, S. 352
Jáuregui, Juan de (1583–1641), S. 120 f.
- *Antídoto contra la pestilente poesía de las Soledades*, S. 121
- *Orfeo*, S. 120
Jean de Meung (1240?–1305), S. 46
Jehuda ben Moses (13.Jh.), S. 23
Jehuda Ha-Levi (vor 1075–1141), S. 14
Jerarquía, S. 341
Jiménez, Jerónimo (1854–1923), S. 299
- *La tempranica*, S. 299
Jiménez, Juan Ramón (1881–1958), S. 256, 331, 333 f., 354, 367, 386
- *Diario de un poeta recién casado*, S. 333
- *Estío*, S. 333
- *Platero y yo*, S. 334
- *Segunda Antolojía*, S. 334
- *Tercera Antología poética*, S. 334
Jovellanos, Gaspar Melchor de (1744–1811), S. 197, 200, 202, 214–217, 223 f., 229 f.
- »Epístola de Jovino a Anfriso, escrita desde El Paular«, S. 229
- *El delincuente honrado*, S. 202 f.
- *Informe sobre la Ley Agraria*, S. 215
- *Memoria para el arreglo de la policía de los espectáculos*, S. 215
- *Pelayo*, S. 202
Juan de la Cruz, San (1542–1591), S. 16, 55, 106, 111–113, 115
- »Canciones del alma en la íntima comunicación de unión de amor de Diós«, S. 112

- »Cántico espiritual«, S. 112 f.
- »Llama de amor viva«, S. 112 f.
- »Noche oscura«, S. 113
- »Pastorcico« (»Canción a lo divino de Cristo y el alma«), S. 111, 115
Juan Manuel (1282–1348), S. 35–37, 39, 44
- *El Conde Lucanor*, S. 35 f.
- *Libro de los estados*, S. 36
Juana Inés de la Cruz, Sor (1651–1695), S. 120
- *El Sueño*, S. 120

K

Kalila und Dimna (Kalila wa-Dimna), S. 33 f., 37
Kāma Sūtra español, Un, S. 54
Kolumbus, Christoph (1451–1505), S. 82
- *Diario de a bordo*, S. 82
Krause, Karl Christian Friedrich (1781–1832), S. 306 f.

L

Labordeta, José Antonio (*1935), S. 387
Laforet, Carmen (*1921), S. 377
- *Nada*, S. 377
Laiglesia, Álvaro de (1922–1981), S. 334, 365
- *Un náufrago en la sopa*, S. 365
Landero, Luis (*1948), S. 398
- *Juegos de la edad tardía*, S. 399
Lara, Antonio de, s. Tono
Larra, Mariano José de (1809–1837), S. 59, 237, 241, 247, 257, 261, 264–269
- *Colección de artículos dramáticos, literarios, políticos y de costumbres*, S. 265
- »Dios nos asista. Tercera carta de Fígaro a su corresponsal en París«, S. 266
- »El casarse pronto y mal«, S. 265, 267
- *El doncel de don Enrique el doliente*, S. 265, 269
- *El duende satírico del día*, S. 264

- *El pobrecito hablador*, S. 265
- »El siglo en blanco«, S. 253
- »Jardines públicos«, S. 266
- »La nochebuena de 1836. Yo y mi criado. Delirio filosófico«, S. 267
- *Macías*, S. 241, 265
- »Vuelva usted mañana«, S. 265
Las Casas, Bartolomé de (1474–1566), S. 85
- *Brevísima relación de la destrucción de las Indias*, S. 85
Lazarillo castigado, El (1573), S. 135
Lazarillo de Tormes, El (1554), S. 123 f., 134–138
León Hebreo s. Hebreo, León (Leone)
León, María Teresa (1903–1988), S. 341
León, Fray Luis de (1527?–1591), S. 95, 107–109, 112, 226
- »A Felipe Ruiz«, S. 108
- »A nuestra Señora«, S. 108
- *La perfecta casada*, S. 95
- »Vida retirada«, S. 108
Lera, Ángel María de (1912–1984), S. 367, 378
Libro de Alexandre, S. 33
Libro de Apolonio (1250), S. 33
Libro de los engaños y los asayamientos de las mujeres (Sendebad) (1253), S. 34
Llach, Lluis (*1948), S. 387
Llamazares, Julio (*1955), S. 398
Llull, Ramon (1232/33–1316?), S. 22
Lope de Vega, s. Vega Carpio, Lope Félix de
López de Ayala, Adelardo (1828–1879), S. 295
- *El tanto por ciento*, S. 295
López de Ayala, Ignacio (1747?–1789), S. 203
López de Ayala, Pedro (1332–1407), S. 47
- *Crónicas de los Reyes de Castilla*, S. 47
- *Rimado de Palacio*, S. 47
López de Mendoza, Iñigo (marqués de Santillana)

(1398–1458), S. 41, 50, 58, 104
- *Diálogo de Bías contra Fortuna*, S. 60
- *Prohemio e carta al Condestable de Portugal*, S. 50
López de Úbeda, Francisco (16./17.Jh.), S. 140
- *Libro de entretenimiento de la pícara Justina*, S. 140
López de Yanguas, Hernán de (1487–1550), S. 155
López Pacheco, Jesús (*1930), S. 378
López Pinciano, Alonso (1547–1627), S. 147
- *Filosofía antigua poética*, S. 147
López Rubio, José (*1903), S. 351
López Silva, José (1860–1925), S. 299
- *La revoltosa*, S. 299
Lorca, Federico García, s. García Lorca, Federico
Lorente, Juan José (vor 1890–1931), S. 299
- *Los de Aragón*, S. 299
Loyola, Ignatius von (1491–1556), S. 88, 93, 126
- *Ejercicios espirituales*, S. 88 f.
Lucena, Juan de (2. Hälfte 15.Jh.), S. 68
Luzán, Ignacio de (1702–1754), S. 193, 198–200, 209, 220, 227
- *La poética o reglas de la poesía*, S. 198 f., 227

M

Machado Ruiz, Antonio (1875–1939), S. 238, 256, 308, 314, 322, 325, 331, 333 f., 341, 354, 363, 365, 367
- »A orillas del Duero«, S. 335 f.
- *Campos de Castilla*, S. 335 f.
- »El tren«, S. 336
- »En abril, las aguas mil«, S. 336
- *Juan de Mairena. Sentencias, donaires, apuntes y recuerdos de un profesor apócrifo*, S. 308, 313, 335–337
- »La tierra de Alvargonzález«, S. 336
- »Llanto de las virtudes y coplas por la muerte de don Guido«, S. 336

- *Obras Completas*, S. 335
- »Retrato«, S. 336
- *Soledades. Galerías. Otros poemas*, S. 335 f.
Machado Ruiz, Manuel (1874–1947), S. 333
Macías (1.Hälfte 14.Jh.-?), S. 59
Madariaga, Salvador de (1868–1978), S. 341
- *Guía del lector del Quijote*, S. 342
Madrid, Juan (*1947), S. 395
Maeztu, Ramiro de (1874–1936), S. 310, 312
- *Defensa de la hispanidad*, S. 312
- *Hacia otra España*, S. 312
Maimonides, Moses (1138–1204), S. 15
- *Dalālat al-hā'irīn (Führer der Unschlüssigen)*, S. 15
Mal Lara, Juan de (1524–1571), S. 77, 159
Mallada, Lucas (1841–1921), S. 310
- *Los males de la Patria y la futura revolución española. Consideraciones generales acerca de sus causas y efectos*, S. 310
Malón de Chaide, Fray Pedro (um 1530–1589), S. 127
Mancebo de Arévalo (Pseud.) (15.Jh.), S. 548
Mann, Thomas (1875–1955), S. 135
- *Bekenntnisse des Hochstaplers Felix Krull*, S. 135
Manrique, Gómez (um 1412–1490), S. 52, 58
- *La representación del nacimiento de Nuestro Señor*, S. 52
Manrique, Jorge (um 1440–1479), S. 58 f., 61 f., 336
- *Coplas a la muerte de su Padre*, S. 61 f.
Marañón, Gregorio (1887–1960), S. 337, 341–343
- *El conde-duque de Olivares*, S. 342
- *Don Juan. Ensayos sobre el origen de su leyenda*, S. 342
- *El Greco y Toledo*, S. 342

- *Tres ensayos sobre la vida sexual*, S. 342 f.
March, Ausiàs (1397–1459), S. 41
Marchena, José de (1768–1821), S. 230
Marías, Javier (*1951), S. 399
- *Corazón tan blanco*, S. 399
- *Mañana en la batalla piensa en mí*, S. 399
Marinetti, Filippo Tommaso (1876–1944), S. 349
- *Proclama Futurista a los españoles*, S. 349
Marsé, Juan (*1933), S. 398
- *El amante bilingüe*, S. 398
Marsillach, Adolfo (*1928), S. 392
Martí, Juan (eig. Mateo Luján de Sayavedra) (um 1560–1604), S. 138
Martín, Andreu (*1949), S. 395
Martín Gaite, Carmen (*1925), S. 378
- *Entre visillos*, S. 378
Martín Santos, Luis (1924–1964), S. 320, 376, 378 f.
- *Tiempo de silencio*, S. 378 f.
Martínez Colomer, Vicente (1762–1820), S. 219
- *El Valdemaro* S. 219
Martínez de la Rosa, Francisco (1787–1862), S. 241 f., 252
Martínez de Toledo, Alfonso (Erzpriester von Talavera) (1398– um 1470), S. 62
- *El Corbacho o reprobación del amor mundano*, S. 62
Martínez Salafranca, Juan (1677–1752), S. 192
Martínez Villergas, Juan (1816–1894), S. 270
- *Los misterios de Madrid*, S. 270
Martínez, Ferrand (13./14.Jh.), S. 39
Mártir de Anglería, Pedro (1459–1526), S. 68
Martorell, Joanot (1410?–1468), S. 126
- *Tirant lo Blanc*, S. 126 f.
Mata, Pedro (1875–1946), S. 347
- *Corazonessinrumbo*, S. 347
- *Una mujer a la medida*, S. 347

Matute, Ana María (*1926), S. 379
- *Primera Memoria*, S. 379
Mayáns y Siscar, Gregorio (1699–1781), S. 198
Meléndez Valdés, Juan (1754–1817), S. 51, 222–225, 229
Mena, Juan de (1411–1456), S. 58, 61, 65
- *Laberinto de Fortuna*, S. 61
Mendoza, Eduardo (*1943), S. 397
- *La ciudad de los prodigios*, S. 397
- *La verdad sobre el caso Savolta*, S. 397
Menéndez Pelayo, Marcelino (1856–1912), S. 277, 285, 309 f.
- *Historia de las ideas estéticas en España*, S. 309 f.
- *Historia de los heterodoxos españoles*, S. 309 f.
- *La ciencia española*, S. 309
- *Orígenes de la novela*, S. 309
Menéndez Pidal, Ramón (1869–1968), S. 30 f., 309, 342
Mérimée, Prosper (1803–1870), S. 149
- *Carmen*, S. 149, 264
Merino, José María (*1941), 398
Mesonero Romanos, Ramón de (1803–1882), S. 261–263, 277
- *Escenas matritenses*, S. 261
- »La Calle de Toledo«, S. 262
- *Memorias de un setentón, natural y vecino de Madrid*, S. 262
- *Panorama Matritense*, S. 261
- *Proyecto de mejoras generales de Madrid*, S. 262
- *Semanario pintoresco español*, S. 262
- *Tipos y caracteres*, S. 262
Mihura, Miguel (1905–1977), S. 337, 352 f., 365
- *Tres sombreros de copa*, S. 352
Mira de Amescua, Antonio (1574?–1644), S. 173
Miró, Gabriel (1879–1930), S. 333
- *El obispo leproso*, S. 333
- *Nuestro padre San Daniel*, S. 333

Miró, Pilar (*1940), S. 400
Molina, Luis de (1535–1600), S. 92, 175
- *Concordia liberi arbitrii cum gratiae donis*, S. 92
Mono Azul, El, S. 341
Montalvo, Garci Rodríguez de, s. Rodríguez de Montalvo, Garci
Montemayor, Jorge (um 1520–1561), S. 127–131
- *Los siete libros de la Diana*, S. 127–130
Montengón, Pedro de (1745–1824), S. 204, 217–220
- *Eudoxia, hija de Belisario*, S. 218 f.
- *Eusebio*, S. 217 f.
Montero, Rosa (*1951), S. 393
- *Amado Amo*, S. 393
- *Historias de mujeres*, S. 393
- *Te trataré como a una reina*, S. 393
Montesquieu, Charles-Louis (1689–1755), S. 211 f.
Montiano y Luyando, Agustín (1697–1764), S. 199
Moratín, s. Fernández de Moratín, Nicolás und Leandro
Moreto y Cavana, Agustín (1618–1669), S. 173, 184
- *El lindo don Diego*, S. 184
Muñiz, Carlos (*1927), S. 381
Muñoz Molina, Antonio (*1956), S. 393, 397,399
- *Ardor guerrero*, S. 397
- *Beatus Ille*, S. 397
- *Beltenebros*, S. 399
- *El jinete polaco*, S. 397
- *Los misterios de Madrid*, S. 393
Muñoz Seca, Pedro (1879–1936), S. 210, 328
Muratori (1762–1750), S. 198
Nación, La, S. 340

N

Nasarre, Blas Antonio (1697–1764), S. 199 f., 206, 220
Nebrija, Antonio de (1442–1522), S. 68, 70, 73
- *Gramática sobre la lengua castellana*, S. 68, 73
- *Introductiones latinae*, S. 68

Neruda, Pablo
(1904–1973), S. 361
– *Sobre una poesía sin pureza*, S. 361
Neville, Edgar
(1899–1967), S. 351
Nieva, Francisco (*1927),
S. 382
Nifo, Francisco Mariano
(1719–1803), S. 193,
200, 210
Nora, Eugenio de (*1923),
S. 386
Noroña, Conde de
(1760–1850), S. 230
Nota Emilianense, S. 29
Núñez de Reinoso, Alonso
(15.Jh.–1552), S. 132
– *Historia de los amores de Clareo y Florisea y de los trabajos de la sinventura Isea*, S. 132

O

Obregón, Antonio de
(1910–1985), S. 364
Octubre, S. 341
Olesa, Jaume de (15.Jh.),
S. 50
Olmo, Lauro (*1922),
S. 381
– *La camisa*, S. 381
Orozco, Sebastián de (Anf.
16. Jh.–nach 1578),
S. 155
Ors, Eugenio d'
(1882–1954), S. 342
Ortega y Gasset, José,
(1883–1955), S. 311,
318, 336, 337, 339–341,
348f., 351, 357, 361,
363, 379
– *La deshumanización del arte*, S. 348, 357, 361
– *La rebelión de las masas*, S. 311, 318, 339
Ory, Carlos Edmundo de
(*1923), S. 386
Osservatore Romano,
S. 384
Otero, Blas de
(1916–1979), S. 386
Ovid (43 v.Chr.–17/18
n.Chr.), S. 45, 105, 112
– *Ars amandi*, S. 45
País, El, S. 374, 389

P

Palacio Valdés, Armando
(1853–1938), S. 286 f.
– *La aldea perdida*, S. 286
– *La hermana San Sulpicio*,
S. 286
Palencia, Alfonso de
(1423–1492), S. 68

Palmerín de Inglaterra,
S. 126 f.
Pardo Bazán, Emilia
(1851–1921), S. 273,
277, 285–287, 292
– *La cuestión palpitante*,
S. 287
– *La madre naturaleza*,
S. 288
– *La tribuna*, S. 287
– *Los pazos de Ulloa*,
S. 287
Paso, Alfonso
(1926–1978), S. 380
– *Cosas de papá y mamá*,
S. 380
Pedrero, Paloma (*1957),
S. 392
Pemán, José María
(1897–1981), S. 365,
380
Per Abad, s. Cid
Pereda, José María de
(1833–1906), S. 270,
277, 285, 287, 290, 352
– *Don Gonzalo González de la Gonzalera*, S. 285
– *Peñas arriba*, S. 286
Pérez de Ayala, Ramón
(1880–1962), S. 342,
348
– *Las novelas de Urbano y Simona*, S. 348
– *Tigre Juan*, S. 348
Pérez de Guzmán, Fernán
(1377?–1460), S. 47
– *Generaciones y semblanzas*, S. 47
Pérez de Hita, Ginés
(1550?–1619), S. 131
– *Guerras civiles de Granada*, S. 131
– *Historia de los bandos de Zegríes y Abencerrajes, caballeros moros de Granada, y de las guerras que hubo en ella*, S. 131
Pérez de Montalbán, Juan
(1602–1638), S. 121
– *Orfeo en lengua castellana*, S. 121
Pérez de Oliva, Hernán
(1494?–1531), S. 159
Pérez Escrich, Enrique
(1829–1897), S. 271
– *Las obras de misericordia*, S. 271
Pérez Galdós, Benito
(1843–1920), S. 238,
263, 276–285, 287 f.,
290, 293–295
– *Doña Perfecta*, S. 278,
284 f., 303
– *Electra*, S. 278, 303, 311
– *Episodios nacionales*,
S. 264, 269, 278–280,
283, 311

– *Fortunata y Jacinta*,
S. 271, 278, 280–283
– *La de Bringas*, S. 278, 293
– *La familia de León Roch*,
S. 278
– »La sociedad presente como materia novelable«, S. 272
– *Miau*, S. 278
– *Misericordia*, S. 278
– *Nazarín*, S. 278
– *Novelas contemporáneas*,
S. 264, 279, 283
– *Realidad*, S. 303
– *Tristana*, S. 276, 278,
283 f.
Pérez Reverte, Arturo
(*1951), S. 392
– *El club Dumas*, S. 392
Pérez y González, Felipe
(1854–1910), S. 299
– *La gran vía*, S. 299
Petrarca, Francesco
(1304–1374), S. 65,
104 f., 107, 109, 111,
114
– *Canzoniere*, S. 114
– *De remediis utriusque fortunae*, S. 65
Petrus Alfonsi
(1062–1110?), S. 16–18
– *Dialogus contra Judaeos*,
S. 17
– *Disciplina clericalis*,
S. 16–18
Petrus Lombardus
(1095?–1160), S. 3
– *Libri sententiarum*, S. 3
Petrus Venerabilis
(1092/94–1156), S. 22
Phaedrus (15 v.Chr.?–50
n.Chr.?), S. 227
Picasso, Pablo Ruiz
(1881–1973), S. 348,
367
– *Weinende Frau*, S. 348
Piccolomini, Silvio Enea
(Pius II.) (1405–1464),
S. 63
– *Historia de duobus amantibus. Euryalo et Lucretia*, S. 63
Pinar, Florencia (15.Jh.),
S. 60
Poema de Yuçuf, S. 54
Poridat de Poridades, S. 35
Prensa, La, S. 340
Primo de Rivera, José
Antonio (1903–1936),
S. 364
Prometeo, S. 349
Puértolas, Soledad (*1947),
S. 394, 398
Puig, Leopoldo Jerónimo,
S. 192
Pulgar, Hernando de
(1436–1495), S. 47

– *Libro de los claros varones de Castilla*, S. 47

Q

Quevedo y Villegas, Francisco de (1580–1645),
S. 51, 89, 95 f., 97, 99,
101 f., 109, 114,
120–123, 124, 138–140,
330, 350
– »A un hombre de gran nariz«, S. 121
– »Advertencia a España«,
S. 121
– *Aguja de navegar cultos. Con la receta para hacer soledades en un día*,
S. 121
– »Amor constante más allá de la muerte«,
S. 121 f.
– »Aprobación«, S. 115
– »Consideración de la palabra ›ignosce illis‹«,
S. 121
– »Descuido del divertido vivir a quien la muerte llega impensada«, S. 121
– »Desde la Torre«,
S. 122 f.
– *El Buscón*, S. 122, 124,
138 f.
– *La culta latiniparla*,
S. 121
– *La hora de todos y la fortuna con seso*, S. 99,
101 f.
– »Receta«, S. 121
– *Sueños y discursos*, S. 95,
99
Quiles, Eduardo (*1940),
S. 382
Quintana, Manuel José
(1772–1857), S. 226 f.
Quiñones de Benavente,
Luis (1593?–1651),
S. 158, 174

R

Recuerda, José Martín
(*1922), S. 381
Regás, Rosa (*1933),
S. 394
Reina, María Manuela
(*1958), S. 392
Rejón y Lucas, Diego Ventura (1735–1796), S. 220
Resnais, Alain (*1922),
S. 370
– *La guerre est finie*, S. 370
Revista de España, S. 274
Revista de Occidente,
S. 341, 343, 363
Rey de Artieda, Andrés
(1544?–1633), S. 160

Ridruejo, Dionisio (1912–1975), S. 364 f.
- *Casi unas memorias*, S. 365
- *Escrito en España*, S. 365
Riera, Carme (*1949), S. 394
Rioja, Francisco de (1583–1659), S. 107
- »A la rosa«, S. 107
Rivas, Duque de (eig. Ángel de Saavedra y Ramírez de Baquedano (1791–1865), S. 241–246, 249, 252
- *Don Álvaro o la fuerza del sino*, S. 241, 243–246, 249
Rodoreda, Mercé (1909–1983), S. 394
Rodríguez, Claudio (*1934), S. 387
Rodríguez de Montalvo, Garci (?–1505), S. 40, 126 f.
- *Amadís de Gaula*, S. 40, 84, 126 f.
Rodríguez del Padrón, Juan (16.Jh.), S. 63
- *Siervo libre de amor*, S. 63
Rodríguez Rubí, Tomás (1817–1890), S. 242
Roig, Montserrat (1946–1991), S. 393, 395
- *El cant de la joventud*, S. 393
Rojas, Fernando de (1475/76–1541), S. 16, 58, 65–67, 134
- *Tragicomedia de Calisto y Melibea (La Celestina)*, S. 16, 58, 65–67
Rojas Villandrando, Agustín de (1572?–1635), S. 157
- *Viaje entretenido*, S. 157
Rojas Zorrilla, Francisco (1607–1648), S. 184
Rolandslied (Chanson de Roland), S. 7, 29, 50
Romancero de la guerra civil, S. 361
Romea, Julián (1818–1863), S. 299
- *La tempranica*, S. 299
Romero, Concha (*1945), S. 392
Romero, Luis (*1916), S. 378
- *La noria*, S. 378
Ros, Samuel (*1904–1945), S. 364
Rossetti, Ana (*1950), S. 394
Rousseau, Jean-Jacques

(1712–1778), S. 203, 218
Rueda, Lope de (1505–1565), S. 153, 157–159, 161, 167
- *Comedia llamada de los engañados*, S. 157
- *Cornudo y contento*, S. 158
- *Eufemia*, S. 157
- *Las aceitunas*, S. 158
Ruiz de Alarcón y Mendoza, Juan (1581–1639), S. 173 f.
- *La verdad sospechosa*, S. 174
- *Las paredes oyen*, S. 174
Ruiz, Juan (Erzpriester von Hita) (2.Hälfte 13.Jh.– 1.Hälfte 14.Jh.), S. 16, 37, 44–46
- *Libro de buen amor*, S. 44–46

S

Saavedra, Ángel de, s. Rivas, Duque de
Saavedra Fajardo, Diego (1584–1648), S. 100 f.
- *Idea de un príncipe político cristiano*, S. 100
Sahagún, Bernardino de (1499–1590), S. 86
- *Historia general de las cosas de Nueva España*, S. 86
Salas Barbadillo, Alonso Jerónimo de (1581–1635), S. 140
- *La hija de la Celestina*, S. 140
Salinas, Pedro (1892–1951), S. 355 f., 359, 367 f.
- *La voz a ti debida*, S. 360
- *Razón de amor*, S. 360
Samaniego, Félix María de (1745–1801), S. 227 f.
- *Fábulas en verso castellano*, S. 227
San Pedro, Diego de (1437?–1498), S. 58, 63 f., 129
- *Cárcel de amor*, S. 63 f., 129
Sánchez Albornoz, Claudio (1893–1984), S. 342, 367
Sánchez Barbero, Francisco (1764–1819), S. 225
Sánchez de Badajoz, Diego (ca. 1480–1549), S. 155
Sánchez Ferlosio, Rafael (*1927), S. 320, 378
- *El Jarama*, S. 378

Sánchez Pascual, Ángel (*1946), S. 387
Sanchís Sinisterra, José (*1940), S. 392
- *¡Ay Carmela!*, S. 392
Sant Jordi, Jordi de (Ende 14.Jh.–1424), S. 41
Santillana, marqués de, s. López de Mendoza, Iñigo
Sanz del Río, Julián (1814–1869), S. 306 f.
- *Ideal de la Humanidad para la Vida*, S. 307
Sanz y Sánchez, Eulogio Florentino (1822–1881), S. 252
Sastre, Alfonso (*1926), S. 320, 382, 391 f.
- *Guillermo Tell tiene los ojos tristes*, S. 382
- *La mordaza*, S. 382
Saura, Carlos (*1932), S. 321, 373 f.
- *¡Ay Carmela!*, S. 373 f.
- *Ana y los lobos*, S. 385
- *Cría cuervos*, S. 385
- *La prima Angélica*, S. 379, 386 f.
Sem Tob de Carrión, Rabbi don (eig. Sem Tob Ben Ishaq Ibn Ardutiel) (1290?–1369), S. 46 f.
- *Proverbios morales*, S. 46 f.
Semanario pintoresco español, S. 262
Semprún, Jorge (*1923), S. 367, 370
- *Autobiografía de Federico Sánchez*, S. 370
- *L'attentat* (Drehbuch), S. 370
- *L'écriture ou la vie* (span. *La escritura o la vida*), S. 370
- *La deuxième mort de Ramón Mercader*, S. 370
- *La guerre est finie* (Drehbuch), S. 370
- *Le grand voyage*, S. 370
- *Quel beau dimanche*, S. 370
- *Z* (Drehbuch), S. 370
Sendebar oder Libro de los engaños, S. 34 f.
Sender, Ramón José (1901–1982), S. 367
- *Imán*, S. 369
- *La Crónica del Alba*, S. 369
- *Mosén Millán*, seit 1960 *Requiem por un campesino español*, S. 369
- *Siete domingos rojos*, S. 369
Seneca, Lucius Annaeus d.J. (4 v.Chr.–65 n.Chr.), S. 61, 160

Sepúlveda, Lorenzo de (um 1551), S. 107
- *Romances nuevamente sacados de historias antiguas de la Crónica*, S. 107
Serrano, José (1873–1941), S. 299
- *Los de Aragón*, S. 299
Serrat, Joan Manuel (*1943), S. 387
Siglo, El, S. 253
Siles, Jaime (*1951), S. 391
Sol, El, S. 329, 340 f., 363, 369
Solidaridad Obrera, S. 369
Soto de Rojas, Pedro (1584–1658), S. 119 f.
- *Desengaño de amor en rimas*, S. 119
- *Los rayos de Faetón*, S. 119
- *Paraíso cerrado para muchos, jardines abiertos para pocos*, S. 119
Stúñiga, Lope de (1415?–1465), S. 60

T

Talavera, Fray Hernando de (1428–1507), S. 53
Talens, Jenaro (*1946), S. 391
Tamayo y Baus, Manuel (1829–1898), S. 295
Tariq ibn Ziyad (2.Hälfte 7.Jh.–1.Hälfte 8.Jh.), S. 6
Tárrega, Francisco Agustín (1535–1602), S. 160
Tassis y Peralta, Juan de, s. Villamediana, Graf von
Teresa de Ávila, Santa, auch Teresa de Jesús, Santa (1515–1582), S. 16, 55, 88, 90 f., 93, 95, 110, 112, 126
- *El castillo interior o las moradas*, S. 93
- *El libro de la vida*, S. 90, 93
Timoneda, Juan (1520?–1583),S. 157,159
- *La oveja perdida*, S. 159
Tirso de Molina (eig. Gabriel Téllez) (1579?–1648), S. 173, 247 f., 250 f.
- *Don Gil de las calzas verdes*, S. 173
- *El burlador de Sevilla y convidado de piedra*, S. 173, 247, 250
- *El condenado por desconfiado*, S. 173
- *La prudencia en la mujer*, S. 173

Tomeo, Javier (*1931), S. 398
Tono (eig. Antonio de Lara) (1896–1978), S. 351
Torrellas, Pere (1416?–1453?), S. 60, 63
– *Coplas de las calidades de las donas*, S. 60
Torrente Ballester, Gonzalo (*1910), S. 364, 379
– *Javier Mariño*, S. 364
– *Saga-Fuga de J.B.*, S. 379
Torres, Maruja (*1945), S. 393
– *Amor América*, S. 393
Torres Naharro, Bartolomé de (1480/85–1531?), S. 153–155
– *Aquilana*, S. 154
– *Calamita*, S. 154
– *Jacinta*, S. 154
– *Propalladia*, S. 154
– *Serafina*, S. 154
– *Trophea*, S. 154
Trigo, Felipe (1864–1916), S. 347
– *El médico rural*, S. 347
– *La sed de amar*, S. 347
– *Las Evas del paraíso*, S. 347
– *Socialismo individualista*, S. 348
Trigueros, Cándido María (1736–1801), S. 193, 203, 223
Trillo y Figueroa, Francisco (17.Jh.), S. 119
– *La Neapolisea*, S. 119
Trueba, Fernando (*1955), S. 400
Tusquets, Esther (*1936), S. 394
Ultra (1919), S. 349

U

Unamuno, Miguel de (1864–1936), S. 51, 140, 238, 287, 306, 310, 313, 322, 324–327, 336, 366
– *Abel Sánchez. Una historia de pasión*, S. 325
– *Del sentimiento trágico de la vida en los hombres y en los pueblos*, S. 306, 325
– *En torno al casticismo*, S. 313, 325
– »*Es de noche*«, S. 327
– *La agonía del cristianismo*, S. 325
– *La crisis del patriotismo*, S. 313
– *Vida de Don Quijote y Sancho*, S. 313, 326
– *Niebla*, S. 325 f.
Uribe, Imanol (*1950), S. 400

V

Valbuena Prat, Ángel (1900–1977), S. 386
– *Antología de la poesía sacra*, S. 386
Valdivielso, José de (1560?–1638), S. 173
Valente, José Ángel (*1929), S. 387
Valera, Juan (1824–1905), S. 243, 274–276
– *Genio y Figura*, S. 276
– *Pepita Jiménez*, S. 243, 272, 274–276, 284, 286
Valla, Lorenzo, S. 67
Valle-Inclán, Ramón María del (1866–1936), S. 238, 258, 306, 313, 322, 327–331, 337, 350, 352
– *Comedias bárbaras*, S. 329
– *El ruedo ibérico*, S. 331
– *Esperpentos*, S. 301, 322, 328, 330
– *Luces de Bohemia*, S. 330
– *Sonatas*, S. 329 f., 333
– *Tirano Banderas*, S. 331
Vallejo, Alfonso (*1943), S. 392
Valverde, Joaquín (1846–1910), S. 299
La gran vía, S. 299
Vázquez Montalbán, Manuel (*1939), S. 387, 395 f.
– *Autobiografía del General Franco*, S. 396
– *Carvalho-Serie*, S. 395 f.
– *Galíndez*, S. 396

Vega, Ricardo de (1839–1910), S. 299
– *La verbena de la paloma*, S. 299
Vega, Ventura de la (1807–1865), S. 242
Vega Carpio, Lope Félix de (Ps. Tomé de Burguillos) (1562–1635), S. 51, 80, 113–117, 120, 142, 152, 157, 161, 163 f., 166–174, 199, 203, 210
– *Arte nuevo de hacer comedias en este tiempo*, S. 114, 168
– *El acero de Madrid*, S. 171
– *El caballero de Olmedo*, S. 172
– *El castigo sin venganza*, S. 171
– *Fuenteovejuna*, S. 167, 171, 180
– *Lo fingido verdadero*, S. 171
– »*Pastor que con tus silbos amorosos*«, S. 115
– *Rimas humanas y divinas*, S. 115
– *Rimas Sacras*, S. 114 f.
Vélez de Guevara, Luis (1579–1644), S. 173 f.
– *La niña de Gómez Arias*, S. 174
Verdi, Giuseppe (1813–1901), S. 243
– *Die Macht des Schicksals*, S. 243
Vergil (70–19 v. Chr.), S. 108, 172
Vértice, S. 341
Vicente, Gil (1460?–1536), S. 154
– *Don Duardos*, S. 154
Vida y hechos de Estebanillo González (1646), S. 140
Villamediana, Graf von, auch Tassis y Peralta, Juan de (1582–1622), S. 94 f., 101, 119 f.
– *Fábula de Faetón*, S. 101, 119
– *La Europa*, S. 119
– *La Fénix*, S. 119
Villegas, Manuel Esteban (1589–1669), S. 220, 222
Villena, Enrique de (1384–1434), S. 58, 60
– *Arte de trobar*, S. 60
Virués, Cristóbal de (1550–1609), S. 160
Vita Johannis Abbatis Gorziensis, S. 8
Vitoria, Francisco de (1492–1542), S. 84 f.
– *Relectiones de Indis*, S. 84
Voltaire, François-Marie Arouet (1694–1778), S. 218, 220

Y

Yça de Gebir (1420?–nach 1462), S. 54
– *Kitab segoviano*, S. 54
Young, Edward (1683–1765), S. 213, 229

Z

Zamacois, Eduardo (1873–1971), S. 347
– *Incesto*, S. 347
– *Loca de amor*, S. 347
– *Memorias de un vagón de ferrocarril*, S. 347
Zayas y Sotomayor, María de, S. 95–97
– *Novelas amorosas y ejemplares*, S. 95–97
– »*El prevenido engañado*«, S. 96 f.
Zorrilla y Moral, José (1817–1893), S. 51, 173, 241, 246–251, 257, 265
– *Don Juan Tenorio*, S. 173, 241, 247–251, 291
– »*El Cristo de la Vega*« (»*A buen juez, mejor testigo*«), S. 247
– *El zapatero y el rey*, S. 247
– *Leyendas*, S. 257
– »*Orientales*«, S. 247
– *Traidor, inconfeso y mártir*, S. 247
Zunzunegui, Juan Antonio de (1900–1982), S. 378

BILDQUELLEN

Nicht in allen Fällen war es möglich, die Rechtsinhaber geschützter Bilder zu ermitteln. Selbstverständlich wird der Verlag berechtigte Ansprüche auch nach Erscheinen des Buches erfüllen.

Alfonso 317, 329
Archivo Editorial La Muralla, S.A., Madrid 2, 4, 6, 18, 22 u., 25, 26, 27, 28, 30, 48, 49 o., 52, 53, 66 o., 66 u., 128, 143, 246, 256, 260, 262, 265, 266, 270, 271
Archivo de Espasa-Calpe y Gela, Madrid 120, 131 o., 136, 137, 142, 144, 145, 162, 194, 210, 244, 259, 270, 276, 277, 297 o., 300, 301 u., 303, 308, 316, 324, 326, 330, 333, 335, 338, 339, 344, 347, 352, 354, 356, 358, 361, 363, 386
Archiv für Kunst und Geschichte, Berlin 146, 373
Arias, Carmen Ruiz 292
Ateneo de Madrid (Fotos: Oronoz) 274, 310
Banco de Urquijo, Madrid 187
Biblioteca Nacional, Madrid (Fotos: Archivo de Espasa-Calpe) 75, 111, 118, 129, 130, 199, 211
Biblioteca Nacional, Madrid (Fotos: Oronoz) 72, 131 u., 178, 192, 203, 309, 212, 217, 223
Biblioteca de la Universidad, Valencia 127 (Foto: Archivo Espasa-Calpe)
Bildarchiv Preußischer Kuturbesitz, Berlin 86 o.
Colección particular, Madrid 60 u. (Foto: Hiares), 334 (Foto: Oronoz), 340 (Foto: Oronoz), 359 (c VG Bild-Kunst)
Colección Marañon, Madrid 343
Ediciones Anaya, Madrid 84
Foto-Archiv R. Piper, München 380
Haensch, Günther / P. Hartig, Handbuch der Auslandskunde. Spanien. I,28 12
Heinrich Enrique Beck-Stiftung, Basel 345
Hiares Editorial, Madrid 1, 3 o., 3 u., 8 u., 9 o., 9 u., 11, 12 o., 45, 46, 55, 61, 82, 90, 176,
Hospital de la Caridad, Sevilla 100 o. (Foto: Hiares)
Hottinger, Arnold, Die Mauren. München 1995, S. 65 8
Interfoto, München 15 o.
Kunsthistorisches Museum, Wien 69 u.
Magnum 367
Metropolitan Museum of Modern Art, New York 190
Museo de América, Madrid 133 (Foto: Oronoz)
Museo de Arte Moderno, Madrid 239, 350 (Foto: Hiares)
Museo de Bellas Artes, Bilbao 200 (Foto: Oronoz)
Museo Lázaro Galdiano, Madrid 117 (Foto: Archivo Espasa-Calpe)
Museo Municipal, Madrid (Fotos: Archivo Espasa-Calpe) 74, 94, 156, 240, 243, 253
Museo Municipal, Madrid (Fotos: Oronoz) 91 o., 168
Museo Municipal de Santander 232
Museo del Prado, Madrid 70 o., 71, 72, 78, 79, 81, 101, 138, 150, 179, 185, 186, 188, 214, 219, 221, 224, 226, 231
Museo Romántico, Madrid 245, 268 (Foto: Oronoz)
Museo Zuloaga, Zumaya (c VG Bild-Kunst) 323
Oronoz, Madrid 22 o., 57, 88 o., 189 u., 216 o.
Palacio Real, Madrid 69 o., 80 (Foto: Oronoz)
Raccolta Teatrale Burcardo 158 u.
Real Academia Española, Madrid 121 (Foto: Archivo Espasa-Calpe), 141 (Foto: Oronoz)
Rio Verlag und Medienagentur, Zürich 394
Rowohlt Verlag Bildarchiv, Reinbek 396 (Foto: Isolde Ohlbaum), 397 (Foto: Peter Peitsch)
Suhrkamp Verlag Bildarchiv, Frankfurt/Main 369, 370 (Foto: Jerry Bauer), 371 (Foto: Ekko von Schwichow), 393 (Foto: Javier Vallhonrat)
Theatersammlung der Universität Hamburg 139, 180, 201
Ullstein Bilderdienst, Berlin 320, 321, 376, 384
VG Bild-Kunst, Bonn 346, 348

VERLAG J.B. METZLER

Amerikanische Literaturgeschichte
Herausgegeben von Hubert Zapf
1996. 600 Seiten, 250 Abb., gebunden
ISBN 3-476-01203-4

Deutsche Literaturgeschichte
Von den Anfängen bis zur Gegenwart
Von Wolfgang Beutin u. a.
5., überarbeitete Auflage.
1994. X, 630 Seiten, 400 Abb., gebunden
ISBN 3-476-01286-7

Englische Literaturgeschichte
Herausgegeben von Hans Ulrich Seeber
2. Auflage 1993. X, 461 Seiten,
364 Abb., gebunden
ISBN 3-476-00911-4

Französische Literaturgeschichte
Herausgegeben von Jürgen Grimm
3., aktualisierte und um die frankophonen
Literaturen außerhalb Frankreichs
(Belgien, Kanada, Karibik, Maghreb,
Schwarzafrika) erweiterte Auflage.
1994. X, 477 Seiten, 235 Abb., gebunden
ISBN 3-476-01228-X

Italienische Literaturgeschichte
Herausgegeben von Volker Kapp
2., verbesserte Auflage.
1994. X, 427 Seiten, 430 Abb., gebunden
ISBN 3-476-01277-8

Lateinamerikanische Literaturgeschichte
Herausgegeben von Michael Rössner
1995. XI, 549 Seiten, 350 Abb., gebunden
ISBN 3-476-01202-6

Spanische Literaturgeschichte
Herausgegeben von Hans-Jörg Neuschäfer
1996. X, 412 Seiten, 200 Abb., gebunden
ISBN 3-476-00960-2

Ralf Schnell
Geschichte der deutschsprachigen Literatur seit 1945
1993. X, 614 Seiten, 280 Abb., gebunden
ISBN 3-476-00914-9

Hans-Jörg Neuschäfer
Macht und Ohnmacht der Zensur
Literatur, Theater und Film
in Spanien (1933–1976)
1991. VIII, 344 S., 14 Abb., gebunden
ISBN 3-476-00739-1

Der Autor widerlegt das Vorurteil, erst nach dem Ende der Diktatur habe es ein Aufblühen der spanischen Kultur gegeben. Am Beispiel von Romanen, Theaterstücken und Filmen von 12 Autoren zeigt er exemplarisch auf, wie sich die Literatur gegen die Unterdrückung zur Wehr setzte und einen eigenen Beitrag zur europäischen Moderne schuf.

»Hans-Jörg Neuschäfer öffnet in seiner lebendigen, nicht nur für ein akademisches Publikum geschriebenen und gut dokumentierten Epochengeschichte den Blick hinter die Kulissen des 'spanischen Wunders'.«
Saarbrücker Zeitung

VERLAG J.B. METZLER

Der Spanische Roman
Vom Mittelalter bis zur Gegenwart
Herausgegeben von Volker Roloff
und Harald Wentzlaff-Eggebert
2., überarbeitete Auflage.
1995. VI, 444 Seiten, kartoniert
ISBN 3-476-01316-2

Dieses erfolgreiche Buch – jetzt in zweiter Auflage bei J.B. Metzler – stellt in zwanzig Einzelinterpretationen, die einen Zeitraum von rund 500 Jahren umfassen, Meisterwerke des spanischen Romans vor. Entstehungsbedingungen, soziokultureller Kontext und gattungsgeschichtliche Zusammenhänge tragen die Darstellung. Bei grundlegenden Werken – wie dem Ritterroman des »Amadís«, dem Schäferroman der »Diana«, dem mit drei Beispielen ausführlich behandelten Schelmenroman und dem »Don Quijote« – werden vor allem wirkungsgeschichtliche und komparatistische Aspekte hervorgehoben. Darüber hinaus findet der Leser neben repräsentativen Texten vielbeachteter Autoren wie Galdós, Baroja, Unamuno oder Valle-Inclán verschiedene Romane vom 17. Jahrhundert bis zur jüngsten Gegenwart vorgestellt, die die Eigenständigkeit, Vielfalt und kontinuierliche Experimentierfreude des spanischen Romans erkennen lassen. Der Band informiert über den neuesten Stand der Forschung zu den Einzelwerken, bietet aber auch eine hervorragende Einführung und zahlreiche Anregungen für eine weitere Beschäftigung mit dem spanischen Roman, ohne den die europäische Erzähltradition nicht zu denken ist.

VERLAG J.B. METZLER